ODER

Von der Neißemündung bis zur Ostsee

Mit Neuzelle, Frankfurt (Oder), Kostrzyn, Szczecin, Wollin und Usedom

Kristine Jaath

TRESCHER VERLAG

1. Auflage 2022

Trescher Verlag
Reinhardtstr. 9
10117 Berlin
www.trescher-verlag.de

ISBN 978-3-89794-480-0

Herausgegeben von Bernd Schwenkros und Detlev von Oppeln

Reihenentwurf und Gesamtgestaltung:
Bernd Chill
Gestaltung, Satz, Bildbearbeitung: Ulla Nickl
Lektorat: Katja Tegler
Stadtpläne und Karten: Dorit Hahnewald, Martin Kapp, Ulla Nickl
unter Verwendung von Daten von
© OpenStreetMap-Mitwirkende/
www.openstreetmap.org

Gedruckt auf chlorfrei gebleichtem Papier

Printed in Germany

Alle Angaben in diesem Reiseführer wurden sorgfältig recherchiert und überprüft. Dennoch können Entwicklungen vor Ort dazu führen, dass einzelne Informationen nicht mehr aktuell sind. Gerne nehmen wir dazu Ihre Hinweise und Anregungen entgegen. Bitte schreiben Sie an **post@trescher-verlag.de**.

Titelbild: Die Chrobry-Wälle in Szczecin
Vordere Umschlagklappe: Blick über die Oderauen vom Stettiner Berg in Mescherin
Hintere Umschlagklappe: Im Dörfchen Zatoń Dolna

MUZEUM
ETNOGRAFICZNE "PETELEWO"
im. LUDWIKA WERYSZKO

Im Oderbruch

Vorwort

Wohin das Auge auch schaut, an der Oder herrscht Weite, Landschaft, Stille. Vom tschechischen Odergebirge herab fließt sie durch das südwestliche Polen. Ab der Einmündung der Lausitzer Neiße wird sie zum Grenzfluss zwischen Deutschland und Polen. Als Dreiländerfluss ist sie Zeuge einer weit über 1000-jährigen wechselvollen Vergangenheit. Als Lebensader im Herzen Europas prägte und prägt sie eine ebenso reiche wie mannigfaltige Kulturlandschaft.

Die Oder ist einer der letzten naturnahen mitteleuropäischen Ströme. Von der Quelle bis zur Ostsee schenkt sie den Menschen einen Naturraum von beeindruckender Schönheit. Mit weiten Schwemmlandgebieten in der Niederung zwischen den Oderhängen bildet sie, oft eher rau als lieblich, ein faszinierendes Mosaik aus Wasser und Land voller verborgenem Zauber aus. An ihren Ufern ist es manchmal so still, dass man – zum Insektensummen in hitzeflirrenden Sommern oder im Winter zum Eisschollenknarren – sein eigenes Herz schlagen hört. Eine Reise an der Oder entlang ist deshalb auch eine Wiederentdeckung von Ruhe, Entspannung und Langsamkeit.

Gleich drei Nationalparks und darüber hinaus zahlreiche Naturparks säumen die deutschen und polnischen Ufer zwischen Neißemündung und Meer. Verträumte Kolonistendörfer und historische Handelsstädte, ehemalige Bischofssitze, preußische Backsteinfestungen, Städte im Stil der sozialistischen Nachkriegsmoderne und allen voran die glänzende Odermetropole Szczecin (Stettin) zeigen das ganze breite Spektrum des deutsch-polnischen Kulturerbes auf. An der Oder kann man so manche noch unbekannte Perle der Architektur und zahlreiche spannende Museen für sich entdecken, große Kunstschätze und kleine engagierte Dorfgalerien in Augenschein nehmen, vielfältige Traditionen kennenlernen und nicht zuletzt zahlreiche bunte Märkte und Volksfeste miterleben.

Aber auch die Narben, die der Zweite Weltkrieg und seine Folgen im Oderraum hinterlassen haben, sind noch sichtbar. Als Schicksalsstrom weiß die Oder von den Schrecken des Kriegs und der Vertreibung zu berichten. Viele Kriegsgräberstätten und Erinnerungsorte finden sich heute an ihren Ufern. Eine Reise an der Oder entlang ist deshalb auch ein Weg der Gedenkstätten.

Neben Geschichtserleben, Natur- und Kulturgenuss stehen am Fluss natürlich auch Wandern, Radfahren, Paddeln und Baden ganz oben auf dem Programm. Ob zu Fuß oder mit dem Auto, Rad oder Boot, zu Wasser und zu Land ist die dünn besiedelte Oderregion Inbegriff für einen sanften, naturnahen Tourismus. Gasthöfe und Pensionen, lauschige Campingplätze und kleine Marinas laden zum geruhsamen Aufenthalt ein. Wo jahrzehntelang eine Trennlinie war, verbinden heute wieder Brücken und Fähren das deutsche und das polnische Ufer. Es könnten ruhig noch ein paar mehr werden zum Erkunden dieses stillen, gravitätischen Stroms ab der Neißemündung auf seinem Weg bis zur Ostsee. Aber der Anfang ist gemacht für eine gleichermaßen spannende wie entspannte und erlebnisreiche Reise.

Herausragende Sehenswürdigkeiten

1 Kloster Neuzelle

»Barockwunder Brandenburgs« wird das Kloster dank seiner überbordenden Ausstattung genannt. Die beiden Kirchen, das Museum im Kreuzgang mit seinen Kunstschätzen sowie das »Himmlische Theater«, ein barockes Kulissentheater, das die Passion Christi nachstellt, machen die Anlage zu einem der bedeutendsten kulturellen Kleinode im nordöstlichen Deutschland. → S. 84

2 Eisenhüttenstadt

Die erste sozialistische Stadt auf deutschem Boden wurde auf dem Reißbrett geplant und in wenigen Jahren errichtet. Als einzigartiges Beispiel der DDR-Nachkriegsmoderne ist Eisenhüttenstadt heute eines der größten Flächendenkmale Deutschlands. → S. 94

3 Frankfurt (Oder) und Słubice ▲

Die Doppelstadt »Slubfurt« lädt zu beiden Seiten der Oder *bez granic* (ohne Grenzen) zum historischen Sightseeing und mit Bühnen und Museen zum Kulturgenuss ein. Im »Bazar« von Słubice darf auch ausgiebig geshoppt werden. → S. 108, 119

4 Adonisblüte bei Lebus

Rund um die historische Bischofsstadt Lebus tauchen die seltenen Adonisröschen die steilen Oderhänge im April in ein gelbes Blütenmeer. Ein hinreißender kleiner Frühlingsbote, den man auf ausgeschilderten Pfaden erwandern kann. → S. 135

5 Kostrzyn und Nationalpark Warthemündung ▼

Alljährlich nach der Schneeschmelze verwandelt sich das riesige Überschwemmungsgebiet um die Warthemündung in eine faszinierende »Republik der Vögel« (*Rzeczpospolita Ptasia*). Direkt an der Oder zählen die Mauern und Bastionen der preußischen Festung Küstrin und ein Spaziergang durch das »polnische Pompeji« zu den wichtigsten Kostrzyner Attraktionen. → S. 145, 156

6 Oderbruch ▼

Typische Kolonistendörfer warten in Deutschlands größtem Flusspolder auf einen Besuch. Im Schloss Altranft widmet sich das Museum Altranft – Werkstatt für ländliche Kultur der Landschaft, Landwirtschaft, Baugeschichte und Siedlungskultur im Oderbruch. → S. 141, 166, 183

7 Schiffshebewerk Niederfinow ▼

Der gigantische Schiffsfahrstuhl am Oder-Havel-Kanal ist ein Meisterwerk der Ingenieurbaukunst. Von der Besucherplattform reicht der Blick weit ins Oderbruch. → S. 188

8 Nationalpark Unteres Odertal ▼

Das atemberaubende Wasser-und-Land-Mosaik mit Auwäldern, Torfinseln, Sandbänken und dann wieder ausgedehnten Überschwemmungsflächen ist ein Paradies für Hunderttausende Wasservögel. Am Nationalparkzentrum in Criewen starten Wanderwege in die sich je nach Jahreszeit unablässig verändernde Oderlandschaft. → S. 207

9 Szczecin ▶

Hauptstadt der Woiwodschaft Zachodniopomorskie (Westpommern) und mit über 400 000 Einwohnern siebtgrößte Stadt Polens: Vom Schloss der Herzöge von Pommern bis zur hypermodernen Philharmonie, vom Jazzfest bis zu den Ostseetagen hat die pulsierende Odermetropole jede Menge Sehens- und Erlebenswertes zu bieten. → S. 241

10 Nationalpark Wolin ▼

Neben steilen Küstenkliffs, fantastischen Sandstränden und grünen Buchenwäldern wartet die Insel Wolin mit einem der wohl schönsten Ausblicke der südlichen Ostseeküste auf. Hoch oben eröffnet sich vom Castellum Lubinum (Grodzisko w Lubin) aus ein überwältigender Blick auf das Stettiner Haff. → S. 265

11 Heeresversuchsanstalt Peenemünde

Peenemünde ist die Wiege der Raumfahrt. Vom Nordzipfel Usedoms aus startete 1942 die erste Großrakete der Menschheitsgeschichte. Gleichzeitig brachte sie im Zweiten Weltkrieg Tod und Verderben. Das Historisch-Technische Museum Peenemünde widmet sich auf weitem Gelände dem schwierigen nationalsozialistischen Erbe. → S. 373

Die vorangestellten Nummern beziehen sich auf die Verweise in den Umschlagkarten.

Das Wichtigste in Kürze

Dieses Buch behandelt die Reise der Oder von der Neißeeinmündung im Süden Brandenburgs bis zur Ostsee. Es werden die historischen, kulturellen und natürlichen Sehenswürdigkeiten und Schönheiten der Oderregion vorgestellt, auf der deutschen wie auf der polnischen Seite. Die Reisebeschreibungen orientieren sich dabei an den Möglichkeiten, jeweils von einem Ufer zum anderen zu gelangen. Denn während beispielsweise am Rhein zwischen Deutschland und Frankreich im Schnitt alle fünf Kilometer eine Brücke von hüben nach drüben führt, kostet die Überquerung der Oder oft leider einiges mehr an Fahrkilometern. Auf der Flussreise von der Neißemündung zur Ostsee gibt es zwischen Deutschland und Polen vergleichsweise wenige Brücken und Fähren.

Die **Kapitel** in diesem Reiseführer entsprechen deshalb in ihrer Beschreibung den Etappen von einer **Brücke** zur nächsten und wieder zurück. Auf der deutschen Seite geht es mit der Oder »bergab« (stromabwärts), wie es in der Schiffersprache heißt, und auf der polnischen Seite wieder stromaufwärts. So kann man pro Kapitel von Brücke zu Brücke eine kleine deutsch-polnische Rundreise machen. Wenige Ausnahmen bestätigen dabei die Regel.

Von den seltenen **Fährverbindungen** im Reisegebiet befördern nur die kleine Oderfähre im Niederoderbruch sowie die großen Fährschiffe zwischen den Inseln Usedom und Wolin auch Pkw. Wobei der Betrieb der Oderbruchfähre keineswegs garantiert ist, sondern immer vom Pegelstand und von Wind und Wetter abhängt. Nähere Informationen zum jeweiligen Fährbetrieb und den Brücken finden sich am Beginn der einzelnen Reisekapitel sowie in den »Reisetipps von A bis Z« (→ S. 397).

Allgemeine Informationen

In den meisten größeren Ortschaften befindet sich eine **Touristeninformation/Informacja turystyczna,** am deutschen Ufer einige mehr, am polnischen etwas weniger. Von allgemeinen Informationen zu Ort und Region über Ausflugs- und Unterkunftstipps bis hin zu Broschüren und Adressen lokaler Anbieter halten sie eine umfassende Servicepalette parat. Wichtigste Informationsstellen sind:

Tourismus Marketing Brandenburg (TMB), Babelsberger Str. 26, 14473 Potsdam, Tel. 0331/2004747, www.reiseland-brandenburg.de

Tourismusverband Mecklenburg-Vorpommern, Konrad-Zuse-Str. 2, 18057 Rostock, Tel. 0381/4030550, www.auf-nach-mv.de

Usedom Tourismus GmbH (UTG), Hauptstr. 42, 17459 Koserow, Tel. 038375/244244, www.usedom.de

Polnisches Fremdenverkehrsamt, Hohenzollerndamm 151, 14199 Berlin, Tel. 030/2100920, www.polen.travel/de

Anreise mit dem Auto

Über die Autobahn A 12 erreicht man **Frankfurt (Oder)/Słubice,** über die A 11 **Szczecin (Stettin).** Die Bundesstraße B 1 führt über Berlin durchs Oderbruch nach **Kostrzyn nad Odrą (Küstrin).** Die B 112 begleitet die Oder in respektvollem Abstand von der Neißemündung über Frankfurt bis Kostrzyn. Dort übernehmen die B 167 nach Bad Freienwalde und ab dort die B 2 bis vor die Tore Szczecins.

Wer ohne Umwege die deutsche Seite des **Stettiner Haffs** ansteuern möchte, braust über die A 11 bis Kreuz Uckermark, weiter die A 20 bis Pasewalk Süd, dann die B 109 hinauf, von der aus man über kleinere Landstraßen die verschiedenen Orte an der Haffküste erreicht.

In Polen wird die **Schnellstraße 3** zwischen Szczecin und Świnoujście (Swinemünde) zurzeit zur Autobahn ausgebaut. Nationalstraßen/Schnellstraßen, vergleichbar mit den deutschen Bundesstraßen, bilden bisher noch das Hauptfernstraßennetz. Sie sind mit ein- beziehungsweise zweistelliger weißer Ziffer auf rotem Grund gekennzeichnet.

Anreise mit der Bahn

Im Verkehrsverbund Berlin-Brandenburg (VBB) verkehren mit den zentralen Knotenpunkten Berlin-Hauptbahnhof, Berlin-Ostkreuz und Berlin-Gesundbrunnen Regionalbahn (RB) und Regionalexpress (RE) der DB Regio, der Niederbarnimer Eisenbahn (NEB) und der Ostdeutschen Eisenbahn (ODEG) in die odernahen größeren Ortschaften.

Grenzüberschreitend verbinden Deutschland und Polen in **Nord-Süd-Richtung** die RB 23 (Usedomer Bäderbahn) sowie von **West nach Ost** der RE 4 (Verkehrsgesellschaft Mecklenburg-Vorpommern) von Lübeck-Hauptbahnhof nach Szczecin Głowny (Hbf.), mit einem Abstecher ab Pasewalk via Ueckermünde. Ebenfalls von **Szczecin Główny** starten RE/RB 66 über Angermünde nach Berlin-Gesundbrunnen. Die **»Oderlandbahn«** RB 26 (NEB) bringt Reisende von Berlin-Ostkreuz in die Oderstadt Kostrzyn.

An der Oder entlang mit dem Rad

Der **Oder-Neiße-Radweg** führt über rund 630 Kilometer in zwölf Etappen von der Neißequelle bei Nová Ves in Tschechien zur Neißemündung in die Oder bei Ratzdorf und weiter mit wenigen Schwenks landeinwärts, an Stromoder, Hohensaaten-Friedrichsthaler Wasserstraße und Westoder entlang zum Stettiner Haff. Im Seebad Ahlbeck auf Usedom ist schließlich die Ostsee erreicht.

Am polnischen Ufer führt der **Oderradweg (Szlak Odry)** von der polnisch-tschechischen Grenze bis zur Insel Wolin. Zusammen mit den Teilabschnitten **Radweg Grüne Oder (Szlak Zielona Odra)** zwischen Kostrzyn und Szczecin und dem **Rundweg Stettiner Haff R 66** bildet der Szlak Odry eine touristische Radelstrecke, die über den gesamten Verlauf der polnischen Oder bis zur Ostsee reicht.

Beste Bedingungen auf der Radroute 20 zwischen Trzcińsko-Zdrój und Siekierki

Auf der Oder mit dem Boot

Für Schiffe und Sportboote gelten auf der Oder die allgemeinen **internationalen Schifffahrtsverkehrsregeln und -zeichen.** Auf den Seiten der Wasserstraßen- und Schifffahrtsverwaltung des Bundes (WSV) findet man unter www.elwis.de, Reiter »Binnenschifffahrt«, die **aktuellen Informationen** zum Wasserverkehr, zu Schleusungen, Fahrrinneneinschränkungen u.v.m.

Einreiseformalitäten nach Polen

Polen ist Mitglied im europäischen Schengenverbund, das heißt, Ausweiskontrollen an der Grenze finden in der Regel nicht statt. Personalausweis oder Reisepass müssen für den Identitätsnachweis aber mitgeführt werden. Kinder brauchen einen eigenen Ausweis mit Lichtbild (Kinderreisepass oder -personalausweis).

Hunde und Katzen dürfen mit, wenn sie, im EU-Heimtierausweis dokumentiert, mindestens 21 Tage und maximal 12 Monate vor dem Grenzübertritt gegen Tollwut geimpft worden sind.

Weitere Infos erhält man über:

Auswärtiges Amt, Tel. 030/50000, www.auswaertiges-amt.de

Polnisches Fremdenverkehrsamt, Hohenzollerndamm 151, 14199 Berlin, Tel. 030/2100920, www.polen.travel/de

Weitere Hinweise in den »Reisetipps von A bis Z« (→ S. 397).

Unterwegs mit Kindern

Von der Neißemündung bis zum Ostseestrand ist an der Oder Wasser, natürlich, das alles prägende Element. Hier stehen Baden und Wassersport bei kleinen wie großen Menschen in der Beliebtheit ganz oben. Dazu haben wir in den einzelnen Kapiteln jeweils die schönsten Badestrände und tüchtigsten Bootsverleiher aufgeführt. Mit dem Paddelboot lassen sich an der Oder auf einer geführten Tour selbst mit kleineren Kindern paradiesische Wasserlandschaften entdecken. Oder aber man lässt sich schippern, geht auf große Fahrt mit einem Odermaßkahn, wird mit einem Schiffsfahrstuhl über den Berg gehievt oder startet auf Usedom eine Seefahrt zu den Robbenbänken.

Wenn die Sonne mal nicht vom Himmel lacht, laden von Eisenhüttenstadt bis zum Meer Freizeit- und Erlebnisbäder zum Wasserspaß ein. Zahlreiche auch für Kids spannende Museen, Theater für Kinder, Tierparks und Kleintierzoos und auch manches kuriose Abenteuer, wie zum Beispiel die Zinnowitzer Tauchgondelfahrt, lassen keine Langeweile aufkommen.

Mit der Zinnowitzer Tauchgondel geht es hinab zum Meeresgrund

Mit dem Boot

Besonders schön sind die Paddeltouren mit kundiger Naturführung im **Nationalpark Unteres Odertal.** Zwischen Biberburgen und Froschkonzerten geleiten die Kanuführer durch das Wasserlabyrinth und erzählen, was es mit dem einzigen Auen-Nationalpark in Deutschland auf sich hat. Kürzere Rundtouren über sieben Kilometer in vier Stunden sind für kleinere Kinder mit im Programm; ab Nationalparkzentrum Criewen, Schwedt, Gartz, Mescherin. **Geführte Kanutouren** im Nationalpark bietet die zertifizierte Naturführerin Frauke Bennett (→ S. 214) an. Touren mit zertifizierten Kanuführern sind außerdem buchbar über die Touristeninformation Schwedt (→ S. 220). Vor Ort schwimmen im **Nationalparkhaus in Criewen** (→ S. 212) über 20 heimische Fischarten im riesigen Oderaquarium. Mehrere große Landschaftsmodelle zeigen den Fluss in den verschiedenen Zeitaltern.

Mit dem Schiff

Von Frankfurt (Oder) aus tuckert der altgediente **Breslauer Maßkahn »Onkel Helmut«** (→ S. 117) zu den Lebuser Adonishängen. Weiter nördlich befördert in Niederfinow das **Schiffshebewerk** Wasservehikel vom Paddelboot bis zum Schubverband über die steile Klippe, mit der die Barnim-Hochfläche zur Oderniederung abstürzt. Eine Fahrt mit dem spektakulären Schiffslift hinauf und hinab zählt für Jung und Alt zu den einzigartigen Erlebnissen im Oderland (→ S. 188).

Nahebei gibt es im **Oderberger Binnenschifffahrts-Museum** (→ S. 190) von Kaffenkähnen über Schleppdampfer bis zu modernen Schubbooten viele faszinierende Schiffsmodelle zu sehen. Am Ufer der Alten Oder ist die »Riesa« beim Museum gestrandet, ein alter Elbe-Seitenraddampfer, dem man ins Maschineninnere schauen kann. Großstadtsightseeing vom Wasser aus macht bestimmt auch den Kleinen Spaß. In **Szczecin** (Stettin) legen Ausflugsdamp-

Bootspartie an der Alten Oder in Wriezen

fer zu **Fluss- und Hafenrundfahrten** ab (→ S. 257).

Altwarp am Stettiner Haff ist der Heimathafen des pittoresken **Krabbenkutters »Lütt Matten«**. 70 Jahre hat der bald auf den Planken und setzt immer noch unermüdlich Kind und Kegel zu Fuß oder Drahtesel zum Schwesterort Nowe Warpno über (→ S. 309).

Von Freest am Peenestrom und vom Hafen Peenemünde auf Usedom legen Ausflugsdampfer zu den **Kegelrobbenbänken** am Großen Stubber oder Oier Riff ab. Die knuddeligen Meeresbewohner – Deutschlands größte frei lebende Raubtiere – zu Gesicht zu bekommen, ist umso wahrscheinlicher, desto ruhiger das Wetter ist (→ S. 335, 377).

Zoos, Tierparks, Wildgehege

Europäische Wildtiere, alte Nutztierrassen und auch Exoten wie Lamas oder Hängebauchschweine kann man im **Wildpark in Frankfurt (Oder)** bestaunen (→ S. 118).

Der **Oderbruchzoo in Altreetz** (→ S. 180) ist recht klein, aber durch seine familiäre Atmosphäre besonders beliebt. Seine Geschichte beginnt als erster Schulzoo der DDR, und bis heute ist sein Fortbestehen durch viel Engagement, Liebe und Leidenschaft zu den Tieren gesichert. Auf einem Spaziergang können Familien neben Schafen und Ziegen, Eseln, Ponys und Kaninchen auch Alpakas, Rhesusäffchen und Makaken in Augenschein nehmen.

Das **Haus der Naturpflege in Bad Freienwalde** (→ S. 182) hat Natur zum Erleben und Naturschutz zum Mitmachen für Kinder und Erwachsene zum Ereignis gemacht. Auf der Streuobstwiese und im ökologischen Schau- und Lehrgarten wachsen über 1000 Kultur- und Wildpflanzen. Ein kleines Naturkundemuseum und der hohe Eulenturm bieten prächtige Ein- und Ausblicke auf das märkische Oderland.

Im **Tierpark Ueckermünde** (→ S. 313) leben an der Haffküste rund 400 heimische und exotische Tiere in 100 Arten. Einige Gehege dürfen sogar betreten und die Tiere gestreichelt werden.

Den mächtigen **Wisenten in den Reservaten auf Usedom** (→ S. 347) und **Wolin** (→ S. 277) sollte man dagegen besser mit respektvollem Abstand begegnen. Zu den

Fütterungszeiten stellen sie sich jedoch zuverlässig in ihren Schaugehegen ein. Dort kann man dem Treiben der urtümlichen Zottelgesellen, durch Zäune geschützt oder von Aussichtsbalustraden herab, aus nächster Nähe zuschauen.

Kunterbunt und leichtflügelig geht es hingegen in der **Schmetterlingsfarm Usedom** (→ S. 372) in Trassenheide zu. Über 2000 Schmetterlinge in 60 verschiedenen Arten flattern durch die Tropenhalle. Außerdem gibt es zwischen Wasserfällen und tropischen Pflanzen Papageien und Schildkröten zu sehen. Das Insektarium zeigt die Vielfalt der artenreichsten Tiergruppe der Welt und warum sie für das Leben auf unserem blauen Planeten so wichtig ist. Wer sich nicht fürchtet, kann dort auch zahlreiche Spinnentiere bewundern.

Theater und Museen

Für kleine Helden ist das **Feuerwehr- und Technikmuseum in Eisenhüttenstadt** (→ S. 98) ein Muss. In der 700 Quadratmeter großen Halle dreht sich alles um Feuerwehren vom 16. bis zum 20. Jahrhundert. Historische Uniformen, technische Gerätschaften aus unterschiedlichen Zeiten und vor allem eine Fülle von Löschfahrzeugen sind zu sehen, vom Kutschen-Oldtimer bis zum modernen LF 10 Hansa-Lloyd-Wagen.

In einer umgestalteten Dampfmaschinenhalle verzaubert das **Theater der Lachens in Frankfurt (Oder)** Kids zwischen 4 und 100 mit Puppentheater (→ S. 118). Das Repertoire reicht von der *Schneekönigin* über *Pettersson und Findus* bis zu Maurice Sendaks *Wo die wilden Kerle wohnen*. Musikalisch steht zum Beispiel Mozarts *Zauberflöte* kindgerecht auf dem Programm.

Rund ums Fliegen dreht sich alles im **Anklamer Otto-Lilienthal-Museum** (→ S. 318). In der Geburtsstadt des legendären Flugpioniers kommen Kinder und ihre Familien der Physik vom Abheben auf die Spur, lernen die Brüder Otto und Gustav Lilienthal kennen und können alle bekannten Flugapparate Lilienthals unter die Lupe nehmen.

Nicht weit entfernt steht in Peenemünde auf Usedom die Wiege der Raumfahrt. Im Zweiten Weltkrieg startete von dort die erste Großrakete der Menschheitsgeschichte, die die Grenze zum Weltraum erreichte. Der NS-Staat setzte sie gegen die Zivilbevölkerung seiner Kriegsgegner ein. Das **Historisch-Technische Museum Peenemünde** (→ S. 375) zeigt kleinen und großen Besuchern am authentischen Ort, wie nah Nutzen und Missbrauch neuer Technikentwicklungen oft beieinanderliegen.

Im Ort selbst wartet das **Spielzeugmuseum Peenemünde** (→ S. 377) mit Kasperltheater und Puppenstuben, Teddybären und Zinnsoldaten aus drei Jahrhunderten auf, während um die Ecke die **Phänomenta** (→ S. 377) Kindern und ihren Eltern physikalische Phänomene zum Anfassen und Mitmachen erklärt.

Ebenfalls auf der Insel Usedom entführt die **»Blechbüchse« in Zinnowitz** (→ S. 372) Kinder in Märchenwelten und Puppenspiele, zeigt junges Theater für Jugendliche und Schauspiel, Kabarett und Revue für die Großen.

Freizeitparks und andere Abenteuer

Wie die alten Slawen und Wikinger lebten, können Familien auf der Insel **Wolin** beim gleichnamigen Städtchen hautnah erfahren. Im **Slawen- und Wikingerzentrum** (→ S. 268) geht es in der palisadenbewehrten Siedlung mit reetgedeckten Holzhütten, Tempeln und Schiffsanleger zu wie im 10. Jahrhundert. Handwerker in historischen Kostümen lassen sich beim Schmieden oder Bronzegießen über die Schulter schauen, und wer möchte, kann sich selbst einmal im Spinnen, Filzen oder Weben ausprobieren.

Zig Attraktionen für kleine Abenteurer bietet **Karls Erlebnis-Dorf in Koserow** (→ S. 360) auf Usedom. Eine Traktorbahn tuckert durchs Dorf, und mit der Erdbeer-Raupenbahn geht es über Stock und Stein. Kinderbauernhof und Kartoffelsack-Megarutsche, Irrgarten, Gokartbahn für die Minis und in der Scheune Schatzhöhle, Kuscheltierfabrik und Tobeland bringen jede Menge Spaß. Popcorn-, Erdbeereis-, Keks- oder Schokomanufakturen dürfen nicht fehlen, in denen man bei der Produktion nicht nur zuschauen, sondern auch kosten kann. Und wer dann immer noch Hunger hat, nimmt mit seinen Erwachsenen zum Beispiel in der Pfannkuchenschmiede oder der Hofküche Platz.

Wer lieber abtauchen möchte, um den Meeresspiegel einmal von unten zu sehen, kann mit der **Tauchgondel** (→ S. 368) am Ende der Seebrücke in **Zinnowitz** viereinhalb Meter tief zum Ostseegrund sausen und durch Panoramafenster das bunte Treiben der Meeresbewohner verfolgen.

Die älteste **Eisenbahndampffähre** der Welt liegt im Hafen von **Wolgast** vertäut (→ S. 332). In ihrer 100-jährigen Einsatzzeit beförderte sie bis zu drei Eisenbahnwaggons und 300 Passagiere pro Fahrt und war darüber hinaus als Schlepper und Eisbrecher in Betrieb. Heute lässt sich die »Stralsund« von technikbegeisterten Kids ins Innere schauen: in den Maschinenraum, in die Kapitänskajüte oder die Messe. Ganz groß für kleine Käpt'ns ist es auch, einmal oben auf der Kommandobrücke zu stehen.

Badespaß bei schlechtem Wetter

Das **Inselbad Eisenhüttenstadt** (→ S. 99) wartet für Jung und Alt neben Lagunenpools, Strömungskanal und Riesenrutsche mit Sauna und Dampfbad, Mini-Plansche, Schwimmer- und Nichtschwimmerbecken und beheiztem Freibecken mit großer Liegewiese auf.

Auf Usedom baden Familien in der **Ahlbecker OstseeTherme** (→ S. 389) drinnen und draußen in angenehm 32 Grad warmem Solewasser. Babybecken und Wassergarten für die Kleinsten, Wassergrotte und Rutsche für die größeren Kleinen und Wassersitzbank und Massagedüsen, Sauna und Dampfbäder für die Großen laden zum Aufenthalt ein.

Eintauchen kann man außerdem in der **Zinnowitzer Bernsteintherme** (→ S. 372). Im Meerwasserpool ziehen die Sportler Bahnen, während Eltern auf den Sprudelbänken entspannen und die Kleinen im Wasserspielparadies auf ihre Kosten kommen.

Im Woliner Slawen- und Wikingerdorf reisen Besucher in vergangene Zeiten

Es gibt viele Gründe, diesen Flecken Erde näher kennenzulernen: Der Zauber der Landschaft, Zeugnisse einer bewegten Vergangenheit und ein mannigfaltiges kulturelles Erbe sind die Begleiter der Oder auf ihrer Reise von der Neißemündung zur Ostsee. Die stille Natur aktiv zu genießen und die Freude an den einfachen Dingen machen die Faszination an den Ufern der Oder aus.

DER FLUSS, DAS LAND, DIE LEUTE

Angler in Święta zwischen Szczecin und Wolin

Die Oder im Überblick

Länge: 866 km bis zum Stettiner Haff, davon rund 130 km in Tschechien, rund 560 km in Polen und rund 180 km als deutsch-polnischer Grenzstrom
Quelle: 633 m üNN im tschechischen Odergebirge bei Kozlov, ca. 20 km östlich von Olomouc (Olmütz)
Mündung: durch das Stettiner Haff in die Ostsee mit drei Mündungsarmen: Peenestrom zwischen westlichem Festland und Usedom, Świna (Swine) zwischen Usedom und Wolin, Dziwna (Dievenow) zwischen Wolin und dem östlichen Festland
Flussranking: mit 574 m³/s mittlerem Abfluss nach Rhein, Donau, Inn, Elbe fünftgrößter Fluss in Deutschland; mit rund 17 Mrd. m³ Jahresabflussvolumen sechstgrößter Zufluss zur Ostsee; nach Flusskilometern Platz 18 unter den längsten Flüssen Europas; nach der Weichsel zweitlängster Fluss Polens
Einzugsgebiet: von der Quelle zur Mündung knapp 120 000 km²
Einwohner im Einzugsgebiet: 16,25 Mio., davon 1,5 Mio. in Tschechien, 14 Mio. in Polen, 750 000 in Deutschland
Wichtigste Städte: Ostrava (Ostrau), Opole (Oppeln), Wrocław (Breslau), Zielona Góra (Grünberg), Frankfurt (Oder), Schwedt/Oder, Szczecin (Stettin), Świnoujście (Swinemünde)
Wichtigste Nebenflüsse: Nysa Kłodzka (Glatzer Neiße), Bóbr (Bober), Lausitzer Neiße, Warta (Warthe), Ina (Ihna)
Regionen: von der Quelle stromabwärts in Tschechien Bezirk Olomoucký kraj/Mähren; in Polen Woiwodschaft Śląsk/Oberschlesien, Woiwodschaft Opole/Oberschlesien, Woiwodschaft Dolny Śląsk/Niederschlesien, Woiwodschaft Lubuskie/Lebuser Land und Neumark, Woiwodschaft Zachodniopomorskie/Westpommern (ehem. Hinterpommern); in Deutschland Bundesland Brandenburg, Bundesland Mecklenburg-Vorpommern

Blick vom uckermärkischen Gartz hinüber zum polnischen Oderufer

Landschaft und Natur

866 Kilometer durchwandert die Oder auf ihrem Weg von der Quelle bis zum Stettiner Haff. Bevor ihre zahlreichen Schlingen, Kurven und Kehren ab dem 18. Jahrhundert für einen effektiveren Schiffsverkehr zurechtgestutzt wurden, war sie sogar noch um 160 Kilometer länger. Oderkapitäne müssen unterwegs mehrmals umflaggen, denn die Oder ist ein Dreiländerfluss. Sie entspringt in Tschechien, durchfließt das südwestliche Polen, wird zum deutsch-polnischen Grenzfluss, danach wieder polnisch, um nach dem Durchfließen des Stettiner Haffs mit einem deutschen und zwei polnischen Mündungsarmen der Ostsee entgegenzuziehen.

Dabei passiert sie nicht nur drei Staaten, sondern auch die unterschiedlichsten Landschaften vom Mittelgebirge ins Flachland hinab. Man unterscheidet sie hydrologisch in vier Abschnitte: die Quelloder von der Quelle bis zur tschechisch-polnischen Grenze; die Obere Oder von dort bis auf die Höhe von Wrocław (Breslau); die Mittlere Oder zwischen Wrocław und der Warta-(Warthe-)Mündung bei Kostrzyn (Küstrin); und ab da die Untere Oder bis zum Stettiner Haff (Zalew Szczeciński).

Die Mährische Pforte im tschechisch-polnischen Grenzgebiet bildet die Wasserscheide zwischen dem Einzugsgebiet der Oder und den Flusssystemen von Elbe und Donau. Die Oder wiederum kündet als erste Botin die meteorologische Trennlinie zwischen dem westeuropäischen Seeklima und dem osteuropäischen Kontinentalklima an. Und dass sie der mitteleuropäischste aller Ströme ist, ersicht man allein schon daran, dass etwa 10 bis 15 Kilometer östlich ihrer Ufer von Trzęsacz am Ostseestrand über Stargard östlich von Szczecin nach Görlitz/Zgorzelec an der Lausitzer Neiße und weiter nach Süden der 15. Längengrad verläuft. An diesem wird die Mitteleuropäische Zeit festgelegt.

Von der Quelle bis zur Mündung

Quelloder und Obere Oder

Das Quellgebiet der Oder liegt in den östlichen Ausläufern der Sudeten in der Nähe von Olomouc (Olmütz) im mährischen Odergebirge. Dort am Südosthang des Fidlův kopec (Lieselberg) tritt sie auf 633 Metern über dem Meeresspiegel im grünen Fichtenwald aus dem Boden und gurgelt in vielen Windungen durch das Mittelgebirge talwärts in Richtung tschechisch-polnischer Grenze. Auf dem Weg dahin zieht sie zwischen dem Odergebirge und den Mährischen Beskiden durch die Mährische Pforte – Wasserscheide zwischen den Einzugsgebieten von Oder, Elbe und Donau und zugleich die historische Grenze zwischen Mähren und Schlesien.

Rund um Ostrava (Ostrau) kurz vor der tschechisch-polnischen Grenze kündigen die vielen Schlote der Hüttenwerke und Kokereien das nahe oberschlesische Industrierevier an. Verstärkt durch die einmündende Olza im unmittelbaren Grenzbereich fließt die Oder nach Polen hinein.

In der Region Oberschlesien ist der Fluss in der Woiwodschaft Śląsk (Schlesien) in der Mitteleuropäischen Tiefebene angelangt. Ab Koźle (Cosel), auf halber Höhe zwischen Ratibórz (Ratibor) und Oppole (Oppeln), ist er schiffbar.

Die Oderquelle am tschechischen Lieselberg

Fruchtbare Ackerböden links und rechts der Ufer begleiten seine Reise durch das Schlesische Tiefland (Nizina Śląska). Er passiert Oppole, die historische oberschlesische Hauptstadt in der gleichnamigen Woiwodschaft Opolskie und nimmt danach Kurs Nord-Nordwest Richtung Wrocław (Breslau).

Wrocław an der Oder: mit 642 000 Einwohnern viertgrößte Stadt Polens, Hauptstadt der Woiwodschaft Dolny Śląsk (Niederschlesien), Kulturhauptstadt Europas 2016 und mit Warschau und Krakau bedeutendstes Kulturzentrum Polens. Auf zwölf Inseln mit zahlreichen Brücken und Kanälen gebaut, wird die Stadt auch das »polnische Venedig« genannt.

Von dort strömt die Oder in flottem Tempo und zahlreichen Volten von West nach Nord und wieder nach West durch die fast noch unberührte Landschaft des Mittleren Odertals (Dolina Środkowej Odry). Weite Auwälder und zahlreiche verkrautete Altarme begleiten den Fluss auf seinem Weg Głogów (Glogau) entgegen. Dort grüßt er die wiedererrichtete Altstadt am südlichen Ufer, um dann kurz vor Bytom Odrzańskie (Beuthen) in die Woiwodschaft Lubuskie einzuziehen.

Erbe der Eiszeiten

Bis vor die Tore von Breslau wurde der europäische Norden im Wechsel von Jahrzehntausenden mehrmals von mächtigen Eismassen überzogen. Gewaltige Gletscher prägten in den Eiszeiten das Land. Auf ihrem Rückzug in wärmeren Perioden hinterließen sie hügelige Moränenzüge, tischebene Sanderflächen und beim Abfluss der Gletscherwasser bis zu 20 Kilometer breite Urstromtäler.

In Brandenburg und Polen frästen die ablaufenden Schmelzwasser der Weichseleiszeit vor rund 18 000 Jahren drei große Urstromtäler zwischen die höherliegenden Platten: im Süden das Glogau-Baruther Urstromtal, das von Głogów via Zielona Góra (Grünberg) und Krosno Odrzańskie (Crossen an der Oder) über den Oberspreewald und Baruth in der Mark Richtung Elbe zieht; in der Mitte das Warschau-Berliner Urstromtal; und nördlich das Thorn-Eberswalder Urstromtal, das über Kostrzyn (Küstrin) dem Verlauf des Oderbruchs folgt, um auf der Höhe von Bad Freienwalde nach Westen zu schwenken. Ab dem westlichen Havelland mit dem Warschau-Berliner Urstromtal vereint, flossen deren glaziale Wassermassen ebenfalls Richtung Elbe ab und schufen dabei die typischen aus Sanden und Kiesen aufgebauten, extrem breiten Talniederungen.

Diesen eiszeitlichen Service macht sich die Oder in ihrem Mittel- und Unterlauf mehrfach zunutze. In ausgedehnten Mäandern folgt sie – wo sie nicht abgekürzt, begradigt oder kanalisiert worden ist – über längere Strecken dem Verlauf der weichseleiszeitlichen Urstromtäler. Regelmäßige Überschwemmungen und die damit einhergehenden Sedimentablagerungen haben die Böden an ihren Ufern fruchtbar gemacht.

Wo sie auf ihrem Weg zur Ostsee aber auf Widerstand stieß, musste sie sich selbst einen Weg bahnen. Die Folge sind gelegentlich steil abfallende Geländekanten, wie zum Beispiel der Abbruch der Lebuser Platte. Beim hohen Reitweiner Sporn hat sich die Oder durch diese Grundmoräne aus glazialem Geröll geschnitten. Weiter nördlich stürzt die Barnim-Hochfläche abrupt ins Oderbruch ab. So wechseln sich stromabwärts die Weite im Bereich der Urstromtäler und engere Abschnitte des Odertals mit teils steilen Geländeabstürzen ab.

Im Nationalpark Warthemündung

Mittlere Oder

Schwankte die Oder an ihrem Oberlauf noch zwischen Norden und Westen, vollführt sie nun wenige Flusskilometer hinter Krosno Odrzańskie eine endgültige 90-Grad-Volte in Richtung Ostsee. Von der Lausitzer Neiße unterstützt, die sie auf Höhe des brandenburgischen Ratzdorf schluckt, zieht sie auf den kommenden 162 Flusskilometern die Grenze zwischen Deutschland und Polen. Ihr zur Linken liegen das Bundesland Brandenburg, zur Rechten die Woiwodschaft Lubuskie (Lebus), später Mecklenburg-Vorpommern und die Woiwodschaft Zachodniopomorskie (Westpommern). Unterwegs im Mittleren Odertal, sind die sozialistische Planstadt Eisenhüttenstadt und die Doppelstadt Frankfurt/Słubice die wichtigsten urbanen Wegmarken.

Nördlich von Frankfurt bildet die kleine historische Bischofsstadt Lebus das Tor zum Oderbruch. Über 55 Kilometer Länge und bis zu 15 Kilometer breit erstreckt sich Deutschlands größter Flusspolder zu den Hohensaatener Schleusen hinauf. Durchschnittlich zwei bis fünf Meter tiefer als der Oderstrom liegt das fruchtbare Niederungsland, von Deichen, Schöpfwerken, Wehren und zahlreichen weiteren Maßnahmen vor Überflutung geschützt.

Bei Kostrzyn (Küstrin) mündet die Warta (Warthe) ein. Unmittelbar vor den Grenzen der ehemaligen Festungsstadt verwandelt der größte Nebenfluss der Oder sein Überschwemmungsgebiet im Nationalpark Warthemündung (Park Narodowy Ujście Warty) in ein atemberaubendes Wasser-Land-Mosaik. Kurz darauf fließt die Oder, durch die Wasserkraft der Warthe verstärkt, von der Woiwodschaft Lubuskie in die Woiwodschaft Zachodniopomorskie hinüber. Der Strom hat seinen unteren Abschnitt erreicht.

Untere Oder

Noch einmal schwenkt die Oder in nordwestliche Richtung. Linker Hand dehnt sich am deutschen Ufer das flunderflache Oderbruch aus. Erst weit hinten am Horizont lassen sich die grünen Oderhänge ausmachen, die rechter Hand am polnischen Ufer nun ganz nah an den Fluss herantreten. Auf Höhe des Schiffshebewerks Niederfinow, das Wasserfahrzeuge jeglicher Art über den Absturz der Barnimplatte ins Odertal hievt, hat sich der Strom, wie es scheint, durch den eiszeitlichen nördlichen Landrücken gekämpft. Tatsächlich handelt es sich um einen bereits Mitte des 18. Jahrhunderts vorgenommenen Durchstich durch die Endmoräne, mit dem der Flusslauf von Hohenwutzen/Osinów Dolny (Niederwutzen) stromabwärts nach Hohensaaten um gut 20 Kilometer abgekürzt wurde.

Ab den Schleusen in Hohensaaten rahmen westlich die Hohensaaten-Friedrichsthaler Wasserstraße und östlich die Stromoder das Untere Odertal ein. Über 42 Kilometer verläuft die künstliche Wasserstraße, kurz »HFW« genannt, parallel zum Oderhauptstrom. Dazwischen regulieren im Zwischenstromland, keinen halben Meter über dem Meeresspiegel, im Nationalpark Unteres Odertal zahlreiche Bauwerke das Wasserniveau. Schwedt an der HFW und flussabwärts Gryfino (Greifenhagen) sind die einzigen größeren Orte auf dem Weg zur Odermetropole Szczecin (Stettin).

Nördlich von Schwedt gabelt sich der Oderhauptstrom bei Widuchowa (Fiddichow): Mit der Westoder (Odra Zachodnia) vollzieht auch die polnisch-deutsche Grenze einen Westschwenk. Die Ostoder (Odra Wschodnia) trägt das Gros der Wassermassen Richtung Stettiner Haff stromabwärts. Wenige Kilometer südlich von Gartz mündet die Hohensaaten-Friedrichsthaler Wasserstraße in die Westoder ein. Kurz darauf hat sie hinter dem Weiler Mescherin die deutsch-polnische Grenze erreicht. Fortan ist die Oder wieder ein durchweg polnischer Strom, der wie zum Willkommen vor den Toren von Szczecin (Stettin) seine beiden Hauptarme zu einem bald zehn Kilometer durchmessenden, faszinierenden Binnendelta ausbreitet.

Von Stettin zur Ostsee

Auf dem Stettiner Stadtgebiet grüßt die Westoder (Odra Zachodnia) im Zentrum der Odermetropole das Schloss der Pommerschen Herzöge, während sich einen Katzensprung weiter östlich die Ostoder/Reglitz (Odra Wschodnia/Regalica) zum Dąbie-See (Dammscher See) weitet, Polens viertgrößtem Binnengewässer. Noch ein letztes Mal kommen die beiden Flussarme an der nördlichen Stettiner Stadtgrenze zusammen. Bald darauf, nachdem sie an den Schornsteinen der Industriestadt Police (Pölitz) vorübergezogen sind, dehnen sie sich mit vereinten Kräften zur Roztoka Odrzańska (Papenwasser) aus: der mit dem Hauptörtchen Stepnica (Stepenitz) gut acht Kilometer langen Oderausmündung ins Stettiner Haff.

Auf der Höhe von Trzebież (Ziegenort) fließt das Papenwasser ins Zalew Szczeciński (Stettiner Haff) ein. Rund 700 Quadratkilometer seichte Brackwasser misst die nach dem Kurischen Haff größte Ostseelagune. Gletscherschmelzwasser der Weichseleiszeit waren ihre Geburtshelfer. Ein riesiger Eisstausee entstand, aus dem sich allmählich das Stettiner Haff entwickelte. Zur Pommerschen

Bucht hin wird es von den Inseln Usedom (Uznam) und Wolin (Wollin) nahezu abgeriegelt. So wäre es im Lauf der Jahrtausende vielleicht zu einer Art Supertümpel geworden – würden es nicht die Mündungsarme der Oder durchziehen.

Westlich transportieren der Peenestrom, östlich die Dziwna (Dievenow) und in der Mitte die Świna (Swine) das weit gereiste Odersüßwasser durch das Haff der Ostsee entgegen. Dabei entwässern über die Świna etwa 70 Prozent des Oderzuflusses, über den Peenestrom und die Dziwna jeweils rund 15 Prozent.

Zugleich sind die drei Odermündungsarme auch Meeresarme, über die bei stürmischem Wetter Ostseesalzwasser weit ins Haff hineindrängt. Vor allem über die Swine wurden außerdem Unmengen Sand eingespült. Sie schwemmten an der Woliner Haffküste zahlreiche größere und kleinere Eilande auf, durch die sich die alte Swine schlängelt – ein riesiges Rückseitendelta, das die Oder hier geradezu schulbuchmäßig ausgeformt hat.

Usedom und Wolin

Die Schwesterinseln Usedom und Wolin sind Teil eines Endmoränenbogens, quasi einer soliden glazialen Schutthalde, die die Gletscher der Weichseleiszeit auf ihrem Rückzug in mehreren Staffeln hinterlassen haben. Im Norden der Inseln drückt die Pommersche Bucht gegen den Ostseestrand, im Süden wogen die Schilfgürtel an ihren Haffküsten. Westlich scheidet der Peenestrom Usedom, östlich die Dziwna Wolin vom Festland, während wiederum die Świna (Swine) die beiden Inseln voneinander trennt. Um den Hauptmündungsarm der Oder besser schiffbar zu machen, wurde die Swine im letzten Drittel des 19. Jahrhunderts zwischen Haff und Ostsee kanalisiert. An ihren Ufern liegt beidseitig auf Usedom wie Wolin die Kur- und Hafenstadt Świnoujście (Swinemünde) als traditionsreiches Seebad der ersten Stunde an der pommerschen Ostseeküste.

Östlich trennt die Dziwna (Dievenow) die Insel Wolin vom pommerschen Festland. Beim gleichnamigen Städtchen Wolin verlässt sie das Haff und erweitert sich wenig später zum Zalew Kamieński (Camminer Bodden). Zentrum dort sind die alte Domstadt Kamień Pomorski (Cammin) und am Ostseestrand der muntere Badeort Dziwnów (Diewenow), wo die Dziwna von langen Molen ge-

In Dziwnów mündet die Dziwna in die Ostsee

Eisgang an der Oderbrücke bei Krajnik Dolny

leitet ins Meer übergeht. Polens höchste Kliffs, die beim Seebad Międzyzdroje (Misdroy) jäh hinter dem Strand aufsteigen, stehen ebenso wie die alten Buchenwälder auf der Insel Wolin schon seit Jahrzehnten im Woliński-Nationalpark (Woliński Park Narodowy) unter Schutz.

Am vorpommerschen Peenestrom bilden die Lilienthalstadt Anklam und die ehemalige Residenzstadt Wolgast die Pforten zur Insel Usedom. Die legendären »Kaiserbäder« Bansin, Ahlbeck und Heringsdorf am feinen Sandstrand, im Achterland ein farbenprächtiges Mosaik bunter Wiesen und funkelnder Seen und am romantisch zerlappten Achterwasser kleine Weiler und stille Winkel schmücken der Berliner beliebteste »Badewanne«. Mit rund 700 Sonnenstunden im Sommer zählt Usedom zu den sonnigsten Urlaubsregionen Deutschlands.

Klima und Wetter

Das Einzugsgebiet der Oder kennzeichnet die Übergangszone zwischen dem atlantisch-maritimen und dem kontinentalen Klima. Die Temperaturen sind gemäßigt, mit leichten Schwankungen in den Regionen westlich und etwas stärkeren Schwankungen östlich der Oder. Niederschläge fallen im Winter weniger als im Sommer und sind im Vergleich insgesamt eher gering. So werden am Unterlauf der Oder jährlich durchschnittlich nur 500 bis 600 Millimeter Niederschlag pro Quadratmeter gemessen, im Oderbruch häufig sogar unter 300 Millimeter. Dazu gesellt sich von Frühjahr bis Herbst ein oft trockenes, warmes Hochdruckwetter. In der Kombination führt das zu so stark sinkenden Pegelständen, dass die Binnenschifffahrt nicht selten eingestellt werden muss. Ihrem Charakter nach ist die Oder mithin ein »Steppenfluss«.

Hochwasserereignisse, insbesondere zu Frühlingjahrsbeginn und im Sommer, stehen dazu nicht im Widerspruch. Die Auslöser dafür kann man in den Höhenlagen der Sudeten und der Westbeskiden ausmachen. Wenn sich dort nach ausgiebigen späten Schneefällen plötzlich eine mildere, meist mit starkem Regen verbundene Witterung einstellt, schmilzt der Schnee binnen kürzester Zeit ab.

Unmengen an Schmelzwasser werden dann von den Gebirgsflüssen zu Tal gewälzt. Als Nebenflüsse der Oder lassen sie schon bald darauf den Strom an seinem Oberlauf über die Ufer treten, und die Flutwelle rollt.

Eine sogenannte »Vb-Wetterlage« löst die gefürchteten Sommerhochwasser aus. Dabei zieht ein Adriatief über den nördlichen Balkan in Richtung Baltikum ab und transportiert feuchtwarme Mittelmeerluft nach Polen. Trifft diese dort auf nord-nordöstliche Kaltluft, kommt es zu ausdauernden, massiven Niederschlägen, welche die Oder samt ihren Nebenflüssen bedrohlich anschwellen lassen. Im Zuge des Klimawandels verharren solche Tiefdruckgebiete auch immer länger an Ort und Stelle, wodurch die Starkregenereignisse ebenfalls zunehmend länger anhalten.

Im Winter kann es, bedingt durch den kontinentalen Einfluss, im Odereinzugsgebiet durchaus sehr kalt werden. Kleine, runde und flache Eisschollen, die ein bisschen wie Zuckergusstörtchen ausschauen, treiben dann mit der Oder stromabwärts. »Brieger Gänse« nennt sie der Volksmund, was seinen Ursprung in Brieg, dem heutigen Brzeg an der Oder hat. Bei der schlesischen Stadt, wo im tiefen Auwald auch der Nikolaus wohnt, kommen die schneeweißen Gänse Jahr für Jahr am Winteranfang hinter einer Buhne hervor und kündigen die nahe Weihnachtszeit an. So zumindest kann man es in der Erzählung *Brieger Gänse fliegen nicht* nachlesen, die der 1920 in Brieg geborene Schrifsteller Helmut J. P. Auer verfasst hat.

Bei Dauerfrost schließt sich die »Gänseschar« zu einer Eisdecke zusammen und sorgt so dafür, dass der Strom allmählich zum Stillstand gelangt. Wo die Eisschollen sich übereinanderschieben und hohe Barrieren auftürmen, kommen Eisbrecher zum Einsatz. Sie verhindern, dass Wasserfluten aus dem Oberlauf weiter stromabwärts auf Eissperren treffen und sich stauen. Zuletzt hat es ein solches Ereignis mit bis zu drei Meter hohen Eisversetzungen im Superwinter 1981/1982 gegeben.

In Bezug auf die Sonnenscheindauer zählen Brandenburg, Mecklenburg-Vorpommern und die Woiwodschaft Zachodniopomorskie (Westpommern) zu den Spitzenreitern. Rund 700 Sonnenstunden wurden im Sommer 2021 gezählt. Das sind, rein rechnerisch, mehr als zwei Monate durchgehend herrliche Sommertage. Im Juli/August klettert das Thermometer auf eine durchschnittliche Höchsttemperatur von 23 Grad Celsius, heiß-trockene Sommertage mit über 30 Grad eingeschlossen. Und es werden mehr infolge des Klimawandels. Die sommerlichen Hitzeperioden nehmen auch an der Oder zu und die Frosttage ab, während sich die Niederschläge, wie sie früher vor allem im Sommer üblich waren, in andere Jahreszeiten verlagern.

Tier- und Pflanzenwelt

Wälder, Wiesen und Auen und im Hintergrund über der Niederung, mal näher, mal weiter entfernt, die Oderhänge sind wie die Schilfgürtel die ständigen Begleiter in der Oderregion. Es sind uralte Kulturlandschaften, an die der Mensch von den mittelalterlichen Waldrodungen über die Trockenlegung der Sümpfe und Flussauen ab dem 18. Jahrhundert bis zum streckenweisen Totalumbau des Oderlaufs bis ins 20. Jahrhundert hinein Hand angelegt hat. Entstanden ist dadurch eine halboffene Flussauenlandschaft, die die vielfältigsten Naturphänomene in einer engen, bunten Abfolge miteinander vereint.

An der Oder als einem der letzten naturnahen mitteleuropäischen Ströme wechseln Hoch- und Niedrigwasserstände oft sogar mehrmals im Jahr ab. Trockenheit und Nässe treffen hier hart aufeinander: Moore und Binnendünen, Feuchtwiesen, Röhricht und Sanderflächen, Auwälder und an den steilen Oderhängen Steppenrasen, wie sie sonst eher in mediterranen Regionen vorkommen, machen den eigentümlichen Reiz dieser weiten Landschaft aus. Darüber hinaus nimmt der Fluss eine wichtige Rolle als »Biokorridor« ein. Pflanzen und Tiere bewegen sich mit dem Strom, was flussauf und flussab zum Austausch mit anderen Lebensräumen führt.

Flora

Noch immer rahmen vielerorts dichte Wälder das Odertal. Sie bedecken die Hänge der teils steil in die Flussniederung abstürzenden Endmoränenzüge. Wo deren Böden nährstoffreich sind, gedeihen Eichen-Buchen-Wälder und Hainbuchen-Ulmen-Hangwälder. Die Buche, die reichhaltige Erde liebt, kommt nur noch auf einem Zehntel ihrer angestammten Flächen im Odereinzugsgebiet vor. Deshalb genießt sie, wie im Woliński-Nationalpark auf der Insel Wolin oder im Cedyński-Landschaftspark, dessen Höhenzüge östlich das Oderbruch einfassen, eine besondere Wertschätzung.

Auenlandschaften sind wertvolle Lebensräume für Flora und Fauna

Trockenrasenlandschaft bei Owczary

Auf kargeren Flächen und auf durch Sandverwehungen entstandenen Binnendünen haben Birken, Robinien und vorwiegend Kiefern Wurzeln geschlagen. Hangabwärts hin zum niederen Offenland begleiten sie wärmeliebende Sträucher wie Schlehe und Hundsrose, Weiß- oder Kreuzdorn.

Die lichten Bereiche der Oderhänge, die starker Sonneneinstrahlung ausgesetzt sind, besiedeln typische Trockenrasengesellschaften: Zitter- und Schillergras, lila Sibirische Glockenblumen, Wiesen-Kuhschellen und die zierlichen purpurnen Karthäusernelken. Als unbestrittene Frühjahrskönigin taucht das kleine Adonisröschen die Hänge im April in ein gelbes Blütenmeer – am berühmtesten rund um Lebus und nahe dem Dörfchen Mallnow. Hier ist auch touristisch alles auf die Adonisblüte im Vorfrühling eingestellt.

Im Deichhinterland wechseln sich Feld- und Ackerwirtschaft, Gras- und Weideland auf den fruchtbaren Schwemmböden mit meist naturgeschützten Auwäldern, Feuchtwiesen und Mooren ab. Die selten gewordenen Weich- und Hartholzauen, die im Mittelalter zwei Drittel des Odertals bedeckten, sind als Flusswälder auf den ständigen Wechsel zwischen Trockenheit und Überflutung angewiesen. Sie überdauern noch teils an den Altarmen. Am schönsten kann man sie im Nationalpark Unteres Odertal erwandern.

Im Deichvorland sind im natürlichen Überschwemmungsraum Silberweiden, Ulmen, Erlen, Eschen und Schwarzpappeln die charakteristischen Flussbegleiter. Die Feuchtwiesen und Uferbereiche schmücken Sumpfdotterblumen und Orchideenarten. Schilfröhrichte, Seggenriede und Teichrosen zieren die Altwasserarme, in denen sich sogar der Gemeine Schwimmfarn ausbreitet. Der in hiesigen Gefilden seltene und zugleich kleinste europäische Wasserfarn, der wie eine Art Glücksklee ausschaut, liebt die Wärme, wie er sie in den windgeschützten Altwässern vorfindet.

Schilf und Binsen

Eine Besonderheit im Mündungsgebiet am Stettiner Haff sind die Flusstalmoore. Die Nieder- und Überflutungsmoore an Peene, Uecker und Peenestrom zählen zu den bedeutendsten ihrer Art in Europa. Das Gelblichweiße Knabenkraut kann man nur im Peenetal finden, wogegen der Sumpfwurz mit seinen zierlichen Blüten, ebenfalls eine Orchideenart, im Feuchtgebiet in beeindruckender Fülle auftritt. Exemplarisch seien außerdem die gelbe Trollblume und das kleine weißblühende Studentenröschen genannt.

Am Haff und am Ostseestrand beherrschen neben schilfwogenden Küsten, Buchenwäldern und Kiefernheiden weite Heide- und Salzgraslandschaften das Bild. Binnendünen wie bei Altwarp am südlichen Stettiner Haff wurden bis zu 15 Meter hoch direkt hinter dem Meeressaum aufgeweht. Silbergras, Strohblumen und Schafschwingel halten den Sand. Seeseitig vorgelagert breiten sich feuchte Seggen- und Binsenwiesen aus, die bald darauf zum Wasser hin in Schilfröhricht übergehen.

Fauna

Mit ihren großzügigen Überschwemmungsgebieten und vielen Altwasserarmen sind besonders die Mittlere und die Untere Oder wahre Vogelparadiese. Auf Sandbänken und Buhnenfeldern, im Ried, auf Wiesen und in Baumwipfeln brütet von der Neißemündung bis zum Stettiner Haff eine riesige Vogelschar, darunter zahlreiche seltene Arten.

Die ausgedehnten Feuchtwiesen bilden wichtige Rückzugsgebiete für den munter zwischen den Halmen turnenden Seggenrohrsänger ebenso wie für den scheuen Wachtelkönig, beide akut vom Aussterben bedroht. Der stark gefährdete kleine Flussuferläufer findet auf den Kiesbänken der unverbauten, krautigen Ufer sein Habitat, während die Bekassine Feuchtwiesen, Mooren und Tümpeln den Vorzug gibt. Dort pickt die »Himmelsziege« – so genannt wegen des wummernden, meckenden Geräuschs, das die Männchen während der Balz machen – mit ihrem langen, schmalen Schnabel am liebsten Käfer und Schnaken.

Die streng geschützten seltenen Schwarzstörche horsten zumeist in den Wäldern am östlichen Oderufer, ebenso wie der majestätische Seeadler. Um seinen Bestand muss man sich dank intensiver Naturschutzmaßnahmen inzwischen zum Glück keine Sorgen mehr machen. Das Vorkommen von Rohrweihe und Schwarzmilan gilt ebenfalls als gesichert. Beide Greifvogelarten lieben Auenlandschaften. Die Rohrweihe baut im dichten Schilf ihr Nest, während der Schwarzmilan seinen Horst in ufernahen Bäumen errichtet. Auf der Jagd heben sie dann ins offene Wiesenland ab, um dort Kleinsäuger, Frösche, Insekten und Nestlinge anderer Vögel zu schnabulieren. Der Schwarzmilan schnappt sich auch Fische von der Wasseroberfläche.

In den Hartholzauen an den Oderaltarmen klopfen Spechte um die Wette, hüpfen die winzigen Waldbaumläufer die Stämme hinauf und kopfüber die Kleiber hinunter – als einzige Vogelart, die dieses akrobatische Kunststück beherrscht. Die sonnigen Wiesen und Waldinseln im Deichhinterland bevölkern Neuntöter, Kiebitze, Braunkehlchen und Wiesenpieper sowie – erst jüngst leider auf der Roten Liste der vom Aussterben bedrohten Arten gelandet – die kleine Sperbergrasmücke.

Graugänse an der Oder

Im Frühling und Herbst kann man in den Oderpoldern und Altarmlandschaften von Stettin stromaufwärts bis zur Warthemündung Vogelzüge von Tausenden Goldregenpfeifern, Brachvögeln, Strandläufer- und Schnepfenarten beobachten. Darüber hinaus legen in diesen zwei Jahreszeiten unzählige Kraniche und nordische Gänse auf ihrer langen Reise von und nach Afrika einen Zwischenstopp an der Oder ein. Von den Rastplätzen im unberührten Zwischenstromland vor den Toren Stettins über den Nationalpark Unteres Odertal bis zum Nationalpark Warthemündung verwandeln sie die Oderniederung zweimal im Jahr in ein spektakuläres, vor lauter Zwitschern, Gackern, Pfeifen, Gurren und Tirilieren manchmal ohrenbetäubendes Vogelreich.

Säugetiere gibt es natürlich auch. Das ganze Panoptikum der typisch mitteleuropäischen Tierwelt tummelt sich in Scharen im Wald- und Wiesenland an der Oder: Wildschweine, Rot-, Dam- und Muffelwild, Füchse, Dachse und Marder. Und auch die gefährdeten Feldhasen, Siebenschläfer und eine Reihe von Fledermausarten fühlen sich wohl. Elche wurden erstmals 2006 im Unteren Odertal gesehen, inzwischen sind auch die Wölfe zurückgekehrt. In den Gewässern gehen Fischotter auf Beutefang und der Biber baut seine Burgen. Nicht immer zur Freude der Anrainer fällt der putzige Nager wertvolle Bäume und schafft Stauseen, wo sie nach menschlicher Vorstellung nichts zu suchen haben. Doch die europaweit geschützten Biber erfüllen genau wie die Wölfe oder die ebenfalls streng geschützten Hornissen allesamt ihre natürlichen Aufgaben, ein Jedes nach seiner Art, und tragen damit zum ökologischen Gleichgewicht bei.

Weiße Flieger auf roten Socken

Vom Frühling bis zum Spätsommer begleitet uns der Storch durch die schöne Jahreszeit. Sein volkstümlicher Name Adebar bedeutet »Glücksbringer« (von germanisch *auda* für »Glück« und *bera* für »tragen, gebären«). Und tatsächlich: Wenn Störche ihre Horste auf Masten und Dachfirsten bauen, freut sich der Mensch, denn dies heißt, dass das Haus nicht vom Blitz getroffen wird und das Glück darin wohnt. Niemals lässt sich Adebar an Orten nieder, wo sich unterirdische Wasserläufe kreuzen und deshalb dort der Blitz einschlagen könnte. Darüber hinaus ist er ein treuer Geselle. Nach seinem Winteraufenthalt in Afrika kehrt er Ende März, Anfang April in seinen angestammten Sommerheimatort zurück. Und bezieht er dort wieder denselben Horst, ist das ein Zeichen dafür, dass die Welt noch in Ordnung ist. Anschließend legt die Storchendame drei bis vier Eier – selten auch bis zu sieben –, die sie mit ihrem Gefährten die nächsten 30 bis 35 Tage arbeitsteilig bebrütet.

Vor allem zur Paarungs- und Nistzeit ist die Luft von Schnabelgeklapper erfüllt. Es wird zur Begrüßung des Partners geklappert, zur Balz und zur Verteidigung gegen Futter- und Nestkonkurrenten – weshalb man sie ja auch »Klapperstörche« nennt. Zwitschern oder singen kann der Weißstorch nicht, er hat keine Stimme. Umso umfangreicher erklingt dafür das Repertoire an Rufen und Gesängen, die sein kleinerer, schwarzer und äußerst seltener Verwandter von sich gibt. Und während der Weißstorch weite Felder und offene Feuchtgebiete bevorzugt, scheut der Schwarzstorch die Menschen. Er fühlt sich in tiefen Waldlandschaften wohl und nistet dort in den Baumkronen. Auf der Speisekarte aller Störche stehen Fische, Reptilien, Amphibien und kleine Säuger. Gut 200 Hektar Jagdrevier benötigen Herr und Frau Adebar, um ihre Nesthockerbrut großzuziehen. Täglich gut 360 Gramm Futter pro Schnabel – das sind 15 Mäuse oder 60 Regenwürmer – müssen für den hungrigen Nachwuchs herangeschafft werden, bis er nach etwa zwei Monaten flügge wird.

In den letzten Augusttagen neigt sich der Storchensommer dem Ende entgegen. Die Jungstörche beginnen sich in Trupps auf den just abgeernteten Feldern zu sammeln. Hunderte weiß-schwarze Gesellen staksen dann über die Stoppeln, um hier oder da noch einen Happen als Wegzehrung für die lange Reise zu schnappen. Rund acht Tage nach den Jungen ziehen die Alttiere los. Vor ihnen liegt eine 10 000 bis 12 000 Kilometer lange Strecke, um zu den afrikanischen Winterquartieren zu gelangen.

Eine neue Generation wird flügge

Anders als ihre westeuropäischen Familienangehörigen, die eine Flugroute über Gibraltar wählen, ziehen die Oder-Störche mit den mittel- und osteuropäischen Storchenverbänden über den Bosporus, Kleinasien und das Rote Meer bis nach Südafrika. Von dort kehren sie im nächsten Frühling wieder in ihre Sommerheimat zurück.

Die Oder im Strom der Zeit

Von der Quelle zur Mündung, von der Mährischen Pforte bis zum Stettiner Haff verbindet die Oder als historischer Fluss, als umkämpfter Fluss, als Grenzfluss, als Brückenfluss und europäischer Strom zahlreiche sich im Fluss der Geschichte verändernde Räume miteinander: Zeiträume, Sprach- und Kulturräume, Landschafts- und Naturräume. Oder wie die polnische Kulturhistorikerin Beata Halicka 2012 schrieb: »Die historischen Regionen des Oderraums haben (…) nicht nur eine Vergangenheit, sie haben viele Vergangenheiten.«

Slawische Besiedlung

Im von den Germanen verlassenen Land zwischen Elbe, Oder und Weichsel ließen sich im 6./7. Jahrhundert westslawische Stämme nieder. Noch bis ins 11. Jahrhundert hinein bildete die Elbe die Grenze zwischen ihren Siedlungsgebieten und dem ganz Westeuropa umspannenden karolingischen Reich. Mit der Kaiserkrönung Karls des Großen im Jahr 800 war es als Erneuerung des römischen Imperiums aus der Taufe gehoben worden.

Es waren heidnische Stämme, die einen Pantheon voller Naturgottheiten anbeteten, in losen Sippenverbänden zusammenlebten, Viehzucht, Fischfang und Ackerwirtschaft betrieben, hölzerne Burgen und in deren Schutz Dörfer errichteten. Bereits vor der Jahrtausendwende trieben sie Fernhandel mit Russland, Byzanz und sogar Arabien. Wilzen, später Liutizen, siedelten im Raum Mecklenburg-Vorpommern, Pomoranen im Land zwischen Oder- und Weichselmündung, Spreestämme im mittleren Brandenburg, Luziser in der Niederlausitz und Polanen zwischen Warthe und mittlerer Weichsel. Sie sprachen verschiedene polabische Sprachen und von der Spree südwärts bis in die Lausitz Sorbisch in unterschiedlichen Dialekten. Wobei allen Verwandten gemeinsam war, dass sie ihre Nachbarn fremder Zunge als *niemy*, »die Stummen«, bezeichneten. Noch heute klingt dies beinahe wortgleich beispielsweise im polnischen *niemiecki* für »Deutsche« und *Niemcy* für »Deutschland« an.

Reiche entstehen – Regnum Teutonicorum

Im Jahr 919 wählten die deutschen Stammesfürsten den sächsischen Herzog Heinrich (um 876–936) zum König des Ostfränkischen Reichs. Diese Wahl eines der ersten nichtkarolingischen Herrscher über das Ostfrankenreich läutete die Entwicklung zum Reich der Deutschen (Regnum Teutonicorum) ein. Unter Heinrich erweiterten blutige Unterwerfungsfeldzüge gegen die Elbslawen 928/929 das Herrschaftsgebiet gen Osten. Bis zur Oder hin wurden die westslawischen Fürsten tributpflichtig gemacht.

Heinrichs Sohn Otto I. (deutscher König 936–973, römischer Kaiser 962–973) setzte das Werk seines Vaters fort. Er baute Burgen und gründete Marken zur Sicherung seiner östlichen Grenzländer und richtete für die Missionierung der heidnischen Slawen Missionsbistümer ein. 965 taucht erstmals der Name »Odera« in einer Urkunde Ottos auf. 983 erhoben sich die westslawischen Stämme unter der Führung der Liutizen in ihrem bis dato größten Aufstand gegen die Bestrebung der sächsischen Könige, den Raum zwischen Elbe und Oder unter ihre Herrschaft zu zwingen. In einem Schriftstück des Polanenherrschers Mieszko I. um 990 wird die »Oddera« als westliche Grenze Großpolens bezeichnet.

Reiche entstehen – Polonia

Das polanische Siedlungsgebiet zwischen Wisła (Weichsel) und Warta (Warthe) ist die Keimzelle Polens. Bereits im 8. Jahrhundert wurde Gniezno (Gnesen) gegründet, Hauptort der Polanen und erste Residenz des Geschlechts der Piasten, aus dem bis 1370 alle polnischen Regenten hervorgehen sollten.

Erster historisch verbürgter Herrscher aus der Piastendynastie ist Mieszko I. (reg. um 960–992). Unter ihm dehnten die vereinigten Polanenstämme ihr Hoheitsgebiet weit nach Westen und Norden aus. 963 waren sie bis zur Elbe vorgedrungen, wo Mieszko nach erfolglosem Waffengang Kaiser Otto I. den Treueeid schwor und ihm für das Land an Oder und Warthe fortan Tribut entrichtete.

966 ließ Mieszko sich taufen und trat damit – und mit ihm sein ganzes Volk, wie damals üblich – in die Gemeinschaft des christlichen Abendlands ein. Noch im selben Jahr wurde das Missionsbistum Poznań (Posen) gegründet, womit »Polonia«, wie das Piastenreich erstmals bezeichnet wurde, zum nordöstlichen Vorposten der Christenheit avancierte. Als erster großer Herrscher ging Mieszko

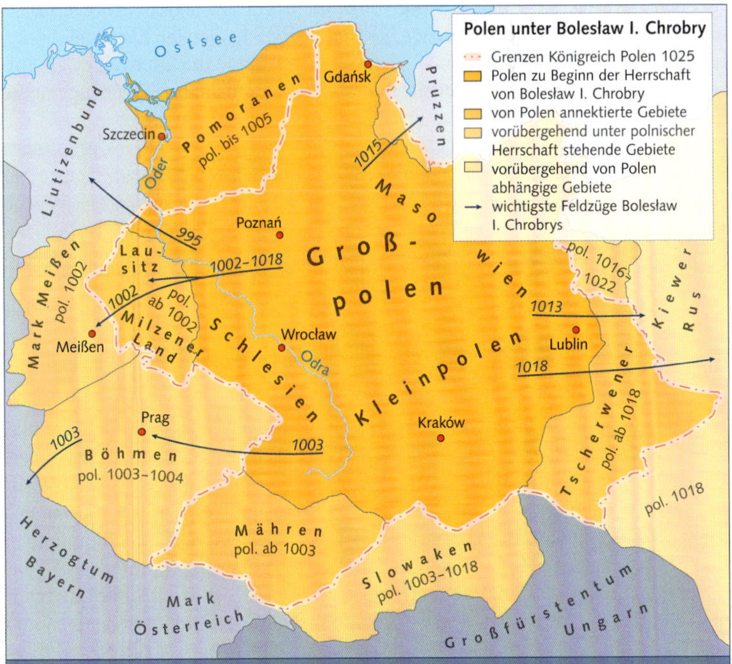

Polen unter Bolesław I. Chrobry

in die Geschichte ein: Abkömmling eines sagenhaften Ahnen namens Piast, von dem alle Herrscher Polens aus der Piastendynastie abstammen sollen. Er verstarb 992 und fand seine letzte Ruhestätte in der Kathedrale zu Poznań. Auf dem Herzogsthron folgte ihm sein ältester Sohn Bolesław I. Chrobry (der Tapfere), unter dem Polens glanzvoller Aufstieg begann.

Bolesław I. Chrobry

Herzog Bolesław I. Chrobry (reg. 992–1025) erweiterte wesentlich das piastische Herrschaftsgebiet und trieb zugleich die innere Einigung voran. In Gnesen kam es im Jahr 1000 zur geschichtsträchtigen Zusammenkunft zwischen dem polnischen Herzog und Otto III. (deutscher König 983–1002, römischer Kaiser 996–1002). In deren Folge wurde Gnesen zum Erzbistum und Bolesław zum »Bruder und Mitstreiter« erhoben, das heißt zum gleichrangigen Herrscher unter den Fürsten im Heiligen Römischen Reich. Der Akt von Gnesen besiegelte die kirchliche Souveränität und gleichberechtigte Partnerschaft Polens im Imperium Romanum Christianum.

Nach dem frühen Tod Kaiser Ottos III., der 1002 mit nur 22 Jahren verstarb, änderte sich die politische Großwetterlage. Zwischen 1003 und 1017 folgten unter anderem wegen der umstrittenen östlichen Grenzmarken Lausitz und Milzener Land (Oberlausitz) drei lange Kriege: Heinrich II. (deutscher König 1002–1024, römischer Kaiser 1014–1024) – nun im Bündnis mit den slawischen Liutizen – kämpfte dabei gegen den polnischen Nachbarn. 1018 fanden die Konfrontationen im Frieden von Bautzen ein Ende. Heinrich II. erkannte die Grenzen des polnischen Herzogtums inklusive Lausitz und Milzener Land an. Im Gegenzug musste Bolesław I. den Lehnseid leisten und Böhmen an den Kaiser abtreten.

An seiner Tage Abend blickte »der Tapfere« auf ein gewaltiges polnisches Reich. Es erstreckte sich von der Odermündung bis zur ungarischen Grenze, im Osten wurde es jenseits der Flüsse San, Bug und Narew begrenzt und im Westen von Oder und Elbe. In seinem Todesjahr 1025 erfüllte sich schließlich Bolesław I. Chrobrys größter Wunsch: Mit päpstlichem Segen wurde er zum ersten König von Polen gekrönt.

An der Ostseeküste

Das Siedlungsgebiet der Pomoranen (»Küstenbewohner«) zwischen Oder- und Weichselmündung war 980 unter Mieszko erstmals unter den Einfluss der Polanen (»Feldbewohner«) gelangt. Doch sollte es noch über ein weiteres Jahrhundert dauern, bis die »Küstenbewohner« vollständig unterworfen waren. Bolesław III. Krzywousty (Schiefmund), ab 1102 Herzog von Polen – die Kronwürde war unter Mieszkos Nachfolger wieder verloren gegangen –, bezwang die Pomoranen in drei Feldzügen 1116, 1119 und 1121. Mit der Eroberung Stettins (Szczecin) in der dritten Schlacht um Pommern musste der erste historisch verbürgte pommersche Herzog, Wartislaw I., 1121 die polnische Oberhoheit anerkennen und sich zu Tribut, Heerfahrt und Christianisierung verpflichten. 1128 beschlossen seine Gefolgsleute auf einem Landtag zu Usedom – eher weniger freiwillig – die

Christianisierung Pommerns. Nach dem Tod Bolesławs III. Krzywousty 1138 erfolgte, so wie es der verstorbene Machthaber testamentarisch verfügt hatte, die Aufteilung des Piastenreichs unter seinen Söhnen in fünf Teilherzogtümer. Die polnische Oberhoheit über Pommern erlosch damit wieder.

Wendenkreuzzug und weitere Waffengänge

Schon seit längerer Zeit war der Ruf nach einem »heiligen Krieg« gegen die slawischen Stämme zwischen Elbe und Oder laut geworden. 1147 sammelte sich schließlich mit kirchlichem Segen, angeführt von den sächsischen Herrscherhäusern der Askanier, Welfen und Wettiner sowie hohen geistlichen Würdenträgern, ein Kreuzfahrerheer zum »Wendenkreuzzug«. Die schätzungsweise 60 000 Mann starke Streitkraft bestand aus einer vorwiegend deutschen, außerdem polnischen, dänischen und böhmischen Kreuzritterschaft. Kaum drei Monate dauerte der blutige Waffengang, der die ostelbischen Regionen verwüstete, slawische Siedlungen niederbrannte und Kultstätten zerstörte. Dabei wurde in zwei Abteilungen operiert: Der eine christliche Heeresteil zog nördlich Richtung Schweriner See ins heutige Mecklenburg, der andere Tross ritt nordöstlich gen Stettiner Haff. Militärische Siege konnten die Kreuzfahrer zwar keine erringen, und auch Belagerungen, wie die der Stettiner Burg, waren erfolglos. Trotzdem blieb der Wendenkreuzzug nicht ergebnislos:

Zwei mächtige Sachsenherzöge, Heinrich der Löwe und Albrecht der Bär, demonstrierten mit dem grausamen Kriegszug ihre Herrschaftsansprüche. Als dritte Macht im Bunde profitierte die dänische Krone: Im Verlauf von insgesamt 21 »Wendenzügen« in der zweiten Hälfte des 12. Jahrhunderts – darunter 1173 die Eroberung von Stettin – kam Pommern 1185 unter dänische Herrschaft. Dabei blieb es bis zur Schlacht bei Bornhöved, als 1227 eine norddeutsche Koalition gegen Dänemark antrat. Vier Jahre später gelangte Pommern unter brandenburgische Lehnshoheit.

Grabmal von Mieszko I. und Bolesław I. Chrobry in der Kathedrale zu Poznań

Die Geburt der Mark Brandenburg

Mit dem Wendenkreuzzug untermauerten Heinrich der Löwe wie Albrecht der Bär ihre territorialen Ansprüche in Ostelbien. Albrecht (um 1100–1170) aus dem Haus der Askanier, einem führend an der deutschen Ostkolonisation beteiligten Fürstengeschlecht, erhielt bereits 1134 vom Kaiser die Nordmark verliehen. Diese entsprach etwa dem heutigen südlichen Mecklenburg-Vorpommern und nördlichen Brandenburg. 1150 trat er nach dem Tod des letzten slawischen Fürsten Pribislaw-Heinrich auf der Burg Brandenburg im westlichen Havelland dessen Erbe an. Ein umstrittenes Erbe, das Albrecht erst sieben Jahre später mit der Erstürmung der Brandenburg durchsetzen konnte. Fortan nannte sich der »Bär« *dei gratia marchio in Brandenborch* (»von Gottes Gnaden Markgraf von Brandenburg«). Und so ging das Jahr 1157 als die Geburtsstunde der Mark Brandenburg in die Geschichte ein.

Unter Albrecht setzte die planmäßige Kolonisierung der eroberten östlichen Gebiete ein. Siedler aus Sachsen, Schwaben, Westfalen ebenso wie Thüringer, Friesen, Holländer und Flamen ließen sich dort nieder. Sie verschmolzen allmählich mit der verbliebenen slawischen Bevölkerung, die die Kriege und Zwangsmissionierung der vergangenen beiden Jahrhunderte überlebt hatte. Dörfer und befestigte Städte mit Marktrecht entstanden, und Klöster eröffneten.

Landgewinne, Landverluste

In den kommenden beiden Jahrhunderten gewannen die Askanier die Uckermark, den Barnim und weitere Ländereien dazu und dehnten ihren verbrieften Herrschaftsbereich bis zur Oder und Ostsee aus. Mehr und mehr deutsche Siedler strömten ins Land. Sie hatten den eisernen Pflug im Gepäck und führten die Drei-Felder-Wirtschaft ein. Zwischen 1250 und 1350 wurden zahlreiche Städte nach Magdeburger oder Lübischem Recht gegründet, und die wichtigsten Handelsorte schlossen sich der Hanse an. Mit der Stiftung des Klosters Lehnin kamen bereits 1183 erstmals Mönche des Zisterzienserordens in die Mark. Sie missionierten die heidnischen Slawen und trugen mit fleißigen Händen Entscheidendes zur Urbarmachung zahlreicher Landstriche bei.

Denkmal für Albrecht den Bären an der Zitadelle Spandau in Berlin

Nach dem Aussterben der askanischen Markgrafen fiel Brandenburg 1319 ans Reich zurück. Unruhige Zei-

Auf dem Lebuser Turmberg markieren Stahlelemente die einstige Bischofsburg

ten mit wechselnden Herrschaften brachen an, zunächst unter den bayerischen Wittelsbachern, ab 1373 dann unter den Luxemburgern. Die Potentaten zeigten sich überwiegend desinteressiert an dem nicht sonderlich fruchtbaren Land. Die Lehnshoheit über Pommern ging wieder verloren. 1388 verpfändete der Luxemburger Sigismund (1378–1388 und 1411–1415 Kurfürst von Brandenburg, 1411–1433 König von Böhmen, 1419–1433 römisch-deutscher Kaiser) die gesamte Mark für 560 000 Gulden an seinen Cousin Jobst von Mähren. 1402 wurde die Neumark am mittleren Oderlauf an den Deutschen Orden verkauft.

Lebuser Land

Auch an der Mittleren Oder lebten etwa seit dem 7. Jahrhundert slawische Stämme. Zwischen Spree, Warthe und Neißemündung waren es die zum Stammesverbund der Liutizen zählenden Leubuzzi, deren Kernregion rund um das heutige Städtchen Lebus lag. Vermutlich nach ihrem Fürsten Liubus, der wohl Mitte des 9. Jahrhunderts auf dem Lebuser Oderhang eine Burg bauen ließ, wurden sie so genannt.

Seit Bolesław I. Chrobrys (reg. 992–1025, → S. 38) Zeiten zählte die Region zum polanischen Herrschaftsbereich. Gleichwohl blieb sie ein steter Zankapfel zwischen den nach Osten expandierenden deutschen, nach Westen greifenden polnischen und von Norden her drängenden pommerschen Herzögen. 1109 unterwarf Kaiser Heinrich V. das Lebuser Land und übertrug es dem Erzbistum Magdeburg als Lehen. Bolesław III. Krzywousty (Schiefmund), Herzog von Polen und in ständige militärische Auseinandersetzungen mit Böhmen und Pommern, Magdeburg und dem Kaiser verwickelt, eroberte es 1115/1119 zurück und gründete bereits wenige Jahre später, vermutlich um 1125, beidseits der mittleren Oder das Bistums Lebus. Die Diözese wurde dem polnischen Erzbistum Gniezno (Gnesen) eingegliedert und war damit, sehr zu seinem Verdruss, der Kontrolle des Magdeburger Erzbischofs entzogen.

Terra trans Oderam

Innenpolitisch führte Bolesław III. mit dem »Senioratsprinzip« eine Neuregelung für die Thronfolge im Piastenreich ein. Dem männlichen Erstgeborenen, dem Seniorherzog mit Sitz in Krakau, gebührte die Oberhoheit über die unter allen weiteren Söhnen aufgeteilten Gebiete. Nach dem Tod des »Schiefmund« 1138 wurde das Reich also geteilt, und das Lebuser Land ging an dessen Sohn Władysław II. Für die kommenden 111 Jahre gehörte es zum polnischen Herzogtum Schlesien.

Das Senioratsprinzips aber stellte sich schon bald als eine verhängnisvolle Neuerung heraus. Denn nun entstand eine Vielzahl miteinander konkurrierender Territorialherzogtümer, die oft nur noch die Empörung gegen den Senior miteinander verband – unwichtig, wer auch immer in Krakau gerade den Thron bestieg oder wieder abgesetzt wurde. Und selbst in den Teilherzogtümern kam es zu Bruderkriegen. So auch in Schlesien: Als Gegenleistung für militärische Unterstützung und zur Finanzierung seiner Streitigkeiten gegen die Brüder trat Herzog Bolesław II. Rogatka (der Kahle) 1249 die Hälfte des Lebuser Lands an das Erzbistum Magdeburg ab und nahm den anderen Teil von den Magdeburgern als Lehen. Währenddessen wuchs durch geschickte Heirats-, Einkaufs- und Tauschpolitik der Einfluss der brandenburgischen Markgrafen in der Region weiter an. 1287 übernahmen sie schließlich die alleinige Herrschaft in der »terra trans Oderam«, im »Land jenseits der Oder«.

Neumark

Neben den Zisterziensermönchen taten sich bei der Ostkolonisation vor allem die Tempelritter hervor. Der schlesische Herzog Henryk I. Brodaty (Heinrich I. der Bärtige, um 1165–1238) hatte den Templerorden reich mit Grund und Boden östlich der Mittleren Oder beschenkt. So sollten die spärlich besiedelten Ländereien urbar gemacht und die Einwanderung fleißiger Bauern und Handwerker im Schutz der Ordensniederlassungen gefördert werden. 1266 tauchte für das Gebiet zwischen nördlich Chojna (Königsberg/Neumark) und Myślibórz (Soldin) bis südlich zur Warthe erstmals die Bezeichnung »terra trans Oderam« auf. 1303 fiel dafür erstmalig der Name »Nova Marca« (Neumark). Das alte Lebuser Land südlich davon, ebenfalls ab 1287 unter der Herrschaft der Brandenburger, erhielt nach dem Ort Sternberg in der Neumark (Torzym) den Namen »Sternberger Land«.

Das Haus Hohenzollern übernimmt

Mit dem Erlöschen des Askaniergeschlechts in Brandenburg 1319 waren die Konflikte um die Regionen diesseits und jenseits der Oder jedoch längst nicht befriedet. 1402 verpfändete der luxemburgische Kurfürst von Brandenburg und spätere römische Kaiser Sigismund die Neumark an den Deutschordensstaat im fernen Pruzzenland. 1411 entsandte er den Nürnberger Burggraf Friedrich VI. (um 1371–1440) aus dem Hohenzollerngeschlecht als obersten Verweser in die vom Raubritterunwesen heimgesuchte Mark Brandenburg. 1415 übertrug er Friedrich die Kurfürstenwürde, zwei Jahre später fand dessen feierliche Belehnung statt. Fortan nannte sich der Hohenzoller Kurfürst Friedrich I. von Brandenburg. Und mit diesem Titel ging er als Urahn aller brandenburgischen, preußischen und deutschen Kurfürsten, Könige und Kaiser bis 1918 in die Geschichte ein.

Unter den nachfolgenden Hohenzollern gelang schrittweise die Konsolidierung ihres Herrschaftsgebiets. Die in der Raubritterzeit erlangte Selbstständigkeit der Städte wurde wieder eingeschränkt, der mächtig gewordene Landadel zurückgedrängt, die Neumark 1455 vom Deutschen Orden zurückgekauft. Und in der Lausitz wurden die Lande Cottbus und Peitz und für die Neumark die Kleinstherzogtümer Crossen (Krosno Odrzańskie) und Züllichau (Sulechów) gewonnen.

Nur gegen die pommerschen Herzöge vermochten die Kurfürsten wenig auszurichten. Noch bis in 16. Jahrhundert hinein tobten zermürbende Grenzkriege zwischen Pommern und Brandenburg mit Verlusten auf beiden Seiten.

Pommern unter den Greifenherzögen

Ins Jahr 1121, als Bolesław III. Krzywousty im Zuge der dritten Schlacht um Pommern Stettin eroberte (→ S. 38), fällt die erste Erwähnung Wartislaws I. von Stettin (reg. 1121–1135) aus dem Greifengeschlecht. Der erste sicher bezeugte pommersche Herrscher und Begründer der Greifendynastie schickte den Bamberger Bischof Otto (1060–1139) zur Missionierung der slawischen Heiden ins Land. Nach Eroberungen westlich der Oder wurde Wartislaw 1135 von den dort siedelnden, revoltierenden Liutizen getötet. Ihre Zwangsmissionierung konnten sie dennoch nicht abwenden. Bereits 1140 wurde das Bistum Wolin gegründet, 1153 folgte die Eröffnung des Klosters Stolpe bei Anklam, 1173 die Gründung von Kloster Kolbatz (Kołbacz) nicht fern von Stettin. Und auch die Einwanderung deutschsprachiger Siedler nahm ihren Anfang. Förderer des Zuzugs waren neben der Geistlichkeit vor allem die Greifenherzöge, die sich von einer höheren Einwohnerzahl in ihrem dünn besiedelten Territorium eine produktivere Wirtschaftskraft und damit sprudelnde Steuereinnahmen versprachen.

Wartislaw I. mit seinen Gemahlinnen Heila und Ida

Die Überreste der Festung Küstrin sind noch immer eindrucksvoll

Die fruchtlosen militärischen Auseinandersetzungen mit Brandenburg konnten 1529 beigelegt werden. Die Hohenzollern erkannten die Reichsunmittelbarkeit Pommerns an und sicherten sich dafür die Erbfolge im Falle des Erlöschens der Greifen im Mannesstamm. 1534 hielt die Reformation Einzug im Land. Und obwohl das Haus mit dem Greifenvogel im Wappen im Lauf der Zeit in zahlreiche winzige Herzogtümer aufsplitterte, konnte es sich doch bis zum Aussterben des Geschlechts 1637 über 500 Jahre lang in Pommern behaupten.

Im Todesjahr Bogislaws XIV., der 1637 kinderlos starb, wütete der Dreißigjährige Krieg. Die Schweden hielten Pommern besetzt, das im Westfälischen Frieden 1648 östlich der Oder an Brandenburg-Preußen fiel, während Vorpommern westlich des Stroms schwedisch blieb.

Brandenburg im 16. Jahrhundert

Nach dem letzten Willen von Kurfürst Joachim I. wurde Brandenburg 1535 zwischen seinen männlichen Nachkommen aufgeteilt: Der jüngere Sohn, Markgraf Johann, erhielt den östlichen brandenburgischen Teil, namentlich die Neumark und das Sternberger Land. Er wählte Küstrin (Kostrzyn) als Residenz und ließ dort am Oderufer ein Schloss und mächtige Befestigungsanlagen bauen. Der Ältere, Kurfürst Joachim II. Hektor (reg. 1535–1571), übernahm die Herrschaft in der Kurmark, dem größeren, westlich der Oder gelegenen Teil Brandenburgs. 1569 bewirkte er die Mitbelehnung des Herzogtums Preußen im fernen Pruzzenland (Ostpreußen), in dem bis dato seine Verwandten, die fränkischen Hohenzollern, regierten. Ein halbes Jahrhundert später ging das preußische Lehen vollständig auf die brandenburgischen Regenten über. Sowohl Joachim I. als auch Johann führten in ihren Landesteilen die Reformation ein. 1571 starb der jüngere Bruder ohne Erben, und die Neumark wurde mit Brandenburg wieder vereint.

Jagiellonisches Großreich und Niedergang

Unterdessen war in Polen das größte Königreich Europas entstanden. 1384 hatte man der elfjährigen Hedwig (Jadwiga) von Anjou die polnische Krone aufs Haupt gesetzt und ihre Ehe mit dem litauischen Großfürsten Jogaila arrangiert. Das heidnische Litauen umfasste in jener Zeit große Teile des Baltikums und von Belarus bis südlich zur Ukraine. 1386 wurde Jadwiga mit Jogaila vermählt, der das Christentum annahm und unter dem Taufnamen Władysław Jagiełło (reg. 1386–1434) als König von Polen-Litauen den Thron bestieg. Quasi über Nacht war ein riesiges polnisch-litauisches Großreich entstanden. Jadwiga und Władysław Jagiełło wurden zu den Begründern der Jagiellonen-Dynastie, die für die nächsten fast 200 Jahre die Geschicke Polens lenkte – das Anfang des 17. Jahrhunderts schließlich ein Gebiet vom Baltikum bis zum Schwarzen Meer umfasste.

1572 erlosch das Haus der Jagiellonen. Den Kampf um die Nachfolge entschied der polnische Adel für sich. Künftig wurde der König vom Adel gewählt, der kaum Interesse an einem gemeinsamen starken Regierungschef hegte. Den Dreißigjährigen Krieg (1618–1648) überstand das polnisch-litauische Doppelreich vergleichsweise unbeschadet. In der zweiten Hälfte des 17. Jahrhunderts jedoch mehrten sich die unheilvollen Konflikte: gegen Schweden um das Baltikum und die südliche Ostseeküste, gegen Russland um die östlichen Grenzen, im Süden gegen das Osmanische Reich, dazu in der Ukraine Kosakenaufstände. Zudem kam es überall zu schweren Hungersnöten, und ab 1630 wütete die Pest. Es war wie die Sintflut – und so nannte man jene verhängnisvollen Jahre dann auch. Währenddessen stieg im Osten Russland zur europäischen Größe auf, und im Westen stand Preußen kurz davor, sich zu formieren.

Der Große Kurfürst

Pommern und Brandenburg verwandelte der Dreißigjährige Krieg in ein wüstes Land. Kaiserliche, dänische und schwedische Truppen verheerten es auf ihren Waffenzügen, plünderten, brandschatzten, mordeten. Der erste große Krieg der Neuzeit entfaltete eine bis dahin unbekannte Dimension der Grausamkeit gegen die Bevölkerung. Dazu kamen Missernten und ab 1630 der Schwarze Tod. Die Hälfte der Dörfer wurde dem Erdboden gleichgemacht, über 50 Prozent der Einwohner verloren ihr Leben, in manchen Landstrichen sogar bis zu 90 Prozent.

Denkmal für die Einweihung des Friedrich-Wilhelm-Kanals in Groß Lindow

Brandenburg sollte darum niemals mehr Spielball europäischer Mächte sein. So könnte man das Motto formulieren, unter dem Kurfürst Friedrich Wilhelm (reg. 1640–1688) seine Regentschaft antrat. Der im calvinistischen Holland erzogene Herrscher schuf – erstmals in der Mark – ein stehendes Heer und wechselte mehrmals zu seinem Vorteil die politisch-militärischen Bündnisse. Im Zuge des Westfälischen Friedens, mit dem 1648 der Dreißigjährige Krieg endete, gewann er Hinterpommern, während Vorpommern mit den Inseln Usedom und Wolin bei der schwedischen Krone verblieb. Im Zweiten Nordischen Krieg (1656–1660) sicherte er sich die Souveränität über Preußen. Militärische Erfolge errang er außerdem im Schwedisch-Brandenburgischen Krieg (1674–1679), und spätestens seit der siegreichen Schlacht von Fehrbellin 1675 gegen die Schweden wurde Friedrich Wilhelm »der Große Kurfürst« genannt.

Innenpolitisch trieb er den Aufbau von Wirtschaft und Verwaltung voran, ließ Manufakturen, Glashütten, Eisen- und Kupferhämmer errichten. Dank dem Edikt von Potsdam, in dem er protestantischen Glaubensflüchtlingen 1685 »eine sichere und freye retraite in alle(n) unsere(n) Lande(n) und Provincien« garantierte, strömten Hugenotten aus Frankreich, Reformierte aus den Niederlanden, der Schweiz, der Pfalz und Böhmen sowie lutherische Salzburger ins Land. Sie brachten Arbeits- und Steuerkraft sowie zahlreiche Fachkenntnisse mit: Böhmische Einwanderer wirkten als Glasarbeiter und Aschbrenner, Holländer verstanden sich auf die Kunst des Deichbaus und der Bodenentwässerung, Hugenotten führten zahlreiche neue Gemüsesorten ein. Infrastrukturmaßnahmen wie der Chaussee- und Kanalbau wurden in Angriff genommen. Bereits 1620 war der Finowkanal als Verbindung zwischen Oder und Havel in Betrieb gegangen, im Dreißigjährigen Krieg jedoch wieder zerstört worden. 1662 bis 1668 folgte der Bau des Friedrich-Wilhelm-Kanals zwischen Oder und Spree, womit die Warenschifffahrt zwischen Berlin und Breslau (Wrocław) begann (→ S. 93).

Königreich Preußen

1701 krönte sich des Großen Kurfürsten Spross Friedrich, Kurfürst von Brandenburg und Herzog von Preußen (reg. 1688–1701), im ostpreußischen Königsberg (Kaliningrad) als Friedrich I. eigenhändig zum »König in Preußen« (reg. 1701–1713). Er war ein prunksüchtiger Herrscher, dessen kostspielige barocke Prachtentfaltung das junge Königreich an den Rand des Ruins brachte und seinem Nachfolger auf dem Thron, Friedrich Wilhelm I. (reg. 1713–1740), einen riesigen Schuldenberg hinterließ. Mit einem Federstrich räumte der »Soldatenkönig«, wie man ihn später nannte, den höfischen Luxus ab und verordnete dem Land ein rigides Sparprogramm. Pünktlichkeit, Fleiß und Gehorsam avancierten zu ersten Tugenden. Ein leistungsfähiges Verwaltungswesen wurde aufgebaut, die allgemeine Schulpflicht eingeführt, das Auswandern verboten und die Einwohnerschaft allerorten mit Glaubensflüchtlingen vermehrt. Nach einem katastrophalen Sommerhochwasser ließ Friedrich Wilhelm I. 1736 die Hochwasserschutzmaßnahmen intensivieren. Sumpflandschaften wie das südliche Oderbruch wurden entwässert und an der Oder neue Deiche gebaut.

Mit dem Frieden von Stockholm, der 1720 nach zwei Jahrzehnten blutiger Waffengänge den Großen Nordischen Krieg um die Vorherrschaft im Ostsee-

Friedrich der Große im Alter von 68 Jahren, gemalt von Anton Graff

raum abschloss, gelangten Stettin und das südliche Vorpommern sowie die Inseln Usedom und Wolin unter preußische Herrschaft. Nur ein einziges Mal, im Pommernfeldzug 1715/1716, hatte sich der Soldatenkönig an einer Militärkampagne beteiligt. Gleichwohl gehörte seine große Leidenschaft der Armee. Systematisch baute er die preußische Streitkraft auf, die am Ende seiner Regentschaft die viertgrößte in Europa war. Friedrich Wilhelm I. hatte somit die Basis geschaffen, unter seinem Sohn Friedrich stieg Preußen zur Großmacht auf.

Friedrich der Große

Nur wenige Monate nach seiner Krönung 1740 fiel Friedrich II. (reg. 1740–1786) in Schlesien ein, das seit 1526 zur österreichischen Habsburgermonarchie gehörte. In diesem Ersten und dem nachfolgenden Zweiten Schlesischen Krieg (1740–1742 und 1744/1745) trotzte er Österreich weite Teile der reichen Oderprovinz ab. Fast der gesamte Oderraum befand sich nun in preußischer Hand.

Als »erster Diener seines Staates« widmete sich der König in den folgenden Friedensjahren dem Aufbau des Lands. Mit dem »Kartoffelbefehl« setzte er den

Anbau der nahrhaften Knolle durch. Er ließ Straßen und neue Schifffahrtswege bauen, so den zweiten Finowkanal (→ S. 192), der ab 1746 Oder und Havel verband. Ebenfalls 1746 nahm man zwischen Güstebiese und Hohensaaten die Arbeiten zur Verlegung der Oder in ein kürzeres, begradigtes Flussbett auf. Das nördliche Oderbruch, das dadurch zwischen altem Oderlauf und neuem Oderkanal entstand, wurde trockengelegt und urbar gemacht. Gut 50 000 Kolonisten fanden im Oderbruch eine neue Heimat, denn Friedrich wusste, dass Menschen das größte Kapital in seinem dünn besiedelten Land sind.

Von Schlesien bis zur Ostsee wurden an der Oder entlang Deiche errichtet, Durchstiche gegraben, Wehre geräumt, ja sogar ganze Flussmündungen verlegt und die Oder damit für die »Beförderung des Commercii« durchgehend schiffbar gemacht. An strategisch wichtigen Flussübergängen wie in Breslau oder Küstrin, Stettin oder Swinemünde ließ Friedrich II. Festungsanlagen errichten, erweitern und ausbauen.

Der Siebenjährige Krieg schließlich, den Friedrich 1756 gegen Frankreich, Österreich und Russland anzettelte, führte Preußen an den Rand des Untergangs. Eine halbe Million Menschen verloren ihr Leben, während keine der Kriegsparteien den Sieg zu erstreiten vermochte. Am Ende bestätigte der Friedensschluss 1763 nurmehr den territorialen Vorkriegszustand. Doch Preußen unter Friedrich dem Großen, wie man ihn inzwischen rühmte, war daraus als gefürchtete Großmacht hervorgegangen.

Einen letzten ungeheuerlichen Landraub beging der König 1772, nun im Bunde mit Russland und Österreich. Auf preußische Initiative hin verständigten sich die drei Mächte in einem Geheimvertrag über die Aufteilung des ausgedehnten Reichs in ihrer Mitte – Polens.

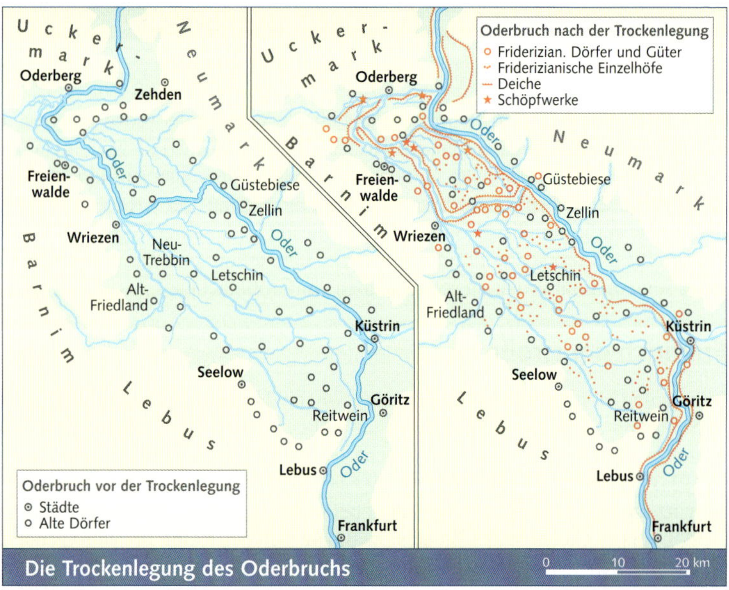

Die Trockenlegung des Oderbruchs

Die Teilungen Polens

Die Teilungen Polens

Unter dem letzten polnischen Wahlkönig Stanislaus II. Poniatowski (reg. 1764–1795), ein Günstling von Zarin Katharina II. der Großen, herrschten bürgerkriegsähnliche Zustände im Land. Die Auseinandersetzungen zwischen der katholischen Adelspartei, die den »Russen« vom Thron jagen wollte, und den »Dissidenten« (den Nichtkatholiken) lieferten immer wieder willkommene Vorwände für ein militärisches Eingreifen von russischer, preußischer oder habsburgischer Seite. 1772 zwackte sich die Zarin die überwiegend von Christlich-Orthodoxen besiedelten polnischen Gebiete östlich der Düna und von Belarus ab. Österreich verleibte sich weite Lande im südlichen katholischen Polen ein. Preußen nahm sich das mehrheitlich protestantische nordwestliche Polen – womit die Landverbindung zwischen dem Königreich und seiner Exklave Ostpreußen hergestellt war. 1772 verlor die polnische Krone damit über 200 000 Quadratkilometer Land mit 4,5 Millionen Einwohnern. Die Erste Teilung Polens war vollzogen.

Mit diesem Schock in den Gliedern rafften sich in der Adelsrepublik die Reformkräfte auf. 1791 gab sich Polen eine Verfassung – noch vor der französischen war dies die erste niedergeschriebene moderne Verfassung Europas! Die Thronfolge wurde erblich, die Religionsfreiheit eingeführt und die Gewaltenteilung zwischen Reichstag (Sejm) als gesetzgebender und dem König als vollziehender Institution festgeschrieben. Eine konstitutionelle Demokratie war entstanden.

Gegen diese »französische Pest an der Weichsel«, wie Katharina die Große die Ereignisse nannte, schickte sie Truppen ins Land und okkupierte sämtliche ostpolnischen Gebiete. Preußen nahm sich in diesem Zuge Großpolen und Danzig. 1793 war die Zweite Teilung Polens vollzogen. Mit der Dritten Teilung dehnte sich Preußen 1795 schließlich bis Warschau aus. Den Rest teilten Russland und Österreich unter sich auf. Das im Mittelalter und in der frühen Neuzeit so mächtige, riesige Reich war damit von der Landkarte verschwunden.

Allegorie der Teilung Polens, nach einer Zeichnung von Jean-Michel Moreau

Im 19. und frühen 20. Jahrhundert

Nach der Niederlage Napoleons 1813 in der Völkerschlacht bei Leipzig wurden auf dem Wiener Kongress 1814/1815 die europäischen Grenzen neu gesteckt. Die alte Kurmark Brandenburg ging mit der Niederlausitz und der Neumark östlich der Oder in der neu geschaffenen Provinz Brandenburg auf. Von insgesamt zehn preußischen Provinzen war sie mit fast 40 000 Quadratkilometern die zweitgrößte Verwaltungseinheit im Königreich. In dieser Form bestand sie bis zum Untergang Preußens am Ende des Zweiten Weltkriegs. Die Auslöschung Polens und seine Einverleibung durch die Teilungsmächte wurde in Wien dagegen mit wenigen Änderungen bestätigt.

Auf der Oder ging 1837 die »Victoria« als erstes Dampfschiff auf große Fahrt. Ab 1846 zog der erste Schleppdampfer auf dem Fluss seine Bahn. 1848 brach im Königreich Preußen die Märzrevolution aus. Doch während man in Berlin auf den Barrikaden für demokratische Rechte kämpfte, fand die Revolution auf dem Land kaum einen Widerhall. Die preußischen Junker wirtschafteten auf ihren Gütern gutsherrlich wie vor Jahrhunderten, und auch die Bauernbefreiung kam nur schleppend voran.

1871 erfolgte die Gründung des Deutschen Reichs mit Preußenkönig Wilhelm I. als erstem Deutschen Kaiser an der Spitze (reg. 1861–1888 König von Preußen, 1871–1888 Deutscher Kaiser). Die Gründerjahre mit Wirtschafts- und Bauboom schlossen sich an. 1906 unternahm man den ersten Spatenstich für den Ausbau des Großschifffahrtswegs Berlin–Stettin mit dem Hohenzollernkanal (Oder-Havel-Kanal) zwischen Oranienburg und Niederfinow sowie der Hohensaaten-Friedrichsthaler Wasserstraße parallel zur Stromoder. Zwischen Nordsee und Ostsee, Elbe und Oder konnte damit die Binnenschifffahrt bis vor die Tore Stettins beschleunigt werden.

In den polnischen Teilungsgebieten kam es unterdessen zu Aufständen: 1846 in Krakau, 1848 im preußischen und österreichischen Teil, 1863/1864 in Warschau unter Romuald Traugutt (1826–1864), dessen Namen heute zahlreiche Straßen und Plätze ehren, 1904/1905 in Russisch-Polen. Sie alle wurden blutig niedergeschlagen, die Aufständischen hingerichtet. Zahllose Menschen emigrierten, viele nach Frankreich und ein großer Teil in die Vereinigten Staaten. Als 1914 der Erste Weltkrieg ausbrach, waren drei Millionen polnische Soldaten gezwungen, unter deutscher, österreichischer oder russischer Fahne gegeneinander ins Feld zu ziehen.

Polen entsteht neu

Mit dem Ersten Weltkrieg war auch die 500-jährige Ära der Hohenzollern an ihr Ende gelangt. Nach der Kapitulation des deutschen Kaiserreichs floh Wilhelm II. (reg. 1888–1918) ins holländische Exil. In Berlin rief Philipp Scheidemann am 9. November 1918 die Republik aus. Am 11. November, dem Tag der Waffenstillstandserklärung, wurde dem Kriegshelden und unerschrockenen Kämpfer für die Wiederherstellung der Eigenstaatlichkeit Polens, Marschall Józef Piłsudski (1867–1935), der Oberbefehl über die polnischen Truppen übertragen. Elf Tage später ernannte man ihn zum vorläufigen Staatschef.

Piłsudski strebte die Wiedererrichtung des alten jagiellonischen Reichs an, das sich weit nach Osten, also auf Kosten Russlands, ausdehnen sollte. Sein nationaldemokratischer Gegenspieler Roman Dmowski, der vom Ausland her dem Polnischen Nationalrat und der Exilarmee vorgestanden hatte, propagierte dagegen die piastische Variante. Also ein Polen, das bis zur Oder reichen und demgemäß die Feindschaft der Deutschen auf sich ziehen würde.

Józef Piłsudski, aufgenommen zwischen 1910 und 1920

Bereits das 14-Punkte-Programm des US-Präsidenten Wilson, das Anfang 1918 die alliierten Kriegsziele verlautbarte, beinhaltete die Errichtung eines unabhängigen polnischen Staats. Auf der Pariser Friedenskonferenz im Januar 1919 nahm er Konturen an. Die Siegermächte stellten sich Polen dabei als Puffer, als *cordon sanitaire*, gegen das sich im Osten formierende Sowjetregime vor. Deutschland musste die Provinzen Oberschlesien, Posen (das historische Großpolen) und Westpreußen (das historische polnische Königlich-Preußen) mit Pommerellen, dem Landstrich westlich der Danziger Bucht, an den jungen polnischen

Staat abtreten. Mit Pommerellen erhielt dieser einen Zugang zur Ostsee, während Deutschland seine Landverbindung nach Ostpreußen verlor. Spannungen und Konflikte zwischen den beiden Ländern um diesen »Korridor« waren vorprogrammiert.

Zwischen den Kriegen

Die »verlorenen Ostgebiete« und der »Korridor« gerieten in der Weimarer Republik schnell zu propagandistischen Kampfbegriffen. »Wiederherstellung der Vorkriegsgrenzen« lautete eines der Hauptziele der unterschiedlichsten revisionistischen Kräfte, die den »verlorenen Osten« zur deutschen Schicksalsfrage hochkochten. Die Oder in Nieder- und Oberschlesien, nun nah an der neuen polnischen Grenze, fand sich als »Träger des deutschen Geistes« wieder, und Städte wie Breslau wurden zu »Bollwerken gegen das Slawentum« erklärt. Ab 1928 begann zwischen Breslau (Wrocław) und Crossen (Krosno Odrzańskie) der Bau der Oderstellung, einer aus Bunkern, Tarnunterkünften und Schützengräben bestehenden Befestigungslinie, die der Verteidigung wie dem Angriff auf Polen dienen würde. Es folgten von der pommerellischen Ostseegrenze bis südlich zur Warthe ab 1932 der Pommernwall und ab 1934 der Ostwall.

1933 ergriffen die Nationalsozialisten in Deutschland die Macht. Sechs Jahre später lieferte ein von den Nazis fingierter Überfall auf die Rundfunkstation im oberschlesischen Gleiwitz Hitler den Vorwand zum Angriff auf Polen. Am 1. September 1939 eröffnete der Panzerkreuzer »Schleswig-Holstein« das Feuer gegen ein polnisches Munitionsdepot auf der Danziger Westerplatte, womit der Zweite Weltkrieg begann.

Polens Westverschiebung

Über kaum ein Land hatte Nazideutschland im schlimmsten Krieg aller Zeiten mehr Leid gebracht. Kein Land musste im Verhältnis zur Einwohnerzahl mehr Tote beklagen als Polen. Über ein Fünftel der Bevölkerung verlor ihr Leben. In den Vernichtungslagern von Auschwitz (Oświęcim), Bełżec, Sobibór, Majdanek, Treblinka und Chełmno im berüchtigten »Generalgouvernement« ließ Deutschland die jüdische Bevölkerung Europas ermorden.

Am Ende des Kriegs verlief 1945 an der Oder die letzte Kampflinie vor der Schlacht um Berlin. Nirgends wird man mehr Soldatenfriedhöfe, Gedenkorte, Kriegsgräberstätten finden als am Flussunterlauf zwischen Frankfurt/Słubice und dem Niederoderbruch. Im Februar 1945 vereinbarten die »Großen Drei«, Stalin, Churchill und Roosevelt, auf der Konferenz in Jalta Polens Westverschiebung. Im Potsdamer Abkommen im August 1945 wurde sie bestätigt. Demnach erhielt Polen für den Verlust seiner östlichen Territorien an die Sowjetunion – immerhin knapp die Hälfte des Staatsgebiets der Vorkriegszeit – die deutschen Gebiete Schlesien, Neumark, Hinterpommern mit Stettin, das südliche Ostpreußen und Danzig. Infolge dieser Verschiebung der polnischen Grenzen nach Westen waren Oder und Lausitzer Neiße – wie einst unter den großen Piastenherzögen – wieder zu Grenzflüssen geworden.

Gedenkstätte für die Gefallenen der 1. Polnischen Armee in Stare Łysogórki

Flucht und Vertreibung

Flucht und Vertreibung begannen. Aus den alten polnischen und nun russischen Ostterritorien mussten Millionen Menschen gen Westen ziehen, um in den »wiedergewonnenen Gebieten« eine neue Heimat zu finden. »Repatriierte« wurden diese Zwangsumgesiedelten von der kommunistischen Propaganda genannt. 100 Złoty und 1000 Kilo (Stadtbewohner) beziehungsweise 2000 Kilo (Landbewohner) Gepäck durften sie auf ihrer Reise ins Ungewisse mitnehmen. Als ideologische Grundlage diente dabei die Vorstellung einer urpolnischen Erde, die seit dem mythischen Herrscher Piast vor einem Jahrtausend bis zu den Ufern der Oder reichte. Die Umgesiedelten sollten sich nicht als Neubürger, sondern als Rückkehrer in eine uralte polnische Heimat verstehen. So wurde die piastische Idee zu einer Gründungslegende der sozialistischen Republik.

Aus den ehemals deutschen Ostgebieten flohen Millionen Deutsche nach Westen. Unzählige kamen dabei ums Leben, wurden auf Schiffen versenkt, erschossen oder vergewaltigt, erfroren, verhungerten. 1949 konstituierten sich die Bundesrepublik Deutschland (BRD) und die Deutsche Demokratische Repu-

In Białków erinnern Findlinge an die heute ukrainische Heimat der »Repatriierten«

blik (DDR). Im Görlitzer Abkommen im Jahr darauf erkannten die DDR und Polen die Oder-Neiße-Linie als gemeinsame Grenze an. Eine »Friedens- und Freundschaftsgrenze« zwischen zwei Bruderstaaten sollte es sein. Doch tatsächlich verwandelte sich die Oder in einen der am strengsten bewachten europäischen Grenzflüsse, für polnische wie DDR-Bürger unüberwindbar. Auf den über 160 Kilometern Flusslauf zwischen der DDR und der Volksrepublik (VR) wurden nur vier Brücken wieder instand gesetzt. Der vormals rege Fährverkehr von einem Ufer zum anderen wurde eingestellt.

BRD, DDR, Volksrepublik

In der Bundesrepublik blieb die Anerkennung der Oder-Neiße-Grenze lange Zeit heftig umstritten. Bedeutete diese doch, die Teilung Deutschlands zu zementieren und in den Augen zahlreicher Vertriebener darüber hinaus, ihre alte Heimat für immer verloren zu geben. Auf dem Höhepunkt des Kalten Kriegs zwischen Westmächten und Ostblock leitete die neue Ostpolitik Willy Brandts (Bundeskanzler 1969–1974) mit der Maxime »Wandel durch Annäherung« eine Periode der Entspannung ein. Im »Vertrag über die Grundlagen der Normalisierung der gegenseitigen Beziehungen zwischen der Bundesrepublik Deutschland und der Volksrepublik Polen«, kurz »Warschauer Vertrag«, erklärten die BRD und Polen ihren gegenseitigen Verzicht auf Gebietsansprüche. Wenige Stunden vor der Vertragsunterzeichnung kam es 1970 in Warschau zum historischen Kniefall Willy Brandts vor dem Denkmal für die Opfer des jüdischen Ghettoaufstands gegen den Naziterror. Ein Zeichen der Buße und der Versöhnung, das um die Welt ging.

Es folgte 1972 der Grundlagenvertrag zwischen der BRD und der DDR, in dem sich beide Staaten unter anderem die Unverletzlichkeit der Grenzen zusicherten und zu gutnachbarlichen Beziehungen verpflichteten. Ebenfalls 1972 öff-

Streikende am Tor II der Danziger Lenin-Werft im Sommer 1980

nete sich nach 27 Jahren strenger Abriegelung an Oder und Neiße die »Freundschaftsgrenze«. Über sechs Millionen DDR-Bürger und gut neun Millionen Polen nutzten allein im ersten Jahr den visafreien Reiseverkehr. Sieben weitere Jahre sollten folgen, dann machte die DDR 1980 abermals dicht. Denn in der Volksrepublik hatte sich eine demokratische Opposition formiert, welche die kommunistischen Machthaber in die Knie zwingen und die Demokratiebewegungen in zahlreichen weiteren Ostblockstaaten befeuern würde.

Der Eiserne Vorhang fällt

Immer wieder lösten Preiserhöhungen für Lebensmittel in Polen Streiks und Unruhen aus – so auch im Sommer 1980. Doch anders als sonst gingen die Arbeiter der Danziger Lenin-Werft, die gegen die Entlassung ihrer Kollegin Anna Walentynowicz protestierten und höhere Löhne forderten, diesmal nicht auf die Straße, sondern verschanzten sich im Betrieb. Am legendären Werfttor II strömten die Menschen zusammen, bald schon aus allen Landesteilen. Kurz darauf befand sich ganz Polen im Ausstand. Nur zwei Wochen später unterzeichneten am 31. August Streikführer Lech Wałęsa und der stellvertretende Ministerpräsident Mieczysław Jagielski die »Danziger Vereinbarung«, welche die Zulassung freier Gewerkschaften garantierte. Am 24. Oktober 1980 wurde die Solidarność als erste freie Gewerkschaft des Ostblocks registriert, wenige Wochen darauf zählte sie über zehn Millionen Mitglieder.

Gegen die demokratische Massenbewegung wurde Ende 1981 das Kriegsrecht verhängt (bis 1983) und die Solidarność verboten. Erst im April 1989 konnte die Gewerkschaft nach jahrelangen subversiven Aktionen wieder offiziell tätig werden. Bei den Parlamentswahlen im Juni 1989 errang sie sämtliche Sitze, die das Regime den Unabhängigen überhaupt einräumen musste. Im Dezember 1990 vereidigte man Lech Wałęsa als ersten frei gewählten Staatschef in der Geschichte Polens.

Auch in der DDR wuchs der Widerstand. Nach Wahlfälschungen bei der Kommunalwahl im Spätfrühling 1989 kam es in der Bevölkerung zu scharfen Protesten und schließlich Massenkundgebungen. Im Juni 1989 schnitten die Außenminister von Ungarn und Österreich demonstrativ ein Loch in den »Eisernen Vorhang«, die tödliche Grenze zwischen den Militärblöcken, das viele DDR-Bürger auf einer »Urlaubsreise nach Ungarn« zur Abstimmung mit den Füßen nutzten. Elf Tage nach den Feierlichkeiten zum 40. Jahrestag der Deutschen Demokratischen Republik am 10. Oktober trat Erich Honecker als Staatsoberhaupt von seinen Ämtern zurück. Am 9. November fiel die Berliner Mauer.

Wiedervereinigungen

45 Jahre nach Kriegsende erkannte die wiedervereinigte Bundesrepublik Deutschland im November 1990 die Oder-Neiße-Linie als völkerrechtlich verbindliche polnische Westgrenze an. 1991 schlossen Polen und Deutschland den Vertrag über freundschaftliche Zusammenarbeit und Nachbarschaft. Die Grenze an der Oder wurde für den visafreien Reiseverkehr aufgemacht. Deutsche und

Besorgte Blicke während der Oderflut 1997 an der Deichscharte in Zollbrücke

polnische Kultureinrichtungen, Kommunalpolitiker und Geschäftsleute nahmen die Zusammenarbeit auf. Für die Erweiterung und Vertiefung der gutnachbarlichen Beziehungen, der gesellschaftlichen, kulturellen, sportlichen und wirtschaftlichen Kontakte, für die Verbesserung des Tourismus, der Infrastruktur, der Umweltsituation und vieles mehr in den Grenzregionen gründete sich Ende 1993 die Euroregion »Pro Europa Viadrina«. Sie ist ein länderübergreifender Zusammenschluss von Städten und Gemeinden diesseits und jenseits der Oder in den Landkreisen Märkisch-Oderland, Oder-Spree und der Woiwodschaft Lubuskie (Lebus). 1995 folgte weiter nördlich am Unterlauf der Oder die Euroregion »Pomorania«, die große Teile Mecklenburg-Vorpommerns und der Woiwodschaft Zachodniopomorskie (Westpommern) umfasst. Von 1998 bis 2013 gehörte auch die südschwedische Provinz Schonen dazu.

Das katastrophale Oderhochwasser führte sieben Jahre nach der Wiedervereinigung zu einer Welle der Solidarität zwischen Deutschen in Ost und West. Neben Bundeswehr, Technischem Hilfswerk und weiteren Hilfsorganisationen reiste auch eine enorme Zahl Freiwilliger aus ganz Deutschland zum Sandsackschaufeln und -schleppen an, um die Oderdeiche zu stabilisieren. Tagelange Regenfälle in den Sudeten und Beskiden gingen der Jahrhundertflut im Sommer 1997 voraus, die in Tschechien und Polen fast 100 Menschen das Leben kostete. Und wie die Flutkatastrophe Ost- und Westdeutsche einander näherbrachte, so verdeutlichte sie gleichzeitig, dass die Unbilden der Natur nicht im nationalen Alleingang bewältigt werden können. Vielmehr erfordern sie regionen- und länderübergreifende Konzepte und Zusammenwirken. Als ein kleines Symbol dafür wurde 2003 an der Neißemündung in die Oder bei Ratzdorf ein Holzkreuz eingeweiht: in Erinnerung an das Oderhochwasser und für die Versöhnung zwischen Polen und Deutschen.

Die Oder heute

Heute schützen noch höhere Deiche Land und Bevölkerung zwischen Ratzdorf und Gartz, während gleichzeitig ausgedehnte geschützte Überschwemmungsgebiete die überschüssigen Wasser aufnehmen. Bereits 1992 unterzeichneten die Umweltminister von Mecklenburg-Vorpommern, Brandenburg und der Woiwode von Szczecin (Stettin) eine »Gemeinsame Erklärung über die Schaffung eines Schutzgebietes im Unteren Odertal«. 1993 folgte auf polnischer Seite die Gründung des Landschaftsparks Unteres Odertal (Park Krajobrazowy Dolina Dolnej Odry) und 1995 auf deutscher Seite des Nationalparks Unteres Odertal. Zusammen mit dem südlich sich anschließenden Cedyński-Landschaftspark (Cedyński Park Krajobrazowy) und dem 2001 ins Leben gerufenen Nationalpark Warthemündung (Park Narodowy Ujście Warty) bei Kostrzyn entstand so ein riesiges Schutzgebiet am unteren Oderlauf.

2004 trat Polen der Europäischen Union und 2007 dem Schengenverbund bei. Die letzten Schlagbäume fielen, Grenzhäuschen verwaisten und Ausweiskontrollen von der einen zur anderen Flussseite gehörten der Vergangenheit an. Zur Steigerung des Güterverkehrs schreitet der Ausbau der Oder-Havel-Wasserstraße voran. 2022 wird das neue Schiffshebewerk bei Niederfinow eingeweiht und hievt Schubverbände bis 110 Meter Länge über die Stufe zwischen Barnimplateau und Oderniederung. Am Odermittel- und -unterlauf sollen in näherer Zukunft, so der Plan der polnischen Regierung, Bauarbeiten zur Vertiefung der Schifffahrtsrinne beginnen, begleitet von zahlreichen Sanierungs- und Regulierungsmaßnahmen.

Nicht mehr nur Hochwasser, sondern ebenso Niedrigwasser werden die Herausforderungen im neuen Jahrtausend sein. In den Hitzesommern der letzten Jahre ist der Oderpegelstand kontinuierlich gesunken und ist die Güterschifffahrt fast zum Erliegen gekommen. Die Oderanrainer stehen demnach, hüben wie drüben, aktuell vor der Frage, welchen Weg sie zukünftig einschlagen wollen. Soll die Oder überwiegend ein Wirtschaftswasserweg werden? Oder wird sie – als Grenzfluss über Jahrzehnte hinweg unreguliert – einen Teil ihrer natürlichen Dynamik erhalten und, zumindest abschnittsweise, als eines der letzten Flussparadiese in Mitteleuropa bewahrt werden können?

Die Trockenheit der letzten Jahre verursacht besorgniserregende Pegelstände

Wasserbau und Schifffahrt

Die Oder zählt zu den wenigen mitteleuropäischen Strömen, die über viele Flusskilometer hinweg noch vergleichsweise uneingeschränkt fließen dürfen. Ein letzter kostbarer Schatz unberührter Natur ist sie deshalb trotzdem nicht. Ihr natürlicher, in weiten Kurven und Kehren mäandernder Lauf findet sich heute nur noch im näheren Quellgebiet im tschechischen Odergebirge. Der übrige Fluss unterliegt bereits seit mehr als 800 Jahren teils drastischen Eingriffen von Menschenhand: Durchstiche, Begradigungen und Flussbettverlegungen, Kanalisierung und Eindeichung, Bau von Buhnen, Staustufen, Schleusen und künstlichen Wasserstraßen. Infolge dieser Maßnahmen verkürzte sich der Flusslauf zwischen Mitte des 18. und Ende des 19. Jahrhunderts um stattliche 160 Kilometer. Das ist fast ein Fünftel seiner ursprünglichen Wegstrecke.

Oderschifffahrt im Wandel

Bereits in slawischer Zeit fanden etwa ab dem 6. Jahrhundert nachweislich Warentransporte auf der Oder statt. In der ersten schriftlichen Erwähnung der Oderschifffahrt anno 1211 lässt sich nachlesen, dass die Beschwerden über den navigatorisch schwierigen Wasserweg, über Untiefen und sich ständig verändernde Fahrrinnen ebenso alt sind wie der Schiffsverkehr auf der Oder selbst.

Mit der deutschen Ostkolonisierung nahm im 13. Jahrhundert der Deichbau seinen Anfang, um das durch Rodung mühsam gewonnene Ackerland vor Überflutung zu schützen. Zeitgleich endete die durchgehende Oderschifffahrt. Denn die Rivalität der brandenburgischen, pommerschen, schlesischen, polnischen Fürsten und Herzöge um den Oderraum sowie die sich mit Zöllen und Stapelrechten bekriegenden Städte führte dazu, dass die Oder nur noch etappenweise befahren werden konnte.

Auf Ende des 15./Anfang des 16. Jahrhunderts datieren die ersten Durchstiche von Oderschlingen, und auch zahlreiche Wehre entstanden bereits in der frühen Neuzeit. Mit einfachen Sperrmechanismen regulierten sie den Wasserfluss. Die dabei entstehende Energie wurde zum Betreiben von Wassermühlen genutzt. Allerdings machten diese Mühlenwehre die Oder wiederum unbrauchbar für den Schiffsverkehr.

Ins 17. Jahrhundert fallen schließlich die ersten Pläne für eine durchgehend schiffbare Wasserstraße zwischen Breslau (Wrocław) und Hamburg, also eine Querverbindung zwischen Oder und Elbe. 1605 bis 1620 wurde dazu auf Befehl des brandenburgischen Kurfürsten Joachim Friedrich von der Havel bis zur Oder Deutschlands ältester Kanal, der Finowkanal (→ S. 192), gegraben. Der Ausbruch des Dreißigjährigen Kriegs verhinderte jedoch seine Inbetriebnahme, und in den Kriegswirren wurde er völlig zerstört.

Die erste Verbindung zwischen Elbe, Spree und Oder nahm einige Jahrzehnte später der Große Kurfürst Friedrich Wilhelm in Angriff. 1668 von seiner Majestät höchstpersönlich als »Friedrich-Wilhelm-Kanal« (Oder-Spree-Kanal, → S. 93) eingeweiht, verkürzte er die in zahllosen Schleifen mäandernde Spree zwischen Berlin und Müllrose weiter zur Oder.

Von Kaffenkahn bis Schubverband

Ein schwieriges Fahrwasser war die Oder schon immer. Seit Anbeginn der Oderschifffahrt machten den Schiffern Niedrig- und Hochwasser, Eisgang, Inseln, Strudel und Sandbänke sowie ein sich unentwegt launisch wandelndes Flussbett zu schaffen. Zur Erkundung der bestmöglichen Fahrrinne gingen im Mittelalter Knechte den Kähnen voran und markierten den Wasserweg für den Rudergänger (Steuermann). Flussabwärts wurde gestakt, und bei Wind segelte man. Flussaufwärts wurde der Kahn vom Ufer aus auf dem Treidelpfad mit starken Seilen gezogen, zuerst von Menschenhand, später mit Pferden oder Ochsen. Und noch bis in die Mitte des 19. Jahrhunderts sollte es dauern, dass Maschinen diese schwere Arbeit übernahmen.

Bevorzugtes Mittel für den Gütertransport auf dem Wasser waren die Kaffenkähne. Das waren hölzerne Lastkähne mit flachem Boden, die als Markenzeichen an Bug wie Heck ein hochgezogene Schiffsenden hatten. Diese typischen, schnabelförmig erhobenen Spitzen werden »Kaffen« genannt. Sie dienten den Oderschiffern vorne zur Peilung und hinten für den Blick über die hoch gestapelte Deckladung.

Im Lauf der Zeit wurden die Kähne größer. Konnten sie Anfang des 18. Jahrhunderts maximal 15 Tonnen Traglast aufnehmen, waren es um 1750 bereits bis zu 50 Tonnen und Ende des 19. Jahrhunderts schließlich über 500 Tonnen. Entsprechend wuchsen auch die technischen Anforderungen an Kanäle und Schleusen, deren Größe wiederum das Maß der Schiffe determinierte. 1845 ließ König Friedrich Wilhelm IV. mit dem am Finowkanal (→ S. 192) orientierten »Finowmaß« für die Kähne zwischen Oder und Havel Deutschlands ältestes Schiffsmaß festlegen: 40,2 Meter lang und 4,6 Meter breit, mit 1,6 Meter Tiefgang bei voller Ladung um die 200 Tonnen. Mit der Eröffnung des Oder-Spree-Kanals (→ S. 93)

Das Binnenschifffahrts-Museum Oderberg zeigt Modelle von historischen Kaffenkähnen

1891 ging das umfänglichere »Breslauer Maß« einher, auch »Oderschiffsmaß« genannnt (55 Meter lang, 8 Meter breit, 1,75 Meter Tiefgang, 550 Tonnen Traglast), gefolgt vom Plauer Maß (65 Meter lang, 8 Meter breit, 1,75 Meter Tiefgang, 650 Tonnen), das an den 1914 eingeweihten, abermals größeren Oder-Havel-Kanal (→ S. 188) angelehnt war.

Die Kähne schifften Kies und Ziegel, Holz, Kohle, Erze und Roheisen, aber auch Getreide, Obst und Gemüse in die im Zuge der industriellen Revolution schnell wachsenden Städte. Mitte des 19. Jahrhunderts lösten die ersten Schleppdampfer auf der Oder und den Kanälen das mühsame Treideln ab. Von einer Seiten- oder Hinterradschraube angetrieben, zogen sie bis zu acht voll beladene, zum Verband hintereinandergekoppelte Kähne flussaufwärts. Auf der Talfahrt konnten sich die Schiffe dagegen treiben lassen beziehungsweise segeln, was für die Navigation allerdings eine profunde Kenntnis der launischen Oder voraussetzte.

Das Leben der Schiffer und ihrer Familien orientierte sich nach den Lade- und Fahrzeiten. Nicht selten wartete man wochenlang in einem Hafen, um ins Schlepptau genommen zu werden. Und das Leben war hart. Eine auf den hinteren Kahnbereich aufgesetzte hölzerne Bude diente als einfache Unterkunft. Schmale Betten, Schrank, Tisch, Stühle, Kohleherd – für mehr reichte es nicht. Um einen etwas höheren Erlös zu erzielen, waren die Kaffenkähne deshalb oft so riskant überladen, dass mancher von ihnen in den Fluten versank.

Bis Anfang des 20. Jahrhunderts wurden die überkommenen Holzschiffe durch eiserne Schleppkähne ersetzt, die technisch wie betrieblich eine neue Periode der Binnenschifffahrt auf den märkischen Wasserstraßen einläuteten. Der Wechsel von der Schlepp- zur Schubschifffahrt schließlich vollzog sich in Westdeutschland bereits Ende der 1960er Jahre. In der DDR konnte sich die traditionelle Schleppschifffahrt dagegen noch bis in die 1980er Jahre halten.

Dies und viele spannende Dinge mehr rund um die Oderschifffahrt erfährt man im kleinen Binnenschifffahrts-Museum in Oderberg (→ S. 190). Mehrere Kaffenkahnwracks auf dem Grund des Werbellin- und Schwielowsees sind heute beliebte Tauchziele. Und im Deutschen Technikmuseum in Berlin kann man einen um 1855 in der Havel gesunkenen Kaffenkahn besichtigen.

Schubverband auf der Alten Oder bei Oderberg

Gedenkstein für Oberdeichinspektor Simon Leonhard von Haerlem bei Sophiental

Umbau und Ausbau

Nachdem 1720 Stettin mit den Inseln Usedom und Wollin sowie Vorpommern bis zur Peene an die preußische Krone gelangt waren (→ S. 46), begann 1740 der Ausbau der Swine als Schifffahrtsweg vom Haff in die Ostsee. Nach der Eroberungs Schlesiens 1742 durch Preußenkönig Friedrich II. befand sich, bis auf das Quellgebiet, der gesamte Strom in preußischer Hand. Fortan ging man die Flussbaumaßnahmen systematisch an, und auch eine durchgehende Oderschifffahrt konnte wiederbelebt werden. Dabei standen drei Ziele im Vordergrund: kürzere Wassertransportwege mithilfe von Durchstichen; Veränderung von Fließgeschwindigkeit und Flusstiefe zugunsten der Schifffahrt durch Buhnenbauten; Landgewinn durch Entwässerung Hand in Hand mit Hochwasserschutz.

Die erste planmäßige Trockenlegung der Oderauen und Feuchtwiesen hatte bereits unter dem Soldatenkönig Friedrich Wilhelm I. stattgefunden. Von Lebus bis Zellin (Czelin) ließ er 1717 Schutzdeiche aufschütten und anschließend das südliche Oderbruch entwässern. 1736 und 1739 folgten Flussbegradigungen bei der Festung Küstrin und bei Reitwein.

In der Konsequenz ergossen sich die Hochwasser nun weiter nördlich umso gewaltiger in die Niederung. Unter Friedrich II. (→ S. 47), Sohn und Nachfolger auf dem preußischen Thron, kam es von 1746 bis 1753 am unteren Oderlauf deshalb zur bis dahin radikalsten Umbaumaßnahme. Nach Plänen des Oberdeichinspektors Simon Leonhard von Haerlem (1701–1775) wurde die ausladende westliche Flusschleife zwischen Güstebiese und Hohensaaten gekappt und ein 20 Kilometer kürzerer Süd-Nord-Kanal gebaut. Mithilfe zahlreicher weiterer Wasserbauten wie Gräben, Vorflutern, Wehren und Schöpfwerken entstanden so im Oderbruch viele Hunderte Quadratkilometer fruchtbares Ackerlands.

Auch das Projekt Finowkanal (→ S. 192) wurde unter Friedrich II. wieder aufgenommen. 1746 konnte er nach nur dreijähriger Bauzeit neu eingeweiht werden und stieg, 42 Kilometer lang, in den folgenden anderthalb Jahrhunderten zu einer der wichtigsten preußischen Binnenwasserstraßen auf.

Die Stecherschleuse am Finowkanal wurde 1877 erneuert

Die Schifffahrt kommt voran

»Schleppschiffe und Passagierboote gehen auf und ab, und die Rauchsäulen der Schlote ziehen ihren Schattenstrich über die Segel der Oderkähne hin«, notierte 1863 Fontane in seinen *Wanderungen durch die Mark Brandenburg*. Es waren die goldenen Jahre des Flussverkehrs. 1846 stampfte der erste Schleppdampfer von Stettin bis Breslau, womit eine neue Zeitrechnung in der Oderschifffahrt begann. Denn erst mit der Dampfschifffahrt wurde es möglich, größere Oderkähne im Schlepptau bergwärts zu fahren (→ S. 59).

Im Zuge der Industrialisierung ab Mitte des 19. Jahrhunderts wuchs der Güterverkehr rasant. Von den oberschlesischen Kohlegruben und Hüttenwerken beförderten die Kähne Kohle und Eisen im Großmaßstab stromabwärts zu den bauhungrigen Städten. Vielerorts entstanden an der Oder neue Häfen für den lukrativen Warenumschlag. Den Boom beeinträchtigte allerdings, dass die Schiffe wegen niedriger Wasserstände manchmal monatelang auf die Weiterfahrt warten mussten. Der alte Friedrich-Wilhelm-Kanal wurde dagegen bereits zwischen 1887 und 1891 den wachsenden Ansprüchen angepasst und darüber hinaus seine Einmündung zum Städtchen Fürstenberg an der Oder (Eisenhüttenstadt) verlegt. Weitere Ausbauten folgten 1907 bis 1914, 1926 bis 1935 und noch einmal ab 1966.

Staustufen und Kraftwerke

Im Jahr 1874 wurde die Oderstrombauverwaltung mit Sitz in Breslau gegründet. Sie war unter anderem für den koordinierten Flussausbau, seine regelmäßige Wasserzufuhr und den reibungslosen Wirtschaftsverkehr auf der Oder zuständig. Von 1888 bis 1897 zwang man den Fluss am Oberlauf von der Mündung der Glatzer Neiße (Nysa Kłodzka) bis Kosel (Koźle) in ein Kanalbett. Eine zweite Phase der Kanalisierung schloss sich 1907 bis 1922 an.

Stromabwärts nach Breslau wurden bis 1912 fast zwei Dutzend Staustufen und Schleusen realisiert. Und wie früher die Wasserkraft Mühlen angetrieben hatte, so nutzte man sie nun für die Erzeugung elektrischer Energie. Sieben Oderkraftwerke, das größte wenig nördlich von Breslau bei Brzeg Dolny in der Woiwodschaft Niederschlesien, und im weiteren Odereinzugsgebiet zahlreiche Talsperren, Wasserspeicher und Rückhaltebecken tragen heute zur Energiegewinnung in Polen bei. Mächtige Wehranlagen regulieren darüber hinaus die Wasserstände – führen zu oder halten zurück –, um die Oder kontinuierlich schiffbar zu halten.

Die jüngste der inzwischen 26 Staustufen ging 2018 nach über 20-jähriger Bauzeit nur wenige Stromkilometer westlich von Brzeg Dolny beim Städtchen Malczyce in Betrieb. Das rund 90 Millionen Euro teure Bauwerk verbessert die Schiffbarkeit der Oder auf den folgenden 20 Kilometern – und gräbt zugleich wertvollen Auen und Feuchtwiesen das Wasser ab. Hinter Malczyce fließt die Oder fortan barrierefrei bis zum Stettiner Haff. Allerdings sind von polnischer Seite weitere Staustufen vorgesehen.

Wege zur Ostsee

Als zusätzliche Regulierungsmaßnahme hatte die Oderstrombauverwaltung bis zur Wende zum 20. Jahrhundert gut 10 000 Buhnen beiderseits an die Flussufer setzen lassen. Die Steinaufschüttungen, die vom Ufer aus quer zur Strömung in den Fluss hineinragen, engen ihn ein, bündeln den Durchfluss und erhöhen so die Strömungsgeschwindigkeit. An der Küste wiederum fungieren Buhnen – hier meist aus Holz – als Wellenbrecher, halten Sedimente zurück und tragen so zum Küstenschutz bei. Lange Buhnenreihen kennzeichnen die Ostseestrände auf Usedom und Wolin.

Dort war der Peenestrom als westlicher Odermündungsarm noch bis weit ins 19. Jahrhundert hinein die einzige Meereszufahrt aus dem Stettiner Haff hinaus, die nicht ständig wieder versandete. In der Swine dagegen arbeiteten Tag und Nacht Dampfbagger, um den mittleren Odermündungsarm zwischen Usedom und Wolin für die Schifffahrt freizuschaufeln. Das weitläufige Rückseitendelta mit zahlreichen Eilanden, das die verästelten Swinearme haffseitig ausbilden, machte eine Durchfahrt für größere Schiffe unmöglich. Deshalb wurde ab 1875 schnurstracks ein Kanal durch das Delta gestochen. Von zwei langen Mo-

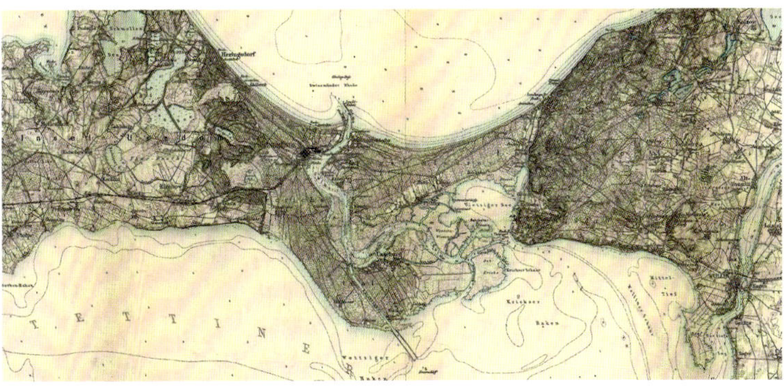

Die Karte von 1893 zeigt den Durchstich der Kaiserfahrt

len geschützt, ging er 1880 unter dem Namen »Kaiserfahrt« (Kanał Piastowski) in Betrieb. Fortan konnten auch Seeschiffe den Stettiner Hafen ansteuern.

Für noch größere Ozeanriesen wurden die beiden Kanalmolen 2002 bis 2004 modernisiert und erheblich verlängert. 2015 eröffnete in Swinemünde ein neuer Außenhafen mit Flüssiggasterminal, der bis 2023 weiter ausgebaut wird. Darüber hinaus ist in der Nachbarschaft ein riesiger Tiefwassercontainerhafen für 400 Meter lange Containerschiffe mit 16 Metern Tiefgang geplant. Und das mitten in einem Natura-2000-Schutzgebiet. Die Europäische Kommission hat mittlerweile ein Vertragsverletzungsverfahren dagegen eingeleitet.

Von Berlin nach Stettin

Seit Eröffnung der Kaiserfahrt wuchs der Schiffsverkehr zwischen Stettin und Berlin zusehends. Der Finowkanal (→ S. 192), der seit 150 Jahren die Oder mit der Havel bei Berlin verbunden hatte, gelangte Anfang des 20. Jahrhunderts an seine Leistungsgrenze. Obwohl rund um die Uhr geschleust wurde, stauten sich immer mehr Maßkähne mit zunehmend längeren Wartezeiten vor seinen Kanalstufen. Eine schnellere, moderne Wasserverbindung musste her!

Diese und noch zahlreiche weitere Baumaßnahmen zu einem »Großschiffahrtsweg Berlin–Stettin« beschloss 1905 der Preußische Landtag mit dem Gesetz zur »Verbesserung der Vorflut in der unteren Oder«. 1906 war Baubeginn für den parallel zum alten Finowkanal verlaufenden, größeren Oder-Havel-Kanal. 1914 weihte Kaiser Wilhelm die damals noch »Hohenzollernkanal« genannte künstliche Wasserstraße ein. Sie wurde seitdem mehrfach für abermals größere Schiffe und Schubverbände ausgebaut. Die jüngsten Ausbauarbeiten dauern bei laufender Schifffahrt noch bis 2026 an.

Den Höhenunterschied von 36 Metern zwischen der Barnim-Hochfläche und der Oderniederung überwanden damals bei Niederfinow vier hintereinander geschaltete Schleusenkammern. Doch auch sie gelangten schon bald an ihre Grenzen. An ihrer Stelle entstand 1927 bis 1934 ein Schiffshebewerk, ein Wasserfahrstuhl gewissermaßen, der die Schiffe in einer fünfminütigen Passage den steilen

Die Hohensaatener Westschleuse

Oderhang hinauf- und hinunterliftete. Das alte Niederfinower Schiffshebewerk geht 2022 in Teilruhestand und überlässt den Wirtschaftsverkehr dem benachbarten neuen Schiffshebewerk. Für über 314 Millionen Euro Baukosten errichtet, wird dieses dann noch größere Wasserfahrzeuge in noch kürzerer Liftzeit über den Hang hieven.

Die HFW wird ausgebaut

Ebenfalls im Rahmen des Gesetzes zur »Verbesserung der Vorflut in der unteren Oder« wurde die Hohensaaten-Friedrichsthaler Wasserstraße (HFW) verlängert und ausgebaut. Zuvor hatte man bereits 1848 bis 1859 den alten westlichen Oderarm ab Hohensaaten auf einem Teilstück kanalisiert und eingedeicht, um die überschüssigen Wasser aus dem Oderbruch kontrolliert dem Strom zuzuführen. Parallel ging 1858 in Hohensaaten die Ostschleuse für den Aufstieg zur höheren Stromoder in Betrieb. 1876 folgte die westliche Finowschleuse, die damals den Finowkanal über die Alte Oder mit der Hohensaaten-Friedrichsthaler Wasserstraße verband.

Infolge der Eröffnung des Oder-Havel-Kanals 1914 und den immer größeren Kähnen, die zwischen Berlin und der Ostsee verkehrten, stand schon bald die Erweiterung der HFW an. Zudem würden die Schiffe, anders als auf der östlichen Stromoder mit ihren ständig schwankenden Wasserständen, auf dem Kanal sicher fortkommen. 1926 war der Ausbau abgeschlossen, die HFW bis zum Flecken Friedrichsthal verlängert und nahezu vollständig eingedeicht. In dieser Form rahmen seitdem westlich die Hohensaaten-Friedrichsthaler Wasserstraße, mit anschließend der Westoder (Odra Zachodnia), und östlich die Stromoder/Ostoder (Odra Wschodnia) das Untere Odertal. Zuvor war bereits 1912/1913 in diesem Zusammenhang die Erweiterung der Hohensaatener Schleusen zu zwei über 200 Meter langen Schleppzugschleusen erfolgt.

Bau- und Schutzmaßnahmen

Im Zwischenstromland zwischen der HFW beziehungsweise Westoder und der östlichen Stromoder wurden 1907 bis 1932 Polder für die landwirtschaftliche Nutzung angelegt. Außerdem wurden 177 Kilometer neue Deiche aufgeschüttet und gut 130 Bauwerke zur Regulierung des Wasserniveaus errichtet. Nach dem Zweiten Weltkrieg, als die Oder Staatsgrenze zwischen der DDR und Polen geworden war, gab man ihre Instandhaltung größtenteils auf. Die Bauten verfielen, und der Fluss, der für die Schifffahrt nun keine Rolle mehr spielte, eroberte sich im Lauf der Jahrzehnte seinen natürlichen Ausdehnungsraum zurück. Ein weit verzweigtes Geflecht aus Wasser und Land entstand am unteren Oderlauf mit dichtem Röhricht und Flussauenwäldern – ein heute seit bald 80 Jahren der natürlichen Sukzession überlassenes, vielfältiges und äußerst artenreiches Ökosystem.

Seit 1995 ist das Zwischenstromland auf deutscher Seite im Nationalpark Unteres Odertal geschützt. Bereits 1993 hatte Polen das Zwischenstromland (Międzyodrze) nördlich bis vor die Tore Szczecins im Landschaftspark Unteres Odertal (Park Krajobrazowy Dolina Dolnej Odry) unter Schutz gestellt.

Wirtschaft und Umweltschutz

Von der Ostsee bis zur Neißemündung verläuft an der Oder ein grünes Band von Großschutzgebieten: Neben den Nationalparks Wolin, Unteres Odertal und Warthemündung sind das zahlreiche Natur- und Landschaftsparks sowie Natura-2000-Gebiete. Ab der letzten Staustufe bei Malczyce in der Woiwodschaft Dolnośląskie (Niederschlesien) fließt die Oder die nächsten 500 Kilometer relativ ungehindert der Ostsee entgegen. Sie ist mithin der letzte mitteleuropäische Strom, den Fische barrierefrei durchwandern können.

Wanderfische wie Barbe, Rapfe, Quappe und jüngst sogar Ostseeschnäpel ziehen zum Laichen stromaufwärts. 2021 wurden erstmals auch wieder Störe in der Oder gesehen. Marode Buhnenreste, die die Strömung über Jahrzehnte in kleine Inseln verwandelte, sowie die Kolke dazwischen bilden Einstände und Ruhezonen für eine außergewöhnliche Vielfalt von über zwei Dutzend Fischarten.

Den Oderschiffern machen Hoch- und Niedrigwasser, Untiefen und Sandbänke dagegen das Leben schwer. Auch eine wirtschaftlich rentable Binnenschifffahrt ist im schwierigen Oderfahrwasser kaum möglich. So spielt der Güterverkehr auf der Stromoder nur eine untergeordnete Rolle oder kommt in heißen Sommern, wenn die Pegel stark sinken, beziehungsweies bei Vereisung sogar ganz zum Erliegen.

Genau das will die polnische Regierung ändern. 2015 schlossen die Bundesrepublik und Polen ein »Abkommen über die gemeinsame Verbesserung der Situation an den Wasserstraßen im deutsch-polnischen Grenzgebiet«. Für den Hochwasserschutz sollen demnach ab Frankfurt (Oder) stromabwärts ins Untere Odertal auf polnischer Seite fast 400 verfallene Buhnen saniert und weitere 27 gebaut werden. Dazu kommen sechs neue Längsbuhnen und kilometerlange neue Uferbefestigungen. Ziel dieser Maßnahmen ist es, die Stromoder in der Mitte schneller zu machen und über die dann erfolgende Sohle-Erosion gleichzeitig einzutiefen. Mindestens 1,80 Meter Tauchtiefe sollen dauerhaft erreicht werden, unterhalb der Warthemündung an neun von zehn Tagen im Jahr, oberhalb an acht von zehn Tagen. Zum Vergleich: In den Hitzesommern 2018 bis 2020 waren Tauchtiefen von nur noch einem Meter keine Seltenheit.

Umstrittener Ausbau

Einen Tiefgang von bis zu 1,80 Meter haben die Odereisbrecher. Sie verhindern in kalten Wintern, dass das sich ausbreitende Eis in die Deiche drückt oder stromabwärts Barrieren auftürmt und damit Hochwasser auslöst. Ist der Wasserstand niedriger, können sie nicht mehr ausrücken. Im Abkommen von 2015 orientieren sich die anzustrebenden Tauchtiefen deshalb unter anderem an den Erfordernissen der deutsch-polnischen Eisbrecherflotte.

Umweltschützer befürchten indes, dass der propagierte Hochwasserschutz nur ein Deckmäntelchen für die polnischen Interessen sei, die Oder auch für größere Frachtschiffe der Wasserstraßenklasse IV durchgängig schiffbar zu machen. Der Ausbau am polnischen Oberlauf Hand in Hand mit der projektierten Vertiefung am Mittel- und Unterlauf und die massive Ausweitung der Hafen-

Der Hafen von Świnoujście wird ausgebaut

kapazitäten in Świnoujście lassen solche Vermutungen aufkommen. Ohne Frage würden die Eingriffe fatale Konsequenzen für das gesamte Flussökosystem nach sich ziehen. Ein quasi kanalartiger Ausbau der Grenzoder ließe die aktuell vielfältigen Fluss- und Uferstrukturen verschwinden – und mit ihnen eine mannigfaltige Tier- und Pflanzenwelt. Bei sinkendem Grundwasserstand würden die wertvollen Feuchtwiesen, Weich- und Hartholzauen ausdorren. Die schrumpfenden Mooren würden darüber hinaus Kohlendioxid freisetzen und den Treibhauseffekt weiter verstärken.

Schon seit mehreren Jahren protestieren die deutschen Natur-, Tier- und Umweltschutzorganisationen gemeinsam mit der polnischen »Koalition Rettet die Flüsse« (Koalicja Ratujmy Rzeki) – ein Zusammenschluss von über 30 polnischen NGOs – gegen die Ausbaupläne. Gegen den Beschluss der Regionalen Umweltdirektion Szczecin zur Umweltverträglichkeit der »Modernisierungsarbeiten an der Grenzoder im Rahmen des Hochwasserschutzprojekts« vom März 2020 hat das Brandenburger Umweltministerium Widerspruch eingelegt.

Aufschub erreicht

Doch auch die deutsche Seite, sprich: der damalige Bundesverkehrsminister, hatte beim Abkommen 2015 mehr den ökonomischen Nutzen als ökologische Belange im Blick. So verabredeten die deutsch-polnischen Vertragspartner nicht nur den Ausbau der Grenzoder, sondern unter Artikel 10 ferner »Maßnahmen zur Sicherung der Fahrt von Küstenmotorschiffen durch die Klützer Querfahrt«.

Mitten im Nationalpark Unteres Odertal verbindet die Klützer Querfahrt die Hohensaaten-Friedrichsthaler Wasserstraße bei Schwedt mit der östlichen Stromoder. Schon seit Jahren bemüht sich die Schwedter Papierfabrik Leipa um die Sanierung und Modernisierung des heute verkrauteten, versandeten Wasserlaufs. Denn zusammen mit der Ertüchtigung der Stromoder auf polnischer Seite könnten größere Schiffe von Szczecin aus dann auf schnellerem Weg auch Schwedt und die Papierfabrik anlaufen. In den Verhandlungen 2015 zeigte sich Polen denn auch bereit, dem Ausbaggern der Querfahrt zuzustimmen, wenn im Gegenzug die Bundesrepublik ihr Okay für den Ausbau der Stromoder gäbe. Ein klassischer Kuhhandel – zu beiden Seiten auf Kosten der einzigartigen Flusslandschaft.

Allerdings musste der für 2021 anvisierte Baubeginn auf unbestimmte Zeit verschoben werden. Denn mittlerweile hat auch die Europäische Union – aus deren Hochwasserschutzprogramm die polnische Regierung den Oderausbau überwiegend finanzieren will –, Bedenken angemeldet. Die Verwaltungsbehörde, die für die Durchführung des Programms zuständig ist, wurde von der EU-Kommision angewiesen zu überprüfen, ob hier nicht eine mögliche Zweckentfremdung von europäischen Fördermitteln vorliegt.

Die Umwandlung der Oder in eine wirtschaftlich nützliche Wasserautobahn ist damit zwar noch längst nicht vom Tisch. Aber ein Aufschub ist schon mal erstritten. Und wenn sich auch weiterhin so viele Menschen, Vereine, Organisationen und Institutionen für die Oder einsetzen, erhöht es die Chance, dass sie noch lange Zeit auf weiten Strecken ein naturnaher Strom bleiben wird. Einer der letzten in Mitteleuropa.

Die Schwedter Papierfabrik ist an einem Ausbau der Klützer Querfahrt interessiert

Odra, Oder, Odra

Woher der Name »Oder« oder auf Polnisch und Tschechisch »Odra« stammt, kann niemand mit Gewissheit sagen. In alter deutsch-schlesischer Mundart *Uder* und im polnischen Schlesisch *Oudra*, heißt es in der sorbischen Niederlausitz *Wodra* und in der Oberlausitz *Wódra* – worin das polnische Wort *woda* für »Wasser« anklingt. Auf den antiken Mathematiker und Geografen Claudius Ptolemäus (um 100–ca. 175 n. Chr.) geht die Bezeichnung »Viadus« beziehungsweise »Viadua« oder »Viadrus« zurück. So nannte er in seiner um 150 n. Chr. niedergelegten Schrift *Germania Magna* einen ins Baltische Meer mündenden mitteleuropäischen Fluss.

Jahrhundertelang galt die Überzeugung, dass der von Ptolemäus so bezeichnete Fluss mit der Oder identisch sei. Tatsächlich führte aber erst der Renaissancegelehrte Jodocus Willich (1501–1552), Professor an der 1506 gegründeten Universität Frankfurt (Oder), den Namen »Viadrus« für die Oder ein. In einer 1543 erschienenen Abhandlung gab er »Francofordii cis Viadrum« (Frankfurt diesseits des Viadrus) als Druckort an. Denn der belesene Willich hatte aus dem Studium der *Germania Magna* gefolgert, dass der Viadrus der Oderstrom vor seiner Haustür sei. Was nach ihm eine Gelehrtengeneration um die andere so übernommen hat.

Mit modernen wissenschaftlichen Methoden wurde die These Anfang des 3. Jahrtausends nun überprüft; und im Ergebnis muss bezweifelt werden, dass der »Viadrus« die Oder ist. Mit hoher Wahrscheinlichkeit handelt es sich bei dem Fluss, den Ptolemäus beschrieb, vielmehr um die schmalere Wieprza (Wipper), die weiter östlich zwischen Oder und Weichsel bei Darłówko (Rügenwaldermünde) in die Ostsee fließt.

Und dennoch, der Irrtum des Renaissancegelehrten hat einige sehr schöne jüngere Traditionen hervorgebracht. So nahm die 1991 wiedergegründete Frankfurter Hochschule den Namen »Viadrus« auf und nennt sich von hüben nach drüben nationenverbindend »Europa Universität Viadrina«. Das städtische Museum in Frankfurt (Oder) wird als größtes kulturhistorisches Museum Ostbrandenburgs unter dem Namen »Museum Viadrina« geführt. Und in der Euroregion »Pro Europa Viadrina« arbeiten polnische und deutsche Städte und Gemeinden zu beiden Seiten des Flussufers eng zusammen.

Die Oder in Kunst und Kultur

Dem Flussgott zu Ehren

Beim Weiler Güstebieser Loose im Oderbruch wacht der Flussgott Viadrus über den Fährverkehr zwischen dem deutschen und dem polnischen Ufer. Anders als das antike Vorbild Poseidon, dem schon der alte Homer Verse widmete, kam der hiesige Odergott erst wesentlich später zu Ehren. Die rote Stahlskulptur von Händen des Wriezener Bildhauers Horst Engelhardt (1951–2014), die auf einem künstlichen Hügelchen beim Fähranleger thront, wurde im Jahr 2009 aufgestellt. Mit Quellkrug und Ruder als Insignien symbolisiert sie dort die Einheit Europas und der europäischen Oder.

Der Fährverkehr bei Güstebieser Loose steht unter dem Schutz von Flussgott Viadrus

Nach weiteren Würdigungen des Flussgotts Viadrus muss man schon eingehend suchen: Ebenfalls von Horst Engelhardt stammt die Viadrus-Darstellung auf dem kleinen Relief neben der Eingangstür zum Bad Freienwalder Oderlandmuseum. Und in der Aula Leopoldina der Universität Breslau findet man den Odergott 1732 von Johann Christoph Handke an die Decke gemalt.

In der rechten Hand das Ruder, den linken Arm und halbnackten Körper lässig an den Quellkrug gelehnt, schweift der Blick des Viadrus über eine ideale Oderlandschaft. So hat ihn der preußische Festungsbaumeister Walrave in Stettin (Szczecin) in Form eines schmalen Frieses oben am Berliner Tor (Brama Portowa) direkt unter dem prunkvollen Wappenschild von König Friedrich Wilhelm I. platziert. Als Teil der 1724/1725 errichteten Stadtbefestigung huldigt das barocke Tor dem Preußenmonarchen, der die Odermetropole mit dem südlichen Vorpommern und den Inseln Usedom und Wolin 1720 so günstig von Schweden eingekauft hatte.

Die älteste bekannte Viadrus-Darstellung lässt sich in einem 1625 erschienenen Buch des schlesischen Barockdichters Martin Opitz entdecken. Und auch hier sind dem Odergott bereits Quellkrug und Ruder beigegeben – Allegorien für den Fluss und seine Schiffbarkeit.

Mauerblümchen unter den großen Strömen

Literarisch und musikalisch ist es um das Rühmen der Oder kaum besser bestellt. Sie wird nicht wie der Rhein besungen, kein Komponist ließ, wie bei der Donau, Walzerherrlichkeit erklingen. Allenfalls in melancholischen Zeilen, wie in Günter Eichs (1907–1972) *Oder, mein Fluss* (→ S. 139) oder in Schriften, die vom Verlust der alten Heimat nach 1945 erzählen, oder auch propagandistisch spielt sie eine bescheidene Rolle. So im Gedicht *Friedensgrenze* des Lyrikers Peter Behnisch, das nach dem Erscheinen 1952 Eingang in die DDR-Schulbücher fand: »Völkerfreundschaft sei die Brücke, / Ende aller Not und Trauer. / Sei du, Strom der Völkerliebe / Starke, breite Friedensmauer.«

Die künstlerisch stiefmütterliche Behandlung des großen mitteleuropäischen Stroms lässt sich sehr schön auch am berühmten Berliner Neptunbrunnen ablesen. Nach der deutschen Reichsgründung 1871 wurde das neubarocke Wasserkunstwerk 1888 bis 1891 vom preußischen Bildhauer Reinhold Begas (1831–1911) geschaffen: Zu Füßen des Meeresgottes Neptun, der mit Dreizack hoch oben auf einer Muschelschale die Szenerie beherrscht, verteilen sich vier üppige Bronzedamen am Brunnenrand – Allegorien auf die seinerzeit vier großen deutschen Ströme Rhein, Elbe, Oder und Weichsel. Die Schönste, mit elegantem Halsschmuck, Fischernetz und Trauben bedacht, personifiziert den Rhein. Die Damen Elbe und Weichsel tragen Ähren und Früchte beziehungsweise Holzscheite für den Waldreichtum, während der Oder als vergleichsweise schmuckloser Frau nur Fell und Ziege beigesellt sind. Ein Umstand, den der damals viel gelesene schlesische Heimatschriftsteller Paul Keller (1873–1932) mit folgenden Worten beschrieb: »Die Oder ist ein edles Bauernweib. Mit stillen, sicheren Schritten geht sie durch ihre Lande. Kalk- und Kohlestaub liegen manchmal auf ihrem Kleid, zu ihrem einförmigen Lied klopft der Holzschläger den Takt.«

Paternalistische Zuschreibungen wie »Vater Rhein« sind der Oder niemals zu Ohren gekommen. Keine Loreley hat auf einem Oderhang ihr güldenes Haar gekämmt. Und keine Wacht an der Oder hat wie die patriotische Wacht »am Rhein, am deutschen Rhein, Wir alle wollen Hüter sein!« (1840 von Max Schneckenburger) seit der deutschen Romantik die Nationalgefühle gegen den französischen »Erbfeind« in Wallung gebracht.

Eine Personifikation der Oder ziert den Berliner Neptunbrunnen

Betrachtet man die Landschaften, die große Ströme durcheilen, auch als Kultur-, Geschichts- und Ideenräume, so waren die an Rhein, Elbe und Weichsel geknüpften künstlerischen wie politischen Äußerungen spätestens ab dem zweiten Drittel des 19. Jahrhunderts zunehmend nationalistisch geprägt. Den Elbraum teilten sich rivalisierend Preußen, Sachsen und Österreich, während die Großmächte Preußen, Österreich und Russland sich im Zuge der drei Teilungen Polens bis 1795 die polnische Weichsel einverleibt hatten. Seither heißt es in der polnischen Nationalhymne: »Marsch, marsch, Dąbrowski, / Wir werden Weichsel und Warthe durchschreiten, / Wir werden Polen sein … / Unter deiner Führung / vereinen wir uns mit der Nation.«

Die Oder dagegen war bereits seit den Schlesischen Kriegen unter Friedrich dem Großen im 18. Jahrhundert ein bis auf das Quellgebiet durchwegs nüchterner preußischer Strom. Ihrem Wesen nach multiethnisch – nämlich mährisch-tschechisch-schlesisch-polnisch-sorbisch-deutsch –, war ihr Einzugsgebiet schon seit jenen Zeiten kein Gegenstand territorialer Begehrlichkeiten mehr. Und auch kulturell gab es zwischen den verschiedenen Bevölkerungsgruppen im sprichwörtlich toleranten Preußen vergleichsweise wenig Auseinandersetzungen. Weshalb also sollte man wohl die Oder besingen?

Fluss im Sturm

Nach der Gründung des Deutschen Reichs 1871 änderte sich das Bild gründlich. Ein erstarkender völkischer Reichsnationalismus beschwor die Überlegenheit des »Germanentums« gegenüber einer slawischen »Unkultur«. Ein kollektiver Allmachtsrausch, an dessen Ende 1914 bis 1918 der Erste Weltkrieg stand. Nach dem Zusammenbruch des deutschen Kaiserreichs kam es unter anderem an der Oder im zweisprachig polnisch-deutschen Oberschlesien 1921 zur Abstimmung über die künftige Staatszugehörigkeit. Knapp 60 Prozent der Oberschlesier votierten für Deutschland, über 40 Prozent dagegen, woraufhin die Alliierten die Teilung der Region beschlossen. Die neu gegründete Republik Polen erhielt den oberschlesischen Osten mit den nach dem Ruhrgebiet wichtigsten deutschen Industrie- und Bergbaurevieren. In der Folge geriet der Oderraum erstmals seit Ausgang des Mittelalters wieder zum Streifall zwischen Deutschland und Polen.

18 Jahre später entfesselte Nazideutschland mit dem fingierten Überfall auf den Radiosender im oberschlesischen Gleiwitz den Zweiten Weltkrieg. Am Ende des Weltenbrands 1945 stand die Oder als letzte Bastion vor dem Sturm auf die Reichshauptstadt. Der Fluss und die westlichen Oderhänge wurden zur Todeszone für Zehntausende sowjetische, polnische und deutsche Soldaten. Kaum eine Stadt am Unter- und Mittellauf wurde nicht in Trümmer gelegt.

Mit der Westverschiebung Polens nach 1945 stieg die »Oder-Neiße-Grenze« neben der Berliner Mauer zum Synonym für die Nachkriegsordnung auf. Aus den Gebieten östlich der Oder wurden die Deutschen vertrieben. Aus den Gebieten östlich von Bug und San, nun Teil der Sowjetunion, wurde die polnische Bevölkerung in die »wiedergewonnenen« neuen Nord- und Westgebiete zwangsumgesiedelt. Nun endlich war auch die Oder ein »Sehnsuchtsort«. Allerdings nicht über das, was zu gewinnen wäre, sondern darüber, was alles verloren gegangen war. Bei Deutschen wie bei Polen gleichermaßen. Wie könnte man da noch den Fluss besingen?

Vertreibung und Versöhnung

Bis zum Fall des Eisernen Vorhangs 1989 blieb der Strom nicht nur ein hartes Symbol für die Feindseligkeit der militärischen Blöcke NATO und Warschauer Pakt, sondern auch eine harte Trennlinie selbst zwischen den sozialistischen »Bruderstaaten« DDR und Volksrepublik Polen. Noch viele Jahre nach 1945 hatte man östlich von Oder und Neiße quasi aus dem Koffer heraus gelebt. Vor allem die jahrzehntelange Weigerung der Bundesrepublik, die Oder-Neiße-Grenze völkerrechtlich verbindlich anzuerkennen, sorgte bei den Menschen in den polnischen neuen Westgebieten für eine fortwährende existenzielle Unsicherheit. Wie

Polnischer Grenzpfahl an der Oder

ein Tabu wirkte darüber hinaus die kommunistische Sprachregelung, dass Polen nach dem Zweiten Weltkrieg in »uralte polnische Gebiete« zurückgekehrt sei.

Erst 45 Jahre nach Kriegsende wurde 1990 die polnische Westgrenze im deutsch-polnischen Grenzvertrag festgelegt. So fiel es vor allem der dritten Generation diesseits und jenseits der Oder zu, sich mit dem schwierigen historischen und kulturellen Erbe auseinanderzusetzen. Sowohl in Polen als auch in der ehemaligen DDR wurde es erst nach 1989 möglich, sich im öffentlichen Diskurs den Schicksalen von Flucht und Vertreibung zuzuwenden. Gleichzeitig rüstete auf der anderen Seite die westdeutsche Bonner Republik ideologisch ab und öffnete sich einem gemeinsamen Dialog.

Nach intensiven, politisch teils heftig geführten Debatten – zuletzt um das neue Berliner »Dokumentationszentrum Flucht, Vertreibung, Versöhnung« – formuliert heute in Polen eine neue Schriftstellergeneration, was es bedeutet *poniemieckie*, also eine Art »postdeutsch« zu sein. Tomasz Rózycki, 1970 in Opole an der Oder geboren, erzählt in einem langen tragikomischen Gedicht von einem Familientreffen in der ehemals ostpolnischen Heimat. Piotr Adamczyk, der 1958 in Wrocław (Breslau) das Licht der Welt erblickte, schreibt in seinem Roman *Das Haus der Sehnsucht* über die Menschen, die in seiner Geburtsstadt an einem fremden nachdeutschen Ort Schritt auf Tritt deutschen Erinnerungen begegnen und dabei selbst ein neues Leben und eine neue Identität schöpfen müssen. Olga Tokarczuk, 1962 in Sulechów nahe der Oder in der Woiwodschaft Lubuskie geboren, beschäftigt sich seit Anbeginn ihres Schreibens mit dem Kulturerbe in ihrer Heimatregion. Für ihre kraftvolle Fantasie, ihr weites Wissen und ihren Mut, »das Überschreiten von Grenzen als Lebensform« darzustellen, wurde ihr 2018 der Literaturnobelpreis verliehen.

Essen und Trinken

Fisch

Dank ihres Fischreichtums ist die Oder ein beliebtes Angelgewässer. Ob Zander, Wels, Hecht oder Rapfen, ob Barbe, Brasse, Barsch oder Quappe – nach stillen Stunden des Wartens und Harrens am Uferrand ziehen Angler meist ein leckeres Essen an Land. Jahrhundertelang bildete die Fischerei die Ernährungsgrundlage für die Menschen am Strom. Im Kessel eingedickte Fischpaste war für viele tagein, tagaus Frühstück, Mittag und Abendbrot. Vor allem die Oderquappe gab es im Überfluss. Der bis zu sieben Pfund schwere, fette Raubfisch war so verbreitet, dass man ihn anzündete, so wird erzählt, und er als Fackel diente.

Heute wird das weiße, fetthaltige Quappenfleisch von Kennern als besondere Delikatesse geschätzt. In der kalten Jahreszeit wandert der Fisch flussaufwärts, weshalb man ihn vom Winter bis zum Frühjahr mit etwas Glück auf der Tageskarte der Restaurants entdeckt. Als »Quappe braungekocht« wird er beispielsweise sanft in einem Sud aus Zwiebeln, Lorbeer und Gewürzkörnern gegart und mit einem Klecks Fliederbeermus serviert.

Der Rapfen dagegen gesellt sich als weitere Oderspezialität gerne zum frischen Sommersalat. Wie die Quappe zählt er wegen seines Grätenreichtums nicht zu den Spitzenstars in der Fischküche. Gleichwohl ist sein weißes Fleisch ebenfalls sehr schmackhaft und kommt gegrillt, geräuchert oder auch zur Frikadelle geknetet auf den Tisch.

Die allseits beliebte Schnitzelküche mit Pommes und Beilage muss weit und breit von der Neißemündung bis zur Ostseeküste natürlich ebenfalls niemand missen.

Märkische Küche

Noch bis Ende des 17. Jahrhunderts war die Kost diesseits und jenseits der Oder, in Brandenburg und der Neumark, mehr als karg. Auf den Tellern herrschte Monotonie. Neben Fischpaste in Odernähe standen landesweit Kohl, Steckrüben, Schwarzbrot, Bier und Hirsebrei auf dem Speisezettel. Erst die Hugenotten, pro-

Angler an der Hohensaaten-Friedrichsthaler Wasserstraße bei Lunow-Stolzenhagen

Frisch und zeitgemäß präsentiert sich die Wilde Klosterküche in Neuzelle

testantische Glaubensflüchtlinge aus Frankreich, die seit dem Edikt von Potsdam 1685 in die Mark einwanderten (→ S. 46), machten solche Delikatessen wie Spargel, Gurken, Bohnen, Erbsen, Blumenkohl und Blattsalat bekannt.

Nach der Trockenlegung des Oderbruchs in der zweiten Hälfte des 18. Jahrhunderts unter Friedrich dem Großen entwickelte sich das neu gewonnene, fruchtbare Land zur Gemüsekammer im preußischen Königreich. Von Bohnen über Kohl und Kürbis bis hin zu Schluppen, Spinat und Zwiebeln wird bis heute im Oderbruch eine Vielzahl von Gemüsen angebaut. Und Kartoffeln natürlich! Die Kultivierung der nahrhaften Knolle setzte ebenfalls Friedrich II. durch – damals gegen erheblichen Widerstand in der Bevölkerung. Auf den fetten Oderbruchböden gedeiht sie besonders gut, aber auch die sonst eher magere märkische Krume wird von ihr toleriert. Seither darf die Kartoffel bei keinem typischen Gericht der märkischen Küche fehlen. Es ist eine bodenständige Landküche, bei der in den Kochtopf kommt, was Wald, Feld, Wiese und Wasser hergeben: Fisch aus den Flüssen, Gemüse aus dem Oderbruch, Wild aus den Wäldern und dazu Wiesenkräuter, Beeren und Pilze je nach Saison, die sich zur Kartoffel gesellen.

In der Uckermark werden die gelben Knollen traditionell »Nudln« genannt. Warum das so ist, kann niemand mit Sicherheit sagen, möglicherweise weil sie bei den Hugenotten *nouelles* hießen. Sie begleiten klassische uckermärkische Spezialitäten wie »Gestowte Wruken (gedünstete Steckrüben) mit Schweinebauch« oder »Klüt un Beer'n« mit gebratenem Schinkenspeck. Diese süß-salzigen Zubereitungen, ähnlich wie »Birnen, Bohnen und Speck«, zeigen bereits die Nähe zum norddeutschen Mecklenburg-Vorpommern an.

Pommersche Küche

Auch an der nördlichen, pommerschen Oder sind Kartoffeln aus den Speisekammern nicht wegzudenken. »Tüften« werden sie hier genannt. Zusammen mit Steckrüben (Wruken), pommerschen Gänsen, Fisch und Wildbret zählen sie zu den klassischen Elementen der bodenständigen, deftigen pommerschen Küche. Jahrhunderte des Mangels und der Armut haben die traditionellen Rezepte hervorgebracht. Heute stehen sie, modern interpretiert, auf den Speisekarten der Gourmetrestaurants: Fliederbeersuppe mit Schwemmklößchen, Buttermilchkartoffeln oder »Tüffel un Plum« (Kartoffelsuppe mit Pflaumen und Speck).

Schweinefleisch, in Räucherkammern haltbar gemacht, kam feiertags nach dem Kirchgang als herzhafter »Kloppschinken« (in Milch eingelegter, flachgeklopfter, gebratener Schinkenspeck) auf den Tisch. Obst und Gemüse, Gänse- und Schweineschmalz wurden eingeweckt, und als Leckerei gab es Zuckerrübensirup als Brotaufstrich. »Birnen, Bohnen und Speck«, »Himmel und Erde« (Apfel, Kartoffel und Speck), Gans mit Steckrüben, Gans auf Äpfeln mit Rosinen und natürlich Gänsebrust auf pommersche Art mit Rotkohl und Klößen sind die süß-salzigen Klassiker der pommerschen Küche. Und zum Nachtisch reicht man dazu, altüberliefert, Rote Grütze und Schwarzbrotpudding.

Frischer Räucherfisch in Dziwnów

Fisch spielt in der pommerschen Küche eine ebenfalls große Rolle. In der Oder, im Stettiner Haff und den Mündungsarmen zur Ostsee tummeln sich Aal, Dorsch, Flunder, Forelle, Hering, Lachs, Zander und zahlreiche weitere Schuppengesellen. »Rökeraal« (Räucheraal), Gebackener Spickaal, Hecht im Speckmantel, Solten Hiring (Salzhering), Fischpudding und Matjes in Sahne heißen die Gaumenkitzel, die man an der pommerschen Oder, am Haff und am Ostseestrand unbedingt einmal kosten sollte.

Polnische Küche

Fisch (*ryba*) in allen nur denkbaren Variationen und Zubereitungen ist auch an der polnischen Oder und Ostseeküste die Nummer 1 in der Küche. Als Vorspeise wird am liebsten Hering serviert, sei es als *śledzie korzenne* (Gewürzhering) in Essig, Öl und Zwiebeln eingelegt, sei es in Sahnesoße oder Aspik, oder als *Hekele*: kleingehackte Heringsfilets mit harten Eiern, Zwiebeln und Gewürzen gemischt.

Infolge der radikalen Umsiedlungsmaßnahmen der polnischen Bevölkerung nach dem Zweiten Weltkrieg haben die Neusiedler aus dem seither russischen Osten ihre überlieferte Küchentradition mit an die Oder gebracht. Rezepte der altpolnischen Küche, die in der Tradition des großen litauisch-polnischen Doppelreichs stehen, haben sich mit russischen und böhmisch-österreichischen Einflüssen gemischt. Plinsen (kleine russische Pfannkuchen) beispielsweise werden in Polen als *blińczyki* serviert, Kartoffelpuffer als *racuchy*.

Unter den Suppen steht *żurek* auf der Beliebtheitsskala ganz oben. Vom Imbiss bis zum Spitzenrestaurant wird die herzhafte Roggenmehlsuppe mit Ei und Knoblauch, Kartoffeln und zerlassenem Speck serviert. Ebenso gerne lässt man sich *barszcz* schmecken, eine klare Rote-Bete-Suppe, zu der man Teigtaschen oder Pastetchen reicht. *Kapuśniak*, eine Sauerkrautsuppe mit Pilzen, Zwiebeln und Fleisch von der Rippe, oder *flaki*, eine Kaldaunensuppe, zählen zu den weiteren Lieblingssuppen.

Polens Nationalgericht schlechthin ist *bigos*, ein kräftiger Eintopf aus Weißkohl, Sauerkraut, getrockneten Pflaumen, Pilzen und verschiedenen Sorten Fleisch. Auch *pierogi,* herzhaft oder süß gefüllte Teigtaschen, oder *gołąbki*, deftige Kohlrouladen, sind landestypische Hauptgerichte. Nicht zu vergessen das notorische *kotlet schabowy*, das Schweinekotelett. Zusammen mit Kartoffeln und Kohl ist es ein traditionelles Sonntagsgericht. An Fleisch wird vor allem Schwein zubereitet. Aber auch Rind und Wild kommen in den Topf, und, sehr beliebt, Bratente mit Äpfeln; oft von heimischen Pilzen und gelegentlich, anstelle einer Kartoffelbeilage, auch von gerösteter oder gebratener Buchweizengrütze (*kasza gryczana*) begleitet.

Und was trinkt man zu den herzhaften Speisen? Wodka natürlich. Die berühmtesten Sorten sind Wyborawa, Polonaise und der grünlich schimmernde, mit einem Bisongras aus dem Białowieski-Urwald versehene Żubrówka. *Piwo* (Bier) wird nach alter Brautradition in vielen Sorten und Geschmacksrichtungen gezapft, und selbstverständlich gibt es zum Essen auch Säfte, Softdrinks und Mineralwasser.

Polnischer Wein ist dagegen ein noch eher seltenes Gewächs. Zwar wurde der Rebenbau im Lebuser Land schon im 13. Jahrhundert von den Zisterziensermönchen eingeführt, und die Region Grünberg (Zielona Góra) stieg im 19. Jahrhundert zur seinerzeit nördlichsten deutschen Hochburg des Weinbaus auf. Die Qualität der erzeugten Rebensäfte ließ jedoch recht zu wünschen übrig. Grünberger Wein war als sauer berüchtigt. Der Beliebtheit des Schaumweins aus der Kellerei Grempler & Co., tat das aber keinen Abbruch. 1826 gegründet, konnte Gremplers Schaumwein damit werben, aus der ältesten Sektkellerei im damaligen Deutschland zu stammen. Seit Anfang der 2000er Jahre wird die Weinbautradition in der Woiwodschaft Lubuskie von anspruchsvollen jungen Winzern wiederbelebt. Rund um Polens Weinhauptstadt Zielona Góra werden heute nahe der Oder fast 40 Weingüter gezählt. In Polens größtem Weinbaugebiet kultiviert man Spätburgunder, Traminer und Riesling als traditionelle, der Landschaft verpflichtete Trauben sowie neu Weiß- und Grauburgunder, Chardonnay und Zweigelt. Und auch die Weinfeste in der Region erleben eine Renaissance. Das größte von ihnen, die »Winobranie« (Weinernte) findet alljährlich im September in Zielona Góra statt. Neun Tage lang regiert dann Bacchus die polnische Weinhauptstadt.

Bigos – das polnische Nationalgericht

Das Barockwunder Neuzelle und die sozialistische Planstadt Eisenhüttenstadt, die Flussmetropole Frankfurt/Słubice und am polnischen Ufer weites einsames Land – von der Neißemündung bis zur Doppelstadt »Slubfurt« sind Natur und Kultur auf vielfältige Weise verbunden und die Gegensätze miteinander vereint.

ZWISCHEN NEISSEMÜNDUNG UND FRANKFURT/SŁUBICE

Die Klosterkirche Neuzelle – barockes Wunderwerk in der Mark

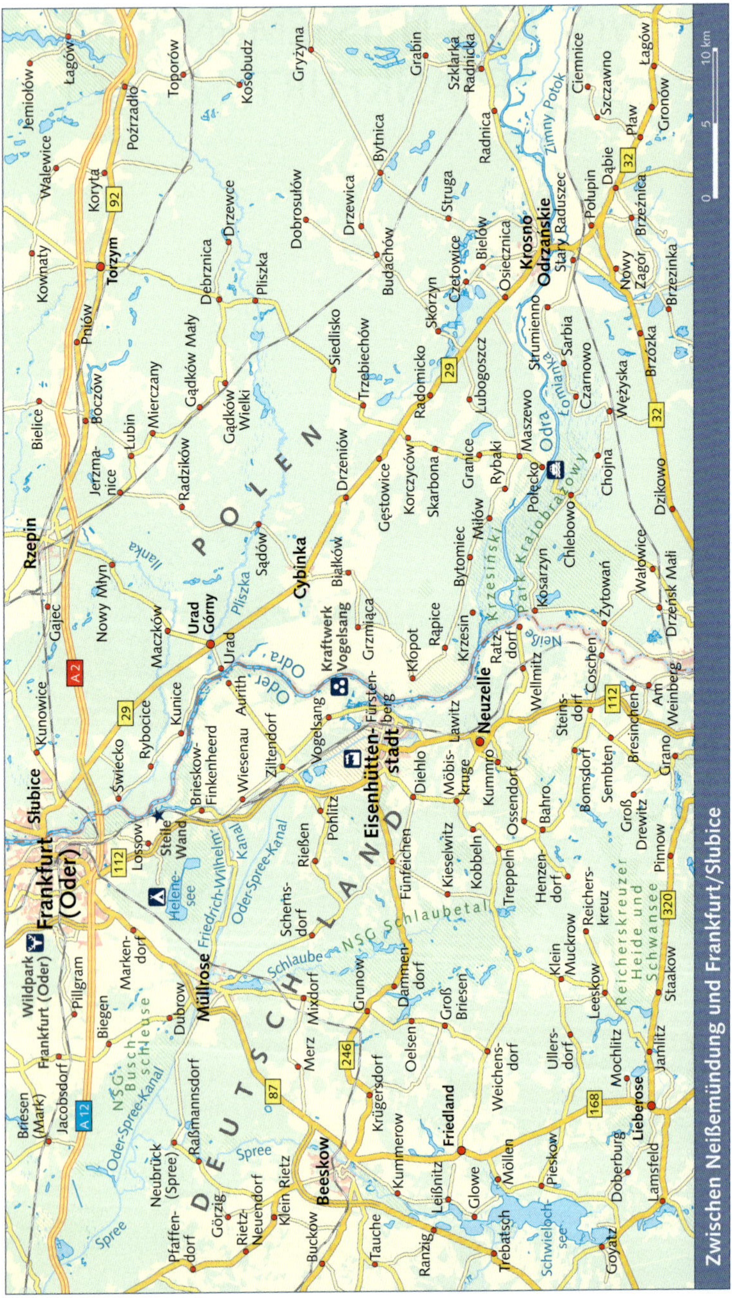
Zwischen Neißemündung und Frankfurt/Słubice
0
5
10 km
POLEN
DEUTSCHLAND
Frankfurt (Oder)
Słubice
Wildpark Frankfurt (Oder)
Müllrose
Eisenhüttenstadt
Neuzelle
Beeskow
Friedland
Lieberose
Rzepin
Cybinka
Torzym
Krosno Odrzańskie
Urad Górny
Kraftwerk Vogelsang
Helenesee
Steile Wand
NSG Schlaubetal
Schlaube
NSG Busch-schleuse
Oder-Spree-Kanal
Friedrich-Wilhelm-Kanal
Spree
Oder
Odra
Neiße
Pliszka
Ilanka
Łomianka
Zimny Potok
Krzesiński Park Krajobrazowy
Reicherskreuzer Heide und Schwansee
Schwielochsee
A 2
A 12
29
32
87
92
112
168
246
320
Jemiołów
Łagów
Walewice
Kowaty
Bielice
Kunowice
Gajec
Pniów
Boczów
Koryta
Poźrzadło
Toporów
Kosobudz
Gryżyna
Jerzmanice
Lubin
Mierczany
Nowy Młyn
Maczków
Radzików
Gądków Mały
Gądków Wielki
Debrznica
Drzewce
Pliszka
Dobrosułów
Sądów
Siedlisko
Trzebiechów
Drzeniów
Białków
Grzmiąca
Kłopot
Budachów
Bytnica
Drzewica
Grabin
Szklarka Radnicka
Radnica
Struga
Skórzyn
Radomicko
Gęstowice
Korczyców
Skarbona
Rąpice
Bytomiec
Krzesin
Miłów
Granice
Czetowice
Bielów
Osiecznica
Lubogoszcz
Rybaki
Maszewo
Połęcko
Chlebowo
Kosarzyn
Strumienno
Sarbia
Czarnowo
Chojna
Żytowań
Wałowice
Drzeńsk Mały
Dzikowo
Węgrzyska
Brzózka
Nowy Zagór
Brzezinka
Stary Raduszec
Połupin
Dąbie
Pław
Gronów
Brzeźnica
Szczawno
Ciemnice
Łagów
Świecko
Rybocice
Kunice
Lossow
Brieskow-Finkenheerd
Wiesenau
Aurith
Ziltendorf
Urad
Vogelsang
Fürstenberg
Pohlitz
Rießen
Schernsdorf
Diehlo
Lawitz
Möbiskruge
Kummro
Ratzdorf
Wellmitz
Steinsdorf
Coschen
Kieselwitz
Kobbeln
Fünfeichen
Ossendorf
Treppeln
Bahro
Henzendorf
Bomsdorf
Sembten
Groß Drewitz
Bresinchen
Am Weinberg
Grano
Pinnow
Reichersdorf
Reicherskreuz
Klein Muckrow
Leeskow
Staakow
Jamlitz
Mochlitz
Ullersdorf
Weichensdorf
Groß Briesen
Dammendorf
Oelsen
Grunow
Mixdorf
Merz
Krügersdorf
Kummerow
Leißnitz
Glowe
Möllen
Pieskow
Doberburg
Lamsfeld
Goyatz
Trebatsch
Ranzig
Tauche
Buckow
Klein Rietz
Rietz-Neuendorf
Görzig
Pfaffendorf
Neubrück (Spree)
Raßmannsdorf
Dubrow
Biegen
Markendorf
Pillgram
Jacobsdorf
Briesen (Mark)

Zwischen der Neißemündung beim Flecken Ratzdorf und der Metropole in der Region, der Doppelstadt Frankfurt/Słubice, erstreckt sich am deutschen Oderufer das brandenburgische Oder-Spree-Seenland im Landkreis Oder-Spree. Auf der polnischen Seite begleitet den Strom auf diesem Streckenabschnitt das historische Land Sternberg in der heutigen Woiwodschaft Lubuskie. Hier wie da ziehen mächtige Hochwasserschutzdeiche hinter den Überflutungsflächen entlang. Das weite, flache Land vor den Oderhängen wird, wie in der Ziltendorfer Niederung oder zwischen Słubice und Westpolens größtem Storchendorf Kłopot, entweder intensiv landwirtschaftlich beackert. Oder man hat es, wie weiter südlich im Krzesiński-Landschaftspark (Krzesiński Park Krajobrazowy), gänzlich dem dort breit mäandernden Strom zurückgegeben. Wo die Oder sich bei Hochwasser ausbreiten darf, schmückt sich das Deichvorland zwischen Flutrinnen, Nebenflüsschen und Altwasserarmen mit Feuchtwiesen und kleinen Weich- oder Hartholzauen. Fallen die Polder trocken, kommen auf den mageren Sandrasen zur Beweidung vor allem Schafe zum Einsatz. Auf deutscher Seite umfasst das Naturschutzgebiet Mittlere Oder die ökologisch wertvollen Schwemmlande zwischen Frankfurt und Eisenhüttenstadt.

An den westlichen Ufern bilden auf dem 44 Kilometer langen Flussabschnitt das barocke Kloster Neuzelle, die sozialistische Planstadt Eisenhüttenstadt und bei Brieskow-Finkenherd der romantisch verkrautete Friedrich-Wilhelm-Kanal ein kontrastreiches Sehenswürdigkeitenprogramm. An den östlichen Ufern herrscht umso mehr Stille und Einsamkeit. Der Westen der Woiwodschaft Lubuskie mit der Gemeinde Cybinka im Zentrum zählt zu den am dünnsten besiedelten Regionen polenweit.

Der Name der Woiwodschaft geht auf das historische Lebuser Land zurück. Fast ein Jahrtausend lang handelten dort Pommern, Großpolen, Schlesien, die Lausitz, Brandenburg und das Bistum Lebus, der Deutsche Orden, der Templer- und der Johanniterorden ihre Einflussgebiete aus – mal friedlich und dann wieder mit Waffengewalt. Nach dem Zweiten Weltkrieg und der anschließenden Westverschiebung Polens bis zur Oder folgte 1950 die Bildung der Woiwodschaft Zielona Góra (Grünberg). 1975 noch einmal aufgeteilt, wurde sie im Zuge der großen Verwaltungsreform 1999 zur jungen Woiwodschaft Lubuskie zusammengefügt. Dort im Osten liegt übrigens bei Babimost – ja, das gibt's wirklich! – das sprichwörtliche Dorf Klein Posemuckel, heute Podmokle Małe.

Brücken und Fähren

Im beschriebenen Reisegebiet zwischen Ratzdorf und Frankfurt sind nur **Frankfurt und Słubice** mit einer **Brücke** über die Oder verbunden. Direkt südlich der Doppelstadt führt zudem die A 12/A 2 Berlin–Warschau zum **Grenzübergang Frankfurt–Świecko.**

Um weiter im Süden über den Strom zu gelangen, besteht folgende Möglichkeit: **Drahtseilfähre bei Połęcko:** etwa 60 Kilometer von Frankfurt/Słubice flussaufwärts, Mai, Aug. 5–20, Juni, Juli 5–21, April, Sept. 6–19, März, Okt. 7–18, Feb., Nov. 7–16, Jan., Dez. 8–16 Uhr, bis 6 t Gesamtgewicht, kein Betrieb bei Hochwasser, Niedrigwasser und Vereisung.

Eine weitere Oderbrücke befindet sich 15 Kilometer östlich von Połęcko bei **Krosno Odrzańskie.** Von den dortigen südlichen Oderufern gelangt man über die Dörfer Chlebowo, Łomy und Kosarzyn nach Żytowań zur **»Neißewelle«.** So nennt sich die in weißen Bögen geschwungene Stahl-Beton-Konstruktion, die seit 2014 auf halber Strecke zwischen Neißemündung und Guben/Gubin die Neiße überbrückt.

Ratzdorf und die Neißemündung

Nach ihrer gut 250 Kilometer langen Reise vom tschechischen Isergebirge herab mündet die Lausitzer Neiße in die Oder. Dort, wo sie der gemächlich mäandernde Oderstrom in einer letzten ausladenden Schleife schluckt, bevor er seine Fließrichtung von West nach Nord wechselt, liegt der kleine Ort Ratzdorf in der Flussniederung. Gerade einmal 30 Meter hoch erhebt sich die Talsandinsel mit den Häusern der 350 Ratzdorfer über den Meeresspiegel. Fischerei und die Oderschifffahrt haben über Generationen das Leben ebenso bestimmt wie die zahlreichen verheerenden Überschwemmungen. Die letzte fand im Sommer 1997 statt, als Ratzdorf während der großen Oderflut fast im Wasser versank. Das Pegelhäuschen am Zusammenfluss von Oder und Neiße zeigte 6,89 Meter an, beinahe doppelt soviel wie in den langjährigen Sommermessungen. Die Evakuierung der Einwohner stand an, doch fast alle blieben und halfen sich gegenseitig im Kampf gegen die Fluten – Bilder, die um die Welt gingen. Die Spendenbereitschaft war enorm. Sogar Megastar Michael Jackson griff in seine Schatulle und spendierte 32 000 Mark aus einem Konzerterlös für den Wiederaufbau des Kindergartens. Aber weil es diesen im kleinen Ratzdorf längst nicht mehr gab, baute man mit dem Geld einen Kinderspielplatz, der – natürlich –den Namen des Popstars trägt.

Geschichte

1316 wurde der Ort erstmals erwähnt, und zwar in der Urkunde, die den Verkauf der Burg Schiedlo am gegenüberliegenden Oderufer »mit dem dazugehörigen Gebiete, namentlich dem Dorfe Ratzdorf und 6 Hufen in Cuserin, ferner die Stadt Fürstenberg (...) und das Dorf Schönfließ« an das Kloster Neuzelle besiegelte. Die ersten Spuren reichen jedoch bis in die slawische Epoche zurück, als, strategisch günstig an einem

Ratzdorfs berühmtes Pegelhäuschen

▲ Karte S. 80

Die Kajüte Ratzdorf lädt regelmäßig zu Musik und Tanz

Oderübergang, die befestigte Fliehburg Schiedlo entstand. In ihren Schutz begab man sich, wenn das Hochwasser kam. Über zwei Dutzend Flutkatastrophen erlebte Ratzdorf im Lauf der Jahrhunderte. Der Ackerbau war beschwerlich, und so sattelten die Einwohner auf Fischfang und Schifffahrt um. Das Dorf an der Neißemündung entwickelte sich zum Warenumschlagplatz. Die Einweihung des Friedrich-Wilhelm-Kanals 1668 und des Oder-Spree-Kanals 1891 schufen Verbindung zur Spree und beflügelten damit Wirtschaft und Handel. Ratzdorf verfügte über einen Schiffsanleger und eine Fährverbindung, es gab Fischereibetriebe und ab 1880 sogar eine Werft, die bis 1958 bestand. Nur einen durchgehenden Schutzdeich hatte es nicht. Die Lücke, die genau auf Dorfhöhe zwischen Neiße- und Oderdeich klaffte, belief sich auf gut 1000 Meter. Sie blieb noch bis in die jüngste Vergangenheit Einfallstor für die Wasserfluten. Die Ortslage Schiedlo (→ S. 129) gegenüber am nördlichen Oderufer wurde bereits 1908 wegen der ständigen Überschwemmungen aufgegeben.

Sehenswertes

Größte Attraktion und Ratzdorfer Wahrzeichen ist natürlich das **Pegelhäuschen.** 1989 noch zu DDR-Zeiten errichtet, steht es erhöht auf einem Pflastersockel am Oderufer und misst seitdem ununterbrochen den Wasserstand. 2005 konnten dann endlich auch die Bauarbeiten zum lange ersehnten Deichlückenschluss starten. Wegen einer Grundeigentumsfrage waren sie bis dahin immer wieder verzögert worden. Damit das Dorf nun aber nicht hinter einer haushohen Deichkrone verschwinden würde, setzte man auf eine im Deich verankerte Spundwand eine **mobile Hochwasserschutzwand,** die im Notfall schnell hochfahren kann. Die Hauptdeichlinie wurde um 600 Meter zurückverlegt, und neue Rückhaltepolder entstanden, in welche die Fluten bei Bedarf abfließen können.

Nicht weit entfernt erhebt sich seit 2003 auf der schmalen Landzunge auf polnischer Seite kurz vor der Flussmündung das **Kreuz der Begegnung.** Das sechs Meter hohe Holzkreuz erinnert an die

Das Kreuz der Begegnung in Ratzdorf

Oderflut 1997 und mahnt als Stätte der Begegnung zwischen Deutschen und Polen sowie Gläubigen aller Konfessionen ein friedliches Miteinander in einem gemeinsamen Europa an.
Im Dorf selbst lädt die **Fahrradkirche,** 1958 aus der ehemaligen Pfarrscheune hervorgegangen, Radfahrer auf dem Oder-Neiße-Radweg zur stillen Einkehr. Für PS-Ritter hat die Gemeinde am Ortseingang einen großzügigen Wohnmobilstellplatz eingerichtet. Die Einweihung von Ratzdorfs kleinem Bootsanleger fand 2016 zur 700-Jahr-Feier statt.

Ratzdorf

Vorwahl: 033652, **PLZ:** 15898

Die **Buslinie 441** verbindet Ratzdorf über Neuzelle mit Eisenhüttenstadt. www.bos-fw.de

Radlerbett Barth, Fürstenberger Weg 16, Tel. 6692 oder 0176/78348471; DZ/F um 60 Euro, nur im Sommerhalbjahr. Freundliches kleines B & B, bei Radlern und Wasserwanderern gleichermaßen beliebt.

Wohnmobilstellplatz und Biwak, Lindenallee 112 (am westlichen Ortseingang), Tel. 7260. Weitläufiger, ebenerdiger Platz, WC, Wasserver-/Entsorgung, Strom, Spiel- und Picknickplatz.

Eine kleine **Slipanlage** (Betonschräge) befindet sich nahe dem Pegelhäuschen.

Kajüte Ratzdorf, Am Oderdamm 1, Tel. 82811, fb. Legendäre Gast- und Tanzwirtschaft kurz vor dem Pegelhäuschen. Zu Oldies, Disco- oder 20er-Jahre-Musik ist der Biergarten geöffnet und wird das Tanzbein geschwungen, außerdem Rock- und Popkonzerte, Liedermacher, Klassik und Jazz.
www.kajuete-ratzdorf.com

Neuzelle

▸ Karte S. 80

Gut fünf Kilometer nordwestlich von Ratzdorf liegt einer der ungewöhnlichsten Orte in Brandenburg: Neuzelle verfügt nicht nur über eine der hierzulande seltenen komplett erhaltenen Klosteranlagen. Mehr noch, sie schwelgt in einem überbordenden Barock, wie man ihn sonst kaum in protestantischen Landen findet. Zwei prachtvoll ausgestattete Kirchen und der Klostergarten haben dem Kloster Neuzelle den Beinamen »Barockwunder Brandenburgs« eingetragen. Dazu kommen das einzigartige »Himmlische Theater« und der spätgotische Kreuzgang mit seinen Kunstschätzen, die den ganzen Klosterkomplex zu einem der bedeutendsten kulturellen Kleinode im nordöstlichen Deutschland machen.

Geschichte

Die Abtei wurde 1268 von Heinrich dem Erlauchten, Markgraf von Meißen und der Lausitz, gestiftet. Bis 1330 erbauten und besiedelten sie Zisterziensermönche aus dem sächsischen Mutterkloster Altzella. »Nova Cella« (lateinisch für »Neue Zelle«) sollte die Neugründung heißen, die dem Seelenheil von Heinrichs verstorbener Ehefrau Agnes gewidmet war. 1367 gelangte die Lausitz und mit ihr Kloster Neuzelle durch Verkauf an das Königreich Böhmen.
Fortan waren die Neuzeller Klosterbrüder in die politischen Händel Böhmens verstrickt: 1415 wurde der böhmische Kirchenreformer Jan Hus auf dem Konzil in Konstanz als Ketzer zum Tod auf

dem Scheiterhaufen verurteilt. Die böhmischen Zisterzienser waren erbitterte Gegner der hussitischen Glaubenslehre. Möglicherweise war der Neuzeller Abt Petrus I. sogar am Prozess gegen Jan Hus beteiligt. Das würde jedenfalls die Brutalität erklären, mit der im Zuge der Hussitenkriege (1419–1436) hussitische Heerscharen 1429 in der Niederlausitz einfielen, das Neuzeller Kloster verwüsteten und den Abt und einen Großteil der Mönche ermordeten.

Reformation und Dreißigjähriger Krieg

Die Wirren der Reformation im 16. Jahrhundert überstand Neuzelle dagegen nahezu unbeschadet. 1539 traten die Nachbarländer Sachsen und Brandenburg zum Protestantismus über. Und während rundherum alle Klöster aufgelöst, geplündert und niedergerissen wurden, blieb Neuzelle unter dem Schutz des böhmischen Königs und späteren Kaisers, Ferdinand I., unangetastet.

Im Dreißigjährigen Krieg marodierten schwedische Truppen in den heiligen Mauern. 1635 trat der katholische Kaiser die Lausitz an den protestantischen sächsischen Kurfürsten ab. Nach fast 300 Jahren befand sich Kloster Neuzelle wieder unter sächsischer Herrschaft. Die Vereinbarung, die man dazu im Rahmen des Prager Friedens getroffen hatte, beinhaltete, dass der katholische Kultus in Neuzelle weiterhin ausgeübt werden dürfe. So überdauerte die Neuzeller Abtei als eines der wenigen vollständig erhaltenen Klöster im heutigen Brandenburg. Nach dem Dreißigjährigen Krieg begann die barocke Ausgestaltung und Erweiterung der Anlage. Ab 1650 verwandelten böhmische Baumeister die ursprünglich gotische Stiftskirche und auch die benachbarte kleinere Kirche zum Heiligen Kreuz in opulente Barockjuwele.

Aufhebung und Umnutzung

1815 fiel die Niederlausitz durch Beschluss auf dem Wiener Kongress an das Königreich Preußen. Nun ereilte auch Neuzelle das Schicksal aller vorangegangenen Klöster auf protestantischem Boden: 1817 wurde es säkularisiert. Der reiche Klosterbesitz ging in ein preußisches Stift über, in den Klostermauern richteten sich ein evangelisches Lehrerseminar und ein Waisenhaus ein.

Blick über den Neuzeller Klosterteich zur Klosterkirche

Im Dritten Reich dienten die Gebäude als Nationalpolitische Erziehungsanstalt. In DDR-Zeiten fanden dort Lehrer- und FDJ-Kaderausbildung statt, während in einem kleineren Teil der Gemäuer die katholische Kirche den Priesternachwuchs schulte. Nach der Wiedervereinigung nahm die 1997 gegründete brandenburgische Landesstiftung Stift Neuzelle ihre Arbeit auf. Eine umfangreiche Sanierung des Klosterkomplexes begann.

■ Das Kloster heute

Heute liegt im Kloster ein Schwerpunkt auf der Kinder- und Jugendbildung. Seit 2003 beherbergen die Räumlichkeiten unter anderem ein Freies Gymnasium mit musisch-künstlerischer Ausrichtung. Und auch die Mönche sind wieder da! Genau 200 Jahre nachdem Preußen die Abtei verstaatlicht hatte, sind die Zisterzienser 2017 nach Neuzelle zurückgekehrt. Vom Stift Heiligenkreuz in Niederösterreich zogen sechs Glaubensbrüder an die Oder, um der altehrwürdigen Anlage neues geistliches Leben nach den Ordensregeln des hl. Benedikt einzuhauchen. 2018 wurde das Priorat mit einem Gründungsakt in der Stiftskirche feierlich eingeweiht. So ist das Kloster heute sowohl wieder ein Ort des Glaubens und der Besinnung als auch, mit seinen zahlreichen Kunstschätzen, ein besonderes Ausflugsziel.

Dieses außergewöhnliche Fluidum wird allerdings nicht von Ewigkeit sein. Denn die Zisterzienser sind nur eine Mietpartei unter mehreren in den Gemäuern: neben dem Freien Gymnasium noch das Klostermuseum, die Musikschule, die Forstverwaltung und die Stiftsverwaltung, die als Vermieterin in den früheren Gemächern des Abtes residiert. Mittlerweile zeigte sich auch, dass der Besucherrummel dem Wunsch der Ordensbrüder nach klösterlicher Abgeschiedenheit zu sehr entgegensteht. Ende 2020 haben sie deshalb den Kaufvertrag für ein ehemaliges Grundstück der DDR-Staatssicherheit im zehn Kilometer entfernten Treppeln unterschrieben. Das verfallene Forsthaus auf dem Gelände, bis 1989 Stasi-Erholungsheim, wird einem klösterlichen Neubau weichen.

Kloster

■ Klosterkirche St. Marien

Allen voran repräsentiert die Klosterstiftskirche St. Marien die einstige Größe und Bedeutung der Abtei Neuzelle. Anfang des 14. Jahrhunderts entstand das Gotteshaus als gotische Backsteinhalle, 1380 bis 1400 wurde es auf drei Kirchenschiffe erweitert. Von Mitte des 17. bis weit ins 18. Jahrhundert hinein wurden ein Altarraum, die Seitenkapellen sowie eine Vorhalle angefügt und der gesamte Sakralbau im barocken Geschmack überbordend mit Figuren und Ornamenten ausgeschmückt.

Die prachtvollen **Stuckaturen** im Kircheninneren fertigten italienische Künstler 1655 bis 1658 unter der Leitung von Giovanni Battista Cometa. Die farbenfrohen **Deckengemälde** im Mittelschiff, die den Lebensweg Jesu nacherzählen,

Prächtige Nebenaltäre säumen das Mittelschiff der Klosterkirche

▸ Karte S. 80

schufen in derselben Zeit Giovanni Vanetti und seine Werkstatt. In der zweiten Bauphase folgte ab Anfang des 18. Jahrhunderts gewissermaßen der Feinschliff im Stil des böhmischen Hochbarocks. Eine Vielzahl dicht hintereinander gestaffelter **Nebenaltäre,** die meisten auf 1730 bis 1735 datiert, bilden seither das augenfälligste Gestaltungselement. Paarweise vor den Langhauspfeilern aufgestellt, lassen sie den Kirchenraum wie eine großartige barocke Prozessionsstraße wirken. In der **Vorhalle** empfängt die Besucher ein gut 20 Quadratmeter umspannendes, 1730 geschaffenes »Widmungsbild«. Es stammt von Händen des schlesischen Meisters Georg Wilhelm Neunhertz und zeigt neben dem Gottessohn als Weltenretter und Heilsbringer auch einen Habsburger Herrscher, womöglich Kaiser Leopold I., wie er schützend seine Hand über das Kloster Neuzelle hält.

Meister Neunhertz und seine Werkstatt führten anno 1740 auch die **Deckenfresken** im neu errichteten Altarraum aus. Vier Jahre früher hatte dort bereits die Wessobrunner Stuckateursfamilie Hennevogel ihre Arbeit am monumentalen **Hochaltar** aufgenommen – Höhepunkt und zugleich Vollendung des Neuzeller »Barockwunders«. Der aus rotem und grauem Marmor gehauene Säulenaltar nimmt den gesamten hohen Chorraum ein. Mit seinem Figurenschmuck bringt er das spirituelle Programm des Klosters Neuzelle vom irdischen biblischen Geschehen bis hoch hinauf in den Himmel plastisch auf den Punkt. Unten am Sockel, auf Erden, sehen wir die Emmausgruppe: Jesus, wie er das Brot bricht, mit zweien seiner Jünger. Darüber folgt das großformatige, für Zisterzienser zentrale Bildnis von Mariens Himmelfahrt. Über ihr schwebt in einem goldenen Strahlenkranz eine Taube, Symbol für den Heiligen Geist, und ganz oben am »Firmament« thronen Gottvater und Christus zu Seiten der Weltkugel. 1741 fand die feierliche Einweihung des Hochaltars statt. Seit der Wiederbelebung des Klosters 2017 durch die Zisterziensermönche erklingt in der Stiftskirche auch wieder siebenmal täglich ihr **Chorgebet.** Vom frühklassizistischen Orgelprospekt herab singen sie ihre Lobpreisung. Der Gesang ist öffentlich, und es ist berührend als Gast zu lauschen. Dafür wird um Respekt und Ruhe gebeten.

Im Kreuzgang wurden Fresken konserviert

Kreuzgang und Klausurräume

Die ältesten Teile der Klosteranlage, der spätgotische Kreuzgang mit den Klausurräumen, konnten nach zehnjähriger Restaurierung 2009 der Öffentlichkeit übergeben werden. Im Gegensatz zum verschwenderischen Barock der Stiftskirche stammen die schönen Kreuzrippengewölbe im **Kreuzgang,** die Schemen uralter Wandmalereien und die spätgotischen Sterngewölbe in **Refektorium** (Speisesaal), **Kalefaktorium** (Wärmestube) und **Parlatorium** (Sprech-/Besucherzimmer) noch aus der Epoche der spätmittelalterlichen Zisterzienserbewegung. In den Gründungsmauern aus dem 14. Jahrhundert erwartet die Besucher nun dort, wo die Mönche einst hinter dem Jesuskreuz durch die Gänge zum Gottesdienst wandelten, das **Klostermuseum.** Unter dem Titel »Wie eine Insel im Strom der Zeit« wird via digitaler Medienstationen die Geschichte von der Gründung über die Blütezeit im Barock bis zur Auflassung der Abtei 1817 aufzeigt. Zahlreiche kostbare Exponate, darunter aufwändig verzierte Weiheornate, Chormäntel, liturgische Gerätschaften oder auch der Stiftsatlas von 1758, künden von der Bedeutung, die Neuzelle einst innehatte.

Museum Himmlisches Theater

Unterirdisch in den klösterlichen Weinberg gebaut und daher gut temperiert, eröffneten 2015 die Ausstellungsräume für das »Himmlische Theater«. So nennt sich das barocke Kulissentheater, das mit fünf Bühnenbildern (Garten, Palast, Palasthof, Stadt und Kalvarienberg) in 15 Szenen die Passion Jesu Christi – vom Gebet auf dem Ölberg über die Kreuzigung bis zur Auferstehung – hinreißend illustriert. 1751 gab der Neuzeller Abt Gabriel die insgesamt 240 bis zu sechs Meter hohen Theaterkulissen, Leinwände und beinahe lebensgroßen, auf Holz gemalten Figurengruppen beim böhmischen Meister Joseph Felix Seifrit in Auftrag. Zwei Jahre später war das heilige Theater wohl erstmals in Neuzelle zu sehen und wurde von da an alljährlich zur Passionszeit vermutlich in der Kirche zum Heiligen Kreuz aufgestellt. Das Spektakel muss man sich wie eine TV-Fortsetzungsserie vorstellen: Die Szenen wurden stets einzeln für eine bestimmte Weile gezeigt, danach folgte das nächste Bild, so dass die Gläubigen immer wieder gespannt darauf warten durften, wie die heilige Geschichte weitergeht.

1863 war dieses einmalige Zeugnis europäischer Kunst- und Kulturgeschichte zuletzt zu bewundern. Danach verschwanden die Kulissen und wurden erst 1997 auf einem Boden im Kirchturm von Neuzelle wiedergefunden. 2003 begann die aufwändige Restaurierung. 2015 konnten die beiden Szenen »Judaskuss« und »Kreuztragung« erstmalig wieder ausgestellt werden.

Dazu wurde eigens ein unterirdischer Museumsraum in den Weinberg gegraben. Der Zugang erfolgt über den ehemaligen Kutschstall, wo sich die Kasse und eine Begleitausstellung zum »Himmlischen Theater« befinden. Von da führt ein zehn Meter langer Gang zur Hauptausstellung in einen mysteriengleich ausgeleuchteten Raum hinab. 2018 fand dort ein erster Kulissenwechsel statt: Neben dem »Judaskuss« wurde die 4. Szene »Jesus vor Kaiphas« präsentiert. Ab April 2022 sind Szene 3 »Jesus vor Hannas« und Szene 14 »Grablegung« zu sehen. Die jeweils anderen Bilder des Zyklus lassen sich digital in Augenschein nehmen. Darüber hinaus wird das originale Papiermodell vom Neuzeller Heiligen Grab präsentiert. Voraussichtlich 2025 soll die Restaurierung aller 229 noch erhaltenen Tafeln abgeschlossen sein.

Auch die Heilig-Kreuz-Kirche schwelgt in barocken Formen

▶ Karte S. 80

Eine der bereits restaurierten Szenen des Himmlischen Theaters: Jesus vor Kaiphas

Pfarrkirche zum Heiligen Kreuz

Als zweites, kleineres Gotteshaus schmiegt sich die Kirche zum Heiligen Kreuz am Oderhang an die Klostermauern. Anstelle einer älteren Torkapelle wurde der Kreuzkuppelbau 1728 bis 1734 etwas abseits vom Klostergeschehen an der südlichen Pforte zum Stiftshof errichtet. Denn während die Stiftskirche allein für die Mönche reserviert war, hielt man hier auf Neuzeller Klosterboden die Gottesdienste für die profanen Gläubigen ab. Deshalb wurde die Heilig-Kreuz-Kirche auch einfach »Leutekirche« genannt. An barocker Formenpracht steht sie dem Mutterhaus aber kaum nach, waren doch auch hier dieselben Künstler am Werk: Das **Kuppelfresko,** dem schlesischen Meister Neunhertz zugeschrieben, prangt auf fast 130 Quadratmetern Fläche hoch über dem Boden. Der **Hauptaltar,** 1730 vermutlich von Johann Wilhelm Hennevogel geschaffen, stellt figurenreich die Kreuzigung Christi mit der knienden Maria Magdalena dar. Ein Kuriosum bildet darüber hinaus die fahrbare **Prozessionskanzel** aus dem späten 17. Jahrhundert. Unter dem reich geschnitzten priesterlichen Redepult befinden sich Räder, die es mobil einsetzbar machen. Aller Wahrscheinlichkeit nach ist das Kanzelmobil aber nie ins Rollen gekommen.

Seit der Auflösung des Klosters 1817 dient Heilig Kreuz als evangelische Pfarrkirche.

Klostergarten

Der Oderniederung zugewandt, präsentiert sich auf fünf Hektar die klösterliche barocke Grünanlage. Ursprünglich aus einem Küchengarten hervorgegangen, erfolgte Mitte des 18. Jahrhunderts die Umgestaltung im französischen Stil. Eine strenge Symmetrie, Sichtachsen und geometrische Formen spiegelten die im Zeitalter des Absolutismus herrschende Vorstellung von der Unterwerfung der Natur durch die weltliche beziehungswei-

Das Grabmal von Hanna Bieber-Boehm auf dem Priosberg

se geistliche Macht. Mit dem Ende des Klosterlebens 1817 verwilderte die Anlage allmählich bis zur Unkenntlichkeit. So lässt sich von Glück sagen, dass Historiker nach der Wende in der Berliner Staatsbibliothek den Neuzeller Stiftsatlas wiederfanden, denn er beinhaltete unter anderem die Gartenbaupläne von 1758. Diese ermöglichten die originalgetreue Rekonstruktion der steil zur Oder abfallenden Terrasse und des Barockgartens.

Weinberg

Im Südteil der Abtei hat einer von ursprünglich drei Klosterweinbergen überdauert. Die Kultivierung der »Scheibe«, wie der Berg heißt, hatte Abt Martinus gegen Ende des 17. Jahrhunderts veranlasst. Und lange Zeit bauten die Zisterziensermönche dort ihre Hausweine an. Der Säkularisierung 1817 folgten fast zwei Jahrhunderte Brache, bis der Verein Neuzeller Kloster-Winzer den alten Wingert 2002 zu neuem Leben erweckte. Junge Rebstöcke klimatisch gut angepasster, moderner Sorten wie Aron, Phönix oder Merzling wurden gesetzt, aber auch alte Trauben wie der Elbling, den schon die Römer mit nach Germanien gebracht hatten. Nach überlieferter Art werden die Neuzeller Reben auch nicht an Spalieren, sondern jeweils einzeln an Pfählen erzogen.

Gut 500 Liter Wein keltern die Kloster-Winzer inzwischen jährlich. Er wird nicht verkauft, kann aber zum Beispiel bei Weinbergführungen, auf dem Weinbergfest oder als weißer Klosterglühwein auf dem Neuzeller Weihnachtsmarkt gekostet werden.

Sehenswertes im Ort Neuzelle

Wo ein Kloster ist, da wird auch Bier gebraut. Seit 1589 besitzt Neuzelle Braurecht – das Jahr, in dem auch der »Newe Krug vorm Closter« (heute das Landhaushotel Prinz Albrecht) erstmals in einem Schriftstück erschien. Das von

▶ Karte S. 80

den Mönchen erbaute Wirtshaus lag an einer wichtigen Poststraße und erzielte erfreuliche Einnahmen aus Kost und Logis der Reisenden. 1905 ging gleich gegenüber vor dem Klosterareal die **Klosterbrauerei** in Betrieb. Man kann sie besichtigen und während der Führung den Brauprozess miterleben und dabei natürlich auch probieren. Im Klosterladen auf dem Gelände lassen sich außerdem alle möglichen Variationen des würzigen Gerstensafts käuflich erwerben.

Direkt vor dem Klosterareal lohnt am Brauhausplatz/Ecke Bahnhofstraße ein Blick auf die kleine **Dreifaltigkeitskapelle.** Sie wurde 1740 in Erinnerung an die von den Hussiten ermordeten Mönche errichtet. Und weil ihre Mauern nicht rechtwinklig sind, haben sie die Neuzeller »Schiefe Kapelle« genannt. Zu katholischen Prozessionen wird sie geöffnet.

Von dort führt der Weg geradeaus den Hang hinauf auf den Priosberg, wo in einem kleinen Waldstück das **Grabmal von Hanna Bieber-Boehm** (1851–1910) steht. Die Frauenrechtlerin der ersten Stunde setzte sich für Kinder- und Jugendrechte und besonders für »gefallene Mädchen« ein, wie es damals hieß. Als Kämpferin gegen die Zwangsprostitution richtete sie 1902 in Neuzelle ein Heim für »bleichsüchtige, schwächliche Mädchen« ein, das aber ebenso Müttern mit Kindern und älteren Frauen Zuflucht gewährte. In der Nazizeit BDM-Haus, in der DDR Krankenhaus, Altersheim, schließlich Kindergarten und Schülerhort, fungiert das Gebäude heute als Internat des Gymnasiums im Kloster Neuzelle. Man streift es unterwegs zum verwitterten Jugendstilgrabmal, das Hanna Bieber-Boehms Mann 1910 errichten ließ, mit der Inschrift: »Sie lebte für die anderen«.

Von der Ecke Brauhausplatz/Bahnhofstraße südlich in die Frankfurter Straße eingebogen, führt ein zehnminütiger Spaziergang zum **Museum Strohhaus**. Das 1780 vom Tuchmacher Franz Flickschuh zur Blütezeit des Neuzeller Klosters erbaute ortstypische kleine Wohnhaus ist fast originalgetreu erhalten: vom Reetdach über das Fachwerk mit Lehmausfachung bis hin zur offenen Feuerstelle im Wohnraum.

Neuzelle

Vorwahl: 033652, **PLZ:** 15898

Besucherinformation Neuzelle, Stiftsplatz 7 (im Kloster), Tel. 6102; April–Okt. tgl. 10–18, Nov.–März tgl. 10–16 Uhr. www.tourismus.neuzelle.de

Die **Buslinie 441** verbindet Neuzelle mit Ratzdorf und Eisenhüttenstadt. www.bos-fw.de

RB 11 Frankfurt (Oder)–Cottbus

Klosterhotel Neuzelle und Wilde Klosterküche, Bahnhofstr. 18, Tel. 823991; DZ/F ab 119 Euro. Charmantes Boutiquehotel im Zentrum, von den jungen Gastronomen Anne Hensel und Manuel Bunke inhabergeführt. Im Restaurant zaubern Küchenchef Bunke und sein Team Fine Dining nach heimischen Rezepten und globalen Ideen von ausgesuchten Produzenten der Gegend. »Gut geerdet, perfekt zubereitet, geschmacklich fein abgestimmt«, wie es das Magazin *Garçon* nicht besser hätte beschreiben könnte. Ein Kandidat für die Sterneküche! Daneben gibt es hausgemachte Marmeladen, Pralinen, Honig oder auch Klostersalz, Klosterkaffee und hausgebrannten »Klosterstoff« (Gin) zum Mitnehmen. www.hotel-neuzelle.de www.wildeklosterkueche.de www.wildeklosterbrennerei.de

Landhaushotel Prinz Albrecht, Frankfurter Str. 34, 15898 Neuzelle, Tel. 81322;

DZ/F im Landhaushotel 105 Euro, in der Residenz Prinz Albrecht 129 Euro, in der Radlerherberge 79 Euro. Direkt gegenüber vom Kloster, die Radlerherberge vom ADFC mit »Bett + Bike« zertifiziert. Das Restaurant bietet deutsche Küche und als Spezialität »Schlaubetalteller« (Steak im »Schwarzen Abt« mariniert, einem Dunkelbier aus der Klosterbrauerei).
www.hotel-prinz-albrecht.de

Stellplatz für 5 WoMos an der Gaststätte Zum Zickenzeller, Bahnhofstr. 27, Tel. 7079. Brötchenservice, Dusche, Wasser/Abwasser, Chemie-WC-Entsorgung.

Kloster Neuzelle, Stiftsplatz 7, Tel. 6102. Informationen und Anmeldung zu Führungen über die Besucherinformation.
www.tourismus.neuzelle.de
www.klosterneuzelle.de

Stiftskirche St. Marien, Mai–Okt. Mo–Fr 12–16, Sa, So 11–15, sonst Mo–Fr 12–15, Sa, So 11–15 Uhr, Karfreitag, Karsamstag, 24.12. und 31.12. sowie zu den Gottesdienstzeiten keine Besichtigung. Gottesdienst So 10 Uhr; öffentliche Chorgebete der Mönche tgl. 12 und 13.15 Uhr.

Pfarrkirche zum Heiligen Kreuz, Sa, So 12–15.30 Uhr.

Kreuzgang und Klostermuseum, April–Okt. tgl. 10–17, Nov.–März tgl. 10–16 Uhr.

Museum Himmlisches Theater, Mai–Okt. Di–So 10–18, Nov.–April Di–So 10–16 Uhr.

Klostergarten, Mai–Okt. tgl. 10–20, Nov.–April tgl. 10–16 Uhr.

Strohhaus Neuzelle – Museumshof ländlicher Alltagskultur, Slawengrund 11, Tel. 82558; März–Okt. Mi–So 11–16 Uhr.

Neuzeller Klostermarkt, an einem Tag im Mai geben sich traditionelles Handwerk, Musik und junge Kunst ein Stelldichein. Zum bunten Treiben kredenzen Genusshandwerker allerlei Leckereien aus der Region.

OperOderSpree, internationales Opernfestival von Anfang Juli bis August open air im Kreuzhof des Klosters Neuzelle, auf der Burg Beeskow und in der Kunstscheune an der Ragower Mühle im nahen Schlaubetal – ein Höhepunkt im Brandenburger Kultursommer. Tickets unter Tel. 03366/352727, in der Touristeninformation im Kloster Neuzelle und online.
www.operoderspree.de

Neuzeller Weihnachtsmarkt, an einem Adventswochenende: märchenhafter Budenzauber im klösterlichen Lichterglanz. Hier bietet sich auch die Gelegenheit, die besondere Spezialität der Neuzeller Kloster-Winzer, weißen Glühwein, zu kosten.

Fahrradverleih, im Kloster bei der Besucherinformation (s. o.), eine zeitige Reservierung ist zu empfehlen.

Klosterbrauerei Neuzelle, Brauhausplatz 1, Tel. 8100; Mo–Fr 9–18, Sa, So 10–17.30 Uhr, Brauereibesichtigung Mai–Okt. tgl. 13 Uhr. Seit über 400 Jahren wird hier gebraut, erst nur für die durstigen Mönche, dann für die ganze Region. Die Bierspezialitäten wie »Schwarzer Abt«, »Mord & Totschlag«, »Neuzeller Porter« u.v.m. kann man im Klosterladen erwerben oder online bestellen.
www.klosterbrauerei.com

Bauernmarkt der Agrargenossenschaft Neuzelle, Lindenpark 1; Mo 10–14, Di–Fr 8–18, Sa 8–11 Uhr. Mit frischen Produkten, Fleisch, Wurst, Gemüse, Kartoffeln aus eigener Produktion und deftigem Mittagstisch gleich nebenan. Angeschlossen ist ein kleines **Bauernmuseum** (Mo–Fr 10–14 Uhr), das Einblick in die Entwicklung der Landwirtschaft von alten Klosterzeiten bis heute gibt.
www.agrargenossenschaft-neuzelle.de

▶ Karte S. 80

Oder-Spree-Kanal

Der Oder-Spree-Kanal ist das längste Teilstück der Spree-Oder-Wasserstraße (SOW). Diese beginnt in Berlin-Spandau an der Mündung der Spree in die Havel und führt auf knapp 130 Kilometern als Bundeswasserstraße durch das östliche Brandenburg zur Oder bei Eisenhüttenstadt. Neben der nördlichen Havel-Oder-Wasserstraße (HOW) stellt sie die zweite wichtige Wasserverbindung zwischen Elbe und Oder und somit Nordsee und Ostsee durch Berlin-Brandenburg dar. Der Oder-Spree-Kanal verknüpft dabei in zwei Teilabschnitten die Seen und Flüsse der Spree-Oder-Wasserstraße: Mit Start bei den Dahme-Seen südöstlich von Berlin führt er bis zur Fürstenwalder Spree und von dort auf einem zweiten, längeren Abschnitt bis Eisenhüttenstadt (→ S. 94), wo er nach insgesamt 85 Kilometern in die Oder mündet.

In seinen Ursprüngen ist der Kanal mittlerweile über dreieinhalb Jahrhunderte alt. Bereits 1662 veranlasste der Große Kurfürst Friedrich Wilhelm (→ S. 45) den Bau eines künstlichen Wasserwegs zwischen Oder und Spree (→ S. 104). Dieser verkürzte die in zahllosen Schleifen mäandernde Spree zwischen Berlin und Müllrose und nutze ab dort den alten Verlauf der Schlaube bis Brieskow-Finkenheerd an der Oder. 1668 weihte der Kurfürst das Bauwerk, das ihm zu Ehren den Namen »Friedrich-Wilhelm-Kanal« erhielt, höchstpersönlich bei einer Schiffsfahrt ein. Sehr zum Ärger der Städte stromabwärts wie Frankfurt (Oder), die die neue Wasserstraße vom lukrativen Güterverkehr zwischen Berlin und dem schlesischen Breslau abschnitt.

Ab 1742 war Schlesien Teil des Königreichs Preußen. Mit Aufschluss der oberschlesischen Kohlereviere und der Industrialisierung der Region im 19. Jahrhundert expandierte der Güterverkehr. Die alte Wasserstraße war dem nicht mehr gewachsen. Zwischen 1887 und 1891 kam es deshalb zum Ausbau des Friedrich-Wilhelm-Kanals, mit einer Neuerung: Auf Drängen der schlesischen Industriebarone und Großgrundbesitzer wurde er noch einmal verkürzt und seine Einmündung vom Brieskower See südlich zum Städtchen Fürstenberg (→ S. 97) verlegt.

Fortan »Oder-Spree-Kanal« genannt, folgten dem stetig zunehmenden Transporthandel wachsende Schiffsgrößen und mit ihnen wiederum der viermalige Ausbau des Schifffahrtskanals: 1895/1897, 1907 bis 1914, 1926 bis 1935 und ein letztes Mal ab 1966. In DDR-Zeiten wurde Eisenhüttenstadt über die künstliche Wasserstraße mit Erzen für den Betrieb der Hochöfen versorgt, und Heizkohle und Baustoffe gelangten nach Berlin.

Inzwischen ist der Kanal für die heute gängigen Frachtgrößen zu flach und zu klein. Seine größte Tauchtiefe misst 1,75 Meter für Motorfahrzeuge und 1,85 Meter für Boote ohne eigenen Maschinenantrieb. Dafür haben umso mehr Hobbyschiffer und Paddler den romantisch eingewachsenen Kanal für sich entdeckt. Allerdings verkehren immer noch kleinere Frachtschiffe, weswegen der Freizeitbetrieb nicht ganz ungefährlich ist.

Über die Betriebszeiten der 19 Schleusen zwischen Berlin-Charlottenburg und Eisenhüttenstadt, alle Wasserstands- und Verkehrsbegebenheiten sowie gegebenenfalls Sperrungen können sich die Binnenschiffer, beruflich wie hobbymäßig, über den Wasserstraßen-Informationsservice (ELWIS) aktuell informieren: www.elwis.de

Eisenhüttenstadt

An der Mündung des Oder-Spree-Kanals in die Oder wandelt man in Eisenhüttenstadt durch die »erste sozialistische Stadt auf deutschem Boden«. Auf dem Reißbrett geplant und in wenigen Jahren Bauzeit hochgezogen, stellt dieses einzigartige Beispiel der DDR-Nachkriegsmoderne heute zugleich eines der größten Flächendenkmale Deutschlands dar.

Geschichte

1950 beschloss der III. Parteitag der SED den Bau des Eisenhüttenkombinats Ost (EKO) beim Städtchen Fürstenberg an der Oder. Schon Anfang 1951 hob man zum ersten Spatenstich an, und binnen Jahresfrist wurde der erste Hochofen mit zugehöriger Schlafstadt aus dem Boden gestampft. Bis 1955 folgten die nächsten fünf Hochöfen und weitere Wohnsiedlungen – errichtet als moderne Idealstadt. Diese taufte man 1953 auf den Namen »Stalinstadt«, den sie aber nicht lange trug. 1961 wurden Stahlwerk und Wohnstadt mit dem ländlichen kleinen Fürstenberg fusioniert und in »Eisenhüttenstadt« umbenannt.

Die Ideenskizze für die Idealstadt lieferte der Architekt Kurt W. Leucht, der einen Entwurf mit vier Wohnkomplexen (WK I–IV), einer Magistrale im Zentrum und Sichtbezügen zum Hüttenwerk vorlegte. Sie bildete die Grundlage für eine sozialistische Planstadt mit viel Grün zwischen den Wohnblöcken, sozialen und kulturellen Einrichtungen und einem Flanierboulevard. Dazu zierten künstlerisch gestaltete Fassaden, Mosaike und Sgraffiti sowie gut 100 Skulpturen arrivierter Künstler den öffentlichen Raum. Eisenhüttenstadt war ein Erfolgsmodell. Mit Spitznamen »Hütte« genannt – oder in der späteren DDR bei jenen, die sie weniger mochten, »Schrottgorod« –,

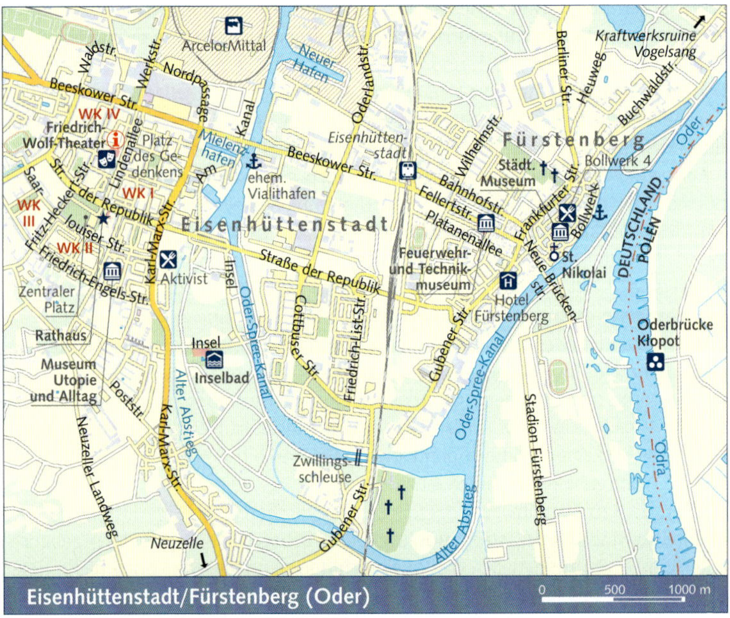

Eisenhüttenstadt/Fürstenberg (Oder)

Walter-Womacka-Fenster im Museum Utopie und Alltag

verzeichnete die Stadt mit über 50 000 Eisenhüttenstädtern 1990, kurz vor dem 40. Jahrestag ihrer Gründung, ihren jemals höchsten Einwohnerstand. EKO, seinerzeit der bedeutendste Stahlproduzent der DDR, bestimmte den Takt der gesamten Region.

Gegenwärtig leben noch 23 000 Menschen in Eisenhüttenstadt, Tendenz sinkend. Spätere Plattenbauten mit Tausenden Wohnungen wurden im Rahmen des »Stadtumbaus Ost« längst abgerissen. Und trotz aufwändiger denkmalgerechter Sanierung steht im Zentrum manches Geschäft leider leer. Aber nach wie vor wird am Ort Stahl gekocht. Oberster Boss der aktuell etwa 2600 Werktätigen beim EKO-Nachfolger ArcelorMittal Eisenhüttenstadt ist der milliardenschwere indisch-britische Stahlbaron Lakshmi Mittal.

Sehenswertes

■ Lindenallee

Sehenswert bei einem Bummel durch die Stadtmitte ist die zentrale **Lindenallee,** zu DDR-Zeiten Leninallee, mit Punkthochhäusern im Stil der internationalen Moderne. Als kulturelles Herz Eisenhüttenstadts steht hier das **Friedrich-Wolf-Theater** mit großem und kleinem Theatersaal sowie einer Freilichtbühne. Der neoklassizistische Musentempel wurde 1953 bis 1955 nach einem Entwurf des Architektenkollektivs Hans Klein ursprünglich als Kino und Kulturkreishaus erbaut.

Nördlich in der Ferne sieht man das Hüttenwerk, südlich endet die Magistrale auf Höhe des 1999/2000 sanierten **Lindenzentrums,** ehemals Kaufhaus »Magnet«. Das beachtenswerte Wandmosaik an seiner Nordflanke stammt von Walter Womacka (1925–2010), Maler, Rektor der Kunsthochschule Berlin (Ost) und einer der bedeutendsten Schöpfer architekturgebundener Kunst in der DDR.

Gegenüber vom Lindenzentrum bietet die Ruine des einst stolzen **Hotels Lunik** einen traurigen Anblick. Die Fenster sind blind oder eingeschlagen, die Fassaden zerbröckeln und das Stahlbetonskelett rostet. Das 1963 errichtete, denkmalgeschützte Hochhaus wurde nach der Wende von der Treuhand verkauft und steht bereits seit Ende der 1990er Jahre leer.

Das dritte und größte Gebäude im Umkreis der Straßenkreuzung, bereits am Zentralen Platz gelegen, ist das ehemalige Haus der Parteien und Massenorganisationen, heute das **Rathaus.**

Das Rathaus von Eisenhüttenstadt

Die Karl-Marx-Straße gehört zum Wohnkomplex II

WK I bis IV

Östlich der Lindenallee dehnt sich zum Oder-Spree-Kanal hin der **Wohnkomplex I** (WK I) aus. Er war der erste Bauabschnitt der Planstadt und zeigt sich schnörkellos im Stil der Moderne. Im Zentrum der in offenen Zeilen errichteten Reihenhäuser erstreckt sich der weitläufige **Platz des Gedenkens.** Rechts und links vom markanten Obelisken in seiner Mitte liegen die sterblichen Überreste von sowjetischen Internierten im ehemaligen Kriegsgefangenenlager Stalag III B. Das unmittelbar zu Beginn des Zweiten Weltkriegs 1939 von der deutschen Wehrmacht errichtete Stammlager im Militärdistrikt III (Berlin-Brandenburg), Lager B, befand sich auf dem Gelände des heutigen Hüttenwerks. Der Barackenkomplex fasste Zehntausende Kriegsgefangene, die unter unmenschlichen Bedingungen Zwangsarbeit leisten mussten. Über 4000 zumeist sowjetische Soldaten, die von den Nazis besonders brutal behandelt wurden, starben an Unterernährung, Erschöpfung und Krankheiten. Beim Aushub für das Hüttenwerk Anfang der 1950er Jahre stieß man auf ihre Leichen und bettete sie in die gerade im Bau befindliche Wohnstadt auf den Platz des Gedenkens um.

▶ Karte S. 94

Anders als der sachlich moderne WK I präsentiert sich der südlich anschließende, zwei Jahre jüngere Wohnkomplex II schon aufwändiger im »Zuckerbäckerstil« des sozialistischen Klassizismus. Ein besonderes Augenmerk gilt hier der ehemaligen **Großgaststätte Aktivist** am Ende der Saarlouiser Straße, zu DDR-Zeiten die erste Adresse in »Hütte«. 1953 wurde der Grundstein für das Gebäude gelegt, ein Jahr später war es fertiggestellt. Im »Akki« wurde auf zwei Etagen gegessen, gefeiert, getanzt, mit Disco für die Jugend und Witwenball für die Kriegshinterbliebenen. Das Feierabendgezapfte kostete in der »Bierschwemme« 43 Pfennig und im »Restaurant« 48. Ganz so moderat sind die Preise heute zwar nicht mehr, aber in guter alter Tradition bereitet man hier immer noch schmackhafte bürgerliche Küche zu. Nahebei wartet in der ehemaligen Kinderkrippe II das **Museum Utopie und Alltag** auf einen Besuch. Es beleuchtet anhand Zehntausender Exponate die Kultur und das Alltagsleben wie auch das Herrschaftssystem in der DDR. Ein besonderer Hingucker dort ist das große Bleiglasfenster »Kinder« im Treppenhaus, das Walter Womacka 1954/1955 schuf. Wechselausstellungen zeigt das Museum in der ehemaligen **Kaufhalle** in der Saarlouiser Straße, bereits im Abschnitt WK III gelegen. Die erste SB-Kaufhalle der Stadt öffnete 1960 ihre Tore und wurde 2021, nach umfassender Sanierung, als Projektraum für Kunst und Kultur neu eingeweiht.

Der **WK III**, ab 1955 errichtet und baukünstlerisch bereits weniger ehrgeizig, weist auf die Architektur der 1930er Jahre zurück. **WK IV** schließlich, als jüngster Wohnkomplex ab 1958 schmucklos in Zellenbauweise hochgezogen und schon außerhalb des Flächendenkmals gelegen, deutet bereits den Wandel in der DDR-Baukultur hin zur industriellen Plattenbauweise an.

■ Fürstenberg (Oder)

Kopfsteingepflasterte, verwinkelte Gassen, in der Mitte der Markt mit historischem Rathaus (um 1900) und rundum barocken und klassizistischen Bürgerhäuschen, an der Mündung des Oder-Spree-Kanals in die Oder der alte Fischerkiez und oben am Steilufer die spätgotische Nikolaikirche: Fürstenberg, seit 1961 Ortsteil von Eisenhüttenstadt, wirkt wie ein typisches Landstädtchen. Und tatsächlich war es das auch lange Zeit. Vermutlich 1250 am »Fürstenberger See«, einem Oderaltarm, gegründet, wird die »civitas Vustenberg« Ende des 13. Jahrhundert erstmals genannt. Die Einwohner lebten von Fischerei, Handwerk und Ackerbau und seit der Eröffnung des **Oder-Spree-Kanals** (→ S. 93) 1891 auch von der Binnenschifffahrt. Fürstenberg entwickelte sich zum wichtigen Umschlagplatz, wo man die aus Berlin kommenden Schleppkähne für die Weiterfahrt nach Schlesien »umleichterte«. Das bedeutete, dass die Ladung teils auf andere Kähne verteilt wurde, um für die Schleppfahrt stromaufwärts Richtung Breslau den Tiefgang zu mindern. Umgekehrt nahmen die Kähne, die von Fürstenberg über den Oder-Spree-Kanal nach Berlin geschleppt wurden, zusätzlich Ladung auf. Schiffbaubetriebe gründeten sich: 1896 die Schiffswerft Fürstenberg/Oder, um die Jahrhundertwende die Werft Zock und 1940 ein Schiffsreparaturbetrieb. 1946 zum Schiffsreparaturbetrieb der Sowjetischen Staatlichen Oderschiffahrts-Aktiengesellschaft (SSOAG) zusammengeschlossen, firmiert das Unternehmen heute als Neue Oderwerft GmbH. Sie baut und repariert Fahrgast-, Fracht- und Tankschiffe, Schubleichter, Fähren, Spezialschiffe und vieles mehr.

Blick über den Oder-Spree-Kanal zur Fürstenberger Nikolaikirche

Die Reste der Oderbrücke in Kłopot

Davon, dass Fürstenberg 1360 in den Besitz der Zisterzienserabtei Neuzelle überging, kündet weithin sichtbar die **Nikolaikirche.** Die wuchtige dreischiffige Hallenkirche, um 1400 errichtet, schmückte zunächst – typisch für Bauten des Zisterzienserordens – nur ein kleiner Dachreiter. Der quadratische Glockenturm kam erst 1565 dazu. In den letzten Kriegstagen von 1945 brannte das Gotteshaus bis auf die Grundmauern nieder. Anfang der 1960er Jahre begannen die Rekonstruktionsarbeiten, die, mit langen Unterbrechungen, erst 1999 zum Abschluss kamen. Den Kirchturm kann man heute besteigen und von oben einen fantastischen Rundumblick über »Hütte« und die Oderniederung genießen.

Mehr über die Stadtgeschichte von der frühesten Besiedlung bis in die jüngste Vergangenheit erfährt man im **Städtischen Museum** unweit vom Marktplatz. Unter demselben Dach zeigt die **Galerie für zeitgenössische Kunst und Fotografie** einen Querschnitt der DDR-Kunst, während Hobbyfeuerwehrleute angesichts der historischen Löschfahrzeuge im nahen **Feuerwehrmuseum** ihre Freude haben werden (→ S. 18).

▲ Karte S. 94

Vom Wasser aus

Vom Markt bergab und die vielen Stufen der »Himmelsleiter« hinunter, ist man schnell am Fürstenberger **Bollwerk** angelangt. Hier können Sportboote anlegen. Am Fischerkiez und der Werft vorbei, knickt der Oder-Spree-Kanal kurz darauf in westliche Richtung ab und bietet mit der **Zwillingsschleuse** nicht nur für Technikfans eine fulminante Einfahrt in die Spree-Oder-Wasserstraße. 1925 bis 1929 erbaut, überwindet die imposante Schachtschleuse eine Höhendifferenz, je nach Pegelstand der Oder, von 12 bis 14 Metern. Dabei funktioniert der Doppelschleusenbetrieb so, dass sich die eine Kammer mit Wasser füllt, während sich die andere leert. Damit werden über eine Reihe komplizierter Vorgänge die Schiffe gleichzeitig zu Berg und zu Tal befördert. Wer sich eingehender für diese spannende Technik interessiert, für den bietet die Touristeninformation Eisenhüttenstadt Führungen an.

Die alte Deichbrücke, über die man von Fürstenberg auf die spitzwinklig zulaufende Landnase zwischen Stromoder und Kanal gelangte, fiel 1945 in Schutt und Asche. Fortan pendelte eine handbetriebene Drahtseilfähre vom einen Ufer zum anderen. Erst 1996 konnte eine neue Brücke eingeweiht werden. Auf der Landnase führt ein knapp 15-minütiger Spaziergang durch die **Auenlandschaft,** an knorrigen alten Ulmen vorbei, zur **Ruine der Oderbrücke.** Sie ging über die Stromoder nach Kloppitz (Kłopot, → S. 128) und verband, zusammen mit der Deichbrücke, die Ortschaften zu beiden Seiten des Stroms miteinander. 1919 gebaut und 1945 von der deutschen Wehrmacht auf dem Rückzug gesprengt, stehen ihre Reste seither am polnischen Oderufer und sind ein beliebtes Fotomotiv.

Eisenhüttenstadt

Vorwahl: 03364, **PLZ:** 15890
Touristeninformation Eisenhüttenstadt, Lindenallee 25, Tel. 413690; Mo–Mi 9–15, Do 9–17, Fr 9–18, Mai–Sept. zusätzlich Sa 10–14 Uhr.
www.tor-eisenhuettenstadt.de

Die **Buslinie 448** verbindet Eisenhüttenstadt mit Brieskow-Finkenheerd.
www.bos-fw.de
RE 1 Magdeburg–Cottbus; **RB 11** Frankfurt (Oder)–Cottbus

Hotel Fürstenberg, Gubener Str. 11–12, Tel. 75440; DZ ab 69 Euro zzgl. Frühstück. Die Möblierung wirkt etwas altbacken, dafür sind aber die Zimmer relativ großzügig und auch der Service stimmt.
www.hotel-fuerstenberg-oder.de
Jugendherberge Bremsdorfer Mühle, Bremsdorfer Mühle 1, 15890 Eisenhüttenstadt/OT Bremsdorf, Tel. 033654/272; Ü/F ab ca. 25 Euro.
www.jh-bremsdorfer-muehle.de

Schervenzsee Camping, Am Schervenzsee 1, 15890 Siehdichum/OT Schernsdorf, Tel. 033606/770800; Mitte April–Mitte Okt. Etwa 16 km nordwestlich von Eisenhüttenstadt im Schlaubetal im Wald am Schervenzsee; Gaststätte, Shop, Ferienhäuschen, Badestrand, Fahrrad- und Bootsverleih. www.schervenzsee.de

Mielenzhafen Eisenhüttenstadt (SOW km 125,12 LU), Steganlage, Sanitär, Strom, Wasser/Abwasser, Waschmaschine.
www.myceh.de/eisenhuettenstadt.htm
Sportbootliegestelle am ehem. Vialithafen (SOW km 125,10 RU), einfacher Liegeplatz ohne Service.
Bollwerk Fürstenberg (SOW km 129,50 RU), Gästesteg und Slipanlage, Sanitär, Strom, Wasser.

Bollwerk 4, Lindenplatz 1, Tel. 740264. Im Deutschen Haus am Fürstenberger Markt zaubert Chefkoch Jan Hengstler bodenständige deutsche Speisen wie saftige Braten, knusprige Gänse und als Hausklassiker Pferderoulade so köstlich, dass der Gault Millau seine Kochkunst 2020 mit 13 Punkten bewertete und das Restaurant zu den zehn besten in Brandenburg zählte. www.bollwerk4.de
Restaurant Aktivist, Karl-Marx-Str. 45, Tel. 2800788. In der DDR erste Gastronomieadresse, bietet das Restaurant im denkmalgeschützten Gebäude bis heute gute deutsche Leib-und-Magen-Speisen, ergänzt um internationale Gerichte.
https://restaurantaktivist.business.site

Museum Utopie und Alltag, Erich-Weinert-Allee 3, Tel. 417355; Di–So 11–17 Uhr. www.utopieundalltag.de
Städtisches Museum Eisenhüttenstadt, Abteilung **Stadtgeschichte** und **Galerie und Kunstsammlung,** Löwenstr. 4, Tel. 2146; Di–Fr 10–16, jeden 1. und 3. Sa 13–17 Uhr. Abteilung **Feuerwehr- und Technikmuseum,** Heinrich-Pritzsche-Str. 26, Tel. 28243; Di–Fr 12–16, jeden 1. und 3. Sa 13–17 Uhr. www.museum-eisenhuettenstadt.de

Eisenhütter Kanalfest, an Pfingsten am Fürstenberger Ufer. Drachenbootrennen und großes Wettrudern der örtlichen Wassersportvereine, begleitet von Spiel, Spaß, Gegrilltem und Gebackenem, Musik und Showprogramm.

Radverleih bei der Touristeninformation Eisenhüttenstadt (s. o.).
Inselbad Eisenhüttenstadt, Insel 4, Tel. 2932601; tgl. 9–21, Di, Do schon ab 7 Uhr. Lagunenpools, Strömungskanal, Riesenrutsche, Sauna und Dampfbad, Mini-Plansche und draußen beheiztes Becken mit großer Liegewiese. www.freizeit-ehst.de

EXTRA

Kraftwerksruine Vogelsang

Am Oder-Stromkilometer 556,1 (Od km 556,1 LU) ragen am Flussufer wenig nördlich von Eisenhüttenstadt die beiden Schornsteine der Kaftwerksruine Vogelsang 100 Meter hoch in den Himmel. Oderschiffer und Freizeitkapitäne schätzen das verkrautete Betonskelett als Landmarke ebenso, wie es Turmfalken, Fledermauskolonien und andere Höhlenbrüter zum Nisten lieben. In den Einschusslöchern der Weltkriegsgranaten haben sich über die Jahre seltene Biotope entwickelt. Und so steht sie da, die Ruine einer Kraftwerksanlage, die nie in Betrieb gegangen ist.

Die Industrialisierung der Region Fürstenberg (Oder) setzte bereits ein Jahrzehnt vor der Errichtung des Eisenhüttenkombinats Ost (EKO, → S. 94) ein. Ab 1940 wurden hier mehrere kriegsrelevante Werke aus dem Boden gestampft: Der Chemiekonzern Degussa sollte Vorprodukte für Sprengstoffe liefern. Rheinmetall-Borsig fertigte in einer Waffenfabrik Maschinengewehrteile, und auch der Flugzeugbauer Focke-Wulf betrieb ein Filialwerk in Fürstenberg. Um den wachsenden Energiehunger der Rüstungsindustrie abzudecken, waren auf die Schnelle auch neue Kraftwerke nötig. Als serielle »Einheitskraftwerke« sollten diese mittels weitgehend identischer Anlagenteile effizienzsteigernd und – mit Blick auf die zunehmende Ressourcenverknappung im Zweiten Weltkrieg – materialschonend wirken. 1943 nahm die Märkische Elektrizitätswerk AG den Bau eines solchen Einheitskraftwerks im Dörfchen Vogelsang bei Fürstenberg in Angriff. Tausende Internierte aus dem Kriegsgefangenenlager Stalag III B (→ S. 96) wurden dafür unter menschenunwürdigen Bedingungen eingesetzt.

Zwei Jahre später rollten Anfang Februar sowjetische Panzer über die gefrorene Oder, und das Kraftwerk, kurz vor dem Start, wurde erobert. Nach Ende des Zweiten Weltkriegs veranlasste die Sowjetische Militäradministration die Demontage der Fürstenberger Industrieanlagen. Was als verbliebener Rest nicht zu gebrauchen war, wurde gesprengt. Nur das Betongerippe des Kraftwerks Vogelsang nicht, denn man befürchtete, dass eine Explosion auch den Oderdeich davor zerstören würde. In der DDR diente die Ruine Betriebskampfgruppen für Häuserkampfübungen und Generationen von Jugendlichen als riesiger Abenteuerspielplatz.

Nach dem Oderhochwasser 1997 war sie schließlich zum Abriss vorgesehen. Doch Naturschützer stoppten das Unternehmen. Denn mittlerweile waren zahlreiche bedrohte Tier- und Pflanzenarten in die Trümmer eingezogen. 2010 ersteigerte sie ein niederländischer Investor für 8500 Euro, die an das Land Brandenburg flossen. Und so steht sie jetzt immer noch da, die Kraftwerksruine am Oderufer. Was weiter mit ihr geschieht, ist nach wie vor ungewiss.

Die Ruine des Kraftwerks Vogelsang

Ziltendorfer Niederung

Von Eisenhüttenstadt bis nördlich zum Brieskower See dehnt sich zwischen Oder und Oder-Spree-Kanal die Ziltendorfer Niederung aus. Flunderflach bis zum Horizont, hier oder da eine Ansiedlung oder auch ein Gehöft, das in der Ebene auftaucht, ansonsten Äcker, bunte Wiesen und weite Viehweiden: Die fruchtbaren Böden der Niederung bestehen vor allem aus Oderschwemmland. Über Jahrtausende lagerten die Hochwasser im Überschwemmungsgebiet Sedimente ab, wobei im Westen die 15 bis 18 Meter höher gelegene Talsandterrasse des Warschau-Berliner Urstromtals den natürlichen Schlusspunkt für die Fluten setzte. Bereits in slawischer Zeit betrieben die Lausitzer Sorben auf der fetten Krume kleine Landwirtschaft. Mit dem Zuzug von Kolonisten deutscher Zunge ab dem 12./13. Jahrhundert verwandelte sich das feuchte Auenland sukzessive in Ackerboden. Der Auwald wurde nach und nach abgeholzt, Entwässerungsgräben wurden gezogen, Schöpfwerke und Deiche gebaut. Zwischen Oderdeich hier und Talsandterrasse da eingezwängt wie in einer Schüssel, richteten die Überschwemmungen in der Niederung, sobald der Deich einmal brach, dann umso verheerendere Zerstörungen an.

Zuletzt war das während der großen Oderflut 1997 der Fall, als am 23. Juli der Deich erst auf der Höhe von Kunice/Brieskow-Finkenheerd nachgab und einen Tag später bei Aurith/Urad. Die Bevölkerung war zu diesem Zeitpunkt bereits evakuiert, die Weiler Kunitzer Loose, Aurith und Thälmannsiedlung versanken in den Wassermassen. Bis Wiesenau und Ziltendorf am Westrand der Niederung reichte die Flut. Ein Gedenkstein hinter der Kirche in Wiesenau zeigt an, bis wohin das Wasser damals vorgedrungen ist. Seitdem sind gut 300 Millionen Euro in die Oderdeichsanierung mit Schwerpunkten bei Schwedt, Frankfurt und in der Ziltendorfer Niederung geflossen. Die Einwohner konnten, auch mithilfe vieler Spenden, ihre Häuser und Höfe wieder aufbauen. Und der Deich steht. Auf seiner Krone ziehen Radler auf dem Oder-Neiße-Radweg ihre Bahn und freuen sich über den Blick auf den Oderstrom und sein weites, stilles Schwemmland.

Ziltendorf

Das alte Bauerndorf am Rande der Niederung überrascht im Ortskern mit großen Scheunen, wie man sie in der brandenburgischen »Streusandbüchse« sonst eher selten findet. Bei seiner ersten Erwähnung 1316 im Urkundenbuch des Klosters Neuzelle »Tzultendorp« geschrieben, gelangten Vorwerk und Dorf an der Wende zum 15. Jahrhundert in den Besitz der Zisterzienserabtei. Zur Schlacht bei Kunersdorf (Kunowice, → S. 123) im Siebenjährigen Krieg (1756–1763) Preußens gegen das Habsburgerreich war Ziltendorf Aufmarschgebiet für die österreichischen Truppen. Nach Ende des Zweiten Weltkriegs ging das Gutsland kraft der Bodenreform an Vertriebene aus den ehemaligen deutschen Gebieten über. Das Ziltendorfer Vorwerk im Herzen der Niederung erhielt den Namen Ernst-Thälmann-Siedlung nach dem 1944 im KZ Buchenwald ermordeten KPD-Vorsitzenden. Quer durch das heutige Ziltendorfer Ortszentrum kennzeichnet die Uferstraße in etwa die Grenze des Überschwemmungsgebiets von 1997.

Aurith

Ein paar Häuserflecken hinter dem Deich, keine 60 Einwohner klein, mit Bauernstübchen und Radlerhof für die Touristen – das ist Aurith. Im 15. Jahrhundert »Vrath« geschrieben, geht der erste Eintrag in einem Schriftstück 1582 auf seine Nennung als Vorwerk des Klosters Neuzelle zurück. Dorf und Domäne lagen beiderseits der Oder und waren bis 1945 durch eine Fähre verbunden. Der alte Ortskern mit Kirche am östlichen Oderhochufer trägt seit Ende des Zweiten Weltkriegs den Namen Urad (→ S. 126). Und während sich dort vor allem ukrainische Flüchtlinge aus den ehemaligen polnischen Ostgebieten ansiedelten, bauten am kriegszerstörten Westufer Vertriebene aus der Region östlich von Guben 1947 bis 1950 das Neubauerndorf Aurith auf.

Zu DDR-Zeiten waren Kontakte zur Volksrepublik über die hier keine 100 Meter breite Oder hinweg so gut wie unmöglich. Nach dem Fall des Eisernen Vorhangs änderte sich das. Man kam sich näher, entwickelte gemeinsame Projekte und feiert nun seit 2007 bereits alljährlich im Spätsommer zusammen das Deutsch-Polnische Sommerfest. Mit Buden und Marktständen, vielfältigen regionalen Leckereien und einem bunten Bühnenprogramm zu beiden Flussufern zieht es Tausende Besucher grenzenlos an. Und als besonderes Highlight schippern an diesem Tag sogar Fähren von hüben nach drüben.

Während am polnischen Ufer ein neuer Fähranleger längst fertiggestellt ist, konnte man sich im Herbst 2020 nach jahrelangem Tauziehen endlich auch auf deutscher Seite über die Finanzierung einer regulären Fährverbindung zwischen Aurith und Urad einigen. Voraussichtlich ab Frühjahr 2023 wird ein kleines Schiff Fußgänger und Radler in der schönen Jahreszeit vom einen zum anderen Flussufer tragen. Bis dahin muss man sich noch ein bisschen gedulden und weiterhin, um von Aurith ins 100 Meter entfernte Urad zu gelangen, stattliche 40 Kilometer Umweg in Kauf nehmen.

Ziltendorfer Niederung

Vorwahl: 033609, **PLZ:** 15295

Die **Buslinie 448** zwischen Eisenhüttenstadt und Brieskow-Finkenheerd bedient unterwegs die Haltepunkte Vogelsang, Ziltendorf, Aurith, Kunitzer Loose und Wiesenau.
www.bos-fw.de

Fußgänger-Fahrrad-Fähre zwischen Aurith und Urad, voraussichtlich ab Frühjahr 2023.
In **Aurith** bestehen ein Schwimmsteg und eine Betonrutsche, am Ostufer in **Urad** ebenfalls Rutsche und Bootsanleger.

Radlerhof Aurith, Dorfstr. 9, Ziltendorf/OT Aurith, Tel. 72535; Mai–Sept. Mit dem WoMo kampieren, im eigenen Zelt übernachten oder ein Zimmer in der kleinen Pension mieten (DZ/F 76 Euro) kann man im Radlerhof, außerdem Imbissbetrieb.
www.radlerhof-aurith.de

Bauernstübchen, Dorfstr. 7, Ziltendorf/OT Aurith, Tel. 5452. Gutbürgerliche Karte und Frischgezapftes drinnen und draußen direkt hinter dem Oderdeich.

Radlerhof Aurith (s. o.), Kanuverleih mit Rücktransport-Service.

Deutsch-Polnisches Sommerfest, an einem Sonntag im Spätsommer (i.d.R. Ende August/Anfang September) auf beiden Seiten der Oder in Urad und Aurith. Infos beim Amt Brieskow-Finkenherd, Tel. 88100.
www.amt-b-f.de

▸ Karte S. 80

Dramatisch-schönes Wolkentheater bei Aurith

Brieskow-Finkenheerd

Wo Friedrich-Wilhelm-Kanal/Brieskowkanal und Alte Schlaube in den Brieskower See münden, liegt die 2500-Einwohner-Gemeinde Brieskow-Finkenheerd. Die Oderschifffahrt, Bergbau und Industrie prägten lange Zeit das Bild der Ortschaft.

Geschichte

1354 wurde der Ort erstmals als »Wrissig« genannt. 1429 ging er in den Besitz des Klosters Neuzelle über, 1442 in den der Karthäuserabtei in Frankfurt (Oder). Mit der Säkularisierung der Klöster in der Reformationszeit wechselte »Wrietzig«, wie Brieskow inzwischen hieß, 1540 abermals den Eigentümer und gehörte fortan zur Frankfurter Viadrina-Universität.

Als einschneidendes Ereignis ging 1668 die Einweihung des Friedrich-Wilhelm-Kanals in die Annalen ein. Kurfürst Friedrich Wilhelm hatte sechs Jahre zuvor den Bau eines künstlichen Wasserwegs zwischen Oder und Spree angeordnet. Auf dem Abschnitt zwischen Müllrose und Brieskower See, einem Oderaltarm, machten sich die Ingenieure dabei den Flusslauf der kleinen Schlaube zunutze. Über zwei Jahrhunderte herrschte auf dem Kanal, der Berlin mit der Oder und somit Breslau verband, große Betriebsamkeit. 1846 kam die Eröffnung der Niederschlesisch-Märkischen Eisenbahn zwischen Guben und Frankfurt dazu, dem letzten Teilstück der Strecke Berlin–Breslau. Brieskow wurde zum Kreuzungspunkt dieser beiden wichtigen Handelswege zu Wasser und zu Land.

Am Friedrich-Wilhelm-Kanal

▸ Karte S. 80

Rundum wuchsen Fabriken und Fertigungsanlagen, und auf dem Finkenheerd – der Flurname erscheint 1750 erstmalig in einer Karte – Arbeitersiedlungen. Mit dem Wirtschaftsboom infolge der Reichsgründung 1871 vervielfachte sich noch einmal das Transportvolumen. Der Friedrich-Wilhelm-Kanal gelangte an seine Leistungsgrenze, und auch die Vielzahl an zeitraubenden Schleusen machte ihn zunehmend unrentabel. Nach Inbetriebnahme des Oder-Spree-Kanals (→ S. 93) 1891 mit der Einmündung weiter südlich bei Fürstenberg (→ S. 97) verlor er seine Bedeutung.

Nur wenige Jahre später läutete der Aufschluss der Braunkohleflöze in der Gemarkung das Kohlezeitalter ein. Von 1906 bis 1959 wurden westlich von Brieskow-Finkenheerd – den Doppelnamen trägt die Gemeinde seit 1948 – gut 45 Millionen Tonnen Braunkohle aus der Erde geholt. 1923 lief das Braunkohle-Großkraftwerk Finkenheerd an, damals eines der modernsten in Europa. 1992 wurden die Öfen wegen der beträchtlichen Emissionswerte stillgelegt, die

Anlage ab 1996 abgerissen und 1998 schließlich die letzten beiden Schornsteine gesprengt. Reste der alten Kaimauer am Brieskower See erinnern daran.

Sehenswertes

Über einen Ortskern im klassischen Sinne verfügt Brieskow nicht. Hauptschlagader ist die Lindenstraße, die den Ort in Süd-Nord-Richtung durchzieht. Von dort geht auf Höhe vom Fischer Schneider die Seestraße zum **Schöpfwerk** Brieskow-Finkenheerd ab. Über Jahrhunderte hat das alte Pumpwerk zahlreiche verheerende Oderhochwasser miterlebt, zuletzt 1997. Während der großen Flutkatastrophe brachen nahe Brieskow, etwa auf der Höhe von Kunice, die Deiche. 1999/2000 wurde es modernisiert.

Kurz davor werden Alte Schlaube und Friedrich-Wilhelm-Kanal an der **Brieskower Schleuse,** der ersten von ursprünglich 14 Kanalschleusen, in den **Brieskower See** entlassen. Der stille Oderaltarm läuft im spitzen Winkel auf den Hauptstrom zu. Infolge der Trockenheit konnten die Brieskower Fischer das verkrautete, seichte Gewässer in den vergangenen Jahren manchmal nur noch durchstaken. Kaum vorstellbar, dass hier viele Jahrzehnte lang internationale Ruderwettbewerbe stattfanden. Markanter Zeuge dieser sportiven Vergangenheit – während der Olympischen Sommerspiele 1936 in Berlin fungierte der Brieskower See sogar als Ausweichstrecke – ist der 1929 an der Mündung in die Stromoder erbaute **Zielrichterturm.** Und sobald es der Pegelstand zulässt, kommen auch heute wieder Ruderboote sowie die **»Blaue Anne«** zum Einsatz. Das große Floß vom Fischer Schneider tuckert auf Vorbestellung über den Brieskower See durch das Naturschutzgebiet Mittlere Oder bis zur Steilen Wand Lossow und wieder zurück.

Steile Wand Lossow

Ab Stromkilometer 575 steigt das westliche Oderufer auf einmal schnell an, um kurz darauf bereits stattlich 40 Meter über dem Wasser zu erreichen. Wie eine Art kleine Schwester der Rügener Kreidefelsen erhebt sich die Steile Wand Lossow an der Mündung des Brieskower Sees in die Oder, oder stürzt, je nach Perspektive, zum Odertal ab. Geologisch betrachtet handelt es sich um die aus Geschiebemergel aufgetürmte Frankfurter Endmoräne, die der Oderstrom hier durchbricht und deren Steilhänge den Fluss – mal mehr und mal weniger – bis nördlich nach Reitwein (→ S. 136) begleiten.

Burgwall Lossow

Oberhalb der Steilen Wand verbirgt sich mit dem Burgwall zu Lossow einer der herausragenden prähistorischen Fundplätze Brandenburgs. Von der Ortsmitte im Dörfchen Lossow aus ist er auf

Infotafel zur Burgwallanlage Lossow

anderthalb Kilometern Feld- und Waldweg erwanderbar. Die Ausgrabungen, die schon vor über 100 Jahren begannen, förderten Artefakte ab der späten Bronzezeit im 12. Jahrhundert v. Chr. zutage. Der Bau einer befestigten Siedlung, deren Umwallung versierte Hobbyarchäologen auch heute noch ausmachen können, erfolgte vermutlich im 10. Jahrhundert v. Chr. Der Wall umgab einen gut vier Hektar großen Bereich, wo in Spitzenzeiten bis zu 1800 Menschen lebten. Mit der Völkerwanderung wurde die Anlage im 6. Jahrhundert n. Chr. verlassen und in slawischer Zeit ab dem 8. Jahrhundert wieder besiedelt.

Sämtliche archäologischen Funde, die man bis zum Zweiten Weltkrieg am Burgwall tätigte, gingen leider verloren. Doch die Forschung geht weiter. Zuletzt wurde 2008 eine kleine Bronzefigur aus dem 8. Jahrhundert v. Chr. ausgegraben. Für den Laien erschließt sich das Gelände allerdings kaum noch. Deshalb sei folgender Hinweis gegeben: Nachdem man, unterwegs auf dem Feldweg, das zweite Mal ein kurzes Waldstückchen passiert hat, steht am Wegesrand eine Hinweistafel. Sie gibt Auskunft über Standort und Geschichte des Burgwalls, an dessen südwestlichem Punkt man sich dort befindet.

Helene- und Katjasee

Westlich von Brieskow-Finkenheerd funkelt im Kiefernwald die »schöne Helene« – Kind des ehemaligen Braunkohletagebaus, geboren aus der Kohlegrube Helene. 1932 wurde zunächst die Grube Katja aufgeschlossen und, nachdem sie ausgekohlt war, 1943 die benachbarte größere Grube Helene. Nach ihrer Stilllegung 1958 flutete man die beiden Restlöcher, bis sich auf insgesamt gut 300 Hektar Wasserfläche der Helene- und der Katjasee ausgebreitet hatten. Über den »Kongo-Kanal«, den alten Verbindungsschnitt zwischen den Gruben,

Der »Kongo-Kanal« verbindet den Helene- und den Katjasee

▶ Karte S. 80

sind die Gewässer miteinander verknüpft. Und während der kleinere Katjasee am Nord- und am Südufer über lauschige Sandbadestellen zwischen dem Schilf verfügt, lädt der riesige, bis zu 60 Meter tiefe Helenesee mit kristallklarem Wasser und kilometerlangen, außerordentlich breiten Sandstränden zum Sonnenbaden und Wassersport ein. Das Gelände ist als Freizeit- und Campingpark komplett umzäunt. Es gibt Textil-, FFK- und Hundestrände, Bootsverleih, Tauch- und Surfschule. Für das leibliche Wohl sorgen Imbisse und für die Unterhaltung Beachpartys, Livebands, Neptunfeste und zahlreiche weitere Events.
Achtung: Wegen Lebensgefahr infolge von Uferrutschungen ist der Helenesee seit Sommer 2021 voraussichtlich für die nächsten Jahre gesperrt.

Brieskow-Finkenheerd

Vorwahl: 033609, **PLZ:** 15295
Touristeninformation Schlaube Oderland e.V., Seestr. 7, Tel. 728811; Di–Fr 10–15 Uhr. www.schlaube-oderland.de

RB 11 Frankfurt (Oder)–Cottbus

Die **Buslinie 448** verbindet Brieskow-Finkenheerd mit Eisenhüttenstadt. www.bos-fw.de

Zum Oderfischer (Fischer Schneider), Seestr. 6, Tel. 35876; Ferienzimmer für 2 bis 3 Pers. 40–60 €/Nacht. Die Familie betreibt in der fünften Generation Fischfang in der Oder. Zum Fischverkauf gesellen sich Imbiss und Gaststätte, die die Köstlichkeiten der Oder gutbürgerlich zubereitet kredenzen, sowie Ferienzimmer mit Bad und Küchennische für Selbstversorger.
www.fischer-schneider.de
www.ferienzimmer-am-fischerhof.de

Freizeit- und Campingpark Helenesee, Am Helenesee 2, 15236 Frankfurt (Oder), Tel. 0335/556660 (Rezeption); April–Okt. Riesiges Campingareal an den fantastischen Sandstränden des Helenesees, mit Bungalows, Hostel für Rad- und Rucksackurlauber, separaten Campingbereichen für Familien, Jugendliche und Hundehalter, Shops, Gastronomie, Tennis, Bootsverleih, Tauch- und Surfschule u.v.m. Achtung: Wegen Uferrutschungen und infolge Lebensgefahr ist der Helenesee voraussichtlich für die nächsten Jahre gesperrt.
www.helenesee.de

Ausflugsfahrten auf dem Friedrich-Wilhelm-Kanal, Tel. 38533 und 0173/2065804. Knapp 2 km von Brieskow-Finkenheerd entfernt wartet am Mühlenteich in Groß Lindow am historischen Friedrich-Wilhelm-Kanal die 40-jährige »Hechtschute« auf Fahrgäste. In der schönen Jahreszeit schippert sie nach vorheriger Reservierung 1,5 Stunden den altertümlichen Kanal bis zur Schleuse Weißenspring entlang. www.treidelkahn.de

Fischerfloß »Blaue Anne«, Kreuzfahrten über den Brieskower See mit Speis und Trank, Wissenswertem und allerlei Dönnekes vom Käpt'n zur See, auf Vorbestellung zwischen 15 und 50 Personen beim Fischer Schneider (s. o.).

Katjasee: die kleine Schwester der »schönen Helene«, Sandbadebuchten zwischen dem Schilf am Nord- und am Südufer, unbewirtschaftet.
Helenesee: herrliche breite Sandstrände, unterteilt nach Textil, FFK und für Hundehalter, gebührenpflichtig, mit Sanitär, Gastronomie, Wassersportgeräteverleih. Achtung: wegen Lebensgefahr infolge von Uferrutschungen voraussichtlich für die nächsten Jahre gesperrt.

Frankfurt (Oder)

Bez granic, »ohne Grenzen«, spaziert man heute ganz selbstverständlich über die Oder vom deutschen Frankfurt ins polnische Słubice (→ S. 119). Mit 57 000 Einwohnern hüben am deutschen Ufer – und damit viertgrößte Stadt Brandenburgs – und rund 17 000 Einwohnern drüben am polnischen Ufer sind es insgesamt gut 74 000 »Slubfurter«. Sie machen die deutsch-polnische Doppelstadt Frankfurt/Słubice gewissermaßen zur »Metropole« im dünn besiedelten brandenburgischen Oderland beziehungsweise in der Woiwodschaft Lubuskie.

Unistadt, Sportstadt, Kulturstadt: An der Europa-Universität Viadrina lehren deutsche und polnische Wissenschaftler und lernen Studenten aus rund 80 Nationen. Seit 1999 darf sich Frankfurt als Geburtsstadt Heinrich von Kleists (1777–1811) außerdem »Kleiststadt« nennen. Das Kleist-Museum am Oderufer ist einzigartig weltweit. Zu den weiteren berühmten Frankfurter Kindern zählen der Architekt Konrad Wachsmann (1901–1980) und Hermann Weingärtner (1864–1919), der bei der ersten Olympiade der Neuzeit 1896 in Athen sechs Medaillen erturnte. Musikalisch sind mit der Doppelstadt der Barockkomponist Michael Prätorius (1571–1621), der Militärmusiker Gottfried Piefke (1815–1884) und außerdem Carl Philipp Emanuel Bach (1714–1788) verbunden. Alle drei prägten in ihren Studentenjahren an der Viadrina das Musikleben an der Oder. Das Frankfurter Brandenburgische Staatsorchester reicht in seiner Tradition bis 1842 zurück, und bereits 1815 wurde die Frankfurter Singakademie gegründet.

Drei Theater, das Kleistforum als Gastgeber zahlreicher kultureller Veranstaltungen, ein Kabarett und Museen in Frankfurt, das Collegium Polonicum, das städtische Kulturzentrum SMOK und nicht zuletzt der große Basar hinter dem Oderpolder in Słubice und darüber hinaus viele gemeinsame Feste, Konzerte und Ausstellungen machen die Doppelstadt weit und breit zum Anziehungspunkt. Eine grenzüberschreitende Buslinie befördert die Doppelstädter über den Fluss. Und vor allem an Samstagen schiebt sich der Einkaufsverkehr Stoßstange an Stoßstange über die Stadtbrücke. Seiner Lage an einer Oderfurt verdankte »Vrankenvorde« schon im Mittelalter Wohlstand und Anerkennung. Respektgebietende backsteingotische Bauwerke wie die Marienkirche oder das Rathaus künden noch heute davon. Die Lage am Flussübergang brachte aber auch Vernichtung und Untergang. Ende April 1945 ging das alte Frankfurt im Feuersturm der letzten Kriegstage unter. Fast die gesamte Innenstadt brannte nieder, und auch in der Dammvorstadt am östlichen Oderufer blieb kein Stein auf dem anderen. Frankfurt und seine ehemalige Vorstadt, die nach Kriegsende zum polnischen Słubice wurde, mussten sich neu erschaffen.

Geschichte

An einer Oderfurt auf Höhe der heutigen Konzerthalle existierte bereits Anfang des 13. Jahrhunderts ein kleiner Marktflecken, »Vrankenvorde« oder auch »Franckfurde« oder ähnlich genannt. Im polnischen Land Lebus, das sich in jener Zeit zu beiden Seiten der Oder erstreckte, wurden Kaufleute deutscher Zunge für gewöhnlich als »Franken« bezeichnet. Franken an der Furt also – so mag Frankfurts Name entstanden sein. Gesichert ist das allerdings nicht.

1225 verlieh der schlesische Piastenherzog Heinrich I. der Kaufmannssiedlung

▲ Karte S. 112

Blick von Słubice auf Frankfurt mit Marienkirche, Oderturm und Stadtbrücke

am westlichen Oderufer das Markt- und Niederlagerecht. Das bedeutete, alle Waren mussten in Frankfurt, gelegen am günstigsten Oderübergang zwischen Ostsee und Neißemündung, drei Tage lang lukrativ zum Verkauf »niedergelegt« werden. Vermutlich im folgenden Jahr begann man mit dem ersten Sakralbau. 1249 trat Heinrichs Enkel, Herzog Bolesław II., im Zuge der piastischen Bruderkriege in Polen das Lebuser Land je zur Hälfte an das Erzbistum Magdeburg und an die brandenburgischen Markgrafen ab. Frankfurt ging an Markgraf Johann I. und erhielt von diesem 1253 die Stadtrechte verliehen. Der planmäßige Ausbau der Siedlung begann, immer mit Blickrichtung der Brandenburger auf ihre weiteren Expansionsvorhaben über die Oder nach Osten. Gingen die Brüder und brandenburgischen Markgrafen Johann I. und Otto III. doch als deutsche Städtegründer im Osten in die Geschichte ein.

Vom Mittelalter zur Neuzeit

Die mittelalterliche Stadtentwicklungspolitik beschränkte sich in Frankfurt allerdings auf das westliche Flussufer. Am Ostufer befand sich zur Sicherung der neu errichteten Brücke nur eine Wehranlage, aus der sich erst später die Dammvorstadt entwickelte. 1430 war Frankfurt bereits Mitglied der Hanse, 1506 eröffnete Kurfürst Joachim I. am Oderstrand die erste Universität Brandenburgs. Der Humanist Ulrich von Hutten (1488–1523), der radikalprotestantische Reformer Thomas Münzer (um 1490–1525), der Komponist Carl Philipp Emanuel Bach, die Gelehrten und Weltreisenden Wilhelm und Alexander von Humboldt (1767–1835 bzw. 1769–1859) und der Schriftsteller Heinrich von Kleist studierten an der Frankfurter Alma Mater Viadrina – in einer Stadt mit heiterem und mildem Klima, wie der erste Universitätsdirektor Konrad Wimpina ins Schwärmen geriet.

Im Dreißigjährigen Krieg kam es im April 1631 am Oderufer zum Waffengang zwischen Schweden und Kaiserlichen. Die Schweden stürmten die Stadt und plünderten sie, kurz danach holte sich der Schwarze Tod fast 4000 Frankfurter Leben. Doch sollte nicht diese, sondern eine andere Frankfurter Schlacht entscheidend für die Geschicke Europas werden. Bei Kunersdorf

1253 begannen die Bauarbeiten für das backsteingotische Rathaus

(Kunowice, → S. 123), einen Katzensprung östlich von Słubice, wäre 1759 das Königreich Preußen im Siebenjährigen Krieg gegen Russland und Österreich beinahe untergegangen. Die preußische Armee unter König Friedrich II. musste hier ihre verheerendste Niederlage einstecken. 19 000 Soldaten starben, unter ihnen der Frankfurter Dichter und preußische Offizier Ewald Christian von Kleist. 18 Jahre später erblickte sein Großneffe Heinrich von Kleist in Frankfurt das Licht der Welt.

Aufschwung und Niedergang

1810 wurde vom Viadrina-Absolventen Wilhelm von Humboldt die Berliner Universität aus der Taufe gehoben – folgenschwer für die Frankfurter. Nur ein Jahr später musste die Viadrina ihre Pforten schließen und wurde nach Breslau verlegt. 1842 hielt mit der Eröffnung der Eisenbahnlinie Berlin–Frankfurt die Industrialisierung Einzug; darüber hinaus entwickelte sich Frankfurt zur Messestadt. Die Wirtschaft brummte. Dann brach 1914 der Erste Weltkrieg aus. An seinem Ende war Polen 1918 als Zweite Republik wiedererstanden, und Teile des ehemaligen Regierungsbezirks Frankfurt grenzten nun direkt daran. In der Folge hatte Frankfurt mit verlorenen Absatzmärkten zu kämpfen und außerdem einen Geflüchtetenstrom aus dem ehemaligen deutschen Osten zu bewältigen. Bei den Reichstagswahlen 1933 konnten die Nationalsozialisten 56,3 Prozent der Stimmen für sich verbuchen. Frankfurt erklärte sich zum »Bollwerk gegen das Slawentum«. Am 16. April 1945 eröffnete die Sowjetarmee mit dem Trommelfeuer auf Frankfurt die Großoffensive gegen die deutsche Reichshauptstadt. Frankfurt am westlichen und seine Dammvorstadt am östlichen Oderufer gingen in Flammen auf.

▶ Karte S. 112

In DDR-Zeiten

Den Buchstaben des Potsdamer Abkommens gemäß fand sich Frankfurt nach Kriegsende als Grenzstadt wieder, und dies gleich im doppelten Sinne: Die Dammvorstadt wurde geräumt, unter polnische Verwaltung gestellt und unter dem neuen Namen Słubice zum westlichen Vorposten im westverschobenen Polen. Frankfurt am westlichen Oderufer wiederum wurde zur östlichen Grenzstadt in der 1948 gegründeten DDR.

Jahre des Wiederaufbaus schlossen sich an, Plattenbausiedlungen und Magistralen entstanden. Frankfurt wendete sich ab von der Oder, kehrte dem Fluss gewissermaßen den Rücken zu. Beim Wiederaufbau orientierte man sich nicht am historischen Stadtgrundriss, auch wurden nur wenige der zerstörten Prachtbauten rekonstruiert. 1952 wurde Frankfurt Bezirkshauptstadt des neuen DDR-Bezirks Frankfurt (Oder). Es folgten 1957 die Fertigstellung der Autobahnbrücke bei Świecko und 1958 die Eröffnung des Halbleiterwerks, das bis zur Wende rund 8000 Menschen beschäftigte.

Frankfurt in Europa

Wende und Wiedervereinigung brachten nicht nur neue administrative Verhältnisse – Frankfurt wurde kreisfreie Stadt im 1990 wiedergegründeten Bundesland Brandenburg. Mehr noch: Frankfurt und Słubice näherten sich einander wieder an, wurden Partnerstädte und Teil der Euroregion »Pro Europa Viadrina«. Auf der Verwaltungsebene entwickelt man heute gemeinsame Stadtprojekte. Die beiden Stadtverordnetenversammlungen kommen zu Sitzungen zusammen, und auch im Kulturbereich herrscht reger Austausch über die Oderbrücke.

Am eindrücklichsten manifestiert sich die Idee eines friedlich geeinten Europas und des Brückenschlags über die Oder wohl in Gestalt der Europa-Universität Viadrina. Bereits im Jahr nach der Wiedervereinigung 1991 neu gegründet, erstrecken sich direkt am Fluss in Słubice die Neubauten des Collegium Polonicum, einer gemeinsamen Lehr- und Forschungseinrichtung der Viadrina-Universität und der Adam-Mickiewicz-Universität in Poznań. Die Stadtbrücke über die Oder führt geradewegs auf den Campus.

Eine weitere Marke auf dem Weg zur europäischen Doppelstadt »Slubfurt« bildeten ausgerechnet die dramatischen Wochen der Oderflut 1997. Frankfurter und Słubicer kämpften gemeinsam gegen die reißenden Wassermassen. Słubice musste evakuiert werden. Doch zum Glück hielt der Deich. Es folgten der Bau der Hochwasserschutzmauer am Frankfurter Oderufer und die Gestaltung der Uferpromenade, die 2003 zur 750-Jahr-Feier feierlich eingeweiht wurde. Bei der Oderflut 2010 hielten die neuen Schutzmauern stand, und auch Słubice blieb verschont.

Stadtrundgang

Herausragende Sichtmarke und deshalb auch gut für die erste Orientierung geeignet ist der 24-geschossige, knapp 90 Meter hohe **Oderturm**, das höchste Gebäude nicht nur in Frankfurt, sondern im ganzen Bundesland Brandenburg. Zwischen 1968 und 1976 errichtet, dient das Hochhaus heute als Büro- und Behördenzentrum. Von der angeschlossenen Shoppingmall führt der Fahrstuhl zum Restaurant (tgl. ab 8 Uhr) im 24. Stockwerk hinauf, von wo aus man sich einen wunderbaren Überblick über die Doppelstadt verschaffen kann.

Zu Füßen des Oderturms liegt das Hauptgebäude der **Viadrina-Universität.** 1898 bis 1903 wurde es neubarock als Sitz des Regierungsbezirks Frankfurt (Oder) errichtet, später Sitz des Rates des Bezirks Frankfurt und 1992/1993 für die Europa-Universität saniert und umgestaltet. Gleich in der Nachbarschaft am Universitätsplatz steht der Audimax. Wie gegenüber das Gräfin-Dönhoff-Gebäude mit Unimensa begann er seine Karriere zu DDR-Zeiten als Bezirksparteischule.

Marienkirche

In der Nachbarschaft thront, 80 Meter lang, mit markantem Turm, einem 45 Meter breiten Querschiff und einem 21 Meter hohen, wahrlich imposanten Dachstuhl die Marienkirche. Vermutlich wurde 1253 im Jahr der Stadtgründung auch der Grundstein für den Sakralbau gelegt. Es entstand eine dreischiffige Hallenkirche mit Doppeltürmen, eine der frühesten Backsteinkirchen in der Mark. Im 14. Jahrhundert fand eine Erweiterung auf fünf Schiffe statt, 1826 stürzte der baufällige Südturm ein.

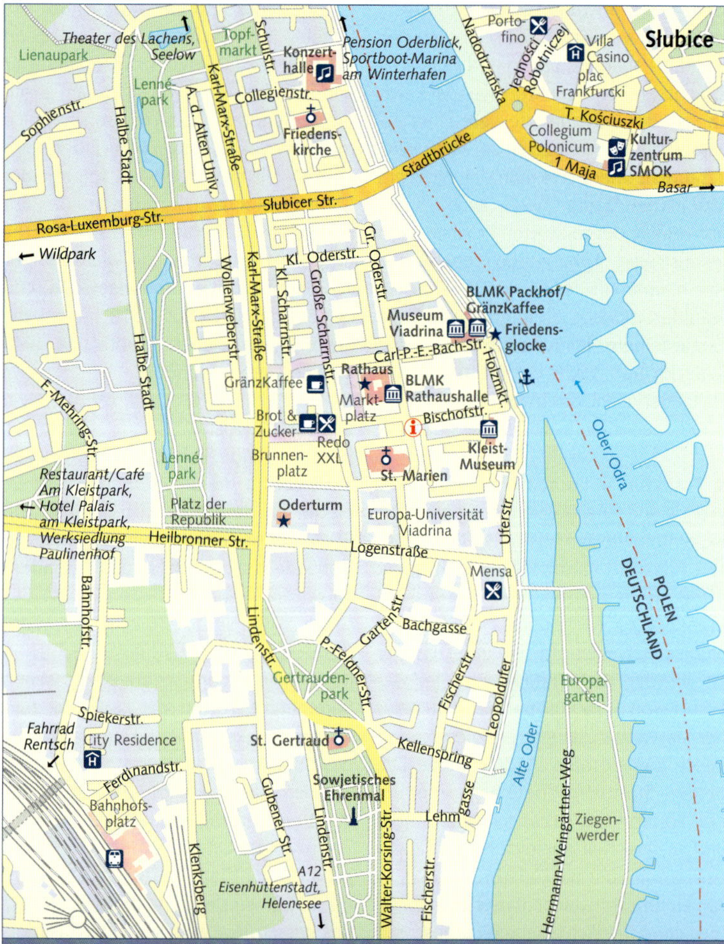

Frankfurt (Oder)

Die Feuerwalze im April 1945 ließ vom Gotteshaus nichts als die Umfassungsmauern übrig. 1979 begann der Wiederaufbau, 1998 war der Dachstuhl fertiggestellt, 2004 fanden die Arbeiten mit der Rekonstruktion des Chorgewölbes ihren krönenden Abschluss. Die berühmte **Frankfurter Bilderbibel** wiederzufinden, wagte dagegen niemand zu hoffen. 1943 waren die drei farbenprächtigen, zwölf Meter hohen Chorfenster von St. Marien kriegsbedingt ausgebaut und zunächst nach Potsdam ausgelagert worden. In 117 Bildern erzählen sie die Schöpfungsgeschichte und zeigen – eine Seltenheit in der christlichen Sakralkunst – auch eine Darstellung des Antichristen. Lange Zeit galten die kostbaren Kunstwerke als verschollen. Dann tauchten sie 1991 in einem Depot der Eremitage im russischen St. Petersburg auf und kamen nach langwierigen Verhandlungen 2002 zurück nach Frankfurt. 2005 wurde nach mühevoller Restaurierung das erste der drei zwischen 1360 und 1370 geschaffenen Bilderfenster wieder eingesetzt. 2007 folgten die beiden anderen. Die weiteren Kunstschätze von St. Marien wurden ebenfalls 1943 ausgelagert und sind heute in der 1878 geweihten, neugotischen **Gertraudkirche** südlich vom Zentrum zu sehen. Zu den Prunkstücken zählen dort der monumentale siebenarmige, 4,70 Meter hohe vergoldete Bronzeleuchter von 1375, eine Bronzetaufe, 1376 geschaffen, und der auf 1489 datierende, reich geschnitzte, dreiflügelige Marienaltar. Er gehört zu den bedeutendsten spätgotischen Retabeln in der Mark Brandenburg.

Die Marienkirche selbst mit ihren nackten Backsteinmauern dient heute als soziokulturelles **Veranstaltungszentrum.** Den verbliebenen **Kirchturm** kann man für einen kleinen Obolus über 237 Stufen erklettern und von oben einen fantastischen Rundblick genießen. Er reicht über die Stadt und die Oderpolder hinweg südwärts bis zu den Fabrikschloten von Eisenhüttenstadt.

Rund um den Marktplatz

Im Schatten der Marienkirche, wo heute das Cinestar-Kino südlich den Marktplatz flankiert, befand sich einst die Adlerapotheke, das **Geburtshaus von Konrad Wachsmann.** Das Sommerhaus

Fast 50 Jahre lang waren die Glasfenster der Marienkirche verschollen

für Albert Einstein in Caputh zählte zu seinen bekanntesten Bauwerken, bevor der Architekt 1941 vor den Nazis in die USA emigrierte. Nahebei stand in der Großen Oderstraße 25 das Geburtshaus Heinrich von Kleists.

Zur Oder hin hält in der Nachbarschaft die **Deutsch-Polnische Tourist-Information** im rekonstruierten **Bolfrashaus** ihre Tore offen. Bis zur Zerstörung im Zweiten Weltkrieg galt das 1540 erstmals erwähnte, nach der Frankfurter Ratsfamilie Bolfras benannte Renaissancegebäude neben Kirche und Rathaus als das schönste Bauwerk am Platz. Als EU-Projekt wurde es bis 2015 wiedererrichtet und fungiert seitdem als gemeinsames deutsch-polnisches Zentrum der Partnerstädte Frankfurt und Słubice.

Im Herzen des Markts erhebt sich das vermutlich ab 1253 erbaute, Anfang des 17. Jahrhunderts erweiterte backsteingotische **Rathaus.** Im Krieg brannte es aus, 1951 bis 1953 wurde es wiederaufgebaut und später noch einmal saniert. Vor allem sein südlicher gotischer Prunkgiebel hat einen Blick verdient. Kündet er doch, mit goldenem Hering an der Angel obenauf, vom Stolz und Selbstbewusstsein der ehemaligen Hansestadt. »Haben ein gros stük Kupper breit geschlagen in gestaldt eines schwantzes von einem fische, ist auf beiden Seitten verguldett. Derselbe schwantz ist auf dem rathause gestanden, hadt bedeuttet, das es ein hanse Stadt gewesen.« So hieß es damals.

In der großen Rathaushalle zeigt das **Brandenburgische Landesmuseum für moderne Kunst (BLMK)** hochkarätige Werke der DDR und den daraus abgeleiteten künstlerischen ostdeutschen Traditionslinien. Seit 2017 ist es unter einem Stiftungsdach mit dem Cottbuser Dieselkraftwerk verbunden und zählt zu den bedeutendsten Sammlungen zeitgenössischer Kunst aus Deutschlands Osten.

▲ Karte S. 112

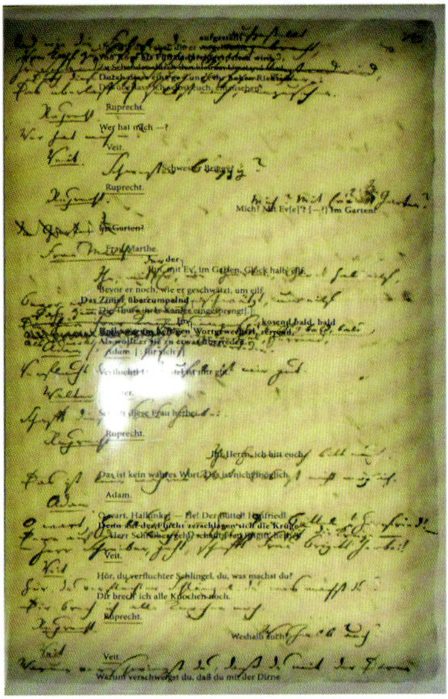

Das Kleist-Museum zeigt das Manuskript von »Der zerbrochene Krug«

An der Oderpromenade

Fast schon am Oderufer gelegen, beherbergt der 1777 errichtete Barockbau der einstigen Garnisonschule das **Kleist-Museum.** 1969 wurde es als Literaturmuseum, Gedenk- und Forschungsstätte eröffnet und widmet sich seitdem Leben und Werk des bedeutenden Frankfurter Sohns Heinrich von Kleist (1777–1811). Über 34 000 Bücher, Handschriften und Kunstwerke umfasst die Dokumentation zum Schriftsteller und seinem literaturhistorischen Umfeld. Dank eines an die alte Garnisonschule angeschlossenen Neubaus, im Herbst 2013 feierlich eingeweiht, hat diese Fülle von Zeugnissen nun hinreichend Raum für Forschung und Ausstellungen.

Folgt man von dort dem Fluss Richtung Stadtbrücke, ist bald darauf das **Museum Viadrina** erreicht. Im ursprünglich aus dem 16. Jahrhundert stammenden, im 17. Jahrhundert barock umgestalteten

Junkerhaus werden spannende Ausstellungen zur Stadt- und Regionalgeschichte gezeigt. Musikliebhaber kommen angesichts einer beachtlichen Sammlung historischer Musikinstrumente auf ihre Kosten. Und auch das Stadtmodell, das Frankfurt im Jahr 1550 darstellt, lohnt den Besuch. Bevor das Junkerhaus zu neuen Aufgaben fand, fungierte es als hochherrschaftliches »Studentenwohnheim«. In seinen vier Wänden logierten die Sprösslinge des brandenburgischen Herrscherhauses und andere blaublütige Studiosi, wenn sie an der Viadrina-Universität den Vorlesungen lauschten. Das Junkerhaus mit dem Museum Viadrina ist eines der wenigen Frankfurter Gebäude, die den großen Stadtbrand im April 1945 relativ unversehrt überstanden haben. Nebenan eröffnete 2003 im **Packhof** eine Dependance des Brandenburgischen Landesmuseums für moderne Kunst.

Immer zum Weltfriedenstag am 1. September ertönt direkt am Ufer die **Friedensglocke.** 1953 stiftete sie die DDR-CDU zum VI. Parteitag in Anerkennung der Oder als »Friedensgrenze« zwischen der DDR und der Volksrepublik Polen. Eine »verordnete deutsch-polnische

Ausstellung im BLMK

Die Friedensglocke erklingt immer am 1. September, dem Weltfriedenstag

Freundschaft«, wie der Historiker Felix Ackermann 2012 schrieb. »Zu einem solchen Ritual wurden (...) die beiden Nationalhymnen von einem Blasorchester vorgetragen, Reden verlesen und gemeinsam das Weltfriedenslied gesungen. Hinter den Kulissen dieser organisierten Freundschaftsbekundungen waren die Beziehungen zwischen der Deutschen Demokratischen Republik und der Volksrepublik Polen stark belastet.«

Nun sind diese Zeiten zum Glück Geschichte, und das schlichtweg schönste »Slubfurter« Freundschaftszeichen ist die von allen Grenzschikanen befreite **Stadtbrücke.** Die Friedensglocke verschob man von ihrem überkommenen Standort am südlichen Holzmarkt 2012, frisch restauriert und von einem eleganten Edelstahlgehäuse umrahmt, ein bisschen näher zur Brücke hin, wo sie seither, auf Höhe des Packhof die Flusspromenade schmückt.

Nördlich der Stadtbrücke

Von der Stadtbrücke und vom Słubicer Ufer aus hat man den schönsten Blick auf die mächtige, turmlose Backsteinhalle der ehemaligen **Franziskaner-Klosterkirche.** Ihre Baugeschichte geht bis auf 1270 zurück, erste Erweiterungen nimmt man für das 14. und 15. Jahrhundert an. Nach der Reformation folgte 1516 bis 1525 der Umbau zur Pfarrkirche und 1735/1736 schließlich zum Gotteshaus der Frankfurter Garnison. Nach umfangreicher Rekonstruktion dient sie seit 1967 als **Konzerthalle Carl Philipp Emanuel Bach.** Das Brandenburgische Staatsorchester und die Singakademie Frankfurt (Oder) haben in den altehrwürdigen Mauern ihren Sitz und bringen sie mit einem vielfältigen Musikangebot zum Klingen. Daneben bereichern die Türme der **Friedenskirche** die Silhouette. Es ist Frankfurts ältestes Gotteshaus, vermutlich bereits um 1226 zusammen mit der Kaufmannssiedlung entstanden. Bis ins 20. Jahrhundert hinein trug sie – zwischenzeitlich mehrfach ausgebaut und zuletzt 1890 bis 1894 neugotisch umgestaltet – dem Schutzpatron der Fischer und Kaufleute St. Nikolaus zu Ehren den Namen St. Nikolai. 1929 wurde sie in »Friedenskirche« umbenannt.

Werksiedlung Paulinenhof

In der Frankfurter Fischerstraße

Insel Ziegenwerder

Mit einem Brückenschlag über den alten Oderarm lädt die grüne Insel Ziegenwerder auf einen Spaziergang zwischen Schilf, mächtigen alte Eichen und Erlen ein. Den Namen erhielt das Talsandeiland von den Ziegen der Oderfischer, die sich hier zwischen Altarm und Hauptstrom an Baum, Strauch und Grasnarbe gütlich hielten. Anfang des 20. Jahrhunderts wandelte sich der Futterplatz, um eine Flussbadeanstalt bereichert, zur beliebten Frankfurter Sommerfrische, nach Kriegsende schließlich zum Schuttplatz, der die Trümmer des zerstörten Frankfurts aufnahm. Rechtzeitig zur 750-Jahr-Feier 2003 folgte die Umgestaltung zum parkartigen **Europagarten,** wobei man den öfter überfluteten östlichen Inselteil naturnah beließ.

Parallel zum Ziegenwerder verläuft auf dem Festland die kopfsteingepflasterte **Fischerstraße,** die hier und da noch manch niederes Fischerkiezhäuschen ziert.

Werksiedlung Paulinenhof

Architekturbegeisterten sei der Ausflug westlich vom Stadtzentrum zur Werk-

▲ Karte S. 112

siedlung Paulinenhof ans Herz gelegt. Die Wohnanlage nach dem Vorbild englischer Gartenstädte entstand in den 1920er Jahren nach Plänen des Architekten Martin Kießling. Nach dem Ersten Weltkrieg waren die deutschen Eisenbahndirektionen in den an Polen gegangenen Ostgebieten aufgelöst worden. Den Sitz der neuen »Reichsbahndirektion Osten« verlegte man als Infrastrukturmaßnahme 1923 nach Frankfurt (Oder). Auf einem alten Stadtgutgelände wurden über 300 Wohnungen für die Reichsbahnmitarbeiter und ihre Familien in ein- bis zweigeschossigen Häusern geschaffen. Hufeisenförmig angeordnet, der Scheitel dem Stadtzentrum zugewandt. Bau- und sozialgeschichtlich ist der inzwischen denkmalgeschützte Paulinenhof für die Stadt von großer Bedeutung: Mit der Siedlung ist »eine für die Mark Brandenburg nach Struktur und Erscheinungsbild einzigartige städtebaulich-künstlerische Situation erhalten«, wie Matthias Noell, Professor für Architekturgeschichte, dazu schreibt.

Frankfurt (Oder)

Vorwahl: 0335, **PLZ:** 15230

Deutsch-Polnische Tourist-Information, Bolfrashaus, Große Oderstr. 29, Tel. 6100800; Mo–Fr 9–17, Sa 10–14 Uhr. www.frankfurt-slubice.eu

Die **Buslinie 983** verbindet das Frankfurter Stadtzentrum ab Hauptbahnhof mit dem Stadtzentrum Słubice (Busbahnhof). www.svf-ffo.de

EC Berlin–Warschau; **RE 1** Magdeburg–Cottbus; **RB 11** Frankfurt (Oder)–Cottbus

Sportboot-Marina am Winterhafen (Oder-Km 585 an einem Oderseitenarm), Hafenstr. 2, 15234 Frankfurt (Oder), Tel. 0152/22586094; ganzjährig. 6 WoMo-/Caravanstellplätze und kleiner Biwak am nördlichen Oderaltarm, Dusche und Sanitär, SUP- und Bootsverleih. www.marina-winterhafen.com

Oderflussfahrten, Tel. 6069134. 1- bis 3-stündige Touren nordwärts zu den Lebuser Adonishängen (→ S. 135) oder südwärts zur Steilen Wand Lossow (→ S. 105) und zum Brieskower See mit dem Breslauer Maßkahn »Onkel Helmut«, ab Anleger am Holzmarkt. www.onkel-helmut.de

Palais am Kleistpark, Fürstenwalder Str. 47, 15234 Frankfurt (Oder), Tel. 56150; DZ/F ab 90 Euro. Komforthotel östlich vom Zentrum am Kleistpark, die Zimmer im zeitgenössischen Schick, sehr guter Service, großes Frühstücksbüffet. www.palaisamkleistpark.de

City Residence, Bahnhofstr. 11, Tel. 6642666; DZ ab 88 Euro. Großes Haus am Bahnhof, freundlich, geschmackvoll, bei Radlern auf dem Oder-Neiße-Radweg beliebt, mit Fahrradverleih. www.hotel-city-residence.de

Pension Oderblick, Ziegelstr. 19, Tel. 0174/4750603; DZ/F 68 Euro, Radunterstellmöglichkeit. 2015 von jungen Betreibern eröffnetes Haus in toller Lage direkt an der Oderpromenade, alle 11 Zimmer haben Balkon mit Blick auf die Oder und Słubice. www.pension-oderblick-frankfurt.de

Freizeit- und Campingpark Helenesee (→ S. 107), wegen Uferrutschungen und infolge Lebensgefahr ist der Helenesee voraussichtlich für die nächsten Jahre gesperrt.

Restaurant und Café Am Kleistpark, Kleiststr. 7, Tel. 556280. Wohlmundende deutsche Gerichte der Saison, sorgfältig zubereitet, große Weinkarte, eine der ersten Adressen in Frankfurt. www.restaurant-am-kleistpark.de

Redo XXL, Brunnenplatz 1, Tel. 5009950. XXL-Portionen von Schnitzel, Burger, Currywurst, Fischstäbchen, (fast) alles aus der Fritteuse; ein bisschen Salatgarnitur gibt es auch. www.redoxxl.de

Mensa, Europaplatz 1, Tel. 2849990. Die Mensa der Uni im Gräfin-Dönhoff-Gebäude mit täglich vier Gerichten und Salatbar steht auch Gästen offen.

GränzKaffee im Packhof, Carl-Philipp-Emanuel-Bach-Str. 11a, Tel. 50097902. Gemütliches Kaffeehaus und Rösterei im Packhof an der Oderpromenade. Zur Auswahl stehen verschiedene frisch geröstete Kaffeesorten, Kaffeespezialitäten, Schokoladen und dazu köstliche Kuchen und Torten.

GränzKaffee Coffeeshop & more, Große Scharrnstr. 28, Tel. 66099232. Die Cityvariante für Kaffee- und Schokoladengenießer.

Brot & Zucker, Brunnenplatz 1, Tel. 3871435. Nett zum Draußen-in-der-Sonne-Sitzen, zum Mittagstisch z. B. ein feines Süppchen genießen und nachmittags Kaffee und Kuchen. Sehr beliebt, leider nur wochentags.

Museum Viadrina, Carl-Philipp-Emanuel-Bach-Str. 11, Tel. 4015629; Di–So 11–17 Uhr. www.museum-viadrina.de

Brandenburgisches Landesmuseum für moderne Kunst, Marktplatz 1 (im Rathaus), Tel. 28396183, und Carl-Philipp-Emanuel-Bach-Str. 11 (im Packhof am Viadrina-Museum), Tel. 4015629; Di–So 11–17 Uhr. www.blmk.de

Kleist-Museum, Faberstr. 6–7, Tel. 3872210; Di–So 10–18 Uhr. www.kleist-museum.de

St.-Marien-Kirche, Oberkirchplatz, Tel. 38728010; Mai–Sept. tgl. 10–18, Okt.–April tgl. 10–15.30 Uhr. www.st-marien-ffo.de

St.-Gertraud-Kirche, Gertraudenplatz 6, Tel. 38728010; zu den Gottesdiensten oder auf Nachfrage im Gemeindebüro.

Deutsch-Polnische Musikfesttage, Ende Feb.–Anfang April. Hochkarätige klassische Konzerte in Frankfurt und Słubice. Stammmusiker sind das Brandenburgische Staatsorchester Frankfurt und die Philharmonie Zielona Góra. www.musikfesttage.de

Theater des Lachens, Ziegelstr. 31, Tel. 6801695. Puppentheater für Zuschauer zwischen 4 und 100 Jahren in einer alten Dampfmaschinenhalle (→ S. 18). www.theaterdeslachens.de

Europatag, Wochenende um den 9. Mai. Die Doppelstadt feiert mit zahlreichen Veranstaltungen das grenzenlose Europa.

HanseStadtFest »Bunter Hering & Swawolny Kogucik« (Verspielter Hahn), immer im Juli zum Stadtgeburtstag auf beiden Seiten der Oder, mit Kirmes, Konzerten und buntem Markttreiben. Zur Eröffnung gibt es traditionell Freibier und 1000 Heringsbrötchen auf der Stadtbrücke. www.bunterhering.de

Kleist-Festtage, zehn Tage im Oktober. Das Theater- und Literaturfestival präsentiert Schauspiel, Ausstellungen, Lesungen. www.kleistfesttage.de

TransVOCALE, drei Tage im November. Internationales »Slubfurter« Festival für Chanson und Weltmusik. www.transvocale.eu

Fahrrad Rentsch, Tunnelstr. 21, 15232 Frankfurt (Oder), Tel. 520935; Mo, Di, Do, Fr 9–12, 13–17, Sa 9–12 Uhr. Fahrradverleih. www.fahrrad-rentsch.de

Wildpark Frankfurt (Oder), Am Wildpark 1, 15234 Frankfurt (Oder), Tel. 2839795; April–Okt. tgl. 9–18, im Winterhalbjahr 9–16 Uhr. www.wildpark-frankfurt-oder.de

▶ Karte S. 112

Słubice

Die mit rund 17 000 Einwohnern im äußersten Westen Polens gelegene Grenzstadt hat eine junge Geschichte. Bis 1945 war sie als Dammvorstadt ein Stadtteil von Frankfurt am östlichen Oderufer. Nach dem Zweiten Weltkrieg gingen Jahrzehnte der Trennung ins Land. Heute verbindet die Stadtbrücke die beiden Ufer wieder über den Strom – als Bindeglied zwischen Polen und Deutschland.

Geschichte

Lange Zeit vor der Frankfurter Marktgründung 1225 durch den schlesischen Piastenherzog Heinrich I. befand sich bereits eine kleine slawische Siedlung am östlichen Oderufer. Zliwice hat sie geheißen, und so liegt der Schluss nahe, dass sich der heutige Stadtname Słubice daraus ableiten würde. Verbürgt ist dagegen, dass »Słubice« als neuer Name für die ehemalige Frankfurter Dammvorstadt das erste Mal in einem Schriftstück auftauchte, das auf Mai 1945 datiert. Am 19. April hatte die deutsche Wehrmacht auf ihrem Rückzug die Oderbrücke gesprengt, kurz danach besetzte die Rote Armee kampflos die Dammvorstadt. Und am 15. Mai wurde ebendort einem polnischen Dokument erstmalig der Stempel »Słubice« aufgedrückt.

Im Juni 1945 mussten die Frankfurter ihre Häuser in der Vorstadt verlassen, im Oktober erhielten Słubices Straßen und Plätze neue Namen. Mit oft nicht mehr als einem Beutel Habseligkeiten kamen die polnischen Vertrieben aus den an die Sowjetunion verlorenen Ostgebieten in Słubice an. Fünf Jahre nach Kriegsende zählte die Stadt etwa 3000 Einwohner, darunter Militärs, ehemalige Zwangsarbeiter und vor allem »Repatriierte«, wie die polnische Staatspropaganda die Neusiedler nannte. Wie fast überall in den »wiedergewonnenen Gebieten« kamen Besiedlung und wirtschaftlicher Wiederaufbau zunächst nur schleppend voran. Dazu trug nicht zuletzt das scharfe Grenzregime zwischen den Bruderstaaten DDR und Volksrepublik Polen bei, in dessen Folge auch der ökonomischen Entwicklung enge Grenzen gesetzt waren. Erst in der Tauwetterzeit ab 1972, die die Visafreihei mit sich brachte, wurde ein kleiner Grenzverkehr zwischen DDR und VR und damit auch Frankfurt und Słubice möglich. Słubice profitierte vom Strom der Frankfurter über die Stadtbrücke, die dank eines 1:5-Wechselkurses mit DDR-Mark günstig in Polen einkaufen konnten. Gastronomie, Basare und Handelszentren wuchsen.

Die Oderbrücke verbindet Frankfurt (links) mit Słubice

Dann wurde die Grenze 1980 durch die DDR wieder geschlossen, denn in Gdańsk und Szczecin waren die Werftarbeiter in den Ausstand getreten. Die Gewerkschaft Solidarność, die trotz Verbot innerhalb weniger Wochen mehr als zehn Millionen Mitglieder verzeichnete, drohte, die Volksrepublik aus den Angeln zu heben. Und so erhoffte man sich am westlichen Oderufer, mit der Schließung der Stadtbrücke einem Überschwappen des revolutionären polnischen Geistes auf DDR-Staatsgebiet Einhalt zu gebieten. Vergeblich. Neun Jahre später fiel der Eiserne Vorhang.

Nach der Wende wurden Frankfurt und die 17 000-Einwohner-Stadt Słubice Partnerstädte und Mitglieder der Euroregion »Pro Europa Viadrina«. Im akademischen Jahr 1998/1999 nahm das Collegium Polonicum den Lehrbetrieb auf, eine gemeinsame Lehr- und Forschungseinrichtung der Viadrina- und der Adam-Mickiewicz-Universität in Poznań – ein Leuchtturm der europäischen Zusammenarbeit. Ebenso eng arbeitet man inzwischen im politischen, administrativen und touristischen Bereich zusammen.

Sehenswertes

Überquert man von Frankfurt aus die **Stadtbrücke** – ursprünglich 1951/1952 errichtet und 2000 bis 2002 noch einmal komplett neugebaut –, dehnen sich rechter Hand vom Kreisverkehr die Gebäude des **Collegium Polonicum** aus. 1992 wurde für das vom Poznańer Architekten Tomasz Durniewicz entwor-

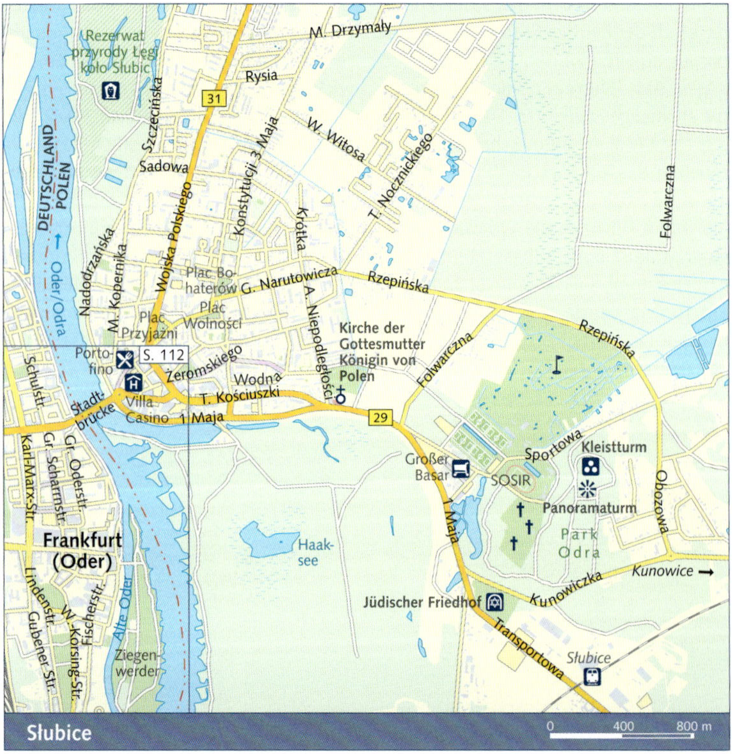

fene Ensemble der Grundstein gelegt, 1998 fand die feierliche Eröffnung statt. Gleich in der Nachbarschaft schließt sich am Oderdeich das Städtische Kulturzentrum **SMOK** (Słubicki Miejski Ośrodek Kultury) an, das mit Galerie, Konzerten, Filmvorführungen und vielen weiteren Veranstaltungen aufwartet.

Linker Hand vom Kreisel präsentiert sich die **ulica Jedności Robotniczej,** die Straße der Arbeitereinheit, noch im gründerzeitlichen Gewand. Zahlreiche Friseure und noch mehr Tabak- und Alkoholläden bieten in der salopp »Zigarettenstraße« genannten Flaniermeile für deutsche Tagestouristen ihre Waren und Dienstleistungen feil.

Weltweit ein Unikum ist das **Wikipedia-Denkmal** (Pomnik Wikipedii), das seit 2014 auf dem plac Frankfurcki die ungezählten Autoren der freien Online-Enzyklopädie würdigt. Die bronzefarbene Kunststoffplastik, die vier lebensgroße weibliche Skulpturen mit der Wikipedia-Weltkugel darstellt, stammt von Händen des jungen armenischen Bildhauers Mihran Hakobyan, seines Zeichens Alumni 2013 des Collegiums Polonicum.

Ansonsten wird man in Słubice viele Möglichkeiten zum günstigen Einkaufen finden. Nur einen zentralen Platz, einen städtischen Mittelpunkt, auf den alles zuläuft, gibt es nicht. Dieser soll im Rahmen der Deichsanierung aber wieder entstehen, ebendort, wo er sich seit den frühesten Zeiten der Doppelstadt im Grunde schon immer befand: am Oderufer. Bis voraussichtlich 2023 wird an der Stadtbrücke die Deichkrone auf 14 Meter erweitert und als Bummelpromenade gestaltet, für die »Slubfurter« hüben und drüben und ihre Gäste. Das vom Frankfurter Ufer aus betrachtet wohl augenfälligste Gebäude Słubices, das sich, schneeweiß und mit Turm versehen, an der ulica 1 Maja Richtung Basar erhebt, zählt zugleich zu den ältesten im Städtchen. 1775 wurde es als Schießhaus für die Frankfurter Schützengilde errichtet und 1946, in Ermangelung eines ausreichend großes Gotteshauses, zur **Kirche der Gottesmutter Königin von Polen** (Parafia Najświętszej Maryi Panny Królowej Polski) umgewidmet.

Basar

Słubices großer Basar befindet sich direkt hinter dem Polder am städtischen Sportstadion. Die viel befahrene ulica 1 Maja – der man so gar nicht anmerkt, dass sie Teil des Lebuser Jakobswegs ist – trägt Schnäppchenjäger, die teils sogar aus Berlin anreisen, mittenmang ins Einkaufsgetümmel. In seinen Anfängen in den 1990er Jahren war der »Polenmarkt« noch ein Provisorium aus zusammengezimmerten Buden. Nach einem Brand 2007 wurde er, seitdem überdacht, wiederaufgebaut. Er offeriert sieben Tage die Woche von 8 bis 18 Uhr Lebensmittel, Bekleidung, Haushaltswaren, Tabak und Alkohol, Friseure, Tattoo- und Nagelstudios, Schnellrestaurants und natürlich preisgünstig tanken.

Jüdischer Friedhof

Folgt man der ulica 1 Maja vom Basar weiter in südliche Richtung, stößt man keine fünf Spazierminuten später an der Ecke ulica Słubicka auf die Umzäunung des Jüdischen Friedhofs. Seine Anlage geht nachweislich auf das Jahr 1399 zurück. Möglicherweise wurde er sogar schon 100 Jahre früher gegründet. Die Nazizeit überstand die Begräbnisstätte beinahe unversehrt. Noch 1936 weihte der Reichsbund jüdischer Frontsoldaten für die im Ersten Weltkrieg gefallenen jüdischen Soldaten ein Ehrenmal ein – es wurde zwei Jahre später in der Reichspogromnacht zerstört. 1941 setzte man in einem Massengrab die

Das Słubicer Sportstadion SOSIR

sterblichen Überreste von 110 jüdischen Zwangsarbeitern des nahen Lagers Finkenheerd bei. Im Dezember 1944 fand die letzte Beerdigung statt.

Danach verwilderte der Friedhof, Gräber wurden geschändet, Grabsteine zerschlagen und als Straßenpflaster verwendet. 1975 schließlich wurde ein Areal für einen Hotelneubau abgetragen. »Restauracja pod trupkiem« (Gasthaus Zur Leiche) wurde das Hotel von den Słubicern bald genannt. Zum Besseren wendete sich der Zustand, als im Frühjahr 1999 eine amerikanisch-israelische Rabbinergruppe den Friedhof besuchte. Bereits im Sommer selbigen Jahres weihten dann Słubice und Frankfurt zum 600. Friedhofsjubiläum gemeinsam einen **Gedenkstein** auf dem Gelände ein. Und auch ein Skandal wurde nun ruchbar: Das auf den Gebeinen so vieler Toter gebaute Hotel war inzwischen ein Bordell geworden. 2002 veranlasste die polnische Regierung die Überantwortung des Geländes an die Jüdische Gemeinde Szczecin. 2007 ging der Friedhof an die Warschauer Stiftung zum Schutz des jüdischen Erbes über.

Bereits 2004 hatte man **drei neue Grabsteine** errichtet: für die Frankfurter Rabbiner Zacharja Mendel von Podheiz und Jehuda Lejb Margaliot und, am bedeutendsten unter ihnen, den Rabbiner und Schriftgelehrten Josef Teomin (1712–1792). Wie sich erst später herausstellte, geschah dies jedoch nicht, wie beabsichtigt, am ursprünglichen Platz ihrer Ruhestätten. Man kann die Grabsteine von der ulica Transportowa (Verlängerung der ul. 1. Maja) aus sehen und hinter ihnen außerdem eine weiße Mauer erkennen. Dorthin wurde der Bauaushub mit den Gebeinen aus den 1970er Jahren gebettet und als Gemeinschaftsgrabstelle geweiht.

Ansonsten erscheint das Gelände auch heute noch sich selbst überlassen. Zwischen hohem Gras liegen unter uralten Bäumen verstreut zerbrochene Stelen. Manche Relikte wurden andernorts wiedergefunden und an ihre überkommene Stätte zurückgebracht. Aus Furcht vor Vandalismus und weiteren Schädigungen kann man das umzäunte Gelände offiziell nicht besichtigen. Wer es dennoch versuchen möchte, sollte als männlicher Besucher aus Respekt eine Kopfbedeckung tragen.

Die Synagoge – 1938 geschändet und anschließend als Papierlager genutzt – stand bis zu ihrer Zerstörung 1945 auf der Frankfurter Seite am Brunnenplatz. Dort erinnert heute ein **Gedenkstein** daran.

Karte S. 120

■ Sportstadion und Kleistturm

Ebenfalls nur ein paar Schritte vom Basar entfernt liegt das Słubicer Sportstadion **SOSIR** (Słubickiego Ośrodka Sportu i Rekreacji). Ab 1914 entstand es mit Unterbrechungen nach einem Entwurf des Frankfurter Baustadtrats Otto Morgenschweiss. 1927 konnte es – damals unter dem Namen Ostmark-Stadion – seiner Bestimmung übergeben werden. Auf der Anhöhe oberhalb dieses halbrunden Arkadenbaus thronte in jener Zeit weithin sichtbar der **Kleistturm.** 1891/1892 mauerte man die Ziegelsteinreihen dieser wilhelminischen Zumutung auf, 21 Meter hoch, mit Zinnen und Balustraden und von Erkertürmchen umkränzt. Benannt wurde das Bauwerk zu Ehren des Frankfurter Dichters und Offiziers Ewald Christian von Kleist (1715–1759), der in der Schlacht bei Kunersdorf (Kunowice) sein Leben verlor.

99 Stufen führten auf den Turm zur schönen Aussicht hinauf. Der Blick gen Westen schweifte zur Oder hin, und nach Osten gewandt erlaubte eine Tafel mit Orientierungspfeilen das historische Kunersdorfer Schlachtfeld aus der Vogelperspektive nachzuvollziehen. Dem Turm zu Füßen lud eine Gaststätte zu Kaffee und Kuchen ein, was das Ensemble zu einer beliebten Frankfurter Ausflugsstätte machte.

1945 wurde der Kleistturm von der Wehrmacht gesprengt. Seitdem sind auf der Anhöhe vom Original nur noch wenige Backsteinfundamente zu sehen. Doch ist er im Rahmen eines deutsch-polnischen Gemeinschaftsprojekts nun neu erstanden. Und zwar als 30 Meter hoher **Panoramaturm** (Wieża widokowa w Słubicach) im modernen Gewand, mit zwei Aussichtsterrassen in luftiger Höhe, die einen großartigen Blick auf Slubfurt und die Landschaft rundum versprechen. Im Juni 2022 soll Einweihung sein.

■ Kunowice

1942 wurde das Dörfchen Kunersdorf nach Frankfurt eingemeindet. Seit 1945 heißt es Kunowice und ist ein Ortsteil von Słubice. Weiter gäbe es nicht viel zu erzählen, wäre es auf der Feldflur nördlich vom Ort nicht zu einer der bemerkenswertesten europäischen Schlachten des 18. Jahrhunderts gekommen – womit Kunersdorf/Kunowice in die Geschichte einging.

Fast 50 000 preußische Infanteristen und Reiter standen 1759, im dritten Jahr des Siebenjährigen Kriegs, einer Koalition von 79 000 russischen und österreichischen Soldaten gegenüber. Preußen wurde vernichtend geschlagen. Am Abend der Niederlage schrieb König Friedrich II.: »Von 48 000 Mann vor der Schlacht verfüge ich gegenwärtig noch über 3000. Alles flieht, und ich bin nicht mehr Herr meiner Leute (...), ich muss gestehen, dass ich alles für verloren halte. Den Untergang meines Staates vermag ich nicht zu überleben. Adieu für immer.«

Die Schlacht bei Kunersdorf führte das Königreich Preußen an den Rand der Vernichtung. Die Eroberung der Residenzstadt Berlin stand der Koalition offen, doch wundersamerweise nutze diese die Gelegenheit nicht. Dann bestieg nach Zarin Elisabeths Tod 1762 der glühende Friedrich-Verehrer Peter III. den russischen Thron und wechselte zugunsten Friedrichs das Bündnis. Das Königreich Preußen stieg zur europäischen Großmacht auf.

Die Vermessung des historischen Schlachtfelds bei Kunowice und zehnjährige Grabungen brachten bis 2019 Musketenkugeln, Artilleriegeschosse und auch ein Massengrab ans Tageslicht. Am Ort des Geschehens wurde dies allerdings nicht museal aufbereitet. Auf einem Teil des Geländes sind seitdem Einfamilienhäuser entstanden.

Słubice

PLZ: 69-100

Deutsch-Polnische Tourist-Information, Bolfrashaus, Große Oderstr. 29, Tel. 6100800; Mo–Fr 10–18, Sa 10–14 Uhr. www.frankfurt-slubice.eu

Die **Buslinie 983** verbindet das Frankfurter Stadtzentrum ab Hauptbahnhof mit dem Stadtzentrum Słubice (Busbahnhof). www.svf-ffo.de

Villa Casino, ul. Mickiewicza 11, Tel. +48/515/970142; DZ/F ab 200 Złoty. Kleines schickes Haus im Zentrum von Słubice. Das hoteleigene Restaurant bietet verfeinerte polnische und internationale Gerichte. www.villa-casino.pl

Portofino, ul. Mickiewicza 9, Tel. +48/500/522572. Moderne, kreative polnische und europäische Küche, delikat. www.portofinocuisine.pl

Deutsch-polnische Festivals und Veranstaltungen: → S. 118

Großer Basar (Duży Bazar), ul. Sportowa 1a, Tel. +48/95/7584270; außer Ostern und Weihnachten tgl. 8–18 Uhr. www.bazarslubice.pl

Zwischen Słubice und Neißemündung

▸ Karte S. 80, 120

Stromaufwärts zeigt sich das polnische Oderufer zwischen Słubice und der Neißemündung touristisch noch völlig unentdeckt. Nur einige winzige Weiler bilden kleine Tupfen im Grün, hingestreut an den Rand der Oderniederung. Es gibt so gut wie keine touristische Infrastruktur, keine Übernachtungsmöglichkeiten und Gaststätten direkt am Oderstrom und bei Urad einen einzigen Schiffsanleger. Von der **Nationalstraße 29** (Droga krajowa 29) führen teils arg holprige Stichstraßen ins Odertal zu den Dörfchen hinab.

Pedalritter sollten Proviant mitnehmen und über gepolsterte Sättel verfügen. Denn wo es auf der polnischen Seite des internationalen **Radwegs** auf der Deichkrone langgeht, wie zwischen Urad und Kłopot, bekommt man es mit buckligen alten Betonplatten zu tun. Teils führt der Radweg auch weit ab vom Oderufer über sandige Feldwege, Schotterpisten und Kopfsteinpflaster. Und wo man wahlweise, wie zwischen Świecko und Urad, auf ein schmales Asphaltband ausweichen kann, muss man es vom SUV bis zum Mähdrescher mit allen übrigen Fahrzeugen teilen. Dafür wird man belohnt mit einer noch nahezu unberührten Natur und ungewöhnlicher Einsamkeit. Im Krzesiński-Landschaftspark (Krzesiński Park Krajobrazowy), wo die Oder eine letzte ausladende Kurve vollführt, bevor sie die Neiße schluckt, hilft auf der Suche nach dem versunkenen Dorf **Schiedlo** (→ S. 129) im Schwemmland auch kein Handy mehr bei der Navigation. Das Funkloch ist allgegenwärtig.

Wer auf dieser Tour nicht nach Słubice zurückkehren möchte, für den besteht die nächste Möglichkeit, die Oder zu überqueren, südöstlich beim Dorf **Połęcko.** Dort trägt eine kleine Drahtseilfähre die Verkehrsteilnehmer ganzjährig über das Wasser (→ S. 81). Die nächste Oderbrücke befindet sich noch einmal 15 Kilometer östlich von Połęcko bei **Krosno Odrzańskie.**

Świecko bis Cybinka

»Autobahn der Freiheit« (Autostrada Wolności) tauften 2014 die Präsidenten von Deutschland und Polen, Gauck und Komorowski, die A 2 Warschau–Berlin. Direkt nach der hohen Autobahnbrücke über die Oder folgt der Grenzübergang Frankfurt–Świecko. Namensgeberin für den Kontrollpunkt ist neben Frankfurt das 200-Seelen-Dorf Świecko (Schwetig), nur wenige hundert Meter südlich der Brücke im Odertal an der Einmündung des Flüsschens Ilanka (Eilang) gelegen. Dort befand sich im Dritten Reich eines der vielen Zwangsarbeiterlager entlang der A 2, deren Häftlinge die Autobahn Richtung Osten bauten. Schätzungsweise 15 000 Internierte, vor allem polnische Juden und außerdem viele Kriegsgefangene, mussten dafür ihre Kräfte und oft ihr Leben lassen. »Oderblick« lautete der zynische Name des Lagers bei Schwetig. Eine kleine Gedenkstätte am nördlichen Ende des winzigen Orts, umbraust vom Lärm der A 2, erinnert daran.

Rybocice

Wo der Oderhang in die Flussniederung ausläuft, schmiegt sich Rybocice (Reipzig) zwischen Wald und Felder. Die Ilanka plätschert nahe am alten Ortskern vorbei, wo sich im Herzen die Ende des 18. Jahrhunderts errichtete Pfarrkirche erhebt. Ihr Vorgänger ging in seinen Ursprüngen wohl bis auf das 14. Jahrhundert zurück. Er wurde jedoch im Vorfeld der Schlacht bei Kunersdorf (Kunowice, → S. 123) 1759 von der russischen Armee in Schutt und Asche gelegt.

So liest sich Rybocices Geschichte wie die vieler Dörfchen in der Region: ursprünglich slawisch besiedelt, um 1250 das erste Mal in einem Schriftstück genannt, 1311 vom brandenburgischen Markgrafen Waldemar (1308–1319) dem Kloster Neuzelle überschrieben, ab 1437 im Besitz der Stadt Frankfurt, im Dreißigjährigen Krieg geplündert und zerstört. Von 1873 bis 1945 zum Landkreis Weststernberg der preußischen Provinz Brandenburg gehörig, bis 1975 Teil der Woiwodschaft Zielona Góra, nach einer Verwaltungsreform Teil der Woiwodschaft Gorzów und seit der großen Verwaltungsreform 1999 der Woiwodschaft Lubuskie.

Eine Besonderheit aber ist anzumerken: Der Universitätsgründung 1506 im nahen Frankfurt durch Kurfürst Joachim I. verdankte Reipzig seine Papierfabrik. Ohne Papier keine Gelehrten, und außerdem wollten zunehmend mehr Bücher für die Studiosi gedruckt werden. 1535 nahm die Manufaktur, damals noch per Wasserkraft, ihre Arbeit auf. Ihr jüngster Nachfolgebau wurde in den letzten Kriegsmonaten 1945 von der deutschen Luftwaffe außer Funktion bombardiert. Was noch übrig geblieben war, wurde demontiert und anschließend abgetragen.

Kunice

Im 90-Seelen-Weiler Kunice (Kunitz), 1282 zuerst erwähnt, 1373 von Frankfurt erworben, erinnert die holprige Kopfsteinpiste zur Oder hinunter daran, dass

Gedenkstätte für die Häftlinge des Zwangsarbeiterlagers Schwetig

es hier Anfang des 20. Jahrhunderts einen Fährbetrieb hinüber in die Ziltendorfer Niederung (→ S. 101) gegeben hat. Heute vervielfacht sich dort immer am Wochenende nach Johanni (24. Juni) mit einem Schlag die Bevölkerung. Zum traditionellen **Sobótka,** dem Johannisfeuer, strömen dann Hunderte Gäste nach Kunice, um mit leckerem Essen, Spiel und Spaß, Musik und Tanz bis in die Puppen ein fröhliches Fest zu feiern.

Urad

Zum großen **Deutsch-Polnischen Sommerfest** laden alljährlich die Schwesterdörfer Aurith (→ S. 101) und Urad zu beiden Seiten der Oder ein. Der Strom ist hier für gewöhnlich maximal 100 Meter breit, und voraussichtlich ab 2023 werden **Fährboote** in der schönen Jahreszeit Fußgänger und Radler von hüben nach drüben bringen.

Seit Ende des Zweiten Weltkriegs trägt der alte Ortskern von Aurith am östlichen Oderufer den Namen Urad. Vornehmlich ukrainische Flüchtlinge aus den ehemaligen polnischen Ostgebieten ließen sich nieder und bauten den Ort wieder auf. Das 350-Seelen-Dorf verfügt vor dem Hochufer über einen relativ neuen **Bootsanleger,** und ein 2021 errichteter, 30 Meter hoher **Panoramaturm** garantiert schöne Aussichten.

Nördlich von Urad mündet die **Pliszka** (Pleiske) in die Oder. Bis dahin absolviert der schmale Wasserlauf viele muntere Biegungen, auf denen sich sumpfige Wiesen, mit Binsen bewachsene Ufer und, schön und wildromatisch, Wald und »Baumhindernisse« abwechseln. Für häufiges Umtragen sorgt auf der beliebten Paddelstrecke, nicht unbedingt zur Freude der Wassersportler, bis kurz vor die Mündung der Pliszka unermüdlich der Biber.

Cybinka und Umgebung

Im Landesinneren passiert die Nationalstraße 29 das Gemeindestädtchen Cybinka (Ziebingen). In den letzten Kriegsmonaten 1945 wurde es völlig zerstört und danach von Vertriebenen aus den ehemaligen polnischen Ostgebieten neu aufgebaut. Die im Kern barocke **Pfarrkirche** konnte dagegen den Zeiten trotzen. 1784 bis 1786 errichtet, 1866 überformt und erweitert, dient der Sakralbau heute, hübsch saniert, der katholischen Gemeinde und ist der heiligen Mutter Gottes von Częstochowa geweiht.

Der Name der 2800 Einwohner zählenden Stadt tauchte 1472 das erste Mal

Blick von Aurith zum Panoramaturm in Urad

▲ Karte S. 80

Auf dem Soldatenfriedhof in Cybinka

in einem Schriftstück auf. Ab 1582 befand sich das Dorf im Besitz der Johanniterkommende zu Logau (Łagów), 1751 ging es an die märkische Adelsfamilie von Burgsdorff über und 1802 an die verwandten Grafen Finck von Finckenstein. In diesem Zusammenhang erfolgte der schlossartige Ausbau des alten **Gutshauses** im klassizistischen Stil. Zeitgleich erging die Einladung der beiden Kunstmäzene Wilhelm von Burgsdorff und seines Onkels, des Grafen von Finckenstein, an den »König der Romantik« Ludwig Tieck (1773–1853), auf Schloss Ziebingen sein Schreibquartier aufzuschlagen. Bis 1818 diente das großzügige Bauwerk, das sogar über einen Theatersaal verfügte, dem Dichter als Domizil. Literarische Granden wie Philipp Otto Runge, Achim von Arnim und Clemens Brentano weilten an diesem ländlichen Musenhof, der sich zu einer Art Mikrokosmos der deutschen Romantik entwickelte.

1818 verstarb der Gönner Graf Finckenstein, und die Dichter mussten weiterziehen. Das im Zweiten Weltkrieg schwer beschädigte Schloss stand anschließend leer und verfiel. 1973 gingen die maroden Mauern in Flammen auf, Anfang der 1980er Jahre wurden die letzten Trümmer beseitigt. Von dem einst stattlichen Anwesen blieb nur die alte Toreinfahrt übrig. Wo sich das Schloss befand, beherbergt heute ein schlichter Nachkriegsbau kommunale Einrichtungen. Das Gelände des ehemaligen Schlossparks ist eingezäunt, die verwilderte Anlage als solche nicht mehr erkennbar. In der Nordwestecke erstreckt sich, mit Eingang an der ulica Lwowska, seit 1945 ein **Sowjetischer Offiziersfriedhof.** In fast 600 Gräbern sind Offiziere unterer bis mittlerer Dienstgrade der Roten Armee bestattet, die im Kampf gegen Nazideutschland ihr Leben verloren. Tausende einfache Rotarmisten ruhen in den Massengräbern des **Sowjetischen Soldatenfriedhofs** am südlichen Ortseingang.

Białków

Inmitten weiter Felder liegt das pittoreske Angerdorf Białków (Balkow), keine 500 Einwohner klein. Seine älteste Erwähnung rührt aus dem Jahr 1413, nach 1945 wurde es neue Heimat für aus Polesien (heute Belarus und Ukraine) vertriebene Polen. Kurz hinter dem südlichem Ortseingang erinnert eine kleine **Freilichtausstellung** an die historische Heimat zwischen Bug und Prypjat. Findlinge zu Füßen von knapp einem

Das Heimatmuseum in Białków

Dutzend Säuleneichen tragen die Namen der Orte, aus denen die Familien der Białkówer ursprünglich stammen. In der Nachbarschaft zur 1840 erbauten **Dorfkirche** birgt ein winziges **Heimatmuseum** Trachten, Schrift- und Erinnerungsstücke.

Krzesińki-Landschaftspark

Den Mündungsbereich der Neiße, wo die Oder sie auf Höhe von Ratzdorf/Kosarzyn schluckt, umschließt auf der polnischen Seite der Krzesiński-Landschaftspark (Krzesiński Park Krajobrazowy). Der 1998 unter Schutz gestellte Landstrich umfasst die Wiesen, Felder und Überschwemmungsflächen der Oder in der abgeschiedenen Gegend zwischen dem Storchendorf Kłopot und südlich der Neiße bei Żytowań. Er ist benannt nach dem keine zehn Häuser zählenden Flecken Krzesin (Kräsen) im Herzen des Landschaftsparks, nicht fern vom Krzesińskie-See, einem Oderaltarm. Der periodisch überflutete Hochwasserschutzpolder südlich der Linie Krzesin–Bytomiec (Siebenbeuthen) schmückt sich mit weiten Auwiesen, Seggenried und dichtem Röhricht am Wasser. Zahlreiche gefährdete Pflanzen- und Tierarten haben in den Feuchtgebieten, Sumpfwäldern und Hartholzauen ein Refugium. Biber und Fischotter fühlen sich wohl, und vor allem die Vogelwelt – von Rohrweihe und Schellente über Kiebitz und Rotmilan bis hin zum vom Aussterben bedrohten Wachtelkönig – findet im Krzesin-Bytomiec-Polder ein Paradies.

■ Kłopot

▸ Karte S. 80

Das adrette Straßendörfchen im nördlichsten Zipfel des Landschaftsparks haben seine gefiederten Bewohner berühmt gemacht. Wohin man auch schaut, auf bald jedem Dachfirst, fast jeder Scheune und hier oder da sogar auf Kabelmasten thront ein mächtiger Storchenhorst. Bei

Eins von 37 Storchennestern in Kłopot

rund 40 Häusern zählt das **Storchendorf** Kłopot (Kloppitz) stattliche 37 Klapperstorchwohnungen, über die Hälfte der Horste ist regelmäßig besetzt (→ S. 35). Anfang bis Mitte April kehren die Weißstörche aus ihren afrikanischen Winterquartieren an die Oder zurück und beziehen in der Regel wieder ihr angestammtes Nest. Die Luft ist dann weithin vom Schnabelgeklapper erfüllt, mit dem Meister Adebar als stolzer Eigenheimbesitzer seine wenige Tage später eintreffende Herzensdame begrüßt. Gut 30 Tage danach schlüpfen drei bis fünf Küken. Nach weiteren vier Wochen sieht man erstmals ihre Köpfchen mit weit aufgerissenen, hungrigen Schnäbeln über dem Horst hervorgucken. Die Feuchtwiesen im Oderschwemmland bereiten ihnen eine reiche Tafel – und die ist auch nötig. Denn etwa drei Kilo Futter verputzt eine sechsköpfige Storchenfamilie am Tag: Regenwürmer, Insekten, Frösche, Eidechsen, Mäuse. Nach zwei Monaten werden die Jungtiere flügge und starten vom Horst aus ihr Flugtraining. Mitte August ist es dann soweit. Die jungen Nachwuchspiloten sammeln sich auf den abgeernteten Feldern, um sich für die lange Reise nach Afrika noch einmal ordentlich zu stärken. Gut zwei Wochen nach ihrem Abflug folgen ihnen die Eltern. Das Kłopoter Storchenmuseum (Muzeum Bociana Białego w Kłopocie) hat leider seine Tore geschlossen. Aber mit der **Ruine der Oderbrücke** lohnt bei Kłopot noch eine weitere Sehenswürdigkeit einen Abstecher. Nahebei an der Oder wurde 1919 anstelle einer Fährverbindung eine Brücke über den Strom errichtet, die Kloppitz, wie es damals hieß, mit Fürstenberg (→ S. 97), heute Stadtteil von Eisenhüttenstadt, verknüpfte. Anfang Februar 1945 sprengten sie deutsche Wehrmachtspioniere, um den Vormarsch der Sowjetarmee auf Berlin zu behindern. Seitdem stehen die Reste mit Blick nach Fürstenberg als schaurigschönes Erinnerungszeichen und beliebtes Fotomotiv da.

Wüstung Schiedlo

An der Biegung der Oder, wo sie im deutsch-polnischen Grenzgebiet ihren scharfen Schwenk von Ost-Südost nach Norden in Richtung Ostsee vollzieht, liegen gegenüber von Ratzdorf (→ S. 82) im halbinselgleichen Zwischenland die letzten Trümmer des untergegangenen Weilers Schiedlo (Szydłów). Im frühen Mittelalter befand sich dort eine slawische Burg, in deren Schutz sich die Siedler von beiden Seiten der Oder begaben, wenn das Hochwasser kam. 1316 ging das »castellum Schedellowe« an das Kloster Neuzelle über. 1815 kam das Dorf mit der Niederlausitz zum Königreich Preußen.

Immer wieder wurde es im Lauf der Jahrhunderte von gewaltigen Überschwemmungen heimgesucht, zuletzt 1903. Das führte zwei Jahre später infolge des »Gesetzes betreffend die Maßnahmen zur Regelung der Hochwasser-, Deich- und Vorfluterverhältnisse an der oberen und mittleren Oder« zur Räumung von Schiedlo. Bis 1908 wurde der Ort endgültig aufgegeben, die Häuser abgerissen. Wer heute im Polder noch Spuren entdecken will, muss bei Krzesin die Brücke über den Krzesiński-Kanal überqueren. Im Oderbogen sind südlich gegenüber der Łomiankamündung ein paar Grundmauern und die ehemalige Dorfstraße anhand einer Reihe alter Linden noch auszumachen, allerdings nur bei Niedrigwasser. Sonst sind die Überreste von Schiedlo im sumpfigen Gelände verschwunden.

Zwischen Słubice und Neißemündung

Linienbusverkehr zwischen Cybinka und Słubice über Urad und Świecko. www.pks.zgora.pl

Linienbusverkehr zwischen Rąpice und Cybinka über Kłopot und Białków. www.transhand.pl

Fußgänger-Fahrrad-Fähre bei Aurith/Urad, voraussichtlich ab Frühjahr 2023.

Drahtseilfähre bei Połęcko: → S. 81

Die nächste **Oderbrücke** befindet sich 15 km östlich bei Krosno Odrzańskie.

Hotel Zacisze, ul. Kościuszki 8, 69-108 Cybinka, Tel. +48/68/3911364; DZ/F 120 Złoty. Freundliche ländliche Unterkunft mit geräumigen, hellen Zimmern, Bad, TV. www.zaciszecybinka.pl

Marek Konatkowski, ul. Lwowska 6B/1, 69-108 Cybinka, Tel. +48/601/641512. Verleih von Kajaks für Touren auf der Ilanka, Pliszka und Oder, viele Tipps und geführte Touren. www.makajak.pl

Sobótka in Kunice, am Wochenende nach Johanni (24. Juni). Volksfest rund um das traditionelle Johannisfeuer.

Deutsch-Poln. Sommerfest: → S. 102

Die kleine historische Bischofsstadt Lebus bildet das südliche Tor zum Oderbruch. Steile Oderhänge mit seltenen Trockenrasengesellschaften begleiten den Strom auf seinem Weg zur ehemaligen Festungsstadt Kostrzyn (Küstrin). Dort, wo die Warta (Warthe) einmündet, verwandelt der größte Nebenfluss der Oder den Nationalpark Warthemündung in ein atemberaubendes Mosaik aus Wasser und Land.

Blick vom Lebuser Turmberg über die Oder

VON LEBUS NACH KÜSTRIN-KIETZ/KOSTRZYN

Von Lebus nach Küstrin-Kietz/Kostrzyn

Die Kostrzyner Warthebrücke

Zwischen Frankfurt/Słubice und Kostrzyn erstreckt sich beiderseits der Oder das Lebuser Land (Ziemia Lubuska). Am westlichen Oderufer markiert die alte Bischofsstadt Lebus (→ S. 134) zugleich den Anfang des Oderbruchs, genauer gesagt: des südlichen Oderbruchs. Die Hänge der Lebuser Platte fallen hier steil zu den Feldern in der Niederung ab und sind im Frühling zwischen Lebus und Reitwein mit blühenden Adonisröschen geschmückt. Gegenüber lädt am polnischen Ufer der Weiler Owczary zum Entdecken dieser für unsere Gefilde außergewöhnlichen Trockenrasenbiotope ein.

An eine der letzten furchtbaren Schlachten vor der Kapitulation Nazideutschlands 1945 erinnert in Seelow die Gedenkstätte/Museum Seelower Höhen. Der Ort wurde kurz vor Kriegsende ebenso dem Erdboden gleichgemacht wie die nicht weit entfernte Festungsstadt Küstrin. Auf der Halbinsel zwischen Oder und Warthemündung kann man in Kostrzyn heute die Fundamente der untergegangenen Altstadt mit ihren restaurierten Festungsanlagen erwandern. Ausflüge von dort gehen in die Region zu den historischen Militärforts, die die Festung im Vorfeld absicherten. Fort Gorgast im Küstriner Vorland kann man besichtigen. Weitere Ausflüge führen von Kostrzyn in den Nationalpark Warthemündung (Park Narodowy Ujście Warty) hinein. »Republik der Vögel« (*Rzeczpospolita Ptasia*) wird dieses einzigartige Wasservogelparadies auch genannt, das sich vor allem in der Vorfrühlingszeit nach einsetzendem Tauwetter in einen atemberaubenden Flickenteppich aus Wasser und Land verwandelt.

Radler fahren am polnischen Ufer von Słubice aus auf der Deichkrone mit der Oder stromabwärts über 35 Kilometer durch einsames Land. Eine Picknickstelle auf der Höhe von Lebus und bei Górzyca ein ehemaliger Grenzturm bilden die Wegmarken in der stillen Natur. Die letzten zehn Kilometer von Górzyca bis Kostrzyn verläuft der Weg neben dem Deich. Für Radler auf der deutschen Seite führt der Oder-Neiße-Radweg von Frankfurt (Oder) aus durch die grünen Oderwiesen, durchaus auch mal über Sandwege, die Oderhänge hinauf nach Lebus und ab dort auf dem Deich entlang bis Küstrin-Kietz.

Brücken

Brücken über die Oder gibt es auf diesem Streckenabschnitt nur bei **Frankfurt/Słubice** und nördlich bei **Küstrin-Kietz,** Kostrzyns ehemaligem Fischerkiez an der Odervorflut, sowie bei **Kostrzyn** über die Warthe.

Es bestehen **keine Fährverbindungen.**

Lebus und Umgebung

Gar nicht weit weg von Frankfurt (Oder) schmiegt sich das Städtchen Lebus vor der Flussniederung an die steilen Oderhänge. Gerade einmal 3000 Einwohner klein, blickt es dennoch auf eine große Vergangenheit zurück. Grabungen beförderten Artefakte zutage, die darauf schließen lassen, dass der Lebuser Bergrücken bereits um 1000 v. Chr. von Angehörigen der Lausitzer Kultur besiedelt war. Etwa ab dem 8. Jahrhundert n. Chr. ließen sich slawische Einwanderer nieder. Vermutlich geht der Name Lebus auf ihren Fürst Liubus zurück, der Anfang des 9. Jahrhunderts hier die Stämme der Wilzen anführte.

Nach der Landnahme durch die polnische Krone um die Jahrtausendwende gehörte der Ort bis Mitte des 13. Jahrhunderts zum polnischen Piastenreich. Der Aufstieg von Lebus zum Mittelpunkt der Region begann. 1125 rief König Bołeslaw III. Krzywousty das Bistum Lebus ins Leben, das bis zu seiner Verlegung nach Göritz (Górzyca, → S. 151) am östlichen Oderufer im Jahr 1276 die Geschicke im Land prägte.

Der Verlust des Bischofssitzes und kurz vorher die Gründung der Handelsstadt Frankfurt (Oder) 1235, wohin sich das wirtschaftliche und kulturelle Leben verlagerte, beendeten die Blütezeit von Lebus. Mitte des 13. Jahrhunderts übertrug Herzog Boleslaw II. Burg, Stadt und Land Lebus jeweils zur Hälfte an den Magdeburger Erzbischof und die Markgrafen von Brandenburg. Ab 1287 befand sich die Region vollends in Brandenburger Hand. Fortan blieb Lebus ein kleines, randständiges Städtchen. 1945 wurde es bei den Kämpfen um die Seelower Höhen fast völlig zerstört und in den 1950er und 1960er Jahren wieder aufgebaut.

▲ Karte S. 132

Sehenswertes

Auf halber Höhe am Oderhang bilden die kleine **Pfarrkirche St. Marien** von 1810 sowie das **Museum Haus Lebuser Land** mit einer Ausstellung zur Geschichte des Lands, des Bistums und der Stadt Lebus die kulturelle Sehenswürdigkeit. Eine weitere Ausstellung im Museum widmet sich den berühmten Söhnen der Stadt: dem in Lebus geborenen Lyriker Günter Eich (1907–1972, → S. 139) und dem Maler und Bildhauer Karl Lukas Honegger (1902–2003), der bis 1944 seine Sommer in Lebus verbrachte.

Vom Museum führt der kopfsteingepflasterte **Poetensteig** zum **Turmberg** hinauf, wo Stahlelemente in einer kleinen Grünanlage den Grundriss der mittelalterlichen Bischofsburg nachzeichnen. Der Blick von hier oben schweift über die Kirchturmspitze hinweg weit über die Flussniederung bis zu den polnischen Oderhängen. Die große Flut 1997, als sich das ganze Land in eine riesige Wasserfläche verwandelte, hat die Vedute vom Lebuser Turmberg herab weithin berühmt gemacht.

Picknickplatz an der Oder

Der Poetensteig führt hinauf zum Lebuser Turmberg

Von dort wenige Schritte westlich in Richtung Ortszentrum dehnt sich eine **Russische Kriegsgräberstätte** aus. Von allen anderen Gedenkstätten, wie man sie so zahlreich an der Mittleren und Unteren Oder antrifft, unterscheidet sie sich insofern, als dass in Lebus seit 1994 ein sogenannter »Zubettungsfriedhof« besteht. Alle gefallenen Rotarmisten, deren sterbliche Hüllen in Brandenburg noch aufgefunden werden, erhalten in Lebus eine letzte Ruhestätte. Über 4800 Gefallene sind auf dem Friedhof begraben, 3000 von ihnen namenlos und darunter mehr als 800, die erst nach 1994 beigesetzt wurden.

Unten am Oderstrom erinnern **Fährbuhnen** zu beiden Seiten des Flusses daran, dass hier einmal eine Schiffsverbindung zwischen den Ufern bestand. Wenig nördlich davon befinden sich **Bootsanleger mit Rast- und Wohnmobilstellplatz.**

Südlich geht es aus dem Ort hinaus zu den **Pontischen Hängen,** den größten Trockenrasenarealen im brandenburgischen Odertal. Im **Naturschutzgebiet Oderberge** hat sich eine für unsere Breitengrade ungewöhnliche Pflanzengemeinschaft angesiedelt. An den sonnenexponierten, schon seit 1921 geschützten Steilhängen gedeiht, neben weiteren licht- und wärmeliebenden Pflanzen, das seltene **Adonisröschen.** Immer von Ende März bis Anfang/Mitte Mai verwandelt das krautige kleine Hahnenfußgewächs die Gefilde in ein riesiges gelbes Blütenmeer und lockt zahlreiche Naturliebhaber an. Ein Rundwanderweg führt vom Ortszentrum aus am Bergrücken entlang über die Kirschallee, kurz vor dem Ortsausgang geht der Pfad hangabwärts, beziehungsweise vom Odertal aus über die Kietzer Straße.

■ Mallnow

Noch eindrucksvoller zeigt sich der leuchtend gelbe Frühlingsbote an den Oderhängen bei Mallnow, rund fünf Kilometer Luftlinie nordwestlich von Lebus. In dem 400-Einwohner-Flecken ist alles auf die **Adonisröschenblüte** eingestellt. Der Adonisröschenpfad führt wahlweise auf kurzem oder auch längerem Weg hinauf und hinab durch das **Naturschutzgebiet Oderhänge Mallnow.** Über die ursprünglich in den Steppen von Mittel- und Süd-

Schornsteinfeger in Lebus

europa bis Sibirien heimische Pflanze geht die Sage, dass Aphrodite aus jedem Blutstropfen ihres ermordeten Geliebten Adonis ein Adonisröschen hervorsprießen ließ, und aus jeder ihrer Tränen wuchs eine Blüte. Eine andere Version erzählt, dass Adonis einmal jedes Frühjahr als gelbes Röschen aus der Unterwelt zu Aphrodite auf die Erde zurückkehren darf. Aber Vorsicht: So hübsch das Blümchen auch erscheint und so romantisch die Sage dazu, es ist von der Wurzel bis zum Blütenblatt in allen Teilen hochgiftig! Zudem ist es streng geschützt.

Wer noch mehr über Adonisröschen erfahren möchte, wird gegenüber vom Wandereinstieg in der **Naturscheune** fündig. Sie ist Teil des **Haustiergartens Mallnow,** der mit Schafen, Ziegen, Ponys, Eseln und vielen weiteren Tieren Groß und Klein auf einen Besuch einlädt. Das Mallnower Gotteshaus, dessen Fundamente vermutlich aus dem 13. Jahrhundert stammen, ist seit den letzten Kriegstagen 1945 eine **Ruine.** 1998 konnte sie gesichert werden und wartet seitdem auf den Wiederaufbau.

Die Ruine der Reitweiner Stülerkirche

Adonisröschen an den Oderhängen in Mallnow

Podelzig

Wer sich an den Adonisröschen nicht satt sehen kann, pilgert außerdem noch ins **Naturschutzgebiet Priesterschlucht** bei Podelzig, wo sie im Frühjahr an den Hängen der Lebuser Abbruchkante blühen. Das kleine Angerdorf selbst verfügt als besondere Attraktion über eine sanierte **Kirchenruine** mit umgebendem Picknickpark. Der alte Kirchturm wurde in einen Aussichtsturm umgewandelt, von dessen Plattform man einen weiten Blick in die Landschaft hat.

Reitwein

Nördlich von Lebus erhebt sich markant der **Reitweiner Sporn.** Mit genau 81,5 Metern an seiner höchsten Stelle schiebt er sich wie eine Nase aus der Lebuser Hochfläche ins Oderbruch. Der exponierte Bergrücken wurde deshalb schon seit prähistorischer Zeit zu kultischen Zwecken und auch militärisch genutzt. Zuletzt 1945, als der so-

▲ Karte S. 132

wjetische Marschall Shukow von hier aus den Sturm auf die Seelower Höhen (→ S. 141) befehligte. Sein tief in den Wald eingegrabener Befehlsstand nördlich auf dem Sporn ist noch erhalten. Ein ausgeschilderter Wanderweg zum **Shukow-Bunker** startet an der Kirche in Reitwein.

Unterhalb erhebt sich am Fuß des Bergs der schlanke Turm der **Stülerkirche.** 1855 hatte Graf Rudolf Finck von Finckenstein ihren Bau nach Plänen des »Baumeisters des Königs« Friedrich August Stüler veranlasst, 1858 war das Gotteshaus fertiggestellt. Während der Kämpfe im April 1945 zerstört, wurde die Ruine später Stückchen für Stückchen gesichert und teilrekonstruiert. Seit dem Jahr 2000 steht der 46 Meter hohe Turm wieder, und auch das Glockenläuten kann man wieder vernehmen. Die immer noch dachlosen Ziegelmauern des Langhauses werden im Sommer für Open-Air-Gottesdienste und Konzerte genutzt.

Schloss Reitwein, das die Adelsfamilie von Burgsdorff um 1700 als zweigeschossigen Putzbau hatte errichten lassen, wurde dagegen nicht wieder aufgebaut, sondern 1962 komplett abgetragen. Am Ort des untergegangenen Herrenhauses dehnt sich stattdessen ein **Soldatenfriedhof** aus. Kriegsgräberstätten wird man hier an der Oder, auf deutscher wie auf polnischer Seite, zahlreich finden. Doch die Natur ist gnädig, hat vielerorts an den steilen Oderhängen Gras über das furchtbare Sterben 1945 wachsen lassen. Im Frühling blühen Adonisröschen, Orchideen und Schlüsselblumen an den Hängen, die mehr als 30 Meter hoch über der Sohle des Odertals ansteigen. Durch die Steillage dem Sonneneinfall ausgesetzt, haben sich auch im **Naturschutzgebiet Zeisigberg** am Reitweiner Sporn für Brandenburger Verhältnisse ungewöhnliche Trockenrasengesellschaften eingebürgert. Wo die Hänge bewaldet sind, erfüllt sie die Robinien-

Befehlsstand von Marschall Shukow bei Reitwein

blüte im Mai und Juni mit ihrem Duft. Südlich vom Dorf an der Oder führt bei den Hathenower Wiesen die **Diplomatentreppe** auf den Oderdeich. An und für sich keine besondere Attraktion, gehört ihr Bau jedoch zu den Kabinettstückchen der DDR-Geschichte: 1985 wurde sie zum 40. Jahrestag der Befreiung in den Deich eingelassen, damit der Botschaftertross aus 40 Bruderländern trockenen Fußes die Deichkrone erklimmen und die schöne Aussicht über die Oder nach Polen genießen konnte. Allerdings handelt es sich heute nicht mehr um das Original. Im Rahmen der Deichsanierung infolge der Oderflut 1997 hat man die Treppe durch eine neue ersetzt.

Zwischen Diplomatentreppe und Reitwein erinnert ein **Gedenkstein** auf dem Deich an das verheerende Hochwasser im Sommer 1997. Auf halbem Weg zwischen Reitwein und Küstrin-Kietz markiert auf Höhe des Weilers Neu-Manschnow ein **Gedenkstein** die Stelle, wo genau ein halbes Jahrhundert zuvor während der Flutkatastrophe im März 1947 der Deich brach und sich die Wassermassen ins Oderbruch ergossen.

Lebus und Umgebung

Infopunkt Lebus, Frankfurter Str. 7, 15326 Lebus, Tel. 033604/63758; Mo–Fr 10–16 Uhr, im Sommer zusätzlich Sa, So 10–14, im Winterhalbjahr Mo–Fr 10–15 Uhr. www.amt-lebus.de

Die **Buslinie 969** verbindet Lebus über Podelzig mit Frankfurt (Oder) und nördlich mit Seelow und Küstrin-Kietz. www.mo-bus.de

Gräfliche Villa, Hathenower Weg 6, 15328 Reitwein, Tel. 033601/540; DZ/F ab 70 Euro. Drei große, gemütliche DZ und zwei FeWo in einer 1880 für Graf Rudolf Finck von Finckenstein errichteten Villa. www.graefliche-villa.de

Zur alten Scheune, Fischerstr. 10, 15328 Reitwein, Tel. 033601/547; DZ/F 70 Euro. Lauschiges Plätzchen am Ortsrand von Reitwein, die Zimmer im rustikalen einfachen Landhausstil. www.zuraltenscheune.de

BIKERs INN, Kietzer Str. 4, 15326 Lebus, Tel. 0171/2349249; DZ/F 50 Euro mit Bad im Zimmer, 40 Euro mit Bad auf dem Flur, 10 Euro Aufschlag bei einmaliger Übernachtung; Zeltmöglichkeit im Garten. Großzügige Gästezimmer und eine FeWo im Einfamilienhaus mit Garten im Ortszentrum, einen Steinwurf vom Oderufer entfernt, bei Kerstin und Christian Meißner. Zur Familie gehören außerdem ein Hund und zwei Katzen, Gäste können ihre eigenen tierischen Familienangehörigen mitbringen. Fahrradverleih. www.bikers-inn-lebus.de

Anglerheim, Oderstr. 16, 15326 Lebus, Tel. 033604/5691. In der Gaststätte gibt es Fischspezialitäten, Hausgemachtes und natürlich Schnitzel & Co.

Seecamp am Oderbruch, Neue Siedlung 18, 15326 Zeschdorf/OT Alt Zeschdorf, Tel. 033602/247; ganzjährig, Bus 968 von Lebus. Gepflegter Wiesenplatz am See, 5 km westlich von Lebus, Imbiss, Badestrand, SUP-, Boots- und Fahrradverleih. www.seecamp-oderbruch.de

Anglerheim (s. o.), Wasserwanderrastplatz und Wohnmobilstellplatz. Einfacher Bootsanleger und Stellplatz, WC.

Haus Lebuser Land, Schulstr. 7, 15326 Lebus, Tel. 033604/230; April–Okt. Mi–So 13–16 Uhr. www.heimatverein-lebus.de

BIKERs INN (s. o.), Fahrradverleih.

▸ Karte S. 132

Günter Eich – Oder, mein Fluss

Oder, mein Fluss
der keine Quelle hat:
In Tropfen sickert es
aus Gebirgen von Zeit,
Wasser, das nach Kindheit schmeckt.
Oder, mein Fluss
eine Breite, um Holüber zu rufen,
ein November für Regen.

Er war einer der bedeutendsten Lyriker und Hörspielautoren der deutschen Nachkriegsgeschichte. 1907 wird Günter Eich in Lebus am östlichen, heute polnischen Oderufer geboren. 1918 landet er nach mehrfachen Umzügen mit seiner Familie in Berlin. Dort beginnt er 1925 ein geisteswissenschaftliches Studium mit Stationen in Leipzig und Paris, das er sieben Jahre später zugunsten einer erfolgreichen Schriftstellerkarriere abbricht. 1931, seine ersten Gedichte waren bereits erschienen, wurde sein Hörspiel *Das Leben und Sterben des Sängers Caruso* gesendet. Bis 1940 produziert Eich für den Rundfunk zahlreiche Hörspiele. Seine oft magisch anklingende Naturlyrik gefällt ebenfalls, auch den Nazis. Der Dichter selbst versteht sich als unpolitisch.

Am Ende des Zweiten Weltkriegs, den er als Funker in der deutschen Wehrmacht erlebt, kommt es in der amerikanischen Kriegsgefangenschaft zur Begegnung mit Hans Werner Richter und Alfred Andersch. 1947 gründen sie mit weiteren Schriftstellerkollegen den bis Ende der 1960er Jahre wohl einflussreichsten literarischen Zusammenschluss in der BRD, die Gruppe 47. 1950 wird Eich von den jungen Rebellen in der Gruppe zu ihrem ersten Preisträger gewählt.

Winterliche Stimmung an der Oder

Theodor W. Adornos 1949 formuliertem Diktum zum Trotz – »Nach Auschwitz ein Gedicht zu schreiben, ist barbarisch« – beginnt Günter Eich bereits in der Kriegsgefangenschaft damit, wieder Lyrik zu verfassen. Nun aber wird das Entsetzen zum Thema und auch die Bitterkeit darüber, wie Sprache von der Macht missbraucht werden kann, wie sie lenken und manipulieren kann. Wo nach dem Krieg eine ganze Gesellschaft verstummte, wo nach den Gräueltaten im Dritten Reich allenthalben Sprachlosigkeit herrschte, macht sich Eich auf, seine eigene Haltung im Nationalsozialismus offensiv kritisch zu reflektieren.

Die Ausstrahlung seines Hörspielklassikers *Träume* – verstörende Szenarien über psychische Verdrängung und innere Leere, Ausgrenzung, Deportation und atomare Bedrohung – löst 1951 in der Bundesrepublik einen handfesten Skandal aus. Zugleich stellt *Träume* den künstlerischen Neubeginn des modernen Hörspiels dar, ein damals weithin beliebtes Genre. Fernsehen gab es ja in der Breite noch nicht. Die Zeile daraus – »Seid unbequem, seid Sand, nicht das Öl im Getriebe der Welt!« – wird zu einem Leitspruch der 1968er Studentenproteste.

Ebenfalls 1951 notiert Günter Eich für eine Hörspieladaption des Fontaneromans *Unterm Birnbaum* die Zeilen von *Oder – mein Fluss*. Ein Gedicht, das er mehrmals überarbeitet und 1963 erneut veröffentlicht:

Oder, mein Fluss, erklärbar
Aus Quellen und Nebenflüssen,
mein Morgengewinn, meine Unruh,
meine Sanduhr über den Ländern.

Steig ein in das heitere Boot, – es ist nicht die Charonsfähre,
du selbst hast die Planken in deinem Traume gezimmert.
(...) wage dich über den Strom. Sieh, alles Geträumte,
drüben ist es Wirklichkeit.

Und plötzlich erkennst du das Nebelland,
weißt die Breite des Stromes zu schätzen
und weißt, wer dich führte an seiner Hand
und mit dem Ruder im Nachen stand
und du nennst ihn ohne Entsetzen.

Unruhe in Ackerfurchen und Holundergebüsch,
Unverständliches in den Herzen.
Das Vollkommene gedeiht nicht,
hier bändigt keiner zu edlem Maß das Ungebärdige,
Und das Dunkle ist wie vor der Schöpfung
ungeschieden vom Hellen.

Mit zahlreichen Preisen und Ehrungen bedacht, verstirbt Günter Eich 1972 nach langer Krankheit in einem Sanatorium in Salzburg. An die Oder ist er Zeit seines Lebens nicht wieder zurückgekehrt.

Im südlichen Oderbruch

Von Oderaltarmen, Vorflutern, Kanälen und Abzugsgräben durchzogen, die sich wie ein feines Netz über die Felder legen, zeigt sich das weite Land zwischen Seelow am Abfall der Lebuser Platte hinunter zum Oderbruch und dem Grenzörtchen Küstrin-Kietz. Im Frühjahr 1945 verlief hier die letzte groß angelegte Verteidigungslinie Nazideutschlands vor der Kapitulation. Seitdem sind die Seelower Höhen Sinnbild für das aberwitzige Blutvergießen, welches das Hitlerreich selbst noch im Untergang forderte. Über eine Million Soldaten der 1. Belorussischen Front und der 1. Polnischen Armee standen unter Marschall Georgij Konstantinowitsch Shukow (1896–1974) im April 1945 an der Oder bereit, ihr Leben für die Eroberung der nahen Reichshauptstadt Berlin zu opfern. Gegen den erbitterten Widerstand der deutschen Wehrmacht entbrannte an den Seelower Höhen, die als natürliche Bastion 60 Kilometer vor Berlin jäh aus dem Oderbruch aufsteigen, vom 16. bis zum 19. April 1945 der letzte entscheidende Kampf des Zweiten Weltkriegs auf deutschem Boden. Über 50 000 deutsche, polnische und sowjetische Soldaten verloren dabei ihr Leben. Drei Wochen später war die Hauptstadt des »Tausendjährigen Reichs« eingenommen.

Gedenkstätte Seelower Höhen

Seelow

Aufgrund der schweren Kriegszerstörungen verfügt die Kreisstadt im Landkreis Märkisch-Oderland über keine besonderen Sehenswürdigkeiten mehr. Die auf den Fundamenten eines mittelalterlichen Vorgängers 1830 bis 1832 erbaute **Schinkelkirche** bekam 1998 dank einer großzügigen Spende von Werner Otto (1909–2011) ihren Kirchturm wieder. Der Versandhauskönig Otto ist das berühmteste Kind der Stadt. An seinem Geburtshaus in der Frankfurter Straße 57 prangt eine Gedenktafel. Rundum wurden im Ortszentrum die verbliebenen Gassen des alten **Kirchviertels** sorgsam saniert.

2002 feierte Seelow sein 750-jähriges Jubiläum. 1252 tauchte es das erste Mal als »villa Zelou« in einem Schriftstück des Magdeburger Erzbischofs auf. Ein viertel Jahrhundert später wurde es bereits »unsere Stadt Selowe« (*oppidum nostrum Selowe*) genannt. Vor Ausbruch des Dreißigjährigen Krieg 1618 zählte es stolze 27 Acker- und 68 Mittelbürger, »Mittelständler« würde man heute sagen. Bei Kriegsende 1648 hatte Seelow so gut wie keine Einwohner mehr und wurde im Zuge der preußischen Peuplierungsmaßnahmen neu besiedelt. 1863 wird es Landratsamtssitz und ist seitdem durchgehend Kreisstadt – heute mit 5400 Einwohnern eine der kleinsten in Deutschland. 1877 folgt die Einwei-

Schnittplatz im Golzower Filmmuseum

hung der Eisenbahnlinie von Frankfurt (Oder) nach Wriezen, mit Stopp in Seelow. 1945 fällt die Stadt auf dem Vormarsch der Roten Armee gegen Berlin in Schutt und Asche. Ab 1951 beginnt ihr Wiederaufbau.

Das sinnlose Sterben unmittelbar vor Ende des Zweiten Weltkriegs beleuchten in Schaukästen, Wort-, Bild- und Filmdokumenten die **Gedenkstätte und das Museum Seelower Höhen.** Auf dem zugehörigen bereits im November 1945 auf Order Marschall Shukows eingeweihten Sowjetsoldatenfriedhof werden die Gefallenen geehrt. Über den weißen Kreuzen erhebt sich zum Andenken an die gestorbenen Rotarmisten die Bronzeskulptur eines Soldaten, die vom Bildhauer Lew Kerbel stammt. 1972 wurde die Gedenkstätte um das Museum ergänzt.

Friedersdorf

Drei Kilometer südlich von Seelow ist in Friedersdorf der **Kunstspeicher** ein beliebtes Ausflugsziel. Der restaurierte ehemalige Getreidespeicher bietet auf sechs Böden Platz für kulturelle Veranstaltungen, Ausstellungen, einen Laden für Töpferwaren, Souvenirs und allerlei regionale Leckereien sowie ein Wirtshaus, das eine rustikale, regionale Schnitzelküche serviert. Ein Blickfang ist außerdem die über drei Speicheretagen reichende alte Schrotmühle.

▶ Karte S. 132

Aber nicht erst der Speicher hat Friedersdorf bekannt gemacht, sondern lange vorher der alte Brandenburgwanderer Theodor Fontane. Er setzte dem kleinen Flecken, damals im Besitz der Familie von der Marwitz, in seinen *Wanderungen* ein literarisches Denkmal. Erzählt wird die Geschichte der »Marwitze«, darunter die des »Hubertusburg-Marwitz«, der bei König Friedrich II. in Ungnade fiel, weil er einen Befehl verweigerte. Die Grabplatte des Johann Friedrich Adolf von der Marwitz (1723–1781) kann man in der im 13. Jahrhundert erbauten und später barockisierten **Dorfkirche** in Augenschein nehmen. Auf dieser ist eingraviert: »Wählte Ungnade, wo Gehorsam nicht Ehre brachte«.

Golzow

Wenige Kilometer östlich haben im Weiler Golzow Barbara und Winfried Junge mit ihrer Langzeitdokumentation *Die*

Fort Gorgast

Wegweiser in Küstrin-Kietz

Kinder von Golzow Filmgeschichte geschrieben. Von 1961 bis ins neue Jahrtausend hinein begleiteten die beiden Dokumentarfilmer eine Golzower Schulklasse mit der Kamera. Daraus entstand in 19 Filmen ein einzigartiges Porträt des Lebens in der DDR, vom Mauerbau bis zu ihrem Untergang, und darüber hinaus im wiedervereinigten Deutschland. Das **Filmmuseum Die Kinder von Golzow** widmet sich im Gemeindezentrum diesen Ereignissen. Zu sehen sind der Originalschnittttisch der Junges, rund 400 Kilometer Film in 350 Filmrollen und eine Fülle an Bildtafeln und Dokumenten zu den vielen Golzowern, die vor der Kamera mitwirkten.

Fort Gorgast

Nicht weit entfernt duckt sich bei Gorgast eins der vier Außenforts, die die nahe Festung Küstrin in alle vier Himmelsrichtungen im Vorfeld strategisch absicherten. 1883 bis 1889 entstanden diese Anlagen rund um die historische Festungsstadt (→ S. 146). Nach ihrer Fertigstellung waren sie militärtechnisch allerdings schon wieder veraltet und spielten im späteren Kriegsgeschehen keine Rolle mehr. Ins flache Ackerland eingegraben und von einem tiefen, breiten Wassergraben umzogen, lugen die Ziegelbauten von Fort Gorgast hinter dichtem Buschwerk hervor: Zugbrücke und Torhaus, Kasematten, Artilleriekaserne, Frontkaserne. Zuletzt nutzte die NVA das Gelände als Lager und stapelte dort Berge von Munitionskisten. Zur Besichtigung sollte man eine Jacke mitnehmen, die Temperatur in den Kasematten beträgt auch im Sommer oft nicht mehr als 10 Grad.

Küstrin-Kietz

Folgt man der B 1 über die Oderinsel zur deutsch-polnischen Grenze Küstrin-Kietz/Kostrzyn, sind die ehemaligen Vororte Küstrins (Kostrzyn) am deutschen Oderufer gar nicht so leicht auszumachen. Auf deutscher Seite liegen an der Odervorflut Küstrins ehemaliger Fischerkiez, heute das Dorf **Küstrin-Kietz,** sowie die **Oderinsel** zwischen der Vorflut und dem Oderhauptstrom. Bereits seit den Befreiungskriegen (1813–1815) diente die Oderinsel militärischen Zwecken. Anfang des 20. Jahrhunderts schossen dort im Kaiserreich Artilleriekasernen aus dem Boden, die später die deutsche Wehrmacht und danach die Sowjettruppen für sich vereinnahmten. Seit dem Abzug der Streitkräfte 1993 sind die Gebäude dem Verfall preisgegeben. Unterwegs auf der B 1 zum Grenzübergang fallen die hohen, hellen Halbruinen ins Auge (→ S. 145).

Die Insel selbst, nach dem Zweiten Weltkrieg militärisches Sperrgebiet, wurde 2010 zum **Naturschutzgebiet Oderinsel Küstrin-Kietz** erklärt. In der jahrzehntelangen Abgeschiedenheit konnte sich eine vielfältige Tier- und Pflanzenwelt entfalten. Die gefährdete Schwarzpappel, Biber, Fischotter und Fledermäuse haben dort ein Zuhause gefunden. Man kann auf der Insel sehr schön spazieren gehen und das Gefilde im Zwischenbereich von Wasser und Land mit all seinen Erscheinungen erkunden. Dazu geht kurz vor der Grenzbrücke der Weg rechts Richtung Küstrin-Kietz und zur Inselumrundung ab, bei der man auch eine schöne Aussicht auf die Küstriner Festungsanlagen am östlichen Oderufer hat.

Die ursprünglich 1867 erbaute und nach dem Ersten Weltkrieg 1920 wiedererrichtete alte Eisenbahnbrücke über die Oder wurde 2021 abgerissen. An ihrer Stelle überspannt den Fluss künftig eine futuristische stützenfreie Netzwerkbogenbrücke. Voraussichtlich Ende 2022 werden erstmals Züge über sie rollen.

Im südlichen Oderbruch

Tourist-Information Oderbruch und Lebuser Land, Mittelstr. 10, 15306 Seelow, Tel. 03346/849808; Mo, Di, Mi, Fr 10–16 Uhr.
www.oderbruch-tourismus.de

Die **Buslinie 956** verbindet Seelow über u.a. Golzow, Gorgast und Küstrin-Kietz mit Letschin. www.mo-bus.de

RB 60 von Eberswalde über Seelow nach Frankfurt (Oder); **RB 26** Berlin-Lichtenberg–Kostrzyn, über Golzow, Gorgast, Küstrin-Kietz.

Fischereihof Schneider, Kuhbrücke 23, 15328 Küstriner-Vorland/OT Kuhbrücke, Tel. 033479/54888. Der Hof wird bereits in der fünften Generation von der Familie Schneider geführt. Fischverkauf, Oderfischspezialitäten und die besten Fischbrötchen weit und breit (Mai–Anfang Okt.). Es gibt auch eine Pension mit vier Zimmern im Holzhaus (DZ/F 52 Euro).
Anfahrt über Küstrin-Kietz: Von der Hauptstraße in Küstrin-Kietz ca. 300 m westlich vom Bahnhof in den Schwarzen Weg einbiegen (Google notiert hier fälschlich »Rosendamm«), nach der Brücke über die B 1 rechts in den Kaiserdamm, diesem durch die Felder bis zum Ende folgen, dann links in das schmale Asphaltband auf dem Deich bis Kuhbrücke. Alternativ über Manschnow, Gorgast, Altbleyen bis Kuhbrücke.
www.fischereihof-kuestrin.de
www.oderfischer.de

Fischereihof Schneider (s. o.), Camping und Wohnmobilstellplatz auf der Obstbaumwiese direkt hinterm Oderdeich.
Oderbruchcamp Zechin, Hauptstr. 1b, 15328 Zechin, Tel. 033473/59101; April–Okt. Schattenloser Rasenplatz am kleinen Badesee (als Freibad bewirtschaftet), Imbiss, Mietwohnwagen.
www.oderbruchcamp-zechin.de

Eis-Alex, Hauptstr. 33, 15328 Golzow, Tel. 033472/247, 0173/6144409, fb; Ende März–Mitte Nov. Eine Institution in der Region, leckeres Speiseeis in der vierten Generation! Schweden-, Krokant- und Fruchtbecher ebenso wie der Ossibecher werden stilecht im original DDR-Eisbecher serviert.

Gedenkstätte/Museum Seelower Höhen, Küstriner Str. 28a, 15306 Seelow, Tel. 03346/597; April–Okt. Di–So 10–17, Nov.–Mitte Dez. und Mitte Jan.–März Di–So 11–16 Uhr.
www.gedenkstaette-seelower-hoehen.de
Filmmuseum Kinder von Golzow, Gemeindezentrum Golzow, Hauptstr. 16, 15328 Golzow, Tel. 033472/51882; Mi–Sa 11–16 Uhr.
www.kinder-von-golzow.de
www.kinder-von-golzow.com
Fort Gorgast, 15328 Küstriner Vorland/OT Gorgast, Tel. 033472/51632; Mai–Okt., die aktuellen Öffnungszeiten bitte der Website entnehmen.
www.fort-gorgast.de

▸ Karte S. 132

Kostrzyn nad Odrą

Bei Küstrin-Kietz/Kostrzyn überquert man en passant die deutsch-polnische Grenze. Seit Polens Beitritt zum Schengenabkommen bestehen im Personenverkehr keine Kontrollen mehr. En passant aber auch, weil seit 1945 kein Küstrin mehr besteht und man auch deshalb nicht viel vom Grenzübertritt merkt. Der alte Ort am Zusammenfluss von Oder und Warthe ging wie die meisten Städte am Oderstrom im Feuersturm der letzten Kriegsmonate unter. Wer Küstrin und seine einst gewaltige Festung besichtigen möchte, wird noch die restaurierten Festungsmauern vorfinden und darin die grasüberwachsenen Fundamente der untergegangenen Altstadt. In ihrer Nachbarschaft ist am Wartheufer die neue Stadt Kostrzyn emporgewachsen. Das alte Küstrin wurde nicht wiederaufgebaut.

»Polnisches Pompeji« wird es deshalb genannt. Allerdings trifft die Bezeichnung nicht ganz: Denn die Zerstörung der Festungsstadt am Ende des Zweiten Weltkriegs war so total – und ging auch nicht von einem Vulkan aus –, dass eher von einem »polnischen Karthago« die Rede sein müsste. Die Oder bildete 1945 eine der letzten natürlichen Barrieren für die Rote Armee vor dem Sturm auf die Reichshauptstadt. Das alte Küstrin mit Schloss, Rathaus, Kirche und Markt, von mächtigen Festungsmauern umgeben, wurde dabei dem Erdboden gleich gemacht.

Theodor Fontane beschrieb Küstrin in seinen *Wanderungen* Ende des 19. Jahrhunderts als einen Ort, um den »etwas finster Unheimliches ist«. Damals war die Stadt schon längst zur preußischen Legende geronnen, von Fontane als »finster« empfunden wegen der Hinrichtung Hans Hermann von Kattes im Jahr 1730, Freund, Vertrauter und vielleicht auch Geliebter des jungen Kronprinzen Friedrich. Und gilt die »Katte-Tragödie« (→ S. 150), wie Fontane sie nannte, in der Geschichtsschreibung heute als Schlüsselerlebnis zum Verständnis des Charakters von König Friedrich dem Großen (→ S. 47), so steht die Festung Küstrin wie kaum eine andere sinnbildhaft für den preußischen Militarismus.

Noch fast ein halbes Jahrhundert nach Kriegsende war die zwischen Oder und Warthemündung gelegene Altstadt wegen ihrer Grenzlage Sperrgebiet und eine Trümmerwüste. Es musste erst der Eiserne Vorhang fallen und sich eine junge Generation von Krieg und Vertreibung unbelasteter Kostrzyner auf den Weg machen, sich der schwierigen deutschen Hinterlassenschaft zuzuwenden. Zwischenzeitlich sind die Bastionen und Festungsmauern am östlichen Oderufer rekonstruiert, und ein Spaziergang durch die Ruinen der Altstadt zählt zu den wichtigen touristischen Attraktionen. Das neue Kostrzyn, heute 18 500 Einwohner groß und ohne weitere Sehenswürdigkeiten, wurde nach dem Krieg auf den Fundamenten der ehemaligen Küstriner Neustadt am östlichen Ufer der Warthe (Warta) gegründet.

Geschichte

Die Geschichte Küstrins beginnt wie die so vieler Orte an der Oder mit einer slawischen Fischersiedlung. Die Bezeichnung »Kiez«, wie sie in Küstrin-Kietz erhalten blieb, erinnert daran. 1232 übertrug Władysław Odonic, Herzog von Großpolen, das Land östlich der Oder und nördlich der Warthe dem Orden der Tempelritter. Ihr Auftrag lautete, »in confinio Cozsterine« (im Burgbezirk Küstrin), also dort, wo sich auf der Spit-

Von der Küstriner Altstadt sind nur Trümmer geblieben

ze der Landzunge zwischen Oder und Warthemündung ein Burgwall befand, einen Markt nach deutschem Recht einzurichten und die dünn besiedelte Region zu entwickeln – nicht zuletzt, um sie gegen die Ostexpansion der deutschen Markgrafen abzusichern. Bereits 17 Jahre später war der neue Markt Hauptsitz der polnischen Küstriner Kastellanei.

Residenz- und Festungsstadt

1261 trat der Templerorden Küstrin zusammen mit einer Reihe von Dörfern an die Markgrafen von Brandenburg ab; um 1300 erhielt Küstrin Stadtrechte. Nach einem Zwischenspiel unter dem Deutschen Orden 1402 bis 1454 folgten Jahrzehnte des Aufbaus und Ausbaus. 1535 übernahm Markgraf Johann von Brandenburg (1513–1571), »Hans von Küstrin« genannt, die Herrschaft über die Neumark und machte Küstrin zu seiner Residenzstadt. Anstelle der alten Ordensburg ließ er ein Schloss errichten und die Stadt die nächsten Jahrzehnte zur Festung ausbauen. Der Fischerkiez wurde dafür vom östlichen Oderufer auf die Insel zwischen Oderstrom und Vorflut verlegt. Im Lauf der Zeit entstand dort die dicht besiedelte Lange Vorstadt mit Kasernen, Fabriken, Wohnhäusern, Hafen. Eine feste Garnison wurde aufgestellt, die, mit Ausnahme der französischen Besatzungszeit 1806 bis 1814, durchgehend bis 1945 bestand.

Im Dreißigjährigen Krieg trotzte die Festung den feindlichen Truppen. In den Schlesischen Kriegen 1740 bis 1763 unter Friedrich dem Großen, in deren Folge Preußen zur Großmacht aufstieg, diente Küstrin als wichtiger Stützpunkt. Selbst dem dreitägigen russischen Artilleriefeuer im Siebenjährigen Krieg, das 1758 die Altstadt hinwegfegte, hielten die Bastionen Stand.

Festungsausbau

Unter preußischer Krone begann rund um Küstrin im 18. Jahrhundert die Eindeichung, Trockenlegung und Ur-

barmachung des Oder- und Warthebruchs. Wasserwege wurden reguliert und ausgebaut, Verbindungs- und Entwässerungskanäle angelegt. Ende des 18. Jahrhunderts, wenige Jahre vor der französischen Okkupation, zählte Küstrin etwa 5000 Einwohner.
1806 wurde die Festung Küstrin kampflos an Napoleons Truppen übergeben. Dabei machten die Franzosen die Lange Vorstadt auf der Oderinsel dem Erdboden gleich, um ein freies Schussfeld nach Westen zu haben. Nach dem Ende der Besatzungszeit 1814 wurde die Insel aus denselben Gründen auch unter preußischer Herrschaft nicht wieder aufgebaut. Ab 1848 ratterte die Eisenbahn auf der Strecke Küstrin–Frankfurt (Oder); in den folgenden Jahrzehnten entwickelte sich die Stadt zum wichtigen Bahnknotenpunkt. Ab 1860 wurde die Garnison weiter ausgebaut, in den 1880er Jahren folgte die Errichtung der vier Außenforts Gorgast (→ S. 143), Zorndorf (Sarbinowo, → S. 153), Tschernow (Czarnów, → S. 152) und Säpzig (Żabice, → S. 152) rund um die Festungsstadt.

Der Untergang

Anfang 1945, als der Krieg längst verloren war, wurde Küstrin »zur Festung erklärt«. Im Nazijargon bedeutete das: Kampf bis zum Untergang. Noch drei weitere Monate dauerte das sinnlose Töten unter dem letzten Festungskommandanten, SS-Generalleutnant Heinz Reinefahrt. Als »Schlächter von Warschau«, der 1944 den Warschauer Aufstand brutal niederschlagen ließ, verantwortlich für die Ermordung Zehntausender Warschauer, ging Reinefahrt in die Geschichte ein. Für seine Kriegsverbrechen wurde er niemals zur Rechenschaft gezogen, war später Abgeordneter im Schleswig-

Küstrin-Kietz und Kostrzyn nad Odrą

Holsteinischen Landtag und lange Zeit Bürgermeister von Westerland auf Sylt. Am 1. April 1945 kapitulierte Küstrin. Reinefahrt floh und veranlasste in seinem Rücken die Sprengung der letzten Oderbrücke. Kaum ein Stein in der Stadt blieb auf dem anderen.

Teilung und Neuanfang

Das Potsdamer Abkommen legte 1945 die Teilung der Oder-Warthe-Stadt fest. Festung, Altstadt sowie die Neustadt am Wartheufer gingen an Polen. Auf deutscher Seite verblieben die Oderinsel und westlich davon, auf dem »Festland«, Küstrin-Kietz. Für die Kietzer, so kurz vor der zu DDR-Zeiten hermetisch abgeriegelten »Freundschaftsgrenze«, war seit der Stationierung sowjetischer Truppen auf der Insel auch diese nicht länger zugänglich.
Am östlichen Oderufer erstreckten sich die Trümmer der entvölkerten, nun polnischen Altstadt, die nicht wieder aufgebaut wurde. Ihre Ziegel wurden nach Warschau gebracht und dienten dort dem Wiederaufbau der von den Deutschen zerstörten polnischen Hauptstadt. Vertriebene aus den von der UdSSR annektierten polnischen Ostgebieten wurden im neuen Kostrzyn am östlichen Wartheufer angesiedelt. Die zerstörte Zellstofffabrik aus der Vorkriegszeit wurde wiedererrichtet und konnte 1958 die Produktion aufnehmen. 1968 kam die Papierherstellung dazu. Heute ist die Papierfabrik der »Arctic Paper Kostrzyn« einer der größten Arbeitgeber in der Region.

Das Küstriner Schloss vor dem Zweiten Weltkrieg

▸ Karte S. 147

Jüngste Vergangenheit

1992 feierten die Menschen hüben und drüben am Oderufer gleich zweimal die Grenzöffnung, im Mai zunächst die für den Zugverkehr und im November die Öffnung der Autobrücke. Zwei Jahre später begann die Enttrümmerung der kriegszerstörten Altstadt. Archäologische Erkundungen wurden durchgeführt, Straßenzüge und Hausfundamente freigelegt, Bastionen und Festungsmauern rekonstruiert. Gut zwei Jahrzehnte konservatorischer Arbeit gingen ins Land, bis sich die Überreste der Festung dergestalt zeigten, wie wir die bedeutende Kostrzyner Sehenswürdigkeit heute besichtigen können.

Altstadt/Stare Miasto

Gleich hinter der Oderbrücke, dort, wo sich in den ehemaligen Grenzgebäuden die Kostrzyner Stadtverwaltung einquartiert hat, erhebt sich das Berliner Tor der **Festung Küstrin** (Twierdzy Kostrzyn). Nahebei befindet sich ein kleiner bewachter Parkplatz und im **Berliner Tor** (Brama Berlińska) selbst die städtische **Touristeninformation.** Das Tor diente bis 1945 als nördlicher Zugang zur **Altstadt** (Stare Miasto). Nahe dem südli-

An der Bastion Brandenburg erinnert eine Tafel an Hans Hermann von Katte

chen **Kietzer Tor** (Brama Chyżańska), etwa einen Kilometer entfernt, kann man seinen Wagen für den Festungsrundgang alternativ auf dem großen Parkplatz vor dem Basar abstellen. Das dritte, östliche **Zorndorfer Tor** wurde bereits 1921 eingerissen. An seiner Stelle hat man auf Höhe des Hotels Bastion einen weiteren Zugang zum Gelände geschaffen.

Nach Art der italienischen Festungsbauten, die den damals militärtechnisch neuesten Stand verkörperten, wurde die Küstriner Festung ab 1537 in mehreren Etappen bis ins 17. Jahrhundert hinein errichtet. Sechs Bastionen, durch mächtige Mauern miteinander verbunden, und drei Ravelins - Festungswerke, die den Wall zwischen zwei Bastionen schützen - sicherten das alte Küstrin rundum gegen Angreifer. Der wasserumzogene **Ravelin »August Wilhelm«** im Süden vor dem Kietzer Tor ist noch erhalten.

Von den Bastionen lassen sich nördlich die **Königsbastion** (Bastion Król), südlich die **Philipsbastion** (Bastion Filip) und inmitten die **Brandenburgbastion** (Bastion Brandenburgia) noch in Augenschein nehmen. In der Philipsbastion ist das **Festungsmuseum** (Muzeum Twierdzy) untergebracht, das die Geschichte der Festungsstadt und ihrer konservatorischen Wiederaneignung zeigt.

Auf der Wanderung durch die **freigelegten Straßenzüge** der untergegangenen Altstadt - links und rechts verkrautete, überwachsene Fundamente, Kellerlöcher und Treppenabsätze - weisen nachempfundene Straßenschilder den Weg. Dabei sind herausragende Orte besonders markiert: beispielsweise wo sich das Schloss, das Hans von Küstrin im 16. Jahrhundert errichten ließ, oder die Marienkirche aus dem 14. Jahrhundert befanden. An der Brandenburgbastion erinnert am Durchgang zum Anleger der Oderschifffahrt eine **Gedenktafel** an die Hinrichtung von Hans Hermann von Katte 1730 (→ S. 150).

EXTRA

Hans Hermann von Katte

»Leutnant Hans Hermann von Katte / geb. 1704 in Berlin / geköpft 1730 in Küstrin / als Fluchthelfer des Kronprinzen Friedrich«, lautet die Inschrift auf der Gedenktafel, die am Durchgang zum Schiffsanleger an der Bastion Brandenburg (→ S. 149) angebracht ist. Am 6. November 1730 fällt Kattes Haupt auf Befehl des preußischen Königs Friedrich Wilhelm I.

»Soldatenkönig« wird Friedrich Wilhelm (reg. 1713–1740) genannt, ein ständig nach Bier und Pfeifenqualm riechender Wüterich, den das Volk als strengen Zuchtmeister fürchtet. Um seinem Sohn Friedrich, dem späteren König Friedrich II., die »wahre Liebe zum Soldatenstand« einzubläuen, lässt er nach Gutdünken den Stock auf dem Rücken des kleinen Kronprinzen tanzen, gerne auch öffentlich, vor Ministern, Generälen und Diplomaten. Denn anders als der Vater erhofft, entwickelt sich Friedrich ganz und gar unsoldatisch, gerät vielmehr nach seiner schöngeistigen Großmutter Sophie Charlotte, die mit Leibniz und anderen berühmten Philosophen verkehrt. Der Kronprinz versteht sich aufs Flötenspiel, liebt die Philosophie und die Literatur, die er auf Französisch liest. Seine »Vater-Sprache« Deutsch beherrscht er sein Leben lang, wie er sagt, nur »wie ein Kutscher«.

Immer quälender werden die Jahre an der Seite des despotischen Vaters, immer tiefer graben sich Demütigungen und Misshandlungen in die Seele des jungen Kronprinzen ein. So unerträglich, dass er als 18-Jähriger die Flucht nach England ins Auge fasst. Mithilfe seiner Freunde Katte und Keith soll sie gelingen. Doch der Plan wird entdeckt, Friedrich verhaftet, auf königlichen Befehl in die Festung Küstrin verbracht und dort im Schloss eingekerkert. Keith kann entkommen, aber für Katte gibt es kein Pardon. Vor Friedrichs Augen wird der geliebte Freund am 6. November 1730 vermutlich an der Kurtinenmauer bei der Bastion Brandenburg hingerichtet.

Der Widerstand gegen den allmächtigen Vaterkönig ist damit gebrochen. Friedrich versichert, fortan »blindlings den väterlichen Willen zu befolgen«. Das persönliche Lebensglück wird auf dem Altar von Pflicht und Gehorsam geopfert – was zur Maxime vieler künftiger preußischer Generationen wird. »Der 6. November«, schreibt Theodor Fontane später dazu, »veranschaulicht in erschütternder Weise jene moralische Kraft, aus der dieses Land, dieses gleich sehr zu hassende und zu liebende Preußen, erwuchs.«

Der wunderbare Erzähler, Historiker und Publizist Christian Graf von Krockow, der nach dem Fall des Eisernen Vorhangs den Wegen Fontanes folgte, wird da noch deutlicher: »Das Katte-Opfer,« heißt es bei Krockow, »im Küstriner Schlussakt sorgfältig inszeniert, stellte den letzten und äußersten, gar nicht triumphalen, vielmehr den verzweifelten Versuch dar, aus dem Thronfolger den Preußen zu formen, der er nicht war. (...) Seit dem Küstriner November ist, untilgbar, in die Fundamente Preußens das Menschenopfer eingelassen.«

1740 stirbt der Soldatenkönig – der übrigens nie einen Krieg geführt hat –, und Friedrich wird zum preußischen Herrscher gekrönt. Unverzüglich entfesselt er die Schlesischen Kriege, an deren Ausgang Preußen, bis dahin ein eher noch unbeschriebenes Blatt auf der europäischen Landkarte, Militärgroßmacht ist.

Zwischen Reitwein und Górzyca pendelte einst eine Fähre

Ausflüge nach Süden

Auf der viel befahrenen Straße 31 via Słubice gelangt man von Kostrzyn schnell nach **Górzyca** (Göritz): 1276 bis 1325 Sitz der Lebuser Bischöfe, heute 1500 Einwohner klein und neben dem winzigen Nest Nowy Lubusz weiter südlich einziger Ort direkt an diesem Flussabschnitt. Die Oderhänge rücken hier so nah wie sonst nirgends zwischen Słubice und Kostrzyn an den Fluss heran. Kein morastiger Schwemmlandgürtel mit Sümpfen und Auwäldern behinderte die Flussüberquerung, weshalb hier bereits für die frühe slawische Zeit eine Burg nachgewiesen ist. 1252 erschien der Marktflecken im Zusammenhang mit der Übereignung der Ziemia Lubuska (Land Lebus) durch Herzog Boleslaw II. an den Magdeburger Erzbischof und die Markgrafen von Brandenburg erstmalig in einer Urkunde.

Vom Umweltlehrpfad Owczary geht der Blick hinüber zum Reitweiner Sporn

Nach dem Aussterben der askanischen Markgrafen entbrennen 1320 Gebietsstreitigkeiten zwischen dem polnischen König Władysław I. Łokietek (»Ellenlang«, reg. 1320–1333) und Ludwig I. von Brandenburg. Sie gipfeln 1325 in der Zerstörung des Göritzer bischöflichen Schlosses und Doms durch die Brandenburger. Im Anschluss an eine verheerende Feuersbrunst wird der Ort ab 1757 planmäßig mit drei parallel verlaufenden Hauptstraßen und einem **Marktplatz** wieder aufgebaut. Auf den Grundmauern des mittelalterlichen Vorgängers wächst am angestammten Platz 1767 bis 1770 die **Kirche Unserer lieben Frau** (Kościół pw. Matki Łaski Bożej) neu empor, so wie man sie heute noch in Augenschein nehmen kann.

Folgt man von dort der ulica Kostrzyńska aus dem Ortzentrum hinaus und biegt nach der Kanalbrücke gleich links in die ulica Odrzańska ab, ist man kurz darauf am Oderstrom angelangt. Markantes Wegzeichen hier am Oderdeich ist ein alter **Wachturm** der polnischen Grenztruppen. Alle drei bis vier Kilometer säumten sie das Oderufer als Grenze zwischen der DDR und der Volksrepublik Polen. Wer sich traut, kann die Rostlaube bis hoch zur Plattform erklimmen und wird mit einem Ausblick flussauf- und flussabwärts belohnt. Neben einer kleinen **Steganlage** zu Füßen des Wachturms erinnern Fährbuhnen daran, dass hier einmal eine Verbindung über die Oder bestand.

Fort Żabice ist heute ein privater Schießstand

Owczary

Einen Kilometer südlich schmiegt sich der 100-Seelen-Flecken Owczary (Ötscher) an die Oderhänge. Unterhalb erstreckt sich zur Oder hin das fruchtbare Polderland, und der Blick reicht weit über den Fluss bis zum Reitweiner Sporn (→ S. 136). Das kleine **Wiesenmuseum** (Muzeum Łąki) am Ort ist einzigartig in Polen, ebenso seine Geschichte: Jahrhundertelang wurden die steilen Süd-/Südwesthänge am Rande des Oderurstromtals von Schafen beweidet. Weil Büsche und Bäume so nicht aufkommen konnten, stellte sich unter der intensiven Sonneneinstrahlung eine für unsere geografischen Breiten ungewöhnliche Pflanzengesellschaft aus niedrigen Kraut- und Steppengräsern ein. Diese wertvollen Trockenrasenbiotope drohten nach dem Fall des Eisernen Vorhangs durch den Bau der Erdgasleitung Jamal, die Gas von Sibirien nach Deutschland bringt, durchschnitten zu werden. Deshalb kaufte der Klub Przyrodników (Naturschutzklub) in Świebodzin (Schwiebus) mit finanzieller Unterstützung des World Wild Fund For Nature (WWF) 1993 die ersten 18 Hektar Land bei Owczary, um sie vor der Zerstörung zu schützen. 1994 kam noch ein Teil der ehemaligen LPG dazu, aus deren maroden Wirtschaftsgebäuden und Wohnhaus eine Naturschutzstation aufgebaut wurde.

Heute sind 50 Hektar naturgeschützt, und von Mai bis Ende September knabbern dort rund 200 Schafe und Ziegen alles ab, was höher als Trockengras wächst. Ein **Umweltlehrpfad** führt vom Wiesenmuseum auf gut drei Kilometern ins Naturschutzgebiet, wo Schrifttafeln über die jeweiligen Naturphänomene und ihre Bewirtschaftung informieren (leider nur auf Polnisch). Rund um das Haus stellt ein kleiner **botanischer Garten** die typischen Pflanzen der heimischen Wiesen und Trockenrasen vor. Drinnen im Museum kann man sich Tafeln zu den unterschiedlichen gräsernen Ökosystemen der Welt, Polens und der Oderregion rund um Owczary anschauen. Und einfach übernachten kann man dort sogar auch.

Czarnów und Żabice

Eine Nebenstraße führt von Górzyca via Słonsk die Oderhänge hinauf über Czarnów und Żabice. Die beiden Dörfchen sind bei Geo-Cashern ebenso beliebt wie bei militärhistorisch Interessierten. In einem Waldflecken im Südosten von Czarnów (Tschernow, Straße nach Stańk nehmen) verbirgt sich das **Fort Czarnów,** 1888 bis 1890 als eines von vier Außenforts zur Sicherung der Einfallstraßen nach der Festung Küstrin (→ S. 146) erbaut. Es ist seit Langem verfallen, das alte Torhaus gleicht einem Höhleneingang. Beim Betreten der unterirdischen Anlage ist Vorsicht geboten, das Gelände ist nicht gesichert.

Fort Żabice liegt quasi einen Kanonendonner weiter südwestlich, von Żabices (Säbzig) westlichem Ortseingang einen guten Kilometer entfernt. Das südlichste

▶ Karte S. 132, 164

Außenfort der Festung Küstrin entstand 1887 bis 1890. Seine Schanzen, Schießscharten und aus Millionen Ziegelsteinen aufgemauerten, unterirdischen Gewölbegänge sind besser erhalten. Allerdings wird die Anlage seit 2015 als privater Schießstand von Militariafans und Hobbyballerern genutzt. Hinweisschilder mit dem Schriftzug »strefa zagrożenia, przebywanie grozi smiercia lub kalectwem« (Gefahrenzone, es besteht Verletzungs- und Lebensgefahr) warnen davor. Die Autorin dieses Reiseführers hat sich wegen der andauernden Ballerei nicht auf das Gelände getraut.

Ausflug nach Norden

Rund zehn Kilometer nördlich von Kostrzyn wurde 1883 bis 1889 zur Sicherung der Festung Küstrin das Fort Zorndorf erbaut. Heute sind die tief in den Wald gegrabenen, einsturzgefährdeten Anlagen von **Fort Sarbinowo** (Fort Zorndorf) nur noch für Ortskundige auffindbar. Wegweiser gibt es aus gutem Grund nicht, stattdessen warnen Schilder vor dem Betreten. Wer trotzdem, auf eigene Gefahr, zur Besichtigung schreiten möchte: Straße 31 ab Kostrzyn Richtung Mieszkowice, am Kreisverkehr mit der Bar Gucio weiter geradeaus, nach gut 1000 Metern in einen Schotterweg rechts in den Wald und diesem bis zu den Ruinen folgen.

Die nächste historische Station an der Straße 31 bilden die Felder zwischen **Sarbinowo** (Zorndorf) und **Chwarszczany** (Quartschen). Ein Jahr vor Kunersdorf (→ S. 123) fand hier der erste der beiden blutigen Waffengänge im Siebenjährigen Krieg (1756–1763) in der Neumark statt. In der **Schlacht von Zorndorf** standen am 25. August 1758 36 800 von König Friedrich II. geführte preußische Soldaten einer 44 500 Mann starken russischen Armee unter General Wilhelm von Fermor gegenüber. Neun Stunden lang tobte der Kampf. Zwar konnte das Vordringen der Russen in die Mark Brandenburg abgewehrt werden, aber letztlich errang keine Seite den Sieg. Am Ende dieses grauenhaften Gemetzels waren über 30 000 Tote und Verletzte zu beklagen.

Heute weist auf halber Höhe zwischen den beiden Dörfern am Straßenrand eine Schautafel mit Erläuterungen zum Schlachtverlauf den kurzen Weg zum **Friedrichshügel.** Anstelle des früheren Denkmals aus preußischer Zeit steht dort ein **hölzerner Ausguck,** der einen Überblick über das historische Schlachtfeld verspricht. Doch sind rundum die Bäume inzwischen so hoch gewachsen, dass man nur noch in grünes Blattwerk schaut.

Vom zugewucherten Turm konnte man einst das Zorndorfer Schlachtfeld überblicken

Bei Templern und Johannitern

Steil führt die Straße 31 kurz hinter dem »Friedrichshügel« nach **Chwarszczany** (Quartschen) ins Tal der Myśla (Mietzel) hinab. Nachdem Herzog Władysław Odonic von Großpolen 1232 dem Templerorden die Ländereien an der Mietzel übereignet hatte, errichteten die Ordensritter auf einer Anhöhe über dem Flüsschen ein Kloster mit Wirtschaftsgebäuden und romanischer Kapelle. 1280 wurde Quartschen zur Komturei ernannt, von wo aus die Templer ihre Güter östlich der Oder verwalteten. 1291 stieg es zum Sitz des Präzeptors, des Ordensvorstehers in Polen, Pommern und der Neumark, auf.

Schon 1282 war die erste Kapelle einer frühgotischen **Backsteinkirche** gewichen. Der grazile Sakralbau mit seinen beiden markanten Wehrtürmen ist damit die älteste Backsteinkirche der Neumark und zugleich die größte Sehenswürdigkeit im heutigen 200-Einwohner-Dörfchen. Innen zieren das Gotteshaus ein schönes Kreuzrippengewölbe und Wandmalereien aus dem 14. und 15. Jahrhundert. Im Rahmen archäologischer Grabungen wurden ab 2005 außerdem Reste des mittelalterlichen Fußbodens freigelegt (nur zu Gottesdiensten geöffnet).

In Chwarszczany

Die älteste Backsteinkirche der Neumark steht in Chwarszczany

Die Fresken im Kirchenraum wie auch die Abschlüsse der Wehrtürme stammen aus der späteren Johanniterzeit. Nachdem Papst Clemens V. den mächtigen Templerorden 1312 verboten und aufgelöst hatte, gingen seine Besitzungen in der Neumark bis 1318 an die Johanniter über. Im Zuge der Reformation tauschten diese dann 1540 Quartschen und das Küstriner Land, das an Markgraf Johann von Brandenburg-Küstrin ging, gegen Schloss Schivelbein im nördlichen Pommernland ein. Noch im selben Jahr verlegte der Johanniterorden seine Kommende nach Schivelbein (Świdwin). Der alte Quartschener Klosterbesitz wurde Staatsdomäne.

Außer der Backsteinkirche ist von den alten Ordensbauten schon lange nichts mehr zu sehen, sie wurden bereits im 18. Jahrhundert zerstört. Heute lädt neben der Kirche die **Oberża Templum**

▲ Karte S. 132, 147, 164

zum Schmaus. In dem urigen Gasthaus, stilecht im Mittelalterlook, kommen leckere altpolnische Gerichte auf den Tisch. Zu den weiteren Sehenswürdigkeiten im Dörfchen zählen eine alte **Schmiede** am südlichen Ortseingang und eine **Mühle** im Miślatal, beide aus dem 19. Jahrhundert.

Kostrzyn nad Odrą

Touristeninformation, im Berliner Tor der Festung Küstrin, ul. Graniczna 1, 66-470 Kostrzyn, Tel. +48/95/7522360; April-Sept. Di–Fr 10–16, Sa, So 10–18 Uhr. www.muzeum.kostrzyn.pl http://turystyka.kostrzyn.pl

Busse (PT-H Transhand) fahren von **Kostrzyn** aus nach Górzyca und Owczary. www.transhand.pl

Busse (PKS Myślibórz) verbinden **Słubice** via Owczary, Górzyca, Kostrzyn, Sarbinowo u.v.m. mit Myślibórz; außerdem ab **Kostrzyn** mit Słonsk, über Górzyca, Żabice, Czarnów. www.pksmysliborz.pl

RB 26 Berlin-Lichtenberg–Kostrzyn; ab Kostrzyn Glowny **R 88346** via Gorzów Wielkopolski, über Dąbroszyn, Witnica.

Hotel Artisan Park, ul. Kopernika 1, 66-470 Kostrzyn, Tel. +48/957/279685; DZ/F um 100 Euro. Schicker Neubau am Stadtpark, komfortable, stylische Zimmer, guter Service; großes Frühstücksbüffet, Bar, im Restaurant polnische, mediterrane und amerikanische Küche. www.artisan-park.pl

Gästezimmer im Wiesenmuseum (Muzeum Łąki), Owczary 17, 69-113 Górzyca, Tel. +48/95/7591220. Einfache Übernachtung in der Naturschutzstation Owczary: 1-/2-Bett-Zimmer 35 Złoty pro Person; 3-/4-Bett-Zimmer 30 Złoty pro Person; 12-Bett-Zimmer 25 Złoty pro Person. Gemeinschaftsbad und -küche. www.kp.org.pl

Miodosytnia Dziki Miód Noclegi (Gästezimmer Imkerei Wilder Honig), Chwarszczany 5a, 74-407 Boleszkowice, Tel. +48/607/626215; DZ 55 Euro. Vier Gästezimmer im eleganten Landhausstil im Klinkerbau der Familienimkerei. Die gut ausgestattete Küche steht den Gästen zur Verfügung. Im Hofladen kann man die verschiedensten Honigsorten erwerben, und als Spezialität Honigbier (Met). https://miodosytnia-chwarszczany.hotel-mix.de

Oberża Templum, Chwarszczany 3b, 74-407 Boleszkowice, Tel. +48/792/241731. Die »Templerherberge« im Dörfchen Chwarszczany bringt im urigen Mittelalterambiente schmackhafte altpolnische Gerichte auf den Tisch.

Festungsmuseum (Twierdzy Kostrzyn), Tel. +48/95/7522360; April-Sept. Di–Fr 10–16, Sa, So 10–18 Uhr. www.muzeum.kostrzyn.pl

Wiesenmuseum (Muzeum Łąki), Owczary 17, 69-113 Górzyca, Tel. +48/95/7591220; Di–So 10–16 Uhr. Das Museum wird ehrenamtlich betrieben, deshalb vor dem Besuch wegen der Öffnungszeit sicherheitshalber noch einmal anrufen. www.kp.org.pl

Basar, ul. Przyforteczna, 66-470 Kostrzyn; Gelände tgl. 6–20, Mitte März–Nov. bis 22 Uhr, Hauptgeschäftszeit der meisten Händler 9–16 Uhr. Großer »Polenmarkt« gleich hinter der Grenze bei der Festung. www.tourist-info-kostrzyn.de/polenmarkt

Kostrzyner Festungstage (Dni Twierdzy), ein Wochenende Ende Aug./Anfang Sept. Kunterbuntes Fest mit Konzerten, Shows, historischen Veranstaltungen, Trachtenumzügen und thematische Führungen auf dem Altstadtgelände. www.kostrzyn.pl

Nationalpark Warthemündung

Direkt an der Kostrzyner Stadtgrenze beginnt der 2001 ins Leben gerufene Nationalpark Warthemündung (Park Narodowy Ujście Warty). Auf 8000 Hektar erstreckt sich diese einzigartige Wasser-Land-Fläche, von der man nie sagen kann, ob man sie am nächsten Tag mit dem Rad oder besser mit dem Boot durchwandern kann. Weit geht der Blick über die Flussniederung, die Wiesen- und Weideland und von Kopfweiden gesäumte, holprige Feldwege schmücken. Wenn am Oberlauf der Warthe Tauwetter einsetzt oder nach starken Regenfällen, verwandelt sich die Ebene fast über Nacht in eine schier endlos wirkende Wasserfläche, aus der da und dort noch ein paar Baumspitzen oder auch eine alte Deichkrone hervorlugen. Insbesondere in der Vorfrühlingszeit ist sie ein atemberaubendes Wasservogelparadies, deshalb auch »Republik der Vögel« (*Rzeczpospolita Ptasia*) genannt. Zwei Flüsse ziehen im jüngsten polnischen Nationalpark ihre Bahnen: die wild mäandernde Postomia (Postumfließ), die in Kostrzyn in die Warthe (Warta) mündet, sowie die Warthe selbst, die das Gelände, von zahllosen Altarmen und Kanälen durchflossen, in einen schmaleren Nordteil und ein weitläufiges südliches Überschwemmungsgebiet scheidet. Südlich wird der Nationalpark vom Hochwasserdeich mit der **Straße 22** obenauf nach Gorzów Wielkopolski eingedämmt. In mancher Zeit schwappt dort das Wasser fast bis an die Fahrbahnmarkierung, in anderer Zeit geht der Blick plötzlich über ein unbegrenzt scheinendes, grünes Land. Der **Nordpolder** grenzt unmittelbar an Kostrzyn. Von dort kann man zum Beispiel ab Pumpwerk (Stacja Pomp) Warniki am nordöstlichen Stadtausgang auf einer Wanderung am Nationalparkrand auf dem Hochwasserdeich entlang die Aussicht auf Röhricht und Seggenriede, Feuchtwiesen und Erlenbrüche genießen. An den periodischen Wassertümpeln lassen sich Kraniche sowie Regenpfeifer und andere Watvögel beobachten. Insgesamt werden im Nationalpark 270 Vogelarten gezählt, darunter so seltene gefiederte Gesellen wie der Brachvogel oder der Schwarzstorch. Ausgeschilderte Wander-

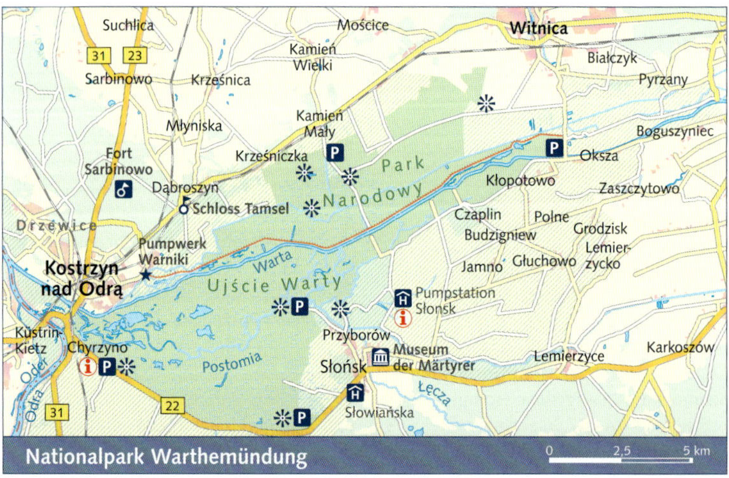

Nationalpark Warthemündung

Im Nationalpark Warthemündung können Wege unverhofft im Wasser enden

wege ins Nordpolder starten außerdem von den Dörfern Dąbroszyn und Kamień Mały (circa sieben beziehungsweise zehn Kilometer nordöstlich von Kostrzyn).
Unter König Friedrich dem Großen wurde das Warthebruch zwischen 1767 und 1782 trockengelegt. Deiche, Schleusensysteme und Abflusskänale und mit der Erfindung der Dampfmaschine außerdem Pumpstationen regulieren seitdem die Wasserstände. Anders aber als im Nordpolder, wo der Deich parallel zum Flussbett verläuft, hat man der Warthe das Land südwärts im **Überschwemmungsgebiet** zurückgegeben. Die Postomia mit ihren sich ständig verändernden Schleifen und verästelten Wasserläufen wurde sogar wieder vollkommen freier Lauf gelassen.
Je nach Wetter und Jahreszeit kann hier der Wasserstand um bis zu vier Meter schwanken – am höchsten ist er in der Regel nach der Schneeschmelze im jungen Frühling. Wo sich kürzlich noch Weiden und Wege befanden, heißt es auf einmal »Land unter«. Rohrdommeln, Nachtreiher, Wachtelkönig und Sumpfhühner finden dann reichlich Nahrung für ihre Küken. Zugvögel wie Goldregenpfeifer, Kornweihe und Singschwan legen in Scharen einen Stopp auf ihrer halbjährlichen Fernreise ein oder überwintern immer öfter sogar gänzlich auf den Wiesen und Überschwemmungsflächen. Tatsächlich ist in der »Vogelrepublik« das ganze Jahr etwas los. Ein manchmal ohrenbetäubendes Schnattern, Gurren, Kreischen, Trompeten und Tirilieren. An manchen Tagen werden bis zu 250 000 Vogelindividuen im vergleichsweise kleinen Nationalpark gezählt.

Dąbroszyn

»Tamsel (Dąbroszyn) ist ein reiches, schön gelegenes Dorf, etwa eine Wegstunde nordöstlich von Küstrin. Waldhügel, deren gewundene Linien mutmaßlich das alte Bett der Warthe bezeichnen, schließen es von Norden her ein, während nach Süden hin die Landschaft offen liegt und die Flussarme in allerlei Windungen sich durch das Bruchland ziehen.« So schwärmte der alte Wandersmann Fontane von der Lage, in die Feldmarschall Hans Adam von Schöning (1641–1696), von Kriegszügen gegen Türken und Franzosen zurückgekehrt, in seinem Geburtsort in den späten 1680er Jahren **Schloss Tamsel** und einen Park bauen ließ. Der

Am Pumpwerk (Stacja Pomp) Warniki bei Kostrzyn startet eine Deichwanderung

Schloss Tamsel wartet auf einen neuen Eigentümer

herrschaftliche Barockbau wurde das erste Mal während der Schlacht von Zorndorf 1758 beschädigt, später folgte mancherlei Umgestaltung, bis er schließlich in neugotischer Gestalt, wie sie im 19. Jahrhundert angesagt war, dastand. Marschall Shukow residierte 1945 im Schloss, um den Sturm auf Berlin vorzubereiten. Nach Ende des Zweiten Weltkriegs diente es der Roten Armee als Lazarett, später für kommunale Nutzungen. Heute ist Schloss Tamsel eines von vielen Beispielen dafür, diesseits wie jenseits der Oder, welchen Herausforderungen gerade kleine Gemeinden gegenüberstehen, die ein baulich oft großes kulturelles Erbe bewahren und unterhalten. Mithilfe einer späten Nachkommin Hans Adam von Schönings und EU-Fördermitteln konnte das Gebäude seit Anfang der 2000er Jahre gesichert und teilsaniert werden. Aber es reichte trotz aller Mühen nicht. Das Schloss steht seit längerem zum Verkauf, wartet auf einen Investor, weitere Instandsetzung und eine künftige Nutzung.

Im verwildernden **südlichen Schlosspark** noch erhalten ist eine Nachbildung von Christian Daniel Rauchs Standbild *Victoria*, das 1840 zum 100. Jubiläum der Thronbesteigung Friedrichs des Großen aufgestellt wurde. Der Parkteil nördlich der Straße ist im Lauf der Zeit wieder Wald geworden. Nur der **Cecilientempel** (Świątynia Cecylii), ein kleiner Pavillon, acht Säulen mit einem Schieferdach, hat überdauert und wurde 2014 restauriert. Um ihn zu finden, folgt man ab der Kirche der Ausschilderung, biegt nach rund 100 Metern vor dem Wald rechts in den Feldweg ein und geht diesen entlang, bis links ein Pfad bergan zum Cecilientempel führt.

Die **Schlosskirche,** ebenfalls in den 1680er Jahren errichtet und 1825 bis 1828 im neugotischen Stil umgestaltet, beherbergt den Sarkophag Hans Adam von Schönings und Epitaphien der einstigen Tamseler Gutsherren.

Wanderungen ab Chyrzyno

Nur knapp einen Kilometer vom Kreisel südlich der Kostrzyner Altstadt liegt an der Straße 22 beim Flecken Chyrzyno die **Nationalparkverwaltung.** Ein Aussichtsturm und ein Naturlehrgarten bieten einen ersten Überblick über die Land-Wasser-Welt, und es gibt Karten und

Die ehemalige Schlosskirche von Dąbroszyn

▲ Karte S. 156

Ruine der Słońsker Ordensburg

Informationen zu den ausgeschilderten **Wanderwegen.** Manche davon darf man mit dem Auto befahren, die meisten sind allerdings nur zu Fuß und für Radler freigegeben. Ein markierter Rundwanderweg kann außerdem, je nach Wasserstand, auch mal unverhofft als Sackgasse enden, wenn sich plötzlich ein See auftut. Dementsprechend ist das Betreten der Wege natürlich erst dann erlaubt, wenn sie nicht mehr unter Wasser stehen. Und Gummistiefel können in der Übergangszeit ebenfalls nicht verkehrt sein.

Słońsk

Das verschlafene 3000-Einwohner-Städtchen an der Straße 22 am südlichen Nationalparkrand verfügt an Sehenswürdigkeiten über ein historisches Gotteshaus und gegenüber am Platz die Überreste einer Johanniter-Ordensburg. Auch die schönsten Wanderungen in den Nationalpark hinein gehen von Słońsk (Sonnenburg) aus.

1426 kaufte der Johanniterorden das Land vom brandenburgischen Markgrafen und machte Sonnenburg zum Sitz des Herrenmeisters der Johanniterballei Brandenburg. 1474 bis 1522 ließen die Johannitermönche ihr Burgschloss errichten. Im Dreißigjährigen Krieg wurde es schwer beschädigt, 1662 bis 1667 neu errichtet und blieb mit ein paar Unterbrechungen bis 1945 im Ordensbesitz. 1975 fiel es einer Brandstiftung zum Opfer und steht seitdem als **Ruine** da. Die 1508 geweihte **Kirche Unser lieben Frau von Częstochowa** (Kościół Matki Bożej Częstochowskiej) mit schönem Sterngewölbe erhielt ihre heutige Form nach einem Stadtbrand Anfang des 19. Jahrhunderts.

1836 eröffnete am Stadtrand die Königliche Strafanstalt, die 1933 als KZ und ab 1934 als Zuchthaus fungierte (→ S. 161). Das **Museum der Märtyrer** (Muzeum Martyologii) dokumentiert heute die Geschichte des Orts und erinnert an das Schicksal der Häftlinge.

Wanderungen ab Słońsk

Vor der Kirche hat die Gemeinde für die Nationalparkbesucher einen **Picknickplatz** eingerichtet und **Informationstafeln** zu den Wanderwegen aufgestellt. Fünf markierte Wanderrouten zwischen 5 und 21 Kilometern führen ins Überschwemmungsgebiet hinein, und auch hier hängt die Begehbarkeit natürlich immer vom Wasserstand ab.

Einen trockenen Gang kann man von Słońsk aus über den Flecken **Pzryborów** beispielsweise über einen *betonka* (Betonplattenweg) bis zur etwa anderthalb Kilometer entfernten **Schutzhütte** unternehmen, ab Mai meist auch noch weiter. In die andere Richtung geht es zur **Pumpstation Słonsk.** Noch bis in die 1960er Jahre wurden die Schöpfwerke im Warthebruch von Dampfmaschinen angetrieben. Täglich 20 Tonnen Kohle waren pro Station für den Betrieb nötig, bis Elektromotoren die Arbeit übernommen haben. Aktueller »Pumpenmeister« ist das Touristenbüro Dudek, das in der Station einfache Gästezimmer und einen Infopunkt unterhält, Fahrräder und Kajaks verleiht und außerdem Nationalparkführungen zu Fuß und mit dem Kajak anbietet.

Von Słonsk aus auf Schusters Rappen unterwegs in der **Pufferzone des Nationalparks,** haben die Ortsschilder der kleinen Weiler wie Czaplin, Jamno oder Kłopotowo, die sich mit wenigen Häuschen hinter die Deiche ducken, frühere Wandersleute gewiss in Erstaunen versetzt. Trugen die nach der Urbarmachung des Warthebruchs gegründeten **Kolonistendörfer** doch so weltläufige Namen wie Hampshire (Budzigniew) oder Maryland (Żyrosławice), Ceylon (Czaplin) oder Jamaica (Jamno). Nur wenige Kilometer beispielsweise haben Sonnenburg von Sumatra getrennt, während Mannheim und Quebec wiederum Ortsteile von Malta waren.

Wie es zu den kuriosen Namensgebungen kam, kann niemand mit Sicherheit sagen. Die Sage erzählt, dass König Friedrich II. den Untertanen, die seine Majestät um Erlaubnis zur Auswanderung nach Amerika ersuchten, entgegnet habe: »Ich werde euch ein neues Amerika und Freiheit im Warthebruch schenken.« Und waren die Neusiedler im sumpfigen Warthebruch nicht auch Pioniere?

Nationalpark Warthemündung

Information Nationalpark Warthemündung (Park Narodowy Ujście Warty), Parkdirektion, Chyrzyno 1, 69-113 Górzyca, Tel. +48/95/7524027; April–Okt. Mo–Fr 7.30–18, Sa, So 10–18, Nov.–März Mo–Fr 7.30–15.30 Uhr. Parkwanderungen dürfen nur bei Tageslicht und ausschließlich auf ausgewiesenen, nicht überschwemmten Wegen unternommen werden. Schützende Kleidung (es kann sehr windig werden), festes Schuhwerk, im Sommer Sonnenschutz und eine Kopfbedeckung sowie ein Fernglas für die Vogelbeobachtung sind zu empfehlen. www.pnujsciewarty.gov.pl

Busse (PKS Myślibórz) verbinden **Słonsk** mit **Kostrzyn.** www.pksmysliborz.pl

Hotel Słowiańska, ul. 3 Lutego 29, 66-436 Słońsk, Tel. +48/95/7571020; DZ/F um 140 Złoty. Kleineres Haus mit 12 Standard-Mittelklassezimmern, Sat-TV und einem auch bei den Einheimischen beliebten Restaurant mit polnischer Küche. www.restauracja-slowianska.pl

Gästezimmer Dudek, Biuro Turystyki Przyrodniczej Dudek, Stacja Pomp 2, 66-436 Słońsk, Tel. +48/95/7572212, +48/607/081317; DZ um 150 Złoty. Freundliche, helle Zimmer in der historischen Pumpstation, 2 km nordöstlich von Słońsk, kein Radio/TV, dafür viele Infos zur Region und ihrer Natur. Das Frühstück kann in der Gemeinschaftsküche selbst zubereitet oder gegen Aufpreis bestellt werden. Führungen in den Nationalpark, Fahrrad-, Boots- und Fernglasverleih. www.hoopoe.com.pl

Museum der Märtyrer (Muzeum Martyrologii), ul. 3 Lutego 54, 66-436 Słońsk; Di–So 11–16 Uhr.

▸Karte S. 156

KZ und Zuchthaus Sonnenburg

Das Märtyrermuseum zeigt ein historisches Foto vom Zuchthaus

Die dunkle Seite der Geschichte der Kleinstadt mit dem sonnigen Namen kann man im Museum der Märtyrer (Muzeum Martyologii) nachvollziehen. Eben dort am östlichen Ortsausgang »steht zu Sonnenburg / Ein deutsches Lager / Insassen und Posten / Sind beide mager«, dichtete Bertold Brecht 1933 zu einem Zeitpunkt, als die Gefängnisgebäude schon beinahe 100 Jahre alt waren. 1836 eröffnete die Königliche Strafanstalt am östlichen Sonnenburger Stadtrand. Ihr wohl berühmtester Insasse war der Schuster Wilhelm Voigt, der später als falscher Hauptmann von Köpenick mit seiner Hochstapelei die ganze Welt zum Lachen über die obrigkeitshörigen Preußen brachte.

1931 wurde das Zuchthaus aufgrund mangelnder hygienischer Verhältnisse geschlossen und Anfang April 1933, fünf Wochen nach der Reichstagsbrandstiftung, mit politischen Häftlingen neu belegt – als eines der ersten nationalsozialistischen Konzentrationslager. Bis zu 1000 Hitlergegner waren in der »Folterhölle Sonnenburg« inhaftiert, vor allem Kommunisten und Sozialisten, unter ihnen der Publizist und Friedensnobelpreisträger Carl von Ossietzky, der Jurist und »Anwalt des Proletariats« Hans Litten und der Schriftsteller und Anarchist Erich Mühsam. Sie überlebten die NS-Herrschaft nicht.

Nach der Auflösung des KZ 1934 fungierte Sonnenburg erneut als Zuchthaus, nun mit erschwerten Haftbedingungen. Zu den deutschen Häftlingen, die sich solcher »Verbrechen« wie Kriegsdienstverweigerung oder des Hörens ausländischer Rundfunksender schuldig gemacht hatten, kamen ab 1941 mehr und mehr Nazigegner aus den von Hitlerdeutschland besetzten europäischen Ländern. Es herrschten katastrophale Bedingungen, Morde und Hinrichtungen waren an der Tagesordnung. Zwei Tage bevor die Rote Armee Sonnenburg erreichte, erschoss die Gestapo in der Nacht zum 31. Januar 1945, als sich das Lager bereits in Auflösung befand, 819 Gefangene. Die für das Massaker Verantwortlichen, SS-Sturmbannführer Heinz Richter, damals Gestapo-Chef in Frankfurt (Oder), und der Leiter des Erschießungskommandos, SS-Hauptsturmbannführer Wilhelm Nickel, wurden 1971 von einem Kieler Schwurgericht freigesprochen.

Nach Kriegsende wurde die Terrorstätte bis auf die Grundmauern abgetragen und 1974 am Ort ein Museum eingerichtet. Nach der Jahrtausendwende konnte das Gebäude mit zahlreichen Bildern und Dokumenten dank der Initiative der Vereinigung der Verfolgten des Naziregimes (VVN-BdA) in Zusammenarbeit mit der Woiwodschaft Lubuskie und dem Museum Seelower Höhen vor dem Verfall gerettet werden. 2015 mit neuer Hülle feierlich eingeweiht, zeigt es mit Ausstellungstafeln und Medienstationen die Geschichte der »Folterhölle Sonnenburg« auf.

Von Kostrzyn bis Hohenwutzen erstreckt sich das Oderbruch, Deutschlands größter Flusspolder. Das ausgedehnte Niederungsland mit malerischen Kolonistendörfern ist durch hohe Deiche vor Überflutung geschützt. Am polnischen Ufer steigen hinter dem Schwemmland die Oderhänge auf. Der abgeschiedene Landstrich ist auch ein Weg der Gedenkstätten, die an die letzten Tage im Zweiten Weltkrieg erinnern.

ZWISCHEN KOSTRZYN UND HOHENWUTZEN

Am Kulturhafen in Groß Neuendorf

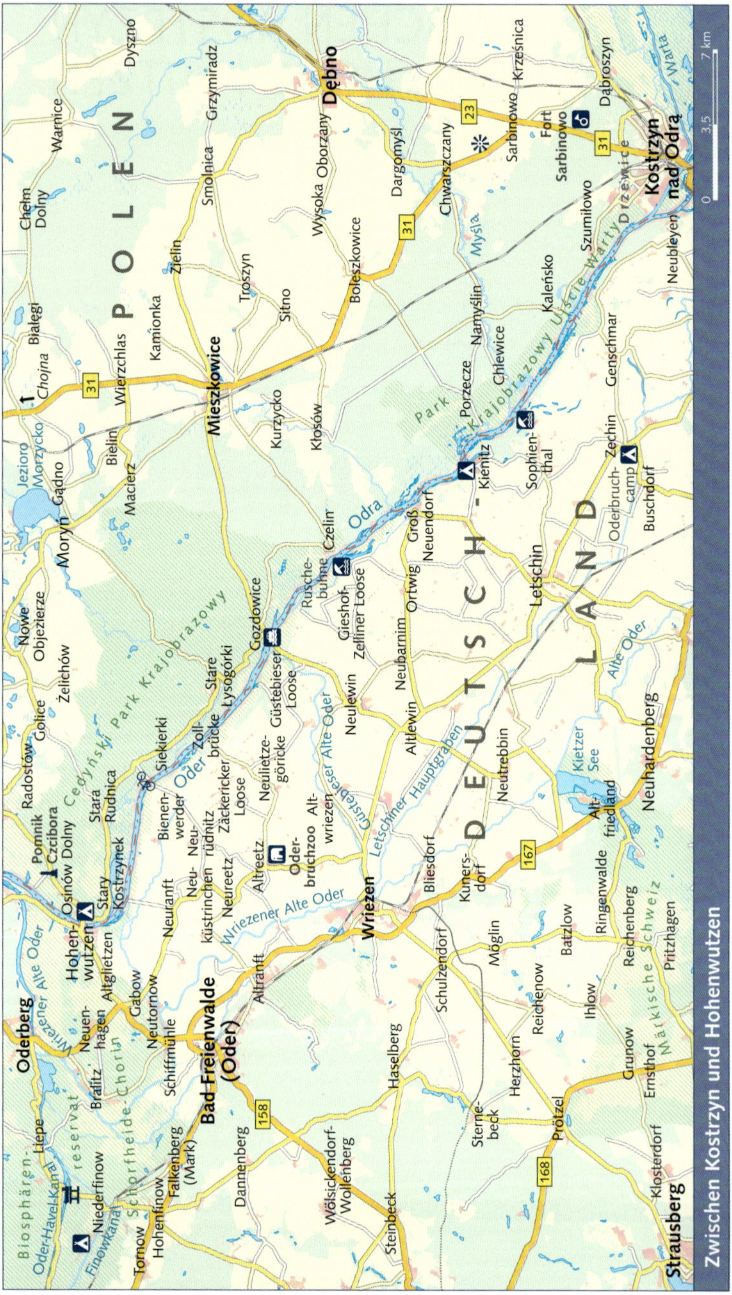
Zwischen Kostrzyn und Hohenwutzen
0
3,5
7 km
P O L E N
D E U T S C H L A N D
Kostrzyn nad Odrą
Dębno
Mieszkowice
Moryń
Chojna
Wriezen
Bad Freienwalde (Oder)
Oderberg
Hohenwutzen
Strausberg
Letschin
Neuhardenberg
Odra
Oder
Cedyński Park Krajobrazowy
Park Krajobrazowy Ujście Warty
Biosphären-reservat Schorfheide-Chorin
Märkische Schweiz
Oder-Havel-Kanal
Wriezener Alte Oder
Letschiner Hauptgraben
Alte Oder
Kietzer See
Jezioro Morzycko
Warta
Myśla

Die Schaufelradfähre »Bez Granic« verbindet Güstebieser Loose und Gozdowice

Kurz hinter Kostrzyn (Küstrin) ist auf der polnischen Seite der Oder die Grenze von der Woiwodschaft Lubuskie (Lebus) in die Woiwodschaft Zachodniopomorskie (Westpommern) überschritten. Von dort bis zur nächsten Oderbrücke bei Hohenwutzen/Osinów Dolny teilen sich von Süd nach Nord der Landschaftspark Warthemündung (Park Krajobrazowy Ujście Warty) und der Cedyński-Landschaftspark (Cedyński Park Krajobrazowy) das weite Schwemmland, die Altwasserarme, Sümpfe, Feuchtwiesen und dahinter ansteigenden Oderhänge, die in diesem abgeschiedenen Landstrich den Fluss begleiten. Eine Reihe kleiner und größerer Gedenkstätten säumen ab Gozdowice den nördlichen Streckenabschnitt. Sie erinnern an die Oderoffensive im April 1945, als sich hier polnische und sowjetische Truppenverbände zum Sturm auf Berlin sammelten, und gedenken der vielen Toten, die dieser Sturm kostete.

Auf der deutschen Seite erstreckt sich im brandenburgischen Landkreis Märkisch-Oderland das Mittlere Oderbruch mit malerischen Kolonistendörfchen und nördlich das Niederoderbruch. Der Flussgott Viadrus, dessen Skulptur bei Güstebieser Loose über die Oder wacht, läutet dort einen der spannendsten wasserbaulichen Abschnitte an der Unteren Oder ein. Stromoder, Alte Oder, Oder-Havel Kanal und der historische Finowkanal kommen mithilfe technischer Wasserwunderwerke zusammen: Vorfluter, Wehre und Schöpfwerke sowie in Niederfinow herausragend das alte und das neue Schiffshebewerk. Per Schiffsfahrstuhl hieven sie in wenigen Minuten Wasservehikel vom Paddelboot bis zum Schleppverband von der Barnim-Hochfläche hinab in die Oderniederung.

Brücken und Fähren

Brücken über die Oder gibt es für alle Verkehrsteilnehmer in diesem Abschnitt südlich bei **Küstrin-Kietz/Kostrzyn** und nördlich bei **Hohenwutzen/Osinów Dolny.**

Die **alte Eisenbahnbrücke bei Bienenwerder/Siekierki** wartet auf ihre Neueröffnung für Radler und Fußgänger. Der polnische Teil wurde 2021 bereits eingeweiht; beim deutschen hofft man im Sommer 2022 auf die Fertigstellung.

Fähre »Bez Granic« Güstebieser Loose–Gozdowice: für Autos bis 3,5 t, Radler und Fußgänger, Di–So April 8–18.10, Mai, Aug., Sept. 8–19.10, Juni, Juli 8–20.10, Okt. 8–16.10 Uhr, etwa alle 40 Minuten, nicht bei Hoch-/Niedrigwasser oder starkem Wind. www.barnim-oderbruch.de/tourismus/faehrzeiten

Oderbruch

Hoch ist der Himmel über dem Land, tief und grenzenlos die Stille am deutsch-polnischen Grenzstrom, der gemächlich dahinfließt und dessen Kraft sich trotzdem nie vollständig eindämmen ließ. Von Lebus im Süden bis Oderberg/Hohensaaten im Norden erstreckt sich das Oderbruch als 55 Kilometer langes und 8 bis 15 Kilometer breites Niederungsland. Auf 800 Quadratkilometern bildet es Deutschlands größten Flusspolder, der für rund 18 000 Menschen Heimat ist. Die steilen Abbruchhänge der Lebuser Platte und weiter nördlich der Barnim-Hochfläche rahmen im Westen die flunderflache Gegend. Felder so weit das Auge reicht, von Deichen, Abzugsgräben, Wehren, Schöpfwerken, Kanälen und Oderaltarmen durchzogen, zeigen an, dass der Mensch die fruchtbare Krume hier dem Strom abgetrotzt hat.

Dörfliches Oderbruch

Noch vor 300 Jahren war das Oderbruch Sumpfland, woran auch der Name erinnert: Mittelhochdeutsch *bruoch* oder Niederdeutsch *brook, brock, broich* bedeutet sumpfiges, morastiges Gelände. Die Oder wechselte manchmal von Jahr zu Jahr in weiten Mäandern ihr Flussbett und überschwemmte zusätzlich, gewissermaßen als Markenzeichen, in der Regel im Spätwinter und im Sommer das Niederungsland. Wer im Bruch lebte, tat klug daran, seine Hütte auf den leicht erhöhten Schwemmsandinseln zu bauen. Dafür wurde man mit reichen Ackerböden belohnt, denn jedes Mal, wenn der Fluss über die Ufer trat, lagerte er fruchtbare Schlammschichten ab.

Geschichte

Die ersten bekannten Siedlungen im Oderbruch reichen in die slawische Zeit zurück. Meist waren es Fischerdörfer, als Rundlinge auf die Sandinseln gesetzt, die vom Ackerbau und vor allem vom Fischreichtum lebten. Die ersten Deiche wurden bereits im Mittelalter angelegt. Eine erstmalig systematische Trockenlegung fand dann unter Preußenkönig Friedrich Wilhelm I. in der ersten Hälfte des 18. Jahrhunderts statt. Er ließ Deiche von Lebus bis Zellin (Czelin) aufschütten. Zehntausende Morgen Land wurden auf diese Weise gewonnen, die der Soldatenkönig vor allem zur Verpflegung seiner wachsenden Kavallerie nutzen wollte. Der Effekt dieser Eindeichungen war allerdings, dass sich die oftmals verheerenden Wasserfluten nun weiter nördlich ins Niederoderbruch ergossen. Unter seinem Sohn Friedrich dem Großen erfolgte 1747 bis 1753 schließlich der bis dato radikalste Eingriff in den Flusslauf: Für die Trockenlegung des niederen Bruchs kappte man die ausladende Flussschleife, die die Oder zwischen Güstebiese und Hohensaaten vollführte.

▸ Karte S. 164

Stattdessen baute man einen Kanal, der ihre Wanderung durch das Bruch um geregelte 20 Kilometer abkürzte. Hohe Dämme zu allen Seiten sicherten den neuen Flusslauf, unterstützt von einem dichten Netz von Vorflutern, Stauwehren, Schöpfwerken und Gräben. 130 000 Morgen Äcker entstanden im Rahmen dieser Meliorisierungsmaßnahme, und Friedrich II. verkündete stolz: »Hier habe ich im Frieden eine Provinz erobert!« Nun brauchte es nur noch Menschen, die dieser neuen Provinz Früchte abtrotzten und sie zur »preußischen Gemüsekammer« machten. Dem Aufruf des Königs folgten Kolonisten aus der Pfalz, aus Hessen und Württemberg, aus Österreich, Frankreich und der Schweiz. Sie legten ihre Dörfer vorwiegend als Straßen- und Angerdörfer an und versahen sie mit dem Zusatz »Neu«, wie beispielsweise Neulewin, während sich das angestammte Lewin plötzlich mit einem »Alt« vor seinem Namen wiederfand.

Der Zusatz »Loose« der überall im Bruch verstreut liegenden Flecken wurzelt ebenfalls in der Zeit der Kolonisierung. Die Äcker, die die Siedler erhielten, trockneten erst nach und nach und in sehr unterschiedlichen Geschwindigkeiten ab. Das führte dazu, dass viele Bauern weit auseinanderliegende Flächen bestellten und dafür lange Wege zurücklegen mussten. Eine Gebietsreform in der ersten Hälfte des 19. Jahrhunderts schaffte Abhilfe. Die Flächen wurden zusammengelegt, neu aufgeteilt und anschließend per Los vergeben. Die Loose-Gehöfte entstanden. Heute sorgt ein ausgefeiltes Wasserwirtschaftsregime dafür, dass das sensible Gleichgewicht zwischen Nässe und Trockenheit im Oderbruch gewahrt bleibt. Trotzdem sind die Dörfer, die nur zwei bis fünf Meter über dem Meeresspiegel liegen, immer wieder Hochwassergefahren ausgesetzt. Am Frühlingsanfang 1947 barsten nördlich von Reitwein durch Eisversetzung die Deiche, und die Fluten ergossen sich in die Landschaft wie in eine Badewanne. Zuletzt entgingen die Bewohner im Juli 1997 knapp der Katastrophe. In den dramatischen Wochen der Oderflut brachen die Deiche unter den gewaltigen Wassermassen. Teile des Oderbruchs mussten komplett evakuiert werden. Dass das Schlimmste verhütet werden konnte, ist auch dem Einsatz Tausender freiwilliger Helfer zu verdanken. Aus ganz Deutschland reisten sie zum Sandsäckeschaufeln an und halfen so mit, den Menschen an der Oder ihre Heimat zu bewahren (→ S. 138).

Beste Bedingungen für Radler auf dem Oderdeich

Mittleres Oderbruch

Möchte man die ganze stille Schönheit der Oder auf diesem Flussabschnitt in sich aufnehmen, ist das beste Reisemittel das Fahrrad. Von **Küstrin-Kietz/ Kuhbrücke** aus geht es mit weitem Blick über das Odervorland und den Strom immer auf dem Deich entlang. Ein paar winzige Nester dann und wann, ein paar Dutzend Häuser klein, wie Bleyen, Genschmar oder Sophienthal, ducken sich hinter der Deichkrone. Wegmarke am **Rastplatz** auf Höhe von Sophienthal ist ein beachtlicher Findling, auf dem eine Gedenktafel für Simon Leonhard von Haerlem (1701–1775) prangt. Der Oberdeichinspektor war der Mastermind hinter der Trockenlegung des Oderbruchs im 18. Jahrhundert (→ S. 61). Kurz davor lädt am Sophienthaler Polder eine **Naturbadestelle** zum Sprung ins kühle Nass, ebenfalls mit einem Picknickplätzchen.

Kienitz

Bei Kienitz überschritt die Rote Armee am 31. Januar 1945 die Oder. Das Dorf, das mit seiner ersten Erwähnung 1234 zu den ältesten im Oderbruch gehört, wurde dabei nahezu ausradiert. Kurz vor dem südlichen Ortseingang markiert eine 1987 auf dem Deich am Übergang zur alten Fährstraße errichtete **Gedenkstele** die Stelle, wo Vorausabteilungen der Sowjettruppen am westlichen Oderufer einen ersten Brückenkopf bildeten. Nur wenige Gebäude im Ort blieben erhalten: Darunter ist die alte **Hafenmühle,** im 19. Jahrhundert erst Dampfschneidemühle, dann Sägewerk, schließlich Getreidemühle und heute Café-Galerie, die in den alten Ziegelmauern außerdem zwei hübsche Ferienwohnungen offeriert. Im Ortszentrum thront seit 1970 das **Panzerdenkmal.** Der russische T-34-Panzer auf dem Podest verheißt »Ruhm und Ehre den Kämpfern der 5. Stoßarmee und der 2. Gardepanzerarmee«.

Einkehr im Gasthof Zum Hafen in Kienitz

▲ Karte S. 164

Davon, dass Kienitz heute ganz auf Radler eingestellt ist, zeugt die **Radwegekirche,** nur einen Katzensprung vom Oder-Neiße-Radweg entfernt hinter dem Deich. Auf vermutlich schon 1550 errichteten Grundmauern und mehreren Vorgängern entstand der Sakralbau zwischen 1829 und 1831. 1945 stark zerstört, wurde die verbliebene Halbruine 1953 wieder in Dienst gestellt. Es ist besonders dem unermüdlichen Einsatz der Pastorenwitwe Erna Roder (1916–2007) zu verdanken, dass das Gotteshaus über die Jahre erhalten blieb. Nach dem Tod ihres Ehemanns 1981 blieb die Pfarrfrau im überdachten Teil des Kirchenschiffs wohnen und begann, naive Bilder zu malen. Deren Verkaufserlös steckte sie in die Rettung des Sakralbaus. Von 1992 bis 2002 gab sie einen Oderbruchkalender heraus, dessen Erlöse ebenfalls in die Kienitzer Kirche flossen. Im Sommer 2007 bekam Frau Roder hochbetagt das Bundesverdienstkreuz verliehen, im November desselben Jahres verstarb sie im Pflegeheim. Aber ihr

Das einstige Maschinenhaus am Kulturhafen Groß Neuendorf

Vermächtnis wird weitergeführt. Grundlegend saniert, konnte das Gotteshaus 2012 wieder eingeweiht werden, teilüberdacht mit kleinem Andachtsraum sowie einem weiteren Freiluftteil des Kirchenschiffs. Es dient als Einkehr- und Ruheort, Kulturzentrum sowie mit dem **Café Himmel & Erde** zugleich als Infopunkt, Radlerservicestation und dem leiblichen Wohl.

Auch für Wasserwanderer ist gesorgt: Vor dem **Gasthof Zum Hafen** mit rustikalem Esslokal, Gästezimmern und Campingmöglichkeit bietet die **Marina Kienitz** alles, was Paddler und Freizeitkapitäne unterwegs brauchen.

Groß Neuendorf

Weithin sichtbar ragt, hart am Wasser auf hohen Betonstelzen erbaut, Groß Neuendorfs Wahrzeichen, der alte Verladeturm, über Hafenanlage und Buhnen in den Himmel hinauf. Als »Cruschzik« tauchte das einstige slawische Fischerdorf 1349 erstmalig in einer Urkunde auf und ist, nach seiner Blütezeit als landwirtschaftliches Zentrum mit Bahn- und Wasserstraßenanschluss, heute eine romantisch-verschlafene Sommerfrische.

1911 eröffnete der Oderhafen, im Jahr darauf war er an die Oderbruchbahn zwischen Wriezen und Fürstenwalde angeschlossen. Zwei Kräne hievten vor allem Erzeugnisse des Oderbruchs, Getreide und Gemüse, auf Kähne und Bahnwaggons. 1940 entstand der erste **Verladeturm,** sein Nachfolger datiert, wie er heute noch steht, auf das Jahr 1953.

Heute spielt der kleine Ort als Wirtschaftsplatz an der Oder längst keine Rolle mehr. Anfang der 2000er Jahre kam der junge Berliner Architekt Jens Plate, verliebte sich in die verlassene Hafenanlage und baute sie zum **Kulturhafen** um. Im Verladeturm lädt seitdem das **Turmcafé** mit Snacks und süßen Sachen zum fantastischen Oderblick ein. Darüber hinaus kann man sich in eine luxuriöse Ferienwohnung einmieten. Dem Turm zu Füßen erinnern ein paar nostalgische **Bahnwaggons** an die große Zeit Groß Neuendorfs. Sie bieten heute ebenfalls Quartier für die Nacht. Nebenan warten im **Maschinenhaus,** wie der

Die Brauntöpferei in Groß Neuendorf

Der Alte Fritz in Letschin

Verladeturm 1953 errichtet, Ferienzimmer auf Gäste.

In der Nachbarschaft hat der Verein der Oldtimer- & Traktorfreunde Zechin in einem der alten Speicher seine spannende **Ausstellung Historische Landtechnik** untergebracht: vom Ackerbulldog über Dreschkasten und Dippelmaschine, Rübenroder und Windfege bis hin zu solch regelrecht Mad-Max-mäßig apokalyptisch ausschauenden Konstruktionen wie dem E-173, Baujahr 1956, aus dem VEB Mähdrescherwerk Weimar.

Am nördlichen Ortsende überstand ein kleiner **jüdischer Friedhof** unbeschadet die Nazizeit.

Letschin

In der zweiten Reihe hinter dem Deich bildet Letschin nicht nur das geografische Herz im mittleren Oderbruch. Das 1336 erstmals erwähnte Bauerndorf ist heute Sitz der Gemeindeverwaltung, welche die Angelegenheiten von 4100 Letschinern in zehn Ortsteilen administriert. Im ehemaligen Armenhaus, einem im 18. Jahrhundert errichteten niederen Fachwerkgebäude, kann man die Geschicke der Gemeinde in der **Letschiner Heimatstube** in Wort und Bild nachverfolgen. Gleichzeitig dient das Haus als **Touristeninformation** für die ganze Region. Wahrzeichen im adretten Angerdorf ist der **Schinkel-Kirchturm.** Frank und frei steht er da, gewissermaßen als »Dame ohne Unterleib«. Das Kirchenschiff fiel im Bombenhagel der letzten Tage im Zweiten Weltkrieg in Trümmer und wurde anschließend nicht rekonstruiert. Nur der Turm, 1820 nach Plänen des großen preußischen Baumeisters Karl Friedrich Schinkel fertiggestellt, blieb erhalten und konnte nach seiner Restaurierung 2002 wieder eingeweiht werden.

Auf so manche kuriose Geschichte blickt Letschin zurück. Zum Beispiel wurde wohl nirgendwo sonst König Friedrich der Große öfter vom Sockel geholt (→ S. 172). Nicht etwa im Zuge einer Bilderstürmerei, sondern aus Verehrung für den Mann, der einst das Oderbruch trockenlegen ließ. Erst 2008 hat das bronzene **Friedrich-II.-Denkmal** am südlichen Ende des Dorfangers kurz vor dem Kreisverkehr seinen jüngsten Standpunkt gefunden. Es stammt von Händen des Bildhauers Hans Weddo von Glümer (1867–1915) aus dem Jahr 1905.

Wohlwollend, so scheint es, neigt die Skulptur ihren Kopf hin zur **Gaststätte Zum Alten Fritz** gegenüber. Das vom Gastwirt Wolfgang Bartsch mit zahlreichen Bildern, Büsten und anderen Fritz-Devotionalien ausgeschmückte Lokal ist eine Legende. Zu DDR-Zeiten unter dem Namen »Einheit« bekannt, war es Mittelpunkt der gesamten Region für Frühschoppen, Mittagstisch und Feierabendbier, während im großen Saal Hochzeits- und Familienfeste und für die Jugend Diskos stattfanden. Einen Nachfolger für die Gaststätte konnte Herr Bartsch, der 2014 in Ruhestand ging, nicht mehr finden. Seit-

▸ Karte S. 164

dem steht das Gebäude, im Kern von 1809, samt aller seiner Erweiterungen leer und wird zum Verkauf angeboten. Geschichte Nummer 3, für die Letschin Ort der Handlung ist, hat mit einem Skelettfund zu tun. Die menschlichen Überreste, die man bei Ausschachtungsarbeiten 1843 entdeckte, inspirierten **Theodeor Fontane** (1819–1898) zu seiner Kriminovelle *Unter dem Birnbaum*. Tatort: der Gasthof Zum Alten Fritz, damals noch unter dem Namen »Deutsches Haus« bekannt, in einem Dorf namens »Tschechin«. Fontanes Vater, Hallodri und Spieler, führte in Letschin 1838 bis 1850 seine vierte und letzte Apotheke vor dem Bankrott. Der junge Fontane weilte dort mal kürzer, mal länger und absolvierte 1843/1844 sogar einen Teil seiner Apothekerausbildung beim Vater. 1850 bis 1862 führte Schwester Jenny mit ihrem Mann den Betrieb weiter. 1865 brannte das Gebäude ab. Aufgrund einiger Nachforschungen ist heute gewiss, dass der Standort der gegenwärtigen Fontane-Apotheke, ein paar Häuser vom »Alten Fritz« entfernt, fast auch der historische ist. Einen Katzensprung südwestlich hat sich bei **Wilhelmsaue** eine 1880 gebaute **Bockwindmühle** erhalten. Bis Mitte der 1960er Jahre war sie im Mahlbetrieb und konnte nach der Wende wieder instandgesetzt werden. In der schönen Jahreszeit kann man sie an den Wochenenden nach Voranmeldung besichtigen.

Die Wilhelmsauer Bockwindmühle

EXTRA

Der Alte Fritz in Letschin

Man mag von Friedrich dem Großen (reg. 1740–1786) halten, was man will, diesem so fortschrittlichen und zugleich merkwürdig reaktionären Mann auf dem Preußenthron, Schöngeist und Militarist, kriegerischer Invasor und behutsamer Landgewinner. Die Oderbrüchler jedenfalls lassen nichts auf ihn kommen. 1905 hoben sie ihren König, der den Befehl zur Trockenlegung des Oderbruchs gab, im Zentrum des Letschiner Dorfangers auf den Sockel – genau dort, wo heute der Obelisk für die gefallenen Sowjetsoldaten steht. Hans Weddo von Glümer, Meisterschüler der Reinhold Begas'schen neobarocken Berliner Bildhauerschule, schuf den gewichtigen Bronze-Fritz, fünf Meter hoch und 515 Kilo schwer. Er zeigt den Monarchen, der in Wahrheit mickrige 1,60 Meter maß, in seinem überkommenen Outfit mit Dreispitz, Stock, Zopf und »Sterbekittel«, wie Friedrich selbst seinen Soldatenrock nannte.

Bis Mai 1945 thronte er über dem Anger und überstand auch die letzten verheerenden Kampfhandlungen relativ unbeschadet. Ein Einschussloch in der Brust, ein leicht derangierter Zopf und der Verlust des Stocks mussten beklagt werden. Und dann war die Figur plötzlich verschwunden. Ob auf Befehl der sowjetischen Militäradministration? Oder von den deutschen Kommunisten veranlasst? Wer genau den König abräumte, darüber gehen die Erzählungen auseinander. Auf jeden Fall landete er nicht am Ort seiner Bestimmung, im Schmelzofen. Stattdessen hievten ihn ein paar Dorfbewohner in ein sicheres Versteck erst zwischen Gurkenfässer, dann unter Heu und Stroh. Bis 1986 blieb der Alte Fritz untergetaucht.

Zwischenzeitlich hatte die DDR eine bemerkenswerte geschichtspolitische Wende vollzogen. Das historische Preußen galt nicht länger als »Träger des Militarismus und der Reaktion«. Man sah den sozialistischen deutschen Staat nun vielmehr in der Nachfolge der besten »Fritz'schen« Traditionen: Aufklärung und Toleranz. Bereits 1980 hatte die Obrigkeit in Berlin das berühmte Reiterstandbild Friedrichs II. von Christian Daniel Rauch auf dem Prachtboulevard Unter den Linden wieder aufbauen lassen. Und auch in Letschin schlug wenige Jahre später seine Stunde.

Zur 650-Jahr-Feier des Dorfs 1986, zugleich das 200. Todesjahr Friedrichs des Großen, holten die Fritz-Freunde den König aus dem Versteck und stellten ihn klammheimlich auf. Zwar räumten die Vopos ihn sofort wieder ab, und die tapferen Königsmacher wurden wegen groben Unfugs zu einer Geldstrafe verurteilt. Aber der Damm war gebrochen. Fortan beschäftigte sich auch der Rat des Kreises mit der Idee einer Wiederrichtung des Letschiner Friedrich-Denkmals. Ende Mai 1990 war es schließlich so weit. Friedrich II. wurde, frisch restauriert, feierlich wieder auf den Sockel gestellt. Nicht auf den ursprünglichen, denn darauf stand inzwischen der Gedenkobelisk, und deshalb auch nicht am überlieferten Ort, sondern südlich am Dorfanger.

Aber auch dort war es seiner Majestät nicht vergönnt, auf Dauer zu weilen. Im April 2008 musste er abermals umziehen, nun für den Bau des Kreisverkehrs. Seinen neuen und gegenwärtigen Standpunkt hat der bronzene Preußenkönig am 1. Juni selbigen Jahres ein paar Meter weiter gegenüber der Gaststätte Zum Alten Fritz bezogen. Dort steht er nun, schaut direkt auf den Eingang der traditionsreichen Gaststätte und würde gewiss, wenn er könnte, die Daumen drücken, auf dass sie einen neuen Betreiber finde.

Mittleres Oderbruch

PLZ: 15324
Infopunkt Letschin, Letschiner Birkenweg 1, Letschin, Tel. 033475/50797; Mi–Fr 11–17, April–Okt. zusätzlich Sa, So 14–17 Uhr.
www.letschiner-heimatstuben.de

Die Busse von **Märkisch-Oderland Bus** fahren kreuz und quer durch das Oderbruch. Linien und Fahrpläne: www.mo-bus.de

RB 60 (NEB) Eberswalde–Frankfurt (Oder), über Letschin

Marina Kienitz, Letschin/OT Kienitz, Tel. 033478/605928. Am Oderseitenarm bei Km 633, Steganlage mit Strom und Wasser, Sanitär, Küche, Waschmaschine, WC-Entsorgung. Ansprechpartner: Gasthof Zum Hafen (s. u.).

Gasthof & Pension Zum Alten Fritz, Altlewin 18, 15320 Neutrebbin/OT Altlewin, Tel. 033452/418; DZ/F um 100 Euro. Idyllisch eingewachsener Landgasthof, seit 1920 im Familienbetrieb, im Bilderbuchdörfchen Altlewein gleich neben der neuromanischen Backsteinkirche. Bauernhof und Pferdestall wurden zur gemütlichen Pension umgebaut. Die Zimmer einfach, mit Dusche/WC. Das Restaurant serviert Fischspezialitäten und allerlei Bratengerichte.
www.gasthof-zum-alten-fritz.de
Naturerlebnishof Uferloos, Deichweg 9, Letschin/OT Kienitz, Tel. 033478/38976; DZ ab 75 Euro, FeWo ab 85 Euro, Zirkuswagen 35 Euro/Pers., Kinder 20 Euro, vegetarisch-veganes, um regionale Wurstspezialitäten ergänztes Frühstücksbüffet 19 Euro. Auf dem großen, grünen Gelände unmittelbar hinter dem Deich schläft man neben DZ und FeWo außerdem in Zirkuswagen, Jurten oder kann auch sein eigenes Zelt aufschlagen, Kanuverleih.
www.uferloos.de
Eisenbahnwaggon im Kulturhafen, Hafenstr. 1a, Letschin/OT Groß Neuendorf, Buchungs-Tel. 030/50562471; 1 Person 40, 2 Personen 60, 4 Personen 80 Euro/Nacht plus Endreinigung. Übernachten in urigen Eisenbahnwaggons im Kulturhafen direkt an der Oder, mit Kitchenette, allerdings ohne Herd und fließend Wasser, nur in der warmen Jahreszeit, da keine Heizung; WC und Waschbecken im benachbarten **Turmcafé.**
www.verladeturm.de
Gasthof Zum Hafen, Deichweg 20, Letschin/OT Kienitz, Tel. 033478/440; DZ/F um 60 Euro. Einfache Zimmer mit Dusche/WC im Traditionsgasthof seit 1803. Im rustikalen Wirtsraum gibt es schmackhafte gutbürgerliche Gerichte.
www.gasthof-zum-hafen-kienitz.de
Hafenmühle Kienitz, Deichweg 7, Letschin/OT Kienitz, Tel. 033478/387775; April–Okt. Leckere kleine Gerichte, Kaffee und Kuchen im liebevoll renovierten Backsteingebäude hinter dem Schilf an der Oder. Zwei FeWo für je 2 Personen um 60 Euro/Tag gibt es auch.
www.hafenmuehle-kienitz.de
Erlenhof im Oderbruch, Kienitzer Oderstr. 51, Letschin/OT Kienitz Nord, Tel. 033478/38980; Übernachtung im Schäferwagen DZ ab 55 Euro, ab 2. Nacht 40 Euro; in der Blockhütte 85 Euro, ab 2. Nacht 65 Euro; Gemeinschaftsbad. Selbstversorgerküche mit Brötchenservice. Wäldchenumrankt zwischen Feldern, dreht sich im lauschigen Erlenhof alles um Schafe. Die Skuddenherde trappelt über das weitläufige Gelände, dazwischen nächtigt man rustikal in Schäferwagen. Im Schönwetter-Café gibt es Kaffee, Kuchen oder einen Schoppen Wein und im Hoflädchen alles, was das Schaf hergibt: Wolle, Handgestricktes, Fleisch und Wurst, außerdem Marmeladen, Honig, Liköre u.v.m.
www.erlenhof-im-oderbruch.de

Oderbruchcamp Zechin, Hauptstr. 1b, 15328 Zechin, Tel. 033473/59101; April–Okt. Kleiner Rasenplatz am Strandbad Zechin. www.oderbruchcamp-zechin.de

Zelt- und Wohnmobilstellplatz am Gasthof Zum Hafen, Kienitz (s. o.).

Café Himmel & Erde, Schulstr. 15, Letschin/OT Kienitz, Tel. 033478/422; Karfreitag bis Reformationstag. Gemütliches Café im offenen Teil der Radfahrerkirche, wie der Name schon sagt, zwischen Himmel und Erde, oder genauer: unter dem blauen Himmelszelt auf grünem Rasen unter dem Birnbaum, umgeben von Kirchenmauern. Zu Kaffee, Kuchen, kleinen Gerichten und Vogelgezwitscher erzählt der Cafébetreiber spannende Geschichten zum Gotteshaus und zur Region. www.radfahrerkirche-kienitz.de www.kirchencafe-kienitz.de

Letschiner Heimatstuben, im Infopunkt Letschin (s. o.).

Bockwindmühle Wilhelmsaue, Wilhelmsauer Dorfstr., Letschin/OT Wilhelmsaue, Tel. 0173/6109027; April–Okt. Sa, So 10–17 Uhr, Di–Do nach telefonischer Voranmeldung. www.wilhelmsaue.de

Ausstellung Historische Landtechnik, Hafenstr. 3, Letschin/OT Groß Neuendorf, Tel. 0157/72989523, April–Okt. tgl. 10–18 Uhr, im Winter nur auf Anfrage. www.bulldogfreund.de

Erlenhof im Oderbruch, Verleih von Rädern und Pedelec (s. o.).

Kanuverleih am Oderdeich, Kienitzer Str. 19a (ca. 3 km westl. von Kienitz), Letschin, Tel. 0176/34600616. Verleih von Kajaks und Kanus. www.kanu-oderbruch.de

Naturerlebnishof Uferloos, Kanuverleih (s. o.).

Brauntöpferei Manfred Dannegger, Alte Dorfstr. 2, Letschin/OT Groß Neuendorf, Tel. 033478/38668; im Sommer Sa, So 11–17, sonst nur bis 16 Uhr. Steht der Aufsteller auf dem Deich, ist der Töpfer in der Werkstatt und man kann klingeln. Schalen, Schüsseln, Töpfe und Backformen aus traditionellem lehmglasierten Steinzeug. Alle Stücke werden auf der Töpferscheibe vom Meister gedreht. www.diebrauntoepferei.de

Freibad Zechin, Anfahrt und Kontakt wie Oderbruchcamp Zechin (s. o.); Mai–Sept. Durch Flusswasser gespeistes Freibad mit Sandstrand und Liegewiese, Sprungbrett, Wasserrutsche, Strandkörben, Imbiss und Sanitär.

Naturbadestrand am Sophienthaler Polder, bei Sophienthal nicht weit vom Gedenkstein für Simon von Haerlem, mit Picknicktisch.

Niederoderbruch

▸ Karte S. 164

Begleitet man die Oder weiter stromabwärts auf dem Deich, ist schon bald nach Groß Neuendorf die **Ruschebuhne** erreicht (Oder-Km 640). Hier, wo Wasserarme weit ausladend von der Stromoder abschweifen und dabei Schwemmlandinseln und Halbinseln ausformen, präsentiert der Fluss je nach Wasserstand die verschiedenartigsten Schauspiele. Mal geht der Blick über eine wie ertrunken wirkende Wasserwelt, aus der hier oder da noch Baumkronen aufragen. Dann wieder, bei Niedrigwasser, verwandelt sich das Land in einen Flickenteppich aus sattem Grün und Blau. An heißen Sommertagen, wenn die Oder kaum Wasser führt, geht es bei der Ruschebuhne über einen gepflasterten Damm auf die Schwemmlandinsel zum riesigen

Das Theater am Rand lockt Publikum von weit her nach Zollbrücke

Badestrand. Bei höherem Pegelstand endet der Damm dagegen mitten im Wasser. Die vier rätselhaften Betonklötze auf deutscher und polnischer Seite, die so lange zu Spekulationen verleiteten, haben sich inzwischen als Fundamente längst demontierter Strommasten entpuppt.

Nahe Oder-Km 645 verbindet bei **Güstebieser Loose** zwischen April und Oktober die **Schaufelradfähre** mit dem schönen Namen »Bez Granic« (Ohne Grenzen) das deutsche Ufer mit Gozdowice (→ S. 195). Bereits Anfang des 20. Jahrhunderts hatten sich im ehemaligen Güstebiese am östlichen Oderstrand Sommerfrischler und Badegäste eingestellt. 1930 wurde es Luftkurort, den vor allem Scharen von Berlinern besuchten. Nach der Jahrtausendwende wurde in Gozdowice mit dem Bau eines modernen Fähranlegers begonnen, damals sogar noch mit kleinem Grenzterminal. Im Oktober 2007 konnte er eingeweiht werden, und es fand die Jungfernfahrt der »Bez Granic« vom einen zum anderen Ufer statt. Den kleinen Grenzverkehr überschaut vom deutschen Ufer aus der **Oderflussgott Viadrus.** Die rote Stahlskulptur des Bildhauers Horst Engelhardt (1951–2014), die auf einem künstlichen Hügelchen beim Anleger thront, symbolisiert die Einheit Europas und der europäischen Oder.

Auf der Höhe von Güstebiese schickte sich der Strom einst an, einen gravitätischen Bogen um den nahen Neuenhagener Sporn zu schlagen. Bis Mitte des 18. Jahrhunderts ragte der eiszeitliche Höhenzug von Osten her weit ins Niederoderbruch hinein und zwang die Oder deshalb auf Umwege. Zwischen 1747 und 1753 wurde sie dann von ihrem alten Lauf abgeschnitten und flussabwärts bis Hohensaaten in ein vollkommen neues, beinahe gerades, 20 Kilometer kürzeres Bett gelegt. Was uns heute als einzigartige natürliche Flusslandschaft erscheint, hat seinen Ursprung also eigentlich in einer künstlichen Wasserstraße.

Zollbrücke

Bei Flusskilometer 651 liegt der 19-Häuser-Flecken Zollbrücke mit dem kultigen **Theater am Rand.** Gründer und Akteure der Spielstätte sind der Akkordeonspieler,

Bei Hochwasser verschließen Tore die Zollbrücker Deichscharte

Komponist und Musikproduzent Tobias Morgenstern zusammen mit dem Schauspieler Thomas Rühmann, einem breiten Publikum als Dr. Heilmann in der Arztserie *In aller Freundschaft* bekannt. Angefangen hat es 1997 ganz klein in einem 100-jährigen Fachwerkhaus hinter dem Deich. Heute strömen abendlich bis zu 300 Zuschauer in den kuriosen Theaterneubau, der wie in einen Deich hineingewachsen erscheint. Der Name »Zollbrücke« stammt aus dem letzten Drittel des 18. Jahrhunderts: Für das Passieren einer Holzbrücke mussten alle, bis auf die Bauern unterwegs zu ihren Feldern am anderen Flussufer, ein »Brück-Geld« entrichten. Nur wenige Jahrzehnte später wurde sie infolge eines Eishochwassers zerstört und durch eine Fähre ersetzt.

Zollbrücke ist der einzig verbliebene Ort am deutschen Oderufer mit einer **Deichscharte.** Solche Öffnungen werden dort angelegt, wo der Verkehr nicht über die Deichkrone geführt werden kann. Im Hochwasserfall werden sie mit Schalttoren verschlossen. Die Zollbrücker Deichscharte blieb, umfassend saniert und gesichert, als Erinnerungszeichen an die Wasserbaukunst im Oderbruch erhalten. In dem nach einem Brand 1859 wiedererrichteten Fachwerkensemble der **Dammmeisterei** hinter dem Deich ist seit 2010 ein gleichnamiges Restaurant ansässig.

▶ Karte S. 164

Über Brücken (West)

Ein kleines Stück flussabwärts geht die **Rad- und Fußgängerbrücke Bienenwerder** über die Oder. In Polen liegt dort nahebei **Siekierki** (→ S. 197), auf deutscher Seite das namensgebende Fünf-Häuser-Nest Bienenwerder. Die erste Brücke an dieser Stelle bugsierte seit 1892 sowohl Pferdegespanne als auch Dampfrosse und später Automobile vom einen zum anderen Ufer. Den Anforderungen des wachsenden Wirtschaftsverkehrs auf Gleis und Wasser genügte sie aber bald nicht mehr. 1930 wurde deshalb ein Neubau errichtet, nun als reine Eisenbahnbrücke. Auf der alten Flussüberquerung rollte parallel der Autoverkehr. Beide Brücken wurden im Frühjahr 1945 von der deutschen Wehrmacht auf ihrem Rückzug gesprengt.

Mitte der 1950er Jahre folgte ein Wiederaufbau aus militärstrategischen Gründen: Über Brücke Nummer 3 bei Bienen-

Die alte Eisenbahnbrücke bei Bienenwerder vor dem Umbau zum Rad- und Fußweg

Saniertes Kolonistenhaus in Neulietzegöricke

werder sollte im Kalten Krieg im Fall einer Auseinandersetzung mit der NATO der Nachschub der Warschauer-Pakt-Staaten rollen. Zum Glück kam es nie soweit. Die insgesamt 340 Meter messende Konstruktion mit Vorlandbrücken, Strombrücke und Dämmen wurden verrammelt und nach der Wende, nach langwierigen Finanzverhandlungen zwischen hüben und drüben, 2006 zum Tourismusprojekt erklärt.

Auf der polnischen Seite ist sie als Fußgänger- und Radbrücke seit Sommer 2021 sehr schön saniert und fertiggestellt, mit Sitzgelegenheiten ausgestattet und obendrein einer Aussichtsplattform zur herrlichen Weitsicht bedacht. Auf der deutschen Seite ist der Brückenteil über die Stromoder nach wie vor Baustelle. Mit dem Abschluss der Bauarbeiten – und dann freier Bahn zwischen dem deutschen und dem polnischen Ufer darf wohl noch im Sommer 2022 zu rechnen sein. Zur feierlichen Einweihung soll sie den Namen des polnischen Historikers, Publizisten, Politikers, Auschwitz-Überlebenden und europäischen Brückenbauers Władysław Bartoszewski (1922–2015) erhalten und Bartoszewski-Europabrücke heißen.

Flussabwärts ist kurz darauf die **Alte Fischerei am Spitz** erreicht. Die Gebäude zwischen Stromoder und Laufgraben gehören zur Wriezener Oderfisch GmbH. Der Laufgraben, der ab Güstebieser Loose die Oder begleitet, nimmt das Drängewasser auf, das durch den Deich drückt, und leitet es über die Mucker, Stille Oder und Alte Oder ab. Den Blick landeinwärts gewandt, ragt in zwei Kilometern Entfernung in **Neuküstrinchen** der Dom des Oderbruchs auf. Während das 1755 gegründete Kolonistendorf auch heute nicht mehr als 30 Häuser zählt, kann seine 1878 bis 1880 errichtete neuromanische Backsteinkirche rund 1300 Gläubige aufnehmen.

Neulietzegöricke

Mit dem Gründungsjahr 1753 ist der idyllische 200-Seelen-Flecken hinter dem Deich – von den Einwohnern kurz »Lietze« genannt – das älteste planmäßig angelegte Kolonistendorf im Niederoderbruch. Sein Name geht auf das wendische *glizik goerkia* zurück, was »kahle Hügel« bedeutet. Allerdings bezieht er sich auf das gegenüber am polnischen Ufer liegende »Mutterdorf« Altlietzegöricke, heute Stare Łysogórki (→ S. 196), bei dem die alte slawische Bezeichnung noch wesentlich deutlicher anklingt (polnisch *łysy* = »kahl«, *górki* = »Hügel«). Das winzige Neulietzegöricke schmückt sich mit einem 40 Meter breiten **Anger,** den hübsch restaurierte Fachwerkhäuschen umziehen. Im Zentrum des Angers befinden sich, so wie vom Deich- und Bauinspektor Johann Friedrich Christiani (1723–1797) seinerzeit vorgesehen, die öffentlichen Gebäude: Neben Kirche und Schule darf natürlich auch das Wirtshaus nicht fehlen. Dank dieser charakteristischen Siedlungsstruktur sowie der historischen Bebauung mit typisch eingeschossigen, traufständigen Kolonistenhäusern wurde das Straßenangerdorf bereits 1976 komplett unter Denkmalschutz gestellt. Zwar existieren aus den Anfangsjahren keine originalen Gebäude mehr – sie fielen 1832 einer Feuersbrunst zum Opfer –, doch wurde das Dorf gemäß seiner ursprünglichen Anlage wiedererrichtet. 1842 konnte die grazile spätklassizistische **Kirche** feierlich eingeweiht werden. Ihr zur Seite gesellte sich 1909 das Schulhaus. 1972 in einen Konsum umfunktioniert und später Gemeindehaus, beherbergt es seit 2014 das beliebte **Kolonisten-Kaffee,** das für das leibliche Wohl der Ausflügler sorgt. Nummer 3 im Bunde auf dem Anger ist der **Dorfkrug,** ein fachwerkgeschmückter Vierseitenhof von 1835 mit Wohn- und Wirtshaus, Stall und Scheune. Seit das DDR-Fernsehen hier Ende der 1970er Jahre Szenen zum Film *Salz und Brot und gute Laune* drehte, ist es unter dem Namen »Zum feuchten Willi« bekannt. Bei einem Spaziergang durch »Lietze« lässt sich so manches weitere Kleinod entdecken – und dank der **Beschilderung** auch vieles darüber in Erfahrung bringen. Hingucker sind zum Beispiel der **Vierseithof Borkenhagen** (Hausnr. 81), die letzte

In Neulietzegöricke verlockt das Kolonisten-Kaffee zur Rast

noch vollständig erhaltene Großbauernhofanlage, oder, im Vergleich dazu, die ehemalige **Kleinkolonistenstelle** (Hausnr. 68), unmittelbar nach dem Dorfbrand 1832 errichtet; oder auch die **Mittelkolonistenstelle** (Hausnr. 27), ein traditionelles Ziegelfachwerkhaus, unter dessen Krüppelwalmdach heute malerisch **Schuberts Oderbruch-Landpension** firmiert.

■ Wriezen

Wo die Alte Oder den Absturz der Barnim-Hochfläche in die Niederung streift, liegt Wriezen am westlichen Bruchrand. 1247 wurde das »Tor zum Oderbruch« als »oppidum wrecene« erstmals genannt und 1337 mit Stadtrecht versehen. Dank des Fischreichtums blühten Fischfang und -handel sowie nach der Trockenlegung des Bruchs die Landwirtschaft auf. Von 1898 an transportierte die Wriezener Bahn täglich frischen Fisch und Gemüse zu den Reichshauptstädtern. 1945 blieb in Wriezen als nördlichem Eckpfeiler des Sturms auf Berlin kein Stein auf dem anderen. Die Kriegszerstörung war so

▲ Karte S. 164

total, dass das beschauliche Städtchen seitdem über keine besonderen Sehenswürdigkeiten mehr verfügt. Gleichwohl ist das 8000 Einwohner zählende Wriezen zusammen mit Bad Freienwalde die Metropole im nördlichen Oderbruch. Die nur teilweise wiederaufgebaute **Marienkirche** im Ortszentrum datiert mit ihren Grundmauern auf das 14. Jahrhundert.

Kunersdorf

Literaturliebhabern sei der Abstecher zum fünf Kilometer südlich liegenden Kunersdorf anzuempfehlen – nicht zu verwechseln mit dem ehemaligen Kunersdorf, heute Kunowice (→ S. 123), östlich der Oder. Im Oderbruch-Kunersdorf weilte der Dichter, Naturforscher und Weltreisende Adalbert von Chamisso (1781–1838) immer wieder gerne als Gast im Schloss der Grafen von Itzenplitz. Unter ihrem fürstlichen Dach schrieb er 1813 die Novelle *Peter Schlemihls wundersame Geschichte*. Das Schloss, damals weithin als Musenhof gerühmt, existiert inzwischen nicht mehr. Für das 2019 eröffnete **Chamisso Museum,** das an Leben und Werk Chamissos erinnert, konnten jedoch ebenso würdige Räumlichkeiten in einer in den 1920er Jahren als Dependance errichteten Villa gefunden werden. Einen Blick lohnt außerdem das **Erbbegräbnis** der Gutsherrenfamilien derer von Lestewitz und Itzenplitz auf dem Kunersdorfer Friedhof. Die **Dorfkirche** ist – ungewöhnlich für das Oderbruch – ein Neubau aus den Jahren 1950 bis 1955. Für den Entwurf des Rundbaus mit schiefergedeckter, hoher Kuppel zeichnete der langjährige Leiter des Kirchlichen Bauamts Berlin-Brandenburg Curt Steinert (1880–1960) verantwortlich.

Niederoderbruch

PLZ: 16259

Die Busse von **Märkisch-Oderland Bus** fahren kreuz und quer durch das Oderbruch. Linien und Fahrpläne: www.mo-bus.de

Die touristische **Oderbus-Linie 879** fährt von Ende Mai bis Anfang Oktober immer samstags viermal tgl. von Bad Freienwalde mit Stopps an insgesamt 32 Haltestellen über Schiffmühle, Neuküstrinchen, Zollbrücke, Neulietzegöricke und Altlewin nach Wriezen; es gibt auch Tageskarten, beschränkte Fahrradmitnahme. Infos und Fahrpläne: www.oderbus.de

RB 60 (NEB) Eberswalde–Frankfurt (Oder), über Bad Freienwalde, Altranft, Wriezen, Neutrebbin, Letschin

Fähre Güstebieser Loose–Gozdowice: für Autos bis 3,5 t, Radler und Fußgänger, Di–So April 8–18.10, Mai, Aug., Sept. 8–19.10, Juni, Juli 8–20.10, Okt. 8–16.10 Uhr, etwa alle 40 Minuten, nicht bei Hoch-/Niedrigwasser oder starkem Wind.
www.barnim-oderbruch.de/tourismus/faehrzeiten

Radler's Hof, Str. durch Zelliner Loose 4, Letschin/OT Gieshof, Tel. 033478/134990; DZ/F um 90 Euro. Hübsche Bett&Bike-Anlage einsam hinter dem Deich, gute 8 km nördlich von Groß Neuendorf, freundliche Zimmer mit Holzböden; Restaurant (s. u.).
www.pension-im-oderbruch.de

Schuberts Oderbruch-Landpension, Neulietzegöricke 27, Neulewin/OT Neulietzegöricke, Tel. 0178/1317490; DZ um 90 Euro. Zauberhafte kleine Unterkunft in einer Mittelkolonistenstelle aus der Zeit nach 1832 in Neulietzegöricke, von den Inhabern eigenhändig von Grund auf mit Naturbaustoffen wie Lehm, Holz und Hanf saniert und mit viel Geschmack eingerichtet. Im Garten Liegestühle, Sauna

Zwischen Kostrzyn und Hohenwutzen

und Minipool. Vor allem zu den Theatervorstellungen in Zollbrücke unbedingt rechtzeitig buchen!
www.schubertsoderbruchlandpension.com
Kolonisten-Kaffee, Dorfstr. 78, Neulewin/OT Neulietzegöricke, Tel. 0162/2140221; DZ/F 70 Euro, FeWo 50 Euro (Frühstück, wer möchte, geht bei der FeWo extra,10 Euro/Pers.). Landlady Frau Herrlich-Gryzan bietet ihren Gästen vier behagliche Doppelzimmer und eine Ferienwohnung im malerischen Ambiente; Café-Betrieb s. u.
www.kolonisten-kaffee.de
Pension Zollbrücke, Zollbrücke 7, Oderaue/OT Zollbrücke, Tel. 0152/36764621; DZ/F 80 Euro. Die beliebte Unterkunft direkt hinter dem Deich am Oder-Neiße-Radweg bietet 3 Gästezimmer und 3 FeWos im Landhausstil, großer Garten, Fahrradkeller. www.pension-zollbruecke.de

Radler's Hof (s. o.). Hier kommen Pasta, Burger, Schnitzel- und Schweizer Röstivariationen lecker und frisch auf den Tisch.
Kolonisten-Kaffee (s. o.), Sommeranfang bis Ende Sept. Feine Kaffeespezialitäten, hausgemachte Kuchen und kleine herzhafte Speisen; sehr beliebt.
Zur Oderbrücke, Chausseestr. 11, Bad Freienwalde/OT Altglietzen, Tel. 033369/525. Kleines gutbürgerliches Gasthaus der Familie Brodhofer an der Landstraße nach Hohenwutzen. Hier fischt der Wirt noch selbst! Neben Wildgerichten kommen Oder-Spezialitäten jahreszeitlich auf den Tisch; z. B. Karpfen mit Fliedermus, Quappenfilet und geräucherter Rapfen.

Oderbruchcamp Zechin: → S. 144
Triangel Camping Niederfinow: → S. 191

Chamisso Museum, Dorfstr. 1, Bliesdorf/OT Kunersdorf, Tel. 033456/151227; März–Okt. Sa, So 11–17 Uhr.
www.kunersdorfer-musenhof.de

Theater am Rand, Zollbrücke 16, Zäckericker Loose, Tel. 033457/66521.
www.theateramrand.de

Oderbruchzoo, Schulgartenstr. 17, Oderaue/OT Altreetz, Tel. 033457/689797; tgl. 9–16, im Sommer bis 18 Uhr. Klein und familiär; mit Schafen, Ziegen, Eseln, Ponys, Kaninchen, Alpakas, Rhesusäffchen und Makaken (→ S. 17).
www.oderbruchzoo.de

Ruschebuhne, Badestrand bei Oder-Km 640 auf der Höhe von Gieshof-Zelliner Loose, nur bei Niedrigwasser über den Damm zu erreichen.

Bad Freienwalde

Ungewöhnlich bergig geht es in Brandenburgs ältestem Kur- und Badeort zu. Von der Alten Oder steigt das Land zur Barnim-Hochfläche rasch auf fast 160 Meter an, weshalb der Wandersmann Fontane schrieb: »Freienwalde ist eine Bergstadt, aber nicht minder ist es ein Badeort, eine Fremdenstadt.« Bereits der gichtgeplagte Kurfürst Friedrich Wilhelm hatte Genesung in Freienwalde gefunden. Nachdem eine mineralhaltige Heilquelle, die heutige Kurfürstenquelle, entdeckt worden war, ließ er 1684 einen Gesundbrunnen gründen. Doch nicht Wasser, sondern Moor wurde zum Heilmittel Nummer 1 im 6000-Einwohner-Städtchen. Seit 1925 trägt es den Titel »Bad« und ist seit Dezember 2003 als Moorheilbad anerkannt.

Sehenswertes

Neben hübsch restaurierten **Bürgerhäusern** besitzt Bad Freienwalde als besonderen Hingucker ein kleines **Schloss** sowie im Herzen der Stadt am Markt ein

▶ Karte S. 164

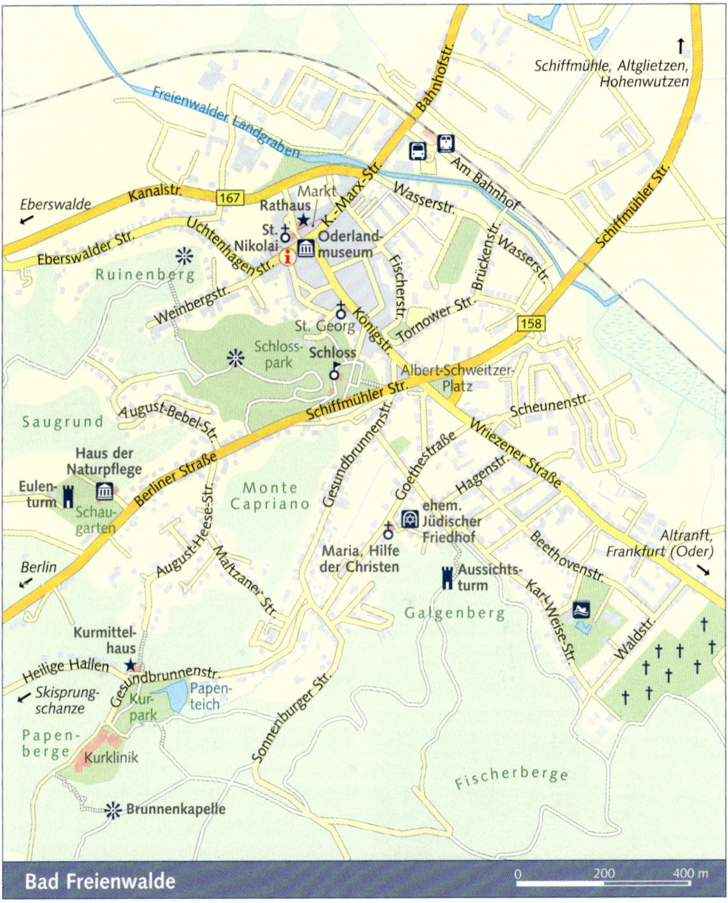

Bad Freienwalde

spätklassizistisches **Rathaus** (1855) und die Pfarrkirche **St. Nikolai.** Die Anfänge des Gotteshauses, im 15. Jahrhundert zur spätgotischen Backsteinhalle erweitert, reichen bis in die Zeit der Stadtgründung im 13. Jahrhundert zurück. Damals entstand »Vrienwalde« wohl als Kaufmannssiedlung an einer Oderfurt, im Jahrhundert darauf wurde es 1316 erstmals schriftlich genannt. Der Taufstein in der Nikolaikirche datiert auf Mitte des 13. Jahrhunderts und zählt wahrscheinlich noch zur Erstausstattung. Weitere Schmuckstücke sind der Hochaltar von 1622/1623 und der Orgelprospekt, den Joachim Wagner 1728 schuf. St. Nikolai gegenüber sind im 1744 errichteten Loebenschen Freihaus die **Touristeninformation** und das **Oderlandmuseum** zu Hause. Das Museum präsentiert die Geschichte Bad Freienwaldes und des Oderbruchs. Spaziert man von dort die Königstraße bergauf, ist die kleine Fachwerkkirche **St. Georg** schnell erreicht. Das auf 1696 datierende Gotteshaus fungiert heute als Konzerthalle.

Um die Ecke steigt, von grünen Hügeln umkränzt, am Hang der **Schlosspark** auf. Im unteren Teil erheben sich das grazile Teehäuschen, ein hölzerner Pavillon von 1795, und daneben **Schloss Freienwalde.** Baumeister David Gilly errichtete das klassizistische Kleinod preußischer Landbaukunst 1798/1799 für Königin Friederike Luise als Witwensitz. 1909 erwarb es der Industrielle und spätere Außenminister der Weimarer Republik Walter Rathenau. Nach seiner Ermordung 1922 schenkten die Erben das Schloss der Stadt Freienwalde unter der Auflage, in den Räumlichkeiten das Andenken an den bedeutenden demokratischen Politiker zu bewahren. 1991 konnte das Schloss schließlich als Gedenkstätte eröffnen, die Leben und Werk Rathenaus präsentiert. Der bauliche und betriebliche Unterhalt des charmanten Gebäudes stellt die kleine Stadt jedoch vor große Herausforderungen. Der Versuch, die Liegenschaft zu veräußern, scheiterte bisher, da sich unter der Bedingung, Schloss und Park

Patronatskirche in Altranft

Das Oderlandmuseum zeigt traditionelle Kleidung aus der Region

für die Öffentlichkeit zu erhalten, kein Investor findet. So ist die Zukunft von Schloss Freienwalde ungewiss.

Einen kurzen Spaziergang von dort entfernt steht oben am Hang das **Haus der Naturpflege.** Der große Lehr- und Schaugarten mit über 1000 verschiedenen Pflanzenarten wurde 1960 von Erna und Kurt Kretschmann (1912–2001 und 1914–2007) angelegt. Bereits 1954 entwickelten die Kretschmanns das Naturschutzsymbol – Waldohreule auf gelbem Grund –, das zuerst in der DDR und seit der Wiedervereinigung deutschlandweit gültig ist. Das Blockhaus, das sich die Naturschutzpioniere 1946 erbauten, ist seit 1996 Naturschutzmuseum.

Der Eulenturm im Garten vom Haus der Naturpflege, der Schanzenturm im Papengrund oder als Endpunkt der Aussichtsturm auf dem Galgenberg bilden Etappen des **»Gipfelstürmers«.** Auf 20 Kilometern führt der Wanderweg vom Bahnhof Falkenberg bergauf und bergab über den »Watzmann« (106 Me-

▲ Karte S. 164, 181

ter) zu Ahrendskehle und Teufelssee bis zum Galgenberg hoch über dem Kurort. 2021 wurde der »Gipfelstürmer« von den Lesern des *Wandermagazins* zum beliebtesten Wanderweg Ostdeutschlands gewählt.

Altranft

Das Dörfchen Altranft, wenige Kilometer südlich von Bad Freienwalde, wirkt in seiner pittoresken Erscheinung wie ein lebendiges Freilichtmuseum. Neben den typischen Bauernhäusern lassen sich auf einem Spaziergang über das Kopfsteinpflaster die alte **Dorfschule** (1859), ein **Spritzenhaus** (1862), ein reetgedecktes **Fischerhaus** (1759), ein **Wasch- und Backhaus** (1880), die **Schmiede** (1911) und der **Bergschmidt-Hof** (1830) des Dorfschulzen entdecken. Am weitläufigen Markt erheben sich die **Patronatskirche** (1752) und in der Nachbarschaft, im Mittelpunkt des ehemaligen Gutsbauerndorfs, das neubarocke **Schloss Altranft.** Das bis ins 16. Jahrhundert zurückgehende, in seiner jetzigen Gestalt seit 1876 bestehende Herrenhaus bildet den Mittelpunkt des **Oderbruch Museums Altranft – Werkstatt für ländliche Kultur.** Schloss und Dorf umfassend, widmet sich das Museum zentral dem Oderbruch, seiner Landschaft, Landwirtschaft, Baugeschichte und Siedlungskultur. Höhepunkt in den Schlossmauern ist die **Oderbruch-Murmelbahn,** die ein Modell des nördlichen Bruchs und seines verzweigten Wassersystems mit Schöpfwerken, Schleusen, Deichen, Gräben, alten Fließwegen, Alter Oder und Stromoder darstellt. In Fluss wird das Ganze mit über 500 blauen und grünen Glaskugeln gebracht: Mit leichtem Gefälle rollen sie über das gut zwölf Quadratmeter große Spielmodell und vollziehen so die Wege nach, die das Wasser im Oderbruch nimmt – sogar mit Dammbruch und Überschwemmung. Das Schloss ist zudem Ausgangspunkt für den **Talk Walk** mit Smartphone oder MP3-Player durchs Dorf.

Schloss Altranft ist der Mittelpunkt des Oderbruch Museums

Von Schiffmühle nach Hohenwutzen

Am Fuß des Neuenhagener Sporns duckt sich vor dem steilen Bergrücken der Weiler **Schiffmühle.** Ein kleines Fachwerkhaus vor dem Hang war die letzte Station des gescheiterten Apothekers Louis Henri Fontane, der hier bis 1867 seine letzten zwölf Lebensjahre verbrachte. »Ich besuchte ihn alle Jahr einmal«, schrieb Sohn Theodor in seinem autobiografischen Roman *Meine Kinderjahre*. Als Erinnerungsstätte hält das **Fontanehaus Schiffmühle** heute für Besucher die Tore offen und zeigt in den historischen Räumen die Ausstellung »Besuch beim Vater. Louis Henri Fontane in Schiffmühle«. Vater Fontanes Ruhestätte befindet sich auf dem Gottesacker bei der Kirche im Nachbarörtchen Neutornow.

Noch zu des Dichtersohns Zeiten war man 1871 in der Gegend auf reiche Tonvorkommen gestoßen. 1878 wurde in **Altglietzen** der erste Ringofen angefeuert, um im Gründerzeitboom den Hunger der Reichshauptstadt Berlin nach Ziegeln zu stillen. Erst 1985, als die Tonvorkommen erschöpft waren, gingen die Ringöfen außer Betrieb. Die Ziegeln und Fliesen der Altglietzener Firma GOLEM werden heute in Gasbrennöfen produziert. Den restaurierten großen **Hoffmannschen Ringofen** auf dem Werksgelände kann man bei einer Führung besichtigen und erfährt dabei viel Spannendes über das traditionelle Ziegelbrennen, die Geschichte und Funktionsweise solcher Öfen.

Bei **Hohenwutzen** ist die nächste **Oderbrücke** erreicht. Die Blechkarawane, die sich insbesondere samstags durchs Dörfchen schiebt, würdigt den Ort keinen Blickes. Denn drüben auf der polnischen Seite lädt in Osinów Dolny (→ S. 199) der riesige »Polenmarkt Hohenwutzen« zum Kaufrauschen ein.

Kurz vorher erinnert beim Deichkilometer 70,4 ein **Gedenkstein** an das »Wunder von Hohenwutzen«. Während der Hochwasserkatastrophe im Sommer 1997 drohte am **Krummen Ort** der Deich zu brechen. Wo die Oder eine scharfe Rechtskurve vollführt, drückten die Wassermassen fast rechtwinklig auf die Eindämmung. Über sieben Millionen Sandsäcke wurden verbaut, ohne Unterlass brachten Hubschrauber neuen Sand herbei, um den Böschungsbruch zu verfüllen und den Deich zu stabilisieren. Und tatsächlich, dass er nach Tagen des Bangens standhielt, kam einem Wunder gleich. Aber warum, fragt man sich, haben die

Der Hoffmannsche Ringofen in Altglietzen kann besichtigt werden

▶ Karte S. 164, 181

Wasserbaumeister bei der Verlegung des Oderbetts im 18. Jahrhundert eine solch gefährliche Sollbruchstelle implementiert? Am Krummen Ort befand sich die niedrigste Stelle, um den Neuenhagener Sporn zu durchschneiden, der von Osten her weit ins Bruch hineinragte. So konnte der neue Oderkanal auf dem Weg des geringsten Aufwands nach Hohensaaten zum natürlichen Oderbett anschließen.

Bad Freienwalde

Vorwahl: 03344, **PLZ:** 16259

Touristinformation Bad Freienwalde, Uchtenhagenstr. 2, Tel. 150890; April–Okt. Mo–Fr 10–18, Sa, So 10–14, sonst Mo–Fr 10–16, Sa, So 10–14 Uhr. www.bad-freienwalde.de

Bus 883 der Barnimer Busgesellschaft verkehrt zwischen Eberswalde und Bad Freienwalde. www.bbg-eberswalde.de

Die touristische **Oderbus-Linie 879** fährt von Ende Mai bis Anfang Oktober immer samstags viermal tgl. von Bad Freienwalde mit Stopps an insgesamt 32 Haltestellen über Schiffmühle, Neuküstrinchen, Zollbrücke, Neulietzegöricke und Altlewin nach Wriezen; es gibt auch Tageskarten, beschränkte Fahrradmitnahme. Infos und Fahrpläne: www.oderbus.de

RB 60 (NEB) Eberswalde–Frankfurt (Oder), über Bad Freienwalde, Altranft, Wriezen, Neutrebbin, Letschin

Hotel-Restaurant Zur Fährbuhne, Fährweg 17, Hohenwutzen, Tel. 033368/5050, DZ/F 105 Euro. Familiengeführtes freundliches Mittelklassehotel, direkt am Oder-Neiße-Radweg, deshalb auch bei Radlern beliebt; die Zimmer recht klein und etwas altmodisch, aber gepflegt. Das gutbürgerliche Restaurant bereitet schmackhafte Schnitzelküche, Wild- und Fischgerichte nach heimischen Rezepten zu.

Haus der Naturpflege, Dr.-Max-Kienitz-Weg 1, Tel. 3582. Urige Übernachtung entweder im Gästezimmer mit Bad/WC auf dem Gang (DZ 25 Euro) oder mit Kind und Kegel im Heuhotel (Erw. 8 Euro, Kinder bis 14 J. 5 Euro, April–Okt.), jeweils zzgl. 4 Euro für Bettwäsche und Handtücher; eine Küche zum Kaffeekochen und Frühstückmachen steht zur Verfügung. www.haus-der-naturpflege.de

Oderbruchcamp Zechin: → S. 144

Triangel Camping Niederfinow: → S. 191

Schloss Freienwalde, Rathenaustr. 3, Tel. 300367; Do–So 11–17 Uhr. www.schloss-freienwalde.de

Oderlandmuseum, Uchtenhagenstr. 2, Tel. 2056; Mi–Sa 11–17 Uhr, Mitte Dez.–Mitte Jan. geschlossen. www.oderlandmuseum.de

Oderbruch Museum Altranft – Werkstatt für ländliche Kultur, Am Anger 27, Bad Freienwalde/OT Altranft, Tel. 333911; April–Dez. Do–So 11–17 Uhr. www.oderbruchmuseum.de

Haus der Naturpflege, Museum und Gartenanlage (s. o.); April–Okt. Di–So 10–16, sonst Di–Fr 10–16 Uhr.

Fontanehaus Schiffmühle, Schiffmühle 3; April–Okt. Fr–So 12–18 Uhr. www.bad-freienwalde.de/fontanehaus

Hoffmannscher Ringofen Altglietzen, Chausseestr. 60, Bad Freienwalde/OT Altglietzen, Tel. 033369/75243 (Förderverein), Ringofen-Altglietzen@web.de. Besichtigung nach Vereinbarung am besten per E-Mail.

Neutornow, kleiner Badestrand mit großer Wiese am westlichen Ufer des Bruchsees, wenige Meter von der Wriezener Alten Oder entfernt, unbewirtschaftet.

Polenmarkt Hohenwutzen, Osinów Dolny, tgl. 9–17 Uhr. www.hohenwutzen.de

Alte Oder überall

Wohin man im Oderbruch zwischen Lebus und Hohensaaten auch schaut, irgendwo fließt immer eine »Alte Oder«. Es sind alte Nebenarme, die bis zur Eindeichung der Stromoder im 18. Jahrhundert munter durchs Bruchland mäanderten. Vier der einstigen Nebenarme haben sich als Altarme über die Trockenlegung des Oderbruchs hinaus erhalten: Die südliche Alte Oder zweigt bei Reitwein (→ S. 136) aus dem Odervorland ab und plätschert über Gorgast, Golzow und Letschin nach Wriezen. Wo sie unterwegs im Sande verlaufen würde, wird sie in Entwässerungsgräben weitergeführt: Richtgraben, Letschiner Hauptgraben und Volzine, die sich bei Wriezen – zusammen mit der nördlichen Güstebieser Alten Oder, von Güstebieser Loose herkommend – in die Wriezener Alte Oder ergießen. Die westliche Alte Oder zieht von Sachsendorf über Gusow/Platkow und Quappendorf weiter als Friedländer Strom, der ebenfalls bei Wriezen einmündet. Eine weitere Alte Oder, auch Stille Oder genannt, bildet sich zwischen Zollbrücke und Neulietzegöricke und fließt über Altglietzen nach Bad Freienwalde, um dort in der Wriezener Alten Oder aufzugehen.

Vor der Verlegung des Oderbetts an den östlichen Bruchrand Mitte des 18. Jahrhunderts mündeten fast alle Nebenarme bei Wriezen in den damaligen Oderhauptstrom. Dort sammelte der Fluss seine Wasserkraft für die große Kurve um den Neuenhagener Sporn herum. Nach Abschluss des gewaltigen Landschaftsumbaus unter Friedrich dem Großen wurde der alte Hauptstrom gekappt und fand sich fortan als Wriezener Alte Oder wieder. Sie nimmt auf ihrem Weg zur Hohensaatener Schleuse (→ S. 209) neben der Stillen Oder noch eine Reihe weiterer Gräben sowie bei Oderberg (→ S. 189) schließlich den Oder-Havel-Kanal mit auf die Reise. Deshalb kann man in aller Bescheidenheit sagen, dass das gesamte 800 Quadratkilometer große Oderbruch irgendwie an der Oder liegt.

Da die Niederung aber im Schnitt zwischen zwei und fünf Metern unter dem Wasserspiegel der Stromoder liegt, drängt infolge des Niveauunterschieds unablässig Wasser unter dem Deich hindurch in den Polder. Dieses unterirdisch hineindrückende Drängewasser speist wiederum das dichte Netz von Entwässerungsgräben und Altarmen beziehungsweise wird in sie mithilfe von Schöpfwerken hineingepumpt. So dienen die Oderaltarme zugleich als Vorfluter, denn sie leiten neben dem Oberflächenwasser auch das Drängewasser aus dem Oderbruch ab. Bei Hohensaaten nähern sich die Wriezener Alte Oder und die Stromoder einander bis auf wenige Meter an. Hier wurde für die Weiterführung der Oderbruchwasser – denn irgendwo müssen sie ja wieder zurück in den Fluss – bereits Mitte des 19. Jahrhunderts der Hohensaatener Vorflutkanal gebaut. Er ist heute Teil der Hohensaaten-Friedrichsthaler Wasserstraße, die unter anderem das Wasser aus dem Oderbruch 42 Kilometer weiter nördlich bis Friedrichsthal befördert, wo es sich am Ende der Reise in die Westoder ergießt.

Alle diese Wasserläufe sind in der Regel gut paddelbar. Aber Achtung: Wasserwandern im Oderbruch ist vignettenpflichtig! Der Landkreis Märkisch-Oderland erwartet 5 Euro im Jahr für die Touren mit »muskelbetriebenen Wasserfahrzeugen«. Dafür pflegt und erhält er die Rast- und Biwakplätze. Die Vignette erhält man in den Touristeninformationen und bei den Bootsverleihern.

Die Alte Oder bei Wriezen

2022 löst das neue Schiffshebewerk Niederfinow das alte ab

Am Oder-Havel-Kanal

Von Westen her verknüpft der Oder-Havel-Kanal, wie der Name schon sagt, die Oder mit der Havel, die wiederum in die Elbe mündet. Die künstliche Wasserstraße stellt zwischen Berlin und den Hohensaatener Oderschleusen (→ S. 209) das fehlende Verbindungsstück her für den Weg quer durch die Norddeutsche Tiefebene und damit letztendlich zwischen Nordsee und Ostsee.

Im Wirtschaftsboom nach der Reichsgründung 1871 sollte solch eine leistungsstarke, schnelle Wasserverbindung zwischen der aufstrebenden Reichshauptstadt und dem größten preußischen Ostseehafen Stettin geschaffen werden. Der schmale Finowkanal (→ S. 192), der seit Mitte des 18. Jahrhunderts Havel und Oder miteinander verbunden hatte, taugte wegen Überlastung nicht mehr. Vor seinen zahlreichen Kanalstufen stauten sich immer mehr Maßkähne, die auf die Schleusung warteten. 1905 verfügte Kaiser Wilhelm II. deshalb den Bau eines »Großschifffahrtswegs Berlin–Stettin« (→ S. 64). Mit der neuen Wasserstraße sollte die Fahrzeit verkürzt und gleichzeitig die Wettbewerbsfähigkeit gegenüber den großen Nordseehäfen Hamburg und Bremen gefördert werden. Dazu wurde der neue Kanal über weite Strecken zweischiffig angelegt: Zwei Schiffe mit jeweils acht Metern Breite und knapp zwei Metern Tiefgang bei 600 Tonnen Tragfähigkeit konnten so einander passieren.

1906 war Baubeginn für das Mammutprojekt, 1914 weihte Kaiser Wilhelm höchstpersönlich den Hohenzollernkanal, wie der Oder-Havel-Kanal damals hieß, an der Schleusentreppe bei Niederfinow ein. Seither wurde er mehrfach für immer größere Schiffe und Schubverbände ausgebaut. Die jüngsten Ausbauarbeiten dauern bei laufender Schifffahrt noch bis 2026 an.

■ Schiffshebewerk Niederfinow

Wo gute zehn Kilometer westlich von Hohenwutzen beim Dörfchen Niederfinow die Barnim-Hochfläche um 36 Meter abrupt ins Niederoderbruch abfällt, musste man sich beim Bau des Oder-Havel-Kanals Cleveres zur Überwindung des Höhenunterschieds einfallen lassen. Anders als der alte Finowkanal mit seinen zwölf historischen Schleusen verfügte die neue und breitere künstliche

▶ Karte S. 164, 192

Wasserstraße zwischen Havel und Oder nur noch über fünf Wasserstufen. Vier davon gehörten zur Schleusentreppe bei Niederfinow, einer Spitzenleistung der Ingenieursbaukunst: Vier hintereinander geschaltete Schleusenkammern überwanden zwischen der Barnim-Hochfläche und der Oderniederung jeweils neun Meter Hubhöhe – damals Weltrekord. Aber auch dieses technische Schleusenwunderwerk war schon bald an seine Leistungsgrenzen gelangt. Vor allem der Zeitaufwand für das viermalige Schleusen wirkte sich wirtschaftlich nachteilig aus. Also entschied man sich für den Bau eines Schiffshebewerks, eines Fahrstuhls für Schiffe gewissermaßen. 1927 war die Grundsteinlegung. 1934 ging die Stahlkonstruktion mit einem Schiffstrog von 85 Metern Länge, 12 Metern Breite und 2 Metern Tiefe in Betrieb. 14 000 Tonnen Stahl wurden dafür verbaut, 256 Trogseile am Stahlgerüst festgemacht. Wobei man sich den Trog etwa wie eine riesige Badewanne vorstellen kann, in den die Schiffe inklusive Last bis 4300 Tonnen einfahren, um danach in einer fünfminütigen Fahrstuhlpassage die 36 Meter Höhendifferenz hinauf- beziehungsweise hinabgehievt zu werden.

So befördert der Schiffslift seitdem ohne Unterlass Kähne, Schubverbände, Motorboote, Ausflugsschiffe, Segler und Paddler und wurde darüber hinaus zu einer Touristenattraktion. Rund 150 000 Besucher erweisen dem Technikdenkmal jährlich die Ehre: entweder als Schiffspassagiere, die im Ausflugsdampfer die **Hebewerkfahrt** hautnah miterleben; oder als Fußgänger, die vom **Informationszentrum in Niederfinow** aus den steilen Serpentinenweg hinauf auf die Besucherplattform des Stahlbauwerk nehmen. Unterwegs lässt sich direkt in den Trog hineinschauen oder auch die stählerne Kanalbrücke bewundern, über die die Schiffe vom oberen Vorhafen aus in den Fahrstuhl steuern. Oben angelangt, eröffnet sich ein wunderbarer Blick weit in die Oderniederung.

Das Schiffshebewerk wird für den Wirtschaftsverkehr voraussichtlich noch 2022 in Ruhestand gehen. Denn es ist für die großen Güterschiffe mittlerweile zu klein geworden. Zum 75. Geburtstagsjubiläum der alten Dame erfolgte 2009 in ihrer Nachbarschaft der erste Spatenstich zu einem zeitgemäßen neuen Stahlkoloss. Über 500 Millionen Euro wurden für das **neue Schiffshebewerk** verbaut, das vom Prinzip her wie das alte funktioniert: als Senkrechthebewerk mit Gegengewichtsausgleich, nur alles in einer größeren, schnelleren, leistungsstärkeren Variante. So wird die Trogfahrt nur noch drei statt fünf Minuten dauern und das Troggewicht knapp 10 000 Tonnen betragen.

Oderberg

Wo der Oder-Havel-Kanal in die Wriezener Alte Oder mündet, erstreckt sich Oderberg. Die Lage des 2200-Seelen-Städtchens könnte, in märkischen Relationen betrachtet, nicht aufsehenerregender sein. Es liegt erstaunliche 100 Meter über Normalnull an einem Berghang, was in der platten Mark ziemlich außergewöhnlich ist. Südlich und östlich erstreckt sich das weite, flache Niederoderbruch, das vom Neuenhagener Sporn sowie der Lieper und Oderberger Endmoräne eingerahmt wird. Die steile Sand- und Geröllwand am Eisrand der letzten Eiszeit fällt steil zur Oderniederung ab. So darf man mit märkischem Augenzwinkern vielleicht formulieren, dass Oderberg über der Alten Oder am Steilhang klebt.

1214 ließ Markgraf Albrecht II. nahe einer Furt auf dem hohen Oderufer eine Burg errichten. Die Siedlung zu ihren Füßen wurde schon 1259 als Stadt erwähnt. Sie war berüchtigt für ihre »Niederlage«, das heißt alle vorbeiziehenden Kähne mussten ihre Fracht drei Tage auf dem Oderberger Markt niederlegen und zum Verkauf anbieten. Ein lukratives Geschäft zuallererst für die Oderberger. Die Pest Anfang des 17. Jahrhunderts, bald darauf der Dreißigjährige Krieg und 1672 ein Stadtbrand beendeten die Blütezeit. Durch die Begradigung der Oder zwischen Güstebiese und Hohensaaten 1747 bis 1753 versandete zu allem Überfluss auch noch der überkommene Oderlauf. Schifffahrt und Fischerei erlitten herbe Verluste. Mit der Eröffnung der Chaussee von Eberswalde nach Oderberg 1848 ging es für die Kaufleute, Schiffer und Kahnbauer dann wieder bergauf. Der Bau eines Sägewerks setzte Mitte des 19. Jahrhunderts ein weiteres Zeichen. 1871 arbeiteten in dem kleinen Ort elf Sägewerke und, als zweites ökonomisches Standbein, eine Reihe von Bootswerften. Schiffer, Fischer, Flößer und Kahnbauer prägten das Bild der Stadt.

Das **Binnenschifffahrts-Museum** erinnert heute daran und lädt auf eine Zeitreise in die Geschichte der Oderschifffahrt ein. Im Freilichtbereich liegt an der Alten Oder der 1897 vom Stapel gelaufene Elbe-Seitenraddampfer »Riesa«. **Dampferpartien zum Schiffshebewerk** starten gut 200 Meter weiter östlich vom Oderbollwerk aus. Freizeitkapitäne laufen weitere zwei Kilometer östlich die **Marina Oderberg** an.

Die ältesten **Fachwerkhäuser** im historischen Ortszentrum stammen noch aus dem 18. Jahrhundert. In ihrer Mitte erhebt sich die 1855 geweihte Kirche **St. Nikolai.** Die nach Plänen von Friedrich August Stüler (1800–1865) erbaute neugotische Basilika verfügt über eine noch aus der Bauzeit rührende Innenausstattung.

Neben dem Gotteshaus führt eine steile Treppe zum Aussichtspunkt auf dem **Albrechtsberg** hinauf. Oben angelangt, lassen einige spärliche Spuren noch die mittelalterliche Burg erahnen, die Albrecht II. hier einst auf einem slawischen Burgwall anlegen ließ. Sie wurde 1349 in der Schlacht von Oderberg zwischen Brandenburg und Mecklenburg bis auf die Grundmauern zerstört. Vom Albrechtsberg aus kann man einen schönen Blick auf das **Naturschutzgebiet Niederoderbruch** werfen. Auf einem gelb markierten Wanderweg gelangt man wieder bergab auf die kopfsteingepflasterte, schmale Hauptstraße.

▲ Karte S. 164, 192

Oderberg liegt an der Wriezener Alten Oder

Am Oder-Havel-Kanal

PLZ: 16248

Touristeninformation Oderberg, Hermann-Seidel-Str. 44 (im Binnenschifffahrts-Museum), Oderberg, Tel. 033369/539321; April–Okt. tgl. 10–17, Nov.–März tgl. 10–15 Uhr. www.bs-museum-oderberg.de

Linie 916 der Barnimer Busgesellschaft verkehrt von Eberswalde (Bahnanschluss) über Niederfinow und Liepe nach Oderberg, die **Linie 873** von Oderberg über Schiffmühle, Hohenwutzen, Hohensaaten nach Bad Freienwalde (Bahnanschluss). www.bbg-eberswalde.de

RB 60 (NEB) Eberswalde–Frankfurt (Oder), über Niederfinow, Bad Freienwalde

Marina Oderberg, Altes Bruch 5, Oderberg, Tel. 033369/75540; April–Okt. Steganlage mit Strom und Wasser, Zelt- und Caravanplatz, WC/Dusche im Hafengebäude; dort auch einfache Zimmer (DZ/F 69 Euro), im Restaurant gutbürgerliche deutsch-internationale Gerichte. www.marina-oderberg.de

Schiffshebewerkfahrten: Durch den Betriebslauf am Schiffshebewerk können sich die angegebenen Fahrzeiten verändern. Deshalb sicherheitshalber vorher anrufen oder auf den Websites informieren.

Fahrgastschifffahrt Neumann, Hebewerkstr. 52, Niederfinow, Tel. 03334/24405; Mitte März–Ende Okt. tgl. drei Fahrten ca. 11, 13 und 15 Uhr. Abfahrt am Unterhafen des Hebewerks oder am Oberhafen an der Schleusentreppe am Parkplatz an der L 291 (Straße von Eberswalde nach Liepe). www.schiffshebewerk-niederfinow.info

Fahrgastschifffahrt Oderberg, Galgenberg 3, Oderberg, Tel. 0172/5742426; April–Sept. Di–Do, Sa, So 10.30, Fr 14.30, Okt.–März Sa, So 11 Uhr. Die Anlegestelle befindet sich in der Hermann-Seidel-Str. ggü. Haus Nr. 53. www.oder-schiff.de

Riverside Inn, Teufelsberg 5, Oderberg, Tel. 0172/3836116; DZ/F 90 Euro. Freundliches Bed & Breakfast am Ufer des Oderberger Sees auf halber Höhe zwischen Liepe und Oderberg. Behagliche, moderne Zimmer, Biergarten und Bootsanleger. Das Restaurant serviert bodenständige deutsche und böhmische Küche. www.riversideinn.de

Triangel Camping Niederfinow, Dorfstr. 31 (auf Höhe Stecherschleuse), Niederfinow, Tel. 033362/704037 und 0172/3806858; Mitte April–Anfang Okt. Romantisches Wiesenidyll am stillen Finowkanal, bei Wasserwanderern und Radlern beliebt. Der kleine Platz mit Kiosk, Holzhäuschen zum Mieten, Feuerstelle, Streuobstwiese und Hängematte zwischen den Bäumen wird liebevoll von einem Frauenkollektiv unterhalten. Im Gartenimbiss gibt's Kaffee, Kuchen und kleine Gerichte möglichst von regionalen Produkten, auch vegetarisch oder vegan. www.camping-niederfinow.de

Marina Oderberg, Zeltmöglichkeit auf der Wiese (s. o.).

Großer **Wohnmobilparkplatz** in Niederfinow zu Füßen des Schiffshebewerks (ohne Ver-/Entsorgung), WC-Anlage, Imbisse.

Marina Oderberg, Wohnmobilstellplatz (s. o.).

Binnenschifffahrts-Museum, Adresse s. o. bei Touristeninformation.

Triangel Camping Niederfinow (s. o.), Verleih von Fahrrädern, Kanus, Kajaks.

Kanu Oderberg, Hermann-Seidel-Str. 62a (neben dem Museumsschiff »Riesa«), 16248 Oderberg, Tel. 0174/5315452. Verleih von Kanus und Kajaks, geführte Touren. www.kanu-oderberg.de

Der Finowkanal – Deutschlands älteste künstliche Wasserstraße

Die Idee, Oder und Havel durch einen Kanal miteinander zu verbinden und damit ein durchgehendes Wasserwegenetz zwischen Nordsee und Ostsee zu schaffen, ist über 400 Jahre alt. 1603 erließ Kurfürst Joachim Friedrich die Order, von der Faulen Havel bei Liebenwalde bis zur Oder einen Wasserweg anzulegen. 1605 erfolgte der erste Spatenstich, bis 1620 war Deutschlands erste – und damit älteste – künstliche Wasserstraße gegraben. Ihren Dienst konnte sie allerdings kaum mehr verrichten. Von 1618 bis 1648 wütete der Dreißigjährige Krieg. Ein großer Teil der Bevölkerung, die nicht durch marodierende Soldaten umkam, starb an Krankheiten und Hunger. Alle Infrastruktur wurde verheert, so auch der Finowkanal, der im Lauf der Jahrzehnte verfiel.

Der Wiederaufbau des zerstörten, entvölkerten Lands ging schleppend voran. Erst 100 Jahre später griff König Friedrich der Große nach seinem Regierungsantritt 1740 das Projekt Finowkanal wieder auf. Bereits nach dreijähriger Bauzeit konnte die Wasserstraße 1746 neu eröffnen. In den folgenden 150 Jahren stieg die 42 Kilometer lange Verbindung zwischen Havel und Oder zu einer der wichtigsten preußischen Binnenwasserstraßen auf. »Finowmaßkähne« mit maximal 1,4 Meter Tiefgang, 4,6 Meter Breite und um die 200 Tonnen Traglast wurden vom Treidelweg am Ufer aus von Pferden oder auch mit menschlicher Muskelkraft gezogen. Schiffer und Handwerker ließen sich in der prosperierenden Region am Finowkanal nieder.

Mit Kupfer- und Eisenhammern, später Eisenspalterei, Papierfabrik, Messingwerk, Stahlwerk entwickelte sich die künstliche Wasserstraße zur Lebensader der brandenburgisch-preußischen Industrieregion. Die zentrale Stadt am Kanal, Eberswalde, nannte man bald schon das »märkische Wuppertal«. Neben Holz und Kohle, Maschinenbau- und Metallerzeugnissen wurden für das nach der Reichsgründung 1871 rasant wachsende Berlin außerdem jährlich viele Millionen Tonnen Ziegelsteine über den Finowkanal in die Reichshauptstadt geschifft.

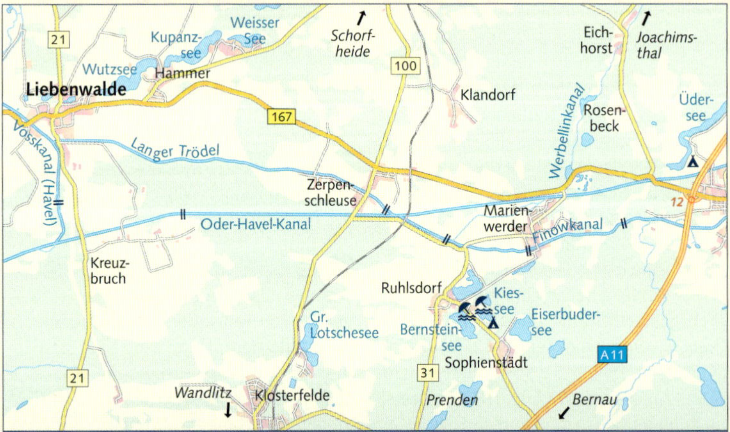

Finowkanal

Anfang des 20. Jahrhunderts war man schließlich an die Kapazitätsgrenze gelangt. Obwohl Tag und Nacht geschleust wurde, konnte der Güterverkehr auf dem Finowkanal nicht mehr bewältigt werden. 1906 begann daher wenig entfernt der Bau des größeren Hohenzollernkanals (Oder-Havel-Kanal, → S. 188) mit weniger Schleusen für größere Schiffe, die mehr Fracht laden können. 1914 fand seine Einweihung statt. Der Finowkanal verlor immer mehr an Bedeutung. 1972 kam der Wirtschaftsverkehr endgültig zum Erliegen.

Nach umfassender Sanierung an der Jahrtausendwende dient die kleine künstliche Wasserstraße, mittlerweile romantisch eingewachsen, heute als herrliche Wasserpartie für Paddler und Hobbyschiffer. Eine moderne und zwölf historische Schleusen müssen zwischen Zerpenschleuse im Westen und der Lieper Schleuse im Osten überwunden werden. Unterwegs bieten Wasserwanderrastplätze Zelt- und Versorgungsmöglichkeiten. Bei Zerpenschleuse folgte 2016 zudem die Wiedereröffnung des »Langen Trödels«. Dort, wo der Finowkanal den Oder-Havel-Kanal quert, hatte man 1924/1925 die beiden Finowkanalschleusen zugeschüttet. Der Kanalabschnitt von Zerpenschleuse bis Liebenwalde wurde dadurch zum stehenden Gewässer, dem Langen Trödel. Nach der Sanierung sowie dem Bau einer neuen Schleuse, von zwei Klappbrücken und einer Hubbrücke herrscht jetzt wieder freie Fahrt zwischen Oder und Havel – oder wer noch weiter möchte, zwischen Nordsee und Ostsee.

Schleusenzeiten Finowkanal: Ende April–Mitte Okt. tgl. 9–16.45 Uhr, **Hubbrücke in Eberswalde** in der Saison bei Bedarf im 2-Stunden-Takt tgl. 8–18 Uhr. Weitere Informationen zu Brücken, Anlegestellen, Wasserständen u.v.m. unter www.finowkanal.info, www.elwis.de.

Schleusensanierung: Ab voraussichtlich 2023, zunächst im Abschnitt von Schleuse Ruhlsdorf bis Schleuse Wolfswinkel (Eberswalde), 2024 bis 2030 von Eberswalde bis Lieper Schleuse am Schiffshebewerk. Für große Boote ist der Kanal dann nur eingeschränkt schiffbar, Paddelboote lassen sich an den Schleusenbaustellen umtragen.

Mit der Stromoder von Kostrzyn nach Osinów Dolny

Bis ins 13. Jahrhundert war die Region nördlich der Warthe, die heute den südwestlichen Zipfel der Woiwodschaft Zachodniopomorskie (Westpommern) bildet, Teil des Königreichs Polen. Nördlich grenzte Pommern an, westlich der Oder dehnte sich das Herrschaftsgebiet der brandenburgischen Markgrafen aus. In der Grenzregion selbst hatte die polnische Krone die Zisterzienser-, Templer- und Johannitermönche reich mit Ländereien bedacht. Im zweiten Drittel des 13. Jahrhunderts setzte die Einwanderung deutscher Kolonisten ein, und auch die brandenburgischen Markgrafen strebten danach, ihren Herrschaftsbereich weiter nach Osten auszudehnen. 1261 erwarben sie vom Templerorden die Burg Soldin (Myślibórz), die rasch zum Machtzentrum der Neumark aufstieg, wie man die Region ab dem 15. Jahrhundert nannte. Ab 1701 Provinz im Königreich Preußen und mit der deutschen Reichsgründung 1871 Teil der preußischen Provinz Brandenburg, ist sie seit Ende des Zweiten Weltkriegs nun wieder polnisch.

Unfassbar viel Blut wurde hier 1945 in den letzten Kriegstagen vergossen. Im nördlichen Teil dieses Streckenabschnitts erinnert in fast allen Oderortschaften im Cedyński-Landschaftspark (Cedyński Park Krajobrazowy) zumindest ein Ehrenmal an die Oderoffensive im April 1945. Die 1. Polnische Armee, Bestandteil der 1. Belorussischen Front, sammelte sich bei Gozdowice (Güstebiese) zum Angriff auf Berlin. Der Abschnitt zwischen den beiden Oderbrücken in Kostrzyn und Osinów Dolny ist auf polnischer Seite deshalb auch ein Weg der Gedenkstätten. Den südlichen Teil des Streckenabschnitts von Kostrzyn über Kaleńsko und Namyślin bis zum winzigen Flecken Porzecze umfasst der Landschaftspark Warthemündung (Park Krajobrazowy Ujście Warty). 1996 gegründet, teilen sich ihn die Woiwodschaften Lubuskie (dort seit 2001 Nationalpark, → S. 156) und mit kleinerem Gebiet Zachodniopomorski. Altwasserarme, Binsen, Sümpfe und Feuchtwiesen prägen das einsame Land und dahinter im Schwemmland fruchtbare Felder. Fast alle Wege führen hier weg von der Oder. Kein Dorf, kein Hof ist ans Flussufer gebaut, und auch kein Deich schützt vor möglichen Überflutungen. Im Fall der Fälle würden sich die Wasser, wie vorgesehen, ins Schwemmland ergießen. Die wenigen kleinen Weiler liegen ein Stück oberhalb der Flussniederung.

Dementsprechend holen im Landschaftspark Warthemündung auch die touristischen Pfade weiter ins Land aus. Wer direkt ans Ufer der Oder möchte, muss sich zu Fuß oder mit dem Rad über nicht kartierte Feldwege aufmachen. Ansonsten teilen sich Radfahrer unterwegs auf dem Radweg Zielona Odra (Grüne Oder, → S. 405) und alle anderen Verkehrsteilnehmer die schmale, holprige Landstraße.

Blick über die Oder von der neuen Fußgänger-Fahrrad-Brücke bei Siekierki

▲ Karte S. 164

Landschaftspark Warthemündung

Von Kostrzyn aus führt die Straße durch das Industrie- und Gewerbegebiet mit viel schwerem Verkehr nach **Szumiłowo,** an dessen nördlicher Ortsgrenze der Landschaftspark beginnt. Ist anschließend **Kaleńsko** erreicht, wartet dort ein großer, grüner Picknickplatz in der Oderaue auf Ausflügler. Tafeln informieren über Fauna und Flora, und ein Wiesenpfad führt bis zum Sumpf kurz vor der Oder.

In **Namyślin** (Neumühl), 200 Einwohner klein, geht eine Stichstraße über den klitzekleinen Weiler **Porzecze** hinab zur Staatsgrenze am Strom. Kurz hinter dem Ort wartet ein hölzerner **Aussichtsturm** auf die Besteigung, bevor man, unterhalb an der Oder angelangt, noch Reste der alten Fährbuhne hinüber nach Kienitz (→ S. 168) ausmachen kann.

Die etwa sechs Kilometer lange Strecke ab **Namyślin** zur Oder hinunter ist per Wegweiser als **Radweg Zielona Odra** (→ S. 405) ausgeschildert. Worauf leider nicht hingewiesen wird, ist, dass man den Weg von der Oder nach Namyślin zur Landstraße auch wieder zurückradeln muss. Denn unten am Fluss gibt es in diesem Abschnitt kein Weiterkommen.

Cedyński-Landschaftspark

Ab Czelin, wo man auf befestigten Straßen wieder näher zur Oder gelangt, erstreckt sich zwischen dem beschaulichen Landstädtchen **Mieszkowice** und nördlich **Cedynia** (→ S. 225) auf über 35 000 Hektar der Cedyński Park Krajobrazowy (Cedyński-Landschaftspark). Von den naturgeschützten weiten Flussauen – keine zwei Meter über dem Meeresspiegel – steigt das Land in fünf Kilometern Vogelfluglinie bis 167 Meter zu seinem höchsten Punkt an. Hügelig ist es und dann wieder flach, mit Laubmischwäldern, Wiesen, Feldern und

Unterwegs im Landschaftspark Warthemündung bei Porzecze

Auen. Von Aussichtspunkten geht der Blick scheinbar unendlich weit über das winternasse und im Sommer hitzeflirrende Odertal. Am Wasser ist es hier so still, dass man sich selbst atmen hört, begleitet vom tausendfachen Summen der Insekten. In **Czelin** (Zellin), 400 Einwohner klein und südliches Tor in den Landschaftspark, wurde am 27. Februar 1945 der erste polnische Grenzpfahl an der Oder in die Erde gelassen. Am Gedenkobelisken am Flussufer wird der Feiertag mit viel militärischem Pomp alljährlich begangen.

Gozdowice

Keine drei Kilometer weiter flussabwärts wurden bei Gozdowice (Güstebiese) vom 14. bis zum 20. April 1945 die Truppenverbände gesammelt, zur Vorbereitung für die Schlacht um Berlin. Auf einem Hügelchen in dem winzigen Ort erinnert das 1952 enthüllte und 20 Jahre später noch einmal umgestaltete **Denkmal »Ruhm der Pioniere«** an die Wegbereiter für den Vormarsch der 1. Polnischen Armee. Nebenan zeichnet das **Museum für militärtechnische Erinnerung** (Muzeum Pamiątek Wojsk Inżynieryjnych)

Lapidarium beim Soldatenfriedhof in Stare Łysogórki

im Gebäude, wo sich 1945 der Stab der polnischen Pioniertruppen einquartierte, mit Frontkarten, Modellen und Originalartefakten die Gefechtsstrecke nach. Im Hof stehen noch mehrere Originalpontons aus dem Jahr 1945, mit denen eine Behelfsbrücke über die Oder errichtet wurde.

Eine erste Erwähnung fand Gozdowice als slawisches Fischerdorf im Jahr 1337. Die kleine **Dorfkirche** stammt im Kern wohl ebenfalls aus dem 14. Jahrhundert, als die deutschen Kolonisten in die »terra trans Oderam« kamen. Von 1815 an pendelte eine Oderfähre vom damaligen Güstebiese am östlichen Oderufer nach Güstebieser Loose (→ S. 175) im Oderbruch. Anfang des 20. Jahrhunderts, als das Dorf Luftkurort wurde und Baden in Mode kam, avancierte die Fähre sogar zum wichtigsten Transportmittel für die vielen Berliner, die das Güstebieser Oderstrandbad zum Ausflugsziel hatten. Genau 60 Jahre nach Ende des Zweiten Weltkriegs nahm eine deutsch-polnische Expertenkommission die Beratungen zur Wiedereinsetzung der Fährverbindung zwischen dem 115 Einwohner kleinen Gozdowice und dem noch kleineren Güstebieser Loose auf. 2006 war der diplomatische Notenwechsel erfolgreich beendet und der Bau des Grenzterminals auf polnischer Seite begann; am deutschen Ufer verzichtete man auf ein Grenzgebäude. Im Oktober 2007 fand dann die Jungfernfahrt der neuen **Schaufelradfähre** mit dem schönen Namen »Bez Granic« (Ohne Grenzen) statt. Sie fasst 6 Autos und 20 Personen und pendelt von April bis Oktober, außer montags (→ S. 165).

▲ Karte S. 164

Stare Łysogórki

Die nächste Station flussabwärts ist Stare Łysogórki (Altlietzegöricke), 1335 erstmals erwähnt. Kurz vor dem nördlichen Ortseingang informieren Tafeln am Straßenrand über die Oderforcierung im April 1945. Gegenüber thront auf einem Sockel ein schwerer **IS-2-Panzer** (IS steht für Iosif Stalin), der zwischen Juli 1944 und Mai 1945 eine fast 1300 Kilometer lange Kampfspur bis zur Oder zurückgelegt hat. Das Panzerdenkmal weist den Weg ins kleine **Gedenkmuseum der 1. Polnischen Armee** (Muzeum Pamiątek 1. Armii Wojska Polskiego), das anhand zahlreicher Dokumente, archäologischer Funde und Originalexponate das Kampfgeschehen in Erinnerung bringt.

An das Museum schließt sich eine 1948 eingeweihte **Kriegsgräberstätte** an. Der Soldatenfriedhof zählt beinahe 2000 Gräber, darunter mehr als 300 unbekannte Soldaten der 1. Polnischen Armee, die bei der Oderoffensive oder anschließend im Kampf um Berlin ihr Leben verloren. Im Mittelpunkt von 1200 symbolischen Kreuzen auf dem Gelände erhebt sich 18 Meter hoch eine Stele. Sie wird von einer Muttergottes-mit-Kind-Skulptur flankiert und zwei Grunwald-Schwertern geschmückt – Darstellung des neuen Lebens in dem nach 700 Jahren ins polnische Mutterland heimgekehrten Odergebiet. Den Entwurf für das

1961 errichtete Monument schuf der Szczeciner Künstler Sławomir Lewiński. Das benachbarte große Metallkreuz wurde 1990 aufgestellt.
Erinnerungsstätten an der Oder wurden in den ersten Jahren der Volksrepublik nicht allein zu Ruhm und Ehre der Armee geschaffen. Sie dienten außerdem dazu, das »Polentum« in den »wiedergewonnenen Gebieten«, so die offizielle Lesart, an der neuen polnischen Westgrenze ideologisch zu festigen. Auch der Gebrauch von christlichen Symbolen stellte die neuen Machthaber im katholischen Polen vor manche Herausforderung. Kreuze auf den Gräbern der Befreier vom Faschismus konnten und sollten nicht sein. Also wählte man als Kompromiss stilisierte Grunwald-Kreuze mit den zwei Schwertern, die den polnischen Sieg gegen den Deutschen Ritterorden im Jahr 1410 versinnbildlichen. Sie ersetzten 1949/1950 die hölzernen Kreuze, die ursprünglich auf den Gräbern standen. Zahlreiche der aus Beton gefertigten Grunwald-Kreuze mussten wegen Verwitterung bereits Anfang der 1980er Jahre ausgetauscht werden. Die alten wurden teils zum Bau des Marienheiligtums in Siekierki, teils zur Verstärkung der Oderdeiche verwendet

Erinnerung an Papst Johannes Paul II. in Siekierki

Wallfahrtsstätte Unserer Lieben Frau Friedenskönigin an der Oder in Siekierki

oder sie landeten auch einfach im Fluss. 2015 wurden sie während des Rekordniedrigwassers wiederentdeckt und geborgen – 237 sind es an der Zahl. Am Hang neben dem Soldatenfriedhof wurde aus ihnen ein **Lapidarium** in Form eines großen Kreuzes angelegt. Es erinnert an alle Opfer des Zweiten Weltkriegs. 2016 fand die feierliche Einweihung statt. Zwei Jahre später wurde der Hang um eine aus bunten Kieselsteinen zusammengestellte **Weltkarte** ergänzt, ein riesiges begehbares Gemälde, das alle Orte verzeichnet, an denen Polen im Zweiten Weltkrieg kämpften und starben. Immer am Samstag nach dem 16. April finden Feierlichkeiten zum Jahrestag der Oderoffensive statt.

Siekierki

Siekierki (Zäckerick) ist so klein, dass man nach 300 Metern und ein paar Häusern aus dem Ort schon wieder hinaus ist. Trotzdem bildet das 1355 erstmals als »Czekerik« genannte Minidörfchen einen Anziehungspunkt weithin in der Region. Denn am südlichen Ortsausgang steht am Oderhang die **Wallfahrtsstätte Unserer Lieben Frau Friedenskönigin an der Oder** (Sanktuarium Matki Bożej

Nadodrzańskiej Królowej Pokoju). Das im Gedenken an die Opfer des Zweiten Weltkriegs 1988 bis 1990 erbaute Gotteshaus wurde vom viel verehrten polnischen Papst Johannes Paul II. gesegnet. Als besonderes Heiligtum verfügt es über die 1980 von der Künstlerin Ewa Werc-Czeczot geschaffene Kopie der römischen Marienikone *Salus Populi Romani*. Das originale Gnadenbild zierte die Zelle im nordostpolnischen Kloster Stoczek, in der der legendäre Primas von Polen, Kardinal Stefan Wyszyński, 1953/1954 von den Kommunisten interniert wurde. Die Pilgerkirche, die auf dem Hügel am Ort eines 1957 abgerissenen Vorgängers steht, umgibt der **Kalvarienberg an der Oder** (Kalwaria Nadodrzańska). Auf 15 Stationen wird dort der Leidensweg Jesu Christi nachgestellt. Den Auftakt zum Wallfahrtsort bildet ein **Denkmal für den Unbekannten Soldaten und die Ungeborenen Babys,** das steinerne Grunwalder Schwerter schmücken – Sinnbild des polnischen Siegs 1410 im masurischen Grunwald/Tannenberg gegen den Deutschen Ritterorden.

■ Über Brücken (Ost)

Auf halbem Weg von Siekierki nach Stara Rudnica (Altrüdnitz) fällt dort, wo die Landstraße am Abzweig zur Rad- und Fußgängerbrücke Bienenwerder eine sanfte Kurve beschreibt, ein steinernes **Ehrenmal** ins Auge. Es erinnert an die Oderforcierung im April 1945, als

Der polnische Beitrag zur neuen Fußgänger-Rad-Brücke ist schon mal sehr gelungen

▲ Karte S. 164

Shoppinglustige pilgern nach Osinów Dolny zum Polenmarkt Hohenwutzen

polnische Soldaten der 1. Infanteriedivision Tadeusz Kościuszki und des 1. und 8. Pionierbataillons – sowie der Roten Armee, wie man ergänzen muss, die hier am östlichen Oderufer stets merkwürdig unerwähnt bleibt – an der Eisenbahnbrücke Richtung Berlin eine Truppenkreuzung für den Marsch auf die deutsche Reichshauptstadt aufbauten. So steht es auf dem Gedenkstein geschrieben. Und weiter: »Der Boden des alten Piastenlands an der Oder ist getränkt mit dem Blut der Soldaten der 1. Polnischen Armee. Ihre Opferbereitschaft brachte den Sieg. Sie werden immer in unserer Erinnerung bleiben.«

Von dort ist nach kurzem Fußweg die **alte Oderbrücke** erreicht. Mit Baujahr 1930 war sie Teil der Eisenbahnstrecke Berlin–Wriezen–Jädickendorf (Godków), die hier den Strom überquerte. Im Zweiten Weltkrieg gesprengt, in den 1950er Jahren wiederaufgebaut, hielt man das Bauwerk noch bis zum Fall des Eisernen Vorhangs aus militärstrategischen Gründen in Schuss. Dagegen wurde der Bahnbetrieb von DDR-Seite aus bereits 1982 und in der Volksrepublik schließlich 1991 eingestellt.

Auf der alten Bahntrasse ist mittlerweile, sehr zur Freude der Radler, ein **Fernradweg** entstanden. Er verbindet das Oderufer mit Trzcińsko-Zdrój (Bad Schönfließ) an der westpommerschen Seenplatte. Nur noch der Brückabschnitt nach Bienenwerder (→ S. 176) am deutschen Flussufer fehlt, damit Pedalritter auch von dort aus ohne riesige Umwege die Schönheiten im südwestlichen Winkel der Woiwodschaft Zachodniopomorski erradeln können. Auf polnischer Seite ist die 340 Meter lange Odertalquerung inzwischen fertiggestellt. Auf deutscher Seite hinkt man mit dem Gemeinschaftsprojekt hinterher und hofft auf eine Eröffnung im Sommer 2022.

Und wie soll sie dann heißen? Favorit ist der große Historiker, Publizist und ehemalige polnische Außenminister Władysław Bartoszewski (1922–2015). Ein Brückenbauer zwischen Polen und Deutschland, der sich stets für Dialog und Verständigung einsetzte, nach dem die Brücke zwischen Bienenwerder und Siekierski zur feierlichen Einweihung auf den Namen »Bartoszewski-Europabrücke« getauft werden soll.

■ Osinów Dolny

Am **Grenzübergang Hohenwutzen/Osinów Dolny** (Niederwutzen) ist der westlichste Punkt Polens erreicht. Ein Gedenkstein keine 200 Meter südlich der Oderbrücke verzeichnet mit den genauen Koordinaten die Stelle. Wer sie aufsuchen will, folgt ab Polenmarkt der Straße 126 via Gozdowice, zweigt nach circa 400 Metern nach der Linkskurve unmittelbar rechts in eine Sandpiste ab. Von dort sind es noch rund 200 Meter. Aber die meisten deutschen Touristen rauschen daran vorbei. Denn in Osinów Dolny dehnt sich direkt hinter der Flussbrücke das Einkaufs-, Tank- und Dienstleistungsparadies **Polenmarkt Hohen-**

wutzen aus. In der geräumigen Anlage einer 1938 in Betrieb genommenen, nach 1945 aufgegebenen Fabrik finden Schnäppchenjäger auf mehreren Etagen alles *tanie* (preigünstig), seien es Waren für Haus und Garten, Artikel für Leib und Magen oder auch Textilien, Benzin, Tabak und Alkohol. Der kürzeste Weg von Berlin aus zur polnischen Grenze führt nach Osinów Dolny. Nur 60 Kilometer trennen die deutschen Hauptstädter vom Kaufrausch in Polen. Gut die Hälfte der Kundschaft im Basar kommt aus der Millionenmetropole Berlin.

Das Grenzdörfchen **Osinów Dolny,** das sich an den Polenmarkt anschließt, erweitert noch einmal das Angebot. Keine 200 Einwohner klein, zählt es Dutzende Friseure, Tattoo- und Nagelstudios, weitere Tankstellen, Werkstätten und einen abermals schier unüberschaubaren Markt, der neben Tabak und Alkohol von Damendessous über nachgeahmte Designerware bis hin zum Car Wash und Autozubehör allerlei bietet. Allein 1993, im Eröffnungsjahr der Oderbrücke, wurden 3,6 Millionen deutsche Grenzübertritte via Osinów Dolny gezählt.

Mieszkowices Stadtmauer ist fast komplett erhalten

Polanenfürst Mieszko I. wacht über den Markt von Mieszkowice

Eine herrliche Aussicht weit über das grüne Odertal hinweg bietet der Treppenaufstieg zum **Czcibor-Denkmal** (Pomnik Czcibora) kurz nach dem nördlichen Ortsausgang. Die Anlage mit dem 15 Meter hohen steinernen Adler auf dem Oderhang wurde 1972 zum 1000-jährigen Gedenken an die Schlacht von Zehden (→ S. 226) errichtet.

Mieszkowice

Die Gemeindestadt Mieszkowice (Bärwalde), etwa zwölf Kilometer östlich von Gozdowice, bildet das östliche Tor zum Cedyński-Landschaftspark. Ihren großen, kopfsteingepflasterten **Markt** flankieren teils fachwerkgeschmückte Ackerbürgerhäuser, von denen manche noch auf ihre Sanierung warten. Aber insgesamt kommt die 3700-Seelen-Ortschaft ohne die landläufigen sozialistischen und postmodernen Bausünden aus. Den Mittelpunkt des Markts ziert ein 1957 enthülltes Standbild des großen **Polanenfürsten Mieszko I.,** das der

▲ Karte S. 164

Szczeciner Bildhauer Sławomir Lewiński schuf. In der Nachbarschaft erhebt sich mit einem mächtigen viereckigen Backsteinturm die **Pfarrkirche,** mit deren Bau man Ende des 13. Jahrhunderts begann; in jenen Jahren, als »Berenwalde«, wie es erstmals schriftlich erschien, das Stadtrecht bekam. Im 14. Jahrhundert von einer Wehrmauer umzogen, schrieb Bärwalde im Dreißigjährigen Krieg internationale Geschichte. Der schwedische und der französische Gesandte handelten 1631 im Ort den Vertrag von Bärwalde aus, in dem Frankreich einen Großteil der schwedischen Kriegskosten übernahm. Ansonsten brachte der Religionskrieg nichts als Unglück über die Stadt. Sie wurde mehrfach gebrandschatzt und erlangte danach nie wieder ihre Bedeutung zurück.

Nach Ende des Zweiten Weltkriegs siedelten sich in Mieszkowice nahezu vollständig die aus ihrem Dorf Hnilczan in der heutigen Ukraine vertriebenen Einwohner an. Im Verein »Stowarzyszenie Kresowe Hnilczan« pflegt man die Erinnerung an die historische polnische Heimat, fährt auf Besuch und engagiert sich unter anderem für den Wiederaufbau der dortigen Kirche. Sehenswert in Mieszkowice ist neben Markt und Kirche auch die nahezu vollständig erhaltene mittelalterliche **Stadtmauer,** die man auf einem Spaziergang umrunden kann.

Cedyński-Landschaftspark

Zwischen **Czelin** und **Osinów Dolny** verkehren Busse (PKS Myślibórz), über Gozdowice, Stare Łysogórki, Sickicrki, Stara Rudnica, Stary Kostrzynek.
www.pksmysliborz.pl

Fähre Gozdowice–Güstebieser Loose: für Autos bis 3,5 t, Radler und Fußgänger, Di–So April 8–18.10, Mai, Aug., Sept. 8–19.10, Juni, Juli 8–20.10, Okt. 8–16.10 Uhr, etwa alle 40 Minuten, nicht bei Hoch-/Niedrigwasser oder starkem Wind. www.barnim-oderbruch.de/tourismus/faehrzeiten

Hotel Mroza, ul. Chojeńska 16, 74-505 Mieszkowice, Tel. +48/603/678809; DZ/F um 40 Euro. Einfache, etwas in die Jahre gekommene Zimmer im Centrum Konferencyjno-Wypoczynkowego (Konferenz- und Freizeitzentrum) »MRÓZ« am nördlichen Ortsrand. Im Restaurant gibt es preiswerte polnische Schnitzelküche. www.ckwmroz.pl

Pensjonat Willa Moryń, ul. Szkolna 17, 74-503 Moryń, Tel. +49/160/5193651; DZ/F um 50 Euro. Gepflegte Unterkunft landeinwärts im Urlaubsörtchen Moryń am gleichnamigen See (dort große Badeanstalt). www.willamoryn.pl

Kemping nad Odrą, in Osinów Dolny am Polenmarkt direkt an der Oder. Hübscher kostenloser Wiesenplatz am Wasser, Strom kann man über einige Automaten beziehen, Gastronomie und WC auf dem Polenmarkt. Als »Marina« dient die kleine kreisförmige Bucht, in der Schiffe anlegen bzw. Paddelboote an Land gezogen werden können.

Museum der 1. Polnischen Armee (Muzeum Pamiątek 1. Armii Wojska Polskiego), Stare Łysogórki 1, 74-505 Mieszkowice/Stare Łysogórki, Tel. +48/91/4145210; Di–So 9.30–16 Uhr.

Museum für Militärtechnische Erinnerung (Muzeum Pamiątek Wojsk Inżynieryjnych), Gozdowice 21, 74-505 Mieszkowice/Gozdowice, Tel. +48/91/4145210; Di–So 9.30–16 Uhr.

Polenmarkt, Osinów Dolny; tgl. 9–17 Uhr, Tankstellen rund um die Uhr.
www.hohenwutzen.de

Weit geht der Blick über das Land. Saftige Wiesen, Auwälder, Torfinseln und Feuchtgebiete, Sandbänke und riesige Überschwemmungsflächen machen den besonderen Reiz im Nationalpark Unteres Odertal aus. Die geschützten Flussauen sind ein Paradies für Wasservögel und für all jene, die diese faszinierende Welt zu Fuß, mit dem Fahrrad oder Kanu erkunden wollen.

IM UNTEREN ODERTAL

Die Polderwiesen vor den Toren von Schwedt sind das Herzstück des Nationalparks Unteres Odertal

Züsedom
Bergholz
Skarbimierzyce
Szczecin
Mierzyn
Stobno
Ramin
Grambow
Gumieńce
Klockow
Brüssow
Będargowo
Carmzow
Randow
Glasow
Lebehn
Warnik
Ustowo
113
13
Barnisław
Podjuchy
Żydowce-Klucz
Smętowice
Krackow
Wallmow
A 6
Kołbaskowo
A 11
Moczyły
Daleszewo
S3
Kamieniec
31
Stare Brynki
Eickstedt
Schmölln
Penkun
Czepino
DEUTSCHLAND
Tantow
A 20
Mescherin
Gryfino
Wełtyń
Wartin
Peters-hagen
Lützlow
Hohen-reinkendorf
Wirów
Żórawki
Gartz (Oder)
Pniewo
Bartkowo
Gramzow
Casekow
Hohen-selchow
Nowe Czarnowo
Tywa
Groß Pinnow
Zichow
Randow
Wolters-dorf
Krzypnica
Schönow
Stekłno
Marwice
166
Friedrichs-thal
Dębogóra
Kummerow
Briest
2
Passow
Welse
Hohenfelde
Babinek
Widu-chowa
Lubicz
Biesen-brow
Welse
PCK Raffinerie Schwedt
Blumen-hagen
Welse
Schönermark
Krzywin
Żarczyn
Hohenlandin
Heiners-dorf
Vier-raden
Kłodowo
Frauen-hagen
Ognica
Schwedt/O.
Żelechowo
Pinnow
Rynica
Mürow
Meyenburg
Polesiny
Felchow
Krajnik Dolny
Lisie Pole
Zützen
Anger-münde
2
Criewen
Dolina Miłości
Garnowo
Grzybno
Zatoń Dolna
Schöneberg
Strzelczyn
Crussow
HFW
POLEN
Stützkow
Nationalpark Unteres Odertal
Kamienny Jaz
Oder
Piasek
Krzymów
26
Trzcińsko-Zdrój
Stolpe
Neukünken-dorf
Chojna
26
Cedyński Park
Stolzen-hagen
Stoki
Czartoryja
Parsteiner See
Lüders-dorf
Bielinek
HFW
31
Lunow
Brwice
Odra
Mętno
Godków-Osiedle
158
Lubiechów Dolny
Czachów
Narost
Chełm Górny
Oderberg-Neuendorf
Nowe Objezierze
Przyjezierze
Witnica
Hohen-saaten
Cedynia
Oderberg
Radostów
Jezioro Morzycko
Białęgi
Gądno
Pomnik Czcibora
Hohen-wutzen
Osinów Dolny
Żelichów
Moryń
Goszków
Neuen-hagen
Bralitz
Krajobrazowy
Odra Zachodnia
Dolina Dolnej Odry
Westoder
Park Krajobrazowy
Odra Wschodnia
Odra
Im Unteren Odertal
0
4
8 km

Das Untere Odertal gehört zu den wenigen noch verbliebenen naturnahen Flussauen in der Mitte Europas. Von Hohensaaten im Süden zieht es sich über 60 Kilometer nordwärts bis vor die Tore Szczecins (Stettin). In einem faszinierenden Wechselspiel von Überflutung und Trockenfall mäandern die Wasser als unüberschaubares Gewirr von Fließen und Oderaltarmen durch die Polder im Zwischenstromland zwischen westlich der Hohensaaten-Friedrichsthaler Wasserstraße beziehungsweise der Westoder sowie östlich der Stromoder. Grünland und Feuchtgebiete, Auwälder, Torfinseln, Sandbänke und dann wieder riesige Überschwemmungsflächen – Rast-, Brut- und Überwinterungszonen für Hunderttausende Wasservögel – schmücken die sich mit den Jahreszeiten unablässig verändernde Landschaft.

Lange Zeit war die Region im Schatten der kaum überwindbaren Staatsgrenze zwischen der DDR und der Volksrepublik Polen völlig unberührt. Überdies wurden die im Zweiten Weltkrieg zerstörten wassertechnischen Bauten auf der polnischen Seite nur zum Teil wieder instandgesetzt. So konnte die Oder im Lauf der Jahrzehnte ihr angestammtes Tal zwischen den Oderhängen zurückerobern und die Natur sich wieder entfalten. Bereits kurz nach dem Fall des Eisernen Vorhangs unterzeichneten die Umweltminister von Mecklenburg-Vorpommern, Brandenburg und der Woiwode von Szczecin 1992 eine »Gemeinsame Erklärung über die Schaffung eines Schutzgebiets im Unteren Odertal«. 1993 folgte auf polnischer Seite die Gründung des Landschaftsparks Unteres Odertal (Park Krajobrazowy Dolina Dolnej Odry) und 1995 auf deutscher Seite des Nationalparks Unteres Odertal. Zusammen mit dem südlich sich anschließenden Cedyński-Landschaftspark (Cedyński Park Krajobrazowy, → S. 195) wurde so ein insgesamt 117 000 Hektar großes, grenzüberschreitendes Schutzgebiet am unteren Oderlauf eingerichtet. Für das Projekt wählte man den Namen Internationalpark Unteres Odertal (Międzynarodowy Park Dolina Dolnej Odry). Zwar ist er aufgrund der unterschiedlichen nationalen Gesetzgebung formal betrachtet keine staatsübergreifende polnisch-deutsche Gemeinschaftsangelegenheit, doch arbeitet man diesseits und jenseits der Oder eng zusammen. Ein binationaler Programmrat koordiniert die Entwicklung, Mitarbeiter der polnischen und der deutschen Parkverwaltungen lernen die jeweils andere Sprache und werden untereinander ausgetauscht. Man bemüht sich, gemeinsam weitere Übergänge für Fußgänger und Radfahrer zu schaffen,

Brücken und Verbindungen

Brücken: Im Süden des Nationalparks Unteres Odertal kann man bei **Hohenwutzen/Osinów Dolny** zu Fuß, auf dem Rad und motorisiert die Flussseiten wechseln. Im nördlichen Nationalpark führt ein Brückenschlag zwischen **Schwedt und Krajnik Dolny** über Wasserläufe und Polder. Die letzte Oderbrücke, die Deutschland und Polen vor der Ostsee miteinander verbindet, quert zwischen **Mescherin** und **Gryfino** Westoder, Zwischenstromland und Ostoder im Landschaftspark Unteres Odertal. Die nächste Brücke ist bereits die **Autobahnbrücke A 6** kurz vor Stettin.

Mit dem Boot von der HFW zur Oder: Motorlose Boote können zwischen **Schwedt** und **Ognica** über die Klützer Querfahrt von der Hohensaaten-Friedrichsthaler Wasserstraße (HFW) zur Stromoder wechseln. Eine zweite Gelegenheit bietet sich auf der Höhe von **Friedrichsthal:** nach der Einmündung der HFW in die Westoder, diese stromaufwärts bis zur Ostoder bzw. auf der Höhe von **Widuchowa** von der Ostoder in die Westoder und HFW.

Radler auf dem Oderdeich bei Hohensaaten

so dass die Schönheit der Landschaft gleichermaßen hüben wie drüben entdeckt werden kann – als wunderbares Beispiel dafür, wie sich politische Grenzen überwinden lassen. Ein »grünes Band der Verständigung«, wie es der damalige brandenburgische Ministerpräsident Manfred Stolpe 1995 zur Einweihung des Nationalparks nannte.

Auf der polnischen Seite des Odertals begleitet der Cedyński-Landschaftspark (Cedyński Park Krajobrazowy) noch ein gutes Stück die Nationalparkregion. Das namensgebende Gemeindestädtchen Cedynia schmiegt sich hinter weiten Getreidefeldern an die Oderhänge. Direkt am Strom liegen nur wenige winzige Flecken.

▶ Karte S. 204

Bei Schwedt, der größten Stadt vor Szczecin im Unteren Odertal, geht die Straße 166 mit Brücken über die Wasser und das Zwischenstromland nach Krajnik Dolny. Stromaufwärts kann man das »Tal der Liebe« erkunden. Stromabwärts gabelt sich der Oderhauptstrom bei Widuchowa in West- und Ostoder (Regalica/Reglitz). Das atemberaubende Wasser-Land-Labyrinth ist von dort bis vor die Tore Szczecins im Landschaftspark Unteres Odertal (Park Krajobrazowy Dolina Dolnej Odry) geschützt. Sitz der Park- wie Gemeindeverwaltung ist Gryfino, nach Schwedt die zweitgrößte Stadt vor Szczecin im Unteren Odertal.

Nationalpark Unteres Odertal

Auf 60 Kilometern Länge – von Hohensaaten im Süden bis vor die Tore Szczecins (Stettin) – schützt der 1995 gegründete Nationalpark Unteres Odertal die Flussauen, Sümpfe, Überschwemmungsflächen und Torfinseln in der Oderniederung. Keinen halben Meter über dem Meeresspiegel dehnt sich das Zwischenstromland mit seinem Geflecht von Altwasserarmen, Gräben und Kanälen drei bis fünf Kilometer breit zwischen den Oderhängen aus. Zur Regulierung des Wasserniveaus wurden bis Anfang der 1930er Jahre Polder nach holländischem Vorbild geschaffen. Gut 130 wassertechnische Bauten entstanden, davon 177 Kilometer Deiche.

Nach dem Zweiten Weltkrieg blieb der Strom, der seit 1945 die Grenze zwischen Deutschland und Polen bildet, jahrzehntelang vergleichsweise unberührt. Der Aufenthalt im Grenzbereich DDR/Polen war nur mit Einschränkung möglich. So war die Natur sich selbst überlassen, und einzigartige Biotope entwickelten sich. Sie wurden zum Rückzugsort für viele seltene Pflanzen und Tiere. See-, Fisch- und Steinadler, Mäusebussard und Wasserralle gehen hier auf Beutefang. Seggenrohrsänger, Wachtelkönig und der bunt gefiederte Eisvogel ziehen im Unteren Odertal ihre Küken auf. Fischotter tummeln sich in den Sümpfen, und Biber legen ihre Staudämme an. Im zeitigen Frühling, wenn das Winterhochwasser aus den Mooren, Auwäldern und Feuchtwiesen abzufließen beginnt, verwandeln sich diese in riesige Brut- und Rastgebiete. Hunderttausende Gänse, Schwäne, Enten werden gezählt, dazu Kiebitze, Brachvögel, Kampfläufer und andere Arten mehr. Später im Herbst finden bis zu 15 000 Kraniche im Unteren Odertal im dichten Röhricht ihre Schlafplätze.

Im südlichen Nationalpark wird der Lunow-Stolper Polder im Frühjahr für die Landwirtschaft trockengepumpt und dient dann als Grünland für die Futtergewinnung. Man kann ihn sehr schön zu Fuß oder auch auf Rädern entdecken, während man im nördlichen Nationalpark besser aufs Boot umsteigen sollte. Dort wurde die landwirtschaftliche Nutzung komplett eingestellt und das Kanu bietet die schönste Möglichkeit, das Naturparadies in seinen Wechselfällen zwischen Wasser und Land zu erkunden. Allerdings sind die Paddeltouren aus Naturschutzgründen auf die Zeit nach der

Landschaft oberhalb von Stützkow

In Hohensaaten führt eine Brücke über die Wriezener Alte Oder

Brutperiode von Mitte Juli bis Mitte November beschränkt und werden von zertifizierten Naturführern angeleitet.

Wasserwanderer befördern die Hohensaatener Schleusen, noch südlich vom Nationalpark gelegen, wahlweise ans deutsche oder polnische Ufer der Oderniederung. Pedalritter können den Nationalpark auf insgesamt 160 Radkilometern erfahren. Etwa die Hälfte der Radwege führt über Deiche, darunter der bekannteste und beliebteste, der Oder-Neiße-Radweg, immer am Westrand der Polder entlang. Vom Nationalparkzentrum in Criewen kommt man auf dem »Auenpfad« ebenfalls trockenen Fußes ins Zwischenstromland.

Hohensaaten-Friedrichsthaler Wasserstraße

Bei den Schleusen in Hohensaaten müssen Wasserwanderer zwischen der Stromoder und der Hohensaaten-Friedrichsthaler Wasserstraße wählen. Die künstliche Wasserstraße, in der Wasserwirtschaft auch kurz »HFW« genannt, verläuft von dort über 42 Kilometer parallel zur Stromoder, bis sie bei der Ortslage Friedrichsthal, wenige Kilometer südlich von Gartz, in die Westoder einmündet. Bereits 1848 bis 1859 wurde der alte zerfaserte westliche Oderarm ab Hohensaaten auf einem Teilstück kanalisiert und eingedeicht. Sinn und Zweck der Unternehmung war, die überschüssigen Wasser aus dem tiefer als Flussniveau liegenden Oderbruch über die Wriezener Alte Oder in ein schneller fließendes, weil reguliertes Flussbett zu leiten. Weiter nördlich, damals noch bei Stützkow, wurden sie wieder der Stromoder zugeführt.

1904 beschloss der Preußische Landtag das Gesetz zur »Verbesserung der Vorflut in der unteren Oder«, womit der bis 1928 andauernde Ausbau der Stromoder als Hauptstrom sowie der Bau der HFW als Teil des Großschifffahrtswegs Berlin–Stettin seinen Anfang nahm (→ S. 64). Denn was ursächlich für die Entwässerung des Oderbruchs konzipiert worden war, änderte sich vollends 1914 mit der Eröffnung des Oder-Havel-Kanals und den immer größeren Kähnen, die zwischen Berlin und der Ostsee verkehrten. Der weitere Ausbau der HFW stand zwingend an – zumal auf einer künstlichen Wasserstraße eine kontinuierliche Schiff-

▶ Karte S. 204

fahrt unabhängig von den Niedrigwasserständen der Oder gewährleistet war. 1926 waren die Arbeiten abgeschlossen, der Kanal ausgebaut, bis Friedrichsthal verlängert und nahezu vollständig eingedeicht. Seitdem rahmen westlich die Hohensaaten-Friedrichsthaler Wasserstraße, mit anschließend der Westoder (Odra Zachodnia), sowie östlich die Stromoder/Ostoder (Odra Wschodnia) das Untere Odertal.

Von Hohensaaten nach Zützen

■ Hohensaaten

Das Dorf Hohensaaten liegt gewissermaßen im »Dreistromland«. Hier treffen die **Wriezener Alte Oder,** der **Oderhauptstrom** und die **Hohensaaten-Friedrichsthaler Wasserstraße** aufeinander. Doch ganz ohne Schleusung gelingt das Gewässerstelldichein nicht. Denn die künstliche HFW liegt fast drei Meter tiefer als die Sohle des Oderstroms. Also helfen die Ost-West-Schleusen in Hohensaaten den Schiffen und Sportbooten auf ihrem Weg zur Ostsee über die Klippe. Die etwa zwei Kilometer lange Staustufe umfasst zwei Schleusen und eine Wehranlage: Die **Ostschleuse** stellt den Aufstieg zum Hauptstrom sicher, während die **Westschleuse** die Wriezener Alte Oder mit der HFW verbindet. Das Wehr auf Höhe der Westschleuse dient außerdem zur Wasserstandsregulierung im Oderbruch. Ein Vorgänger der 1986 bis 1988 errichteten Doppelschleuse war bereits Mitte des 19. Jahrhunderts fertiggestellt. 1858 ging eine erste Ostschleuse, 1876 die westliche »Finowschleuse Hohensaaten« in Betrieb. Parallel dazu wurde 1848 bis 1859 der »Hohensaatener Kanal« gegraben, um das Wasser aus dem Oderbruch ablaufen zu lassen. In jenen Jahren erfolgte im Dorf hinter dem just hochgezogenen Deich der Bau der neugotischen **Stüler-Kirche** (1858–1860). Hohensaaten, 1258 erstmals in einer Urkunde genannt, gehörte im Mittelalter zur Burg und Stadt Oderberg (→ S. 189). Heute bildet es den nördlichsten Ortsteil von Bad Freienwalde (→ S. 180) und damit zugleich den nördlichsten Winkel im Landkreis Märkisch-Oderland. Dorthin waren die rund 700 Hohensaatener, nach einem Jahr beharrlichem Widerstand gegen ihren bisherigen Landkreis Barnim, 2009 übergewechselt.

Der Nationalpark im Frühjahr

■ Lunow-Stolzenhagen

Seit 2002 bilden die Dörfer Lunow und Stolzenhagen eine Gemeinde. Seit 2015 dürfen sie sich mit dem Titel »Preisträger im Bundeswettbewerb Unser Dorf hat Zukunft« schmücken. Beide Ortsteile liegen nicht weit voneinander entfernt an der Hohensaaten-Friedrichsthaler Wasserstraße, beide ursprünglich slawische Fischersiedlungen, beide im 13. Jahrhundert von Kolonisten deutscher Zunge besiedelt. Und von beiden Ortschaften aus lässt sich der **Lunow-Stolper Trockenpolder,** der sich zwischen der HFW und der Stromoder ausdehnt, sehr schön erkunden. Anders als der Name vermuten ließe, werden auch Trockenpolder von Gräben, Fließen und Flussaltarmen durchzogen, und das Drängewasser, das am Deichfuß in den Polder drückt, pumpen Schöpfwerke ab. Im Unterschied zu Nasspoldern werden sie jedoch nicht geflutet, weder aus Hochwasserschutz- noch aus Naturschutzgründen, sondern sind gänzlich vom Flutungsgeschehen abgeschottet. Die Gründe hierfür sind vielfältig. Im Fall des Lunow-Stolper Trockenpolders haben sie damit zu tun, dass die Sohle der Stromoder durch Sedimentablagerungen inzwischen höher liegt als der Polder. Er würde bei einer Öffnung der Einlasswerke dem Pegelstand der Oder entsprechend volllaufen, wobei die Wasser nur schwerlich wieder abziehen könnten.

Die **Lunower Dorfkirche,** ein Feldsteinsaal aus der zweiten Hälfte des 13. Jahrhunderts, birgt als besonderen Schatz einen barocken Kanzelaltar, den der Moriner Bildschnitzer Heinrich Bernhard Hattenkerell zwischen 1720 und 1725 schuf.

Das kleinere **Stolzenhagen** schmiegt sich an die Hänge eines tief eingeschnittenen eiszeitlichen Erosionstals abwärts zum Odertal. Sein vom Oderdeich aus zwischen den Hügeln weithin sichtbarer **Fachwerkkirchturm** dient den Radlern auf dem Oder-Neiße-Radweg als herausragende Wegmarke. Wie die Lunower geht auch die Stolzenhagener **Dorfkirche** auf das 13. Jahrhundert zurück. Zu ihren Kostbarkeiten gehören ein hölzerner Kanzelaltar von 1737, ein spätklassizistischer Orgelprospekt sowie die Grabplatten des Gönners Carl Dietrich von Holzendorf und seiner Frau, der 1737 die Kirche erneuern ließ.

Die Stolzenhagener Marina an der HFW

▶ Karte S. 204

Von Holzendorf war auch der Bauherr des **Stolzenhagener Gutshauses,** von den Stolzenhagenern von jeher schlicht Schloss genannt. 1730 ließ er es auf den Grundmauern eines Vorgängers errichten. In DDR-Zeiten Kindergarten und Sitz des Gemeinderats, stand es nach der Wende leer und wurde noch in den 1990er Jahren saniert. Seit der Jahrtausendwende sind Schloss und Gutsgebäude wieder bevölkert, insbesondere von Berliner Stadtflüchtlingen. Viele von ihnen sind Kunst- und Kulturschaffende, die sich im Verein »Ponderosa« für zeitgenössische Kunst auf dem Land engagieren. Daraus hervorgegangen ist das internationale **Ponderosa TanzLand – The UnLearning-Festival,** das sich zu einem spannenden Ort für innovative Tanzperformance und Improvisation entwickelt hat.

In uralte Zeiten führt am südwestlichen Ortseingang der **Geologische Garten Stolzenhagen** zurück. In einer ehemaligen Sandgrube lassen sich die unterschiedlichen geologischen Formationen der Eiszeiten erkunden. Davor ist in einem kleinen, den historischen Vorlaubenhäusern nachempfundenen Gebäude eine Ausstellung zu den Erscheinungsformen der Eiszeit im Landkreis Barnim untergebracht. Unten an der **HFW** finden Wasserwanderer, Radler und Camper ein lauschiges Wiesenplätzchen fürs Nachtlager.

Der Stolper Grützpott ist eine markante Erscheinung

Stolpe

Beim Örtchen Stolpe sind wir in der Uckermark angelangt. Dort am Oderhang thront einer der mächtigsten Bergfriede Deutschlands. Fünf Meter dick sind die Außenmauern des Stolper Turms, auch »**Grützpott**« genannt, 18 Meter sein Durchmesser. Es ist der Rest eines im 12. Jahrhundert errichteten Burgturms, der 1445 von den Brandenburgern im Krieg gegen die Pommernherzöge um die Uckermark geschleift wurde. Seinen lustigen Namen erhielt er der Sage nach, weil in jenen fernen Tagen seine Verteidiger zu letzten verzweifelten Mitteln griffen und alles, was nicht niet- und nagelfest war, von oben herab auf die nahenden Angreifer regnen ließen, darunter auch ihr Mittagessen, einen Grützbrei. Geholfen hat es nichts, die Burg brannte ab, und nur der dicke Grützpott blieb erhalten. Im obersten Geschoss wird heute die Geschichte des Bauwerks nachgezeichnet. Eine **Aussichtsplattform** oben auf dem Stumpf eröffnet einen Panoramablick weit ins Odertal.

Unten vor der **Kanalbrücke** über die Hohensaaten-Friedrichsthaler Wasserstraße zum Polder befinden sich **Rast- und Picknickplatz,** Stellmöglichkeiten für Wohnmobile (keine Ver- und Entsorgung), eine Einsatzstelle für Paddler, ein Sportbootanleger sowie das Bollwerk für die Fahrgastschifffahrt. Wie man sieht, ist alles im kleinen Dorf am Wasser auf sanften Tourismus eingestellt. Denn nur einmal kurz über die Brücke, zieht auf dem Deich der **Oder-Neiße-Radweg** entlang und dehnt sich der **Nationalpark** aus. Auf dem alten Betonwerksareal am Wasser ist der **Kulturpark Stolpe** in Entwicklung, ein soziokulturelles Zentrum mit Veranstaltungshalle, Co-Working-Spaces, Werkstätten und vielem mehr. Als weitere Sehenswürdigkeiten kann Stolpe noch auf ein feudales **Herrenhaus** und, dort wenige Schritte über die Wiese gestapft, das **Erbbegräbnis** des uckermärkischen Adelsgeschlechts derer von Buch verweisen. 1921/1922 ließen die Buchs den quadratischen, zweigeschossigen Putzbau auf einem aus dem 16. Jahrhundert stammenden, 1917 abgebrannten Vorgänger errichten. In DDR-Zeiten war unter seinem Dach einer der berüchtigten Jugendwerkhöfe untergebracht. Unangepasste junge Menschen sollten dort zu »vollwertigen Mitgliedern der sozialistischen Gesellschaft« umerzogen werden. Heute wird das Haus von der Stiftung Großes Waisenhaus zu Potsdam als Kinder- und Jugendheim unterhalten.

Stützkow

Das 50 Stützkower kleine Nest, 1354 erstmals urkundlich erwähnt, schmiegt sich an die hier recht steil aufragenden Oderhänge. Unten am Ufer der Hohensaaten-Friedrichsthaler Wasserstraße führt die

2001 erbaute **Fußgängerbrücke** über den Kanal auf den Deich mit dem **Oder-Neiße-Radweg** in den **Nationalpark** hinein. Von dort gelangt man trockenen Wegs durch den Polder hinüber zur **Stromoder,** wo der elf Meter hohe **Beobachtungsturm** am Stützkower Eiswachhaus fantastische Ausblicke auf das Odertal eröffnet. Brücke und Turm markieren den südlichen Rand der hier beginnenden Nasspolder im Nationalpark.

Auf dem »Festland« gleich südlich der Brücke finden (Wasser-) Wanderer einen Anlegesteg mit **Rastplatz** und kleiner Bademöglichkeit (auf eigene Gefahr). Nördlich im Dorf führen die 167 Stufen der **»Himmelsleiter«** zum **Richterberg** hinauf, wo eine traumhafte Aussicht weit über die Oderniederung den Aufstieg belohnt. Sie lässt sich noch bequemer vom Parkplatz oberhalb des Dörfchens ansteuern. Von dort sind es nur wenige Schritte zu Fuß. Aber Achtung, der Weg geht nach links und dann sehr eng an einem Carport vorbei, ansonsten landet man auf einem Privatgrundstück.

Vom Stützkower Richterberg schweift der Blick über die Oderniederung

Criewen

Im Weiler Criewen hat die Nationalparkverwaltung ihren Sitz. Das überlieferte Fischerdorf an der Oder, dessen Anfänge noch aus slawischer Zeit rühren, hatte die edle Familie von Arnim 1816 abreißen lassen, um Platz für ein Schloss und einen von Peter Joseph Lenné (1789–1866) zu gestaltenden Park zu schaffen. Einzig die kleine **Dorfkirche,** ein verputzter Feldsteinbau mit Ursprüngen im 13. Jahrhundert, durfte bleiben. Sie bildet heute, zusammen mit dem restaurierten Schloss Criewen, den Mittelpunkt im **Lenné-Park.**

▸ Karte S. 204

Schloss Criewen eröffnete 2002 neu als Deutsch-Polnisches Umweltbildungs- und Begegnungszentrum. In die ehemaligen Stallungen ist das **Nationalparkhaus** (Besucherzentrum) eingezogen, dessen Ausstellungen Fauna und Flora am Unterlauf der Oder anschaulich machen. Landschaftsmodelle zeigen die Oder in verschiedenen Zeitaltern, und die Attraktion bei Groß und Klein ist ein riesiges Oderaquarium mit über 20 heimischen Fischarten.

Vom Nationalparkhaus starten an fast allen Wochenenden geführte **Themenwanderungen**, sei es zur spektakulären herbstlichen **Kranichrast** oder Ende Januar/Anfang Februar zu den **Singschwantagen.** Bis zu 1000 Singschwäne überwintern alljährlich in den Nasspoldern, die sie im März in Richtung ihrer Brutquartiere im nördlichen Europa wieder verlassen. Aus der Ferne kann man sie am besten an kalten Winterabenden zwischen Mitte Januar und Mitte Februar beobachten und ihrem Ruf lauschen.

Über Einlassbauwerke an der Stromoder werden die **Nasspolder,** die auf der Höhe von Stützkow beginnen, von Mitte November bis zum nächsten Frühjahr geflutet. So erschaffen sie eine Wasserwelt, wie sie für zahlreiche bedrohte Tiere und

Pflanzen früher einmal ganz natürlich bestanden hat. Gegen Mitte April werden die Einlassbauwerke geschlossen und das Wasser fließt über Auslassbauwerke in die Hohensaaten-Friedrichsthaler Wasserstraße ab. Dann eignet sich Criewen als herrlicher Ausgangspunkt für Ausflüge auf über 200 Kilometern Spazierwegen im Nationalpark. 120 davon führen zur Freude der Radler auf glattem Asphalt auf der Deichkrone entlang. Auf Schusters Rappen verspricht der markierte »**Weg der Auenblicke**« spannende Nationalparkeindrücke. Von Criewen führt er an den Oderhängen entlang zur »Himmelsleiter« nach Stützkow (→ S. 212) und zurück durch die Auen an der HFW entlang. Den größten Teil des Nationalparks kann man jedoch am besten vom Wasser aus entdecken. Dafür bieten zertifizierte Nationalparkführer zwischen Mitte Juli und Mitte November begleitete Kanuwanderungen an.

Zützen

Das kleine Dorf an der Hohensaaten-Friedrichsthaler Wasserstraße kurz vor Schwedt fand seine erste urkundliche Erwähnung 1354 als Fischersiedlung. Noch älter ist das turmlose **Feldsteinkirchlein,** das in den Grundmauern wohl schon von Mitte des 13. Jahrhunderts rührt. Auf dem **Kirchhof** kann man einen der ältesten uckermärkischen Grabsteine (1530) und das Mausoleum der Gutsherrenfamilie von Bredow bewundern. 1718 gelangte das Rittergut nach mehrfachem Herrschaftswechsel in den Besitz der Bredows. Nachdem das alte Gutshaus 1746 abgebrannt war, ließen sie ihr Domizil als Barockbau wiedererstehen. 1820 wurde es, nach abermaligem Eigentümerwechsel, großzügig erweitert und klassizistisch umgestaltet. 1832 folgte ein Landschaftspark nach Plänen des berühmten Gartenarchitekten Peter Joseph Lenné. 1931 ging der rechte Schlossflügel in Flammen auf, ein Übriges tat die Nutzung der Gutsanlage in DDR-Zeiten als LPG. Aber auch erste Anstrengungen zur Rekonstruktion des **Lenné-Parks** fallen bereits in die 1960er Jahre. Seit 2012 steht er auf der Liste der Gartendenkmale, und das Engagement der Zützener, ihren Park originalgetreu wieder aufleben zu lassen, hält ungebrochen an. Das Zützener **Schloss** ist in privater Hand.

Unterwegs auf dem Oder-Neiße-Radweg bei Zützen

Im Nationalparkhaus in Criewen

Nationalpark Unteres Odertal

Nationalparkhaus (Besucherzentrum), Am Park 2, 16303 Schwedt/OT Criewen, Tel. 03332/2677201; April–Okt. tgl. 9–17, Nov.–März Fr–So 10–17 Uhr.
www.nationalpark-unteres-odertal.eu
www.unteres-odertal.de

Busse der **Uckermärkischen Verkehrsgesellschaft** (UVG) verbinden die Städte und Dörfer in der Region. Unter ihnen verkehrt die PlusBus **Nationalparklinie 468** zwischen den Bahnhöfen Angermünde und Schwedt, über Pinnow, Criewen und Zützen. Ein Kundencenter befindet sich am ZOB in Schwedt, Handelsstr. 3, 16303 Schwedt/Oder, Tel. 03332/442670. Linien und Fahrpläne: www.uvg-online.com

Gasthof zur Linde, Bernd-von-Arnim-Str. 21, 16303 Schwedt/OT Criewen, Tel. 03332/521498; DZ/F um 85 Euro. Grün eingewachsene kleine Pension in Nachbarschaft zum Nationalparkhaus. Die Zimmer freundlich in Kiefernholz, aus der Küche kommt frisch zubereitete Hausmannskost.
www.linde-criewen.de

Gästehaus Terezas, Gutshof 3, 16248 Lunow-Stolzenhagen, Tel. 0176/64847878; DZ 60 Euro (ab 2 Nächten), im Cabinpark DZ 44 Euro. Farbenfrohe, stylische Zimmer im ehemaligen Pferdestall auf Gut Stolzenhagen. Bad auf dem Flur, Gemeinschaftsküche, Co-Working-Spaces, großer lauschiger Garten mit Cabinpark und Outdoorbad. www.terezas.de

Camping Stolzenhagen, Kietz 14, 16248 Lunow-Stolzenhagen, Tel. 0159/06164542; März–Okt. Lauschiger einfacher Rasenplatz am Ufer der HFW, Wasser/Abwasser, Dusche/WC, im Sommer mit Imbiss. www.camping-stolzenhagen.de

Rastplatz Stolpe, großer Rast- und Picknickplatz vor der Kanalbrücke über die HFW, im hinteren Bereich Wohnmobilstellplatz (keine Ver- und Entsorgung); Bootsanleger am Schwimmsteg bei der Brücke sowie wenige Meter entfernt am Bollwerk.

Bootsanleger Stützkow, mit Picknickplatz.

Anlegesteg Criewen, mit Picknickplatz auf Höhe des Parkeingangs.

Nationalparkhaus Criewen (s. o.), Ausstellung zur Fauna und Flora im Nationalpark.

Stolper Turm (»Grützpott«), Turmführungen nach Anmeldung über die Touristeninformation Angermünde (Hoher Steinweg 17/18, 16278 Angermünde, Tel. 03331/297660).
www.angermuende-tourismus.de

Geologischer Garten Stolzenhagen, Elsengrund 7, 16248 Lunow-Stolzenhagen; April–Okt., ohne feste Öffnungszeiten.
www.geologischer-garten.de

Geführte Kanutouren durch den Nationalpark mit der zertifizierten Naturführerin Frauke Bennett, Info und Anmeldung unter Tel. 039746/22891 und 0172/1979316.
www.flusslandschaft-reisen.de

Fahrradverleih Am Nationalpark, Am Spielplatz 3, 16303 Schwedt/OT Criewen, Tel. 0151/20103310. Fahrräder, E-Bikes und Segway. www.segwana.de

Singschwantage Criewen, an einem Wochenende Ende Januar/Anfang Februar. Vorträge und Exkursionen mit Mitarbeitern der Naturwacht und der Nationalparkverwaltung zu den Singschwan-Beobachtungspunkten.
www.unteres-odertal.de

Ponderosa TanzLand – The UnLearning-Festival, Info unter Ponderosa e.V., Gutshof 3, 16248 Lunow-Stolzenhagen, Tel. 033365/715663.
www.ponderosa-dance.de

▶ Karte S. 204

Schwedt/Oder

Wie ein Keil schiebt sich Schwedt in den Nationalpark Unteres Odertal hinein. Bei seiner Gründung im Jahr 1995 wurde die Stadt mit zwei Papierwerken und einem der größten Erdölverarbeitungsstandorte Europas auf eigenen Wunsch vom Naturgroßschutzgebiet ausgenommen. Rund 1200 Mitarbeiter zählt die PCK-Raffinerie auf ihrem gut einen Quadratkilometer großen Gelände – das damit fast so groß wie Schwedt selbst ist. Dazu kommen 80 weitere Unternehmen mit 2000 Mitarbeitern auf dem Areal, viele von ihnen Dienstleister für die Raffinerie. Die Erdölpipeline »Druschba« (Freundschaft) endet hier. Über 5000 Kilometer hinweg transportiert sie Rohöl aus Sibirien an die Oder, wo es die PCK zu Mineralöl- und petrochemischen Produkten verarbeitet: insbesondere Diesel, Benzin, Kerosin, Flüssiggas, Heizöle und Bitumen. 95 Prozent aller Kraftstoffe im Raum Berlin-Brandenburg stammen aus Schwedt, 10 Prozent deutschlandweit.

Die andere, grüne Seite der Nationalparkstadt Schwedt ist dem Oderstrom zugewandt. Von hier aus starten geführte Paddeltouren in das einzigartige Wasserlabyrinth des Nationalparks Unteres Odertal. Die von Altwassern der Oder durchzogenen Polder zwischen der Hohensaaten-Friedrichsthaler Wasserstraße und östlich der Stromoder lassen sich als Herzstück des Nationalparks nur mit dem Boot erkunden. Aber auch Exkursionen trockenen Fußes mit der Naturwacht zu Fischottern oder zu gefiederten Nationalparkbewohnern stehen in Schwedt auf dem Programm.

Geschichte

1960 wurde der Grundstein für das damalige Erdölverarbeitungswerk Schwedt (EVW) gelegt, drei Jahre später die Druschba-Pipeline eingeweiht. Es folgte 1970 die Umwandlung in das Petrochemische Kombinat Schwedt (PCK), das auch das eingemauerte Westberlin mit Kraftstoffen versorgte. Ab 1972 zierte das Kombinat als wichtige Säule der DDR-Industrie den 50-Mark-Schein. Nach der Wiedervereinigung und Privatisierung der Raffinerie schlossen sich Ausbau und umfassende Modernisierung an. Seit 1996 firmiert die PCK als GmbH, seit 2016 mit dem russische Mineralölkonzern Rosneft als Mehrheitsgesell-

In der Schwedter Raffinerie endet die sibirische Erdölpipeline »Druschba«

schafter. Parallel dazu wurde das neue Schwedt in den 1960er Jahren aus dem Boden gestampft. Von der alten Stadt, 1265 erstmals genannt und unter den Markgrafen von Brandenburg zur Barockresidenz ausgebaut, hat der Zweite Weltkrieg kaum etwas übrig gelassen.
Seinen Anfang als Residenzstadt nahm Schwedt 1670. In jenem Jahr löste die zweite Frau des Großen Kurfürsten Friedrich Wilhelm von Brandenburg, Kurfürstin Dorothea (1636–1689), die im Dreißigjährigen Krieg verpfändete Herrschaft Schwedt-Vierraden aus und übergab sie ihrem ältesten Sohn Philipp Wilhelm. Das Mitte des 16. Jahrhunderts errichtete Schloss, das erhebliche Kriegsschäden erlitten hatte, ließ sie in Form einer barocken Dreiflügelanlage nach niederländischem Vorbild wiedererstehen, nun größer und prachtvoller denn je. Ab 1686 siedelten sich Hugenotten an. Die französischen Glaubensflüchtlinge brachten die Kunst des Tabakanbaus mit in die Region, und die Uckermark stieg zu einem der größten deutschen Anbaugebiete der Pflanze Nicotiana tabacum auf. Mit zahlreichen Tabak- und Zigarrenmanufakturen entwickelte sich Schwedt im 19. Jahrhundert zu einem Zentrum der deutschen Tabakverarbeitung und blieb dies bis zum Ende der DDR.
Bereits im Jahr vor der Grundsteinlegung des EVW ging 1959 die erste Papierfabrik in Betrieb, von den Schwedtern salopp »Pappenbude« genannt. Im Groß-

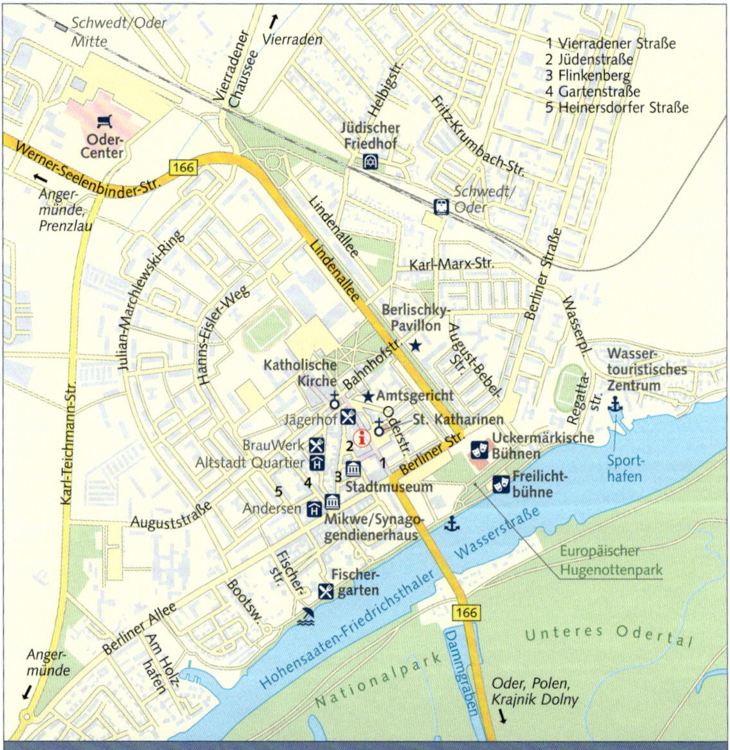

Schwedt/Oder

Den Turm der Katharinenkirche kann man besteigen

maßstab entstanden Wohnungen in Plattenbauweise, um den vielen zuziehenden Arbeitskräften ein neues Zuhause zu geben. Zählte Schwedt im Jahr 1950 keine 7000 Einwohner, war die Zahl bis 1989 auf fast 53 000 angewachsen. Das Ende der DDR und die Wiedervereinigung brachten für den Industriestandort gravierende Umbrüche. Betriebe schlossen, wurden privatisiert, umstrukturiert, Tausende Arbeitsplätze gingen verloren. Schwedt wurde zur schrumpfenden Stadt. Doch auch das ist inzwischen Geschichte. Der Raffineriestandort gilt inzwischen als gesichert. Und im Unterschied zu 1995, als man noch gegen die Nationalparkgründung ankämpfte, bekennen sich die knapp 31 000 Schwedter heute zum Schönsten, das die Stadt an der Oder zu bieten hat: den deutschlandweit einzigen Flussauen-Nationalpark unmittelbar vor ihren Toren – und schmücken sich seit Herbst 2013 mit dem Zusatz »Nationalparkstadt«.

Sehenswertes

Sanierte Plattenbauten und breite Magistralen prägen das Stadtbild, gleichwohl Schwedt rund um die Pfarrkirche **St. Katharinen** sogar über einen kleinen historischen Ortskern verfügt. Das kreuzförmig angelegte, aus Feldsteinen aufgebaute Gotteshaus geht auf die zweite Hälfte des 13. Jahrhunderts zurück. Nach einem Brand wurde es 1887 bis 1889 mit einem hohen, wuchtigen Backsteinturm neugotisch umgestaltet. Ende des Zweiten Weltkriegs brannte St. Katharinen aus; die Kirchturmspitze und auch die wertvolle Innenausstattung wurden ein Raub der Flammen. 1951 bis 1956 erfolgte ihr Wiederaufbau in schlichterer Form. Den Kirchturm kann man besteigen und sich aus 32 Metern Höhe ein schönes Rundumbild von Schwedt und den Oderauen machen.

Das Westportal von St. Katharinen öffnet sich zur Vierradener Straße, der kleinen Schwedter Fußgängermeile. Schlendert man sie nach Norden hinauf, ist der Vierradener Platz schnell erreicht. Es flankieren ihn die **Katholische Kirche,** 1895 bis 1898 erbaut, das neugotische **Amtsgericht** (1896) und gegenüber die fachwerkgiebelgeschmückte **Hahnsche Seifenfabrik,** ebenfalls Ende des 19. Jahrhunderts errichtet. Zunächst Sitz einer florierenden Seifenproduktion, folgten 1912 die Märkische Reisstärkefabrik, 1922 eine Mahlmühle sowie zu DDR-Zeiten eine HO-Verkaufsstelle und eine Sparkasse. Das Gebäudeensemble bildet den nördlichen Abschluss der recht überschaubaren Altstadt.

Wieder südwärts zur Oder gewandt, werden historisch Interessierte im **Stadtmuseum** in der Jüdenstraße fündig. Von der Urgeschichte über die Markgrafenzeit bis heute, über Tabakbau und Oderfischerei, Wirtschaft und kulturelles Leben vermittelt es spannende Einblicke in die Schwedter Vergangenheit.

Vom ehemaligen jüdischen Leben zeugen noch der Jüdische Friedhof sowie das Ritualbad und das Synagogendie-

Mikwe und Synagogendienerhaus

nerhaus. Bis zu ihrer Vernichtung im Nationalsozialismus zählte die jüdische Gemeinde in Schwedt etwa 200 Mitglieder. 1861 kaufte sie ein Grundstück zwischen Louis-Harlan- und Gartenstraße, direkt außerhalb der Stadtmauer, und ließ dort eine Synagoge bauen. Das Gotteshaus wurde in der Reichspogromnacht 1938 geschändet und wenig später abgerissen. Erhalten blieben dagegen die zugehörige **Mikwe,** das jüdische Ritualbad, und das **Synagogendienerhaus,** ein kleiner Fachwerkständerbau und vermutlich das älteste Gebäude Schwedts. Bis 2010 denkmalgerecht rekonstruiert und umfassend saniert, werden Mikwe und Synagogendienerhaus heute vom Stadtmuseum betreut und können besichtigt werden. Auf dem Gelände sind außerdem die freigelegten **Grundmauern der Synagoge** zu sehen. In der Louis-Harlan-Straße befindet sich außerdem noch ein Rest der alten Stadtmauer.

Der Berlischky-Pavillon – einst Hugenottenkirche, heute Veranstaltungsraum

▶ Karte S. 216

Der **Jüdische Friedhof** liegt nördlich der Altstadt in Bahnhofsnähe an der Helbigstraße unmittelbar neben den Bahngleisen. Der älteste der 121 erhaltenen Grabsteine datiert auf 1818. Es ist aber gut möglich, dass hier bereits Ende des 17. Jahrhunderts Beerdigungen stattfanden. Von 1672 bis 1942 lebten Juden in Schwedt. Das letzte Begräbnis fand 1942 statt. In jenem Jahr setzte im nationalsozialistischen Deutschland die Massendeportation der jüdischen Bevölkerung in die Vernichtungslager ein.

Schwedts markantestes Gebäude, das **Kulturhaus** mit den **Uckermärkischen Bühnen,** erhebt sich direkt am Bollwerk. Es zählt zu den bedeutendsten Veranstaltungsbauten der DDR in den 1970er Jahren. Von den tschechischen Architekten Benes und Josef Konvalina entworfen, thront es seit 1978 vor der Uferpromenade genau an dem Ort, wo einmal das 1960 gesprengte Markgrafenschloss stand.

Der einst barocke, 1825/1826 durch Peter Joseph Lenné umgestaltete Schlosspark blieb ebenfalls nicht erhalten. Die heutige Grünanlage rund um das Kulturhaus nimmt die vergangene Gestaltung jedoch wieder auf. 2005 erhielt der Park zum 320. Jubiläum des Edikts von Potsdam den Namen »**Europäischer Hugenottenpark**«. 2012 wurde er nach knapp zwei Jahren Umbau neu eingeweiht. Repliken von Skulpturen, die einst

das Barockschloss zierten, verteilen sich über die Anlage. Seit 2018 vermittelt ein großes bronzenes **Schlossmodell** darüber hinaus einen guten Eindruck vom verloren gegangenen Prachtbau.
Als breite Magistrale zieht vom Kulturhaus aus die Lindenallee nach Nordwesten. Spaziert man sie entlang, fällt etwa 300 Meter später an der Ecke zur Poststraße der **Berlischky-Pavillon** ins Auge – Schwedts letztes Relikt seiner einst barocken Bebauung. Die 1777 geweihte, auf einem ovalen Grundriss errichtete Kirche mit hohem Kuppeldach trägt den Namen ihres Baumeisters Georg Wilhelm Berlischky und diente den Schwedter Hugenotten als Gotteshaus. Heute fungiert der Pavillon als Raum für kulturelle Veranstaltungen.

Ausflüge

Von Schwedt aus führen zwei faszinierende Touren in den Nationalpark hinein. Auf der Deichkrone rund um den **Schwedter Polder** lassen sich zur Überflutungsperiode im Herbst und Winter Scharen von Singschwänen, Bless- und Saatgänse beobachten. Im Frühjahr nisten im Schilf, in den Feuchtsenken und Seggenwiesen Bekassinen, Rohrdommeln oder auch die vom Aussterben bedrohten kleinen Seggenrohrsänger. Im Unteren Odertal haben sie weltweit ein letztes Brutgebiet.
Die **Klützer Querfahrt,** ein alter Oderarm und 1925 kanalisiert, verbindet hier, verkrautet, zerfasert und von Bibern bevölkert, die Hohensaaten-Friedrichsthaler Wasserstraße mit der Stromoder bei Ognica (→ S. 231). Damit trennt die Querung zugleich den Schwedter vom nördlichen **Fiddichower Polder,** den man, ebenfalls auf der Deichkrone, mit atemberaubenden Ausblicken auf die Wildnis im Totalreservat auf 27 Kilometern umrunden kann.

Blühende Tabakpflanze im Schaubeet

Vierraden

Nirgends in der Region könnte man den traditionsreichen uckermärkischen Tabakbau besser in Augenschein nehmen als im Schwedter Ortsteil Vierraden. Überall stehen noch die alten hohen, luftigen **Trockenscheunen,** die daran erinnern, dass die östliche Uckermark einmal nach der Pfalz und nach Baden das drittgrößte Tabakanbaugebiet Deutschlands war. Bis zum Zusammenbruch der DDR galt die Tabakproduktion als Schwedts drit-

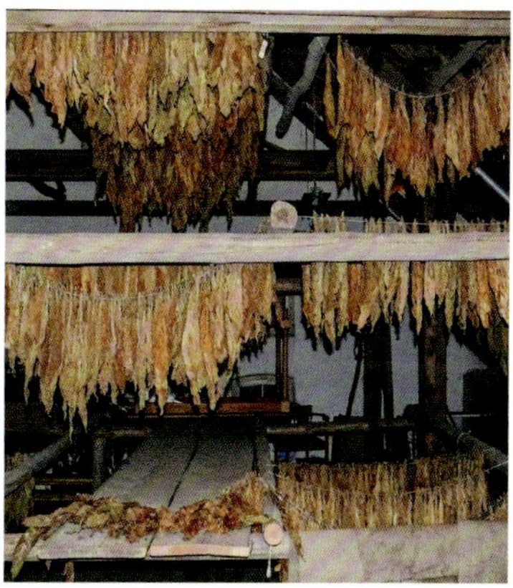

Trockenscheune im Vierradener Tabakmuseum

tes wirtschaftliches Standbein nach der Petrochemie und der Papierfertigung. Heute baut die Uckermärkische Tabak GmbH die Pflanze auf immer noch stattlichen 75 Hektar an.

Im Vierradener **Tabakmuseum,** in einem ehemaligen Tabakspeicher mit Freigelände beheimatet, wird die Kultur- und Anbaugeschichte von Nicotiana nachgezeichnet. Man kann ihren Weg von der Neuen in die Alte Welt und mit den Hugenotten in die Uckermark verfolgen. Traditionelle und moderne Gerätschaften, Anbaumethoden und Schaubeete mit den verschiedensten, von gelb über rosa bis purpur blühenden Tabakpflanzen werden gezeigt. Und immer am dritten Augustwochenende, wenn die Ernte beginnt, wird das Vierradener **Tabakblütenfest** veranstaltet. Nach altem Brauch wird dazu die »Tabakköst« gereicht – Pflaumen- und Streuselkuchen, Likör und Schnaps zum Erntedank – und dann tüchtig gefeiert.

Schwedt/Oder

Vorwahl: 03332, **PLZ:** 16303

Touristeninformation, Vierradener Str. 31, Tel. 25590; Mo–Fr 9–18, Sa 9–13 Uhr. Vermittlung von Zimmern sowie von geführten Wanderungen und zwischen Mitte Juli und Mitte November geführten Kanutouren im Nationalpark Unteres Odertal. www.unteres-odertal.de

Busse der **Uckermärkischen Verkehrsgesellschaft** (UVG) verbinden die Städte und Dörfer in der Region. Unter ihnen verkehrt die PlusBus **Nationalparklinie 468** zwischen den Bahnhöfen Angermünde und Schwedt, über Pinnow, Criewen und Zützen. Ein Kundencenter befindet sich am ZOB in Schwedt, Handelsstr. 3, Tel. 442670. Linien und Fahrpläne: www.uvg-online.com

RE 3 Nord Stralsund–Berlin, über Schwedt. www.vbb.de

Wassertouristisches Zentrum – Wassersport PCK Schwedt, Regattastr., Tel. 449214. Gastliegeplätze für Boote, Strom und Wasser am Steg, Slipanlage, Wohnmobilstellplätze, Zeltmöglichkeit, gepflegtes Sanitär, Waschmaschine/Trockner, Fäkalentsorgung u. v. m.; im Hauptgebäude außerdem Gästezimmer mit Dusche/WC. www.wassersport-schwedt.de

Andersen Hotel Schwedt, Gartenstr. 11, Tel. 29110; DZ um 77 Euro zzgl. Frühstück. Freundliches gepflegtes Mittelklassehotel in der Altstadt gegenüber dem Ritualbad. www.andersen-hotel.de

Hotel Altstadtquartier, Louis-Harlan-Str. 1, Tel. 835790; DZ 72 Euro, mit Etagenbad 50 Euro, zzgl. Frühstück. Großes Haus mit geräumigen, gutbürgerlichen Zimmern im Herzen der Altstadt. Angeschlossen ist das Restaurant BrauWerk (s. u.). www.schwedt-hotel.de

BrauWerk, im Hotel Altstadtquartier (s. o.). In der Gasthausbrauerei kommt zum selbstgebrauten Odertaler Hellen oder den Schwedter Schloss Gold Weizenbieren neben Steaks und Fisch Deftiges wie Brauhaushaxe oder Bierkutscherschnitzel auf den Tisch. www.brauwerk-schwedt.de

Gasthaus Jägerhof, Vierradener Str. 47, Tel. 524375. Günstiger Hausmachermittagstisch und abends Steaks, Fisch- und Wildspezialitäten sowie traditionelle Uckermärker Gerichte in gemütlichem Ambiente. www.jaegerhof-schwedt.de

Fischergarten, Am Bollwerk 15, Tel. 0173/4497794; Hofladen Mo–Fr 9–17, Sa 9–14 Uhr. Auf dem Gelände der ehemaligen Badeanstalt an der HFW betreibt der Oderfischer Helmut Zahn eine urige kleine Freiluft-Fischbraterei mit Bootsverleih (s. u.) und dazu das wohl kleinste deut-

▶ Karte S. 216

sche Fischereimuseum. Den fangfrischen Fisch sowie Räucherfisch kann man auch zum Mitnehmen erwerben. www.fischergarten.de

Stadtmuseum Schwedt, Jüdenstr. 17, Tel. 23460; Di–Fr 10–17, Sa, So 14–17 Uhr.
Jüdisches Ritualbad, Gartenstr. 6; Mai–Sept. Fr–So 10–17 Uhr.
Tabakmuseum Vierraden, Breite Str. 14, OT Vierraden; Mai–Sept. Fr–So 10–17 Uhr. Alle Museen: www.schwedt.eu

Odertalfestspiele, Juni–Aug. Theater, Tanz, Kabarett, Konzerte, Feste und Spektakel der Uckermärkischen Bühnen, drinnen im Kulturhaus und draußen auf der Odertalbühne an der HFW. Infos unter Tel. 538111, www.theater-schwedt.de

Kanutouren im Nationalpark sind auf eigene Faust nicht erlaubt. Führungen durch die Wasserwildnis bietet z. B. Frauke Bennett an, Tel. 039746/22891 und 0172/1979316. www.flusslandschaft-reisen.de
Touren mit zertifizierten Kanuführern sind außerdem buchbar über die Touristeninformation Schwedt (s. o.)
Wassertouristisches Zentrum (s. o.). Verleih von Kanus und Kajaks.
Fischergarten (s. o.). Verleih von Ruder- und Tretbooten.

Flussbadestelle, Am Bollwerk 15; Mai–Okt. Mi–Mo 10–18 Uhr. Schmaler Sandstreifen und grüne Wiese, Sonnenterrasse und Strandkörbe an der HFW; die ausgetonnte Fahrrinne befindet sich in sicherem Abstand. www.flussbadestelle-schwedt.de

Gartz und Umgebung

Bei der Ortslage Friedrichsthal strömt die Hohensaaten-Friedrichsthaler Wasserstraße in die Westoder ein. Genauer gesagt in den Welsesee, der, anders als man erwarten könnte, kein Altarm der Oder, sondern des Flüsschens Welse ist. Dieses ergießt sich hier mit der HFW in den westlichen Oderarm. Von dort fünf Kilometer die Westoder flussabwärts ist Gartz erreicht.

Geschichte

Fast die ganze Zeit seines Bestehens war es das Schicksal des 2000 Einwohner kleinen Städtchens, Grenzort zu sein. 1249 wurden ihm von Herzog Barnim I. von Pommern (reg. 1226–1278) die Stadtrechte verliehen. Bereits 20 Jahre später begann man, die pommersche Gründung mit Wehrmauern, Wällen und Gräben zu umziehen. War die gesamte nördliche Oderregion doch ein steter Zankapfel

In Gartz geht es beschaulich zu

Eiscafé am Gartzer Bollwerk

zwischen den Herzögen von Pommern und den Markgrafen von Brandenburg. Von den Expansionsbestrebungen der Königreiche Dänemark und Polen gar nicht zu reden.

1305/1306 bauen Gartz am westlichen Oderarm und Greifenhagen (Gryfino, → S. 234) schräg gegenüber am östlichen Oderhauptstrom Pässe und Brücken über die sumpfigen Flussauen. Ein vielversprechender Start für günstige Handelsbeziehungen, und folgerichtig wird Gartz 1325 Mitglied der Hanse. Aufgrund der strategisch wichtigen Lage ist es aber auch immer wieder Ort von erbitterten Kampfhandlungen. Achtmal besetzen im Dreißigjährigen Krieg abwechselnd kaiserliche und schwedische Truppen die Stadt. 1638 wird Gartz dabei von den Schweden völlig verheert. Im Westfälischen Frieden geht es 1648 an Schweden über. Schwere Zerstörungen 1659 im Schwedisch-Polnischen Krieg und 1713 im Großen Nordischen Krieg schließen sich an. Im Frieden von Stockholm tritt Schweden das südliche Vorpommern 1720 an Preußen ab. Von jenem Datum an weht über den Dächern von Gartz bis 1945 der preußische Adler.

▸ Karte S. 204

In den letzten Tagen des Zweiten Weltkriegs werden im Kampf um die Oder 80 Prozent der Kleinstadt zerstört. Mit der Westverschiebung Polens wird Gartz 1945 deutsch-polnische Grenzstadt.

Sehenswertes

In dem verschlafenen Städtchen existieren zahlreiche Baulücken, die zum Teil noch vom Krieg herrühren. Nicht alles ist aufgehübscht, und Teile der erhaltenen historischen Bausubstanz zwischen Markt und Oderbollwerk – kleine Ackerbürgerhäuser aus dem 18. und 19. Jahrhundert – stehen leer und verfallen. Seit dem Beitritt Polens zum Schengener Abkommen, und damit der Öffnung der Schlagbäume Ende 2007, wirkt sich die abgeschiedene Grenzlage indes nicht mehr ganz so ungünstig aus. An hitzeglühenden Sommertagen legen Wassersportler zur Rast am **Oderbollwerk** an, Radler auf dem Oder-Neiße-Radweg kehren ein, und alle genießen die eigentümliche Stille wie aus vergangenen Zeiten, die Gartz verströmt.

An die kriegerischen Zeiten erinnern die alten **Stadtmauern,** die das historische Zentrum seit dem 13. Jahrhundert auf

Das Stettiner Tor in Gartz

Paddler bei Mescherin

seiner der Oder abgewandten Seite umziehen. Darin eingefügt sind südlich der **Pulverturm,** nur noch in Teilen erhalten, in der Mitte der **Storchenturm** aus dem 15. Jahrhundert und nördlich am Ende des Fischerwalls nahe dem Oderbollwerk der **Blaue Hut,** im Mittelalter 23 Meter hoch und heute noch in eindrucksvollen Resten vorhanden.

Von den ehemals vier Stadttoren hat das im 13. Jahrhundert erbaute **Stettiner Tor** nordwestlich im Ortskern den Zeiten getrotzt. Sein aus Feldsteinen errichteter Unterbau stammt aus dem 13. Jahrhundert, um 1400 wurden ihm die oberen Backsteingeschosse aufgesetzt. Im angrenzenden Torwächterhaus sind die **Touristeninformation** und das **Ackerbürgermuseum** untergebracht. Es zeigt in Wort und Bild das Leben in Gartz vom 18. bis 20. Jahrhundert.

Weithin sichtbarstes Zeichen der wechselvollen Stadtgeschichte ist die Teilruine der großen **Stephanskirche.** Bereits zehn Jahre nach der Stadtgründung wurde 1259 ein Vorgängerbau erwähnt. In der zweiten Hälfte des 14. Jahrhunderts entstand dann zunächst eine Backsteinhalle. Um 1400 begannen unter dem großen Baumeister Hinrich Brunsberg (1350–1435) – von dem auch St. Katharinen in Brandenburg, die Marienkirche in Posen oder St. Peter und Paul in Stettin stammen – die Arbeiten zum neuen Chor. In der zweiten Hälfte des 15. Jahrhundert wurde das Langhaus als mächtige dreischiffige Halle ausgeführt. 1945 fiel das Gotteshaus im Kriegsinferno in Trümmer. In den 1980er Jahren folgte sein teilweiser Wiederaufbau, indem man die Langhausruine sicherte und dort im ehemaligen ersten Joch ein Gemeindezentrum einrichtete (1987 eingeweiht). Nach der Wiedervereinigung erhielt die neue Chorkirche eine Orgel, und auch der Kirchturm lässt sich seitdem wieder begehen. Bis heute halten die Anstrengungen an, den Sakralbau zu rekonstruieren.

Zwischen Stettiner Tor und Oderbollwerk steht das um 1400 errichtete **Heilig-Geist-Hospital.** Ende des 18. Jahrhunderts hat man den gotischen Klinkersteinbau in Wohnungen umgewandelt; heute fungiert er als Raum für Konzerte und Ausstellungen. Wenige Schritte entfernt finden Wasserwanderer unten an der Oder an der kleinen **Marina** Liegeplätze und Serviceeinrichtungen. Man kann Boote ausleihen, und Freiluftimbisse versorgen die Gäste mit Speis und Trank.

Mescherin

Rund sechs Kilometer nördlich von Gartz kann man in Mescherin am deutsch-polnischen **Grenzübergang** gemütlich über die Wasser und Polder ins polnische Gryfino (Greifenhagen, → S. 234) wechseln. In dem idyllischen Örtchen, dem nordöstlichsten in der Uckermark, könnte es nicht friedlicher zugehen. Wer Ruhe und Abgeschiedenheit liebt, findet sie hier. Außerdem erwähnenswert im 400-Einwohner-Dorf ist die **Kirche** von 1734 und dass der Ort bereits 1297 als

»Mescerin« erstmals in einer Urkunde aufgetaucht ist.

Eine hübsche Sicht weit über das stille Land bis nach Szczecin eröffnet der **Stettiner Berg** am Oderhang. Der Einstieg zum kurzen, aber steilen Aufstieg ist leicht zu übersehen: Er befindet sich an der Oberen Dorfstraße gegenüber der Bushaltestelle »Mescherin Nord«. Einen weiteren schönen Ausguck in die Oderauen bietet ein hölzerner **Aussichtsturm** an der Brücke über die Westoder.

Gartz und Umgebung

Vorwahl: 033332, **PLZ:** 16307

Touristeninformation, Stettiner Str. 14a, Tel. 878224; Mo–Fr 9–15 Uhr. www.gartz.de

Busse der **Uckermärkischen Verkehrsgesellschaft** (UVG) verbinden die Städte und Dörfer in der Region. Linien und Fahrpläne: Tel. 03332/442720, www.uvg-online.com

Marina Gartz, Am Wasser 10; April–Okt. Kleiner Anleger mit Wasser und Strom am Steg, Sanitär, Waschmaschine und Trockner.

Gasthaus Pommernstube, Pommernstr. 20, Tel. 86400; DZ/F um 80 Euro. Erster und einziger Gasthof in Gartz. Die Zimmer funktional in Kiefernholz; in der Gaststube und im Biergarten gibt es Hausmannskost und regionale Fischteller. www.pommernstube-gartz.de

Dorotheenhof Mescherin, Untere Dorfstr. 16, OT Mescherin, Tel. 80726; DZ/F 100 Euro, ab 2 Nächten 80 Euro. FeWos und gediegene Mittelklasse-Gästezimmer im ehemaligen Gutshof direkt an der Oder. Die Küche in der gemütlichen Kutscherkneipe ist gutbürgerlich deftig. www.dorotheenhof-mescherin.de

Salvey Mühle, Salvey Mühle 3, OT Geesow, Tel. 033333/30335; FeWos ab 79 Euro, DZ 85 Euro zzgl. Frühstück. Malerisch im abgeschiedenen Schilfgrund im Salveytal am Salveybach, Alleinlage ca. 5 km östlich von Mescherin. Das stilvoll restaurierte alte Mühlenwohnhaus ist das letzte von vormals fünf Mühlen; die Zimmer lehmverputzt, mit alten Holzdielen und in Naturfarben. Weitere DZ und FeWos im Garten- und im Teichhaus, im Sommer außerdem Glamping auf dem ausgedehnten Gelände. www.salveymuehle.de

Campingplatz am Oderstrom, Obere Dorfstr. 17, OT Mescherin, Tel. 870044; April–Okt. Eingewachsenes stilles Fleckchen an der Westoder. Das Park-Restaurant im Blockhaus neben dem Campingplatz serviert rustikale deutsch-polnische Küche. www.campingplatz-mescherin.de

Ackerbürgermuseum Gartz, in der Touristeninformation (s. o.).

Kanutouren im Nationalpark, s. Infokasten Schwedt (→ S. 221).

Campingplatz am Oderstrom (s. o.). Kajakverleih.

Kranichwoche (Tydzień żurawia), in der ersten Oktoberwoche beiderseits der Oder in Gartz und zwischen Widuchowa (→ S. 233) und Marwice. Geführte Wanderungen, Paddel- und Radtouren zu den Kranichplätzen, Ausstellungen, Vorträge und Führungen zum abendlichen Kranichspektakel, wenn die Glücksvögel in ihre Schlafgewässer einfliegen. Darüber hinaus feiert man am ersten Samstag im Oktober das Kranichfest in Mescherin. Infos: Nationalpark Unteres Odertal e.V., Tel. 25590. www.unteres-odertal.de, www.nationalpark-unteres-odertal.eu

▸ Karte S. 204

Vom Cedyński-Landschaftspark bis vor die Tore Szczecins

Cedynia und Widuchowa sind die beiden Gemeindestädtchen im Landkreis Gryfino (Powiat Gryfiński) am Oderstrom auf seinem Weg durchs Untere Odertal nach Szczecin: das eine am Oderhang und kleinstädtisches Zentrum im Cedyński Park Krajobrazowy (Cedyński-Landschaftspark, → S. 195), das andere weiter nördlich direkt am Fluss kurz vor seiner Verzweigung in die West- und die Ostoder/Reglitz.

Höhen von teils bis zu 100 Metern haben die letzten Eiszeiten im Cedyński-Park hinterlassen. Eine munter gewellte, in weiten Strecken bewaldete Grundmoräne, die steil zum Odertal abfällt, der landwirtschaftlich genutzte Zehdener Polder bei Cedynia, Binnendünen und eine große Lagune zwischen Bielinek und Piasek schmücken das Land.

Bei Widuchowa, wo sich die Oder in die beiden parallel laufenden Flussbetten der West- und der Ostoder/Reglitz (Odra Wschodnia/Regalica) verzweigt, beginnt der Landschaftspark Unteres Odertal (Park Krajobrazowy Dolina Dolnej Odry). Das Überschwemmungsgebiet im Zwischenoderland (Międzyodrze) zwischen Westoder und Regalica mit zahllosen Kanälen, Altwassern, Sand- und Torfinseln ist ein Paradies für Wasser- und Sumpfvögel. Die deutsch-polnische Grenze folgt ab hier der Westoder, während die Ostoder nun beiderseits polnische Ufer hat. »Regalica« wird der östliche Oderhauptarm nach der historischen deutschen Bezeichnung »Große Reglitz« auch genannt. Bis zu seiner Regulierung ab 1905 mäanderte er in großzügigen Schleifen zwischen den Talrändern, und erst auf der Höhe von Gartz (→ S. 221) schieden sich damals die beiden Flussarme. Das heutige Flussbett der Ostoder zwischen Widuchowa und der Kreisstadt Gryfino (Greifenhagen) – touristischer Mittelpunkt in der Region – wurde erst 1905 bis 1914 gegraben.

Für Radler sei noch angemerkt, dass der Radweg Zielona Odra (Grüne Oder, → S. 405) in diesem Abschnitt größtenteils ungeschützt vor dem motorisierten Verkehr über schmale, teilweise holprige Landstraßen geht. Sie sind wenig befahren und kurven die Oderhänge hinauf und hinab, streckenweise durch Wald, entfernen sich mal vom Fluss und nähern sich wieder, um zwischen Zatoń Dolna und Krajnik Dolny schließlich auf der Deichkrone entlangzuführen.

Cedynia

Einen Katzensprung östlich vom Oderstrand liegt Cedynia (Zehden), Polens westlichste Stadt, am Oderhang. Wo im 9. Jahrhundert eine von Erdwällen und Wassergräben umzogene Pomoranenburg stand, gründeten in »Cidini«, ab 1252 unter brandenburgischer Herrschaft, Zisterziensernonnen 1266 eine Abtei. 300 Jahre lang prägte das **Kloster Zehden,** von den askanischen Markgrafen mit reichem Grundbesitz ausgestattet, die Entwicklung in der Region. Darüber hinaus spielte es eine wichtige Rolle bei der Christianisierung der Neumark. Nach der Reformation aufgelassen, zerstörten im Dreißigjährigen Krieg schwedische Truppen 1637 die Klostergebäude. Vier Jahre später ließ Kurfürst Friedrich Wilhelm einzig den Westflügel als kleines Jagdschlösschen wiederauferstehen. 1699 brannte er nieder, wurde 1850 abermals aufgebaut und fungierte fortan als Königliches Postamt. 1945 erneut zerstört, harrte die Ruine der Zeiten, bis 1997 ein Privatinvestor in Zusammenarbeit mit dem Denkmalamt der Woiwodschaft die Ruine sicherte und Stein auf Stein mit ihrer Rekonstruierung begann. Heute beherbergen die alten Mauern ein apartes **Hotel** mit viel Atmosphäre und ein schickes **Restaurant.** Im Garten zu Füßen des Klostergebäudes, besonders im Sommer beliebt, herrscht lauschiger Ausflugsbetrieb.

Von der Geschichte der 1600 Einwohner kleinen Gemeindestadt und ihrer Umgebung berichtet am Marktplatz das **Regionalmuseum,** das eine Nachbildung der historischen Pomoranenburg und Funde aus einer frühmittelalterlichen Grabstätte zeigt. Und auch die **Granitsteinkirche** aus dem 13. Jahrhundert mit einem neugotischen Turm lohnt einen Blick.

Ein weiterer Höhepunkt erhebt sich buchstäblich wenige Schritte südlich vom Ortszentrum. 1895 wurde auf dem damaligen Schützenberg zur Erinnerung an die Gefallenen der deutschen Vereinigungskriege ein **Aussichtsturm** errichtet. Wer seine Stufen hinaufsteigen mag, wird mit einem herrlichen Panoramablick belohnt. Noch höher geht es wenige Kilometer südlich zwischen Cedynia und Osinów Dolny auf den **Czcibor-Hügel** (Góra Czcibora, → S. 227) hinauf. Dort thront 15 Meter hoch über der Ebene das Czcibor-Denkmal (Pomnik Czcibora), wie man die viele Stufen bergan führende Anlage kurz nennt. »Denkmal für den polnischen Sieg an der Oder« (Pomnik Polskiego Zwycięstwa nad Odrą) lautet die offizielle Bezeichnung. 1972 wurde das Monument, das einen aus einem Kreuzritterschwert emporsteigenden Adler darstellt, mit großem Pomp zur 1000-Jahr-Feier der Schlacht von Cedynia eingeweiht. Politprominenz aus ganz Polen reiste zum fahnenumwehten Ort des Siegs im ewigen Kampf des Slawentums gegen den germanischen Drang nach Osten – Symbol der 1000-jährigen Geschichte des Polentums an der Oder. So versuchte die kommunistische Propaganda damals, die Westverschiebung Polens 1945 historisch zu legitimieren.

Heute dient die eingewachsene Anlage vor allem der schönen Aussicht. Denn sind die zahlreichen Stufen erst erklommen, liegt einem das weite Odertal zu Füßen. Bis zum Horizont schweift der Blick über die eingedeichten Getreidefelder der Żuławy Cedyńskie (Cedynia-Marschen/Zehdener Polder) und die Stromoder nach Odrzycko (Oderberg, → S. 189) und in die Gemarkung von Świecie nad Odrą (Schwedt, → S. 215) hinüber.

Ausflügler im ehemaligen Kloster Zehden

In Cedynia

▲ Karte S. 204

Schlachtengetümmel am Czcibor-Hügel

Einmal im Jahr zu Johanni lassen es die Einwohner von Cedynia zusammen mit Tausenden Besuchern richtig krachen. Immer am Wochenende um den 24. Juni wird der Sieg Czcibors, Bruder des großen Polanenherzogs Mieszko I., über den sächsischen Markgrafen Hodo anno 972 in der Schlacht bei Cedynia gefeiert. Freitags und samstags gibt es zum Stadtfest buntes Treiben und Bühnenprogramm im Amphitheater am südlichen Ortsausgang. Und am Sonntag geht es in die grünen Hügel der Karpaty Cedyński, die zwischen Cedynia und südlich Osinów Dolny auf fast 80 Meter über dem Odertal ansteigen.

Dort thront kurz nach dem nördlichen Ortsausgang von Osinów Dolny (→ S. 199) auf dem Czcibor-Hügel das Czcibor-Denkmal (→ S. 226). Dorthin zieht zum Stadtfest sonntags der Tross der Mittelalterfans und verwandelt das Gelände in ein Feldlager wie vor 1000 Jahren. Weber, Schmiede, Töpfer und andere zeigen überliefertes Handwerk. Gaukler und Jongleure bevölkern die Szene, während Mieszkos und Hodos Ritterheere in historischen Kostümen bereits ihre Schwerter wetzen. Dann geht es, unter dem Applaus der Zuschauer, mit Gebrüll aufeinander los, und keine halbe Stunde später müssen sich Hodo und seine Recken, wie jedes Jahr, wieder geschlagen geben.

Das Czcibor-Denkmal, 1972 zur 1000-Jahr-Feier der siegreichen Schlacht des Polentums an der Oder eingeweiht, ist mittlerweile krautbewachsen. Der Beton bröckelt, und es sind vor allem Ausflügler, die die schweißtreibenden Treppen bergauf erklimmen, um die herrliche Aussicht weit in die Oderniederung zu genießen. Auch das Geschichtsbild ist längst ein anderes. Das Stadtfest wird mit den deutschen Nachbarn zusammen gefeiert, das jährliche Schlachtgetümmel zu Füßen des Czcibor-Denkmals tragen polnische und deutsche Kempen gemeinsam aus. Zum Vergnügen der vielen Zuschauer. Denn unterdessen ist nicht mal mehr sicher, ob die Schlacht überhaupt in dieser Form stattgefunden hat. Und wenn ja, wohl nicht als polnisch-deutscher Waffengang, sondern als Scharmützel, wie sie in jener fernen Zeit zwischen sächsischen und slawischen Stammesfürsten im Gerangel um die Kolonisierung der Oderregion üblich waren.

Der Aufstieg zum Czcibor-Denkmal kann schweißtreibend sein

EXTRA

Bielinek und Piasek

Zwischen den Weilern Bielinek und Piasek treten die bewaldeten Hügel der **Puszcza Piaskowa** dicht an die Oder heran. In beiden ursprünglich slawischen Dörfchen - Bielinek 1137 und Piasek 1270 erstmals genannt - lebte man jahrhundertelang hauptsächlich vom Fischfang. Ackerland gab es keins, dafür umso mehr Schwemmsandinseln, Binnendünen, Sümpfe und sandiges Ödland. Mitte des 19. Jahrhunderts war der Bau des rechtsseitigen Hauptoderdeichs für die Einpolderung der Zehdener Niederung zwischen Niederwutzen (Osinów Dolny) und Bellinchen abgeschlossen - und **Bielinek** (Bellinchen) trat in das Dampfzeitalter ein. 1869 erhielt es kurz hinter seinem südlichen Ortsausgang eine Pumpstation, heute elektrisch, damals noch mit Dampf betrieben. Und idyllisch zwischen Wasser und Wald gelegen, wurde es eine beliebte Sommerfrische. Sogar Dampfer der Weißen Flotte machten Station.

Darüber hinaus genießt der kleine Ort bei Naturschützern einen gewissen Bekanntheitsgrad. Die Flora der sonnenverwöhnten steilen **Oderhänge** faszinierte die Biologen schon im 19. Jahrhundert. Wissenschaftler aus ganz Europa reisten zu Exkursionen an, um die bis zu 300-jährigen Flaumeichen zu erkunden, die sonst nur im Mittelmeerraum gedeihen. Ein **Naturschutzgebiet** - damals noch selten - und 1897 eine Naturschutzstation entstanden. Die Station wurde im Zweiten Weltkrieg zerstört. Aber ein Gedenkstein erinnert daran.

Manches, was in Bielinek nicht Opfer des Kriegs wurde, hat man kurz danach abgerissen und die Ziegel für den Wiederaufbau von Szczecin flussabwärts geschifft. 1948 ging die **Kiesgrube** in Betrieb, zunächst muskelbetrieben mit Schaufeln und Schubkarren, später industriell. Seitdem hat das Baustoffabbaggern die Landschaft verändert. Zwischen Bielinek und Piasek ist eine Art **Lagune** entstanden. Wasser bis zum Horizont, den gegenüber auf der deutschen Seite ein kleiner grüner Streifen vom Blau des Himmels abgrenzt. Ein Dorado für die Wasservogelwelt, die hier reiche Fischgründe findet. Aber auch die Kiesgrube ist noch aktiv, geführt von einer der polenweit größten Gesellschaften für Baustoffe mit Sitz in Szczecin.

Blick über die Kiesgrube in Bielinek

Karte S. 204

Café Wiejski Kocur in Zatoń Dolna

Piasek (Peetzig), heute zwischen Stromoder und einem verbliebenen kurzen Oderaltarm gelegen, wurde im Lauf seines Daseins immer wieder von Hochwassern heimgesucht und nach der verheerenden Flut 1882 etwas höher neu aufgebaut.

Von Zatoń Dolna nach Krajnik Dolny

Lag die Talsohle der Oderniederung bei Hohensaaten (→ S. 209) am südlichen Ende des Unteren Odertals noch bis zu zwei Meter über Normalnull, hat sie auf der Höhe von Zatoń Dolna (Niedersaathen) nun den Meeresspiegel erreicht. Fortan werden für die Oder auf ihrem Weg zur Ostsee auch die Meeresgezeiten und dortigen Wind- und Wetterverhältnisse eine Rolle spielen.

Zatoń Dolna selbst erscheint wie im Dornröschenschlaf. Still schmiegt sich das malerische Dorf an die Oderhänge, geschmückt von einem 1711 errichteten Kirchlein. Seine hölzerne Turmspitze erhielt es 1820. Das Altarbild im Inneren zeigt den Franziskanermönch Maximilian Kolbe (1894–1941), der 1941 in Auschwitz zu Tode kam und von Papst Johannes Paul II. 1982 heiliggesprochen wurde. Von dort geht es hinunter zum Flussufer und am nördlichen Ortseingang ins **Tal der Liebe** (Dolina Miłości, → S. 230) hinein. Hügel hinauf und hinab, von Schluchten gekerbt und mit fantastischen Aussichtspunkten, kann man auf den Pfaden des ehemaligen Parks wandeln, den die Familie von Humbert seit Mitte des 19. Jahrhunderts anlegen ließ. Bis 1945 war die romantische Anlage ein beliebtes Ausflugsziel, verwilderte anschließend und wurde 2010/2011 in einer polnisch-deutschen Gemeinschaftsanstrengung in seinen Grundzügen restauriert.

Von Schwedt (→ S. 215) aus kann man nach der Oderbrücke in **Krajnik Dolny** (Niederkränig) rechts auf ein schmales Asphaltband zum Tal der Liebe abbiegen oder es alternativ oberhalb über die Landstraße ansteuern. Neben einem kleinen Grenzbasar besitzt Krajnik Dolny als Hingucker noch eine stark verfallene Kirchenruine.

EXTRA

Dolina Miłości – im Tal der Liebe

»Willkommen im Tal, das die Liebe schuf« – so lautete der Spruch auf dem Transparent, mit dem Anna von Humbert ihren Ehemann Carl Philipp nach einer längeren Dienstreise zuhause willkommen hieß. 1827 hatte die Schwedter Hugenottenfamilie das Gut Hohenkränig (Krajnik Górny) erstanden und als Teil davon auch das Dorf Niedersaathen (Zatoń Dolna, → S. 229). Um 1850 trat Carl Philipp, Landrat im Bezirk Königsberg/Neumark (Chojna), besagte Dienstreise an, während der Anna, um ihn zu überraschen, den Niedersaathener Oderhang in einen Park verwandeln ließ – seitdem »Tal der Liebe« genannt.

Ein Schweizerhaus, Fasanerie, Teiche gehörten zum Meublement und auf den Anhöhen eine Reihe gestalteter Aussichtspunkte: eine griechische Tempelruine auf dem »Ruinenberg«, ein Pavillon auf dem »Lusthausberg« und anderes mehr. Die Bauten sind nicht mehr vorhanden. Aber die Namen blieben erhalten.

Die Humbertschen Nachkommen setzten das Familienwerk fort. In den 1880er Jahren ließ Sohn Henry die umgebenden Alleen, Obstgärten und das neue Ausflugsrestaurant »Waldkater« gestalterisch mit dem Park verbinden. Enkel René veranlasste um die Jahrhundertwende Bau und Bewässerung der beiden »Adam und Eva«-Teiche. Die Barockstandbilder, die eigentlich Apollo und Venus darstellen und jeweils eine Teichmitte zieren, schuf Carl Philipp Glume Mitte des 18. Jahrhunderts als Skulpturenschmuck für das Schloss in Schwedt (→ S. 215). 1897 erwarb sie René von einem Schankwirt, bei dem die wertvollen Nackedeis zur allgemeinen Erheiterung im Biergarten standen, und verpflanzte sie ins paradiesische Tal der Liebe. Bei den heutigen Plastiken handelt es sich allerdings um Kopien.

1927 kamen zum 100. Humbertschen Jubiläum im Park Gedenksteine dazu, zunächst in Erinnerung an verstorbene Familienmitglieder, später auch an andere Menschen. Steine für 16 Persönlichkeiten aus Gesellschaft und Politik, Wissenschaft und Kultur wurden 1930 bis 1939 auf dem »Gedenkberg«, wo man heute hübsch picknicken kann, niedergelegt; dominiert von einem steinernen Tisch, in den die erste Strophe der deutschen Nationalhymne eingehauen war.

Nach 1945 geriet die Anlage in Vergessenheit, und der Wald holte sich sein angestammtes Terrain zurück. 2010/2011 erfolgte in polnisch-deutscher Zusammenarbeit die behutsame Restaurierung. Das noch vorhandene Parkmeublement konnte gerettet werden. Wege wurden freigelegt, und als schönste Attraktion in der Dolina Miłości kann man die herrlichen Aussichtspunkte ins Untere Odertal, mit denen schon Anna ihren geliebten Ehemann überrascht hatte, seitdem wieder erwandern.

Im Tal der Liebe wurde aus Apoll kurzerhand Adam

Von Cedynia bis Krajnik Dolny

Zwischen **Krajnik Dolny** und **Schwedt** fährt die **Buslinie 492** der Uckermärkischen Verkehrsgesellschaft (UVG). www.uvg-online.com

Busse der PKS Myślibórz fahren von **Osinów Dolny** über **Cedynia, Bielinek** und **Piasek** weiter nach **Chojna.** Fahrplanfinder: www.rozklady.com.pl

Hotel Kloster Zehden, ul. M. Konopnickiej 10, 74-520 Cedynia, Tel. +48/91/ 4144531; DZ/F ab 80 Euro. Vornehm logieren im wiedererrichteten Westflügel des Zisterzienserinnenklosters aus dem 13. Jahrhundert, mit Sauna und Solarium. Das Restaurant bereitet modern interpretierte polnische Traditionsküche und internationale Speisen zu. www.klosterzehden.de

Hotel Piast, ul. Staromiejska 2, 74-520 Cedynia, Tel. +48/660/671191; DZ/F um 70 Euro. Gepflegte Mittelklasse am zentralen Platz; im Restaurant schmackhafte polnische Schnitzelküche zum günstigen Preis. www.piast-hotel.pl

Hotel Margo, ul. Czcibora 22, 74-520 Cedynia, Tel. +48/91/4144044; DZ/F um 55 Euro. Preiswerte, freundliche Unterkunft nahe Zentrum an der Straße nach Osinów Dolny, die Zimmer funktional; im Restaurant polnische Hausmannskost. www.hotelmargo.com.pl

Café Wiejski Kocur (Dorfkater), Zatoń Dolna 12, 74-500 Chojna, Tel. +48/91/ 4185007. Malerische winzige Kaffeestube, drinnen und draußen auf der Miniterrasse gibt's besten Kaffee, Kuchen und kleine Gerichte. https://wiejski-kocur.business.site

Regionalmuseum (Muzeum Regionalne w Cedyni), pl. Wolności 4, 74-520 Cedynia, Tel. +48/91/4149512; Di–Sa 9–16 Uhr. www.cedynia.pl/muzeum-regionalne

Stadtfest Cedynia (Dni Cedyni), am Wochenende um Johanni (24.6.) herum. Cedynia feiert mit Budenzauber und Bühnenprogramm. Höhepunkt ist am Sonntag die nachgestellte mittelalterliche Ritterschlacht anno 972 zu Füßen des Czcibor-Denkmals.

Polenmarkt Hohenwutzen, Osinów Dolny, tgl. 9–17 Uhr. www.hohenwutzen.de

Von Krajnik Dolny nach Gryfino

Von Krajnik Dolny stromabwärts begleitet die Straße 122 (gleichzeitig auch Radweg Zielona Odra/Grüne Oder, → S. 405) ein Stück weit die Stromoder. Bis Ognica treten die waldgeschmückten Hügel noch einmal nah ans Wasser heran, bevor sich das Flusstal weitet, um sich bei Szczecin schließlich fast zehn Kilometer breit auszudehnen. Beim Flecken **Ognica** (Nipperwiese) nimmt die Stromoder die Klützer Querfahrt auf. Auf 3,5 Kilometern führt der 1925 kanalisierte alte Oderarm von der Schleuse Schwedt durch den Polder nach Ognica und verbindet so die Hohensaaten-Friedrichsthaler Wasserstraße (→ S. 208) mit der Stromoder. Eine kleine verputzte Feldsteinkirche, wahrscheinlich nach 1600 errichtet, gereicht dem Örtchen zur Zierde. Skipper können am Bollwerk festmachen und Paddler ihr Boot mittels einer Betonrutsche an Land ziehen. Auf der Höhe von Widuchowa (Fiddichow) teilt sich die Oder in zwei Hauptarme: die Westoder (Odra Zachodnia), mit der auch die polnisch-deutsche Grenze einen Westschwenk macht, und die Ostoder/Reglitz (Odra Wschodnia/Regalica), über die das Gros der Wassermassen Richtung Stettiner Haff (Zalew Szczeciński) fließt. Die Durchfahrt zur Westoder ist vom 80 Meter langen Ma-

Boote der Wasserwacht in Widuchowa

rienhofer Wehr überbaut. Seit 1914 reguliert das Stauwerk Zufluss und Abfluss zwischen den beiden Oderarmen.

Das weite Schwemmland dazwischen, das Zwischenoderland (Międzyodrze), schützt seit 1993 der **Landschaftspark Unteres Odertal** (Park Krajobrazowy Dolina Dolnej Odry). Auf 6000 Hektar umfasst er das Gebiet zwischen Westoder und Ostoder/Reglitz mit den größten Torfmooren in Mitteleuropa. Ein unüberschaubares Geflecht von Altwasserarmen, Gräben und Kanälen, Sümpfen, Überschwemmungsgebieten und Torfinseln bietet Lebensraum für zahlreiche seltene und vom Aussterben bedrohte Pflanzen und Tiere, darunter das Wappentier des Landschaftsparks: der bunte Eisvogel.

Bis 1945 waren die keinen halben Meter über dem Meeresspiegel liegenden Auen eingepoldert und wurden als Weiden und Futterwiesen genutzt, wobei wassertechnische Anlagen das Wasserniveau regulierten. Nach 1945 verfielen sie, der Fluss blieb sich in seinen Launen selbst überlassen und hat so im Lauf der Jahrzehnte diese einzigartige Sumpf- und Wasserwildnis geschaffen.

Trockenen Fußes gelangt man von kaum irgendwo in den Landschaftspark hinein. Es sei denn, es herrscht klirrende Kälte und die Wasserläufe sind fest zugefroren. Motorbetrieb jeglicher Art ist untersagt. Es besteht jedoch die schöne Möglichkeit, in Gryfino (Greifenhagen) ein Paddelboot zu leihen und das Wasserlabyrinth auf die sanfte Tour zu erkunden. Mit Ausnahme der markierten Naturschutzgebiete ist der Landschaftspark für Touristen zugänglich.

Widuchowa

Das kleine Dorf am Oderstrom zählt zu den ältesten Gründungen in Westpommern. Bereits 1159 wurde es in einem Schriftstück des ersten pommerschen Bischofs Adalbert aufgeführt. Darin verfügte er, wohin der Wegzoll, der bei der Burg Viduchowa an der Oder erhoben wurde, fließen sollte. Auf einen sogar noch älteren Ursprung deuten die Reste eines slawischen Burgwalls hin.

Als viel frequentierter Handelsplatz erhielt Widuchowa (Fiddichow) 1347 vom Stettiner Pommernherzog Barnim III. die Stadtrechte verliehen. Der Dreißigjährige Krieg brachte große Verheerungen. Nach Ende des Nordischen Kriegs (Schwedisch-Brandenburgischer Krieg, 1674–1679) gelangte Fiddichow wie alle östlich der Oder gelegenen Ortschaften Schwedisch-Pommerns im Frieden von St. Germain zum Kurfürstentum Brandenburg. Ein Flusshafen wurde angelegt und die ursprünglich im 13. Jahrhundert errichtete **Pfarrkirche** als Granitquadersaal schöner und größer wieder aufgebaut. Fachwerkturm und Barockkuppel kamen im 18. Jahrhundert dazu.

Unterhalb lassen sich vor der Uferböschung die letzten Trümmer einer **Schlossruine** erspähen. Friedrich Wilhelm von Schwedt – der »tolle Markgraf«, wie ihn die Untertanen wegen seiner derben Späße, Stockhiebe und anderer Grobheiten nannten – hatte Fiddichow 1725 erworben. Unverzüglich gab er Befehl, das just neu erbaute Schloss der Grafen von Barfuß – 1721 bis 1725 Eigentümer von Fiddichow – wieder abreißen zu lassen. Warum, ist unklar, wahrscheinlich um seinen Herrschaftsanspruch augenfällig zu machen. Textilmanufakturen und 1872 die Inbetriebnahme einer Zuckerrübenfabrik sowie der Anschluss an die Eisenbahnstrecke Stettin–Küstrin brachten seit dem 19. Jahrhundert bescheidenen Wohlstand. Im letzten Kriegsmonat 1945 wurde Fiddichow bei den Kämpfen um die Oder zu 80 Prozent zerstört und nach Polens Westverschiebung von den Neusiedlern anschließend wieder aufgebaut.

Gryfinos historische Bausubstanz wurde im Krieg fast gänzlich zerstört

Vor ein paar Jahren wurde die Uferstraße im stillen 1200-Einwohner-Ort, die **ulica Bulwary Rybackie** (Fischerboulevard), als Spaziermeile verbundsteingepflastert. An der **Kaianlage,** wo früher Grenzpatrouillen stationiert waren, können heute Bootstouristen festmachen und direkt nebenan Paddler mittels einer Pflastersteinrampe anlanden.

Das jüngste und recht spannend geratene Bauwerk thront auf dem 72 Meter hohen **Słowiańska-Hügel** nahe dem nördlichen Ortsausgang. Im Spätherbst 2020 wurde die **Aussichtsplattform** (Taras Widokowy) in Gestalt eines auf Stelzen über dem Hang schwebenden Rings eingeweiht. Ein getreppter Waldweg führt den steilen Hügel hinauf, gefolgt von weiteren Stufen hoch in den Aussichtsring. Oben angelangt, wird die Mühe mehr als belohnt. Denn es eröffnet sich ein großartiger Panoramablick weit über das Zwischenoderland vom Marienhofer Wehr mit der Durchfahrt zur Westoder bis hinunter zur Industrieschornstein-Silhouette von Schwedt. Ab der Ortsmitte Widuchowa ist der »Punkt Widokowy« ausgeschildert. Nach den letzten Häusern in der ulica Zielona geht es weiter zu Fuß links auf dem Sandweg in den Wald hinein. Dem Weg 10 bis 15 Minuten bis zum getreppten Anstieg auf den Hügel folgen.

▸ Karte S. 204

■ Gryfino

Dass man sich Gryfino (Greifenhagen) annähert, kündigen schon von Weitem die Schlote des **Kohlekraftwerks Untere Oder** (Elektrownia Dolna Odra) an. Zwischen 1974 und 1977 ging die riesige Kohlendioxidschleuder mit acht Blöcken in Betrieb. Zwischenzeitlich saniert und modernisiert, ist das Kraftwerk bis heute der größte Stromerzeuger in der Woiwodschaft Westpommern.

Wie die meisten Ortschaften am Oderstrom ging auch Gryfino in den letzten Kriegstagen 1945 unter. Erhalten blieben nur das **Bahner Tor** (Brama Bańska) mit Resten der Stadtmauer von Anfang des 14. Jahrhunderts sowie die **Marienkirche** (Kościół pw. Narodzenia Najświętszej Marii Panny). Sie geht auf Mitte des 13. Jahrhunderts zurück, auf die Zeit, als Pommernherzog Barnim I. der Oderansiedlung 1254 das Stadtrecht verlieh. Überschwemmungen, ein Stadtbrand 1530, der Dreißigjährige, der Nordische, der Siebenjährige Krieg und auch die große Flut 1780 setzten dem Städtchen zu. 1679 kam es von Schwedisch-Pommern an Brandenburg. Ab 1867 wurden erste Holzbrücken, 1911 bis 1913 dann erste feste Brücken über das Oderzwischenland hinüber nach Mescherin (→ S. 223) gebaut.

Nach der Zerstörung Ende des Zweiten Weltkriegs kamen im Sommer 1945 die ersten Neusiedler in Gryfino an: Menschen, die aus ihrer nun sowjetischen Heimat östlich von Bug und San vertrieben worden waren, Gefangene deutscher Konzentrationslager und Zwangsarbeiter des Dritten Reichs sowie aus sowjetischen Arbeitslagern. Der Neuanfang war mühsam, gingen doch die meisten Ressourcen, seien es Baumaterialien oder auch Muskelkraft, vor allem in den Wiederaufbau der nahen Metropole Szczecin. Der Kraftwerksbau in den 1970er Jahren brachte dann einen Schub. Rund 3000 Mitarbeiter in und rund um die Anlage kamen in Lohn und Brot. Gryfino wuchs. Im komplett in Trümmer gelegten historischen Stadtzentrum wurden rund um die rekonstruierte Pfarrkirche für die rasch wachsende Bevölkerung Plattenbauten errichtet. Seit 1999 ist die 20 000-Einwohner-Stadt am östlichen Oderufer Kreisstadt im flächenmäßig größten Powiat (Kreis) der Woiwodschaft Westpommern (Zachodniopomorskie). Vor der **Oderbrücke** erstreckt sich am Flussufer die 2013 eingeweihte **Marina,** und direkt am Platz befindet sich auch die regionale Touristeninformation. Gryfino bietet sich außerdem sehr schön als Ausgangspunkt für Paddeltouren in die labyrinthische Sumpf- und Wasserwelt im **Landschaftspark Unteres Odertal** (Park Krajobrazowy Dolina Dolnej Odry) an. Auf Schusters Rappen gibt es die Möglichkeit, auf einem Lehrpfad kurz hinter der Brücke über die Ostoder/Reglitz in ihn hineinzuschnuppern.

Von Krajnik Dolny nach Gryfino

Touristeninformation Gryfino, ul. Nadodrzańska 1, 74-100 Gryfino, Tel. +48/789/035121; Mai-Sept. Mo-Fr 9-17, Juli, Aug. zusätzl. Sa 8-16, Okt.-April Mo-Fr 8-16 Uhr.
www.gryfino.pl, www.osir.gryfino.pl

Busse der PKS Myślibórz fahren von **Osinów Dolny** über **Cedynia, Bielinek, Piasek** nach **Chojna.**
Fahrplanfinder: www.rozklady.com.pl

Züge der POLREGIO verkehren zwischen **Widuchowa** und **Gryfino,** ICs, TLK- und Regionalzüge zwischen **Gryfino** und **Szczecin.**
www.polregio.pl

Anlegekai Ognica, 74-121 Ognica, Tel. +48/91/4167237 (Hafenmeister). Kleiner Liegeplatzkai zum Festmachen, keine Ver- und Entsorgung; in der Nachbarschaft eine Betonrampe.
www.marinas.pl/marina/nabrzeze-ognica

Anlegekai Widuchowa, ul. Bulwary Rybackie, 74-120 Widuchowa, Tel. +48/91/4167237 (Hafenmeister). Kleiner Liegeplatzkai zum Festmachen, keine Ver- und Entsorgung; gleich nebenan kopfsteingepflasterte Rampe. www.marinas.pl/marina/nabrzeze-widuchowa

Jacht- und Passagierkai Gryfino (Nabrzeże jachtowe i pasażerskie w Gryfinie), ul. Nadodrzańska, Tel. +48/607/529643 (Hafenmeister). Anlegeplätze für Boote an Schwimmpontons; Strom, Frischwasser, Müll- und Abwasserentsorgung. Im Gebäude des Hafenmeisters Sanitär.
www.osir.gryfino.pl

Hotel Sport, ul. Sportowa 3, 74-100 Gryfino, Tel. +48/91/4163011; DZ um 40 Euro. Preiswerte, einfache Unterkunft im Haupthaus und in Bungalows auf dem OSiR-Gelände (Ośrodek Sportu i Rekreacji/Zentrum für Sport und Erholung), mit Duschbad, TV, Internet.
www.osir.gryfino.pl

OSiR Gryfino (s. Hotel Sport); Juni-Sept. tgl. 10-18 Uhr. Verleih von Kajaks und SUP.

Marina Gryfino (s. o.), Fahrradverleih im Gebäude des Hafenmeisters.

Kranichwoche (Tydzień żurawia), → S. 224

Szczecin (Stettin), Hauptstadt der Woiwodschaft Westpommern und pulsierende Metropole am Oderstrand, beeindruckt mit einer Fülle an historischen Bauten. Das Stettiner Haff mit kleinen Ankerplätzen und die Insel Wolin mit den Ostseebädern Świnoujście (Swinemünde) und Międzyzdroje (Misdroy) erfreuen Urlauber aus aller Welt. Die weitläufigen Sandstrände, die Küstengewässer und Buchenwälder der Insel Wolin sind im gleichnamigen Nationalpark geschützt.

VON SZCZECIN ZUR INSEL WOLIN

Das Schloss der Herzöge von Pommern über den Dächern von Szczecin

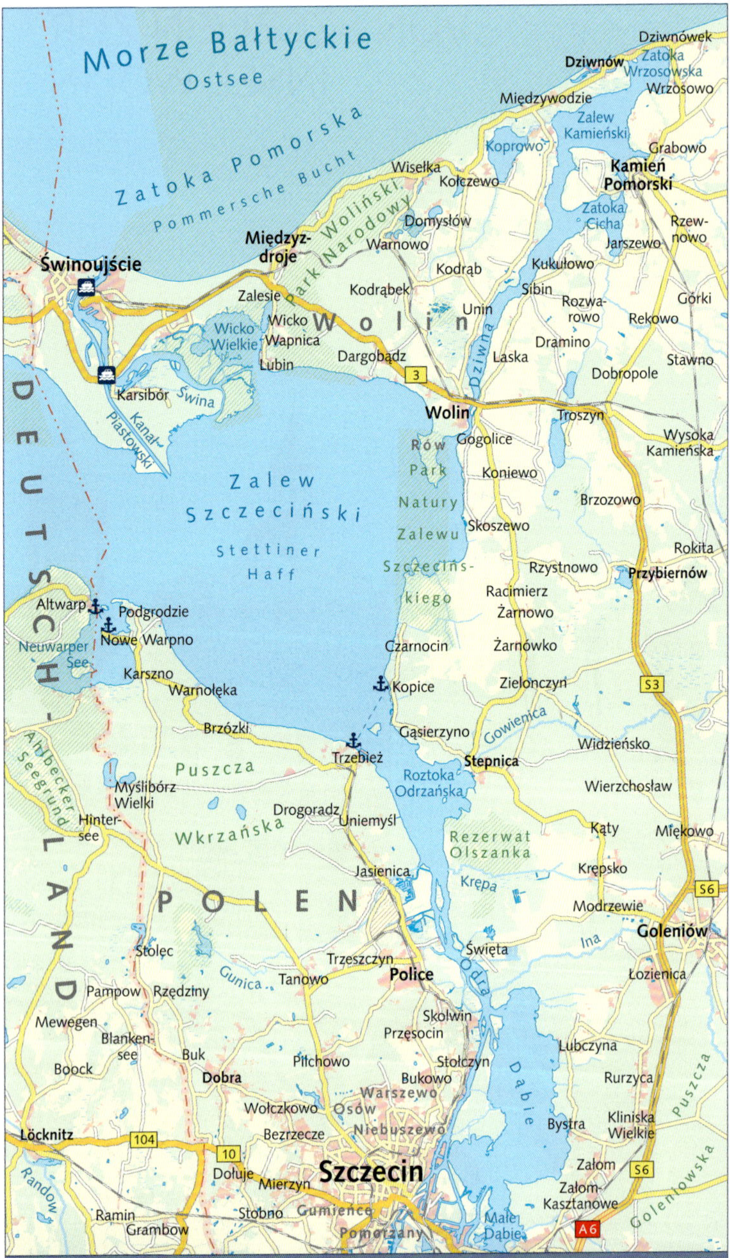

Von Szczecin zur Insel Wolin

Vor den Toren von Szczecin (Stettin) – Hauptstadt der Woiwodschaft Zachodniopomorskie (Westpommern) und wirtschaftliche wie kulturelle Metropole am Oderstrand – breitet die Oder ihre beiden Arme zu einem bald zehn Kilometer durchmessenden Flussdelta aus. Während die Westoder (Odra Zachodnia) Kurs auf das Stettiner Stadtzentrum nimmt, strömt die Ostoder/Reglitz (Odra Wschodnia/Regalica), ebenfalls auf Stettiner Stadtgebiet, in den östlichen Dąbie-See (Dammscher See) ein. Mit rund 15 Kilometern Länge und bis zu 4 Kilometern Breite bildet diese schilfumgürtete Oderausweitung Polens viertgrößtes Binnengewässer und zugleich ein beliebtes Ausflugsgebiet der Stettiner ins Blaue hinein. Noch ein letztes Mal finden die beiden Flussarme an der nördlichen Stadtgrenze zueinander, um sich, wieder vereint, schon bald darauf zur Roztoka Odrzańska (Papenwasser) auszudehnen. Mit dem Hauptörtchen Stepnica bildet das Papenwasser die gut acht Kilometer lange Oderausmündung ins Stettiner Haff (Zalew Szczeciński).
Nach seiner langen Reise vom tschechischen Odergebirge herab hat der Strom auf Höhe von Trzebież (→ S. 299) und gegenüber dem Weiler Kopice schließlich die nach dem Kurischen Haff zweitgrößte Ostseelagune erreicht. Über 900 Quadratkilometer Brackwasserfläche erstreckt sich das seichte Stettiner Haff. Die letzten Eiszeiten, die über Jahrtausende frei und wild mäandernde Oder und das von Norden her einströmende Meer haben aus massenhaft eingeschwemmtem Sand das riesige Binnendelta geschaffen. Gelegentlich auch »Pommersches Haff« genannt und zu DDR-Zeiten in »Oderhaff« umgetauft, misst es durchschnittlich kaum vier Meter zum Grund hinab.

Brücken und Fähren

Von Szczecin aus führt die autobahnähnlich ausgebaute Schnellstraße 3/E 28/E 65 über Goleniów auf die Insel Wolin. Parallel zur durchgängig befahrbaren **Schnellstraßenbrücke** beim Städtchen **Wolin** über die Dziwna führt ca. 200 Meter südlich eine **Drehbrücke** von der Straße 111 aus direkt ins Ortszentrum. Brückenöffnungszeiten: April–Aug. Mo–Fr 10 und 16, Sa, So 4, 10, 12 und 18, Sept., Okt. Mo–Fr 10 und 16, Sa, So 12 Uhr.
Nordöstlich verbindet an der Ostseeküste in **Dziwnów** eine **Hubbrücke** über die Dziwna die Insel mit dem Festland. Brückenöffnungszeiten: tgl. rund um die Uhr alle zwei Stunden um 4, 6, 8, 10 Uhr usw., Mitte Juni–Ende Sept. zusätzlich 13, 17, 19, 21 Uhr.

Das Stadtzentrum von **Świnoujście** auf **Usedom** erreicht man von der Insel **Wolin** aus über die Fernstraße 93 **via Karsibór.** Dort pendeln permanent kostenlose **Autofähren** über die Świna. Sie legen ab, sobald sie ausgelastet sind, und das sind sie eigentlich immer. Die ebenfalls kostenlose **Stadtfähre** schifft die Swinemünder samt ihren Fahrzeugen unentwegt über das Wasser zwischen Stadtzentrum und Hafen (22–4 Uhr dürfen auch Touristen mit ihren Autos übersetzen). Per pedes oder Rad steht die Stadtfähre rund um die Uhr allen zur Verfügung. Zurzeit befindet sich ein 3,4 Kilometer langer **Autotunnel im Bau,** der die beiden auf Usedom und Wolin gelegenen Swinemünder Stadthälften verbinden und die Fähren ersetzen wird. Für Ende 2023 ist die Eröffnung vorgesehen.

Am Übergang von Roztoka Odrzańska (Papenwasser) und Stettiner Haff tuckert in der Sommersaison eine kleine **Rad-Fußgänger-Fähre** von **Kopice** am Ostufer nach **Trzebież** (→ S. 299) am Westufer. Da sie nicht nicht regulär verkehrt, sollte sie vorbestellt werden (Tel. +48/693/060712, www.latarnik-kopice.pl).

Nur die fast elf Meter tief ausgebaggerte Fahrrinne zum Ostseehafen Świnoujście (Swinemünde) erlaubt es, dass die auf der Stettiner Werft gebauten Ozeanfrachter zum offenen Meer gelangen. Die großen Ostseefähren nach Skandinavien legen dagegen vom Swinemünder Terminal auf Wolin ab.

Die Inseln Usedom (Uznam) und Wolin (Wollin) riegeln das Haff gegen die Ostsee ab. Wie zwei Nasen, deren Spitzen sich beinahe berühren, liegen sie einander zugewandt. Drei Mündungsarme der Oder trennen sie dabei vom Festland: westlich der Peenestrom (→ S. 325), östlich die Dziwna und in der Mitte die Świna. Durch größere und kleinere schilfbestandene Eilande schlängelt sich die alte Świna (Swine) durch das Haff der Ostsee entgegen. Beim schiffbaren Świnateil und heutigen Hauptmündungsarm der Oder hingegen handelt es sich um einen bereits im letzten Drittel des 19. Jahrhunderts kanalisierten Wasserweg. Zu seinen beiden Seiten liegt auf Usedom und Wolin die Kur- und Hafenstadt Świnoujście (Swinemünde). Von der Ostsee mit einem fantastischen Sandstrand beschenkt, zählt sie zu den größten und beliebtesten Seebädern an der polnischen Küste.

35 Kilometer nordöstlich von dort trennt die Dziwna (Dievenow) als östlicher Odermündungsarm die Insel Wolin vom pommerschen Festland. Beim Städtchen Wolin, vor dessen Toren einst das sagenhafte Vineta im Wasser versunken sein soll, verlässt sie das Stettiner Haff und erweitert sich im Zalew Kamieński (Camminer Bodden) zu einer schilfwogenden Brackwasserfläche. Zentrum dort ist die alte Bischofsstadt Kamień Pomorski (Cammin), deren Dom zu den bedeutendsten Sakralbauten Pommerns gehört.

▲ Karte S. 238

Irgendwo hier, zwischen Bodden und Ostsee, soll sich die Geschichte *Van den Fischer und siine Fru* zugetragen haben, wie sie Philipp Otto Runge Ende des 18. Jahrhunderts für die Gebrüder Grimm aufgezeichnet hat: die dramatischen Ereignisse um einen gebeutelten Ehemann, der immer wieder verzweifelt »Manntje, Manntje, Timpe Te, Buttje, Buttje in der See!« über die tosenden Wasser rief, weil sein habgieriges Weib den Hals nicht voll bekam.

Vielleicht hat der arme Fischer ja vom Gosań-Berg herab seine Seufzer über die See geschickt? Als höchste Erhebung einer Steilküste, die beim Seebad Międzyzdroje (Misdroy) beginnt, stürzt das Kliff aus 95 Metern Höhe unmittelbar zum Ostseestrand ab. Es ist Teil des 1960 gegründeten Woliński-Nationalparks (Woliński Park Narodowy), der die Küstengewässer und Buchenwälder auf gut einem Fünftel der Landfläche der Insel Wolin schützt.

Noch eine Bemerkung für Radler: Der Radweg 3 am Haffufer entlang zur Ostseeküste ist streckenweise inzwischen fertiggestellt, so von Szczecin-Dąbie nach Lubzcyna am nördlichen Dąbie-See und zwischen Stepnica und dem Städtchen Wolin an der Haffküste. Weitere Abschnitte sollen bis voraussichtlich 2023 eröffnet werden. Bis dahin heißt es zumindest noch abschnittsweise, die Radreise mit PS-starken Vehikeln zu teilen.

Selbiges gilt für den Ostseeradweg R 10 zwischen Swinemünde und dem Seebad Dziwnów (Dievenow) auf der Insel Wolin. Teils führt er gut asphaltiert neben der Autostraße entlang, teils muss man diese zusammen mit Lastern und Pkw befahren. Teils schlängelt sich der Weg, wie ab Międzyzdroje, im Nationalpark als Sandpiste durch den Wald, um bei Kolczewo schließlich auf die Straße 102 zu münden. Von dort wird zurzeit eine Spur extra für Radler parallel zur Landstraße gebaut. Sie soll ebenfalls 2023 fertig sein.

Szczecin

Szczecin (Stettin) an der Oder: historische Hauptstadt der Herzöge von Pommern, Hauptstadt der Woiwodschaft Zachodniopomorskie (Westpommern), mit 400 000 Einwohnern siebtgrößte Stadt Polens, zusammen mit Świnoujście (Swinemünde) größter Hafenkomplex an der polnischen Ostseeküste, bedeutendstes Wirtschafts- und Handelszentrum in Nordwestpolen und Universitätsstadt mit zahlreichen Hochschulen. Nur zehn Kilometer von der deutschen Grenze entfernt, auf halber Strecke zwischen Berlin und Ostsee, existierte in Polen noch geraume Zeit nach der deutschen Wiedervereinigung die Befürchtung, die Odermetropole könne, wie damals in deutscher Zeit, ihre Strahlkraft zugunsten Berlins einbüßen und erneut zu einer Art Berliner »Hinterland« werden. Doch das Gegenteil ist heute der Fall. Die Wirtschaftskraft der wachsenden Stadt am Oderstrand strahlt nun seit Jahren bereits ins strukturschwache benachbarte Vorpommern aus. Während Menschen aus Vorpommern in den Großraum Szczecin zum Arbeitsplatz pendeln, finden Stettiner in der vorpommerschen Nachbarschaft bezahlbaren Wohnraum und erschwinglichen Baugrund. Und auch kulturell ist Szczecin der unbestrittene Mittelpunkt der Region. Das Schloss der Herzöge von Pommern und die Chrobry-Wälle (Wały Chrobrego, früher Hakenterrasse), die sich über dem Oderufer erheben, zählen zu den berühmten Sehenswürdigkeiten. Wie die meisten bedeutenden historischen Bauwerke wurden auch sie nach dem Zweiten Weltkrieg wiedererrichtet. Die Rekonstruktion der Altstadt zwischen Schloss, Altstädtischem Rathaus und Oderpromenade – oft originalgetreu, manchmal auch in Form etwas kurioser Stilblüten – dauert bis heute an.

Mit ein bisschen mehr Zeit im Gepäck lohnt es sich, neben den wichtigsten

Von den Kranosauriern geht der Blick hinüber zu den Chrobry-Wällen

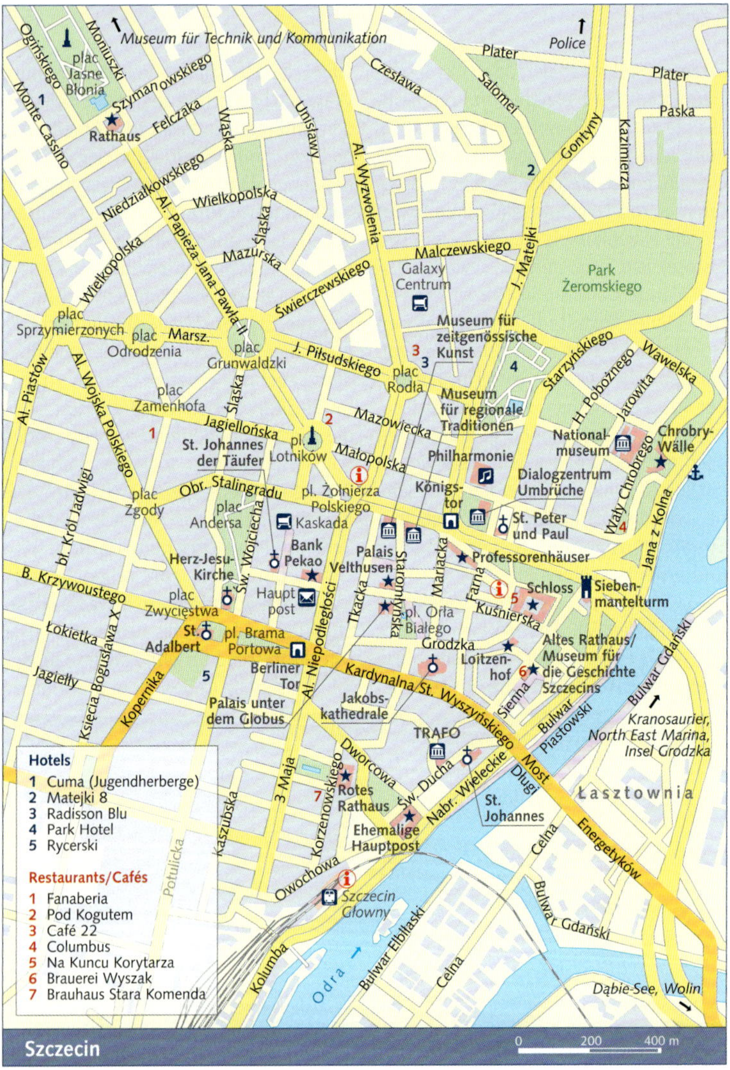

Attraktionen auch das gründerzeitliche Szczecin zu entdecken: Nachdem 1875 der letzte Stein der alten Festungsanlagen geschleift worden war, bekam die Stadt an der Oder ein Zentrum mit breiten Boulevards, weiten Plätzen, Rondells und großzügigen Parks. Schon bald wurde sie »Großstadt im Grünen« genannt. Und wenn es in ihren Gründerzeitvierteln ein bisschen wie in Berlin ausschaut, liegt es daran, dass der preußische Stadtplaner James Hobrecht (1825–1902) gleichermaßen für die Modernisierung Berlins wie Stettins verantwortlich war.

Im Museum im Alten Rathaus kann man sich mit der Stadtgeschichte vertraut machen

In alle vier Himmelsrichtungen rund um den plac Grunwaldzkie werden die stuckverzierten »Mietskasernen« aus der Gründerzeit augenblicklich saniert, die Straßen verkehrsberuhigt, und es zieht eine quirlige Kunst- und Gastroszene in die Viertel ein. Bei Verdrängung der Alteingesessenen allerdings, die das schicke neue Leben, abgebildet meist durch beträchtliche Mietpreiserhöhungen, oft nicht länger bezahlen können.

Das jüngste Szczecin liegt den Chrobry-Wällen gegenüber auf der Grodzka-Insel. Die alten Hafenkräne sind heute Baudenkmal, und bei der neuen Marina brummt am Stadtstrand im Sommer das Leben. Rundherum erstrecken sich zwischen Oder und Dąbie-See Stettins grüne Außenbezirke.

Und vielleicht war es ja das Rauschen der Wälder ringsum, das dem Stettiner Theaterkapellmeister Leon Jessel einst die Musik zur Operette *Schwarzwaldmädel* einflüsterte? Kaum zu glauben, aber das populäre Schwarzwaldmädel ist in Wahrheit ein pommersches Kind. Jessel, der mit vielen Operetten einen Reigen bis heute beliebter Unterhaltungsmusik schuf, verstarb 1942 an den Folgen seiner Inhaftierung durch die Gestapo. Die Wiege Heinrich Georges, der seine Schauspielkunst in den Dienst der Nationalsozialisten stellte und sich in deren übelsten Propagandafilmen verdingte, stand ebenfalls in Stettin. Auch der Schriftsteller Alfred Döblin erblickte hier 1878 das Licht der Welt, ebenso wie 1729 die berühmteste Tochter der Stadt, Sophie Auguste von Anhalt-Zerbst, die als Zarin Katharina die Große in die Geschichte einging.

Geschichte

Auf einer Anhöhe über der Oder lässt sich bereits für das 8. Jahrhundert eine slawische Siedlung belegen. Die Gebiete der slawischen Pomoranen, die zwischen Oder- und Weichselmündung siedelten, eroberte bis 980 der Polanenfürst Mieszko I. (reg. um 960–992, → S. 37). 1042 wurden die Pomoranen gegenüber der polnischen Krone tributpflichtig. Etwa in jene Zeit Mitte des 11. Jahrhunderts fällt die erste Nennung eines pomoranischen Herrschers, eines *dux bomeranorum* (Führer der Pommern) aus dem Geschlecht der Greifen (Gryf). Drei Waffengänge 1116, 1119 und 1120/1121 benötigte der polnische König Bolesław III. Krzywousty (Schiefmund) zur Unterwerfung Stettins. Der erste historisch verbürgte Greifenherzog Wartislaw I. nahm anschließend das Christentum an. 1124 brach Bischof Otto von Bamberg im Auftrag des polnischen Königs zur Missionsreise ins heidnische Pommernland auf.

Aufbruch im Mittelalter

1173 nahmen dänische Wikinger die Burg Stettin ein. Acht Jahre später unterstellte sich der Greife Bogislaw I. von Stettin (reg. 1155–1187) dem Schutz des römischen Kaisers Friedrich I. Barbarossa. Als »Herzog von Slavien« wurde er dafür in den Reichsherzogstand erhoben und vom Kaiser mit dem Land Pommern-Stettin belehnt. 1185 musste Bogislaw trotzdem nach Jahren des Kampfs gegen die Dänen kapitulieren. Die kommenden vier Jahrzehnte blieb das Land bis zur Schlacht bei Bornhöved 1227 in dänischer Hand. Anschließend gelangte es 1231 unter die Lehnsherrschaft der brandenburgischen Markgrafen. Jahrhundertelange Auseinandersetzungen der pommerschen Herzöge mit ihren südlichen Nachbarn waren damit vorprogrammiert.

Unter Herzog Barnim I. (reg. 1233–1278), der als Städtegründer in die Geschichte einging, wurden Stettin 1243 die Stadtrechte verliehen. 1278 folgte die Hanse-Mitgliedschaft; Handel, Zünfte und Schifffahrt blühten auf. Herzog Barnim IX. (reg. 1531–1573), der Student Martin Luthers in Wittenberg gewesen war, führte die Reformation in Pommern ein. 1534 beschlossen die pommerschen Herzöge auf dem Landtag in Treptow an der Rega die neue Glaubenslehre.

Schwedisches Stettin

Bis zum Aussterben der Greifendynastie 1637 war Stettin eine der wichtigsten Residenzen der pommerschen Herzöge. Vom Dreißigjährigen Krieg, der seit 1618 Mitteleuropa verwüstete, blieb die Odermetropole lange verschont. Erst 1630 wurde sie von schwedischen Truppen erobert und verblieb auch nach dem Westfälischen Frieden 1648 fast 100 weitere Jahre bei der schwedischen Krone.

Auf Grundlage eines umstrittenen Erbvertrags reklamierten aber auch die Kurfürsten von Brandenburg die Stadt für sich. Für die brandenburgischen Binnenländer war sie von unschätzbarem strategischen und ökonomischen Wert, da sich über Stettin der Zugang zur Ostsee erschloss. 1677 kam es deshalb im Nordischen Krieg (1674–1679) zu einer folgenschweren Belagerung. 26 000 brandenburgische und dänische Soldaten beschossen vier Monate lang die Stettiner Befestigungsanlagen. Kaum ein Stein blieb auf dem anderen. Letztendlich vergeblich, denn nach kurzer Besatzungszeit musste Brandenburg 1679, so wie im Frieden von St. Germain festgeschrieben, fast alle seine Eroberungen an Schweden zurückgeben.

Das Königstor erinnert an die Zeit, als Stettin preußische Festungsstadt war

▶ Karte S. 242

Auf dem Weg zur Provinzhauptstadt

An der Wende zum 18. Jahrhundert zählte Stettin, damals fast 11 000 Einwohner groß, zu den bedeutenden Städten im südlichen Ostseeraum. 1713 marschierten im Großen Nordischen Krieg (1700–1721) zwischen Polen, Dänemark, Russland und Schweden ein weiteres Mal brandenburgische Truppen ein. 1720 nutzte der Kurfürst von Brandenburg, seit 1701 König in Preußen, die Friedensverhandlungen in Stockholm, um Stettin mit den Inseln Usedom und Wollin sowie Vorpommern bis zur Peene der schwedischen Krone für zwei Millionen Reichstaler abzukaufen. Anschließend machte er Stettin zur Hauptstadt der preußischen Provinz Pommern. Es folgte die Befestigung zum Bollwerk gegen Schweden und Polen.

1740 begann mit dem Ausbau der Swine nördlich am Haff Stettins Aufstieg zum wichtigsten Hafen im Königreich Preußen. Nach einem französischen Intermezzo – 1807 bis 1813 von napoleonischen Truppen besetzt – entwickelte sich die Oderstadt zum Verwaltungs- und Wirtschaftszentrum. 1873 bis 1875 wurden die alten Festungswerke abgerissen, um Raum für die Stadterweiterung mit Grünzügen und großzügigen Boulevards zu schaffen.

Von der Reichsgründung zum Zweiten Weltkrieg

Bereits 1843 war die Bahnstrecke Berlin–Stettin eingeweiht worden. Die Gründung des Deutschen Reichs 1871 unter preußischer Führung bescherte Stettin einen Wirtschaftsboom. Vor allem Maschinen- und Schiffbau entwickelten sich prächtig. Ab 1890 floss elektrischer Strom. Acht Jahre später eröffnete Kaiser Wilhelm II. den neuen Freihafen. Der Erste Weltkrieg und seine anschließenden Wirtschaftskrisen beendeten diese Blütezeit. Es folgten Betriebsschließungen und als markantester Einschnitt 1928 das Ende der deutschlandweit führenden Vulcan-Werft.

Nach der Machtergreifung der Nationalsozialisten 1933 konnte ein Teil der Stettiner Juden, die damals gut ein Prozent der 270 000 Einwohner zählten, noch rechtzeitig emigrieren. Fast die Hälfte aber, denen das nicht gelang, wurde bereits ab 1940 deportiert. Es war die erste großangelegte Deportation deutscher Juden in die späteren Vernichtungslager im besetzten polnischen Generalgouvernement.

Vertreibung und Heimkehr

Nach den alliierten Bombenangriffen im August 1944 waren 90 Prozent der Altstadt und über 70 Prozent des übrigen Stadtgebiets zerstört. Im April 1945 von der Roten Armee eingenommen, folgte drei Monate später die Übergabe der Stadtverwaltung an die polnische Administration. Die deutsche Bevölkerung wurde ausgewiesen und Vertriebene aus den an die Sowjetunion gefallenen polnischen Ostgebieten angesiedelt. »Heimkehrer« hießen die aus ihrer Heimat jenseits des Bugs »zurückgeführten« Menschen im kommunistischen Sprachgebrauch. Ende 1946 lebten schon gut 110 000 Neubürger in den Ruinen Stettins. Sie bauten die nun westlichste Stadt im polnischen »Wilden Westen«, wie es in Polen damals hieß, wieder auf.

Protest und Freiheit

Das polnische Szczecin wurde nach dem Krieg Hauptstadt der gleichnamigen Woiwodschaft. Bis Mitte der 1950er Jahre eröffneten Hochschulen und Akademien, der Hafen wurde von der Sowjetunion an die Volksrepublik übergeben und der industrielle Aufbau forciert. 1970 kam es, wegen der staatlichen Misswirtschaft, auf der Stettiner Werft - damals eine der größten Europas - zu Protesten der Arbeiter. Die Streikbewegung weitete sich auf ganz Polen aus. Im Dezember 1970 ließ die Staatsgewalt schließlich, mitten im Zentrum Szczecins, auf die Protestierenden schießen. 16 Menschen verloren ihr Leben, über 100 wurden verletzt.

1980 wurde Szczecin neben Gdańsk (Danzig) zur Keimzelle der Solidarność-Bewegung. Nach dem Ende des Kommunismus fanden in der Stadt im Mai 1990 die polenweit ersten freien demokratischen Kommunalwahlen statt. Seit der Verwaltungsreform 1999 ist Stettin die Hauptstadt der neu gebildeten Großwoiwodschaft Zachodniopomorskie (Westpommern).

Historisches Zentrum

Nähert man sich Stettin von Osten her über die Oderbrücken, breitet sich sogleich das gesamte Stadtpanorama aus. Zur Linken ragt aus der Silhouette der mächtige Kirchturm von St. Jakob heraus, zur Rechten funkelt das gläserne Pazim-Hochhaus im Sonnenlicht, und den Raum zwischen diesen Wegmarken füllen Stettins bekannteste Sehenswürdigkeiten: das Schloss der Herzöge von Pommern (Zamek Książąt Pomorskich) und in der Nachbarschaft die achtunggebietenden Bauten der Chrobry-Wälle (Wały Chrobrego, früher Hakenterrasse). Den Erkundungsspaziergang durch die Stettiner Innenstadt beginnt man am besten am Herzogsschloss, seit seinen Anfängen im 12. Jahrhundert Mittelpunkt und historisches Herzstück der Odermetropole. Einige wenige kostenpflichtige Parkplätze befinden sich vor seiner Nordflanke, zwei große Parkhäuser liegen gut zehn Minuten zu Fuß entfernt am Pazim-Komplex. Die Straßenbahn hält am Altstadtrand nahe der Oderpromenade, falls man nicht die ganze Strecke zu Fuß unterwegs sein möchte. Und im Schloss selbst hält im Münzhof das Zentrum für Touristen- und Kulturinformation Stadtpläne, Prospekte und alle erdenklichen Tipps und Informationen parat.

Das Dialogzentrum Umbrüche dokumentiert die jüngste Geschichte Szczecins

▶ Karte S. 242

■ Schloss der Herzöge von Pommern

Die Geschichte des Stettiner Schlosses (Zamek Książąt Pomorskich) beginnt im 12. Jahrhundert: Der Greife Wartislaw I. (um 1100–1148), Stammvater der Greifendynastie und des pommerschen Herzogshauses, ließ auf einer Anhöhe über der Oder, wo sich bereits ein Tempel für den slawischen Hauptgott Triglaw befand, eine hölzerne Burg errichten. Anderthalb Jahrhunderte später sollte auf dem Burgplatz, der bis dahin der Stettiner Bürgerschaft vorbehalten war, nach dem Willen Herzogs Barnim III. (um 1300–1368) ein gemauertes Schloss entstehen. Die Empörung der Bürger war groß, und erst im Vertrag von 1346 gelangte man zu einer Einigung: Barnim durfte sein Steinhaus bauen - der Grundstock des heutigen Herzogsschlosses.

In den folgenden 600 Jahren wurde daran ständig erweitert und umgestaltet. In die Regierungszeit Bogislaws X.

Die Astronomische Uhr im Großen Hof des Schlosses

(1454–1523) fällt der Ausbau der Burg zur herzöglichen Residenz, **Südflügel** und **Uhrturm** entstehen. Die bunte **Astronomische Uhr,** die den Turm im **Großen Hof** (Duży Diedziniec) schmückt, wurde allerdings erst 1693 angebracht. Vom Uhrmachermeister Caspar Nitardi aus Dramburg (Drawsko Pomorski) geschaffen, war sie ein Geschenk der Schweden an die Stettiner für ihren Widerstand gegen die brandenburgische Belagerung 1677.

Ab 1538 folgten im Auftrag von Barnim IX. der Bau des **Ostflügels** an der Oderseite und 1573 bis 1582 unter Johann Friedrich (1542–1600) schließlich die komplette Umgestaltung der Anlage im Renaissancestil. Zugleich wurden das Steinhaus abgerissen und **Nord- und Westflügel** mit der Schlosskapelle gebaut. Doch waren die Arbeiten damit längst noch nicht abgeschlossen. Der kunstsinnige Philipp II. (1573–1618) ließ für seine Sammlungen weitere Gebäudeflügel errichten. Sie entstanden 1616 bis 1619 und umgeben den zweiten, kleineren **Münzhof** (Dziedziniec Menniczy). Hier befinden sich eine **Touristeninformation** und auch der Eingang zum **Glockenturm** (Wieża Dzwonów). Im 59 Meter hohen Turm mit der Alten Mariaglocke aus dem 14. Jahrhundert führen 204 Stufen zur Aussichtsplattform hinauf, die einen schönen Rundumblick auf die Dächer Stettins verspricht.

1945 brannte das Herzogsschloss in den letzten Tagen des Zweiten Weltkriegs vollständig aus. Von 1958 bis 1980 dauerte der Wiederaufbau. Noch während der Sicherungsarbeiten an der kriegszerstörten Ruine machte man 1946 einen unglaublichen Fund. Im **Nordflügel** wurde eine **Krypta** mit 14 herzoglichen Sarkophagen entdeckt. Die reich geschmückten Särge gingen zur Konservierung nach Krakau, sechs von ihnen, aus dem 17. Jahrhundert, gelangten ins Stettiner **Schlossmuseum** zurück und sind in der restaurierten Krypta zu sehen. Ebenfalls im Nordflügel zeigt sich seit seiner Restaurierung 2015 der **Bogislaw-X.-Saal** (die ehemalige Schlosskapelle) wieder im prunkvollen Renaissancedekor. 2015 wurde außerdem auf dem Dach des nördlichen Schlossflügels eine weitläufige **Aussichtsterrasse** eröffnet.

Zahlreiche Einrichtungen haben im Schloss ihren Sitz: neben dem Marschallamt der Woiwodschaft und dem Schlossrestaurant Na Kuncu Korytarza so bedeutende Kulturinstitutionen wie die Schlossoper (Opera na Zamku), Kino, Theater- und Kabarettbühne sowie Galerien für Wechselausstellungen. Im Großen Schlosshof finden im Sommer Open-Air-Konzerte statt.

Das Alte Rathaus wird von rekonstruierten Bürgerhäusern flankiert

Altstadt

Unterhalb vom Schloss lugt zur Oder hin die backsteinerne Spitze des **Siebenmantelturms** (Baszta Siedmiu Płaszczy) hervor. Es ist ein letzter verbliebener Hüter der mittelalterlichen Stadtmauern, um 1460 zum Schutz des längst geschleiften nördlichen Stadttors erbaut. In seiner Nachbarschaft lärmt die vielspurige **Schlossstraße** (Trasa Zamkowa). 1987 wurde der damals noch für kleine Polski Fiats geplante Asphaltkrake über Oder und Uferstraße eingeweiht und 1996 um zahlreiche weitere über- und unterführende Tentakel erweitert.

Trasa Zamkowa, Oder und südlich die nicht weniger verkehrstosende ulica Wyszińskiego umfassen das kleine Geviert, in dem man seit 1995 das Altstadtbild rekonstruiert – die »jüngste Altstadt Polens«, wie sie der Stettiner Kunsthistoriker Rafał Makała einmal nannte. Noch klaffen einige Baulücken, doch wurden zahlreiche »Altbauten« mittlerweile rekonstruiert, darunter das **Geburtshaus Alfred Döblins** (1878–1957) in der ulica Mściwoja II. Panieńska 16. Eine Gedenktafel am Gebäude erinnert daran.

Die wiedererrichteten oder historisierenden Bürgerhäuser versammeln hinter ihren kunterbunten Fassaden Stettins wohl höchste Dichte an Cafés, Pubs und Restaurants. Mittendrin erhebt sich mit schönen gotischen Zierelementen das **Alte Rathaus** (Ratusz Staromiejski). In seinen Ursprüngen stammt es aus dem 15. Jahrhundert, wurde 1677 während der brandenburgischen Belagerung Stettins schwer beschädigt und anschließend barock wieder aufgebaut. In dieser Gestalt war es Amtssitz der Stettiner Ratsherren, bis es 1879 mit der Einweihung des neuen, erheblich größeren Roten Rathauses (Czerwony Ratusz, → S. 256) seine Funktion verlor.

Nachdem es 1944 während der alliierten Bombenangriffe in Schutt und Asche gefallen war, folgten ab 1972 drei Jahre der Rekonstruktion. Dabei entschied man sich für den gotischen Stil, in dem das grazile Gebäude ursprünglich einmal entstanden war. Nur die Südseite erhielt, als Reminiszenz an seinen ersten Wiederaufbau, einen Barockgiebel. Teile des Kellergewölbes, in dem sich heute das beliebte **Wyszak-Brauhaus** befindet, sind sogar noch original erhalten. Seit seiner Wiedereröffnung 1975 ist im Alten Rathaus die **Stadtgeschichtliche Abteilung des Stettiner Nationalmuseums** untergebracht. Zu

▲ Karte S. 242

sehen sind eine Fülle von Dokumenten und Artefakten der Stettiner Geschichte von den Anfängen bis zur preußischen Zeit (auch deutsch beschriftet).

Gegenüber strahlt in kräftigem Orange der 1547 für die Bankiersfamilie Loitz erbaute **Loitzenhof** (Kamienica Loitzów). Heute Gymnasium, bietet er ein hübsches Beispiel für die historische Stettiner Patrizierarchitektur.

Direkt an der Oder wurde bis 2013 die Uferpromenade, der **Bulwar Piastowski,** auf weiter Strecke neu gestaltet. Mit Kunst am Bau, kleinen Sitzgelegenheiten, gastronomischen Pavillons, Boots- und Schiffsanlegern für Hafenrundfahrten lädt die Flaniermeile zwischen Eisenbahnbrücke und Chrobry-Wällen besonders in der schönen Jahreszeit zum Aufenthalt am Wasser ein.

Jakobskathedrale

Oberhalb thront die mächtige Kathedrale St. Jakob (Bazylika archikatedralna św. Jakuba). Neben dem Dom in Kamień Pomorski (→ S. 272) ist sie die zweite

Gedenktafel am Geburtshaus von Alfred Döblin

Mittelschiff der Jakobskathedrale

Hauptkathedrale des Erzbistums Stettin-Cammin. Die Errichtung des backsteingotischen Gotteshauses, an der so bedeutende Baumeister wie Hinrich Brunsberg (um 1350–1428) beteiligt waren, erfolgte in mehreren Abschnitten vom 13. bis Ende des 15. Jahrhunderts. Bereits im Jahr 1187 stiftete der Bamberger Kaufmann Jakob Beringer am hiesigen Ort für die ins Land strömenden deutschen Kolonisten ein erstes Gotteshaus. Um 1237 machte es Herzog Barnim I. amtlich, indem er die Kirche den deutschen Gläubigen zuwies, während er für die slawischen Stettiner St. Peter und Paul dekretierte.

Vom Gründungsbau der Jakobskathedrale sind keine Spuren mehr auffindbar. Ihre heutigen Fundamente stammen aus den Jahren um 1250. Eine dreischiffige Basilika entstand, die 1370 bis 1387 großzügige Erweiterungen erfuhr. Nach dem Einsturz des Südturms 1456, der dabei auch das Haupt- und die Seitenschiffe schwer beschädigte, baute man St. Jakob bis 1503 als imposante Hallenkirche wieder auf. Gut 1000 Gläubige fasst der Innenraum, mit einem weitläufigen Chor, der bald ebenso groß wie das Langhaus geriet. Den krönenden

Abschluss fand die letzte Etappe des Kirchenbaus 1504 mit der Vollendung eines zentralen Kirchturms.

Nach der Zerstörung im Zweiten Weltkrieg wurde St. Jakob 1972 bis 1974 rekonstruiert. Seinen ursprünglich spitzen Turmhelm, wie er bis zur Zerstörung durch die Brandenburger 1677 Stettins Silhouette geprägt hatte, erhielt der Sakralbau 2008 zurück. Seither ragt die Jakobskathedrale vom Sockel bis zur Spitze genau 110,18 Meter in den Himmel hinauf. Der Kirchturm verfügt über eine **Aussichtsplattform,** ein Fahrstuhl trägt Besucher zum schönen Rundumblick empor. An der Nordflanke des Doms hängt in einer Holzkonstruktion unter freiem Himmel die 1681 gegossene, 5,7 Tonnen schwere **Jakobsglocke.**

Das Kircheninnere birgt an kostbarer Ausstattung in der **Sakramentskapelle** einen Flügelaltar von 1370 und im Chorraum den **Hauptaltar:** ein Triptychon, dessen Hauptschrank aus dem 15. Jahrhundert aus der Marienkirche in Chojna stammt. Die berühmte Barockorgel, auf der Carl Loewe (1796–1869) als Kantor von St. Jakob von 1820 bis 1866 komponierte und die Gottesdienste begleitete, existiert seit der Zerstörung im Zweiten Weltkrieg nicht mehr. Doch das Herz des Komponisten wurde im oberen Teil des Stützpfeilers links neben dem Orgelprospekt beigesetzt und soll dort heute noch ruhen. Am Fuß des Pfeiler ist eine **Gedenktafel** angebracht. Die weitere Einrichtung stammt aus der Zeit des Wiederaufbaus nach 1974. Jüngste Errungenschaft ist die im Juni 2008 eingeweihte neue **Orgel,** die mit 66 Stimmen und 4743 Pfeifen zu den größten in Polen zählt und von einer selten gehörten, tief ergreifenden Klangschönheit ist.

Immer im Juli findet an vier Tagen um den Namenstag des Kirchpatrons herum der Jakobsmarkt (Jarmak Kakubowy) statt, eine kunterbunte Kirmes rund um die Kathedrale mit Markttreiben, Gottesdiensten, Theater-, Konzert- und Folkloreaufführungen.

▸ Karte S. 242

Kunst- und Akademiemeile

Nördlich vom Dom ist am plac Orła Białego (Platz des weißen Adlers) der barocke **Adlerbrunnen** von 1732 einen Augenblick wert. Das kleine Geviert flankiert das 1889 bis 1891 errichtete neubarocke **Palais unter dem Globus** (Pałac pod Globusem). Der Sitz der Stettiner **Akademie der Künste** ist unschwer an seinem prachtvollen Giebelaufsatz mit einem von Löwen getragenen Erdball auszumachen. Im Vorgängergebäude erblickte 1759 Sophie Dorothee von Württemberg, die spätere Zarin Maria Fjodorowna, das Licht der Welt. Das 1787 bis 1789 in der Nachbarschaft für den Kaufmann Georg Velthusen erbaute klassizistische **Velthusensche Palais** (Pałac Velthusena) beherbergt heute die **Feliks-Nowowiejski-Musikhochschule.**

Von dort geht der Weg weiter die ulica Staromłyńska hinauf, an deren Einmündung in den plac Żołnierza Polskiego

Adlerbrunnen und Jakobskathedrale

sich weitere Abteilungen des Stettiner Nationalmuseums befinden. Das Gebäude in der ulica Staromłyńska 1, Anfang des 18. Jahrhunderts erbaut, ist zugleich Sitz der traditionsreichen **Künstlervereinigung 13 Muzs** (13 Musen) und des **Museums für zeitgenössische Kunst.** Neben dem Werk polnischer Maler ab 1980 dokumentiert es das zeitgenössische künstlerische Schaffen in Szczecin. Im gegenüberliegenden Barockpalais (ul. Staromłyńska 27) – 1726/1727 von Gerhard Cornelius von Walrave als Sitz des preußischen Ständetags entworfen – hat das **Museum für regionale Traditionen** Einzug gehalten. Es präsentiert Kunst der pommerschen Höfe vom 13. bis zum 17. Jahrhundert, altes Silber und viele weitere Schätze.

Auf dem Weg zurück Richtung Herzögeschloss dürfen die **Professorenhäuser** (Domki Profesorski) zwischen ulica Mariacki und ulica Farna nicht unerwähnt bleiben. Sie wurden im 15. Jahrhundert für die Lehrer des Mariengymnasiums erbaut und 1739 bis 1742 klassizistisch umgestaltet. In der ulica Farna 1, wo heute das Bürogebäude der Versicherungsgesellschaft PZU steht, wurde 1729 Sophie Auguste von Anhalt-Zerbst geboren, die spätere Zarin Katharina die Große.

Plac Solidarności

Um von den Professorenhäusern aus die vielspurige Trasa Zamkowa zum plac Solidarności zu überwinden, muss man ein bisschen Geduld mitbringen. Am Platz der Solidarität bündeln sich, gewissermaßen »in Stein gegossen«, eine Reihe der wichtigsten identitätsstiftenden Momente der Geschichte Stettin-Szczecins. Links vom Platz steht die Kirche **St. Peter und Paul** (Kościół św. Piotra i Pawła). Ihre Gründung als Kirche der slawischen Gläubigen von Stettin geht auf das 12. Jahrhundert zurück. In seiner jetzigen Form stammt das kleine gotische Gotteshaus aus dem 15. Jahrhundert. Innen schmückt es sich mit einem hübschen hölzernen Scheingewölbe.

Rechts vom Platz fällt der Blick auf das freistehende barocke **Königstor** (Brama Królewska), ein Relikt aus der Zeit Stettins als preußische Festungsstadt. 1725 bis 1727 nach einem Entwurf Gerhard von Walraves erbaut, huldigt es mit seiner lateinischen Inschrift Preußenkönig Friedrich Wilhelm I. Als 1875 die alten Festungsmauern geschleift wurden, konnte es knapp vor dem Abriss bewahrt werden.

Auf dem Platz erinnert der **Freiheitsengel** (Anioł Wolnościa) an die Opfer vom Dezember 1970. Genau an diesem Ort schlug die Staatsgewalt die Proteste gegen die Erhöhung der Lebensmittelpreise nieder. 16 Menschen wurden erschossen und über 100 verletzt. Der elf Meter hohe Bronzeengel, den der Bildhauer Czesław Dźwigaj schuf, wurde 2005 zum 25. Jubiläum der Gewerkschaft Solidarność enthüllt. Auf vier Granitplatten, die das Standbild umgeben, sind die Namen der Getöteten verzeichnet.

Gewissermaßen darunter eröffnete 2016 das **Dialogzentrum Umbrüche** (Centrum Dialogu Przełomy). Für den fulminanten Museumsbau nach Plänen des Katowicer Architekten Robert Konieczny wurde der Platz eigens neu angelegt. Nahezu unmerklich steigt das Gebäude aus der mit Granitplatten gepflasterten Ebene empor, um schließlich das Entree zum überwiegend unterirdischen Ausstellungsbereich freizugeben. Auf dem World Architecture Festival 2016 wurde es als »Gebäude des Jahres« gefeiert. Im Inneren präsentiert das Museum multimedial die jüngste Geschichte der Stadt: vom Zweiten Weltkrieg über die Nachkriegszeit und den Bevölkerungsaustausch, Stalinismus und Volksrepublik, die polnischen Schicksalsmonate im Dezember 1970, August 1980 und August 1988 bis hin zum Fall des Eisernen Vorhangs.

Hinter dem Platz erhebt sich mit der neuen **Philharmonie** (Filharmonia Szczecin) ein spektakulärer Raum für großes Orchester. Sie ist nach dem spätromantischen Komponisten Mieczysław Karłowicz (1876–1909) benannt, der 32-jährig bei einem Lawinenunglück viel zu früh ums Leben kam. Wo sich ab 1884 das Stettiner Konzerthaus befunden hatte – im Zweiten Weltkrieg schwer beschädigt und 1962 abgerissen –, hob man 2011 zum ersten Spatenstich für den seither vielfach ausgezeichneten neuen Musentempel an. Er wurde unter anderem mit dem renommierten Mies-van-der-Rohe-Preis für Gegenwartsarchitektur prämiert. Der Entwurf für das vielgiebelige, der traditionellen hanseatischen Architektur nachempfundene Gebäude stammt aus der Feder der katalanischen Architekten Fabrizio Barozzi und Alberto Veiga. 2014 war es fertiggestellt. Seine Fassade aus Milchglas und senkrechten weißen Aluminiumblechen erstrahlt in der Nacht von innen heraus. Tausende LED-Leuchten ermöglichen wechselnde Lichtinstallationen. Das blendend weiß gehaltene Vestibül mit einer Cafeteria kann man auch außerhalb der Konzerte besichtigen (Di–Do 13–18 Uhr sowie jeweils eine Stunde vor den Veranstaltungen).

Chrobry-Wälle/Hakenterrasse

Nahebei erheben sich über dem Oderufer eindrucksvoll die Chrobry-Wälle (Wały Chrobrego) – zusammen mit dem Schloss der Herzöge von Pommern die Stettiner Visitenkarte schlechthin. Seit Ende des Zweiten Weltkriegs trägt die 500 Meter lange Anlage den Namen des ersten polnischen Königs, Bolesław Chrobry (»der Tapfere«). Ihr ehemaliger deutscher Name »Hakenterrasse« geht auf den Stettiner Oberbürgermeister Hermann Haken zurück, der 1878

Mit der abendlichen Beleuchtung entfaltet die Philharmonie erst ihren ganzen Zauber

▲ Karte S. 242

Im Galaxy Centrum

bis 1907 der Stadtverwaltung vorstand und die Errichtung des imposanten Gebäudeensembles initiierte. Anstelle einer 1865 geschleiften Festungsanlage entstand die Terrasse nach Plänen des Stadtbaurats Wilhelm Meyer-Schwartau 1902 bis 1907 mit zwei repräsentativen **Aussichtspavillons** und im Zentrum einer ausladenden, barockisierenden **Treppenanlage.** Vom Oderniveau führt sie zur Promenade hinauf, die ein 54 Meter hoher, 1913 fertiggestellter Kuppelbau krönt. Unter seinem Dach befand sich früher das Stadtmuseum, heute birgt das Haus Ausstellungen des **Stettiner Nationalmuseums,** darunter pommersche Kunst vom Mittelalter zur Neuzeit und ethnologische Sammlungen.

Links und rechts eingerahmt wird der Museumsbau von zwei im Stil der Neorenaissance errichteten Klinkersteinkomplexen: südlich die **Marineakademie** (Akademia Morska), 1902 bis 1905 als Sitz für eine Versicherungsgesellschaft hochgemauert, und nördlich das 1906 bis 1911 entstandene Gebäude des Regierungsbezirks Stettin, heute das **Westpommersche Woiwodschaftsamt,** Sitz der Verwaltungsspitze der Woiwodschaft Zachodniopomorskie.

Von den Wały Chrobrego herab hat man einen wunderbaren Blick auf die Oder und gegenüber die Grodzka-Insel mit Stadtstrand, Marina (→ S. 257) und im Hintergrund die zahlreichen Kräne in Werft und Hafen. Unten an der **Uferpromenade** laden von April bis Oktober Ausflugsdampfer der Weißen Flotte zu Fluss- und Hafenrundfahrten ein.

Gründerzeit und Moderne

Start für diese etwas ausgedehntere Runde ist die Touristeninformation im Pavillon am **plac Żołnierza Polskiego** (Platz des polnischen Soldaten) an der Ecke zur aleja Niepodległości (Allee der Unabhängigkeit). Die breiten Boulevards, die hier kreuzen, und schräg gegenüber die riesige **Shopping-Mall Kaskada** stimmen atmosphärisch ein auf das urbane Szczecin, die pulsierende Odermetropole.

Das **Galaxy Centrum,** mit knapp zehn Hektar Einkaufsfläche der größte Konsumtempel in Zachodniopomorskie, liegt nicht weit entfernt nördlich in der aleja Wyzwolenia (Allee der Befreiung). Er lässt sich dank der benachbarten silberglänzenden »Thermosflasche« auch unschwer verfehlen. So nennen die Stettiner den Tower des 1990 bis 1992 hochgezogenen **Pazim-Komplexes.** 84 Meter hoch ist der Wolkenkratzer, rechnet man den Sendemast noch dazu, sind es sogar 118 Meter. In der 22. Etage bietet das **Café 22** neben Kaffee und Kuchen, Drinks und Cocktails sowie einer kleinen Bistroküche bei klarer Sicht einen atemberaubenden, bis zu 40 Kilometer weit reichenden Panoramablick.

Aus dieser Höhe lässt sich die gründerzeitliche Stettiner Stadtanlage hervorragend in Augenschein nehmen: im Zentrum das geräumige Rondell des plac

Krokusblüte in der Parkanlage Jasne Błonia

Grunwaldzki, von dem sternförmig Boulevards und Promenaden abgehen, die wiederum auf andere Sternplätze führen, gerahmt von einer Blockrandbebauung in Form wilhelminischer »Mietskasernen«.

Westend

Folgt man vom plac Grunwaldzki dem breiten, grünen Straßenzug der aleja Papieża Jana Pawła II in nordwestliche Richtung, ist schließlich das imposante grüne **Rathaus von Szczecin** (Urząd Miasta Szczecin) erreicht. 1924 bis 1927 für den damaligen Pommerschen Provinziallandtag erbaut, schiebt es sich als schlossartiger Riegel zwischen Allee und die Grünanlage **Jasne Błonia** (Weite Lichtung). Mächtige alte Platanenreihen säumen die Anlage, die bürgerliche Villenviertel umziehen. Spätestens hier wird man gewahr: Man hat Stettins grünes Westend erreicht.

Den Übergang zwischen Jasne Błonia und dem sich anschließenden **Park Kasprowicza** markiert augenfällig das **Denkmal der Taten der Polen** (Pomnik Czynu Polaków). Das riesige Standbild, 1979 von Gustaw Zemła geschaffen, symbolisiert mit drei sich emporschwingenden Adlern die ersten drei Generationen polnischer Stettiner. Der Park selbst lädt mit Wiesen und Wäldchen, Amphitheater und Rosengarten (Rożanka), wo gut 100 verschiedene Rosensorten blühen, zum Durchatmen und Lustwandeln ein. Technikbegeisterte pilgern ins nahe **Museum für Technik und Kommunikation** (Muzeum Techniki i Komunikacji) mit alten Stoewer Automobilen aus den 1920er Jahren, Kabinenrollern und Holzstraßenbahnen, kultigen Syrenas aus Volksrepublik-Zeiten oder den allseits beliebten »Pseudohustern«, den Polski Fiats. Von dort fahren die Trams 3 und 10 ins Stadtzentrum zurück.

Südlich des plac Grunwaldzki

Spaziert man vom **plac Grunwaldzki** aus südwestlich in die ulica Generała Ludomiła Rayskiego hinein, lässt sich in den Straßen rund um den kleinen **plac Zamenhofa** sehr schön miterleben, wie im Rahmen einer sanften Sanierung neuer Stadtraum mit hoher Lebensqualität

▸ Karte S. 242

entsteht. Die Trottoirs werden verbreitert, Bordsteine abgesenkt, Fahrbahnen durch Gehwegvorstreckungen, Poller, Radbügel, Baumpflanzungen und allerlei weitere Maßnahmen verengt mit dem Ziel, den Durchgangsverkehr aus den Quartieren herauszuhalten. Tempo-30-Zonen mahnen ein gemütliches Zockeln an, und die hübsch gepflasterte, mit gusseisernen Kandelabern geschmückte **ulica Księcia Bogusława X** (Herzog-Bogislaw-X.-Straße) ist gänzlich Fußgängerzone. Rundum in den teils schon sanierten Gründerzeitbauten sind Cafés, Pubs und Restaurants, Feinkostläden, Designermöbel- und Modegeschäfte eingezogen. Schon wieder oderwärts führt der Rundgang weiter zum plac Zwycięstwa (Siegesplatz). Dort stellt die **Herz-Jesu-Kirche** (Kościół św. Serca Pana Jezusa) mit breitem Turm und grünem Kupferhelm ein schönes Beispiel für den evangelischen Garnisonkirchenbau Anfang des 20. Jahrhunderts dar. Ab 1913 wurde das Gotteshaus, mit Unterbrechungen durch den Ersten Weltkrieg, bis abschließend 1919 als deutschlandweit erster Sakralbau in Stahlbetonbauweise errichtet.

Gegenüber erhebt sich die 1909 geweihte **Adalbertkirche** (Kościół św. Wojciecha), in deutscher Zeit nach dem bedeutenden pommerschen Reformator Bugenhagen benannt. Und auch das dritte Gotteshaus nahebei lohnt einen Blick. Die 1888 bis 1890 im neugotischen Stil errichtete Pfarrkirche **St. Johannes der Täufer** (Bazylika św. Jana Chrzciciela) wartet mit einem noch original erhaltenen, farbenprächtigen Inneren auf.

Nicht weit entfernt steht das barocke **Hafentor** (Brama Portowa). Früher »Berliner Tor« genannt, wurde es nach dem Verkauf Stettins durch Schweden an Preußen im Auftrag von König Friedrich Wilhelm I. zwischen 1725 und 1729 nach Plänen Gerhard von Walraves erbaut. Wie sein Brudertor, das Königstor (→ S. 251), erfüllte es nie einen praktischen Zweck, sondern diente ausschließlich der Huldigung Preußens, das Stettin mit Vorpommern so günstig eingekauft hatte.

Links in die aleja Niepodległości eingebogen, passiert man das neugotische backsteinerne **Postgebäude** (1901–1905) und den neubarocken Sitz der **Bank Pekao** nebenan, 1890 bis 1892 für die Pommersche Generallandschaftsdirektion errichtet. Biegt man am plac Żołnierza Polskiego in die aleja Papieża Jana Pawła II. ein, ist kurz darauf der Ausgangspunkt dieses Rundgangs wieder erreicht.

Farbenprächtig zeigt sich das Innere die Kirche St. Johannes der Täufer

Vom Hafentor zur Oder

Wer noch weiter möchte, kann vom **Hafentor** (Brama Portowa) aus über die ulica Dworcowa (Bahnhofstraße) einen Bogen hinunter zur Oder schlagen. Unübersehbar thront am plac Ratuszowy der 1879 vollendete Backsteinbau des **Roten Rathauses** (Czerwony Ratusz), das heute das Stettiner Meeresamt (Urząd Morski w Szczecinie) beherbergt. Und fast schon am Oderufer steht das ebenfalls rot geklinkerte Neorenaissancegebäude der **Post** von 1872.

Nahebei lohnt die **Johanneskirche** (Kościół św. Jana) einen Blick. Das dreischiffige kleine Gotteshaus mit schönem Sterngewölbe und einer Barockorgel aus der zweiten Hälfte des 18. Jahrhunderts wurde von Bettelmönchen des Franziskanerordens gegründet. 1240 folgten sie dem Ruf Herzogs Barnim I. nach Stettin, Anfang des 14. Jahrhunderts begannen sie mit dem Kirchenbau, spätestens um 1330 war der Chor fertiggestellt. St. Johannes ist eines der wenigen historischen Bauwerke, das die Luftangriffe 1944 relativ unbeschadet überstand. Die Inneneinrichtung stammt aus den 1970er und 1980er Jahren. Die Kirche ist nur zu den Gottesdiensten geöffnet.

Gegenüber von diesen altehrwürdigen Mauern wird in der **TRAFO-Kunststation** (Trafostacja Sztuki w Szczecinie) aktuelle Kunst präsentiert. Arbeiten internationaler Künstler und von Artists in Residence füllen die Hallen im Umspannwerk von 1912 und machen Szczecin zu einer spannenden Kunstlocation im südlichen Ostseeraum.

Wieder an der Post vorbei Richtung Süden kann man am Hauptbahnhof (Szczecin Główny), Gleis 1, in die Unterwelt hinabsteigen. Fünf Stockwerke tief reicht der **Luftschutzbunker** aus dem Zweiten Weltkrieg, den man auf zwei thematischen Touren besichtigen kann: Die Route »Zweiter Weltkrieg« widmet sich der Geschichte des Bunkers und dem Leben in Stettin während der Luftangriffe 1940 bis 1944. Die Route »Kalter Krieg« zeigt den Umbau des Bunkers nach Kriegsende, die Zivilverteidigung im Kalten Krieg, Alltag und Opposition im Sozialismus sowie den Kampf für Freiheit und Demokratie. Bei einer »Selfie mit der Geschichte«-Tour kann man sich mit besonderen Exponaten und vor gestalteten Wänden ablichten.

▸ Karte S. 242

Blick von der North East Marina zu den Chrobry-Wällen

An der Oder entlang

Seit 1959 führt die **Lange Brücke** (Most Długi) anstelle der älteren Hansabrücke vom Stadtzentrum aus über die Oder auf die **Insel Łasztownia** (Wyspa Łasztownia). Der frühere deutsche Name »Lastadie« rührt vom lateinischen *lastadium* her und bezeichnet einen Verladekai. Und tatsächlich war die oderumschlungene Flussinsel gegenüber den Chrobry-Wällen bereits seit dem 13. Jahrhundert ein Hafenumschlagplatz. Lange Zeit lag das Gelände mit ehemaligem Schlachthof, alten Kränen, Hafen- und Speichergebäuden brach. Seit 2013 wird es nun als neuer Stadt- und Kulturraum entwickelt, ja, man kann sagen: Szczecin holt sich seine überkommenen Flussufer zurück. Von der Langen Brücke führt eine Treppe zur neu angelegten östlichen **Oderpromenade** hinab. Nördlich vom alten Gebäude des **Zollamts** (1904–1908) hat man direkt an der Brücke den **Mast der »SS Kapitan Konstanty Maciejewicz«** wieder aufgerichtet. 1929 in Bremen vom Stapel gelaufen, befuhr das Traditionsschiff die Meere. Nach der Abwrackung 1985 stand der Mast als Wahrzeichen des maritimen Szczecins von 1990 bis 2013 auf dem Grünstreifen der ulica Zamkowa am pommerschen Herzögeschloss. 2018 fand er, frisch restauriert, auf der im selben Jahr eingeweihten östlichen Oderpromenade seinen neuen Standort. Am **Restaurantschiff Łagoda** vorbei und unter den verkehrstosenden Asphaltarmen der Trasa Zamkowa hindurch, gelangt man kurz danach zu den **Kranosauriern,** so genannt, weil die drei 1929 in Betrieb genommenen Hafenkräne schon lange außer Dienst gestellt sind. Sie bilden heute das museale Entree für die neue **North East Marina,** jüngster Ankerpunkt für touristische Wasserwanderer. Es lohnt ein Blick auf den restaurierten **Alten Schlachthof** (Stara Rzeźnia), bevor man über eine schmale Schwenkbrücke hinweg auf die kleine **Insel Grodzka** (Wyspa Grodzka) überwechselt. Dort chillt man am kultigen **Stadtstrand** – mit einem großartigen Blick gegenüber auf die Chrobry-Wälle und die Stadtsilhouette (→ S. 252).

Szczecin

Touristeninformation im Schloss (Centrum Informacji Kulturalnej i Turystycznej), ul. Korsarzy 34 (Kleiner Hof), 70-540 Szczecin, Tel. +48/91/4891630; tgl. 10–18 Uhr. www.zamek.szczecin.pl

Touristeninformation im Pavillon, pl. Żołnierza Polskiego 20, 70-551 Szczecin, Tel. +48/91/4340440; Mo–Sa 10–18, So 10–14 Uhr. www.visitszczecin.eu, www.zstw.szczecin.pl

Infopunkt im Hauptbahnhof, ul. Kolumba 2, 70-035 Szczecin, Tel. +48/91/4830850; Mo–Sa 9–17, So 10–13 Uhr.
www.visitszczecin.eu
www.zstw.szczecin.pl

Die **Stettiner Touristenkarte** (Szczecińska Karta Turystyczna) bietet freie Fahrt im ÖPNV sowie 50 % Ermäßigung in allen Museen, Rabatte in zahlreichen Cafés, Restaurants, Hotels, Hafenrundfahrten u. v. m. Sie gilt 24 Stunden (15 zł) oder 72 Stunden (25 zł) und ist in den Touristeninformationen erhältlich.

RB 66 ab Berlin-Gesundbrunnen über Bernau, Eberswalde, Angermünde nach Szczecin Główny (Hbf.)

Alle Sehenswürdigkeiten Stettins sind mit **Bus und Tram** gut zu erreichen. Tickets kann man an Automaten in den Fahrzeugen ziehen. Die **Stettiner Touristenkarte** (s. o.) gewährt freie Fahrt mit dem ÖPNV.

Fluss- und Hafenrundfahrten mit der »Peene Queen« und der »Odra Queen«, Anleger an den Chrobry-Wällen, Tel. +48/91/3595400, tgl. April–Okt.; **Ausflugsfahrten nach Swinemünde,** Mai–Sept. immer Sa, So. www.statki.net.pl

North East Marina, Wyspa Grodzka 1, 70-655 Szczecin, Tel. +48/91/3111521. 2015 eröffnete Marina mit 25 Gastliegeplätzen direkt im Stadtzentrum zwischen Łasztownia- und Grodzka-Insel.
www.northeast-marina.pl

Camping Marina, ul. Przestrzenna 23, 70-800 Szczecin-Dąbie, Tel. +48/91/4601165. Am Kleinen Dąbie-See, ca. 7 km südöstl. vom Stadtzentrum, 60 Liegeplätze für Boote beliebiger Größe und Tiefgang bis 3 m, Wasser- und Elektroanschlüsse, 24h-Bootsmann-Service; Campinghäuser, WoMo-Stellplätze und Zeltmöglichkeit.
www.campingmarina.pl

Szczecin besitzt ein öffentliches **Fahrradleihsystem.** An rund 100 Stationen kann man die Drahtesel ausleihen und zurückgeben. Dazu lädt man die kostenlose **Roovee-App** aus Google Play oder dem App Store aufs Handy. Die Anwendung ist neben Polnisch auch in Deutsch und Englisch verfügbar. Nach Registrierung und Bezahlen der Startgebühr kann es losgehen. Abgerechnet wird ebenfalls über das Handy. Zwei Karten in der App zeigen die einzelnen Leihstationen an.
Genaue Gebrauchsanweisung auf Deutsch: www.bikes-srm.pl/pliki/bikes_D.pdf
www.bikes-srm.pl

Radisson Blu Szczecin, pl. Rodła 10, 70-419 Szczecin, Tel. +48/91/3595595; DZ/F ab etwa 110 Euro. Luxushotel im Pazim-Komplex. Die oberen Stockwerke eröffnen einen herrlichen Panoramablick auf die Stadt. www.radisson.com
Park Hotel, ul. Plantowa 1, 70-527 Szczecin, Tel. +48/91/4340050; DZ/F ab etwa 95 Euro. Feine, kleine Edeladresse unterm Walmdach im Żeromski-Park, wenige Schritte von den Chrobry-Wällen entfernt; Pool, Sauna, Spa. Sehr gutes eigenes Restaurant (s. u.).
www.parkhotel.szczecin.pl
Matejki 8, ul. Jana Matejki 8, 71-615 Szczecin, Tel. +48/91/8875614; DZ/F ab etwa 70 Euro. Neorenaissancevilla von 1882 im nördlichen Stadtzentrum, 10 Min. Fußweg durch den Żeromski-Park zu den Chrobry-Wällen. Guter Service und elegantes Design. Warum die überwiegend großzügig bemessenen Zimmer keinen Kleiderschrank haben, bleibt ein Geheimnis. Zum Hotel gehört ein hervorragendes Restaurant (s. u.). www.matejki8.pl
Hotel Rycerski, ul. Potulicka 1a, 70-230 Szczecin, Tel. +48/91/8146601; DZ/F um 70 Euro. Das Hotel Ritter im alten Klinkersteinbau bietet gepflegte Mittelklasse und freundlichen Service in zentraler Lage. Im Restaurant werden traditionelle polnische Küche und internationale Gerichte serviert.
www.amwhotele.pl
Jugendherberge Cuma (Szkolne Schronisko Młodzieżowe), ul. Monte Cassino 19a, 70-467 Szczecin, Tel. +48/91/4224761; Übernachtung im Mehrbettzimmer ab etwa 5 Euro, DZ mit Dusche/WC etwa 28 Euro. Im Westend gelegene gepflegte Jugendherberge, vom Einzelzimmer mit Bad bis hin zum 10-Bett-Zimmer.
www.ptsm.home.pl

Camping Marina (s. o.); ganzjährig. Großzügige gartenähnliche Anlage mit Jachthafen, Campinghäuschen und Gaststätte.

Park Restaurant, im Park Hotel (s. o.), das elegante Restaurant bietet leichte europäische Frischeküche und saisonale regionale Gerichte, von Gault Millau und Slowfood empfohlen; ausgesuchte Weinkarte.
Matejki 8, im Hotel Matejki 8 (s. o.), ganz in weiß gehalten ist der Speisesaal in der Neorenaissancevilla; an Kochkunst wird kreative, polnisch-französisch inspirierte Küche der vier Jahreszeiten kredenzt, mit Kräutern und Gemüse aus eigenem Anbau.
Na Kuncu Korytarza, ul. Korsarzy 34, 70-540 Szczecin, Tel. +48/91/8172222. Nach traditioneller Hausmacherart zubereitete polnische Küche sowie internationale Gerichte, stilvoll und gemütlich im Schloss der Herzöge von Pommern.
www.nakuncu.com
Familienbrauerei Wyszak, ul. Mściwoja II 8, 70-535 Szczecin, Tel. +48/662/233678. Im gotischen Kellergewölbe des Altstadtrathauses, preisgekrönte hausgebraute Biere, ober- und untergärig, und zu essen gibt es natürlich auch: herzhaft zubereitete Steaks, Schnitzel, Rippchen. Sehr beliebt, am Samstagabend und Sonntag nach dem Kirchgang bis in den frühen Nachmittag besser reservieren! www.browarwyszak.pl
Brauhaus Stara Komenda, pl. Stefana Batorego 3, 70-207 Szczecin, +48/91/4234445. Hausgebraute Pils-, Lager- und

▸ Karte S. 242

Weizenbiere, dazu werden traditionelle Gerichte wie Żurek (saure Mehlsuppe mit Ei, Wurst und Waldpilzen), Ostseehering oder Schweinsnacken auf Stettiner Art serviert. www.starakomenda.pl

Columbus, ul. Wały Chrobrego 6, 70-500 Szczecin, Tel, +48/91/4893401. Neben gut zubereiteten polnischen und internationalen Gerichten zählt hier außerdem noch die Lage. Im Holzpavillon und Garten am südlichen Ende der Chrobry-Wälle genießt man zum Speisen von der Höhe herab einen fantastischen Blick auf Oder und Hafen. www.walychrobrego.com/columbus

Pod Kogutem, pl. Lotników 3, Tel. +48/91/4346873. Uriges Traditionslokal, Wild, Lamm, Geflügel nach alten polnischen Rezepten, dazu im Hintergrund polnische Schlager-Oldies.
www.karczmapodkogutem.pl

Café 22, pl. Rodła 8, Tel. +48/91/3595200. Im 22. Stock des Pazim-Hochhauses von Kaffee und Kuchen über Bistro bis Abendsnack eine fantastische Aussicht auf ganz Szczecin. www.cafe22.pl

Fanaberia, ul. Księcia Bogusława X 5/LU2, 70-440 Szczecin, +48/91/8127475. Gemütlicher Laden, drinnen und draußen in der Fußgängerzone im Gründerzeitviertel, reich duftendes Teeangebot von über 100 Sorten, außerdem zahlreiche ausgesuchte Kaffeevariationen. Dazu gibt es hausgemachte süße Spezialitäten.
www.fanaberia.szczecin.pl

Nationalmuseum Szczecin (Muzeum Narodowe w Szczecinie), Wały Chrobrego 3; Di–So 12–18 Uhr. Die übrigen Abteilungen Do–So 12–18 Uhr: **Museum für regionale Traditionen** (Muzeum Tradycji Regionalnych), ul. Staromłyńska 27; **Museum für zeitgenössische Kunst** (Muzeum Sztuki Współczesne), ul. Staromłyńska 1; **Museum für die Geschichte Szczecins** (Muzeum Historii Szczecina), ul. Księcia Mściwoja II 8; **Dialogzentrum Umbrüche** (Centrum Dialogu Przełomy), pl. Solidarności 1. www.muzeum.szczecin.pl

Schloss der Herzöge von Pommern, ul. Korsarzy 34; Burghöfe tgl. 6–23 Uhr. Nordflügel mit Krypta und Bogislaw-X.-Saal sind wegen Bauarbeiten bis vsl. 2023 geschlossen. www.zamek.szczecin.pl

Museum für Technik und Kommunikation, ul. Niemierzyńska 18a, 71-441 Szczecin, Tel. +48/91/4599201; Di 10–15, Mi, Do, So 10–16, Fr, Sa 10–18 Uhr.
www.muzeumtechniki.eu

Jakobskathedrale, ul. św. Jakuba 1, 70-543 Szczecin; Kirche und Turm ganzjährig.
www.katedra.szczecin.pl

Unterirdische Routen (Podziemne Trasy Szczecina), ul. Kolumba 1 (Hauptbahnhof, Gleis 1), 70-035 Szczecin, Tel. +48/605/433433; Di–So 12–16, letzter Einlass 15 Uhr. www.schron.szczecin.pl

Philharmonie (Filharmonia Szczecin), ul. Małopolska 48, 70-515 Szczecin, Tel. +48/91/4309510; Konzertkasse Di–Do 13–18, Fr 13–20 Uhr sowie eine Stunde vor den Konzerten.
www.filharmonia.szczecin.pl

Szczecin Jazz, 14 Tage im März. Stelldichein hochkarätiger Jazzkünstler.
www.szczecinjazz.eu

Ostseetage (Dni Morza), 2. Juniwochenende. Buntes Treiben mit Seglerparade, Jahrmarkt, Konzerten und Feuerwerk am Oderufer vor den Chrobry-Wällen.
www.dnimorza.szczecin.eu

Jakobsmarkt (Jarmak Jakubowy), drei Tage im Juli um den Namenstag des hl. Jakob herum. Kunterbunte Kirmes an der Jakobskathedrale. Im Dom Präsentation der großen Orgel. www.jarmark.jakubowy.pl

Stettiner Feinschmeckermarkt (Szczecin Bazar Smakoszy), OFF Marina, ul. Chmielewskiego 18, 70-001 Szczecin. Immer sonntags verwandelt sich die OFF Marina, der Stettiner »Kulturhafen«, in einen großen alternativen Handwerker- und Food Market – szenig, jung, regional, bio. Anfahrt: vom Hauptbahnhof mit der Tram 3 und 6 Richtung Pomorzany bis zum Stop Smolańska.

Von Szczecin an die Haffküste

»Wardst Du im Vordern freundlich aufgenommen, dröhnt aus dem Hintern Dir ein donnerndes Willkommen.« So, erzählen Lästerzungen, begrüßten die Menschen in Hinterpommern anno dunnemals den preußischen König beim Schritt über die Oder von Vor- nach Hinterpommern. Von den Oderbrücken südlich von Szczecin nach Nordosten über Kamień Pomorski (Cammin) bis zur Ostsee verläuft die historische vor- und hinterpommersche Landesgrenze.

Dąbie-See

Rund um das Stettiner Zentrum wird das Bild von viel Grün geprägt. Noch im Stadtgebiet liegen die Ausflugsorte am weitflächigen Dąbie-See (Dammscher See). Ein kleiner Sandstrand in **Bystra** (Bergland) und ein größerer in Lubczyna an seinem Ostufer laden mit schönem Blick gegenüber auf die Ausläufer der Odermetropole zum Baden ein. Ein neuer **touristischer Weg** mit Einstieg in Szczecin-Dąbie (am Ende der ul. Jeziorna) führt als Paddelstrecke und benachbart für Radler und Wanderer als glatte Schotterpiste auf dem Deich zwischen Schilfgürteln und Bruchwald nach **Lubczyna** (Lübzin). Dort wartet gleich neben dem bewirtschafteten Badestrand eine gepflegte Marina auf Sommergäste. Überall an den Ufern des Dąbie-Sees wird tüchtig gebaut. Eine stattliche Zahl neuer Einfamilienhäuser und Wochenendsiedlungen entsteht in Szczecins schöner Umgebung.

Am Seeausgang, dort, wo sich die beiden Oderarme noch einmal berühren, hüllt sich das Land am Fluss dann plötzlich in völlige Einsamkeit. Kaum ein Zehn-Häuser-Ort liegt noch am Wasser. Im weit und breit einzigen Weiler nahe dem Oderstrom, **Święta** (Langenberg), finden sich neben wenigen alten Bauernhäusern ein paar Wohnblöcke aus sozialistischer Zeit. Am Ortseingang wartet ein verfallener evangelischer Friedhof auf eine

▲ Karte S. 238

Die Marina von Lubczyna

Begehung, und weiter unten am Wasser nutzen Angler die Betonquader eines vergangenen Fährhafens als Standort, um ihre Ruten auszuwerfen.

Stepnica

Dichte Schilfgürtel, Sümpfe, Feuchtwiesen und landeinwärts die Waldgebiete der **Puszcza Goleniowska** begleiten fortan die Oder auf ihrem Weg zum Haff. Als breiter Strom zieht sie an den Industrieschloten von Police (→ S. 297) am westlichen Ufer vorüber und weitet sich kurz darauf zur **Roztoka Odrzańska** (Papenwasser).

Wo die gut acht Kilometer lange Oderausmündung ihre maximale Breite erreicht, ließen sich im Schutz einer kreisrunden Bucht im 13. Jahrhundert Menschen nieder. 1269 tauchte ihr Dörfchen Stepenitz (Stepnica), das erste Mal in einem Schriftstück auf. Man lebte vom Fischfang, später kamen noch Land- und Forstwirtschaft dazu und 1910 schließlich ein herrlicher weißer Strand. Der feinsandige Aushub, der beim Ausbaggern der Fahrrinne Stettin–Swinemünde angefallen war, zierte fortan die kleine Bucht und läutete, nach dem Ersten Weltkrieg noch mehrmals vergrößert, den Fremdenverkehr in Stepenitz ein. Passagierschiffe dampften über das Wasser und brachten die Stettiner in ihre Sommerfrische, Pensionen und Ausflugslokale entstanden.

Der Zweite Weltkrieg hat von der alten Pracht nicht allzu viel übrig gelassen. Der türmchengekrönte Fachwerkpavillon des **Hotel-Restaurants Tawerna Panorama** unmittelbar hinter dem Jachthafen erinnert noch an jene Zeit.

Eine Ikea-Möbelfabrik und der Fischereibetrieb Rybak zählen heute zusammen mit dem Tourismus zu den größten Arbeitgebern in der 5000-Einwohner-Gemeinde. Im **Fischereihafen** neben der **Marina** kann man zwischen März und

Der evangelische Friedhof in Święta

November fangfrischen Fisch direkt vom Boot kaufen, und der **Badestrand** mit kleiner Seebrücke und Tretbootverleih lockt die Feriengäste an. Im Ort selbst ist man in der ersten Reihe am Wasser mit Ferienwohnungen und Zimmervermietung auf sanften Tourismus eingestellt. In der zweiten Reihe offenbart sich dann aber auch, wie sehr eine so kleine Gemeinde abseits der Touristenströme nach Usedom und Wolin ökonomisch zu kämpfen hat.

Kurz vor dem nördlichen Ortseingang lohnt die Kirche **St. Jacek** (Kościół św. Jacka) noch einen Blick. Nach einem Stadtbrand 1739 wurde sie zwei Jahre später neu errichtet. Ihre Inneneinrichtung stammt teils noch aus jenen Jahren, darunter der Altar und die Kanzel von 1740. Eine zweite **Marina** mit neuem modernen Bootshaus befindet sich nahebei am **Młyński-Kanal** (Mühlengraben).

Im Hafen von Kopice

Kopice

Ein paar winzige Dorfflecken säumen den Weg von Stepnica zur nächsten »größeren« touristischen Ankerstelle. Im 150 Köpfe zählenden Kopice (Köpitz) ist das **Stettiner Haff** erreicht. Der Ort besteht aus so wenigen Häusern, dass man sie an vier Händen abzählen kann. Ein Teil davon sind adrette Feriendomizile, die hier mitten im Nirgendwo stille Aufenthalte versprechen. Wenige Schritte entfernt dümpeln Boote im urigen kleinen **Hafen,** und man mag sich bei dem romantischen Anblick gar nicht vorstellen, wie dort schicke Luxusjachten anlanden. Dagegen gibt es für alle, die mit Tretboot oder Kajak, Ruder- oder Segelboot einmal aufs Haff hinauswollen, einen **Bootsverleih.** Außerdem kann man bei **Latarnik Kopice** ein Holzhäuschen mieten oder auf dem grünen Rasengelände Zelt oder Camper aufstellen.

Vom Hafen aus trägt ein **Fährboot** Radler und Fußgänger zum westlichen Haffufer nach Trzebież (→ S. 299) hinüber. Es verkehrt nicht regelmäßig und sollte deshalb besser rechtzeitig vorbestellt werden.

▲ Karte S. 238

Naturpark Stettiner Haff

Die karibisch anmutende Badebucht bei **Czarnocin** (Zartenthin), wenig nördlich von Kopice, ist so schön, dass man als Reiseführerautorin lange abwägen muss, sie als »Geheimtipp« überhaupt vorzustellen. Ein sanftes weißes Strandrund vor blau funkelndem Wasser, umrahmt von Dünen und duftendem Kiefernwald, schmückt das Haffufer. Dahinter bildet eine kleine Häuseransammlung das Örtchen, von dem aus es nordwärts auf kurzem Weg in den **Park Natury Zalewu Szczecińskiego** (Naturpark Stettiner Haff) hineingeht.

2005 auf Initiative des polnischen Küstenschutzvereins ins Leben gerufen, umfasst er auf circa 4000 Hektar die Wiesen und Weiden nördlich von Czarnocin sowie die unbesiedelte Halbinsel Rów, bereits Teil von Wolin. Dazu gesellen sich zahlreiche eingesprengselte Waldflecken, die vom Forstbezirk Goleniów verwaltet werden, sowie die Küstengewässer unter der Aufsicht des Meeresamts in Stettin. Seit dem Fall des Eisernen Vorhangs und dem darauffolgenden Zusammenbruch der großen staatlichen Agrarbetriebe war das Land nicht mehr bewirtschaftet worden. Zahlreiche Vogelarten, die

Den Naturpark erkundet man am besten zu Fuß oder mit dem Fahrrad

Czarnocin überrascht mit einem zauberhaften Strand

im Gras zwischen dem Weidevieh ihren Lebensraum hatten, verschwanden. So entstand die Idee, die von Schilfrohr, Seggen und Gestrüpp überwucherten Brachflächen mithilfe traditioneller Landschaftspflegemethoden wie extensiver Beweidung und Mahd als artenreiche Biotope zurückzugewinnen.

Dafür siedelte der Verein **Koniks, Limousin- und Scottish-Highland-Rinder** als natürliche Rasenmäher an. Die hellgrauen Konik-Ponys, die auf die im 19. Jahrhundert ausgestorbenen Tarpan-Wildpferde zurückgehen, die gemütlichen Limousin-Rinder und schließlich die Zotteltruppe der Scottish Highlands eint manche Eigenschaft: Es sind hochrobuste, uralte Rassen von meist ausgeglichenem, ruhigem Charakter, die darüber hinaus allesamt sehr verfressen sind. Im Naturpark leben sie frei in kleineren und größeren Herden und halten mit ihrem Appetit die Grasnarbe kurz. So hat sich allmählich wieder ein artenreiches Vegetationsmosaik eingestellt. Und auch eine vielfältige Vogelschar ist zurück. In Feuchtwiesen, an Tümpeln und Abzugskanälen brüten Bekassinen, Regenpfeifer und Wachtelkönige, im Gras bauen Ammern ihre Nester, Buchfinken und Nachtigallen singen. Und mit sehr viel Glück sieht man auf einer Wanderung im Naturpark sogar den König der Lüfte, den Seeadler, kreisen.

Eine schmale, bucklige Asphaltpiste führt von Czarnocin zum **Naturparkeingang** mit einem Picknickplatz und Informationstafeln. Ein Schild warnt die Autofahrer, sie mögen ihren Wagen wegen der frei laufenden Tiere nicht unbeaufsichtigt lassen und dass das Parken auf eigene Gefahr hin geschehe. Mit 20 km/h Höchstgeschwindigkeit darf die Motorkutsche ins Gelände hinein. Doch die Holperfahrt endet bereits keine 1000 Meter später im Wiesenmatsch zwischen den Highland-Rindern.

Besser ist man zu Fuß oder mit dem Drahtesel unterwegs. Der **Radweg 3** führt ab Parkeingang als glatte Piste einmal mehr auf dem Deich entlang zur **Wüstung Śmiec** auf der nördlichen Geländespitze. Ein paar vermooste Gebäudetrümmer und alte Streuobstwiesen erinnern daran, dass sich hier einmal eine menschliche Siedlung befand. Vom 14 Meter hohen **Aussichtsturm** hat man einen wunderbaren Panoramablick weit über das Stettiner Haff und den Naturpark mit seinen tierischen Einwohnern. Pedalritter erreichen von dort aus kommod auf dem Radweg 3 über die Weiler **Skoszewo, Zagórze** und **Gogolice** an der Haffküste entlang das Dorf **Recław** vor den Toren der Insel Wolin. Automobilisten mit dem Ziel Wolin müssen von Czarnocin zunächst nach Stepnica zurück, um dort die Landstraße 111 zur Insel zu nehmen.

Von Szczecin an die Haffküste

Touristischer Infopunkt (Punkt Informacji Turystycznej), ul. T. Kościuszki 25 (am Strandeingang), 72-112 Stepnica; Juli–Mitte Sept. tgl. 10–18 Uhr. www.stepnica.pl

Der **EMILBUS** fährt im Linienverkehr auf der Strecke Szczecin–Świnoujście; ab Szczecin Hbf. (ul. Owocowa/Ecke 3 Maja) über Szczecin-Dąbie, Golienów, Stepnica, Żarnowo, Wolin und Międzyzdroje bis Świnoujście Hbf. www.emilbus.com.pl

Marina Lubczyna, ul. Żeglarska 2, 72-105 Lubczyna, Tel. +48/91/4191612. Schöne geschützte Anlage am Dąbie-See, Strom und Wasser, Sanitär, Slipanlage, Kran, Schiff- und Motorenwerkstatt. www.lubczyna.goleniow.pl

Marina Stepnica, ul. Młynarska 1, 72-112 Stepnica, Tel. +48/513/131384. 100 Gastliegeplätze am Kanal Młyński (Mühlenkanal) längsseitig am neugebauten Pier, ca. 500 m vom Ortszentrum entfernt. Wasser und Strom am Pier, Sanitär im Hafenmeisterhaus. www.stepnica.pl

Hafen Stepnica, ul. T. Kościuszki 24a, 72-112 Stepnica, Tel. +48/691/917400. Direkt im Ort durch eine Mole geschütztes Hafenbecken, ein Teil davon Fischereihafen. Strom und Wasser am Steg, Sanitär im Hafenmeisterbüro. www.stepnica.pl

Marina Kopice (Latarnik), Kopice 55, 72-112 Stepnica, Tel. +48/693/060712. Urige Marina mit 20 Gastliegeplätzen, Wasser, Strom, Grillplatz, Bootsverleih, Ferienhäuschen, Campingmöglichkeit (s. u.). Auf Vorbestellung **Fährservice** für Radler und Fußgänger mit der »Albatros« über das Haff an die Westküste nach Trzebież sowie **Ausflugsfahrten,** z. B. nach Police, Nowe Warpno oder zur Insel Chełminek. www.latarnik-kopice.pl

Mini-Pensjonat U Tadka, ul. T. Kościuszki 14, 72-112 Stepnica, Tel. +48/607/380367, fb; DZ um 40 Euro. Freundliche Ferienzimmer mit TV, WLAN, Duschbad und Kitchenette in der »Hotelmeile« Stepnicas wenige Schritte hinter dem Strand; buchbar über die gängigen Portale.

Latarnik (s. o.), neben der Marina Kopice wird ein hölzernes Ferienhäuschen vermietet (für bis zu 6 Pers., 90 Euro/Nacht), und man kann Zelt oder Camper auf der Wiese aufstellen.

Tawerna Panorama, ul. T. Kościuszki 23, 72-112 Stepnica, Tel. +48/660/448809, fb; DZ/F um 75 Euro. Kleine gepflegte, zeitgemäß ausgestattete Zimmer in der Fachwerkvilla am Hafen und Strand. Das Restaurant mit großer Außenterrasse bietet schmackhafte polnische und internationale Gerichte und ist berühmt für seine Süßspeisen und Torten; buchbar über die gängigen Portale.

Marina Lubczyna (s. o.), Jachtcharter und Kajakverleih.

Marina Kopice (s. o.), Paddel-, Tret- und Segelbootverleih.

In der Hochsaison bewirtschaftete Badestrände befinden sich in **Luczyna** und **Stepnica**. Weiter nördlich gibt es bei **Czarnocin** eine schöne Sandbucht.

▶ Karte S. 238

Auf der Insel Wolin

Wolin, in der alten deutschen Diktion mit Doppel-L geschrieben, ist die größte polnische Insel. 248 Quadratkilometer misst sie zwischen Świna (Swine) und Dziwna (Dievenow), Ostsee und Haffküste, fast 110 davon nimmt der **Woliński-Nationalpark** (Woliński Park Narodowy) ein. Anno 1960 gegründet, schützt er die hohe Steilküste hinter dem Ostseestrand, die weiten Wälder mit malerisch eingebetteten kleinen Seen im Inselinneren und haffseitig die vielen Inseln und Eilande im Swinedelta. Bis zu 95 schwindelerregende Meter hoch ragen die Kliffs über dem Meeresspiegel auf und markieren damit das abrupte Ende einer von Süden nach Norden aufwachsenden, kuppigen Endmoräne. Von den weiten Schilfgürteln am Stettiner Haff steigt sie über sanfte Hügel zum Grzywacz-Berg (115 Meter) im Zentrum der Insel bis zur Steilküste an. Der eine Seemeile breite Küstenstreifen davor gehört ebenfalls zum Schutzgebiet. In den Buchen- und Eichenmischwäldern gedeihen Zahnwurz, Geißblatt und seltene Orchideenarten. In einem Reservat haben Wisente ein Zuhause gefunden. Insgesamt werden über 1300 Pflanzen- und gut 200 Vogelarten gezählt, darunter einige Paare der seltenen Seeadler. Der majestätische, größte europäische Greifvogel, der seine Horste versteckt in den hohen Baumwipfeln baut, wurde denn auch zum Symbol des Woliner Nationalparks auserkoren.

Schon seit der Steinzeit, das haben Funde der Trichterbecherkultur zutage gebracht, ist die Insel menschlich besiedelt. Ab dem 6./7. Jahrhundert ließen sich im Zuge der großen Völkerwanderung slawische Stämme nieder. Im 12. Jahrhundert begann unter der Herrschaft des

Vom Góra Gosań bei Międzyzdroje schweift der Blick weit über die Ostsee

polnischen Königs Bolesław III. Krzywousty (Schiefmund) die Christianisierung und Einwanderung deutschsprachiger Kolonisten. Am Ende des Dreißigjährigen Kriegs gelangte Wolin 1648 an die schwedische Krone und blieb dort bis 1720. In jenem Jahr kaufte das Königreich Preußen den Schweden im Frieden von Stockholm Stettin zusammen mit Usedom und Wolin für zwei Millionen Taler ab. Ab 1871 Teil des Deutschen Reichs, gehört die Insel seit dem Ende des Zweiten Weltkriegs zu Polen.

Eines der bedeutendsten lokalen Ereignisse fällt auf den Sommer 1824. Mit der Eröffnung des See- und Solbads Swinemünde wurde das touristische Zeitalter eingeläutet. Ein 35 Kilometer langer Ostseestrand zieht von der Kur- und Hafenstadt Świnoujście (Swinemünde) – zu beiden Seiten der Świna auf Usedom und Wolin gelegen – als fantastisches weißes Sandband an der Küste entlang. Neben Świnoujście bieten die quirligen Seebäder Międzyzdroje (Misdroy) und Dziwnów (Dievenow) mit einer bunten Palette Hotels und Pensionen, Ferienhäusern und Campingplätzen Unterkunft für einen sonnigen Badeurlaub. Östlich am Camminer Bodden, den die Dziwna durchströmt, wartet die alte Domstadt Kamień Pomorskie (Cammin) mit der gotischen Kathedrale St. Johannes auf, einem herausragenden Architekturdenkmal an der westlichen polnischen Ostseeküste.

Ganz unten im südlichen Woliner Zipfel bildet die gleichnamige verschlafene Kleinstadt Wolin einen weiteren »städtischen« Anlaufpunkt auf der sonst dünn besiedelten, keine 30 000 Einwohner zählenden Insel.

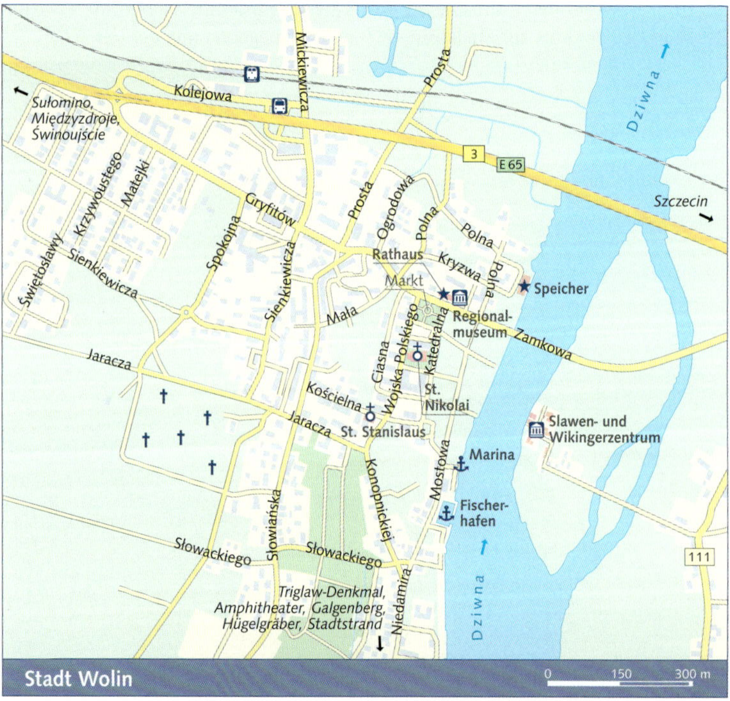

Stadt Wolin

Die Woliner Marina an der Dziwna

Stadt Wolin

Beim 5000-Einwohner-Städtchen Wolin (Wollin) verlässt die Dziwna das Stettiner Haff. Eine Eisenbahnbrücke, die Schnellstraßenbrücke sowie einen Angelrutenwurf weiter südlich die schwenkbare Schlossbrücke (Zamkowa) führen über den Strom auf die Insel hinauf. Letztere Überfahrt mündet sogleich im Woliner Ortszentrum - wobei die Bezeichnung »Zamkowa« etwas verwirrt, denn ein Schloss hat Wolin nie gesehen.

Aber auch ohne majestätische Bauten blickt die Stadt auf eine stolze Vergangenheit. Vom 9. bis 12. Jahrhundert lag an ihren Ufern einer der reichsten und bedeutendsten Handelsplätze Mitteleuropas. Der Chronist Adam von Bremen (um 1000–1072) schildert das Leben in der Stadt »Jumne am skythischen Sumpfmeer«, bei der es sich aller Wahrscheinlichkeit nach um Wolin handelt: »Hinter den Liutizen, die auch Wilzen heißen, trifft man auf die Oder, den reichsten Strom des Slawenlandes. Wo sie an ihrer Mündung ins Skythenmeer fließt, bietet die sehr berühmte Stadt Jumne für Barbaren und Griechen in weitem Umkreis einen vielbesuchten Treffpunkt (...). Die Stadt ist angefüllt mit Waren aller Völker des Nordens, nichts Begehrenswertes oder Seltenes fehlt.«

Und könnte besagtes »Jumne« womöglich sogar mit dem sagenhaften im Meer versunkenen Vineta (→ S. 269), dem »Atlantis der Ostsee«, identisch sein? Die Frage beschäftigt seit Langem Schatzsucher, Abenteurer und natürlich die Wissenschaft. Zumal neben Wolin außerdem Koserow auf Usedom und Barth an der vorpommerschen Boddenküste den mythischen Ort für sich reklamieren.

Sehenswertes

Wie so viele Orte am Oderlauf wurde auch Wolin in den letzten Tagen des Zweiten Weltkriegs schwer verwüstet. So gruppieren sich die wenigen Sehenswürdigkeiten rund um den **Marktplatz.** Ein kleines **Regionalmuseum** neben dem

Der dreiköpfige Slawengott Triglaw im Stadtpark von Wolin

Nördlich von Wolin bietet Sułomino einen malerischen Ankerpunkt

Backsteinrathaus berichtet anhand archäologischer Exponate von den vergangenen Zeiten. Wenige Schritte entfernt erstrahlt die rekonstruierte Kirche **St. Nikolai** (Kościół św. Mikołaja) wieder im alten Glanz. Ende des 13. Jahrhunderts wurde sie als dreischiffige Halle errichtet. Der wohl berühmteste Sohn der Stadt und Weggefährte von Martin Luther, der Reformator Johannes Bugenhagen (1485–1558), wirkte als erster protestantischer Pfarrer in ihren Ziegelsteinmauern. Im Zweiten Weltkrieg zerstört, wurde das Gotteshaus nach der Jahrtausendwende wiederaufgebaut.

Ihm zu Füßen, der Dziwna entgegen, wurde darüber hinaus eine kleine **historische Häuserzeile** rekonstruiert, während man gegenüber am östlichen Dziwna-Ufer das alte Jumne hat wieder auferstehen lassen. Auf Basis archäologischer Ausgrabungen entstand ab 2003 das **Slawen- und Wikingerzentrum** als historisch mehr oder weniger getreue Nachbildung des Woliner Hafens im 10. Jahrhundert: eine palisadenbewehrte Siedlung mit reetgedeckten Holzhütten, Tempel und Schiffsanleger, die man besichtigen kann (Zufahrt über das Dorf Recław östlich der Dziwna). Einmal im Jahr wird sie, wie in vergangenen Zeiten, von Wikingern heimgesucht. Und zwar im Juli oder August, wenn Gäste aus gut zwei Dutzend Ländern zum **Slawen- und Wikingerfestival** Wolin ihren Besuch abstatten und dort, zu Schiff und zu Pferd, mit Helm, Schwert und Schilden bewaffnet, ein spektakuläres Mittelalterfest feiern.

Eine halbstündige Wanderung von St. Nikolai aus in südliche Richtung (über ul. Mostowa/ul. Niedamira) führt am **Stadtpark** vorbei – dort auf der Anhöhe eine zeitgenössische Säule mit dem Konterfei des dreiköpfigen slawischen Hauptgottes Triglaw – weiter zum **Stadtstrand.** Kurz vor der Sandbadestelle am Haffufer dehnt sich der **Galgenberg** (Wzgórze Wisielców) mit den grasüberwachsenen **Hügelgräbern** der ältesten Wolinianer aus (→ S. 270). Die Funde datieren von der Steinzeit bis ins 9. Jahrhundert. Dem ungeschulten Auge erschließt sich die Anlage nicht mehr. Dafür erläutern Schrifttafeln, auch in deutscher Sprache, was unter dem Gras in einer der ältesten frühmittelalterlichen Nekropolen Pommerns verborgen liegt.

▲ Karte S. 266

Sagenhaftes Vineta – versunkene Stadt

»Aus des Meeres tiefem, tiefem Grunde
Klingen Abendglocken dumpf und matt,
Uns zu geben wunderbare Kunde
Von der schönen alten Wunderstadt.
In der Fluten Schoß hinabgesunken,
Blieben unten ihre Trümmer stehn,
Ihre Zinnen lassen goldne Funken
Widerscheinend auf dem Spiegel sehn.«

So besingt Wilhelm Müller Anfang des 19. Jahrhunderts in einem Gedicht die geheimnisvolle versunkene Stadt Vineta. Sagenhaft reich, größer und schöner als Konstantinopel soll sie gewesen sein. Ihre Bewohner, erzählt man sich, seien durch den Handel mit allen Völkern der Erde so unglaublich vermögend geworden, dass sie vor lauter Überfluss die Löcher in ihren Hauswänden mit Semmeln zustopften und ihre Schweine aus goldenen Trögen fraßen. Alle Zeichen eines nahenden Untergangs wurden hochmütig abgetan, bis schließlich eine Wasserfrau mit bedrohlicher Stimme verkündete: »Vineta, Vineta, du rieke Stadt, Vineta soll unnergahn, wieldeß se het väl Böses dahn!« Woraufhin sich eine gewaltige Sturmflut erhob und die Stadt in die Tiefe riss. Seitdem soll Vineta einmal in 100 Jahren am Ostermorgen wieder aus den Wellen auftauchen. Prachtvoll gewandete Kaufleute breiten dann stumm ihre kostbaren Waren aus, hoffend, dass ein mildtätiger Mensch einen einzigen Groschen gebe, um sie von ihrem ungnädigen Schicksal zu erlösen.

Immer zu Ostern lässt Koserow (→ S. 357) drüben auf Usedom seine Vinetaglocken läuten, während Wolin im Sommer seine spektakulären Slawen- und Wikingerfestspiele abhält. Denn hier wie da ist man sich sicher: Wir sind Vineta! Tatsächlich befand sich zwischen dem 9. und 12. Jahrhundert an der Stelle Wolins eine erstaunliche Hafenstadt. »Jumne« wurde sie genannt oder, nach der Wehrburg, welche die Wikinger 960 hier angelegt hatten, »Jomsburg« oder auch »Jumneta«, was sich durch einen Schreibfehler womöglich zu »Vimneta« und »Vineta« verschliff. »Jumne ist die größte aller europäischen Städte«, berichtete 1074 der Chronist Adam von Bremen. »Sie ist von Slawen, Griechen und Barbaren bewohnt; auch sächsische Einwanderer dürfen sich niederlassen, solange sie nicht dem christlichen Glauben nachgehen.«

Zwischen dem 10. und 12. Jahrhundert zählte der multikulturelle Schmelztiegel in seiner Blütezeit 10 000 Einwohner und war damit einer der größten Handelsplätze am Baltischen Meer – als »Byzanz des Nordens« gerühmt. Zur Missionierung der Heiden rief König Bolesław Krzywousty 1124 den Bamberger Bischof Otto ins Land, und 16 Jahre später wurde bereits das Bistum Wolin gegründet. So begreift die Wissenschaft die Vineta-Sage auch als Metapher für die christliche Aneignung des damals noch heidnischen Ostseeraums.

Indes fielen immer wieder dänische Wikingerhorden ein, brandschatzten und plünderten Jumne, woraufhin der Bischofssitz nach Cammin verlegt werden musste. Ende des 12. Jahrhunderts zerstörten Dänen die Stadt schließlich so total, dass sie quasi vom Erdboden verschwunden war. Aber der Mythos lebte weiter und wollte bewiesen werden.

Erste Grabungen bei Wolin bestätigten 1827 und 1847 die Existenz einer frühmittelalterlichen Handelsmetropole. Silberarbeiten, byzantinische, arabische, sächsische und slawische Münzen, die man aus dem Boden holte, ließen auf Handelswege weit in die Ferne schließen. 1871 machte der Arzt und Archäologe Rudolf Virchow die Sensation perfekt, als er am Woliner Galgenberg auf Erdhügel mit zahlreichen Grabbeigaben stieß (→ S. 268). Wolin schien also tatsächlich das sagenhafte Vineta zu sein.

In den 1930er Jahren begannen systematische Untersuchungen. In den 1950er Jahren legte Władysław Filipowiak, damals Direktor des Nationalmuseums in Szczecin, schließlich die Überreste von ganzen Stadtvierteln und Hafenanlagen frei, die bis ins 8. Jahrhundert zurückreichen. Dass an der Stelle Wolins vor einem Jahrtausend eine blühende Metropole am Ufer der Dziwna bestand, war damit unwiderruflich belegt. Dass es sich dabei um »Jumne« beziehungsweise »Jomsburg« oder »Jumneta« handelt, darf man immerhin annehmen. Dass die Stadt aber mit dem sagenhaften Vineta identisch sei, ist deshalb längst noch nicht ausgemacht.

Koserow auf der Schwesterinsel Usedom und Barth an der vorpommerschen Boddenküste beanspruchen die Ehre ebenfalls, Schauplatz der spurlos im Meer verschwundenen Stadt zu sein.

»Eine schöne Welt ist da versunken«, rühmte Wilhelm Müller Vineta in seinem Gedicht – übrigens mehrfach vertont, darunter von Brahms. »Ihre Trümmer blieben unten stehn, / Lassen sich als goldne Himmelsfunken / Oft im Spiegel meiner Träume sehn.«

Ob das Woliner Slawendorf wohl auf das sagenhafte Vineta zurückgeht?

Stadt Wolin

PLZ: 72-510

Infopunkt und Regionalmuseum (Muzeum Regionalne), ul. Zamkowa 24, Tel. +48/91/3261763; Juni–Aug. tgl. 9–17, sonst Di–So 10–16 Uhr.
www.muzeumwolin.pl

Der **EMILBUS** fährt im Linienverkehr auf der Strecke Szczecin–Świnoujście; ab Szczecin Hbf. (ul. Owocowa/Ecke 3 Maja) über Szczecin-Dąbie, Golienów, Stepnica, Żarnowo, Wolin und Międzyzdroje bis Świnoujście Hbf. www.emilbus.com.pl

Marina Wolin, ul. Mostowa 1, Tel. +48/530/101602. Kleine gepflegte Anlage im Zentrum am Dziwna-Ufer. Strom und Wasser am Steg, weiter vorne am Kai nur Strom.

Camping Wolin, Sułomino 10, Marina, Tel. +48/91/4331211, +48/609/090250. Malerisch eingewachsener Bootsanleger und Wiesenplatz an der Haffküste, etwa 6 km nördlich von Wolin; mit kleiner Gaststätte und Ministrand. Man kann auch ein Ferienhäuschen und Zimmer mieten. Sehr ruhig – sofern nicht gerade auf dem Western Piknik (s. u.) der Bär steppt.
www.campingwolin.pl

Wohnmobilstellplatz, Karnocice 7b, Tel. +48/697/174707. Schöner Wiesenplatz direkt am Haffufer bei Karnocice, etwa 8 km nördlich von Wolin.
https://wohnmobilstellplatz-insel-wolin.business.site

Slawen- und Wikingerzentrum (Centrum Słowian i Wikingów), Wyspa (Insel) Ostrów, Recław 37, Tel. +48/781/004090; April–Juni, Sept., Okt. tgl. 10–16, Juli, Aug. tgl. 10–18 Uhr.
www.jomsborg-vineta.com

Slawen- und Wikingerfestival (Festiwal Słowian i Wikingów), drei Tage im Juli oder August. Die Dziwna-Ufer bei Wolin verwandeln sich in ein riesiges Mittelalterlager. Recken zu Pferd und zu Schiff, Künstler und Handwerker, die uralte Gewerke zum Leben erwecken, bevölkern die Szene. Dazu gibt es ein buntes Bühnenprogramm mit Shows und vielen Konzerten.
www.jomsborg-vineta.com

Western Piknik, drei Tage im Sommer. Folk-Blues-Country-Bluegrass-Festival im Weiler Sułomin, ca. 6 km nördlich von Wolin, auf einer riesigen Wiese am Haff.
www.western-piknik.pl

Mit der Dziwna zur Ostseemündung

Die Dziwna (Dievenow) begleiten auf ihrem Weg von Wolin zur Ostsee rechts und links weite Schilfgürtel, an die sich inmitten von Feldern und Weiden winzige Bauerndörfer anschließen. Zu beiden Ufern lässt eine schmale, meist bucklige Landstraße – auf weiter Strecke als schöne Allee mit knorrigen alten Bäumen – nur wenige Blicke auf den östlichen Oderarm zu. Ein Radweg zwischen Wolin und dem Seebad Międzywodzie besteht neben der westlichen Landstraße ab dem Dörfchen Unin, am östlichen Ufer erst ab Kamień Pomorski.

Wo sich die Dziwna zum Camminer Bodden (Zalew Kamieński) weitet, liegt keine zehn Kilometer von der Ostsee entfernt die kleine Kur- und Domstadt Kamień Pomorski (Cammin in Pommern). Dank ihrer jod-, brom- und chlorhaltigen Solequellen ist der Jodgehalt hier noch einmal höher als direkt am Meeresstrand. Ein Umstand, dem das 8000-Einwohner-Städtchen erstmals 1882 und nach dem Zweiten Weltkrieg wieder ab 1966 seinen Status als Kurort verdankt.

Kamień Pomorski

Der gotische **Dom St. Johannes der Täufer** (Katedra św. Jana Chrzciciela) zählt zu den bedeutendsten Architekturdenkmälern an der westlichen polnischen Ostseeküste. 1175 wurde der kein halbes Jahrhundert vorher gegründete Bischofssitz vom ständig durch die heidnischen Wikinger bedrohten Wolin (→ S. 267) nach Cammin verlegt. Noch im selben Jahr folgte auf einer kleinen Anhöhe über dem Bodden die Grundsteinlegung zur Kirche. In über 200-jähriger Bautätigkeit entstand sie auf dem Grundriss eines lateinischen Kreuzes. 1385 war sie vollendet und präsentiert sich seither in dieser Gestalt. Nur der **Backsteinturm** mit seinem ausladenden grünen Kupferdach ist jüngeren Datums. Nach zwei Vorgängern, von denen der erste wohl bereits im Dreißigjährigen Krieg eingestürzt war, wurde der neue Turm in den 1930er Jahren aufgebaut.

Innen haben Generationen fürstlicher Gönner das Gotteshaus reich beschenkt. Ein wertvolles **Triptychon** aus dem späten 15. Jahrhundert und ein gotisches **Taufbecken** zeugen noch von den Jahren vor der Reformation. Die spätere Einrichtung geht überwiegend auf Stiftungen

Die Orgel im Dom von Kamień Pomorski

Stadtmauerreste in Kamień Pomorski

des Camminer Bischofs Ernst Bogislaw von Croÿ im 17. Jahrhundert zurück. So auch die reich mit Schnitzwerk und Malerei verzierte **Barockorgel,** die der Fürst 1669 bei Michael Birgel, Schwiegersohn des berühmten Orgelbaumeisters Friedrich Stellwagen, in Auftrag gab. 1672 war das Instrument mit 47 Registern und 3300 Stimmen fertiggestellt. Seit 1965 erklingt es nicht mehr nur zum Gottesdienst, sondern auch alljährlich im Sommer beim Internationalen Festival der Orgel- und Kammermusik, gespielt von den weltbesten Organisten.

An die Nordflanke des Doms schließt sich rund um den gotischen **Kreuzgang** mit Epitaphen verschiedener Bischöfe ein **Klostergarten** an. Es ist der einzige historische Kreuzgang, der in Pommern annähernd vollständig erhalten blieb. Über zwei Drittel Cammins wurden im

▲ Karte S. 238

Zweiten Weltkrieg zerstört, nur wenige Bauwerke überdauerten. So das ehemalige **Bischofspalais** gegenüber vom Dom, vom 14. bis zum 17. Jahrhundert Sitz der Bischofskurie, und, wenige Schritte die Straße hinauf, die sonnengelb leuchtende **Marienkirche** (Kościół Najświętszej Marii Panny), die ihre Gestalt Mitte des 17. Jahrhunderts erhielt.

Kurz darauf ist im Ortszentrum der **Alte Markt** mit dem gotischen **Rathaus** erreicht. Der stufengiebelgeschmückte Backsteinbau entstand ursprünglich an der Wende vom 13. zum 14. Jahrhundert und wurde nach dem Zweiten Weltkrieg 1969 originalgetreu wiederaufgebaut.

Unterhalb geht der Blick auf die **Seebrücke** am Boddenufer, wo sich die Angler reihen und bei kräftiger Brise Surfer und Segler kreuzen. Reste der mittelalterlichen **Stadtbefestigung** ziehen sich am Ufer entlang, durch die einmal fünf Tore Einlass nach Cammin gewährten. Eines von ihnen, das **Wolliner Tor** (Baszta Wolińska) westlich vom Alten Markt, ist noch erhalten. Seine 700-jährigen Backsteinmauern beherbergen das **Museum der Steine** (Muzeum Kamieni), das Mineralien aus aller Welt, regionale archäologische Funde und eine Sammlung von Dinosaurierfossilien zeigt. Die Geschichte von Stadt und Region präsentiert nahebei das **Muzeum Historii Ziemi Kamieńskiej** (Museum für Landesgeschichte).

Am Ostseestrand

Inmitten von Dünen und Kiefernwäldern liegen auf der Nehrung zwischen der Ostsee und dem Camminer Bodden (Zalew Kamieński) die Seebäder **Międzywodzie** (Heidebrink) und **Dziwnów** (Dievenow). Bei Dziwnów mündet die Dziwna, von weit ins Meer ausgreifenden Molen gesäumt, in die Ostsee und trennt, durch Hunderte Wellenbrecher geschützt, die Insel Wolin vom pommerschen Festland.

In der Sommerzeit geht es diesseits und jenseits der Mündung wie allerorts in den polnischen Ostseebädern trubelig zu: Zwischen Strand, Segel- und Fischereihafen, Promenade und Rummelplätzen herrscht buntes Leben. Kurz hinter der 1994 eröffneten Hubbrücke, die die Insel Wolin mit dem Festland verbindet, warten in Dziwnów am Flussufer Piratenschiffe auf Passagiere. Mehrmals taglich nehmen sie entweder Kurs über das Haff nach Kamień Pomorski oder stechen zu Ausflugsfahrten in See.

Bei Dziwnów mündet die Dziwna in die Ostsee

Mit der Dziwna zur Ostseemündung

Touristeninformation, ul. Reymonta 10, 72-420 Dziwnów, Tel. +48/91/3218957; Juli, Aug. Mo–Fr 8–19, Sa, So 10–19, sonst Mo–Fr 7.30–15.30 Uhr. www.dziwnow.pl

Die **Buslinie 10** der Komunikacja Autobusowa Świnoujście verbindet Dziwnów mit Międzyzdroje, Świnoujście und Wolin. www.ka.swinoujscie.pl/komunikacja-autobusowa/rozklad-jazdy

Marina Kamień Pomorski, al. Mistrzów Żeglarstwa 2, Tel. +48/661/213391. Moderne Marina direkt beim Stadtzentrum; Strom und Wasser an den Stegen, Sanitär, Slipanlage, Schiffs- und Motorenwerkstatt. www.marinakamienpomorski.pl

Marina Dziwnów, ul. Żeromskiego 30, 72-420 Dziwnów, Tel. +48/91/3811235. Neue Anlage direkt vor der Dziwna-Mündung; Wasser und Strom am Steg, Gaststätte, Slipanlage; Sanitär und weitere Serviceeinrichtungen im Hafenmeisterhaus; einige Wohnmobilstellplätze.

Pod Muzami, ul. Gryfitów 1, 72-400 Kamień Pomorski, Tel. +48/91/3822240; DZ/F um 66 Euro. Unterkunft im historischen Fachwerkgebäude am Alten Markt, die Zimmer gutbürgerlich, eigenes Restaurant (s. u.). www.podmuzami.pl

Marina Pallatium, ul. Rybacka 3, 72-400 Kamień Pomorski, Tel. +48/608/129497; DZ/F um 90 Euro. Freundliche, moderne Zimmer neben dem Pod Muzami unmittelbar vor dem Segelhafen. www.marinapallatium.pl

Stary Dziwnów, ul. Koscielna 40, 72-420 Dziwnów, Tel. +48/91/3217600; DZ/F ab 110 Euro. Schicke Fachwerkvilla mit Pool und Spa im ruhigeren Teil des Badeorts. www.starydziwnow.pl

Villa Nad Zalewem, ul. Nad Zalewem 4, 72-420 Dziwnówek, Tel. +48/534/750608; DZ/F um 75 Euro. Neue aparte Anlage zwischen Boddenufer und Strand kurz vor dem Fischerhafen. www.villanadzalewem.pl

Camping Biały Dom, ul. Kamieńska 11–12, 72-420 Dziwnówek, Tel. +48/91/3811171; Mai–Sept. Mehrfach von der Polnischen Föderation für Camping und Caravaning ausgezeichnete Anlage unter Kiefern kurz vor dem Strand; mit Gaststätte, Shop und angeschlossenem kleinen Hotel. www.campingbialydom.com

Pod Muzami (s. o.), im Hotelrestaurant werden schmackhafte polnische und internationale Gerichte serviert.

Ryby Zubowic, Wilków Morskich 3, 72-400 Kamień Pomorski, Tel. +48/513/231013. Gemütliches Fischlokal am alten Fischereihafen; der Fisch kommt aus Ostsee und Camminer Bodden frisch auf den Tisch, als Spezialität in gusseisernen Pfannen in Bierteig gebacken. www.rybyzubowicz.pl

Dom St. Johannes der Täufer (Katedra św. Jana Chrzciciela), plac Katedralny, 72-400 Kamień Pomorski; tagsüber zugänglich, mehrere Gottesdienste täglich. www.katedra-kamienpomorski.pl

Museum für Landesgeschichte (Muzeum Historii Ziemi Kamieńskiej), ul. Adama Mickiewicza 34, 72-400 Kamień Pomorski, Tel. +48/91/3822373; Mo–Sa 10–16 Uhr. www.mhzk.eu

Museum der Steine (Muzeum Kamieni), im Wolliner Tor, ul. Juliusza Słowackiego 1, 72-400 Kamień Pomorski; Di–Sa 10–17, So 10–16 Uhr. https://muzeum-kamieni.business.site

Internationales Festival der Orgel- und Kammermusik, Ende Juni–Anfang Sept. Fr 19 Uhr im Dom Kamień Pomorski. Auskunft und Tickets: Tel. +48/91/3822373. www.festiwalorganowy-kamien.pl

▶ Karte S. 238

Vergangene Pracht in Międzyzdroje

Międzyzdroje und Umgebung

Als »Miasto Gwiazd«, Stadt der Sterne, wirbt das traditionsreiche, muntere Seebad Międzyzdroje (Misdroy) für sich. Vielleicht, weil sich zahlreiche Prominente des polnischen Kunst- und Kulturlebens mit ihrem Handabdruck auf der aleja Gwiazd an der Strandpromenade verewigt haben? Und vielleicht auch dank des bezaubernden Sternenhimmels, der nachts oft über der See funkelt? Dabei wird in dem 5300-Einwohner-Ort eigentlich noch viel mehr der Sonne gehuldigt: Międzyzdroje ist bei den Badeurlaubern auf Wolin die unbestrittene Sonnenkönigin.

Geschichte

1186 wird der slawische Flecken in einer von Pommernherzog Bogislaw I. gezeichneten Schenkungsurkunde an das Camminer Domkapitel erstmals erwähnt. Noch Mitte des 16. Jahrhunderts, als in »Mysdroye« an der Handelsstraße zwischen Usedom und Cammin eine Zollstation mit Wirtshaus eröffnet, fristen kaum 30 Ackerbauern und Fischer ein karges Dasein im kleinen Dorf. Und so bleibt es annähernd auch – bis Anfang der 1830er Jahre die ersten Sommerfrischler ihre Zehen ins erfrischende Salzwasser stecken. Damals knapp über 300 Misdroyer klein, werden 1835 die ersten Badeeinrichtungen am Strand aufgestellt. Und schon Ende des 19. Jahrhunderts ist Misdroy ein weithin bekannter Badekurort.

Nach der Eröffnung der Bahnstation 1902 steigt er vollends zur »Badewanne der Berliner« auf. Über 20 000 Urlauber werden im Rekordjahr 1913 gezählt. Heute tummeln sich allein in den Monaten Juli und August mehr als 80 000 Feriengäste am weißen Ostseestrand. Und darauf, dass man noch mehr erwartet, deuten zahlreiche vielgeschossige Apartmentburg-Neubauten hin.

Sehenswertes

Baden und Bummeln, im Kurpark, auf der **Strandpromenade** und auf der **Seebrücke,** gehören zum Urlaubsprogramm. Bereits 1884 hatte man eine erste bescheidene Holzkonstruktion über dem Wasser errichtet. 1906 wurde sie durch einen Neubau mit elegantem Jugendstilpavillon ersetzt, der bald darauf ein Sturmopfer wurde. Nummer 3 verfiel in sozialistischer Zeit, und so, wie wir die Seebrücke heute zu sehen bekommen, wurde sie 1996 eingeweiht. 2003/2004 von 120 auf 395 Meter verlängert, kön-

Am Fischerstrand von Międzyzdroje

nen dort seitdem auch größere Ausflugsdampfer anlegen.

Ein paar schöne Villen in traditioneller **Bäderarchitektur** lassen sich westlich der Seebrücke im etwas ruhigeren Teil von Międzyzdroje hinter dem Strand entdecken. Östlich der Seebrücke ist dort, wo nach rund zehn Minuten Strandspaziergang die **Steilküste** aufsteigt, der **Fischerhafen** mit einer Art »Budenfressgass« für den Genuss von leckerem Brat-, Grill- und Räucherfisch erreicht. Wenn die Wetterfee mal nicht mitspielt, bieten in der ersten Reihe hinter dem Strand ein **Wachsfigurenkabinett** und gleich nebenan ein **Planetarium** interessante Einblicke. Etwas ins Hintertreffen gerät deshalb die Kirche **St. Petri** (Kościół św. Piotra) am grünen Hang fast an der Nationalparkgrenze. 1860 bis 1862 wurde sie nach Plänen des Berliner Hofarchitekten Friedrich August Stüler erbaut.

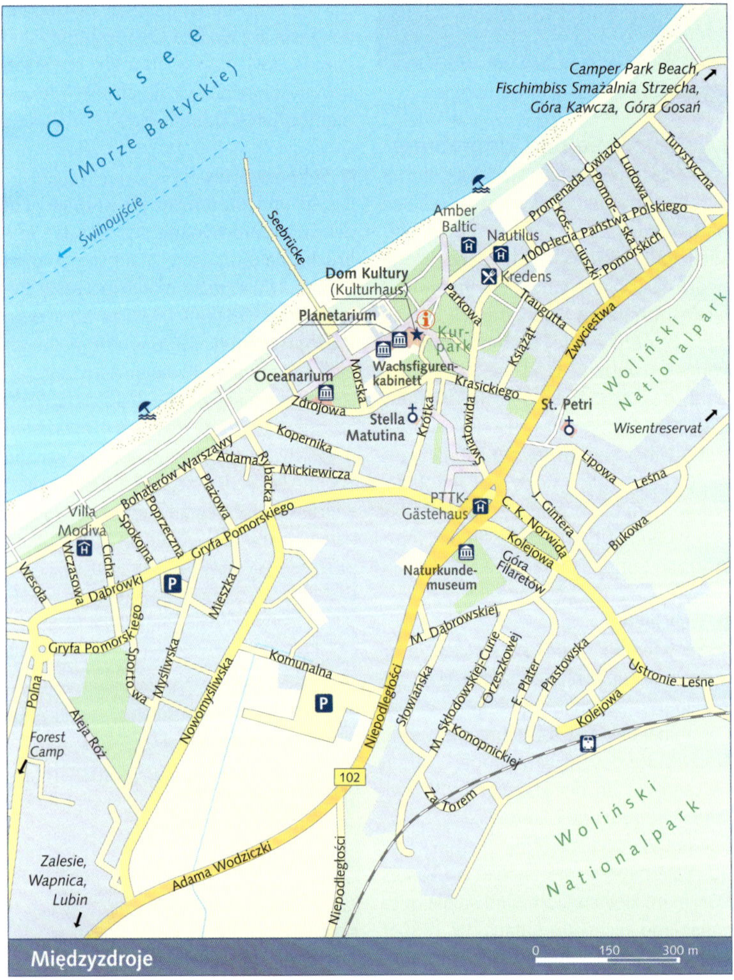

Und auch das **Museum des Woliński-Nationalparks,** das Wissenswertes über die hiesige Fauna, Flora und Geologie zeigt, lohnt einen Besuch. Im Ortszentrum ist es in einem betonschweren Bau von 1997 untergebracht, der seinerzeit einen vom Verwaltungsministerium ausgelobten Preis für »originelle Architektur« gewonnen hat – was auch immer man darunter verstanden haben mag.

Wege in den Nationalpark hinein

Eine schöne Möglichkeit, dem Trubel in Międzyzdroje zu entfliehen, ist eine Wanderung am Strand entlang zum bereits im Nationalpark aufsteigenden Steilufer. Das Sandband wird schmaler und leert sich, und schon bald darauf führt eine pagodenartig ausschauende hölzerne Treppenanlage zum 61 Meter hohen **Góra Kawcza** (Kaffeeberg) hinauf.

Doch damit ist längst noch nicht die höchste Erhebung dieser höchsten Steilküste Polens erreicht. Den Ausguck am **Góra Gosań** (Gosanberg) weit über die Ostsee trennt nur eine hölzerne Lattung vom 95-Meter-Absturz hinunter zum Strand. Eilige haben die Möglichkeit, sich die Aussicht auch mit dem fahrbaren Untersatz zu erschließen. Dazu stelle man seinen Wagen am Parkplatz an der Straße 102 auf halber Höhe zwischen Międzyzdroje und Wisełka ab und folge dem Schild mit der Aufschrift »Punkt Widokowy«.

Eine weitere Nationalpark-Attraktion ist das **Wisentreservat** (Zagroda Pokazowa Żubrów) bei Międzyzdroje. Die ca. 1,2 Kilometer von der Stadtgrenze aus kann man ebenfalls wahlweise zu Fuß oder mit Motorkraft in Angriff nehmen. Vom Parkplatz an der Straße 102 sowie über den ausgeschilderten Waldwanderweg ab ulica Leśna in Międzyzdroje braucht es jeweils rund 20 Spazierminuten zum Gehege der urtümlichen Zottelgesellen (→ S. 278).

Ein Bewohner des Wisentreservats im Woliński-Nationalpark

Wisente – Rückkehr der urtümlichen Zottelgesellen

Bis zu drei Meter Länge kann der Rumpf eines ausgewachsenen männlichen Wisents messen. Eine halbe bis drei viertel Tonne Körpergewicht bringt der Bulle auf die Waage und die leichtfüßigere Wisentdame immer noch über 400 Kilo. Der nah mit dem Amerikanischen Bison (Bison bison) verwandte Europäische Bison (Bison bonasus), auch Wisent genannt, ist damit der größte und schwerste europäische Landsäuger.

Einst zog er von Spanien bis zum Kaukasus durch das europäische Festland, und seit Menschengedenken, das zeigen schon Höhlenzeichnungen, wurde Jagd auf den mächtigen Fleisch- und Felllieferanten gemacht. Trotz ihrer eindrucksvollen Statur sind Wisente sehr scheu und fliehen im bodenerschütternden Galopp, sobald sie die Witterung ihrer Feinde aufnehmen. Viel lieber ziehen die Wiederkäuer im gemächlichen Trott durch die Wälder. Blätter, Triebe und zarte Zweige werden dabei genascht oder auch ganze Jungbäume verdrückt, die sie mit ihrer Körperkraft einfach umlegen. Auf Lichtungen weiden sie Gräser und Kräuter ab, und im Herbst stehen für den Winterspeck reichlich Pilze, Beeren und Waldfrüchte auf dem Speisezettel.

Im Mai und Juni, wenn die Natur eine reiche Tafel bestellt, kommt der Nachwuchs nach knapp neun Monaten Tragzeit zur Welt. Die gut 30 Kilo schweren Einzelkinder werden von den Wisentmamas etwa ein Jahr lang gesäugt, und in dieser Zeit sollte man ihnen besser nicht näherkommen. Im August und September geraten dann während der Brunft die Bullen in Wallung. Mit viel Imponiergehabe, Schnaufen und Hufstampfen entscheidet schließlich ein oft heftiger Nahkampf, wer am Ende als Sieger dasteht und sich mit einem Harem von bis zu acht Kühen paaren kann.

So haben die europäischen Wildrinder jahrtausendelang in den Wäldern gehaust. 20 bis 25 Jahre alt wird ein Tier, und nur Wölfe und Bären waren die natürlichen Feinde – bis sie der Mensch beinahe ausgerottet hat. Zu Beginn des 20. Jahrhunderts wurden im Białowieża-Urwald an der heutigen polnisch-belarussischen Grenze die weltweit letzten Wisentherden gesichtet. Doch trotz strengem Verbot wurden auch diese gewildert. 1921 war die Art faktisch ausgestorben.

Zwei Jahre darauf gründete sich die Internationale Gesellschaft zur Erhaltung des Wisents und startete weltweit eine Suche nach Tieren, die möglicherweise irgendwo in Gefangenschaft überlebt haben könnten. 57 Exemplare wurden vor allem in Zoos gefunden, ein Dutzend von ihnen war für die Vermehrung geeignet. Anschließend begann in einem Gehege im Białowieża-Urwald ein einzigartiges Wiederaufzuchtprogramm. Der Bestand war dabei neben Tod durch Unfälle oder Auseinandersetzungen zwischen den Bullen vor allem durch den genetischen Flaschenhals hoch gefährdet. Die Inzucht hatte eine erhebliche Anfälligkeit für Infektionskrankheiten und Parasiten zur Folge. 1947 umfasste die Population schließlich 44 gesunde, zuchtfähige Tiere. 1952 begann die Auswilderung. 1966 zählte man im Białowieża-Wald bereits 157 frei lebende europäische Wildrinder.

Mittlerweile existieren weltweit über 6000 Wisente, vor allem in Polen, Belarus und Deutschland. Dass es sie gibt und sie wieder Waldgebiete durchstreifen, ist insbesondere dem jahrzehntelangen Einsatz der Wissenschaftler und Tierpfleger von Białowieża zu verdanken. Denn alle heute lebenden Wisente stammen von den zwölf Gründertieren der Białowieża-Zucht ab.

Die Kirche von Lubin

An der Haffseite

Südlich von Międzyzdroje kann man an der Haffküste beim Örtchen **Zalesie** (Laatziger Ablage) das in den Steilhang gegrabene **Bunker-Minimuseum** (Bunkier Mini Muzeum) besichtigen. Der kleine Ausstellungsraum, kaum größer als eine Garage, zeichnet die Geschichte der ab 1942 von den Nazis entwickelten V3-Waffe nach. 1943/1944 befand sich bei der Laatziger Ablage das geheime Testgelände für die sogenannte Vergeltungswaffe 3, eine Art Superkanone, mit der Hitler-Deutschland von französischem Boden aus London beschießen wollte. Seit 2004 dient der Bunker, in dem einst die Testmunition für die »Londonkanone« gelagert wurde, als Ausstellungsfläche. Ein paar Überreste der Versuchsanlage lassen sich noch am Hang entdecken.

Weiter führt der Weg am Haffufer entlang über das Dörfchen **Wicko** nach **Wapnica** (Kalkofen). Neben einer Marina und benachbart einem kleinen Badestrand bildet der **Turkusowe-See** (Türkissee) den größten touristischen Anziehungspunkt. Die Kuhle eines stillgelegten Kreidetagebaus oberhalb vom Ort füllte sich allmählich mit Wasser, das dank des weißen Kreidegrunds bei Sonnenschein türkisfarben schimmert. Ein gebührenpflichtiger Parkplatz nimmt Autos und Reisebusse auf, eine Gaststätte sorgt für das leibliche Wohl. So gestärkt begibt man sich dann zum zwei Minuten entfernten Gewässer, das man von einer Holzbalustrade aus betrachten kann.

Seit Anfang des 17. Jahrhunderts wurde hier bereits »weißes Gold« abgebaut, ab Anfang des 19. Jahrhunderts dann im industriellen Großmaßstab. 1855 ging am Haffufer zwischen Kalkofen und Lebbin die Zementfabrik des Stettiner Unternehmers Johannes Quistorp in Betrieb. Auf dem Werksgelände ließ der sozial engagierte Fabrikant Wohnungen für seine Beschäftigten bauen, außerdem Schule, Bücherei, Vereinssaal und ein Arbeiterbildungsinstitut.

Folgt man der schmalen Straße nach **Lubin** (Lebbin), wird man am Ortseingang von einem großen Betonbogen herzlich willkommen geheißen. Eine Reminiszenz an die Zementfabrik, deren Ruinen man im Wald beim kleinen Lubiner Hafen findet. Von dort klettert die Dorfstraße vom Meeresspiegel am Ausgang der **Alten Swine** (Stara Świna) aus dem Stettiner Haff binnen weniger Fahrminuten auf die 90 Meter hohe Endmoräne hinauf. Markante Wegmarke im höchsten Teil des 300-Seelen-Dorfs ist die 1861 errichtete neugotische Backsteinkirche. Von dort geht es, nordwärts eingeschwenkt, über die ulica Dobra zur schönen Aussicht hinauf. Vom Parkplatz kurz vor dem Nationalparkeingang sind es keine 400 Meter bis auf den **Zielonka-Hügel** (Wzgórze Zielonka), wo man eine herrliche Sicht weit über das Świnadelta genießt.

Wahrhaftig atemberaubende Ausblicke auf das **Świnadelta** mit seinen vie-

Vom Castellum Lubinum bietet sich ein großartiger Blick aufs Haff

len Inseln und Eilanden eröffnen sich vom **Castellum Lubinum** (Grodzisko w Lubin). Vis-à-vis der Lubiner Kirche stand auf dem höchsten Punkt über dem Stettiner Haff zwischen dem 10. und 12. Jahrhundert eine Schutzburg, die den Schifffahrtsweg zur Ostsee bewachte. Ausgrabungen brachten 2008 bis 2011 Überreste eines mittelalterlichen Wohnturms und eines Gotteshauses, ein Gräberfeld, Keramikscherben, Bootsnieten, Kämme und anderes zutage. Von der Burg selbst ist nichts mehr zu sehen; sie wurde vermutlich 1173 von den Dänen zerstört. Eine kleine **Freilichtausstellung** auf der ausgedehnten Rasenfläche hoch über dem Haff zeigt Bilder der Grabungskampagne. Ein Café-Restaurant mit Aussichtsterrasse schwebt förmlich über dem Abgrund, und einen abermals großartigen Blick auf den grünen und blauen Wasser-Land-Flickenteppich genießt man vom höchsten Punkt des Geländes aus. Am schönsten ist das am späten Nachmittag, wenn die Sonne nach Westen zieht und ihre schräg einfallenden Strahlen die stille Wasserfläche zum Funkeln bringen.

Międzyzdroje und Umgebung

PLZ: 72-500

Touristeninformation, promenada Gwiazd 2, Tel. +48/91/3280441, Juni–Aug. tgl. 9–17, sonst Sa, So 9–16 Uhr.

Die **Buslinie 10** der Komunikacja Autobusowa Świnoujście verbindet Międzyzdroje mit Świnoujście, Wolin und Dziwnów. www.ka.swinoujscie.pl/komunikacja-autobusowa/rozklad-jazdy

Adler-Reederei, Seebrücke Międzyzdroje, Tel. +48/91/3280992; Promenade 1, 17424 Heringsdorf, Tel. 04651/9870888. **Fährverbindung Międzyzdroje–Świnoujście,** Juni–Sept. Di–So mehrmals tgl., Fahrzeit 60 Min., ab Seebrücke. **Ausflugsdampfer** kreuzen durch die Pommersche Bucht nach Ahlbeck, Heringsdorf, Bansin, ab Seebrücke. www.adler-schiffe.de

Marina Wapnica, ul. Turkusowa 3c, 72-500 Międzyzdroje-Wapnica, Tel. +48/91/3213293. Marina im engen Kanal; Strom und Wasser am Steg, Sanitär und Waschmaschine im neuen Gebäude des Hafenmeisters, Zeltmöglichkeit. www.marina.wapnica.miedzyzdroje.pl

Amber Baltic, promenada Gwiazd 1, Tel. +48/91/3228500; DZ/F ab 200 Euro.

Karte S. 276

Erstes (Hoch-)Haus am Platz, riesig und luxuriös, mit Hallen- und Freibad, Sauna, Solarium, Restaurant, Bar und direktem Zugang zum Strand. www.viennahouse.com

Nautilus, promenada Gwiazd 8, Tel. +48/91/3280999; DZ/F um 100 Euro. Schöne, gepflegte Zimmer und Apartments in einer sorgfältig renovierten Villa von 1906, gegenüber vom Amber Baltic. www.hotel-nautilus.pl

Villa Modiva, ul. Bohaterów Warszawy 2, Tel. +48/695/551671; DZ/F ab 90 Euro. Stilvolle Neorenaissancevilla aus den 1920er Jahren im ruhigen Abschnitt der Strandpromenade, ca. 500 m entfernt von der Seebrücke; das Interieur elegant. www.villamodiva.com

PTTK-Gästehaus, ul. Kolejowa 2, Tel. +48/91/3280462; DZ um 50 Euro. Helle, gepflegte Zimmer im Gästehaus der PTTK (Polskie Towarzystwo Turystyczno-Krajoznawcze/Polnische Gesellschaft für Tourismus und Heimatkunde), auf den Etagen stehen Kühlschränke, Mikrowelle und Wasserkocher zur Verfügung, in der Ortsmitte gelegen, mit Fahrradverleih. www.pttk-miedzyzdroje.com

Marina Wapnica (s. o.), Zeltmöglichkeit.

Forest Camp, ul. Polna 36, Tel. +48/577/900250; Mitte April–Ende Okt. Großer Wiesenplatz am westlichen Ortsrand, ca. 600 m zum Strand und 800 m ins Ortszentrum, mit Minbar und Shop. https://forest-camp-miedzyzdroje.business.site

Camper Park Beach, promenada Gwiazd 15, Tel. +48/733/330099; April–Okt. Einfache feste Sandfläche am östlichen Ortseingang direkt über dem Strand, in der ersten Reihe mit Meerblick. Außer Strom, Dusche, WC keine weiteren Ver-/Entsorgungsmöglichkeiten. www.camperparkbeach.pl

Restauracja Kredens, promenada Gwiazd 6 (Eingang ul. 1000-lecia PP 3), Tel. +48/91/3280503. Das gepflegte Restaurant im Hotel Sporting Kamienica ist bekannt für seine delikaten Zubereitungen nach traditionellen altpolnischen und pommerschen Rezepten. www.sporting-miedzyzdroje.pl

Smażalnia Strzecha, promenada Gwiazd 17, Tel. +48/604/192750. In der Selbstbedienungsbude beim Fischerhafen gibt es eine große Auswahl an lecker gebackenem Fisch, dazu Krautsalat, Pommes, ein kühles *piwo* und gratis einen herrlichen Meeresblick.

Naturkundemuseum des Woliński-Nationalparks, ul. Niepodległości 3; Mai–Sept. Di–So 10–18, Okt.–April Di–Sa 9–16 Uhr. www.wolinpn.pl

Wisentreservat im Woliński-Nationalpark (Zagroda Pokazowa Żubrów); Mai–Sept. Di–So 10–18, Okt.–April Di–Sa 9–16 Uhr. www.wolinpn.pl

Wachsfigurenkabinett (Gabinet Figur Woskowych), ul. Bohaterów Warszawy 19, Juli, Aug. tgl. 10–20, Mai, Juni, Sept. tgl. 10–18, sonst tgl. 10–16 Uhr. www.woskowe.pl

Bunker-Minimuseum, ul. Nabrzeżna, Międzyzdroje-Zalesie, Tel. +48/91/3284271; Mai–Okt. tgl. 10–18, Juli, Aug. tgl. 10–20 Uhr. www.bunkierV3.pl

Castellum Lubinum, ul. Główna (gegenüber der Kirche), Lubin, Tel. +48/662/126571; Mai–Sept tgl. 10–18, Juli, Aug. bis 20 Uhr. www.grodziskolubin.pl

Internationales Chorfestival, im Juni in Międzyzdroje. Bereits seit 1966 präsentieren bedeutende internationale Vokalensembles alte und zeitgenössische Chormusik. www.mfpch.eu

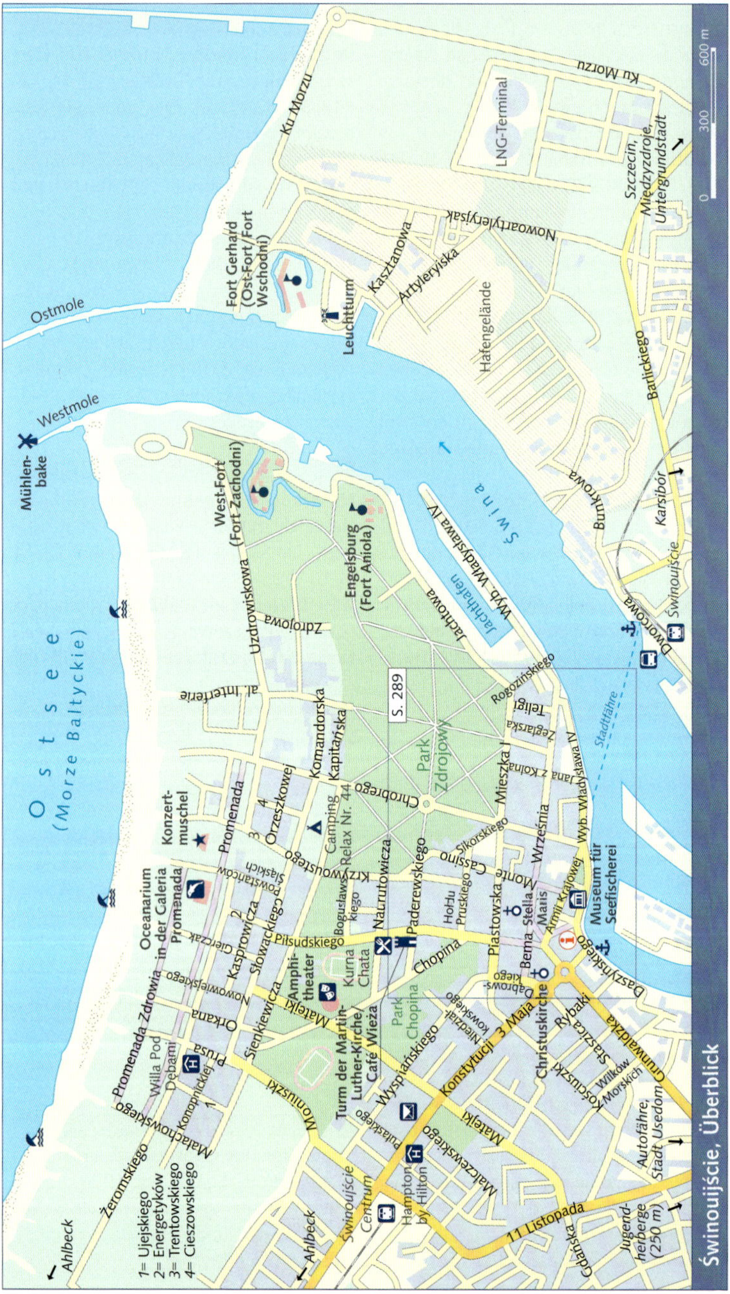

Świnoujście, Überblick

Świnoujście

»Swinemünde war, als wir im Sommer 1827 dort einzogen, ein unschönes Nest, aber zugleich auch wieder ein Ort von ganz besonderem Reiz, dabei aller Unbelebtheit der Mehrzahl seiner Straßen zum Trotz von jener eigentümlichen Lebendigkeit, die Handel und Schifffahrt geben.« So beschreibt der alte Theodor Fontane die Stätte seiner Kindheit. Mit der Familie war er achtjährig nach Swinemünde in den östlichen Winkel Usedoms gezogen, weil der Vater die Adler-Apotheke am Platz übernommen hatte. Bereits drei Jahre vorher war dort der Badebetrieb aufgenommen worden. Eine Strandpromenade, Badeanstalten und ein Kurpark entstanden im Lauf der Jahre. Gleich nebendran wummerte in der Swine ein Dampfbagger, der den Schiffen, die in Stettin ihre Anker lichteten, permanent die Fahrrinne freischaufelte. Ozeanriesen stachen deshalb direkt von Swinemünde aus in See. Denn es war schwerlich möglich, sie durch das weitläufige Rückseitendelta mit seinen 44 Inseln und Eilanden zu manövrieren, das die verästelten Arme der Alten Swine im Stettiner Haff ausbilden.

Mit der Fertigstellung des Caseburger Durchstichs schnurstracks vom Haff zur Ostsee änderte sich das. Nach sechs Jahren Bauzeit wurde der von langen Molen geschützte Kanal 1880 unter dem Namen »Kaiserfahrt« (Kanał Piastowski, → S. 63) in Betrieb genommen. Fortan konnten auch größere Schiffe Stettin ansteuern, und Swinemünde verlor seinen Status als wichtigster preußischer Hafen. Stattdessen stieg es zum Ostseebad ersten Ranges auf. Fähr- und Fischereihafen, Industriegebiete und Eisenbahnhof ans östliche Świnaufer auf die Insel Wolin verbannt, wurden das Stadtzentrum, das Kurviertel und die Strandpromenade auf der Usedomer Seite schick gemacht für

Strandleben in Świnoujście

die schönen Seiten des Lebens. So wie schon der alte Fontane schrieb: »Es kam (...) ganz darauf an, an welche Stelle der Stadt man sich stellte.«

Heute gehört das über 40 000 Einwohner große Świnoujście mit seinem bis zu 150 Meter breiten Strand zu den beliebtesten polnischen Seebädern. Es wird abenteuerlich viel gebaut, riesige neue Apartmentkomplexe entstehen. Neben dem Tourismus als wichtiger Einnahmequelle besitzt die Stadt außerdem einen bedeutenden Fischereihafen, und vom Pier auf Wolin legen die großen Ostseefähren nach Skandinavien ab.

Die Stadtfähre pendelt rund um die Uhr

Die Mühlenbake am Ende der Westmole ist Świnoujścies Wahrzeichen

Wege in die Stadt auf zwei Inseln

Viele Wege führen nach Świnoujście (Swinemünde) auf den Inseln Usedom (Uznam) und Wolin. Von **Ahlbeck** (→ S. 387) im deutschen Teil Usedoms aus gelangt man über die Swinemünder Chaussee ins Zentrum von Świnoujście zwischen der Świna (Swine) und dem Ostseestrand. Von der Usedomer Haffküste führt vom Örtchen **Kamminke** (→ S. 389) aus eine Nebenstrecke südlich in die Stadt hinein. Auf Schusters Rappen bietet sich eine etwa anderthalbstündige schöne Strandwanderung zwischen der Ahlbecker Seebrücke und dem Swinemünder Kurviertel an. Alternativ spaziert oder radelt man Europas längste Seepromenade entlang, die hinter Dünen und Badestrand Ahlbeck und Świnoujście miteinander verbindet. Schlagbäume und Grenzkontrollen muss man seit Polens Beitritt zum Schengenraum nirgends mehr fürchten.

Von Osten her nähert man sich Świnoujście über die Fernstraße 3/E 65 auf der Insel Wolin. Und hier heißt es aufgepasst, je nachdem, ob man auf den Woliner oder den Usedomer Teil des Ostseebads möchte. Wo die Fernstraße etwa zehn Kilometer, bevor die Świna die beiden Inseln voneinander trennt, in einen großen Kreisel einmündet, geht es rechts zum Hafen von Świnoujście mit den großen Ostseefähren, zum Bahnhof sowie zum Stadtfährenanleger auf Wolin. Die kostenlose **Stadtfähre** schifft die Swinemünder samt ihren Fahrzeugen unentwegt über das Wasser zwischen Stadtzentrum und Hafen. Nur zwischen 22 und 4 Uhr dürfen dort auch Touristen mit ihren Autos übersetzen. Per pedes oder Rad steht die Fähre rund um die Uhr allen zur Verfügung.

Um von Wolin aus als Besucher auch tagsüber mit dem Auto ins Usedomer Stadtzentrum zu gelangen, muss man am großen Kreisel in die **Straße 93 via Karsibór** einbiegen. An deren Ende warten die großen **Autofähren,** die ebenfalls kostenlos und rund um die Uhr über die Świna pendeln. Sie legen ab, sobald sie ausgelastet sind, und das sind sie eigent-

▶ Karte S. 282, 289

lich immer. Zurzeit wird ein 3,4 Kilometer langer Autotunnel unter dem Wasser hindurch gebaut. 2023 soll er fertig werden und dann die bisherigen Fähren ersetzen.

Geschichte

Viele Jahrhunderte lang war die Mündung der Swine seicht und sandig und folglich kaum schiffbar. Andererseits konnte sie so meist unkompliziert überquert werden. Ende des 13. Jahrhunderts wurde deshalb an der Flussmündung an der wichtigen Salzhandelsroute nach Lübeck eine Zollstation eingerichtet, um die herum sich allmählich eine Siedlung entwickelte. Sie wurde bis ins 18. Jahrhundert immer wieder von den zahlreichen Kriegen um die Vorherrschaft im Ostseeraum heimgesucht. Nach dem Frieden von Stockholm fiel Swinemünde 1720 schließlich der preußischen Krone zu.

Unter König Friedrich dem Großen wurde die Swine im 18. Jahrhundert erstmals schiffbar gemacht. 1823 waren die Arbeiten an der Fahrrinne abgeschlossen. 1824 trafen erste Badegäste ein, 1826 öffnete das erste Kurhaus seine Tore. Nach der Erschließung von Solequellen entstand ab 1888 ein vornehmes Villen- und Kurviertel direkt hinter dem Strand. Swinemünde stieg zu einem der beliebtesten Kurbäder an der südlichen Ostseeküste auf. 1914, vor Ausbruch des Ersten Weltkriegs, zählte die Stadt 15 000 Einwohner und dreimal so viele Badegäste.

1945 ging sie im Feuersturm der letzten Kriegstage unter. Zu über der Hälfte zerstört, kam Świnoujście danach als Kriegshafen unter sowjetische Militärverwaltung und gehört zu beiden Seiten der Świna, auf Usedom und Wolin, seit 1955 zu Polen. Vier Jahre später wird der Kurbetrieb wieder aufgenommen. Mit zahlreichen Kurzentren, in denen Herz- und Kreislauf-, Haut- und Lungenkrankheiten, Rheuma und Krankheiten des Bewegungsapparats therapiert werden, zählt Świnoujście heute zu den größten polnischen Kurorten.

Zwischen Strand und Świna

Größte Attraktion ist natürlich der fantastische Sandstrand. Vom Peenemünder Haken an schmückt das breite weiße Sandband die gesamte Küste Usedoms grenzenlos bis zur Świnamündung ins Meer. Zwei bereits Anfang des 19. Jahrhunderts aufgeschichtete Wellenbrecher schützen dabei die Mündung vor Stürmen und dem Versanden und geleiten so die Schiffe sicher zum Hafen von Świnoujście. Die kürzere, 1000 Meter lange **Westmole** (Falochron zachodni), die gewissermaßen die letzte Landmarke der Insel Usedom vorstellt, ziert seit 1874 die grazile weiße **Stawa Młyny** (Mühlenbake). Das in Gestalt einer Windmühle errichtete Navigationszeichen – Wahrzeichen von Świnoujście – ist in warmen Sommernächten einer der beliebtesten Plätze zum Bewundern der romantischen Sonnenuntergänge über der Ostsee. Die fast 1400 Meter lange **Ostmole** (Falochron wschodni) auf der Insel Wolin bildet den Abschluss des 2016 dort eröffneten Flüssiggashafens. Auf dem stark befahrenen Hauptmündungsarm der Oder herrscht von kleinen Fischkuttern über sportliche Jachten bis zu dicken Ozeandampfern reger Verkehr. Dabei weist den Schiffen der 1858 fast auf dem äußersten Woliner Landzipfel erbaute, 68 Meter hohe **Leuchtturm** (Latarnia morska) den Weg. 25 Meilen weit strahlt sein Leuchtfeuer, und 308 Stufen führen in seine Spitze hinauf, von wo aus man eine wundervolle Aussicht weit über die Pommersche Bucht und das Stettiner Haff hat.

Um die Einfahrt der Swine militärisch zu sichern, wurde erstmals schon 1628 im

Dreißigjährigen Krieg eine Schanze errichtet. Ab Mitte des 19. Jahrhunderts ließ Preußen die Verteidigungsanlagen zu beiden Flussufern zum mächtigen Festungswerk ausbauen. Südlich vom Leuchtturm entstand 1848 bis 1860 das Fort I mit Geschützstellung. Es existiert heute nicht mehr, wurde in den 1970er Jahren im Rahmen des Hafenausbaus abgerissen. Das nördlich zu Füßen des Leuchtturms sich duckende **Ost-Fort** (Fort Wschodni), auch **Fort Gerhard** (Fort Gerharda) genannt, blieb dagegen erhalten. 1848 bis 1859 errichtet, verfiel die Ostbatterie in der Nachwendezeit, bis der neue Pächter und »Festungskommandant« Piotr Piwowarczyk 2001 mit ihrer Restaurierung begann. Seitdem erstrahlt die Anlage in neuem Glanz. Gebäude und Außenbereich sind wieder begehbar, Informationstafeln berichten über Funktion und Geschichte des Forts, und in der Redoute gibt es eine Militaria-Ausstellung zu sehen. Als besondere Attraktion werden die Besucher von Männern mit Pickelhauben und preußischen Uniformen mit touristischem Kanonendonner durch das Gelände geführt. Wirkliche Schüsse wurden vom Ost-Fort aus niemals abgefeuert.

Gegenüber liegt am Usedomer Świnaufer das **West-Fort** (Fort Zachodni). 1856

Reger Zulauf an den Strandaufgängen

▸ Karte S. 282, 289

Fort Gerhard – Relikt der preußischen Verteidigungsanlagen

bis 1861 gebaut, quartierte sich vom Ende des Zweiten Weltkriegs bis 1962 die Rote Armee in seinen Mauern ein. Mittlerweile dient die Westbatterie als Museum, auf dessen Gelände man Munitionsräume, Kasematten, Kommandobunker und Schützenstellungen besichtigen kann. Dazu werden die Geschichte des Forts sowie Militaria präsentiert.

Wenige Schritte südlich thront die wuchtige **Engelsburg** (Fort Anioła). Seinen Namen erhielt der 1854 bis 1858 errichtete fünfeckige Backsteinbau aufgrund seiner Ähnlichkeit mit der Papstburg in Rom. Auf drei Etagen mit 24 Kanonenschießscharten versehen, fungierte die Swinemünder Engelsburg bis Ende des Zweiten Weltkriegs als Kommando der Luftabwehr. Heute ist sie, inklusive Café und Kunstgalerie, ebenfalls zu besichtigen.

Im Kurviertel

Im Kurviertel zwischen Strand und historischem Zentrum lassen sich noch manche gründerzeitlichen Villen, Pensionen und Hotels im **Bäderstil** (→ S. 380) in Augenschein nehmen. Zusammen mit sozialistischen Nachkriegsbauten hier und da prägten sie in Świnoujścies beliebtester touristischer Meile lange Zeit das Bild. Doch es hat sich gewandelt. Seit 2010 ist eine abenteuerliche Zahl vielgeschossiger Hotel- und Apartmentkomplexe entstanden, binnen kürzester Zeit aus dem Boden gestampft. Der 1,2 Kilometer langen historischen Promenade samt ihren Strandaufgängen hat man 2018 bis 2020 in aufwändigen Bauarbeiten ein topmodernes Verbundsteinpflaster verpasst. Der Küstenwald links und rechts der alten **Konzertmuschel** musste einer komplett neuen ersten Gebäudereihe mit Meeresblick weichen. Davor wurde im Restwald eine futuristische **Gesundheitspromenade** (Promenada Zdrowia) mit zahlreichen Gimmicks für Spaziergänger und Radler geschaffen.

Bunt und quecksilbrig geht es in der Badesaison natürlich weiterhin zu. An der Promenade hat man die Qual der Wahl vor lauter Cafés, Bars, Restaurants. Schmuck- und Souveniershops laden zum Bummeln ein, und an den Strandaufgängen warten Schnellbratereien, Eis- und Waffelbuden auf hungrige Kundschaft. Alljährlich im August verwandeln sich Strand und Konzertmuschel darüber hinaus in eine riesige Freilichtbühne. Seit nun bald 50 Jahren erobern Künstler im Rahmen des **Künstlerfestival der Studentenjugend FAMA** (Festiwal Artystyczny Młodziezy Akademickiej) mit Konzerten, Kunst- und Literaturevents, Theater und Tanz sechs Tage lang die Stadt.

Europapromenade

Zu Fuß und mit dem Rad sind das polnische Świnoujście und die benachbarten deutsche Seebäder Ahlbeck (→ S. 387), Heringsdorf (→ S. 383) und Bansin (→ S. 381) über die Europapromenade miteinander verbunden. Über zwölf Kilometer verläuft die längste Promenade an einer europäischen Küste länderübergreifend hinter dem Strand entlang. 2011 wurde sie feierlich eingeweiht. Die Staatsgrenze erkennt man an einem Stahlbogen, in den die Flaggen von Polen und Deutschland eingraviert sind. Unterhalb am Strand markiert noch ein einsames Schild im Sand den Grenzübertritt. Es informiert darüber, dass mit dem Schritt von Polen nach Deutschland Kurtaxe anfällt.

Durch den Kurpark ins Stadtzentrum

Das Kurviertel ist vom Stadtzentrum durch den **Kurpark** (Park Zdrojowy) getrennt. Kein geringerer als der königliche Gartenbaumeister Peter Joseph Lenné plante die Grünanlage. 1826 kam er nach Swinemünde, reiste allerdings, nachdem er sich mit den Stadtvätern überworfen hatte, früher als gedacht wieder ab. So verblieb der östliche Parkteil zur Świna hin relativ urwüchsig. Die denkmalgerechte Sanierung des westlichen Teils mit seinen historischen Sichtachsen, Plätzen und Wegen nach dem Lenné-Entwurf wird seit der Jahrtausendwende Stückchen für Stückchen in Angriff genommen.

Wer für die schöne Aussicht auf Wasser und Land nicht extra zum Leuchtturm nach Wolin übersetzen möchte, hat im Stadtzentrum die Gelegenheit, den **Turm**

Hotelburgen säumen die Promenade

Zwischen Świnoujście und Ahlbeck

der Martin-Luther-Kirche (Wieża Kościoła Marcina Lutra) zu erklimmen. Das 1903 bis 1906 errichtete neugotische Gotteshaus fiel im Zweiten Weltkrieg in Schutt und Asche, Anfang der 1960er Jahre wurde die Ruine beseitigt, und nur der Turm blieb als Torso bestehen. 222 Stufen sind es zum Rundumblick hinauf. Die unterwegs verlorenen Kalorien kann man anschließend unten im gemütlichen Café Wieża (Turmcafé) mit leckeren Backwaren schnell wieder reinholen.

Von dort ist das historische Zentrum in einem kaum zehnminütigen Spaziergang erreicht. Am Anleger befördert die **Stadtfähre** neben Fußgängern und Radlern auch Autos mit Świnoujście-Kennzeichen nach Wolin hinüber. Nahebei haben am Kai im alten **Hafen** die Ausflugsdampfer für Kreuzfahrten in die Pommersche Bucht und ins Stettiner Haff festgemacht. Im **Alten Rathaus** (1804–1806) am plac Rybaka (Fischerplatz) gibt es im **Museum für Seefischerei** (Muzeum Rybołowstwa Morskiego) Wissenswertes zur Regionalgeschichte, zur Hochseefischerei und Ostseefauna zu sehen. Ebenfalls mit der Schifffahrt verbunden zeigt sich nahebei die 1788 bis 1792 erbaute, später neugotisch überformte **Christuskirche** (Kościół Chrystusa Króla), die ein von der Decke herabhängendes Schiffsmodell ziert.

Ausflug zur Untergrundstadt

Seit 2014 stehen den Besuchern auf Wolin, etwa vier Kilometer östlich vom Ost-Fort (Fort Gerhard), auch die Bunkeranlagen der Untergrundstadt (Podziemne Miasto) offen. 1936 bis 1939 wurde der von den Nazis »Batterie Vineta« getaufte Komplex zur Verteidigung der nahebei stationierten deutschen Kriegsmarine in den Boden gegraben. 1945 von der Roten Armee besetzt und im Jahr darauf an die polnischen Streitkräfte übergeben, bauten diese die Anlage in den 1950er Jahren und ein weiteres Mal 1965 aus. Eine durch lange Tunnelsysteme verbundene, unterirdische Stadt entstand – eines der am strengsten gehüteten Geheimnisse der Volksrepublik Polen im Kalten Krieg. Von der Bunkerstadt aus sollte im Fall des Dritten Weltkriegs der Angriff der Warschauer-Pakt-Staaten auf Skandinavien und die Benelux-Länder gesteuert werden. Bei schönem Wetter lohnt es sich übri-

Ticketkiosk im Stadthafen

▸ Karte S. 282

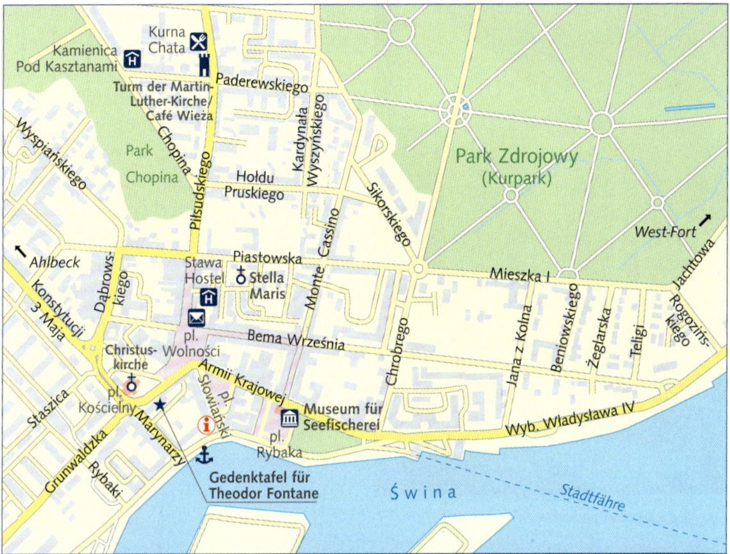

Świnouijście, Zentrum und Hafen

gens unbedingt, Badetasche und Picknickkorb mitzunehmen. Der **Strand,** von der Untergrundstadt nur etwa 15 Spazierminuten durch den Küstenwald entfernt, steht dem Usedomer an Schönheit nicht nach. Allerdings ist er unbewirtschaftet, dafür weniger stark bevölkert.

Ausflug nach Karsibór

Der Durchstich zur Kaiserfahrt (Kanał Piastowski, → S. 63) 1874 bis 1880 hat Karsibór (Caseburg), das vorher die südliche Landzunge Usedoms gewesen war, zur Insel gemacht. Fortan zwischen Kanal, Stara Świna (Alter Swine) und Stettiner Haff auf allen Seiten vom Wasser umgeben, mussten die 700 Einwohner im gleichnamigen Dorf bis zum Bau der ersten Brücke 1966 mit der Fähre zur Gemeindestadt Swinemünde beziehungsweise Świnoujście übersetzen. 2012 folgte die neue moderne **Brücke.** Kaum ist sie überquert, hat man auch schon die ersten Häuser des kleinen Orts erreicht. Über zwei Kilometer zieht sich das Straßendorf an der ulica 1 Maja entlang. Eine schilfumrahmte **Marina** mit Restaurant am Anfang und die **Kirche der Unbefleckten Empfängnis der Heiligen Jungfrau Maria** (Kościół Rzymskokatolicki pw. Niepokalanego Poczęcia NMP) fast am Ende von Karsibór bilden unterwegs die beiden Landmarken. Der kleine gotische Sakralbau aus dem 15. Jahrhundert besitzt an wertvoller Innenausstattung einen ebenfalls im 15. Jahrhundert geschaffenen Altar und eine Kanzel aus dem 17. Jahrhundert. Auf Wunsch kann die Kirche von April bis Oktober nach Terminvereinbarung unter Tel. +48/693/632796 besichtigt werden.

An ihre Jahre als protestantisches Gotteshaus erinnert der **Evangelische Friedhof** (Cmentarz Ewangelicki) im Wäldchen südlich vom Ort (auf Höhe vom Rast- und Spielplatz an der alten Eiche in die ulica Kwiatowa einbiegen, danach die

An der Marina in Karsibór qualmt der Räucherofen

ulica Ogrodowa überqueren und dem kurzen Wiesenweg folgen). Der älteste Grabstein unter den hohen Bäumen ist auf 1856 datiert. Geht man am Ende der historischen Grabstätte weiter den Pfad an der Pferdekoppel entlang, folgt nach circa 200 Metern der zweite Teil des hier nun völlig verfallenen und überwucherten Gottesackers.

Den nördlichen Winkel der Insel umfasst das 180 Hektar große **Reservat Karsiborska Kępa** (Caseburger Hutung). Über 150 Vogelarten leben in den Schilfgebieten, Sümpfen und Feuchtwiesen auf den Eilanden im Rückseitendelta der Świna. In der Karsiborska Kępa unter besonderen Schutz gestellt, kann man das Treiben der gefiederten Freunde mit dem Fernglas von den Spazierwegen aus sehr schön beobachten.

Świnoujście

PLZ: 72-600 Świnoujście

Touristeninformation, pl. Słowiański 6/1, Tel.+48/91/3224999; Mo–Fr 9–17, im Sommer zusätzlich Sa 9–13 Uhr. www.swinoujscie.pl

Die **Busse** der Komunikacja Autobusowa Świnoujście verbinden die Orte in der Gemeinde und außerdem Świnoujście-Stadt mit Międzyzdroje. www.ka.swinoujscie.pl/komunikacja-autobusowa/rozklad-jazdy

Die **Usedomer Bäderbahn RB 23** führt mit Endbahnhof Świnoujście-Zentrum über die gesamte Insel Usedom und weiter aufs deutsche Festland. www.ubb-online.com

Adler-Reederei, alter Hafen, ul. Władysława IV/35, Tel. 04651/9870888. Tägliche **Hafenrundfahrten** und **Ausflüge** zu den deutschen Seebädern auf Usedom. www.adler-schiffe.de

Marina Świnoujście, ul. Jachtowa 1, Tel.+48/91/32198777. Auf der Usedomer Seite kurz vor der Świnamündung; Strom und Wasser an den Stegen, Sanitär und Abwasser. www.osir.swinoujscie.pl

Marina Karsibór, ul. 1 Maja 5a, Karsibór, Tel.+48/502/157204. Lauschiger kleiner Anleger im Schilf, mit Ferienhäuschen, Fischrestaurant und Bootsverleih (Kajaks, Tret-, Ruder- und Motorboote, Katamarane). www.karsibor.com.pl

Hampton by Hilton, ul. Wojska Polskiego 14, Tel. +48/91/3229100; DZ/F um 130 Euro. Moderne, komfortable Unterkunft im nördlichen Stadtzentrum, jeweils ca. 1,5 km von Strand, deutscher Grenze und altem Hafen entfernt (nicht zu verwechseln mit dem luxuriösen Hilton Resort & Spa direkt am Strand; DZ/F ab 400 Euro). www.hilton.com

Kamienica Pod Kasztanami, ul. Paderewskiego 14, Tel. +48/502/122873; DZ/F um 100 Euro. Jugendstilhaus zwischen Kurpark und Stadtzentrum, die Zimmer geschmackvoll eingerichtet. www.pod-kasztanami.pl

▶ Karte S. 282, 289

Willa Pod Dębami, ul. Prusa 9, Tel. +48/91/3219368; DZ/F ab 80 Euro. Die schmucke Villa »Unter den Eichen« liegt ruhig mit Garten wenige Schritte vom Strand entfernt; mit Fahrradverleih, Sauna und Fitnessraum.
www.pod-debami.pl

Jugendherberge (Szkolne Schronisko Młodzieżowe), ul. Gdyńska 26, Tel. +48/91/3270613. 140 Plätze in Doppel-, Drei- und Vierbett- sowie in Gemeinschaftszimmern.
www.schronisko.swinoujscie.pl

Stawa Hostel, ul. Piłsudskiego 1a, Tel. +48/91/3222555; DZ um 40 Euro. 18 Zimmer im Stadtzentrum kurz vor dem alten Hafen, die Hälfte mit eigenem Duschbad. www.stawahostel.pl

Camping Relax Nr. 44, ul. Słowackiego 1, Tel. +48/91/3213912; ganzjährig. Einfacher Wiesenplatz im südlichen Kurviertel, 5 Min. zum Strand.
www.camping-relax.com.pl

Café Antykwariat, im Hotel Kamienica Pod Kasztanami (s. o.). Eine der beliebten Swinemünder Lecker-Adressen.

Kurna Chata, ul. Piłsudskiego 20, Tel. +48/501/177125. Im Herzen der Stadt, der Gastraum mit viel Liebe zum Detail ausstaffiert, werden deftige Zubereitungen von Eisbein mit Knödeln über Fischsuppe, Hähnchen und Kotelett bis Schweinefilet auf polnische Art serviert. Wer die Portionen nicht schafft, kann sich ein Doggy-Bag machen lassen. Salat gibt es natürlich auch.
www.kurnachataswinoujscie.eatbu.com

Museum für Seefischerei (Muzeum Rybołowstwa Morskiego), pl. Rybacka 1, Tel. +48/91/3212426; Juli, Aug. Mo 8–15, Di–So 10–18, sonst Di–Sa 9–17, So 10–15 Uhr.
www.muzeum.swi.pl

Leuchtturm (Latarnia morska), ul. Bunkrowa 1, auf der Insel Wolin; Juli, Aug. tgl. 10–20 Uhr, sonst tgl. 10–16 Uhr.

Fort Gerhard/Ost-Fort (Fort Wschodni), auf der Insel Wolin am Leuchtturm, Tel. +48/532/373248; Mai–Sept. tgl. 10–17, sonst tgl. 10–16 Uhr.
www.fort-gerharda.pl

West-Fort (Fort Zachodni), ul. Jachtowa 1, Tel. +48/503/738118; April, Okt. tgl. 10–16, Mai, Juni, Sept. tgl. 10–18, Juli, Aug. tgl. 10–20, Nov.–März tgl. 10–15 Uhr.
www.fortzachodni.pl

Engelsburg (Fort Anioła), ul. Jachtowa dz. 158, Tel. +48/91/3213571, Mai, Juni tgl. 10–17, Juli, Aug. tgl. 10–18, sonst tgl. 10–16 Uhr.
www.fortaniola.pl

Aussichtsturm der Martin-Luther-Kirche (Wieża Kościoła Marcina Lutra), ul. Piłsudskiego, tgl. 10 Uhr bis Sonnenuntergang.

Untergrundstadt (Podziemne Miasto), auf der Insel Wolin, Tel. +48/789/072244, Mai, Juni Mi, Sa, So 10.30, 12.30, 15, Juli, Aug. tgl. 10.30, 11.30, 12.30, 14, 15, 16.30, Sept. Mi 10.30, 15, Sa, So 10.30, 12.30 Uhr, ca. 2-stündige Besichtigung nur mit Führung. Anfahrt: auf der Insel Wolin die Straße 3 via Świnoujście-Port, ca. 1 km westlich vom Kreisverkehr an der Bahnstation Świnoujście-Przytór nördlich zum Parkplatz einbiegen, von dort noch etwa 400 m.
www.podziemne-miasto.pl

Künstlerfestival der Studentenjugend FAMA, sechs Tage im August. Konzerte, Theater, Kunst und Literatur im Amphitheater, in der Konzertmuschel, auf der Promenade oder am Strand.
www.fama.org.pl

Stationen von **UsedomRad** (→ S. 407): Konzertmuschel, Baltic Park, Adler-Schiffe-Kai, Marina.
www.usedomrad.de

Romantische Fischerdörfer, Segelsporthäfen und kleine Sandstrände zwischen dem Schilf – die Schönheiten der polnischen wie der deutschen Haffküste sind noch relativ unentdeckt. Als Stationen unterwegs zur Insel Usedom warten Ueckermünde mit charmanter Altstadt, das Otto-Lilienthal-Museum in Anklam und die ehemalige pommersche Herzogsresidenz Wolgast auf einen Besuch.

In Mönkebude

VON SZCZECIN ZUR INSEL USEDOM

Von Szczecin zur Insel Usedom

Wer von Szczecin aus in Richtung Ostsee möchte, muss sich für die Weiterfahrt zwischen dem östlichen und dem westlichen Ufer von Oder und Papenwasser (Roztoka Odrzańska) entscheiden. Am Ostufer entlang führt die Reise zur Insel Wolin, welche die Dziwna als östlicher Odermündungsarm vom Festland trennt (→ Kapitel »Von Szczecin zur Insel Wolin«, S. 237). Wer das Westufer wählt, hat die südliche Haffküste und Usedom zum Ziel. Die Insel wird durch den Peenestrom, den westlichen Odermündungsarm in die Ostsee, vom Festland geschieden. Auf diesem Weg geleitet einen die Straße Nad Odrą (An der Oder) mit dem Fluss stromabwärts aus Szczecin hinaus. Werft- und Industrieanlagen sind unterwegs die Begleiter Richtung der Industriestadt Police; dazwischen zerbröckelnde Häuser und graue Wohnblöcke, plötzlich abgewechselt von Gartensiedlungen oder gelegentlich auch einem schickeren Jachtclub, die allmählich Dörfern und weiten Feldern weichen.

Bei Trzebież am Ausgang des Papenwassers mit großer Marina und Badestrand ist das schilfwogende Zalew Szczeciński (Stettiner Haff) erreicht. Umgeben von den Wäldern der Ueckermünder Heide (Puszcza Wkrzańska) und hier und da eingesprengselt winzigen Badebuchten, sind die Schönheiten am südlichen polnischen Haff noch relativ unentdeckt. Eine etwas größere touristische Infrastruktur bietet nach Trzebież erst wieder der adrette kleine Luftkurort Nowe Warpno am Neuwarper See. Aber auch dort wird man, neben Marina, Camping und zahlreichen Ferienwohnungen, kaum ein Hotel, eine Pension oder ein Bed & Breakfast finden. Mitten durch den Neuwarper See (Jezioro Nowowarpieńskie), eine südliche Ausbuchtung des Stettiner Haffs, verläuft

Brücken und Fähren

Nördlich von Anklam führt die **Zecheriner Brücke** auf der B 110 über den Peenestrom nach Usedom. Von Wolgast gelangt man auf der B 111 über die **Peenebrücke** auf den nördlichen Inselteil. Beide Brücken sind Klappbrücken, die sich in der Regel fünf- bis sechsmal täglich für Schiffe öffnen. Etwa 30 Minuten lang sind sie bei jedem Brückenzug für den Autoverkehr gesperrt. Lange Staus, besonders in der Urlaubszeit, sind dann die Folge.

Öffnung Zecheriner Brücke: tgl. 5.45, 8.45, 12.45, 16.45, 20.45 Uhr.

Öffnung Peenebrücke Wolgast: tgl 5.45, 7.45, 12.45, 16.45, 20.45 Uhr.

Stets aktuell zu finden unter: www.kreis-vg.de/Leben/Brückenöffnungszeiten

Zur Anfahrt nach **Usedom über die Insel Wolin:** → S. 239

Am Übergang von Roztoka Odrzańska (Papenwasser) und Stettiner Haff tuckert in der Sommersaison eine kleine **Fahrrad-Fußgänger-Fähre** von **Trzebież** am Westufer nach **Kopice** (→ S. 262) am Ostufer. Da sie nicht nicht regulär verkehrt, sollte sie vorbestellt werden (Tel. +48/693/060712, www.latarnik-kopice.pl).

Der **Fischkutter »Lütt Matten«** bringt Radfahrer und Fußgänger von April bis Oktober mehrmals täglich von **Nowe Warpno** über den Neuwarper See nach **Altwarp** und retour (www.luett-matten-altwarp.de).

Zwischen **Kamp** und **Karnin** (→ S. 345) auf Usedom pendelt von Mai bis Oktober eine **Fahrrad- und Fußgängerfähre**, stündlich ab Kamp 10–17, ab Karnin 10.30–17.30 Uhr (Tel. 039771/22426, www.reederei-peters.de).

Als weitere **Fahrrad-Fußgänger-Fähre** quert die »Apollo I« von Mai bis Oktober tagsüber im Linienbetrieb den Peenestrom zwischen **Freest** (stündlich) bzw. **Kröslin** (alle 2 Stunden) auf dem Festland und **Peenemünde** (→ S. 373) auf Usedom (Tel. 038371/28429, www.schifffahrt-apollo.de).

Segelboote auf dem Stettiner Haff

unmerklich die deutsch-polnische Grenze. In Sichtweite von Nowe Warpno liegt gegenüber der stille Schwesterort Altwarp mit Fischer- und Segelhafen. Und wer es noch ruhiger mag, ist im idyllischen Örtchen Rieth im Riether Winkel gut aufgehoben. Die Kiefern- und Buchenwälder, die Bruchwaldgesellschaften der Uecker- und Randowniederungen, die Binnendünen, Haffwiesen und Niedermoore der Ueckermünder Heide sind auf der deutschen Seite im Naturpark Am Stettiner Haff unter Schutz gestellt. Der Oder-Neiße-Radweg, der hinter dem uckermärkischen Gartz (→ S. 221) das Flussufer verlässt und weiter durch Wiesen und Felder führt, erreicht über Rieth das Etappenziel Ueckermünde: quirliges Seebad mit charmanter Altstadt und städtischer Mittelpunkt an der südlichen deutschen Haffküste. Weiter geht es am Haff entlang über Mönkebude mit schönem Sandstrand zur Hansestadt Anklam: Geburtsort des Luftfahrtpioniers Otto Lilienthal, dem sich ein spannendes Technikmuseum widmet. Wenig östlich von Anklam bildet die Peene, auch »Amazonas des Nordens« genannt, vor ihrer Mündung in den Peenestrom ein abenteuerliches Sumpfdelta aus. Nahebei überspannt die Zecheriner Brücke den Peenestrom und trägt die Urlauberströme nach Usedom.

Knapp 20 Kilometer wird der Strom von dort bis zu seiner Mündung in den Greifswalder Bodden zurücklegen und dabei die Insel vom Festland trennen. Nur wenige kleine Ortschaften sind unterwegs in die beschauliche Landschaft getupft. Mit einer Ausnahme: Im schmucken Wolgast, dem nördlichen Tor nach Usedom, wo das Blaue Wunder den Peenestrom überbrückt, herrscht wieder munteres Kleinstadtleben.

Stromabwärts finden Skipper in der großen, schicken Marina Kröslin alles, was der Bootsleute Herz begehrt. Und wer einem malerischen Fischereihafen mit benachbartem feinsten Sandstrand den Vorzug gibt, ist im Fischerdorf Freest goldrichtig. Die Halbinsel Struck – nördlichster Landzipfel vor dem Austritt des Peenestroms in den Greifswalder Bodden – kann man dagegen am besten vom Wasser aus in Augenschein nehmen. Als Teil des Naturschutzgebiets Peenemünder Haken, Struck und Ruden ist der Struck ein Refugium für die Vogelwelt und darf ohne Genehmigung durch die Untere Naturschutzbehörde nicht betreten werden.

▲ Karte S. 294

Police

Zu den Erscheinungen, die man von Police (Pölitz) prägend in Erinnerung behält, gehört sicher das weite Geflecht von Industriebauten, Werkhallen, Produktionsanlagen, Essen und Röhren der Chemiewerke Police AG (Zakłady Chemiczne Police SA). Wenn die Wetterlage ungünstig ist, durchfährt man es in einem dichten Abgasnebel. Das gut 41 000 Einwohner zählende Police gehört zu den größten Chemiestandorten Polens und ist zugleich größter polnischer Exporteur für Düngemittel und Pigmente. Die Werkgeschichte reicht bis ins Jahr 1937 zurück, als in den Hydrierwerken Pölitz der IG Farben die Herstellung von synthetischen Treibstoffen anlief. Schmiermittel, Benzin für die Wehrmacht und vor allem Kerosin für die Luftwaffe wurden hier produziert. Schätzungsweise 13 000 Zwangsarbeiter – KZ-Häftlinge und später auch Kriegsgefangene – verloren dabei ihr Leben.

Unter dem Bombenhagel der Alliierten fiel das Hydrierwerk zusammen mit der alten Stadt Pölitz 1945 in Schutt und Asche. Was vom Werk übrig war, demontierten die Sowjets. In den verbliebenen Betonskeletten quartierte sich anschließend die polnische Armee ein; ab Anfang der 1960er Jahre war das Gelände militärisches Sperrgebiet. Die Inbetriebnahme des neuen Chemiekombinats erfolgte 1969 gut einen Kilometer nördlich vom alten Standort.

Sehenswertes

Seit den 1990er Jahren ist das kriegszerstörte **Hydrierwerke-Areal** wieder öffentlich; und längst hat sich die Natur der Ruinen bemächtigt. Windschiefe Überreste von Produktionshallen, Bunkern und Wachtürmen, der ehemalige Bahnhof oder die alten Rohrleitungskanäle, die das gesamte Gelände durchziehen, bilden heute – unter dem Schutz des EU-weiten Natura-2000-Netzes – das größte Winterquartier für Fledermäuse in der Woiwodschaft. Man kann das Gelände auf eigene Faust erkunden, sollte aber die Wege nicht verlassen. Der Naturschutz spielt dabei eine wichtige Rolle, aber wegen Baufälligkeit, überwucherter Gruben und anderer Stolperfallen auch die eigene Sicherheit.

Geführte Wanderungen unternimmt der Verein »Skarb« (Schatz), der das gut 1500 Hektar umfassende Areal ehrenamtlich betreut. Außerdem informiert er in einem kleinem **Museum** über Polices Stadtgeschichte, die Geschichte des Chemiewerks und zeigt eine Militariasammlung sowie historische Kommunikationsmedien und Dokumente des Zweiten Weltkriegs.

Von der alten Stadt Pölitz ist dagegen kaum noch etwas zu sehen. 1253 wurde der Ort, der wohl schon seit dem

Chemiewerk in Police

9. Jahrhundert mit Burg und Siedlung bestanden hatte, erstmals schriftlich als Polyz und Politz, später auch Pulitz, genannt. Herzog Barnim I. verlieh ihm 1260 die Stadtrechte, 1321 wurde er Stettin unterstellt. Man lebte vom Bootsbau, der Viehzucht, Hopfen- und Ackerbau, erlitt mehrere große Stadtbrände, den Dreißigjährigen Krieg, den Nordischen Krieg, die napoleonische Besatzung und 1909 und 1913 zwei verheerende Oderhochwasser.

Dem Stadtbrand 1510 fiel die mittelalterliche Marienkirche zum Opfer, deren Ruine man allerdings erst sehr viel später, im Jahr 1896, abriss. Vom backsteingotischen Gotteshaus blieb nur die **Sakristei** erhalten, so wie sie heute noch als Torso im Herzen des **Marktplatzes** (Rynek/plac B. Chrobrego) steht. Parallel dazu entstand die neue **Marienkirche** wenige Hundert Meter südlich im Stadtzentrum. 1895 wurde das neugotische Gotteshaus eingeweiht.

Jasienica

Ein paar Steinwürfe nördlich gehört das Dorf Jasienica (Jasenitz) seit 1946 zum Kreis Police. Bald nach seinem südlichen Ortseingang erregt die Ruine des **Augustiner-Chorherrenstifts Jasenitz** aus dem 14. Jahrhundert Aufmerksamkeit. Das Kloster geht vermutlich auf eine Landschenkung Herzogs Barnim I. von Stettin im Jahr 1260 zurück. Ab 1331 wurde es von Augustinermönchen besiedelt, im Zuge der Reformation 1534 säkularisiert und anschließend zum herzoglichen Wohnsitz umgestaltet. Seine immer noch stattlichen Überreste, von denen von der Straße aus nur ein kleiner Teil sichtbar ist, sollen wieder aufgebaut werden.

Die zugehörige **Kirche Peter und Paul** (Kościół Piotra i Pawła) stammt mit ihren Grundmauern aus dem 14. Jahrhundert und wurde 1725 neu errichtet. Sie ist zu den Gottesdiensten geöffnet. Das ehemalige Klostergelände ist leider nicht öffentlich zugänglich.

Police

PLZ: 72-010

Touristeninformation Police (Centrum Informacji Turystycznej i Kulturalnej Police), pl. Chrobrego (in der gotischen Sakristei am Markt), Tel. +48/91/3121055; Di–So 9–13 Uhr. www.mok.police.pl

Buslinie 101 des Stettin-Policer-Verkehrsunternehmens (Szczecińsko- Przedsiębiorstwo Komunikacyjne) ab Szczecin, pl. Rodła, über Police-Zentrum nach Jasienica. www.sppk.pl

Hotel Dobosz, ul. Zygmunta Wróblewskiego 1, Tel. +48/91/4455444 und +48/504/145544; DZ/F ab 55 Euro. Drei-Sterne-Komfort nahe Stadtzentrum; die Zimmer sind etwas altbacken eingerichtet, dafür sehr geräumig, freundlicher Service, mit Spa und Pool; das Restaurant serviert polnische Spezialitäten. www.hoteldobosz.eu

Hostel Viola, ul. Energetyków 7a, Tel. +48/91/3122395 und +48/91/3122395; DZ 25 Euro. Frisch saniert, einfach, sauber, die kleinen Zimmer haben Bad, WLAN und TV; mit Gemeinschaftsküche, Waschmaschine, Trocken- und Bügelmöglichkeit. Das Hostel ist bei Radlern beliebt. www.hostel-viola.pl

Gelände der ehem. Hydrierwerke Pölitz AG und Museum, ul. Spółdzielcza 31. Immer samstags 10 Uhr dreistündige Führungen (auf Polnisch) durch den Verein Freunde der Region Police »Skarb« (Stowarzyszenie Przyjaciół Ziemi Polickiej »Skarb«); nach Anmeldung unter tours.skarb@gmail.com. Treffpunkt ist am Bunker in der ul. Spółdzielcza 31; das Museum kann vor Beginn der Führung besichtigt werden. www.skarb.police.pl

▶ Karte S. 294

Am südlichen Zalew Szczeciński

Auf der Höhe von Jasnienica fließt die Oder ins Stettiner Haff. Die Ufer treten zurück, die Roztoka Odrzańska (Papenwasser) breitet sich trichterförmig aus. Eine letzte Barriere vor der Mündung der Oder ins Haff bildet die Insel Chełminek (Leitholm) am Ausgang des Papenwassers. Ein Kunstprodukt gewissermaßen, zwischen 1889 und 1906 aus dem Abraum der ausgebaggerten Schifffahrrinne Stettin–Swinemünde aufgeschüttet. 1,8 Meter guckt der unbewohnte Leitholm aus den Wellen hervor. Seine schnurgerade Westseite sichert eine gut 700 Meter lange Spundwand, die übrigen Inselufer sind durch Steinschüttungen und dichtes Schilfrohr geschützt. Ein Leuchtfeuer jeweils an der Nord- und an der Südspitze weist den Schiffen den Weg.

Trzebież

Wo die Ufer auseinandertreten und sich zum Stettiner Haff weiten, liegt das Fischerdorf Trzebież (Ziegenort) am Rande der **Puszcza Wkrzańska** (Ueckermünder Heide). Der alte slawische Ort, dessen erste schriftliche Aufzeichnungen als »Zygrenort« aus dem Jahr 1320 stammen, ist von jeher mit Fischerei und Schifffahrt verbunden. 1860 lichteten erstmals Dampfschiffe auf Linienfahrt Richtung Stettin ihre Anker. 1910 folgten Ausflugsdampfer und noch im selben Jahr der Eisenbahnanschluss nach Stettin. In den 1930er Jahren entdeckten Sommerfrischler den feinen weißen Sandstrand bei Ziegenort, und fortan brachten Stahlross und Dampfer Badegäste ins Fischerdorf.

Erst vor wenigen Jahren wurde der Strand im nordwestlichen Ortsteil **Mała Trzebież** (Klein-Ziegenort) mit touristischer Infrastruktur und einer ausgedehnten Verbundsteinfläche gepflastert. Ein großer Parkplatz, ein Sportplatz, Kinderspiel- und Fitnessgerätschaften, Gastronomie, ein Aussichtsturm und ein einfacher Wiesencampingplatz sorgen für die nötige Unterbauung zum Badevergnügen.

Einen Katzensprung südlich haben Schifffahrt und Fischerei im Kerndorf **Trzebież Wielka** (Groß-Trzebież) ihren überlieferten Platz. Im alten **Fischereihafen** kann man bei der Fischergesellschaft Certa-Trzebież fangfrische Meeresbewohner kaufen. Gleich um die Ecke dümpeln Motor- und Segelboote im modernen **Jachthafen.** Das Gebäude des Hafenmeisters beherbergt einfache Unterkünfte. In Volksrepublikzeiten firmierte es als Zentrales Segelzentrum des PZŻ (Polski Związek Żeglarski/Polnischer Segelverband): Seglerschmiede, wichtigstes Ausbildungszentrum und Aushängeschild des polnischen Segelsports. Ab 2016 wurden Gebäude und Steganlagen umfassend modernisiert und 2019 neu ein-

Netze im Fischereihafen von Trzebież

geweiht. Vom Jachthafen aus trägt ein kleines **Fährboot** Radler und Fußgänger hinüber zum östlichen Haffufer nach Kopice (→ S. 262). Es verkehrt allerdings nicht regulär, sondern auf Vorbestellung am besten schon einen Tag vorher.

Bedeutendstes Baudenkmal im Ort ist die 1745 auf einem abgetragenen kleineren Vorgänger errichtete **Heilig-Kreuz-Kirche** (Kościół p.w. Podwyższenia Krzyża). Nach dem Zweiten Weltkrieg wurde das schwer in Mitleidenschaft gezogene Gotteshaus wiederaufgebaut und im September 1946 feierlich neu geweiht.

Trzebież

Die **Buslinien Route 1 und Route 2** des Stettin-Policer-Verkehrsunternehmens (Szczecińsko-Przedsiębiorstwo Komunikacyjne) verkehren von Police, Rynek (Markt), nach Trzebież. www.sppk.pl

Vom Jachthafen aus trägt ein kleines **Fährboot** Radler und Fußgänger hinüber zum anderen Haffufer nach Kopice. Es verkehrt nicht regulär und sollte deshalb vorbestellt werden, Tel. +48/693/060712. www.latarnik-kopice.pl

Marina Trzebież, ul. Rybacka 26, 72-020 Trzebież, Tel. +48/789/327991. Gut ausgebauter Jachthafen mit geschützten Schwimmstegen, Strom und Wasser am Dock, barrierefreies Sanitär, Tankstelle, Slipanlage, Bootskran, Werkstatt und nahebei Gastronomie; einfache Herberge im Gebäude des Hafenmeisters. www.marinatrzebiez.pl

Bildungs- und Erholungszentrum Trzebież (Gminne Centrum Edukacji I Rekreacji Trzebieży), ul. Leśna 15, 72-020 Trzebież, Tel. +48/91/3128313; DZ um 20 Euro. Einfache Übernachtungsmöglichkeit in den ganzjährig geöffneten Sommerhäuschen auf dem Gelände des Erholungszentrums in Mała Trzebież; zur Wahl stehen DZ, 3-, 4- und 5-Bett-Zimmer sowie 3 Apartments mit Küchenzeile, alle Zimmer mit Nasszelle und TV; in der Nachbarschaft befindet sich der »Erholungs- und Strandkomplex« mit Gastronomie und Stadtstrand. www.osirpolice.pl

Camping Trzebież, im Kompleks Rekreacyjno-Plażowy (Erholungs- und Strandkomplex), ul. Spacerowa 15, 72-020 Mała Trzebież, Tel. +48/91/3128313; April–Okt. Kleiner Rasenplatz am Strand mit Sanitär, im benachbarten Erholungskomplex Gastronomie, Spielplatz, Sportplatz, Fitnessgeräte, Skaterpark und Aussichtsturm.

Stadtstrand in Mała Trzebież mit geschütztem Badebereich und mannigfaltiger touristischer Infrastruktur im Kompleks Rekreacyjno-Plażowy (Erholungs- und Strandkomplex).

Nowe Warpno

In manchen polnischen Beschreibungen befindet sich die reizende Sommerfrische und »kleinste Gemeinde Polens«, wie Nowe Warpno (Neuwarp) sich selbst beschreibt, am sprichwörtlichen »Ende der Welt«, wo es »weiter und weiter nur Wasser gibt«. Tatsächlich ist der rund 400 Einwohner zählende Ort auf der Spitze einer Landnase auf drei Seiten vom Wasser umspült. Die Nase ragt weit in den Jezioro Nowowarpieńskie (Neuwarper See) hinein, welcher wiederum eine tiefe Bucht im südlichen Stettiner Haff ausbildet.

Gegenüber von Nowe Warpno liegt auf der deutschen Seite in Sichtweite der Schwesterort Altwarp (→ S. 308), Heimathafen von »Lütt Matten«. Der pittoreske Krabbenkutter verbindet über das Haffwasser hinweg Alt- und Neuwarper und transportiert Feriengäste, die zu

▲ Karte S. 294

Fuß oder Drahtesel unterwegs sind. Zu Lande spazieren Fußgänger auf reichlich zehn Kilometer Wegstrecke am Ufer entlang von Neu- nach Altwarp. Pedalritter können den Neuwarper See auf teils gut ausgebauten Radwegen umrunden, wahlweise sind es 15 oder 45 Kilometer zwischen den beiden Orten. Automobilisten müssen dagegen etwas weiter ausholen, um von Nowe Warpno nach Altwarp zu gelangen: Die Straße 114 hinunter bis Dobieszczyn, dort im Wald die polnisch-deutsche Grenze via Hintersee passieren und über Ahlbeck, Vogelsang und Warsin nach Altwarp sind es rund 50 Kilometer.

Geschichte

Der beschauliche Luftkurort taucht das erste Mal 1352 in einem Schriftstück auf. »Civitas Nova Warpe« wird er da genannt, woraus geschlossen werden kann, dass er in jenem Jahr bereits die Stadtrechte besaß. Verheerende Brände zwangen das aufstrebende Hafenstädtchen mehrmals zum Neuanfang: die Feuersbrunst 1491, die Neuwarp mit Kirche und Rathaus komplett zerstörte,

Nowe Warpno besitzt ein apartes Fachwerkrathaus

Nowe Warpno hat dem Maler Hans Hartig ein Denkmal gesetzt

ein weiteres vernichtendes Großfeuer 1555 und zuletzt der große Brand 1692, der ganze fünf Häuser übrig ließ. Bereits 1648 war Neuwarp zusammen mit Vorpommern an Schweden gelangt. Nach dem Frieden von Stockholm 1720 ging es an Preußen.

Zu diesem Zeitpunkt hatten die Neuwarper ihr Rathaus auf den Fundamenten seines in Asche gefallenen Vorgängers längst neu aufgebaut. Im siebten Jahr nach dem Stadtbrand konnte das türmchengekrönte Fachwerkrathaus 1697 in Dienst gestellt werden. Seitdem begrüßt es die Besucher im Herzen von Nowe Warpno. Davor steht am Platz die lebensgroße Bronzefigur des 1927 zum Ehrenbürger ernannten Hans Hartig (1873–1936). Seines Zeichens Landschaftsmaler und Grafiker, hatte er sich mit stimmungsvollen impressionistischen Bildern der Haffregion um Neuwarp verdient gemacht. Während der Mitbegründer des Pommerschen Künstlerbunds und mehrfach ausgezeichnete Maler in Deutschland bald nach seinem Tod in Vergessenheit geriet, ehrte ihn Nowe Warpno 2013 mit einem Denkmal. Der Stettiner Bildhauer Bohdan Ronin-Walknowski (*1937) hat es geschaffen, von dessen Händen in Nowe Warpno außerdem die Fischerskulptur (2011) am Hafenpier stammt sowie am Kirchplatz das geflügelte Mutter-mit-Kind-Standbild »W hołdzie wszystkim Mamusiom« (»Allen Mamis zu Ehren«, 2014).

Einmal rund um den Ort

Die aleja Żeglarski, eine schmale Gasse zwischen den Häusern, führt vom Rathausplatz zur **Marina** mit kleiner Gastronomie und »Lütt-Matten«-Anleger. Von dort reichen gut zwanzig gemütliche Spazierminuten, um Nowe Warpno auf der **Promenade** rund um die Halbinsel zu erkunden. Eine **Aussichtsplattform** bietet unterwegs einen herrlichen Panoramablick über Neuwarper See und Haff. Nahebei nimmt die **Mariä-Himmelfahrt-Kirche** (Kościół Rzymskokatolicki pw. Wniebowzięcia Najświętszej Maryi Panny) einen prominenten Platz auf der Halbinselspitze ein. Ihr ältester Vorgängerbau datierte auf 1267. Nach mehreren Bränden wurde das Gotteshaus vermutlich 1556 neu errichtet. Die große Feuersbrunst 1692 zerstörte Dach und Kirchturm, die im Jahr darauf wieder aufgebaut wurden. Ein dreistöckiger Barockaltar von 1704, eine Kanzel aus dem 17. Jahrhundert und eine Orgel aus dem 18. Jahrhundert zählen zu den besonderen Schmuckstücken im spätgotischen Backsteinbau. An die protestantische Epoche des Gotteshauses erinnert der erhaltene Taufengel, der – typisch für das 17. und 18. Jahrhundert im protestantischen europäischen Norden – zur Taufzeremonie von der Chordecke herabgelassen wurde und in einer Schale das Taufwasser reichte.

Der kleine **Stadtstrand** an der südlichen Promenade, zugleich ein beliebter Surfspot, und der **Campingplatz** im südöstlichen Nowe Warpno mit Strand und Bootsanlegern runden das touristische Angebot in Polens kleinster Gemeinde ab.

Der Fischkutter »Lütt Matten« tut heute als Fähre Dienst

▲ Karte S. 294

Der Stadtstrand ist bei Windsurfern beliebt

Ausflug nach Podgrodzie

Ein paar Möwenflügelschläge nordwärts scheidet die Półwysep Grodzki (Grodzki-Halbinsel) den Jezioro Nowowarpieńskie (Neuwarper See) vom Stettiner Haff. In dieser idyllischen Lage zwischen den Wassern errichtete man nach dem Ersten Weltkrieg ein Rehabilitations- und Erholungszentrum für Kriegsveteranen. Umweht von jodhaltiger Meeresluft und dem würzigen Nadelduft der Ueckermünder Heide (Puszcza Wkrzańska), wurde es bald darauf in ein Sanatorium umgewandelt. In den frühen 1950er Jahren entschied man, aus der ehemaligen Kur- und Erholungsanlage eine **Kinderstadt** (Miasteczko Dziecięce) nach dem Vorbild des »Artek« auf der Krim zu machen. Im legendären »Allunions-Ferienlager Artek«, 1925 als zentrales Pionierlager der UdSSR gegründet, verbrachten Millionen Kinder aus 60 Nationen ihre Ferien. Man folgte dabei der Idee des sowjetischen Reformpädagogen Anton Makarenko (1888–1939): Kinder sollten sich auf Basis einer gewalt- und hierarchiefreien Erziehung selbst verwalten, unter dem Leitsatz von Disziplin und Verantwortung, Solidarität und nützlicher Arbeit.

1952 kamen erstmals über 1000 Kinder nach Podgrodzie. Mithilfe von Jugendbrigaden wurden die Häuser saniert und den neuen Anforderungen angepasst. Eine Stadt unter Regie und Verwaltung der Kinder entstand: mit Bahnhof und Schmalspurbahn, Kino und Konzerthalle, Bäckerei, Post, Hafen, Badestrand und vielem mehr. Ob es vorrangige Aufgabe der Kinderstadt war, eine sozialistische Haltung nach sowjetischem Vorbild in die jungen Seelen zu brennen oder ob sozial benachteiligten kleinen Menschen einfach ein paar unbeschwerte Sommerwochen ermöglicht werden sollten, ist unter den polnischen Historikern bis heute umstritten. Fakt ist, dass viele Kinder in den entbehrungsreichen Nachkriegsjahren fünf Wochen lang regelmäßige Mahlzeiten, Spiele, Sport, kulturelle Veranstaltungen und Freizeitspaß am Stettiner Haff erleben konnten.

1962 wurde die Anlage vom »Eisen- und Stahlverband für die Kinder der Bergleu-

Eingang zur einstigen Kinderstadt in Podgrodzie

te und Stahlarbeiter« übernommen und 1973 in eine Rehabilitierungseinrichtung für jugendliche Straftäter transformiert. Es folgte 1981 die Umwandlung zum Staatlichen Bildungsinstitut für Kinder mit besonderem Betreuungsbedarf und 1983 in ein Reha- und Integrationszentrum für behinderte Kinder. 2001 wurde der Betrieb nach zahlreichen Budgetkürzungen schließlich eingestellt. Seither gab es manche Versuche, die kleine Geisterstadt unter hohen Kiefern auf der Grodzki-Halbinsel wieder zum Leben zu erwecken. Jüngste Idee ist die Umgestaltung in eine Seniorenresidenz beziehungsweise Pflegeeinrichtung durch einen solventen Investor. Von der Siedlung führt eine prächtige Lindenallee schnurgerade an die Küste zu einem Wiesenparkplatz und von dort, wo das Schilf eine Lücke gelassen hat, zu einer halbmondförmigen kleinen **Badebucht.**

Nowe Warpno

PLZ: 72-022

Busse von Ever-Trans verkehren auf der **Linea Police–Nowe Warpno**. www.ever-trans.pl

Fischkutter »Lütt Matten«, April–Okt. mehrmals tgl. nach Altwarp und retour. www.luett-matten-altwarp.de

Marina Nowe Warpno, al. Żeglarzy 1, Tel. +48/796/727777. Überschaubarer freundlicher Segelhafen mit Schwimmstegen, Strom am Dock, Bar/Restaurant, Fischräucherei, Sanitär. www.marinas.pl/marina/marina-nowe-warpno

Marina Nowe Warpno (s. o.), Holzhäuschen zum Mieten.

Schloss Manowce (Pałacz Manowce), Trzebieradz 1, Tel. +48/508/201202; DZ/F um 140 Euro. Fürstlich logieren im neoklassizistischen Schlösschen von Anfang des 20. Jahrhunderts in Alleinlage im Wald am Haffufer, ca. 2 km südlich bei Karszno. Antiquitäten und modernes Design gehen in den restaurierten Mauern eine schöne Synthese ein; den Gästen stehen Räder, Garten, Gemeinschaftsküche und Privatstrand zur Verfügung. www.manowce.pl

Marina Nowe Warpno (s. o.), Campingmöglichkeit.

Camping Nowe Warpno, ul. Słoneczna 23, Tel. +48/501/290598; ganzjährig. Kleiner Wiesenplatz im Südosten der Halbinsel, mit Sanitär, Badestrand und Bootsanleger.

Glamping Podgrodzie, Podgrodzie 63, 72-022 Nowe Warpno, Tel. +48/695/129556. Komfortcamping hinter dem Schilf in der Einsamkeit. Auf dem großen Grundstück stehen wahlweise mongolische Jurten (April–Dez., um 100 Euro), Sphärisches Zelt (ganzjährig, um 100 Euro), Indianertipi (Mitte Juni–Anfang Sept., um 60 Euro) sowie Apartments (ganzjährig, in der Hochsaison Mindestaufenthalt drei Nächte, um 90 Euro/Tag) zur Verfügung. Und ein reichhaltiges Frühstück gibt es außerdem. www.glampingpodgrodzie.com

Wędzarnia/Smażalnia Szczupak (Räucherei/Braterei Hecht), ul. Kościuszki 1, Tel. +48/607/278175. Der Name »Hecht« ist Programm. Zum schönen Blick auf Stadtstrand und Neuwarper See gibt es frischen Fisch geräuchert oder gebraten, in der Suppe, als Sandwich und in vielerlei Variationen mehr, zum Nachtisch Waffeln, Pancakes oder üppige Eisbecher.

In Nowe Warpno kleiner **Stadtstrand** an der südlichen Halbinselspitze sowie Badewiese mit schmalem Sandband am **Campingplatz;** halbmondförmige kleine **Sandbadebucht** nördlich von Podgrodzie.

▶ Karte S. 294

Am südlichen Stettiner Haff

Naturpark Am Stettiner Haff

Auf der deutschen Seite sind große Teile der südlichen Haffküste mit ihren Binnendünen, Haffwiesen und Niedermooren, die weiten Kiefern- und Buchenwälder der Ueckermünder Heide sowie die Bruchwaldgesellschaften der Uecker- und Randowniederungen im Naturpark Am Stettiner Haff geschützt. 2004 ins Leben gerufen, hat die Naturparkverwaltung seit 2012 ihren Sitz in den historischen Bahnhofsgebäuden von **Eggesin,** bereichert um ein modernes Besucherinformationszentrum. Dort erfährt man Wissenswertes über die Fauna und Flora im 600 Quadratkilometer großen Schutzgebiet, über Biber und Fischotter, See- und Schreiadler, Schwarzstorch und Kranich oder wie sich der selten gewordene Wiedehopf der ausgedehnten ehemaligen Truppenübungsplätze wieder bemächtigt.

Zu DDR-Zeiten firmierte das aufgeräumte Städtchen am Zusammenfluss von Uecker und Randow als bedeutender Militärstandort. Wer zum Dienst an der Waffe ins »Land der drei Meere« abkommandiert wurde, fand dort zwischen der Haffküste und der abgeriegelten Grenze nach Polen »ein Waldmeer, ein Sandmeer und gar nichts mehr«, wie die Gegend damals bespöttelt wurde. Heute trägt Eggesin den Beinamen »Blaubeerstadt«. In der Blaubeerscheune und rundum dreht sich alles um die köstlichen kleinen Bickbeeren, die so reich in der Ueckermünder Heide gedeihen.

Wer die Region am südlichen Stettiner Haff spontan besuchen mag, sollte wissen, dass es vergleichsweise wenige Hotels, Pensionen und Bed & Breakfasts gibt. Selbst in der Hochsaison findet man aber mit ein bisschen Glück für die Nacht noch eine Bleibe. Umso mehr Ferienhäuser und Ferienwohnungen gibt es, die natürlich entsprechend vorgebucht werden müssen.

i Naturpark Am Stettiner Haff

Besucherinformationszentrum Naturpark Am Stettiner Haff, Am Bahnhof 4–5, 17367 Eggesin, Tel. 039779/29680; Mitte Mai–Mitte Sept. Mo–Fr 9.30–17, Sa 10–16, sonst Mo–Fr 10–15 Uhr.
www.naturpark-am-stettiner-haff.de

Sitz des Naturparkzentrums in Eggesin

Die Riether Dorfkirche

Riether Winkel

Mondsichelförmig umziehen die Orte Altwarp, Vogelsang-Warsin, Ahlbeck, Gegensee, Hintersee, Ludwigshof, Rieth in weitem Bogen den deutschen Teil des Neuwarper Sees. Namensgeber ist das klitzekleine Straßendorf **Rieth** am südlichen Ufer nahe der polnischen Grenze. Reetgedeckte **Fischerkaten** und backsteinerne **Bauernhäuser,** davor Kletterrosen und knorrige Obstbäume in hübschen Bauerngärten, dazu die **Dorfkirche** von 1731, deren Putzbau ein behelmter Fachwerkturm krönt, eine **Heimatstube** im winzigen ehemaligen Spritzenhaus, ein **Hafen** für gut 20 Sportboote und eine idyllische Waldbadestelle machen den Charme dieses Örtchens aus.

Umso mehr überrascht der Anblick eines stattlichen Schlossbaus, mit dem Rieth ebenfalls aufwarten kann. Von 1317 an befand sich der Ort als ritterschaftlicher Besitz mit wenigen Unterbrechungen über Jahrhunderte in den Händen einer Familie von Bröker. 1802 erwarb Georg Bernhard von Bülow das **Rittergut,** dessen Geschlecht zu den bedeutendsten im mecklenburgischen Adel zählte. Unter deren Ägide wurde das Schloss bis 1841 errichtet – und 1872 gleich wieder verkauft. Nach weiteren Besitzerwechseln diente es bis 1945 als Forstamt und war in der DDR ein beliebtes Feriendomizil. Heute sind in den sanierten, aber schmucklosen Mauern schicke Ferienwohnungen untergebracht.

Auf dem Weg nach Altwarp lohnen in **Ahlbeck** (nicht zu verwechseln mit dem Seebad auf Usedom) die barocke Fachwerkkirche von 1759 und zum Baden bei Vogelsang-Warsin eine kreisrunde kleine **Strandbucht** einen Abstecher.

■ Riether Werder

Rund 13 Prozent der Fläche im Naturpark Am Stettiner Haff unterliegen besonders strengen Schutzkriterien, darunter das Naturschutzgebiet Altwarper

▲ Karte S. 294

Binnendünen, Neuwarper See und Riether Werder. Vom kleinen Segelhafen in Rieth geht der Blick auf die eigentümlich anmutenden Ruinen auf dem Riether Werder, die mitten im Neuwarper See wie zu schwimmen scheinen. Die Insel darf auf eigene Faust nicht betreten werden. Mit etwa 10 000 Brutpaaren zählt sie zu den größten Lachmöwenkolonien in Deutschland. Fünf Dutzend Rinder halten im Sommerhalbjahr die Grasnarbe kurz, damit Bodenbrüter wie Rotschenkel, Kiebitz und Bekassine, Lachmöwe und Flussseeschwalbe ungestört ihren Nachwuchs großziehen können.

Bereits in der Nachkriegszeit wurden zweimal jährlich im Frühjahr und im Herbst Hausrinder per Boot über das Haffwasser auf den Werder und wieder zurück geschippert. Ab 1958 versuchte man sich auf der Insel dann in der Haltung von Milchkühen im Großmaßstab. Doch war das Projekt logistisch kaum zu bewältigen, weshalb es wenige Jahre später wieder eingestellt wurde. Bis 1962 war der große Bauernhof auf der Insel noch bewohnt, danach bemächtigten sich die Lachmöwen, Rohrweihen, Rot- und Schwarzmilane, Turmfalken und Mäusebussarde der verlassenen Siedlungsstelle. Das Anwesen verfiel zur Ruine, und Fledermäuse freuten sich über die neue Herberge. Ein Windrad, das in den 1980er Jahren aufgestellt wurde, gehört heute ebenso zur pittoresken Kulisse wie die windschiefen Backsteinruinen, die man mit dem Feldstecher auch aus der Ferne gut ausmachen kann. 1990 wurde das kleine Vogelparadies im Neuwarper See noch schnell vor der Wiedervereinigung unter Naturschutz gestellt.

Riether Winkel

Vorwahl: 039775, **PLZ:** 17375

Die VVG (Verkehrsgesellschaft Vorpommern-Greifswald) verbindet die Orte am südlichen Stettiner Haff miteinander, z. B. die **Buslinie 706** von Ueckermünde über Eggesin nach Szczecin oder die **Buslinie 907** über Eggesin und Ahlbeck nach Rieth. www.vvg-bus.de

Naturhafen Rieth, Dorfstr. 4, Rieth, Tel. 26848. Kleiner Hafen mit Gastro und Grillplatz, Sanitär im Hafengebäude, Strom und Wasser am Steg.

Pension und Landgasthof Orchidee, Dorfstr. 29, Rieth, Tel. 20266; DZ/F um 60 Euro. Freundlich und familiär im kleinen Fachwerkhaus, die Zimmer gutbürgerlich; in der Gaststätte und im Biergarten kommt Hausmannskost auf den Tisch. www.pension-orchidee.de

Alte Schule Rieth, Dorfstr. 16, Rieth, Tel. 26417; DZ/F um 60 Euro, DZ mit Etagendusche um 50 Euro, Radlerzimmer um 40 Euro. In der 100-jährigen, liebevoll restaurierten ehemaligen Riether Dorfschule bietet Dietmar Janz schicke Gästezimmer. Im Garten kann man sein Zelt aufbauen oder das Wohnmobil parken, und auch auf dem Heuboden kann man nächtigen. www.stettiner-haff-urlaub.de

Cafe de Klönstuw, Dorfstr. 14, Rieth, Tel. 26854. Das lauschige Hofcafé im Gebäude der 1898 erichteten historischen Riether Molkerei, der schöne Garten, die Kaffeespezialitäten und vor allem die leckeren Kuchen und Torten, alle hausgebacken, sind einen Abstecher wert. www.cafe-de-kloenstuw.de

Idyllische **Waldbadestelle** mit kleinem Sandband und großer Liegewiese etwa einen halben Kilometer nördlich von Rieth.

Altwarp

Das 450 Einwohner kleine Altwarp liegt direkt an der schmalen Einfahrt vom Stettiner Haff in den Neuwarper See im äußersten Winkel von Mecklenburg-Vorpommern.

Seine Ursprünge weisen nachlesbar ins 12. Jahrhundert zurück, als sich deutsche Kolonisten in der Nähe der slawischen Siedlung Sosnisza niederließen. Bis 1637 befand sich das Fischerdorf wie die gesamte Region unter der Regentschaft der pommerschen Greifenherzöge, gelangte am Ende des Dreißigjährigen Kriegs 1648 unter die schwedische und 1720 die preußische Krone. Doch wer auch immer in den fernen Residenzen gerade herrschte, die Menschen in Altwarp widmeten sich, wie alle am Haff, der Landwirtschaft und vor allem dem Fischfang. Bis ins 17. Jahrhundert war das Stettiner Haff der Mit-

Im Hafen von Altwarp

Die Altwarper Binnendüne ist eine Hinterlassenschaft der Weichseleiszeit

telpunkt der Zeesenbootfischerei, die man mit ihren typisch rostroten Segeln heute eher von Fischland-Darß-Zingst her kennt. Aber auch mit der anschließend aufkommenden »Tuckerfischerei«, dem Schleppnetzfischen zwischen zwei Tuckerkähnen, kleinen Zeesbooten, ließen sich am Haff gute Erträge erzielen. Zwischen 1937 und 1939 bauten die Nationalsozialisten Hafen und Ort, an militärstrategisch so exponierter Stelle gelegen, zum Truppenübungsplatz aus. Die »störenden« Altwarper wurden kurzerhand auf die gegenüberliegende Wasserseite nach Neuwarp (Nowe Warpno, → S. 300) umgesiedelt. Militäranlagen, Truppenbaracken und ein Teilwerk der Raketenversuchsanstalt Peenemünde (→ S. 373) entstanden, außerdem ein Kriegsgefangenenlager. Auf dem **Sowjetischen Ehrenfriedhof** sind die sterblichen Hüllen derer, die die Tortur nicht überstanden haben, zur letzten Ruhe gebettet. Nach Ende des Zweiten Weltkriegs bis 1947 Quarantänestation für Flüchtlinge aus den ehemaligen deutschen Gebieten, diente Altwarp ab 1952 abermals als militärischer Standort. Nach der Wiedervereinigung wurde er 1991 aufgelöst.

▲ Karte S. 294

Rundgang

Zum Hafen- und Fischereibetrieb, der von jeher das Leben in Altwarp prägte, gesellte sich später noch der Fremdenverkehr. Fischer- und Segelboothafen, eine **Dorfkirche,** die nach einem Blitzeinschlag 1749 ohne Turm wieder aufgebaut wurde, **Kapitänshäuser** mit kleiner Freitreppe, alte **Fischerhäuser** mit Reet- oder Walmdach, eine winzige **Heimatstube** und auch die eine oder andere repräsentative **Gründerzeitvilla** geben vielerlei Eindrücke vom Leben im Ort im Lauf der Jahrhunderte.

Im **Hafen** kann man sein Boot an einem der funkelnagelneuen Liegeplätze festmachen und bei der **Fischereigenossenschaft Haffküste** fangfrischen Fisch einkaufen. Ebenfalls im Hafenbecken liegt rechtsseitig der 1957 vom Stapel gelaufene **Krabbenkutter »Lütt Matten«** vertäut. In der schönen Jahreszeit verbindet er Altwarp mehrmals täglich mit dem Schwesterort Nowe Warpno (→ S. 300) auf der polnischen Seite des Neuwarper Sees.

Naturschutzgebiet

Wo einst die die Panzer der Nationalen Volksarmee rollten, zählen die Binnendünen am südwestlichen Dorfrand heute zu Altwarps natürlichen Attraktionen. In der Weichseleiszeit vor 10 000 Jahren vom Wind aufgeweht, gehört das empfindliche Biotop zum Naturschutzgebiet Altwarper Binnendünen, Neuwarper See und Riether Werder. Zwei markierte Wanderwege führen durch das Gelände, das neben den Sanddünen auch Magerrasen, moorige Wiesen, Wacholderheiden und lichte Kiefern-, Eichen- und Erlenbestände schmücken.

Altwarp

Vorwahl: 039773, **PLZ:** 17375

Touristeninformation Altwarp, Hafengasse, Tel. 26564; April–Okt. Di–So 10–12 und 13–15 Uhr.

Die VVG (Verkehrsgesellschaft Vorpommern-Greifswald) verbindet die Orte am südlichen Stettiner Haff miteinander, z. B. die **Buslinie 706** von Ueckermünde über Eggesin nach Szczecin oder die **Buslinie 908** von Ueckermünde über Ahlbeck nach Altwarp. www.vvg-bus.de

Fischkutter »Lütt Matten«, April–Okt. mehrmals tgl. nach Nowe Warpno und retour. www.luett-matten-altwarp.de

Marina Altwarp, Am Hafen, Tel. 26564. Sanitär im Gebäude des Hafenmeisters, Strom und Wasser am Dock, Entsorgung.

Gregors Fischgaststätte, Sandweg 109, Tel. 20306. Fisch satt von Aal über Hering bis Zander, handfest zubereitet. Fleischliebhaber müssen aber nicht darben. Sie kommen mit Schnitzel und Hamburger auf ihre Kosten. www.gregors-fischgaststaette.de

Wohnmobilstellplatz, Hafengasse. Rasenstellplätze am Hafen, in der ersten Reihe mit Meerblick, Sanitär im Hafengebäude und in der Hauptsaison zusätzlich in Containern, Wasser/Abwasser. Ladestationen für E-Autos, E-Bikes und Sportboote.

Altwarper Fischer- und Hafenfest, ein Wochenende im August. Großes Hallo mit Musikbühne, Kirmes, Futterbuden und Frischem vom Fass.

Badestrand im Ortszentrum von Altwarp, mit Liegewiese, Spielplatz und Strandkiosk. Bei **Vogelsang-Warsin** gibt es eine schilfumrahmte, kreisrunde kleine Strandbucht.

Von Ueckermünde nach Anklam

Unterwegs am südwestlichen Haffufer, begegnen uns urige Dörfchen, ein paar Badeorte mit Jacht- und Fischerhäfen und vor allem viel unberührte Natur. Eine hübsch restaurierte Altstadt, die Marina-Lagunenstadt und der große Badestrand machen die Kleinstadt Ueckermünde zur lebhaften Urlaubs-»Metropole« in der Region. Hafen und Strand im benachbarten Mönkebude bieten sich für alle an, die es ruhig und beschaulich mögen, während die Hansestadt Anklam ihren größten Sohn, den Flugpionier Otto Lilienthal, mit einem sehenswerten Museum ehrt. Die wilde Moorlandschaft des Anklamer Stadtbruchs und das Untere Peenetal, der »Amazonas des Nordens«, lassen sich von Anklam aus ebenfalls schön entdecken.

Ueckermünde

Mit knapp 8500 Einwohnern ist die reizende Kleinstadt Ueckermünde das touristische »Epizentrum« an der südlichen Haffküste. Vier Meter über dem Meeresspiegel liegt das Seebad an der Mündung der Uecker hinter einem langen feinsandigen Strand. Anders als viele Orte an Oder und Haff blieb es Ende des Zweiten Weltkriegs von großer Zerstörung verschont, da sowjetische Truppen kampflos in das Städtchen einmarschierten. So konnte sich die heute hübsch restaurierte Altstadt mit ihren spätklassizistischen und gründerzeitlichen Giebel- und Fachwerkhäusern, dem kopfsteingepflasterten Markt, der barocken Kirche und dem Südflügel eines vormaligen Renaissanceschlosses über die Jahre erhalten.

▶ Karte S. 294

Skipper haben die Möglichkeit, wahlweise die große **Marina-Lagunenstadt** anzulaufen: einen an der Ueckermündung gelegenen Hafenkomplex mit allen nur denkbaren Serviceeinrichtungen für bald 400 Sportboote sowie über 200 Ferienwohnungen in den zugehörigen Apartmenthäusern. Oder sie machen direkt am Bollwerk im **Stadthafen** fest, von wo aus es nur ein Katzensprung ins historische Zentrum ist. Dort öffnet sich mehrmals täglich für 15 Minuten die Klappbrücke. 2004 wurde sie anstelle eines altersschwachen Vorgängers neu gebaut.

■ Geschichte, Schloss und Museum

Der slawische Stamm der Ukranen schenkte dem Land von der Uckermark bis zur Mündung der Uecker ins Haff einst seinen Namen. Im Jahr 934 tauchte beim sächsischen Geschichtsschreiber Widukind von Corvey dessen erste schriftliche Nennung als »Uchri« auf. 1178 erscheint »Ucramund«, das spätere Ueckermünde, erstmals in einer Urkunde. Um 1260 bekam es vom Greifenherzog Barnim I. das Stadtrecht verliehen, 1284 entstand das erste Ueckermünder

Der Schlossturm überragt die Altstadtdächer von Ueckermünde

Im Fischereihafen von Ueckermünde

Schloss. Der Belagerung durch brandenburgische Truppen hielt es 1469 noch stand, wurde später baufällig und im 16. Jahrhundert abgetragen. 1540 bis 1546 folgte unter Herzog Philipp I. der Neubau. Im Dreißigjährigen Krieg gelangte das Schloss mal in schwedische, mal in preußische Hand, während die Not der Bevölkerung grenzenlos war. Allein 15 von vorher 1600 Einwohnern überlebten in Ueckermünde die Kriegsjahre. Zehn Jahre nachdem Preußen Vorpommern und Stettin erworben hatte, erging 1730 die Order, drei abermals baufällig gewordene Schlossflügel abzureißen. Seither existiert nur noch der Südflügel mit Schlossturm. Seit 1871 fungiert er als **Rathaus** und seit 1950, nach mehreren Erweiterungen, außerdem auch als **Haffmuseum.** Dort kann man heute auf vier Etagen die Stadt- und Regionalgeschichte von der Frühzeit bis in die Gegenwart erkunden und darüber hinaus die 74 Stufen im **Schlossturm** zur schönen Aussicht auf die Stadt und das Haff erklimmen.

Altstadt, Strand und Hafen

Im Herzen der Altstadt erhebt sich die 1766 geweihte **Marienkirche.** Die vollständig bemalte Holzdecke des Saalbaus schmücken barocke Ornamente und Putten. Ebenfalls aus der Entstehungszeit stammen der prächtige Kanzelaltar und die Doppelemporen. Aus einem Vorgängerbau haben sich Teile des Ratsgestühls von 1593 erhalten. Das Taufbecken datiert auf das 17. Jahrhundert. Die Orgel wurde im Kern 1752 von Peter Migent für ein Berliner Gotteshaus geschaffen, 1847 von August Buchholz umgebaut und erweitert und Ende des 19. Jahrhunderts nach Ueckermünde verbracht. Wenige Jahre vorher hatte man St. Marien 1866 einen neugotischen Backsteinturm vorgesetzt.

Das 19. Jahrhundert ist die wirtschaftliche Blütezeit Ueckermündes. Hafen und Schiffbau, Eisengießereien und vor allem die Ziegelproduktion schaffen Arbeit und Wohlstand. Über 50 Ziegeleien nutzen die reichen Tonvorkommen in der Region – erst 1997 geht das Feuer im letzten Ringofen der Ueckermünder Heide aus. 1889 tauchen die Menschen erstmals in der Flussbadeanstalt an der Uecker ins kühle Nass. Und als das Baden vollends in Mode kommt, geht es dann Schlag auf Schlag: 1925 gründen Aktivisten den Gemeinnützigen Badeverein, und bereits 1927 werden das **Haffbad** und in schöner Bäderarchitektur die **Strandhalle** eingeweiht. Heute sorgen hinter

Beliebtes Fischbüdchen am Neuen Bollwerk

dem 800 Meter langen, feinsandigen **Strand** Umkleidekabinen und Sanitäreinrichtungen, Kiosk, Gastronomie und Strandkorbvermietung für das Wohlbefinden der Badegäste.

Unterwegs auf dem Fuß- und Radweg vom Stadthafen zum Strand verdient die malerische **Holzklappbrücke** über den Köhnschen Kanal Aufmerksamkeit. Was wie eine Zugbrücke des 19. Jahrhunderts erscheint, ist tatsächlich ein Neubau von 2004 nach historischem Vorbild. Täglich um 12 Uhr wird sie geöffnet, damit die Freizeitkapitäne von ihren Liegeplätzen am Köhnschen Kanal hinaus aufs Haff schippern können.

Östlich begrenzt der **Fischereihafen** den langen Sandstrand. Dort liegen die Boote der Fischereigenossenschaft Haffküste, die täglich fangfrischen Fisch aus dem Haff zu den Verbrauchern bringen. Im Ortszentrum kann man in der **Verkaufsstelle** am Ueckerdamm 1 Fisch zum Selbstzubereiten einkaufen oder auch Fischbrötchen auf die Hand und schnell gemachte Fischteller verputzen.

Ueckermünde

Vorwahl: 039771, **PLZ:** 17373

Touristeninformation Ueckermünde, Altes Bollwerk 9, Tel. 28484; Mai–Sept. Mo–Fr 9–18, Sa 9–13, So 10–13, sonst Mo–Fr 9–16 Uhr. www.ueckermuende.de

Klappbrücke Ueckerstraße, Öffnungszeiten unter www.ueckermuende.de/wasser.html

Die VVG (Verkehrsgesellschaft Vorpommern-Greifswald) verbindet die Orte am südlichen Stettiner Haff miteinander, z. B. die **Buslinie 908** von Ueckermünde über Ahlbeck nach Altwarp und die **Buslinie 910** von Ueckermünde über Mönkebude nach Ducherow. www.vvg-bus.de

Reederei Peters, Altes Bollwerk 2, Tel. 039771/22426. Haffrundfahrten und Schifffahrten nach Świnoujście sowie Mai–Mitte Sept. Fahrradfähre »Usedom-Kamminke-Shuttle«.

Stadthafen Ueckermünde, Tel. 28471 und 0151/64910748. Liegeplätze am Bollwerk wenige Schritte von der Altstadt entfernt; Sanitär, Waschmaschine und Trockner.

Marina-Lagunenstadt, Zum Strand 2, Tel. 590760. Little Venedig aus Steganlagen und mehrgeschossigen Backsteinapartments an der Mündung der Uecker ins Haff, wenige Meter zum Strand; Slipanlage und Kran, Bootstankstelle, Segelbootcharter.
www.marina-ueckermuende.de

HafenHotel PommernYacht, Altes Bollwerk 1b, Tel. 2150; DZ/F ab 125 Euro. Modernes Haus direkt am Stadthafen, stilgerecht in Schiffsform errichtet, klein, fein, schick, freundlicher Service, reiches Frühstücksbüffet und hervorragendes Restaurant Roter Butt (s. u.).
www.pommernyacht.de

Pension Peters, Haffstraße 1b, Tel. 27819; DZ/F ab 70 Euro, Juli, Aug. Mindestaufenthalt 3 Nächte. Ruhige inhabergeführte Frühstückspension fast am Fischereihafen,

▸Karte S. 294

keine 300 m vom Strand; die Zimmer funktional, großer Garten. www.pension-peters.com

Ferienpark Ueckermünde-Bellin, Dorfstr. 8b, Tel. 59110 und 0177/4305611; ganzjährig. Im Ueckermünder Ortsteil Bellin am kleinen Strand. Ferienbungalows und schwedische Holzhütten, Gaststätte. www.ferienpark-ueckermuende-bellin.de

Campingpark Oderhaff, Dorfstr. 66a, Grambin, Tel. 039774/20420; April–Mitte Okt. Stiller Naturcampingplatz mit schönem Sandstrand. www.campingpark-oderhaff.de

Caravanstellplatz Ueckermünde, Ueckerstr. 125 (nahe Klappbrücke). Rasengitterstellplatz mit Strom und Wasser/Abwasser. www.caravanstellplatzueckermuende.de

Roter Butt im HafenHotel PommernYacht (s. o.). Das Restaurant zählt zu den besten in der Region. Chef de Cuisine Martin Wünscher kombiniert regionale Spitzenprodukte aus dem Haff, von der Viehweide, aus dem Obst- und Gemüsegarten sowie Wildbret aus der Ueckermünder Heide zu einer aromatischen, mediterran beeinflussten Frischeküche.

Strandhalle Ueckermünde, Am Strand 2, Tel. 59610. In der historischen Strandhalle und auf der Terrasse lässt man sich zum herrlichen Haffblick Salatteller, Fisch, Steak oder Schnitzel, kleine Gerichte nach italienischer Art oder Süßes wie Waffeln und Eis schmecken.

Haffsail, ein Wochenende im Juni. Die kleine Schwester der großen Hansesail mit großer Segelregatta auf dem Haff, Drachenbootfestival, Bühnenprogramm und Feuerwerk. https://haff-sail.de

Ueckermünder Hafftage, ein Wochenende im Juli. Größtes Volksfest der Region mit Livemusik und Bühnenprogramm, Bootskorso, Rummelplatz und Feuerwerk. www.ueckermuende.de/hafftage

Hafenfest, ein Wochenende Anfang August (i.d.R. zwei Wochen nach den Hafftagen). Musik und Schwof, Festumzug und als besondere Gaudi das Badewannenrennen. www.ueckermuende.de/hafenfest

Haffmuseum, Am Rathaus 3, Tel. 28442; Juni–Aug. Di–So 10–17, März–Mai, Sept., Okt. Mi–Fr 10–12 und 13–17, Sa nur 13–17, Nov.–Feb. Do, Fr 10–15.30 Uhr. www.ueckermuende.de/haffmuseum

Tierpark Ueckermünde, Chausseestr. 76, Tel. 54940, April–Mitte Okt. tgl. 10–18, sonst tgl. 10–15 Uhr. Der 1962 eröffnete Zoo zeigt über 400 Tiere aus 100 Arten von allen Kontinenten. www.tierpark-ueckermuende.de

Stationen von **UsedomRad** (→ S. 407): Touristeninformation, Strand, Tierpark. www.usedomrad.de

Uwes Bootsverleih, Altes Bollwerk, Tel. 0171/3197850. Tret-, Paddel-, Ruderboote und SUP, außerdem Floßfahrten. Einen kleinen Gartenimbiss gibt es auch. www.bootsverleih-flossfahrten.de

Fischereigenossenschaft Haffküste, Am Ueckerdamm 1, Tel. 53393; unter der Woche tgl. 9–16 Uhr. Lecker Fisch von fangfrisch über geräuchert bis eingelegt sowie kleine Fischgerichte.

Haffbad Ueckermünde, 800 m bewachter Sandstrand zwischen Mole und Neuendorfer Kanal, Umkleidekabinen, Duschen, WC, Kiosk und Strandkorbvermietung, extra Hundestrand und FKK.

Mönkebude

Zwischen Ueckermünde und Anklam schmiegt sich das kaum 800 Einwohner kleine Urlaubs- und Fischerdorf Mönkebude an die Haffküste. Ein schöner Badestrand, ein Fischer- und Sportboothafen und hier oder da noch ein reetgedecktes Kapitänshäuschen sind die Anziehungspunkte im stillen Erholungsort. Seinen Namen verdankt er den Prämonstratensermönchen des vormaligen Klosters Grobe auf Usedom, denen Herzog Barnim I. 1243 das Recht gewährte, in der gesamten Haffregion Holzeinschlag, Jagd und Fischfang zu treiben. In diesem Zusammenhang tauchte die »Bude der Mönche« 1244 erstmals in einem Schriftstück auf. Im Dreißigjährigen Krieg komplett ausradiert, erfolgte 1698, nun unter schwedischer Herrschaft, die Neubesiedlung des Fleckens und 1720 der Wechsel zu Preußen.

Landwirtschaft und Fischerei brachten den Menschen Lohn und Brot, ab dem 19. Jahrhundert außerdem die Kahnschifferei. Dank der enormen Backsteinnachfrage und infolge von immer mehr Ziegeleien in der Region, erlebten die Mönkebuder Kahnschiffer, die die Ziegel beförderten, einen tüchtigen Aufschwung. 1899 gründete sich der Schifferverein, 1927 der Fischerverein, und 1929 wurde Mönkebude Badeort.

Von 1933 bis 1934 nahm die St.-Petri-Kirche Gestalt an. Dabei setzte der Stettiner Architekt Rudolf Sack dem einfachen Saalbau einen Kirchturm vor, der mit seinem achteckigen kleinen Helm auf der Aussichtsterrasse ein bisschen an einen Leuchtturm erinnert. 1946 Eröffnung einer Schiffswerft, 1961 Erneuerung von Mole und Hafenbecken, zwei Jahre später geht die alte Bockwindmühle, stolzes Wahrzeichen der Mönkebuder, in Flammen auf – das alles und noch viel mehr aus der Ortsgeschichte, von der Fischerei und der Schifffahrt in Mönkebude zeigt das Heimatmuseum Fischerstube seinen Besuchern.

Seit 1999 darf sich Mönkebude »Staatlich anerkannter Erholungsort« nennen. 2014 feierten die beiden Hafforte Mönkebude und Stepnica (→ S. 261) ihre 20-jährige Gemeindepartnerschaft.

Am Strand von Mönkebude

▲ Karte S. 294

Mönkebude

Vorwahl: 039774, **PLZ:** 17375

Touristeninformation Mönkebude und Heimatmuseum, Am Kamp 13, Tel. 20323, April–Sept. Mo–Fr 9–12 und 14–18, Sa, So 10–12 und 14–16, sonst Mo–Fr 9–12 und 13–16 Uhr. www.moenkebude.de

Die VVG (Verkehrsgesellschaft Vorpommern-Greifswald) verbindet die Orte am südlichen Stettiner Haff miteinander, z. B. die **Buslinie 910** von Ueckermünde über Mönkebude nach Ducherow. www.vvg-bus.de

Segeltörns mit dem Zeesenboot »Ghost«, Mai–Sept. 1,5-stündig, halb- oder ganztägig über das Haff sowie **Radfahrer-Fährbetrieb** nach Usedom/Stadt, zu buchen beim Skipper Alwin Harder, Tel. 0172/3125388. www.segeln-am-stettiner-haff.de

Jacht- und Fischereihafen Mönkebude, Am Hafen, Tel. 29071 und 0162/4799943 (Hafenmeister). Durch eine Mole geschütztes Hafenbecken mit Boots- und Motorenservice, Kran, Bootstankstelle und Propangasaustausch, Strom, Wasser/Abwasser, Sanitär und Waschmaschine. www.moenkebude.de/moenkebude/hafen

Campingpark Oderhaff, Grambin, → S. 313

Wohnmobilstellplätze auf dem Wiesenparkplatz am Jachthafen (s. o.) sowie wenige Meter entfernt auf der Wiese hinter dem Strand. Strom, Sanitär, Wasser/Abwasser nahe Fischereigebäude; beim Hafenmeister melden.

Station von **UsedomRad** (→ S. 407): Touristeninformation. www.usedomrad.de

500 m feiner **Sandstrand,** Umkleide, Dusche/WC, Strandkorbverleih, Gastronomie in der Strandhalle, FKK-Bereich.

Anklam und Umgebung

Vielleicht hat die steife Brise am Haff ja damit zu tun, dass der berühmteste Anklamer Sohn Luftfahrtpionier wurde. 1848 erblickte Otto Lilienthal (→ S. 319) im 13 000-Einwohner-Städtchen kurz vor der Peenemündung das Licht der Welt. Nähert man sich dem Ort von der Flussseite her, prägen die Speicher im Binnenhafen, der Barockturm der ehemaligen Garnisonkirche und der backsteingotische Kirchturm von St. Marien die Silhouette. Dazu gesellen sich St. Nikolai mit dem Ikareum, das Steintor mit Stadtmuseum sowie der Pulverturm als Rest der einstigen Stadtbefestigung – wesentlich mehr ist von der historischen Bebauung nicht übrig geblieben. Anklam wurde Ende des Zweiten Weltkriegs nahezu vollständig ausgelöscht.

Beim Wiederaufbau der Innenstadt in den 1950er Jahren behielt man den kreisrunden mittelalterlichen Grundriss bei, doch schmücken seither zahlreiche industrielle Typenbauten die Straßenzüge. 1991 begann die Sanierung des historischen Zentrums. Auf dessen Brachen entstehen in jüngster Zeit – dann und wann von einem leicht süßlichen Duft der nahen Zuckerrübenfabrik umweht – am liebsten wieder Gebäude in kleinteiliger, typisch hanseatischer Giebelbauweise.

Geschichte

Wie fast alle Orte im nordöstlichen Deutschland geht auch Anklam auf eine slawische Siedlung zurück. Nach der deutschen Kolonisierung erhielt es 1244 vom Greifenherzog Barnim I. Stadtrechte. 1283 folgte der Beitritt zur Hanse, der

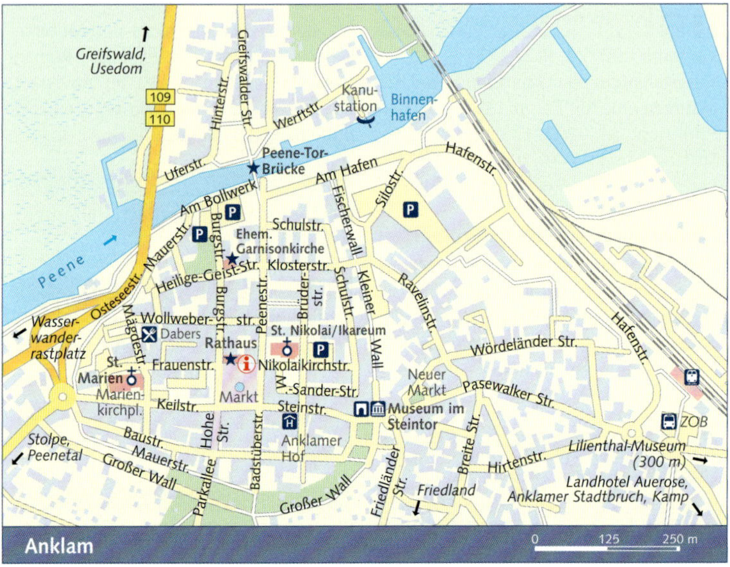

Anklam

Anklam Wohlstand und Ansehen eintrug. Vor allem der Heringsfang entwickelte sich glänzend. Anklam stieg zu einer der wohlhabendsten Städte im Pommernland auf.

Doch die Wirren der Reformation, die Pest der Jahre 1565 und 1605 und vollends dann der Dreißigjährige Krieg beendeten diese Blütezeit. Ab 1648 schwedische Garnisonstadt, folgten 1655 bis 1660 der Zweite Nordische Krieg, 1674 bis 1679 der Schwedisch-Brandenburgische Krieg und 1700 bis 1720 der Große Nordische Krieg um die Vorherrschaft im Ostseeraum. Im Frieden von Stockholm wurde Vorpommern 1720 zwischen Schweden und Preußen aufgeteilt. Vorpommern nördlich der Peene blieb unter schwedischer Herrschaft, während der südliche Teil preußisch wurde. Demgemäß wehte in Anklam am nördlichen Peeneufer auf einmal die schwedische, am südlichen die preußische Fahne. Die Hansestadt war geteilt. Sehr zur Erleichterung der jungen Männer übrigens, die sich der preußischen Militärpflicht dadurch entziehen konnten, dass sie über die Peenebrücke rasch ins »Schwed'sche« rüberwechselten.

1815 gelangte schließlich auch Schwedisch-Vorpommern an Preußen. Ein gutes viertel Jahrhundert später läuteten die ersten Dampfboote auf der Peene das industrielle Zeitalter ein. 1863 kam der Anschluss an die Eisenbahnstrecke Berlin–Stralsund. Ab 1867 unternahmen die Brüder Lilienthal erste Flugexperimente. 1869 nahm die Eisengießerei den Betrieb auf, 1883 die Zuckerfabrik.

Im Dritten Reich profitierte Anklam von den Kriegsvorbereitungen. Eine Garnison, ein Flugplatz und ein Zweigwerk der Arado Flugzeugwerke für die Bomberproduktion entstanden. Im Zweiten Weltkrieg antworteten die Alliierten 1943 und 1944 mit verheerenden Luftangriffen. Doch erst das deutsche Bombardement der bereits von Sowjettruppen besetzten Stadt wenige Tage vor Kriegsende führte zu den schlimmsten Zerstörungen.

Sehenswertes

Die backsteingotische **Marienkirche** im Herzen der Altstadt konnte schon 1947 nach größeren Reparaturen wieder eingeweiht werden. Das kurze Satteldach, das bei 64 Metern den Kirchturm bedeckt, ersetzt seither die kriegszerstörte steile Turmspitze, die einst in 100 Meter Lufthöhe das Gotteshaus krönte. Dass der Turm auffällig asymmetrisch an der Südwestecke des dreischiffigen Hallenbaus steht, liegt daran, dass man von ursprünglich zwei geplanten Türmen den nordwestlichen nie errichtet hat. Die Pläne wurden bereits im Mittelalter aufgegeben – warum, weiß man nicht. Kunsthistorisch bedeutend im Gotteshaus, dessen älteste Teile auf Ende des 13. Jahrhunderts datieren, ist insbesondere die originale Ausmalung. Sie stammt aus der ersten Hälfte des 14. Jahrhunderts und ist noch sehr schön an den Pfeilern und Bögen im Hauptschiff zu sehen.

St. Marien zu Füßen stand noch vor Kurzem das 2014 enthüllte, sechs Meter hohe **Brüder-Lilienthal-Denkmal,** vom Eberswalder Bildhauer Eckhard Herrmann (*1949) geschaffen. Es ist eine der seltenen Skulpturen, die neben Otto Lilienthal auch den Bruder Gustav und

Blick über die Peene zur Marienkirche

Das Steintor beherbergt das stadtgeschichtliche Museum

seine maßgeblichen erfinderischen und sozialreformerischen Leistungen würdigen. Ende November 2020 musste die Figurengruppe einem Neubau weichen, wurde in Einzelteile zerlegt und bis auf Weiteres »eingemottet«. Ob und wo das jüngste Anklamer Wahrzeichen einen neuen Standort finden wird, steht noch nicht fest.

Nahebei erhebt sich die im 14. Jahrhundert erbaute **Nikolaikirche.** Nach ihrer Zerstörung 1945 blieb sie jahrzehntelang Ruine und wird seit 2004 wiederaufgebaut. Auf ein neues Dach 2011 folgte in der dreischiffigen gotischen Hallenkirche 2014 die Neuverglasung der Chorfenster, teils als Rekonstruktion, teils vom renommierten Londoner Glaskünstler Graham Jones (*1958) neu geschaffen. Seine farbenfrohen Kompositionen nehmen Motive der Lilienthalschen Flugversuche auf, und dies nicht von ungefähr: St. Nikolai war die Taufkirche Otto Lilienthals und soll, mit einem anvisierten Eröffnungsdatum 2024/2025, als **Ikareum Lilienthal Flight Museum** wiedererstehen. Der hohe Sakralraum wird dann eine der weltgrößten Hängegleitersammlungen präsentieren. Und der Kirchturm, seit Kriegsende ohne Kopfschmuck, wird seine himmelstürmende Spitzhaube wiederbekommen – dann allerdings skelettartig transparent und mit Aussichtsterrasse und Illumination versehen. Während der Bauphase kann man ihn zu eingeschränkten Zeiten erklimmen. Das Geburtshaus der Lilienthal-Brüder befand sich gleich gegenüber in der Peenstraße 8, wo heute eine Fleischerei ansässig ist.

Die ständige Ausstellung zum berühmtesten Sohn der Stadt liegt etwas weniger prominent im Osten der Altstadt kurz vor den Bahngleisen. Dort erfährt man im **Otto-Lilienthal-Museum** alles Wissenswerte über den Flugpionier (→ S. 319), taucht ein in die Geschichte des Menschheitstraums vom Fliegen und der technischen Entwicklung der Flugapparate. Wer sich für die Anklamer Stadtgeschichte interessiert, wird im **Museum im Steintor** fündig. Die Backsteinmauern des mittelalterlichen Wehrturms zeigen das Leben in Anklam und an der Peene in den Jahrhunderten. Eine besondere Kostbarkeit ist der 1995 bei Bauarbeiten entdeckte »Anklamer Münzschatz«, eine über 2500 Silberlinge zählende Münzsammlung vom 13. bis 17. Jahrhundert. Als dritter markanter Turm ragt in der Altstadt der Barockturm der ehemaligen **Garnisonkirche** hervor. Ende der 1730er Jahre erbaut, dient sie schon seit Mitte des 19. Jahrhunderts keinen religiösen Zwecken mehr. In der DDR Feierabendheim, findet im Heilig-Geist-Stift heute betreutes Wohnen der Volkssolidarität statt.

Ein weiterer berühmter Anklamer ist übrigens der Schriftsteller Uwe Johnson (1934–1984), dessen vielschichtiges Werk sich den Ereignissen im geteilten Deutschland widmet.

Die Nikolaikirche dominiert den Anklamer Marktplatz

▲ Karte S. 316

»Dahinzuschweben, im Lüftebereich« – die Brüder Otto und Gustav Lilienthal

Die Geschichte ist reich an fruchtbaren Brüdergespannen, von Alexander und Wilhelm von Humboldt über die Gebrüder Grimm bis zu den Albrecht-Brüdern (Begründer der Aldi-Discounter) – Gelehrte, Wissenschaftler, Entdecker, Erfinder, Neuerer. Für die Luftfahrt maßgeblich waren die Brüder Wright, die 1903 in ihrem Fluggerät mit eigenem Antrieb erstmals für 13 Sekunden vom Boden abhoben. Für die Erfolge der Wrights wiederum waren die Forschung, Experimente und mutigen Feldversuche der Brüder Lilienthal aus Anklam grundlegend: Otto (1848–1896), Erfinder, Ingenieur und Fabrikant, der als erster und am eigenen Leib systematisch Flugversuche durchführte, und sein Bruder Gustav (1849–1933): Weltbürger, Erfinder, Ingenieur, Architekt und Sozialreformer – beide von Kindesbeinen an besessen von der Idee des Menschenflugs.

Ihr Elternhaus ist liberal, der Vater, ein Tuchhändler, engagiert sich in der 1848er-Revolution; woraufhin er nachfolgend in der Restauration seine adelige Kundschaft verliert, trinkt, spielt und 1861 früh verstirbt. Mutter Caroline muss ihre Kinder fortan alleine durchbringen. Otto und Gustav bauen in jener Zeit, noch ohne Bartflaum auf den Wangen, einen ersten »Flugapparat«, ihrer Beobachtung der heimischen Störchen nach.

Zum Studium geht Otto 1867 an die Königliche Gewerbeakademie nach Berlin. Gustav folgt ihm nach abgeschlossener Maurerlehre und studiert an der Berliner Bauakademie. Wieder vereint, widmen sich die Brüder in ihrer Dachbehausung der Konstruktion eines Flügelschlagapparats, der mit Pedalantrieb über Muskelschmalz Flügelbewegungen wie bei Störchen in Gang setzten soll.

Die Jahre nach der Reichsgründung 1871 sind von Wechselfällen geprägt. Gustav verdient als Bauleiter Geld, während Otto eine Arbeit als Ingenieur zunächst in einer Maschinenfabrik, ab 1872 in einer Firma für Bergbaugeräte aufnimmt. Man mietet eine gemeinsame Wohnung, in der nach dem plötzlichen Tod der Mutter auch die Schwester Marie und die Anklamer Großmutter Aufnahme finden. Den Dachboden im Haus funktionieren die Brüder zur Werkstatt um, wo sie in ihrer Freizeit Flugmodelle bauen und sich mit Fragen des Flugvortriebs und Flügelformen beschäftigen.

1873 wechselt Gustav als Architekt erst nach Prag, dann nach London. Dort waren die Lilienthals im selben Jahr bereits in der Aeronautical Society of Great Britain aufgenommen worden. Otto widmet sich unterdessen in Berlin der Entwicklung eines Rotationsapparats, mit dessen Hilfe er systematische Messungen zu Luftwiderstand und Auftrieb unternimmt. Ab Mai 1874 unterstützt ihn wieder der nach Hause zurückgekehrte Bruder. Ihre ersten Patentanmeldungen schlagen fehl.

Dafür winkt Otto das Glück. Auf einer seiner zahlreichen Dienstreisen im Auftrag der Berggerätefirma lernt er Agnes Fischer kennen, Tochter eines sächsischen Bergbaubeamten. 1878 wird geheiratet, im Jahr darauf stellt sich der Stammhalter ein, das erste von vier Kindern des Ehepaars. Zeitgleich tüfteln die Brüder an einem Baukasten für Kinder. Rote und beigefarbene Steinchen verschiedenster Formen, mit denen die kleinen Baumeister im Spielzimmer Gebäude, Brücken und vieles mehr basteln können. 1879 soll die Vermarktung beginnen, doch einmal mehr stellt sich heraus: Die Lilienthals sind keine guten Geschäftsleute. Also wird die Idee an den

EXTRA

Rudolstädter Fabrikanten Richter verkauft, der die Erfindung sofort patentieren lässt. Er macht den Ankerstein-Baukasten - das älteste Systemspielzeug der Welt, das heute noch in Rudolstadt hergestellt wird - zum Verkaufsschlager und verdient damit Millionen.

Otto Lilienthal an der Fliegestation Steglitz 1893

Unterdessen arbeitet Otto an einem Schwingenflieger, für dessen Antrieb er einen Kleinmotor entwickelt. Allerdings ist die ein viertel PS leistende Dampfmaschine aus dünnem Messingrohr viel zu stark für den gerade einmal storchgroßen Flieger. Schon beim ersten Probeflug zerbrechen die Flügel. Andererseits bildet diese Erfindung - das erste von insgesamt 20 Patenten in den kommenden Jahren - den Grundstock zu einer Entwicklung, die 1883 in die Eröffnung der Dampfkessel- und Maschinenfabrik Otto Lilienthal mündet. Das Unternehmen besteht bis zum Ersten Weltkrieg, produziert »gefahrlose Dampfkessel aus Schlangenrohr-Elementen« und ab 1894 außerdem »Normalsegelapparate«: einen von Otto entwickelten Gleitflieger, gewissermaßen ein Vorläufer der heutigen Drachenflieger. Damit ist das Werk in der Köpenicker Straße in Berlin faktisch die erste Flugzeugfabrik der Welt. Sie bringt Otto Wohlstand, und auch seinen 60 Arbeitern, die er ab 1890 mit 25 Prozent am Reingewinn beteiligt.

Gustav lässt sich nach weiteren Arbeitsaufenthalten in Frankreich und England mit seiner Frau Anne, die er 1889 geheiratet hat, in Lichterfelde bei Berlin nieder und etabliert sich erfolgreich als Architekt. Aus Prag hat er die verspielte Formensprache des Jugendstils mitgebracht, aus England den Tudorstil und einen scharfen Blick auf die Elendsviertel und aus Australien die Kenntnis von grünen Arbeitersiedlungen. Als Anhänger der »Freiland«-Bewegung, die einen alternativen Lebensstil ohne Privateigentum an Grund und Boden verfolgt, wird er 1895 zum Mitbegründer der bis heute bestehenden Berliner Baugenossenschaft »Freie Scholle«. Weitere Reformgründungen folgen. Darüber hinaus geht Gustav als Erfinder zahlreicher Baufertigelemente sowie als Architekt der Villenkolonie Lichterfelde in die Geschichte ein.

1898 startet Otto in Berlin seine persönlichen Flugversuche. Zwei Jahre später segelt er mit einem Gleitflieger bei Derwitz im Havelland 25 Meter weit. Ein Jahr später erreicht er Weiten bis 80 Meter. 1893 wechselt er in die Rhinower Berge bei Stölln im Havelland, wo ihm Gleitflüge bis zu 250 Meter gelingen. 1896 stürzt er dort ab und stirbt am nächsten Tag an den Folgen seiner Verletzungen.

Nach dem Tod des Bruders forscht Gustav weiter, hält dabei aber an überholten Ideen fest und wird zum Außenseiter in der Flugzeugentwicklung. 1933 stirbt der Vater von fünf Töchtern 83-jährig auf dem Weg zum Flugplatz an einem Herzinfarkt. Auf dem Parkfriedhof in Berlin-Lichterfelde wird er beigesetzt. Das Grab von Otto und Agnes Lilienthal befindet sich in Berlin auf dem Friedhof Lankwitz.

Anklamer Stadtbruch

Auf halbem Weg von Mönkebude nach Anklam dehnt sich hinter dem letzten westlichen Haffzipfel auf gut 2000 Hektar die wilde Moorlandschaft des Naturschutzgebiets Anklamer Stadtbruch aus – eine der größten Hochmoorflächen in Deutschland und Teil des Naturparks Flusslandschaft Peenetal. Zwischen Gräben, Kanälen, überfluteten Moorfeldern und Flachseen ragen abgestorbene Wälder als bizarre Baumgerippe empor. Sie dienen Reihern, Kormoranen und Seeadlern als Ansitze, von wo aus sie ihre Fischbeute ins Auge fassen. Unten im Röhricht und Seggenried nisten unzählige Wiesen- und Wasservögel, während Biber und Fischotter die Wasser durchstreifen. Dieser atemberaubenden Wildnis wurde bereits ab Ende des 16. Jahrhunderts mit dem Torfstich allmählich der Garaus gemacht. Ab 1932 erfolgte die Eindeichung und systematische Entwässerung für die intensive Forst- und Viehwirtschaft. Das abgegrabene Hochmoor sackte unter den Meeresspiegel ab, weshalb höhere Deiche gebaut werden mussten, weshalb das Moor abermals absackte … – bis diesem Treiben 1995 eine Sturmflut ein jähes Ende bereitete. Der Deich brach, und gewaltige Wassermassen ergossen sich in den Stadtbruch.

Eine teure Sanierung lohne sich nicht, entschied man und überließ das Land weitestgehend sich selbst. Seitdem wächst das Moor wieder, seit der Jahrtausendwende auch unterstützt durch eine Reihe von Maßnahmen zur Wiedervernässung.

Seit 2018 ist der Naturschutzbund Deutschland (NABU) Eigentümer des größten Teils der wieder urwüchsigen Sumpflandschaft und konnte sie für den Naturschutz sichern. Erkunden kann man das Moor als Besucher per pedes, und geübte Fahrer auch mit dem Rad über teils schmale und stark verkrautete Pfade. Einstiege befinden sich zum Beispiel einen knappen Kilometer westlich von Leopoldshagen, von der L 31 die Piste hinauf bis zur Holzbrücke am Anfang des Naturschutzgebiets. Hier beginnt ein reichlich vier Kilometer langer **Rundwanderweg** durch das Moor.

Im Anklamer Stadtbruch darf sich die Natur wieder ungestört entfalten

Wer die Wanderung noch etwas verlängern möchte, startet vom Weiler **Bugewitz** aus. Gegenüber vom Gasthaus Zum Mühlengraben geht es östlich in einen Feldsteinweg, kurz danach links in einen Wiesenpfad, der stets dem Mühlengraben folgt. Der gut zwei Kilometer lange Weg bis zur Holzbrücke ist schattenlos und absolut einsam. Unterwegs erinnert ein altes Schöpfwerk an die frühere landwirtschaftliche Nutzung – begleitet vom vielstimmigen Insektensummen und dem kurzen, hohen »Krick-rick« der Seeadler. Ein weiterer Weg durch das Naturschutzgebiet führt vom Beobachtungsturm beim Flecken **Rosenhagen** aus etwa drei Kilometer durch Wasser und Land zum Fischerdorf Kamp.

In der Marina von Stolpe lässt man es geruhsam angehen

Kamp

Zwischen südlich der Moorlandschaft des Anklamer Stadtbruchs und nördlich der Peenemündung zählt man im idyllischen Fischernest Kamp am Strom, dort, wo die Insel Usedom ganz nah ans Festland heranrückt, nicht mehr als zwei Dutzend Häuser. Technikfans und Fotobegeisterte haben hier die Gelegenheit, ihr Fernglas

In Stolpe pendelt eine kleine Fähre über die Peene

beziehungsweise Objektiv ohne Gegenlicht über das Wasser hinweg auf die **Hubbrücke Karnin** (→ S. 345) zu richten. Sie ist ein Relikt der 1945 von der Wehrmacht gesprengten Eisenbahnbrücke auf der Strecke Berlin–Swinemünde. Wasserwanderer können im geschützten **Hafen** anlegen, für die Verpflegung sorgen ein Gartencafé und ein saisonaler Imbisswagen. Zudem besteht die Möglichkeit, ein Zelt aufzuschlagen, was vor allem Radwanderer gerne nutzen.
Bei Pedalrittern besonders beliebt ist die kleine **Rad- und Personenfähre »Antonia«.** Barrierefrei und mit Ökostrom angetrieben, pendelt sie im Sommerhalbjahr zwischen Kamp und Karnin auf Usedom und verkürzt damit den Weg auf die Insel um stattliche 35 Kilometer.

Im Peenetal

»Amazonas des Nordens« wird das Flüsschen Peene genannt. Von seinem Ausfluss aus dem Kummerower See im Herzen von Mecklenburg-Vorpommern legt es gut 85 Kilometer bis zur Mündung in den Peenestrom bei Anklam zurück. Die Peene gilt als einer der letzten unregulierten und unverbauten Wasser-

▲ Karte S. 294, 316

läufe in Deutschland. 2011 wurde die faszinierende Zwischenwelt aus Wasser und Land im **Naturpark Flusslandschaft Peenetal** unter Schutz gestellt. Auf fast 34 000 Hektar umfasst sie eine der größten zusammenhängenden Niedermoorlandschaften in Mitteleuropa, außerdem Flachwasserseen, Torfstiche und Feuchtwiesen, Altarme, verlandete Gräben, Bruchwälder und weite Schilfgürtel - fast das ganze Panoptikum an Feuchtlebensräumen im Binnenland.

Biber und Fischotter tummeln sich, seltene Moorpflanzen blühen, und die Insekten summen. Aber vor allem ist das Peenetal ein Wasservogelparadies. Etwa 160 Brutvogelarten ziehen im Ried ihren Nachwuchs auf, darunter auch so seltene Majestäten wie See-, Fisch- oder Schreiadler. Am schönsten entdeckt man sie im Boot auf der Peene vom Wasser aus.

Zu Lande bildet der 280-Einwohner-Ort **Stolpe** westlich von Anklam den Ausgangspunkt für Peenetalwanderungen. Das malerische Dörfchen am Fluss ist eine der ältesten verzeichneten Gründungen Vorpommerns. 1151 erstmals schriftlich erwähnt, stiftete Herzog Ratibor I. zwei Jahre später hier das erste Kloster in Pommern. In der Reformation wurde es 1534 aufgelassen und ging 1637 im Dreißigjährigen Krieg in Flammen auf. Die letzten Feldsteinmauerreste von Kloster Stolpe bestehen aber noch heute. Man kann sie kurz vor dem Fähranleger in der Wiese in Augenschein nehmen.

Neben den Klosterresten firmiert das prachtvolle Gutshaus Stolpe seit 1996 als Edelherberge. Unten am Fluss befördert der Fährmann Fußgänger und Radler auf Zuruf ans nördliche Peeneufer. Eine Badewiese, der Stolper Fährkrug für die Verköstigung, ein kleiner wassertouristischer Hafen und weiter oben im Ort das Infozentrum Naturpark Flusslandschaft Peenetal machen die Idylle perfekt.

Wanderungen von Stolpe aus führen zum Beispiel zum wiedervernässten Menzliner Polder und dort nahebei zu alten Wikingergräbern. Die ausgedehnten Sümpfe im Mündungsdelta der Peene kann man trockenen Fußes beispielsweise ab dem Vier-Häuser-Flecken Johannishof an der B 110 erkunden. Von dort gelangt man auf einer Stichpiste südwärts zum Vogelbeobachtungsturm.

Anklam und Umgebung

Vorwahl: 03971, **PLZ:** 17389

Anklam-Information, Markt 3, Tel. 835154; Mitte Mai–Mitte Sept. Mo–Fr 9–18, Sa 9–12, sonst Mo–Fr 9–16.30 Uhr. www.anklam.de

Die **Zecheriner Brücke** nach Usedom wird mehrmals tgl. rund 20 Min. für Schiffe geöffnet: 5.45, 8.45, 12.45, 16.45 und 20.45 Uhr. www.kreis-vg.de/Leben/Brückenöffnungszeiten

Die VVG (Verkehrsgesellschaft Vorpommern-Greifswald) verbindet die Orte am **südlichen Stettiner Haff** miteinander, z. B. die Buslinie 910 von Ueckermünde über Mönkebude nach Ducherow. Die Anklamer Verkehrsgesellschaft (AVG) verknüpft die **nördliche Haffküste** über Ducherow, Anklam und Wolgast mit Greifswald und der Insel Usedom.
www.vvg-bus.de, www.avg-bus.de

Der **ICE** München–Binz/Rügen und der **RE 3** Lutherstadt Wittenberg/Falkenberg (Elster)–Stralsund, beide über Berlin, stoppen in Anklam.
www.bahn.de, www.vbb.de

Rad- und Personenfähre Kamp–Karnin, Mai–Mitte Okt. ab Kamp stdl. 10–17,

ab Karnin stdl. 10.30–17.30 Uhr; Infos unter Tel. 039771/22426.
www.reederei-peters.de
Wasserwander- und Wohnmobilplatz, Entensteig 1a, Tel. 0162/5202206. Kleiner Bootsliege- und Zeltplatz in Zentrumsnähe an der Peene nahe B 109. Wohnmobile stehen auf einem baumlosen Schotterplatz. Strom, Sanitär, Wasser/Abwasser, Slipanlage.
www.wasserwanderrastplatz-anklam.de
www.caravan-anklam.de
Hafen und Wasserwanderrastplatz Kamp, Kamp 10a, Bugewitz/OT Kamp, Tel. 0151/59838878. Kleiner Hafen am Peenestrom mit Dusche/WC-Container, Strom, Kran, Wasser/Abwasser, Zeltmöglichkeit.

Anklamer Hof, Pelzerstr. 1, Tel. 836830; DZ/F ab 155 Euro. Eleganter Neubau der Best-Western-Kette in der Altstadt um die Ecke vom Markt; Spa mit Sauna und kleinem Pool. Frühstücksraum, Restaurants und Bar befinden sich in den frisch restaurierten Räumlichkeiten der angeschlossenen historischen Post.
www.anklamer-hof.de
Landhotel Auerose, Dorfstr. 3a, Neu Kosenow/OT Auerose, Tel. 039726/20313; DZ/F ab 71 Euro. Familiengeführtes Landhotel, hübsch im Grünen im winzigen Flecken Auerose ca. 4 km südlich von Anklam. www.landhotel-auerose.de
Gutshaus Stolpe, Peenestr. 33, 17391 Stolpe bei Anklam, Tel. 039721/5500; DZ/F 220 Euro. An der Peene im Naturpark herrschaftlich in alten Gutsmauern logieren: Das 150-jährige Herrenhaus, das unter dem Dach der Luxushotelvereinigung »Relais & Châteaux« firmiert, bietet formvollendetes englisches Landhausflair und Sterneküche (s. u.). www.gutshaus-stolpe.de

Wasserwander- und Wohnmobilplatz, (s. o.), Platz für Zelte und Wohnmobile.
Wasserwanderrastplatz Kamp (s. o.), Zeltmöglichkeit.

Gutshaus Stolpe (s. o.). Das seit 1998 in Folge Michelin-Stern-gekrönte Gourmetrestaurant, seit 2021 vom jungen Küchenchef Kai Wiegand geführt, bereitet klassische französische Gaumenfreuden zu, regional, saisonal, zeitgenössisch interpretiert. Sehr beliebt, eine rechtzeitige Reservierung ist zu empfehlen.
Stolper Fährkrug (s. o.), Tel. 039721/52225. Im zum Gutshaus gehörigen, 350 Jahre alten Wirtshaus speist man günstiger schmackhafte deutsch-internationale Gerichte. Die reetgedeckte Fachwerkkate liegt zwischen Minihafen und Fähranleger, lauschig zum Draußensitzen im Biergarten mit Peeneblick.
Gaststätte Dabers, Mägdestr. 1, Tel. 243173. Deftige deutsche und bulgarische Brutzelküche, im Hof zwischen sonnengewärmten Backsteinmauern und in der urigen restaurierten Stallanlage.
www.gaststaette-dabers-anklam.metro.rest

Otto-Lilienthal-Museum, Ellbogenstr. 1, Tel. 245500; Juni–Sept. tgl. 10–17, Mai, Okt. Di–Fr 10–17, Sa, So 13–17, sonst Mi–Fr 11–15.30, So 13–15.30 Uhr.
www.lilienthal-museum.de
www.ikareum.de
Museum im Steintor, Schulstr. 1; Mai–Sept. Di–Fr 10–17, Sa, So 13–17, sonst Mi–Fr 11–15.30, So 13–15.30 Uhr.
www.museum-im-steintor.de
Marienkirche Anklam, Mai–Okt. Mo–Fr 11–13 Uhr.

Stationen von **UsedomRad** (→ S. 407): Rathaus, Kanustation, Bahnhof.
www.usedomrad.de

Kanustation Anklam, Werftstr. 6, Tel. 242839. Verleih von Kanus und führerscheinfreien Motorbooten.
www.abenteuer-flusslandschaft.de

▶ Karte S. 294, 316

Am Peenestrom

Der Peenestrom ist der westliche Mündungsarm der Oder. Er befördert Oderwasser aus dem Stettiner Haff in die Ostsee und trennt die Insel Usedom vom deutschen Festland. Je nach Windrichtung wechselt dabei der Durchlass zwischen den Landmassen von schwacher bis starker Strömung, vom Wasser-Einstrom von der Ostsee her zum Wasser-Ausstrom aus dem Stettiner Haff. So mischen sich Salz- und Süßwasser zum fischreichen Brackwasser und bilden ein beliebtes Segelrevier. Die Naturgewalten haben zwischen Insel und Festland über viele Jahrtausende raumgreifende Ausbuchtungen wie das Achterwasser oder die Krumminer Wiek geschaffen und dabei von Usedom nur einen schmalen Landstreifen übrig gelassen.

Wer auf Höhe von Anklam nicht über die Zecheriner Brücke oder nördlich bei Wolgast über das Blaue Wunder nach Usedom wechseln möchte, findet zwischen Wolgast und dem Seebad Lubmin am Greifswalder Bodden auch an der Festlandsküste eine Reihe sehr sehenswerter Haltepunkte. Dazu gehören der romantische Fischerhafen Freest ebenso wie das touristische Baltic Sea Resort in Kröslin oder die gespenstische Atomkraftwerkruine bei Lubmin. Das Naturschutzgebiet Peenemünder Haken, Struck und Ruden schließlich umfasst die letzte Landnase, die der Peenestrom vor seiner Mündung ins Meer streift.

Lassan

Unterwegs zwischen Anklam und Wolgast liegt auf halber Höhe das verschlafene ehemalige Fischer-, Ackerbürger- und Handwerkerstädtchen **Lassan** mit kleinem **Hafen** und **Campingplatz** am Strom. Anno 1274 bekam es Stadtrechte, aktuell dürfen sich die 1300 Lassaner rühmen,

Die Lassaner Johanniskirche

die drittkleinste Stadt Mecklenburg-Vorpommerns zu sein. Wolf Biermann hat sie einmal nicht so rühmlich besungen: »Am Peenestrom, am Peenestrom, da liegt ein Wrack aus Holz und Stein, seit fünfmal hundert gleichen Jahrn, die alte Stadt Lassan.«

An die Blütezeit des Lassaner Handwerks Anfang des 20. Jahrhunderts erinnern die vielen reich verzierten **Haustüren** im Ortszentrum – Meisterwerke der etwa 200 Tischler, die hier einst lebten. Am Anfang der Altstadt, wo die kopfsteingepflasterte Lange Straße schnurstracks zum Hafen hinunterführt, erhebt sich die backsteinerne gotische **Johanniskirche** von Mitte des 13. Jahrhunderts. Innen zieren sie ein Barockaltar und eine Kanzel aus dem 18. Jahrhundert. Reste der alten **Stadtmauer** und vor allem das **Heimatmuseum** in der Lassaner Wassermühle von 1907 künden von der Vergangenheit.

Die Decke der Kirche St. Nikolai zu Bauer

Schloss Buggenhagen

Für Kunstinterressierte lohnt ein Abstecher zum zwei Kilometer südlich gelegenen Schloss Buggenhagen im Lassaner Winkel. Der gleichnamige Weiler, keine 200 Leute klein, war vom 13. Jahrhundert bis 1945 Stammsitz der adligen Familie vom Buggenhagen. Ihr um 1840 erbautes klassizistisches Herrenhaus wird seit 2012 vom Kunsthistoriker Till Richter geführt und zeigt in Wechselausstellungen Werke vielversprechender junger Künstler.

Bauer-Wehrland

Karte S. 294

Nördlich im Lassaner Winkel besitzt der winzige Flecken Bauer-Wehrland ein besonderes Juwel unter den Dorfkirchen. Auf einer Anhöhe mit Sicht auf den Peenestrom steht das Gotteshaus **St. Nikolai zu Bauer,** das durch seine schlichte Schönheit entzückt. Aus Feldsteinen ab etwa 1285 errichtet, wurde es Mitte des 14. Jahrhunderts mit einem backsteinernen westlichen Blendgiebel versehen. Innen kontrastiert der grobe Putz an den Wänden, weißgetüncht, mit der um 1700 geschaffenen, umso strahlenderen Deckenbemalung mit Lorbeer- und Akanthuslaub und im Chor Engeldarstellungen. Ein mittelalterliches steinernes Taufbecken und die Empore, die seit 1866 eine der insgesamt drei Remler-Orgeln in ganz Mecklenburg-Vorpommern krönt, gehören zu den weiteren Schmuckstücken. Der ungewöhnliche Ortsname Bauer-Wehrland rührt von der slawischen Siedlung Bebrow beziehungsweise Brebow her, in deren Nachbarschaft deutsche Siedler um 1300 am südlichen Ufer des Brebowbachs Wehrland gründen. Und so wie die beiden Orte im Lauf der Jahrhunderte miteinander verschmolzen, so wandelte sich allmählich Bebrow, die »Biberaue«, in Bauer.

Ein zweiter Hingucker am Ort ist **Schloss Bauer.** Der Vorgänger des klassizistischen Herrenhauses geht wohl auf das 16. Jahrhundert zurück. In der DDR Wohnhaus, Kindergarten, Schule und Veranstaltungsort, wird das rundum sanierte stattliche Gutshaus heute privat bewohnt.

Lassan

Vorwahl: 038374, **PLZ:** 17440

Die Anklamer Verkehrsgesellschaft (AVG) verknüpft die **nördliche Haffküste** über Ducherow, Anklam und Wolgast mit Greifswald und der Insel Usedom. www.avg-bus.de

Wassersport Lassan, Stadthafen, Tel. 0171/5443826. Mit dem Kutter »Buttje« nach Rankwitz und Ziemitz auf Usedom oder 1,5-stündige **Kreuzfahrt durchs Achterwasser;** Kajak-, Ruder- und Motorbootverleih. www.wassersport-lassan.de

Hafen Lassan, Am Hafen, Tel. 0171/5443826. Kleine Marina mit Sanitärhäuschen, Strom/Wasser am Dock, Abwasser, Slipanlage, Schiffs- und Motorenwerkstatt. www.lassan.eu

Ackerbürgerei Lassan, Lange Str. 55/57, Tel. 5111; DZ klein ab 36 Euro, DZ groß ab 47 Euro, außerdem FeWos, Frühstück 9 Euro/Pers. Gepflegte Zimmer und FeWos in Hafennähe; Bett&Bike-zertifiziert. In der kleinen Gaststätte kommen zum hausgebackenen Brot regionale Bio-Gerichte auf den Tisch. www.ackerbuergerei.de

Naturcampingplatz Lassan, Garthof 5, Tel. 559951 und 0151/20299232; April–Okt. Grüner Wiesenplatz unter Bäumen am Peenestrom östlich vom Ortszentrum, mit Shop, Gaststätte, Sauna, Bootsanleger, ca. 150 m zum kleinen Badestrand, Hunde willkommen. www.campingplatz-lassan.de

Heimatmuseum Lassaner Mühle, Mühlenstr. 2; Juni–Sept. Mo–Fr 10–12 und 13–16, Sa 10–12 und 14–16, So 10–12 Uhr. www.museum-lassaner-muehle.de

Till Richter Museum, Schloss Buggenhagen, Str. des Friedens 6, Buggenhagen; Mitte April–Okt. Do–So 11–18 Uhr. www.tillrichtermuseum.org

St. Nikolai zu Bauer, Bauer-Wehrland/OT Bauer; Mai–Okt. Mo–Fr 9–19 Uhr. www.kirche-bauer.de

Wassersport Lassan (s. o.), Verleih von Kajaks, Ruder- und Motorbooten.

Naturcampingplatz Lassan (s. o.), Verleih von SUP, Kajaks, Kanus, Tret- und Ruderbooten.

Kleine **Sandbadebucht** am Peenestrom, ca. 150 m nördlich vom Naturcampingplatz.

Wolgast

»Tor zur Insel Usedom« nennt sich die schmucke ehemalige Residenzstadt am Peenestrom. Manchmal auch zum Leidwesen der 12 000 Wolgaster, speziell wenn sich in den Sommerferien die Autoschlange sonnenhungriger Inselurlauber ohne Unterlass durch die Altstadt zum Blauen Wunder schiebt. Mehrmals täglich öffnet sich für 30 Minuten die strahlend blaue Waagebalken-Klappbrücke, die Usedom über den Peenestrom mit der Wolgaster Schlossinsel verbindet. Neben der Zecheriner Brücke bei Anklam ist sie die einzige weitere Landverbindung. Ende 1996 ging sie in Betrieb, als Nummer 3 in der Brückengeschichte. Der erste Vorgänger wurde 1934 feierlich eingeweiht, nachdem die alte Dampffähre infolge des stark wachsenden Personen- und Güterverkehrs ausgeschnauft hatte. 1945 von der deutschen Wehrmacht auf ihrem Rückzug in die Luft gejagt, konnte die Peenebrücke bis 1950 wiederaufgebaut werden und erfüllte ihren Dienst bis zur Eröffnung der imposanten blauen Nachfolgerin. Das Blaue Wunder und die wuchtige backsteingotische Kirche St. Petri, neu und alt, sind die Wahrzeichen der einstigen Residenzstadt der Greifenherzöge von Pommern-Wolgast. Die Altstadt mit schmalen Gassen, die schön restaurierten barocken und klassizistischen Bürgerhäuser, Fachwerk- und Putzbauten, im Herzen der Stadt der Markt, auf dem sich das Historische Rathaus mit strahlend weißem Schweifgiebel erhebt, überragt noch vom trutzigen Turm der St.-Petri-Kirche – das alles lädt im »Tor zur Insel Usedom« zu einer ausführlichen Sightseeing-Runde ein.

Geschichte

Wolgasts Ursprünge liegen im 7. Jahrhundert, als die slawischen Liutizen auf der Schlossinsel eine Burg errichteten. 1123 eroberte Wartislaw I. – Stammvater der Greifendynastie und des pommerschen Herzogshauses – den Marktflecken und ließ anstelle der hölzernen Burg ein Steinhaus bauen. 1282 mit Stadtrecht versehen, stieg Wolgast 1295 im Zuge der Teilung des Herzogtums Pommern in Pommern-Stettin und Pommern-Wolgast zur Residenzstadt auf. Das Steinhaus auf der Schlossinsel verwandelte sich in den folgenden drei Jahrhunderten in ein prachtvolles Renaissanceschloss, zugleich wehrhaft von einem Wallgraben und mächtigen Bastionen umzogen.

Als Hauptstadt Pommerns neben Stettin waren Stadt und Schloss stets unzertrennlich mit dem Schicksal der Wolgaster Herzoglinie verbunden. Nach dem Tod des letzten Regenten Philipp Julius, der, 40 Jahre jung, seiner Alkoholkrankheit erlag, ging das Land 1625 an Vetter Bogislaw XIV. von Stettin über. Dieser wiederum verstarb zwölf Jahre später, womit das pommersche Greifenhaus mitten im Dreißigjährigen Krieg in der Thronfolge ausgestorben war.

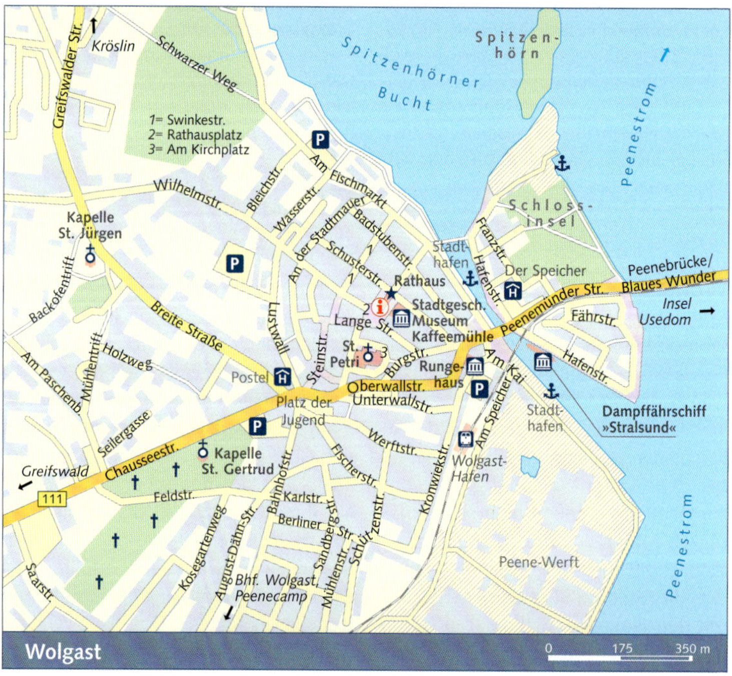

Der alte Speicher auf der Schlossinsel ist heute ein Hotel

Seit Ende des Dreißigjährigen Kriegs schwedisch, legten 1675 brandenburgische Kanonenkugeln im Schwedisch-Brandenburgischen Krieg große Teile des Schlossbaus in Schutt und Asche. 1713 brannten russische Truppen im Großen Nordischen Krieg Wolgast samt der übrig gebliebenen Schlossmauern nieder. Anschließend wurde die Stadt auf ihrem mittelalterlichen Grundriss im damals zeitgenössischen barocken Geschmack wieder aufgebaut.

Bis weit ins 19. Jahrhundert hinein war der Peenestrom, anders als heute, die einzige Meereszufahrt, die nicht ständig wieder versandete. Wer mit dem Schiff Kurs Richtung Ostsee nahm, passierte zwangsläufig die Grenzstelle Wolgast, die zwischen 1720 und 1815 bestand und der Stadt sprudelnde Steuer- und Zolleinnahmen bescherte. Handel und Seefahrt blühten auf.

Ab 1815 unter preußischer Fahne, entstanden stattliche Speicher und Kontore. Seehandel, Industrie und Schiffbau florierten. Die allerletzten Schlossreste wurden abgetragen und die Ziegel, so heißt es, im 1836 errichteten Fachwerkspeicher (heute Hotel) auf der Schlossinsel verbaut. Nach der Reichsgründung 1871 wandelte sich das Bild. Mit dem Durchstich der Kaiserfahrt (Kanał Piastowski, → S. 63) schnurstracks durch das weit verzweigte Mündungsdelta der Swine (Świna) verlagerte sich ab 1880 das wirtschaftliche Geschehen zunehmend nach Swinemünde (Świnoujście) an den mittleren Odermündungsarm und schließlich in den 1898 von Kaiser Wilhelm II. eingeweihten zollfreien Hafen Stettin.

Von den Zerstörungen im Zweiten Weltkrieg blieb Wolgast weitgehend verschont, da es Ende April 1945 kampflos an die Sowjetarmee übergeben wurde. Mit der Gründung der DDR 1948 folgte die Errichtung der auf Militärschiffbau spezialisierten Peene-Werft. Ab 1950 schlossen sich vier Jahrzehnte als Garnisonstadt der Volksmarine an.

Bis heute spielt Deutschlands nordöstlichster Seehafen im Wirtschaftsleben der Stadt eine zentrale Rolle. Dazu kommt als nicht weniger bedeutender Arbeitgeber die Peene-Werft. Unter dem Signet der Bremer Lürssen-Gruppe, zu der unter anderem die Hamburger Werft Blohm & Voss gehört, fertigen rund 300 Mitarbeiter vor allem Patrouillenboote und Kriegsschiffe für Marinestreitkräfte in aller Welt.

Das Blaue Wunder

»Wir wollen sehen in jeder Blume den lebendigen Geist« – Philipp Otto Runge

Neben Caspar David Friedrich ist Philipp Otto Runge der bedeutendste Maler der deutschen Frühromantik. 1777 wird er in der Kronwiek am Wolgaster Hafen in Schwedisch-Pommern als neuntes von elf Geschwistern in eine Kaufmanns- und Reederfamilie geboren. Aufklärung und Klassizismus prägen die geistigen Strömungen jener Jahre kurz vor der Französischen Revolution. Philipp ist kränklich, leidet als Kind an Tuberkulose und fertigt in stillen Stunden zahlreiche Scherenschnitte, die schon früh auf sein künstlerisches Talent aufmerksam machen. Mit 18 zieht er für eine Kaufmannslehre zu seinem ältesten Bruder nach Hamburg. Doch seine Liebe gehört der Malerei.

Es folgen ein Kunststudium an die Königliche Akademie in Kopenhagen und ab 1801 an der Dresdener Kunstakademie. Dort trifft er seinen drei Jahre älteren Landsmann Caspar David Friedrich und viele weitere Persönlichkeiten, die für sein Schaffen von Bedeutung werden. Allen voran der Schriftsteller Ludwig Tieck (1773–1853), der Runge mit dem Werk von Novalis (1772–1801) und der mystischen Naturphilosophie Jakob Böhmes (1575–1624) vertraut macht. Er findet auch seine große Liebe Pauline Bassenge, die er 1804 heiratet. Das Ehepaar lässt sich nach der Hochzeit in Hamburg nieder.

Kommerziellen Erfolg genießt Runge wenig und ist Zeit seines Lebens auf die Unterstützung des ältesten Bruders angewiesen. Denn entgegen der akademischen klassizistischen Auffassung mit ihrem Abmalen antiker Vorbilder lässt er – als Künstler damals ebenso revolutionär wie unpopulär – seine persönliche Empfindung mit in das Bild einfließen. Im Vordergrund stehen dabei Landschaften und Porträts, nicht mehr idealtypisch, sondern als Sinnbildkunst, die bestrebt ist, zum realistischen Blick auch das hinter dem Objekt stehende Gefühl darzustellen. Dazu gesellt sich eine tiefe mystische Auffassung der »Landschafterey«, wie Runge sie nannte. »Entsteht nicht ein Kunstwerk nur in dem Moment, wann ich deutlich einen Zusammenhang mit dem Universum vernehme?«

Kosmos und Natur, Malerei, Dichtung, Musik und Architektur sollen im Kunstwerk eins werden. Mit dieser Vorstellung betritt Runge programmatisches Neuland. In der Praxis lebt er sie schon, verfasst neben seinem bildnerischen Werk Gedichte, illustriert Bücher, entwirft Spielkarten und Inneneinrichtungen und schreibt die plattdeutschen Erzählungen *Van den Fischer und siine Fru* und *Van den Machandelboom* nieder, die er den Gebrüdern Grimm für ihre Märchensammlung überlässt. Mit Goethe steht er im Austausch über seine Farbenlehre, die die Farben mit allen Abstufungen in verschiedenen Sättigungen und Helligkeiten anordnet. Damit schafft Runge eine dreidimensionale Farbsystemdarstellung, die als Pionierleistung für die modernen Farbkugeln gelten darf.

1810 erlebt er die Geburt seines vierten Kindes nicht mehr, verstirbt mit 33 Jahren viel zu früh an der damals unheilbaren Tuberkulose. Auf dem Ohlsdorfer Friedhof in Hamburg wird er beigesetzt. Neben Runges zahlreichen Papierarbeiten existieren heute noch 36 seiner Gemälde. 30 davon sind in der Runge-Sammlung in der Hamburger Kunsthalle zu sehen. Das Runge-Museum im Wolgaster Geburtshaus des romantischen Künstlers zeigt Kopien seiner wichtigsten Werke.

Petrikirche

Am höchsten Punkt in der Altstadt erhebt sich St. Petri. Etwa zwischen 1280 und 1350 entstand das Gotteshaus genau an dem Ort, wo 1228 Bischof Otto von Bamberg auf seiner zweiten Missionsreise im Pommernland die Kultstätte des slawischen Gotts Jarovit zerstörte und einen ersten christlichen Sakralbau einweihte. So jedenfalls geht die Legende. Bis Anfang des 15. Jahrhunderts zur dreischiffigen gotischen Backsteinbasilika erweitert, überstanden die Mauern der Hof- und Begräbniskirche der Greifenherzöge die verheerende Feuersbrunst 1713 und konnte anschließend wieder instand gesetzt werden. Die Innenausstattung fiel dagegen den Flammen zum Opfer; ebenso wie die spätere Einrichtung bei einem Kirchenbrand 1920.

Reste der mittelalterlichen Ausmalung in den Gewölben und an den Pfeilern des Chorumgangs konnten sich trotzdem erhalten. Ein slawischer Bildstein aus dem 12. Jahrhundert, der den Kriegs- und Frühlingsgott Jarovit zeigt, überdauerte ebenfalls. Die für Vorpommern einzigartige kleine Teufelstanz-Darstellung aus der Zeit vor der Reformation entdeckte man erst nach dem Brand 1920 wieder. Hoch oben an der Südwand der Turmseitenhalle war sie jahrhundertelang übertüncht gewesen.

Zu den wertvollsten Schmuckstücken in St. Petri zählen die um 1700 vom Wolgaster Kapitän Köppe nach Holbeinschem Vorbild geschaffenen Emporengemälde, die in 24 Szenen den Totentanz darstellen. Sie zierten ursprünglich die Gertrudenkapelle auf dem alten Wolgaster Friedhof. In der Gruft unter dem Chor sind seit 1560 in Sarkophagen Angehörige der Herzogsfamilie von Pommern-Wolgast zur ewigen Ruhe gebettet, darunter Regent Philipp Julius, mit dem die Linie 1625 erlosch.

Hoch hinaus kann man auf über 180 Stufen den Kirchturm besteigen. Der barocke Turmhelm ist beim Brand 1920 eingestürzt und wurde durch ein einfaches Zeltdach ersetzt – unter dem man heute die schöne Aussicht rundum auf Wasser und Land genießen kann.

Weitere Sehenswürdigkeiten

Blickpunkt auf dem barocken Markt im Herzen der Altstadt ist das mit seinen ältesten Mauern auf das 15. Jahrhundert datierende **Rathaus.** Nach dem Stadtbrand 1713 wurde es als Putzbau mit prachtvollem Schweifgiebel wiedererbaut. In der Nachbarschaft präsentiert das **Städtische Museum Kaffeemühle** die Geschichte der Stadt und Region. Kubatur und Dach des Fachwerkbaus aus dem 17. Jahrhundert, der als einer der wenigen 1713 der Brandschatzung entging, erinnern an die alten handkurbelbetriebenen Kaffeemühlen.

Von den historischen **Fachwerkspeichern** hat sich der 1836 auf der Schlossinsel errichtete Bau erhalten, der heute als Hotel fungiert. Den zweiten, 1843 errichteten majestätischen Getreidespeicher am Hafen verwandelte 2006 ein irrer Brandstifter – selbst Mitglied der Feuerwehr und noch bei den Löscharbeiten verhaftet – in einen Aschehaufen.

Kunstfreunde werden wahrscheinlich das **Runge-Haus** in der Altstadt zum Zentrum ihrer Aufmerksamkeit machen. Das Geburtshaus von Philipp Otto Runge (1777–1810, → S. 330) würdigt in einer Ausstellung den neben Caspar David Friedrich bedeutendsten Maler der deutschen Romantik.

Wer in Wolgast noch mehr entdecken möchte, sollte außerdem einen Blick auf die **Gertrudenkapelle** werfen. Herzog Wartislaw IX. ließ sie 1420 vor den Toren der Stadt als Nachbau des Heiligen Grabs in Jerusalem errichten.

Wolgast

Vorwahl: 03836, **PLZ:** 17438

Touristeninformation Wolgast, Rathausplatz 10 (im Historischen Rathaus), Tel. 600118; Mai, Sept. Mo–Fr 10–16, Sa 10–13, Juni Mo–Fr 9–17, Sa 10–13, Juli, Aug. Mo–Fr 9–17, Sa, So 10–13 Uhr. www.wolgast.de

Die **Peenebrücke** nach Usedom wird mehrmals tgl. rund 30 Min. für Schiffe geöffnet: 5.45, 7.45, 12.45, 16.45 und 20.45 Uhr. www.kreis-vg.de/Leben/Brückenöffnungszeiten

Die Busse der Anklamer Verkehrsgesellschaft (AVG) verknüpfen die **nördliche Haffküste** über Ducherow, Anklam und Wolgast mit **Greifswald** und der **Stadt Usedom.** Die Busse der Usedomer Bäderbahn (UBB) erschließen die gesamte **Insel** und steuern auch **Lubmin** und **Greifswald** an. www.avg-bus.de, www.ubb-online.com

Zentraler Verkehrsknotenpunkt für Busse und Bahn ist der Bahnhof Wolgast. **RE 3/ RB 23** verkehren von Stralsund über Greifswald, Züssow, Wolgast und Zinnowitz nach Świnoujście Centrum, die **RB 24** von Zinnowitz nach Peenemünde. www.ubb-online.com

Rundfahrten mit dem Motorschiff »Der Stralsunder« durch den Wolgaster Hafen, auf der Peene und im Achterwasser, Tel. 0177/6933660. www.falamo.de

Der Speicher Wolgast, Hafenstr. 22, Tel. 231891; DZ/F um 100 Euro. Freundliche Komfortzimmer mit Dielenboden im 1836 erbauten Speicher auf der Schlossinsel (Zimmer im 2. OG, kein Fahrstuhl); mit eigenem Restaurant (s. u.). www.speicher-wolgast.de

Postel – das Posthotel an der Ostsee, Breite Str. 26, Tel. 2374383; DZ ab 55 Euro zzgl. Frühstück. Die denkmalgeschützte Post von 1885 behutsam saniert und zur Herberge umfunktioniert, trug dem Postel-Team den Deutschen Tourismuspreis ein; kleine, dafür preisgünstige Zimmer, teils mit, teils ohne TV, Gemeinschaftsküche für die Selbstverpflegung, Sauna und urige Bar im alten Heizkeller. www.post-aus-wolgast.de

Peenecamp Wolgast, Am Strom 6, Tel. 0160/1066066; Mai–Okt. Überschaubarer Platz am Peenestrom südlich vom Stadtzentrum, Bootsanleger. www.peenecamp-wolgast.de

Der Speicher Wolgast (s. o.). Das maritime Restaurant serviert Fischspezialitäten, Salate, Schnitzel, Steaks und Deftiges aus Topf und Bräter.

Stadtgeschichtliches Museum Kaffeemühle, Rathausplatz 6, Tel. 203041; Di–So 10–17 Uhr. www.museum.wolgast.de

Rungehaus, Kronwiekstr. 45, Tel. 203041; Di–So 10–17 Uhr. www.museum.wolgast.de

Kapelle St. Gertrud, alter Friedhof, Chausseestr. 26, Tel. 203041; Mo, Do 11–15 Uhr. www.museum.wolgast.de

St. Petri, Am Kirchplatz; Mai–Okt. Mo–Fr 10–15, So nach dem Gottesdienst bis gegen 12 Uhr; Turmbesteigung bis jeweils 30 Min. vor Schließung. www.kirche-wolgast.de

Eisenbahndampffährschiff »Stralsund«, Hafenstr.; wechselnde Öffnungszeiten (siehe Website). Die »Stralsund« beförderte einst bis zu drei Eisenbahnwaggons und 300 Passagiere und diente zudem als Schlepper und Eisbrecher. Heute kann man den Maschinenraum, Kapitänskajüte, Messe und Kommandobrücke besichtigen. www.dampffaehrschiff-wolgast.org

▶ Karte S. 328

Wolgaster Hafentage, an einem Wochenende Ende Juni/Anfang Juli. Großes Volksfest mit Feuerwerk, bunter Meile zwischen Markt und Hafen, mehreren Bühnen, Rummel und als Highlight dem Umzug der traditionellen Neptungarde.

Stationen von **UsedomRad** (→ S. 407): Bahnhof, Postel, Rungeplatz u. a. www.usedomrad.de

Badestelle zwischen dem Schilf am **Dreilindengrund** nördlich vom Stadtzentrum.

Der Ostsee entgegen

Unterwegs auf dem Peenestrom, bilden Kröslin und Freest an der Festlandküste die letzten Ankerpunkte vor der Ostseemündung. Beide klitzeklein und doch so verschieden, wie Unterschiede auf so engem Raum wohl kaum größer ausfallen könnten.

Kröslin

Der ehemalige NVA-Marineanleger in Kröslin wurde zwischen 1996 und 2005 zu einem der größten Sport- und Jachthäfen der Region ausgebaut. Wer heute zu Wasser oder zu Land das **Baltic Sea Resort** in Kröslin ansteuert, muss auf nichts verzichten: 500 Liegeplätze

Baltic Sea Resort in Kröslin

Im Freester Fischereihafen

mit allem, was die Jacht braucht, sowie Wellness- und Erholungsangebote für die Crew, Shops, Restaurants und zur Miete Hausboote, Ferienwohnungen, Floating Homes und vieles mehr zeichnen die große Fünf-Sterne-Anlage aus.
Im Dorfzentrum besitzt die kleine gotische **Christophoruskirche** einen besonderen Schatz. Hinter dem neuzeitlichen Altar hängt der 1947 von Freester Fischerfrauen geknüpfte Kröslinger Altarteppich mit einer Kreuzigungsdarstellung nach einem Entwurf von Rudolf Stundl (→ S. 337).

Freest

Keine zwei Seemeilen nördlich bietet das zur Gemeinde Kröslin gehörende Fischerdorf Freest am Ausgang des Peenestroms mit Heimatstube und Fischereihafen das idyllische Kontrastprogramm. 1298 erstmals schriftlich erwähnt, liegt es eingerahmt vom Wasser und einem langen, breiten Sandstrand, bunten Wiesen und Kiefernwald im Windschatten der großen Touristenströme. Im Hafen der **Fischereigenossenschaft »Peenemündung« Freest** flattern vor den leuchtend gelben Fischerhütten die Reusenfahnen, und an der Kaikante klappern die Tampen der Kutter im Wind. Die über 20 hauptberuflichen Fischer der 1960 gegründeten Genossenschaft fahren täglich aus, um die Netze vor allem mit Hering, Dorsch und Flunder, aber auch Zander, Barsch, Hecht, Aal, Scholle und vielem mehr zu füllen. Zu den Seeleuten gesellen sich gut zwei Dutzend weitere Mitarbeiter in der Verarbeitung, im Transport und Verkauf, die das Fischereiunternehmen zu einem der größten weit und breit machen.
Für maritimes Flair sorgen außerdem Fischbuden, Imbisse und Fischrestaurants (Schnitzel, Bratwurst und Pommes gibt es natürlich auch) sowie die genossenschaftliche Verkaufsstelle am Hafen, wo man Räucherfisch, Matjes, Fischbrötchen, kleine Fischgerichte und allerlei weitere Leckereien aus dem Meer einkaufen und genießen kann.
Vom Fähranleger aus befördert die **»Apollo I«** in der schönen Jahreszeit Fußgänger und Radler nach Peenemünde (→ S. 373) in Sichtweite gegenüber ans nördliche Peenestromufer. Dampfer tuckern auf Ausflugsfahrt zur Greifswalder Oie oder zur **Robbenbeobachtung**. Und wo sich alles um die See und ihre Bewohner dreht, darf natürlich auch ein **Fischerfest** nicht fehlen. Immer am ersten Augustwochenende verwandelt sich der Hafen in ein buntes Festgelände mit Kirmes und Krempelmarkt, Bühnen- und Musikprogramm, Kutterfahrten und Freitagabend großem Feuerwerk über dem Hafen.
Wer sich über das Leben im 750-Einwohner-Dörfchen in früheren Zeiten erkundigen möchte, schaut am westlichen Ortsausgang im **Heimatmuseum** (zugleich Touristeninformation) vorbei. In den mit viel Liebe zum Detail ausgestatteten Räumen im ehemaligen Zollhaus taucht man im altertümlichen Wohnzimmer, Küche, Schlafzimmer oder auch Schulzimmer in die Vergangenheit ein. Ein besonderer Ausstellungsschwerpunkt liegt auf den Freester Fischerteppichen (→ S. 337), die mit vielerlei schönen Stücken die Geschichte der Teppichknüpferei in der Region erzählen.

Spandowerhagen und Lubmin

Kurz vor der Peenestrommündung liegt **Spandowerhagen,** und kurz hinter dem 200-Einwohner-Flecken ist für Menschenwesen die Welt zu Ende. Die Halbinsel Struck gehört mit ihren Dünen und wertvollen Salzwiesen ausschließlich den Pflanzen und Tieren und bildet zusammen mit dem Peenemünder Haken und der Insel Ruden das **Naturschutzgebiet Peenemünder Haken, Struck und Ruden.**

Nur unter besonderen Auflagen darf das Gebiet betreten werden. Zu DDR-Zeiten durfte nicht einmal Spandowerhagen betreten werden. Es war Sperrgebiet, denn direkt nebenan wurde im **Atomkraftwerk Lubmin** Kernenergie produziert. 1973 ging der erste Reaktor ans Netz, vier weitere folgten, die schließlich rund ein Zehntel des Energiebedarfs in der DDR sicherten. Im Wiedervereinigungsjahr 1990 wurden die Blöcke abgeschaltet. Seitdem befinden sie sich im Rückbau: Allein 1,8 Millionen Tonnen radioaktiver Beton, Rohrleitungen und Kabelbäume stehen zur Dekontaminierung an, von den Reaktorbehältern gar nicht zu reden. 2028 soll die Entseuchung abgeschlossen sein. Danach kann der Abriss beginnen. Beim nahen **Seebad Lubmin** mit herrlichem weiten Sandstrand und Seebrücke landen die beiden Stränge der Offshore-Erdgaspipeline Nord Stream von Russland nach 1224 Kilometern quer durch die Ostsee auf deutschem Festland an.

Der Ostsee entgegen

Vorwahl: 038370, **PLZ:** 17440

Touristeninformation/Heimatmuseum Freest, Dorfstr. 67, Freest, Tel. 20339; Mai–Okt. Di–Sa 10–15, sonst Mo–Fr 9–14 Uhr, Jan., Feb. geschlossen. www.kroeslin.de/tourismus/heimatmuseum-freest

Die **Buslinie 274** der Usedomer Bäderbahn (UBB) fährt von Wolgast über Kröslin und Freest nach Lubmin.

Die Anklamer Verkehrsgesellschaft (AVG) verknüpft die **nördliche Haffküste** über Ducherow, Anklam und Wolgast mit **Greifswald** und der **Insel Usedom.**

www.avg-bus.de, www.ubb-online.com

Personen- und Fußgängerfähre »Apollo I«, Tel. 038371/28429; Mai–Okt. tagsüber zwischen Peenemünde und Freest (stündl.) bzw. Kröslin (alle 2 Std.); ab Freest außerdem **Ausflugsfahrten** zur Greifswalder Oie sowie zur **Robbenbeobachtung** im Greifswalder Bodden. www.schifffahrt-apollo.de

Baltic Sea Resort, Hafenstr. 9, Kröslin, Tel. 259990. 5-Sterne-Marina mit 500 Liegeplätzen und allen erdenklichen Serviceeinrichtungen, Shops, Gastronomie, Floating-Homes-, Hausboot- und FeWo-Vermietung. www.baltic-sea-resort.com

Ostseecamping Peenemündung, Dorfstr. 68b, Freest, Tel. 21899; April–Okt. Idyllisch im lichten Kiefernwald, mit Finnhütten, Bungalows, ca. 300 m zum Strand. www.ocpm.de

Waldcamp Freest, Dorfstr. 74, Kröslin, Tel. 20538; April–Mitte Okt. Weitläufiger Platz hinter den Dünen am Peenestrom, grüne Wiese, teils von Kiefern beschattet, mit Ferienhäuschen, Schlaffässern, Spielplatz, Minigolf, ca. 300 m zum Strand. www.campingplatz-freest.de

Freester Hafenfest, erstes Augustwochenende. Buntes Getümmel mit Kirmes, Bühnen, Buden, Musikprogramm und Freitagabend Feuerwerk.

www.freester-fischerfest.de

Stationen von **UsedomRad** (→ S. 407): Marina Kröslin, Freest (Hafen, Hotel Leuchtfeuer, Waldcamp), Lubmin (Kurverwaltung, Seebrücke, Marina, Sport- & Jugendhotel).

www.usedomrad.de

Langer, breiter Sandstrand in **Freest** neben dem Fischerhafen.

Verkauf der Fischereigenossenschaft »Peenemündung« Freest e.G., Hafen, Dorfstr. 29, Freest, Tel. 2580; Mo–Fr 7.30–17, Sa 7–11 Uhr.

www.fischerei-freest.de

▶ Karte S. 294

Freester Fischerteppiche

Teppiche im Freester Heimatmuseum

»Wi knüppen un wäben / een Teppich för't Läben« – so geht das plattdeutsche Teppichknüpferlied, das der gebürtige Wiener Rudolf Stundl (1897–1990) für die Freester Fischer geschrieben hat. 1928 war der Teppichfachmann und Tapisserist auf eine Stellenanzeige hin an den Greifswalder Bodden gezogen, um im Auftrag der Kreisverwaltung die Armut der Fischer am Peenestrom einzudämmen und ihnen Erwerbsalternativen zum Fischfang aufzuzeigen. Die Wirtschaftskrise und der wegen Überfischung dramatische Fischrückgang mit Fangverbot ab 1927 hatten die Peenefischer an den Existenzrand gebracht. Um ihnen in dieser schweren Zeit einen Zusatzverdienst zu ermöglichen, war die Idee, die Fischerfamilien wieder mit der althergebrachten Tradition des Teppichknüpfens vertraut zu machen. Brachten die Fischer durch das ständige Flicken ihrer Netze doch die nötige Fingerfertigkeit mit.

Schon bald waren ganze Fischerfamilien von Freest und Lubmin bis nach Usedom mit dem Teppichknüpfen beschäftigt. Was anfangs als Nebenverdienst gedacht war, entwickelte sich schnell zum Haupterwerb. Bis zur Aufhebung des Fangverbots Mitte der 1930er Jahre knüpften die Familien jährlich drei bis vier große Teppiche. Pro Quadratmeter im Schnitt 57 600 Knoten! Jeder Teppich ist ein Unikat, das, jeweils einzigartig in Muster und Farbgebung, mit Motiven aus dem Alltag und Arbeitsleben seine eigene Geschichte erzählte. 55 Reichsmark als Lohn gab es dafür – weniger als die Hälfte dessen, was monatlich für Lebensmittel nötig war. 130 Reichsmark brachten die naiven Kunstwerke pro Stück im Handel ein. Dabei wurden die »Perser von der Ostseeküste«, wie man sie nannte, durchaus mit Füßen getreten. Dass man sie zum Wandschmuck auserkor, kam erst später auf.

Den Nazis gefiel diese »germanische« Volkskunst. Hitler und Göring sollen Freester Teppiche besessen haben. Kriegsbedingt ging den Knüpfern am Peenestrom aber das Rohmaterial aus und die Produktion musste 1940 eingestellt werden. Rudolf Stundl, der findige Volkskundler, der aus einer Arbeitsbeschaffungsmaßnahme ein für die Region genuines Kunsthandwerk entwickelt hatte, wurde inhaftiert – die Gründe dafür bleiben unklar – und kam erst 1945 wieder frei.

1947 entstand für die Dorfkirche in Kröslin der Kröslíner Altarteppich, von den Freester Fischerfrauen Erna Pagenkopf, Dorchen Dannenfeld und Gertrud Lenz nach einem Entwurf von Rudolf Stundl geschaffen – das wohl bedeutendste Werk dieser Schule. 1953 gründete Stundl die Produktionsgenossenschaft des Handwerks (PGH) »Volkskunst an der Ostsee«, deren Vorsitzender er viele Jahre war und in der bis zur Stilllegung 1992 noch viele wunderbare Teppiche entstanden. 1986 wurde Stundl für sein künstlerisches Lebenswerk mit dem Kunstpreis des Bezirks Rostock geehrt. Vier Jahre später wurde er auf dem Greifswalder Alten Friedhof zu Grabe getragen.

Die östlichste Insel der Bundesrepublik zählt zu den sonnenreichsten deutschen Regionen. Malerisch zwischen Ostsee, Achterwasser und Stettiner Haff gelegen, besticht Usedom durch reetgedeckte Fischerdörfer und traditionsreiche Urlaubsorte mit prächtiger Bäderarchitektur. Viel unberührte Natur begleitet den Peenestrom als westlichen Odermündungsarm in die Ostsee.

Ein Strandaufgang in Ahlbeck

USEDOM

Ostsee
Ruden
NSG Peenemünder Haken, Struck und Ruden
Kölpien-see
Peene-münde
Freest
Cämmerer See
Karlshagen
Kröslin
Hollen-dorf
Karrin
Weide-hof
Trassen-heide
Zinnowitz
Mölschow
Tannen-kamp
Ziese
Mahlzow
Bannemin
Zempin
Lüttenort
Koserow
Wolgast
111
Wolgaster Ort
Krummin
Hohen-dorf
Sauzin
Neeberg
Neuendorf
Gnitz
Krumminer Wiek
Ziemitz
Peenestrom
Netzel-kow
Görmitz
Achterwasser
Kölpin-see
Stubben-felde
Loddin
NSG Lütow Südspitze Gnitz
Ückeritz
Stagnieß
Langenberg
Pommersche Bucht
Zatoka Pomorska
Naturpark
Warthe
Lieper Winkel
Grüssow
Seckeritz
Bauer-Wehrland
Zemitz
Klein Jadesow
Pulow
Lassan
Quilitz
Liepe
Rankwitz
Dewichow
Balmer See
Balm
Pudagla
Schmollen-see
Bansin
Sellin
Benz
Heringsdorf
Gothen
Gothensee
Ahlbeck
Nepper-min
Krenzow
Lentschow
Buggen-hagen
Morgenitz
Mellen-thin
Usedom
Labömitz
Korswandt
Ulrichs-horst
Świnoujście
Murchin
Pinnow
Suckow
Katschow
Mellenthiner Heide
Thurbruch
Anklam
Klotzow
110
Wisentpark Usedom
Kachlin
Dargen
Görke
Zirchow
Garz
Golm 69
POLEN
Peenetal-moor
Peene
Prätenow
Bossin
Neverow
Kamminke
Stolpe
Gummlin
Usedomer Winkel
Gellenthin
Usedomer See
Zecherin
Welzin
Karnin
Kamp
Ostklüne
Stettiner Haff
Bargischow
Rosenh. Beck
Anklamer Stadtbruch
Rosen-hagen
Zalew Szczeciński
Neu-Kosenow
109
Buge-witz
Mühlgraben
Busow
Leopolds-hagen
Mönke-bude
Ducherow
Heid-berg
Ueckermünder Heide
Grambin
Ueckermünde
Usedom
0 3,5 7 km

Ostseewellen und feiner Sandstrand, dahinter Dünen und würzig duftender Küstenwald, im Achterland ein farbenprächtiges Mosaik bunter Wiesen und funkelnder Seen, am Achterwasser und am Peenestrom schilfwogende stille Winkel – so schmückt sich Usedom als eine der schönsten Landschaften der südlichen Ostseeregion.

Westlich der Peenestrom und östlich die Świna (Swine), trennen die beiden Odermündungsarme die zweitgrößte deutsche Insel hier vom deutschen Festland und da von der polnischen Schwesterinsel Wolin. Auf dem zerlappten Land zwischen Ostsee, Achterwasser und Stettiner Haff, das an seiner schmalsten Stelle kaum 300 Meter misst, leben gut 72 000 Menschen: rund 31 000 Usedomer auf 373 Quadratkilometern im deutschen Teil und etwa 41 000 in Świnoujście (→ S. 283), der historischen Inselhauptstadt im kleineren, 72 Quadratkilometer umfassenden polnischen Teil der Insel.

Uznam heißt sie auf Polnisch. Als »Uznoimia civitas« hat sie, slawisch besiedelt, 1125 der Missionsbischof Otto von Bamberg das erste Mal schriftlich erwähnt. Er reiste im Auftrag des Herzogs von Polen, Bolesław III. Krzywousty (Schiefmund), durchs Pommerland, um dessen heidnische slawische Untertanen zum Christentum zu bekehren. 1121 hatte Bolesław Schiefmund die pomoranischen Stämme unterworfen. 1128 beschlossen ihre Anführer unter Pommernfürst Wartislaw I. auf dem Landtag zu Usedom – eher weniger freiwillig – die Christianisierung Pommerns.

Klostergründungen folgten, so 1155 von Kloster Grobe bei Usedom (Stadt), das bis zur Reformation in Pommern 1535 zu einem der größten und mächtigsten Grundbesitzer auf Usedom aufstieg. Vom Ende des Dreißigjährigen Kriegs 1648 bis zum Frieden von Stockholm 1720 gegen Ende des Großen Nordischen Kriegs war Usedom Teil Schwe-

Brücken, Fähren und Grenzübergänge

Zur Anfahrt nach **Usedom über die Insel Wolin:** → S. 239

Hinter Anklam führt die vielbefahrene B 110 über die **Zecheriner Brücke** auf den südlichen Teil Usedoms; Öffnungszeiten der Klappbrücke: tgl. 5.45, 8.45, 12.45, 16.45, 20.45 Uhr. Von Wolgast gelangt man auf der B 111 über die **Peenebrücke** auf den nördlichen Inselteil; Öffnungszeiten der Klappbrücke: tgl. 5.45, 7.45, 12.45, 16.45, 20.45 Uhr. Beide Brücken öffnen sich zu den genannten Zeiten jeweils zehn Minuten für Schiffe. Etwa 30 Minuten beträgt die Wartezeit bei jedem Brückenzug für den Autoverkehr. www.kreis-vg.de/Leben/Brückenöffnungs zeiten

Zwischen **Kamp** östlich von Anklam und **Karnin** im südlichsten Winkel Usedoms pendelt von Mai bis Oktober stündlich eine **Fahrrad- und Fußgängerfähre**, ab Kamp 10–17, ab Karnin 10.30–17.30 Uhr (Tel. 039771/22426, www.reederei-peters.de).

Eine weitere **Rad-Fußgänger-Fähre,** die »Apollo I«, quert von Mai bis Oktober tagsüber im Linienbetrieb den Peenestrom zwischen **Peenemünde** und **Freest** (stündlich) bzw. **Kröslin** (alle 2 Stunden) auf dem Festland (Tel. 038371/28429, www.schifffahrt-apollo.de).

Grenzübergänge vom deutschen in den polnischen Teil Usedoms bestehen: am Strand zwischen Ahlbeck und Świnoujście in Form eines Hinweisschilds; auf der mit über zwölf Kilometern längsten Promenade Europas, die Świnoujście mit Ahlbeck verbindet, in Form von künstlerisch gestalteten Solarpaneelen; auf der Swinemünder Chaussee/ul. Wojska Polskiego zwischen Ahlbeck und Świnoujście als durchgehende Straße.

disch-Pommerns und ging anschließend an den preußischen König.

In den 1820er Jahren begann der Badebetrieb, ab Mitte des 19. Jahrhunderts entstanden in Swinemünde (Świnoujście) und Heringsdorf die ersten Seebäder für die feine Gesellschaft. Neben Promenieren und Hutlüpfen, Soupieren und Kurkonzert war auch der kostspielige Badekarren ein Muss, in dem sich die Herrschaft in jener schicklichen Zeit, vor öffentlichen Blicken geschützt, vom Kutscher mit Pferdegespann in die Ostseewellen bugsieren lässt. Oft nur knietief zum Wassertreten, manchmal auch bis zum Bauchnabel. Denn schwimmen konnte damals kaum jemand.

Noch war die Fischerei der Haupterwerbszweig der Usedomer. Aber das Bild änderte sich. Im Zuge des Wirtschaftsbooms nach der Reichsgründung 1871 reisen nun auch immer mehr »Emporkömmlinge« mit ihren Familien in die Sommerfrische. Selbst Sturmfluten wie die von 1872 und 1874, die Usedom fast in zwei Hälften zerreißen, stoppen die Entwicklung nicht. Wer auf sich hält, baut eine Sommerresidenz möglichst in der ersten Reihe hinter der Strandpromenade. Prachtvolle Villen und Hotels im eklektizistischen Bäderstil entstehen. Die »Kaiserbäder« Bansin, Ahlbeck und allen voran Heringsdorf steigen zu mondänen Luxusferienorten auf.

Ab 1931 verbindet die »Bäderbrücke«, die Vorgängerin der Zecheriner Brücke, das Festland mit Usedom. Ab 1933 befördern Züge quasi im Stundentakt

▲ Karte S. 340

Blick vom Mühlenberg auf die Benzer Kirche und den Schmollensee

immer mehr Urlauber über die neue Eisenbahnhubbrücke bei Karnin auf die Insel. Usedom wird zur »Badewanne der Berliner«.

Aber auch militärstrategisch ist sie von höchstem Interesse. Ab 1936 entsteht im abgeriegelten Sperrgebiet auf der nördlichen Inselspitze die Heeresversuchsanstalt Peenemünde. Unter der technischen Leitung von Wernher von Braun startet von dort 1942 die erste Großrakete der Menschheitsgeschichte, die die Grenze zum Weltraum erreicht – die »Vergeltungswaffe V2«, wie die Nationalsozialisten sie taufen. Ein großer Museumsbereich in Peenemünde und rundum eine weiträumige »Denkmal-Landschaft« laden zur Auseinandersetzung mit diesem schwierigen Erbe ein.

Nach dem Zweiten Weltkrieg erhält Polen 1945 im Zuge seiner Westverschiebung unter anderem das ehemals deutsche Hinterpommern mit der Insel Wolin. Vorpommern mit Usedom bleibt deutsch – bis auf den östlichen Usedomzipfel entlang der Swine mit der alten Inselhauptstadt Swinemünde. Aufgrund der strategischen Bedeutung der Swinemündung als Schifffahrtsweg von der Oder durch das Stettiner Haff zur Ostsee geben die Alliierten auf der Potsdamer Konferenz 1945 keinen Zentimeter von beiden Ufern in deutsche Hände. So kommt es zur Teilung der Insel Usedom in einen größeren deutschen und kleineren polnischen Teil.

In der DDR werden die meisten Hotels und Pensionen 1953 in den Feriendienst des Freien Deutschen Gewerkschaftsbunds (FDGB) überführt. Der Tourismus ist neben Landwirtschaft und Fischerei weiterhin Usedoms drittes wichtiges Standbein.

1999 folgt die Gründung des Naturparks Insel Usedom, der den herrlichen Flickenteppich aus Wasser und Land zwischen Ostsee und Stettiner Haff, Peenestrom und Swinemündung fortan schützt. Im ehemaligen Bahnhof der Stadt Usedom, dem Tor zur südlichen Inselhälfte, befindet sich das Besucherinformationszentrum. Von dort kann man schnurstracks zum berühmten 42 Kilometer langen, bis zu 70 Meter breiten Ostseestrand auf der Sonneninsel durchbrausen: zu den Kaiserbädern im Südosten, den Familienbädern im Nordwesten sowie in der Mitte, dort, wo die Insel am schmalsten ist, den Bernsteinbädern.

Das Achterland (Hinterland) wartet mit schmucken Dörfern, den Schlössern von Mellenthin, Stolpe oder Pudagla, historischen Windmühlen wie in Benz oder auch Technikdenkmälern wie der alten Eisenbahnhubbrücke bei Karnin auf. Fischerdörfer und kleine Segelhäfen zieren den Küstensaum am stillen Achterwasser. Die Lagune, die der Peenestrom hier ausbildet, rahmen die wohl abgeschiedensten Landstriche Usedoms: die Halbinseln Lieper Winkel und Gnitz, die den Einfluss des Peenestroms ins Achterwasser bewachen.

Nicht zu vergessen das besondere Licht, das immer wieder Künstler nach Usedom zieht. Otto Niemeyer-Holstein (1896–1984) fand seine Heimat in den 1930er Jahren in Lüttenort an der schmalsten Stelle der Insel. Sein Haus, Garten und Atelier, heute Museum, zählen zu den kulturellen Höhepunkten auf Usedom. Zwischen 1908 und 1918 durchstreifte Lionel Feininger (1871–1956) mit dem Fahrrad die Insel und hielt seine Eindrücke in zahlreichen »Natur-Skizzen« fest, wie er sie nannte. Auf dem Feininger-Radweg kann man die Wege und Motive des expressionistischen Malers auf Usedom heute auf über 40 erklärten Stationen erkunden (www.papileo.de).

Zwischen Haffküste, Achterwasser und Bernsteinbädern

Von 1931 bis zu ihrer Sprengung durch die deutsche Wehrmacht kurz vor Kriegsende 1945 überspannte die »Bäderbrücke« östlich von Anklam den Peenestrom und verband erstmals trockenen Fußes das Festland mit Usedom. 1955 wieder aufgebaut und neu eingeweiht, leitet sie seither den rollenden Verkehr auf 325 Meter Länge über das Wasser auf die südliche Inselhälfte. 20 Meter davon misst der bewegliche Klappbereich der Zecheriner Brücke, wie sie heute nach dem wenig südlich im Usedomer Winkel gelegenen Weiler Zecherin heißt. Mehrmals am Tag öffnet sie sich, und die Schiffe mit größerer Durchfahrtshöhe können jeweils für zehn Minuten passieren.

Etwas mehr als 20 Kilometer legt der Peenestrom vom Stettiner Haff bis zu seiner Ostseemündung in den Greifswalder Bodden zurück. Von dort werden bei steifer Brise aus Nord/Nordost Salzwassermassen aus der Ostsee durch den Strom weit ins Haff gedrückt. Insofern handelt es sich beim Peenestrom um einen Meeresarm. Andererseits transportiert er das lang gereiste Odersüßwasser seiner letzten Bestimmung entgegen, ist also, zweitens, ebenso Odermündungsarm. Neben der Dziwna (Dievenow) und der Świna (Swine) handelt es sich beim Peenestrom, drittens, um das westliche der drei Seegatts, die das Stettiner Haff mit der Ostsee verbinden. Als Seegatt bezeichnet man eine Strömungsrinne zwischen zwei Landmassen, die sich ihren Weg – in der Regel durch Tidenhub, an Lagunenküsten aber auch ohne – mittels unablässig hin und her strömender Wassermassen schmal und tief eingegraben hat. Sehr zur Freude der Angler. Denn durch die ständige Vermischung von Salz- und Süßwasser ist der Peenestrom außerordentlich fischartenreich.

▶ Karte S. 340

Auf halber Höhe drängt er weit ins Land und lässt von Usedom zur Ostsee hin zwischen Ückeritz und Zinnowitz nicht mehr als eine schmale Nehrung übrig. Achterwasser wird die Lagune, das Gewässer »hinter« den Ostseewellen, auf plattdeutsch genannt. Sanfte Landschaften, in die sich verstreut kleine Dörfer schmiegen, am Wasser von dichten Schilfgürtel geschmückt, prägen das Bild. Kaum irgendwo auf der Badeinsel geht es abgeschiedener zu als in den beiden »Winkeln«: dem Usedomer Winkel zwischen Haff und Strom und dem Lieper Winkel als südliche Pforte ins Achterwasser.

Stadt Usedom und Usedomer Winkel

»Südliches Tor zur Insel« wird das 1800 Einwohner kleine Usedom (Stadt) auch genannt. Verwaltungssitz des Amts Usedom-Süd, Sitz des Naturparks Insel Usedom mit Besucherzentrum und Touristeninformation sowie ein funkelnagelneuer Stadthafen am Usedomer See machen

An der Steilküste von Koserow

Das Anklamer Tor – Wahrzeichen der Stadt Usedom

den Ort zu einer der inselweit erstbesuchten Adressen. Darüber hinaus blickt die Stadt auf eine große Vergangenheit, war bis weit ins 13. Jahrhundert hinein wichtiger Handelsplatz, seit 1298 mit Stadtrechten durch Pommernherzog Bogislaw IV. versehen.

Bereits im Jahrhundert zuvor, 1128, ereignete sich am Schlossberg östlich vom Ortszentrum historisch Bedeutendes: Dort, wo sich über dem Ufer des Usedomer Sees vom 11. bis 13. Jahrhundert die slawische Burg Uznam befand – die der Siedlung und der Insel den Namen gab –, taufte Bischof Otto von Bamberg auf dem Landtag zu Usedom die heidnischen pomoranischen Fürsten. Womit das gesamte Pommernland unter Herzog Wartislaw I. zum Christentum übertrat. Von der slawischen Burg wie auch der herzoglichen Feste, die im 13./14. Jahrhundert auf dem Schlossberg stand, ist längst nichts mehr zu sehen. Stattdessen ragt dort seit 1928 ein steinernes Kreuz empor, das im Sockel mit einem, nun ja, etwas schönfärberischen Text an die tatsächlich nicht ganz so freiwillige Christianisierung Pommerns erinnert.

In der Nachbarschaft wurde 2019 der neue **Stadthafen,** das sogenannte **Usedomer-See-Zentrum,** feierlich übergeben. Nach drei Jahren Umbauarbeiten empfängt der ehemalige Fischerhafen mit neuen Serviceeinrichtungen nun auch Sportboote, die über den Usedomer See das »südliche Tor zur Insel« anlaufen.

Der Ort selbst zeigt sich unspektakulär, wartet mit niederen adretten Ackerbürgerhäuschen, wenigen Resten einer ehemaligen Stadtmauer und als Wahrzeichen dem um 1450 errichteten **Anklamer Tor** auf. Es ist das letzte erhaltene von einst drei Stadttoren. Im 18./19. Jahrhundert diente es als Stadtgefängnis. Seit 1966 beherbergt es die **Heimatstube Usedom,** die ihre Besucher in den früheren Alltag der Usedomer Fischer und Bauern entführt.

Einen Blick lohnen außerdem das im 18. Jahrhundert errichtete **Rathaus** und die **Marienkirche** am Markt. Das alles überragende Gotteshaus, 1337 erstmals erwähnt, wurde nach einem Stadtbrand 1475 im spätgotischen Stil wieder aufgebaut. Vom Kirchturm aus hat man einen herrlichen Blick weit über die Stadt, Wasser und Land.

■ Eisenbahnhubbrücke Karnin

Als tief ins Land greifende Bucht trennt der seichte Usedomer See den Usedomer Winkel von der Mutterinsel Usedom beinahe ab und macht den Winkel zur Halbinsel. Sanft gewellt zeigt sich das abgeschiedene Land, das Äcker und grüne Viehweiden schmücken – und das die Urlauberblechkarawane auf ihrem Weg zum Ostseestrand in der Regel rechts liegen lässt.

Bis 1945 bestand die jemals schnellste Verbindung zwischen Usedom und Berlin mit der Eisenbahn. Nur zwei Stunden

Mitten im Strom erhebt sich das Relikt der Eisenbahnhubbrücke

dauerte die Zugfahrt von der Hauptstadt nach Swinemünde, weshalb sich viele zur Entlastung der Autostraßen die Wiedereinrichtung dieser Bahntrasse wünschen. Sie verlief über Ducherow zum winzigen Fischerdorf Kamp (→ S. 322), wo zwei Normalspurgleise auf der Eisenbahnhubbrücke über den Strom gegenüber nach Karnin auf Usedom führten.

1930 bis 1932 wurde die damals hypermoderne Fünfbogenbrücke anstelle einer veralteten Drehbrücke errichtet – ein Meisterwerk des Ingenieurbaus, fast 400 Meter lang und seinerzeit die größte Eisenbahnhubbrücke Europas. Sobald ein Zug anrollte – und das waren in Hochzeiten fast 40 am Tag –, senkte sich der Gleisträger im 35 Meter hohen Hubgerüsts mittels Elektromotoren um 25 Meter ab, damit die Bahnen passieren konnten. Ansonsten stand der Gleisträger oben und die Brücke war für die Schifffahrt geöffnet.

1945 sprengte die deutsche Wehrmacht auf ihrem Rückzug den stählernen Koloss. Was von der Brücke noch zu gebrauchen war, wurde anschließend für die Sowjetunion als Reparationsleistung demontiert.

Und so steht es nun da, das verbliebene Hubgerüst, einsam mitten im Wasser, als letzte Erinnerung an die frühere Schnellzugverbindung nach Usedom. Seit 1990 firmiert es als Technikdenkmal und ist zugleich die größte Attraktion des Dörfchens Karnin. Wasserwanderern steht dort zum spektakulären Blick auf das Brückenrelikt eine Marina mit kleinem Grillplatz und Imbiss offen, und eine Fähre (→ S. 341) befördert Fußgänger wie Pedalritter aufs Festland nach Kamp hinüber.

Der nahebei sichtbare ehemalige Lotsenturm wird wegen seines Umlaufs und der roten Haube obenauf gelegentlich für einen Leuchtturm gehalten. Ende der 1930er Jahre gebaut, sind heute Ferienwohnungen in ihm untergebracht.

■ Ausflug nach Stolpe

Wer vom reizenden kleinen Dorf Stolpe im Usedomer Hinterland spricht, meint normalerweise sein großes Märchenschloss. 1218 wurde der Ort und 1251 ein Ritter von Schwerin als Lehnsherr erstmals genannt. Dessen Nachfahre wechselte 70 Jahre später den Wohnsitz von Kachlin nach Stolpe und begründete damit die Stolper Linie der Grafen von Schwerin.

Ab 1575 wuchs in 15 Jahren der Ursprungsbau des heutigen **Schlosses** im Stil der Hochrenaissance aus dem Boden empor. Im Dreißigjährigen Krieg wurden Teile des damals zweigeschossigen Herrenhauses wahrscheinlich zerstört und zwischen 1690 und 1700 dann umso glanzvoller barock wiedererrichtet.

Nach dem Aussterben der Stolper Schweriner wechselten die kommenden 140 Jahre die Eigentümer. 1895 folgte der Rückkauf von Schloss und Gut aus

▲ Karte S. 340

einer Konkursmasse durch Bernhard Graf von Schwerin aus dem Busower Zweig der Altwinshagener Linie der Schweriner. Ja, weit verzweigt bis ins schmalste Glied waren damals die Blaublütigen, was zu einer hohen Grafendichte in Deutschland führte. Bernhards Sohn Friedrich und seine Frau Freda waren es schließlich, die in aufwändigen Umbau- und Erweiterungsarbeiten den Barockbau in ein historisierend romantisches Schloss mit Türmen, Rundbogenarkaden und in der Mitte großem Portal verwandelten. Freda, letzte Gräfin auf Stolpe, wurde 1945 enteignet und nach Westdeutschland ausgewiesen. Ihr letzter Wille, nämlich in Stolpe begraben zu werden, sorgte nach ihrem Tod 1957 bei der SED-Kreisleitung für helle Aufregung. Zahlreiche Hebel wurden in Bewegung gesetzt, sogar eine Treckerblockade organisiert, um die Beisetzung der beliebten Schlossherrin auf dem Stolper Kirchacker zu unterbinden. Nach der Erzählung *Begräbnis einer Gräfin* von Wolfgang Kohlhaase aus dem Jahr 1977 hat Heiner Carow die kuriose Episode unter dem gleichnamigen Titel 1992 verfilmt.

Gut und Schloss wurden volkseigen und der Schlossmittelteil ab 1949 als Steinbruch für neue Gebäude genutzt. Was übrig blieb, diente unter anderem als Gastwirtschaft und Ferienlager.

Schloss Stolpe

Nach der Wende scheiterte der Versuch, das marode Anwesen zwar mit vielen Ideen, aber ohne das nötige Kleingeld kulturell wiederzubeleben. So erwarb 1996 die Gemeinde Stolpe das verwahrloste Schloss für eine symbolische D-Mark und restauriert es seitdem mithilfe eines Fördervereins.

Bei der Besichtigung erhält man Einblick in die Bau- und Eigentümergeschichte und kann sich anhand des wenigen verbliebenen Mobiliars der letzten Gräfin einen Eindruck vom herrschaftlichen Wohnen bis Mitte des 20. Jahrhunderts verschaffen. In den Räumlichkeiten finden darüber hinaus kulturelle Veranstaltungen statt, zum Beispiel das Usedomer Musikfestival, das im Spätsommer unter anderem zu Aufführungen nach Schloss Stolpe einlädt.

Die zur ehemaligen **Gutsanlage** gehörenden Funktionsgebäude rund um das Schloss sind ebenfalls restauriert und beherbergen überwiegend Ferienwohnungen. In der Remise wartet außerdem das gleichnamige Restaurant mit fein zubereiteter regionaler Küche und als Spezialität »Pommern-Tapas« auf.

Etwa fünf Kilometer östlich lädt beim Weiler **Prätenow** am Rande der Mellenthiner Heide der **Wisentpark Usedom** zum Besuch der imposanten Vierbeiner ein. 2004 wurden die ersten Zottelgesellen aus dem Nationalpark Wolin (→ S. 278) hierher verbracht, im Jahr darauf wurde das erste Kalb geboren und damit die Usedomer Zucht gegründet. Am eindruckvollsten kann man die Tiere während der Fütterungszeiten im Schaugehege beobachten. Aber auch sonst hat das sechs Hektar große Gelände mit Ausstellungen, Vogelhaus, Damwild- und Konikgehege viel Spannendes zu bieten.

Stadt Usedom und Usedomer Winkel

Vorwahl: 038372, **PLZ:** 17406

Stadtinformation Usedom, Bäderstr. 5, Usedom, Tel. 70890; Kernöffnungszeiten Juli, Aug. Mo–Fr 10–18 (Mi nur bis 16), Sa 10–13, Sept.–Juni Mo–Fr 10–15 Uhr; die unterschiedlichen erweiterten Öffnungszeiten bitte auf der Website nachschauen. www.stadtinfo-usedom.de

Besucherzentrum des Naturparks Insel Usedom, Bäderstr. 5, Usedom, Tel. 76310; Mai–Sept. Mo–Fr 10–18, Sa, So 10–14, sonst Mo–Fr 10–16 Uhr. www.naturpark-usedom.de

Bahn- und Buslinien der **Usedomer Bäderbahn** erschließen die gesamte Insel: → S. 332

Rad- und Personenfähre Kamp–Karnin, Tel. 039771/22426; Mai–Mitte Okt. ab Kamp stdl. 10–17, ab Karnin stdl. 10.30–17.30 Uhr. www.reederei-peters.de

Usedomer-See-Zentrum/Stadthafen, Tel. 766960. 64 Liegeplätze an Schwimmstegen, Strom und Wasser an den Stegen, schickes neues Servicegebäude. www.stadtinfo-usedom.de

Marina Karnin, Tel. 76507 und 0170/4776366. Strom und Wasser an den Stegen, Mai–Okt. mit Sanitär und Imbiss. www.marina-karnin.de

Hotel-Restaurant Norddeutscher Hof, Markt 12, Usedom, Tel. 70266; DZ/F um 100 Euro. Efeuumranktes gutbürgerliches Hotel, ruhig am Markt gelegen; im Restaurant kommt leckere pommersche Landküche auf den Tisch. www.norddeutscherhof.de

Gaststube & Pension Natzke, Geschwister-Scholl-Str. 5, Usedom, Tel. 70398; DZ/F ab 85 Euro. Solide Unterkunft am Altstadtrand, bei Radlern beliebt; in der Gaststube gibt's neben Hering sauer, in Sahne oder als Matjes große Portionen Holzfällersteak, Doppeldeckerschnitzel u. v. m. www.gasthaus-natzke-usedom.de

Marina Karnin (s. o.). Einfache Wohnmobilstellplätze auf Verbundsteinpflaster, keine Ver- und Entsorgungsmöglichkeit, Sanitär im Hafenmeistergebäude.

Restaurant Remise, Alte Dorfstr. 7, Stolpe/Insel Usedom, Tel. 778080. Wo einst die Pferde und Kutschen von Schloss Stolpe untergestellt waren, genießt man heute fein zubereitete europäische und regionale Gerichte. Die Spezialität: Pommern-Tapas, z. B. Herings-Häckerle oder Minibacktüfte, Pflaume im Speckmantel oder gebratener Blutwurstteller auf Apfelragout. www.restaurant-remise-schloss-stolpe.de

Heimatstube Usedom, im Anklamer Tor, Ecke Wallstr./Peenestr., Usedom; Mitte Mai–Mitte Sept. Mo–Fr 10–15 Uhr. www.stadtinfo-usedom.de

Schloss Stolpe, Am Schloss 9, Stolpe/Insel Usedom, Tel. 299902; April–Okt. Di–Fr 11–18, Sa, So 14–18 Uhr. www.schloss-stolpe.de

Usedomer Lämmermarkt, Ende Mai/Anfang Juni auf dem Marktplatz in Usedom Stadt. Großes Hallo mit den wollenen Vierbeinern, Schafschur, Schafwollspinnen, altem Handwerk und drum herum jeder Menge Musik und Spaß.

Station von **UsedomRad** (→ S. 407): Touristeninformation. www.usedomrad.de

Wisentgehege Usedom, Heideweg 1, 17419 Prätenow, Tel. 0162/1637779; Ostern–Oktober 10–17, sonst 10.30–15.30 Uhr, Fütterung 10 und 14.30 Uhr. www.wisentgehege-usedom.de

▶ Karte S. 340

Lieper Winkel

Erst 1898 wurde die erste und einzige Chaussee eingeweiht, die die entlegenen Dörfchen im Lieper Winkel an das restliche Usedom anband. Bis dahin war die Halbinsel, die wie eine geballte Faust ins Achterwasser hineinragt und zusammen mit dem gegenüberliegenden Gnitz die Einfahrt ins Achterwasser einrahmt, eine der abgeschiedensten Gegenden Usedoms. Röhrichtgesäumte stille Wasser, hier und da ein kleiner Segelhafen oder ein bisschen Badestrand zwischen dem Schilf und im Land winzige Weiler, in denen sich noch manch reetgedecktes traditionelles Lehm- oder Backsteinhäuschen entdecken lässt – das sind die Markenzeichen in diesem vom Tourismus noch nahezu unberührt wirkenden Winkel.

Das Jahr 1187 verzeichnet die Schenkungsurkunde, in dem die verwitwete pommersche Herzogin Anastasia das slawischen Dorf Lipa, zu deutsch »Linde«, mitsamt seiner Umgebung den Mönchen des Klosters Grobe vermachte. Eben erst war ihr Gemahl, Herzog Bogislaw I. (1130–1187), in der Abtei auf dem Klosterberg bei Usedom/Stadt beigesetzt worden. Anschließend nahmen die Prämonstratensermönche die Urbarmachung des Lieper Winkels in Angriff. Die Jahrhunderte zogen ins Land, und bis zum Straßenbau Ende des 19. Jahrhunderts hielten die Einwohner der Handvoll beschaulicher Flecken vor allem mit dem Boot Kontakt zur übrigen Welt. So konnte sich hier das alte slawische Brauchtum wesentlich länger als anderorts auf der Insel bewahren.

Ein markantes Entrée zum Lieper Winkel bildet die Suckower Eiche. Etwa einen Kilometer nördlich von Suckow steht die 750 bis 1000 Jahre alte knorrige Dame neben der Straße. 30 Meter ist ihre Krone breit, 6,5 Meter misst der Umfang ihres mächtigen Stamms, und der oberirdische Teil ihres riesigen Wurzelgeflechts lagert auf einem rund 3000-jährigen bronzezeitlichen Hügelgrab.

■ Liepe

Im Herzen des Lieper Winkel liegt der 124 Einwohner zählende Ort, der der Halbinsel ihren Namen gab. Das idyllische Dorf verfügt mit der **Johanniskirche** über ein besonderes Kleinod: das älteste Gotteshaus Usedoms. Es wurde wohl im Zusammenhang mit der Schenkung der Ge-

Die Suckower Eiche begrüßt Besucher im Lieper Winkel

Lädchen in Benz

gend an das Kloster Grobe errichtet und 1216 das erste Mal schriftlich erwähnt. Allerdings ist vom Ursprungsbau längst nichts mehr zu sehen, weshalb es historisch korrekt »das älteste urkundlich bezeugte Gotteshaus auf Usedom« heißen muss. Der heutige Feld- und Backsteinbau, ein schlichter Saalbau ohne Chor und Turm, stammt aus dem 15. Jahrhundert. Nach dem Dacheinsturz 1792 erhielt er neben dem neuen Dach auch eine neue Innenausstattung, darunter das Gestühl und der schöne Kanzelaltar. Noch aus dem Mittelalter rühren der Taufsteinsockel und die Überbleibsel der Wandmalereien her. Jüngeren Datums ist die Grüneberg-Orgel, die der Stettiner Orgelbaumeister Barnim Grüneberg um die Mitte des 19. Jahrhunderts schuf. Der freistehende Glockenstuhl neben der Kirche kam 1860 hinzu.

■ Rankwitz

Mit reetgedeckten, hübsch restaurierten ehemaligen **Fischerkaten** wartet der charmante Ort Rankwitz am Ufer des Peenestroms auf. Ob bereits 1317 oder erst 1421 als »Rankeuitze« genannt, sei's dahingestellt. Zeit seines Daseins wurden im heute 570 Köpfe zählenden Dorf Landwirtschaft und Fischfang betrieben, seit der Wiedervereinigung noch ergänzt um sanften Tourismus. In der früheren Dorfschule zeigt der **Heimathof Lieper Winkel** anhand originaler Dokumente und Ausstellungsstücke, Werkzeuge und Gerätschaften, wie es um das Leben und die Arbeit der Fischer und Bauern im Lieper Winkel vom 18. Jahrhundert bis zur Erfindung der Motorboote und PS-starken Landmaschinen bestellt war. Etwas südlich vom Dorf liegt der schmale Rankwitzer **Hafen.** 1951 wurde er zur Verladung von Kohle und Stückgut angelegt und 1969/1970 für die Forellenzucht der Fischproduktionsgenossenschaft »20. Jahrestag der DDR« erweitert. Nach der Wende saniert und zur Segelmarina umgestaltet, ist aber auch die Rankwitzer Fischerei bis heute im Hafen aktiv. Die Usedomer Feinfisch GmbH, 1991 am Ort gegründet, entwickelte sich vom kleinen Familienbetrieb mit Imbiss und Räucherei zum sanften touristischen Dienstleister, der die Marina mit ein paar Ferienhäusern und einem beliebten Fischrestaurant direkt am Wasser betreibt.

Wenig nördlich vom Dorf erhebt sich auf stattliche 18 Meter über dem Peenestrom der kahle **Jungfernberg.** Der Sage

In Liepe

▲ Karte S. 340

nach soll er vier Jungfrauen in seine Tiefe gezogen haben, die sich, statt brav zur Kirche zu gehen, einem sonntäglichen Tanzvergnügen hingaben. Und auch wenn man den bis heute im Berg gefangenen Jungfern damit auf die Nase steigt, die schöne Aussicht von »oben« herab lohnt den kleinen Spaziergang.

Lieper Winkel

Vorwahl: 038372, **PLZ:** 17406

Bahn- und Buslinien der **Usedomer Bäderbahn** erschließen die gesamte Insel: → S. 332

Hafen Rankwitz, Usedomer Feinfisch GmbH, Am Hafen 1, Rankwitz, Tel. 70521. Der Segelhafen bietet eine Fischgaststätte (s. u.), Fischverkauf und Ferienhausvermietung. An den Stegen gibt es Strom, außerdem Dusche/WC.
www.hafen-rankwitz.de

Pension & Gasthaus Rankwitzer Hof, Dorfstr. 15, Rankwitz, Tel. 70563; DZ/F um 85 Euro. Einfache freundliche Zimmer im Backsteinhaus mit allem, was man so braucht. In der Gaststube wird schmackhafte pommersche Küche nach Hausfrauenart kredenzt. Spezialität: Pommerscher Kaviar vom Steinlachs.
www.rankwitzer-hof.de

Zur Alten Fischräucherei, im Hafen Rankwitz (s. o.). Drinnen und draußen auf dem Sonnendeck serviert die Gaststätte fangfrischen Fisch in zahlreichen köstlichen Variationen sowie aus dem hauseigenen Rauch; Fischverkauf.

Gasthaus Bauernstube Morgenitz, Dewichower Str. 5, 17429 Mellenthin/OT Morgenitz, Tel. 70924; DZ/F um 100 Euro. Genießer rühmen die gemütliche, urige Bauernstube als eines der besten Fischlokale auf Usedom (14 Punkte 2020 im Gault Millau). Auf der Tageskarte steht, was der Fischer frisch liefert, nach traditioneller pommerscher Art und stets auf den Punkt zubereitet. Unbedingt reservieren! Zum Übernachten stehen sechs Zimmer im Landhausstil mit jeweils kleinem Terrassenabschnitt zur Verfügung.
www.bauernstube-morgenitz.de

Heimathof Lieper Winkel, Dorfstr. 1, Rankwitz, Tel. 76154; Mai–Okt. Mo, Mi 10–16, Sa 10–13 Uhr.
www.heimathof-lieper-winkel.de

Stationen von **UsedomRad** (→ S. 407): Hafen Rankwitz, Liepe (Ferienwohnanlage Alte Molkerei, Grüssower Str. 16), Morgenitz (Pension Achterland, Dorfstr. 11).
www.usedomrad.de

Achterland

Von den Waldgebieten der Mellenthiner Heide bis zum Schmollen- und Gothensee südlich der Kaiserbäder dehnt sich zwischen Ostseewellen, Stettiner Haff und Achterwasser das Usedomer Achterland (Hinterland) aus.

Mellenthin

Zentraler Ort im Achterland ist das über 400 Einwohner große Dorf Mellenthin, das eine hübsche **Dorfkirche** aus dem 14. Jahrhundert mit mittelalterlichen Fresken im Chorraum besitzt.
Über die kopfsteingepflasterte Schlossallee sind der Sakralbau und das Mellenthiner **Wasserschloss** miteinander verbunden. Graf Rüdiger von Neuenkirchen – neben dem Kloster Grobe/Pudagla damals der größte Grundbesitzer auf Usedom – ließ es 1575 bis 1580 auf älteren Mauern im Renaissancestil erbauen. Allerdings, als Wasserschloss war es ein »Fake«, wie man aktuell sa-

gen würde: Es wurde nämlich auf einer von einem Wassergraben umzogenen künstlichen Insel errichtet.

Nach dem Aussterben der Neuenkirchener 1641 erfuhr die Dreiflügelanlage manche Besitzerwechsel – darunter den schwedischen Reichskanzler Graf Johan Oxenstierna – und mit ihnen einige Umgestaltungen von barock bis klassizistisch im jeweils zeitgenössischen Geschmack. In der DDR diente das Schloss verschiedenen kommunalen Einrichtungen, gelangte nach der Wiedervereinigung in Gemeindehand und 2001 in Privatbesitz. Die neuen Schlossherren, die Familie Fidora, begann, das Gemäuer über mehrere Jahre hinweg denkmalgerecht zu sanieren, eröffnete ein Café und Restaurant, im Westflügel das Schlosshotel, im Ostflügel eine rekonstruierte historische Brauerei und schließlich in der alten Schlosskapelle eine Kaffeerösterei.

Von den Wirtschaftsgebäuden des ehemaligen Gutsdorfs hat sich zwischen Kirche und Schloss der historische **Gutshof** mit großer Stallscheune und Speicher erhalten.

■ Benz

Vom Achterwasser, dem Gothen- und dem Schmollensee eingerahmt, erstreckt sich im sanften Auf und Ab im Hinterland der Kaiserbäder die Usedomer Schweiz. Von den höchsten Kuppen herab, die bisweilen stattliche 50 Meter über der Ostsee erreichen, eröffnen sich herrliche Ausblicke auf das faszinierende Wechselspiel von Wasser und Land.

Inmitten dieses reizvollen Landstrichs liegt Benz. Da und dort noch ein reetgedecktes Haus, Fachwerk und hübsche Bauerngärten gereichen dem 280-Einwohner-Dorf zur Zierde. Darüber ragt der Turm der **St.-Petri-Kirche** in den Himmel hinauf, ein Juwel unter den Usedomer Gotteshäusern.

▸ Karte S. 340

Otto Niemeyer-Holstein nahm sich 1974 der verfallenen Benzer Mühle an

Der Name der Kirche taucht wie der des Orts 1229 erstmals in einem Schriftstück auf. Der heutige einschiffige Feldsteinbau wurde allerdings erst knapp 400 Jahre später, um 1600, unter Einbeziehung des frühgotischen Vorgängers errichtet, der barocke Glockenturm anno 1740 angefügt. Den Innenraum überzieht seit einer Sanierung 1836 ein hölzernes Tonnengewölbe. 1909 verwandelte es der Stettiner Künstler Adolf Dittmer in eine Kassettendecke mit blau-weiß-goldenem Sternenhimmel – malerisch, buchstäblich wie im übertragenden Sinne. Ein Altar von 1712 und die 1847 eingeweihte Orgel aus der Werkstatt von Friedrich Wilhelm Kahlschmidt zählen zum weiteren in schlichter Schönheit erstrahlenden Inventar.

Lionel Feininger hat die Petrikirche während seiner Streifzüge durch Usedom in den 1910er Jahren immer wieder gemalt. Und noch ein zweiter Künstler war Benz innig zugetan: 1974 erwarb Otto Niemeyer-Holstein (1896–1984, → S. 361) die auf einem Hügel über dem Ort thronende alte **Holländermühle.** Zwei Jahre zuvor war der letzte Müller verstorben, und dessen Witwe trotzte dem Maler das Versprechen ab, die noch funktionsfähige, aber vom Verfall bedrohte Mühle wieder instand zu setzen. So geschah es dann auch in mühevoller Detailarbeit, und »min Möhl«, wie Niemeyer-Holstein zu sagen pflegte, wurde für ihn zum Atelier und zur zweiten Heimat.

Bei gelegentlichen Gruppenführungen durch den Verein Kulturmühle Benz kann man das alte Mahlwerk besichtigen. In der schönen Jahreszeit finden darüber hinaus kleine Kunstausstellungen statt, und das Backhaus auf dem Gelände hält Stullen, Kaffee und frisch gebackenen Kuchen für die Gäste parat.

Auf dem Benzer **Friedhof** zu Füßen des Mühlenbergs liegen Otto Niemeyer-Holstein und seine Frau Annelise zur ewigen Ruhe. Die Grabstätte ist leicht zu finden, da sie eine Skulptur des befreundeten Bildhauers Waldemar Grzimek ziert. Nahebei befindet sich das Grab der gebürtigen Usedomerin, berühmten Journalistin, Publizistin und Menschenrechtlerin Carola Stern (1925–2006).

■ Pudagla

Auf einem schmalen Landstreifen zwischen Achterwasser und Schmollensee gelegen, blickt der 480 Einwohner kleine Ort auf glanzvolle Zeiten zurück. 1309 wurde die Prämonstratenserabtei Grobe von der Stadt Usedom nach Pudagla verlegt, weshalb es von da an unter dem Namen »Kloster Pudagla« firmierte. Dank zahlreicher Schenkungen – darunter auch einige, wie man inzwischen weiß, dreiste Fälschungen – stieg das Kloster zum reichsten und größten Grundbesitzer Usedoms auf, erhob Zölle, besaß Fischereirechte und sogar eine eigene Gerichtsbarkeit. An den Chorherren von Pudagla kam auf Usedom niemand vorbei.

1534 wird von den pommerschen Landesfürsten jedoch die Reformation eingeführt und das Kloster im Jahr darauf aufgelassen. 1574 lässt Herzog Ernst Ludwig von Pommern die altehrwürdigen Gemäuer bis auf die Keller niederreißen und auf diesen als Fundament **Schloss Pudagla** als Witwensitz für seine Mutter errichten.

Seit jener Zeit blieb der zweigeschossige, relativ schmucklose Ziegelputzbau weitgehend unverändert. Ein Treppenturm an der Hofseite und über dem Portal die große Kalksteintafel mit dem Wappen der Pommernherzöge sind seine bescheidene Zierde. Zumal ihm zu DDR-Zeiten noch ein unansehnlicher Grauputz verpasst wurde.

Unter dem Kreuzgewölbe des Schlosskellers siedelte der Pastor und Schriftsteller Johannes Wilhelm Meinhold (1797–1843) einen wesentlichen Teil des Hexenprozesses in seinem Roman *Die Bernsteinhexe Maria Schweidler* an (→ S. 354). »Café Bernsteinhexe« heißt auch die Gastronomie im Schloss, die neben Kaffee und Kuchen und herzhafter Tageskarte außerdem Raum für Ausstellungen und Konzerte lässt.

Etwa 500 Meter südlich von Pudagla wartet auf einem Hügel über der Landstraße eine alte **Bockwindmühle** auf einen Besuch. Sie stammt wohl schon von Mitte des 18. Jahrhunderts, ihr letzter Mahlgang fand 1937 statt. 1997 wurde sie nach einer umfangreichen Sanierung neu eingeweiht und zuletzt 2019 noch einmal auf Vordermann gebracht.

Achterland

Vorwahl: 038379, **PLZ:** 17429

Bahn- und Buslinien der **Usedomer Bäderbahn** erschließen die gesamte Insel (→ S. 332). Bahnhöfe gibt es in Neu Pudagla und Schmollensee.

Wasserschloss Mellenthin, Schlossallee 5, Mellenthin, Tel. 28780; DZ/F ab 160 Euro. Gehobene Unterkunft im Westflügel des Schlosses, stilvoll und behaglich; das schicke Restaurant serviert feine deutsche Küche von regionalen Produkten, die Schlossbäckerei ist berühmt für ihre Torten; im alten Gewölbe der Brauerei gibt es Zünftiges zum selbstgebrauten süffigen »Mellenthiner«.
www.wasserschloss-mellenthin.de

Nepperminer Fischpalast, Lyonel-Feininger-Str. 6, Neppermin, Tel. 287244. Riesige Auswahl an Fisch und Meeresfrüchten, bodenständig zubereitet, dazu die herrliche Lage direkt am kleinen Strand mit tollem Blick über das Achterwasser.
www.nepperminer-fischpalast.de

Holländermühle Benz, Mühlenberg in Benz; April–Okt. Di–Sa 10–17 Uhr.
www.muehle-benz.de

Bockwindmühle Pudagla, ca. 1 km südlich von Pudagla an der B 111; Juni–Mitte Okt. Mo–Fr 10–16, Sa, So 13–16 Uhr.
www.usedom-bockwindmuehle-pudagla.de

Kirchensommer Benz, Konzerte von Kammermusik über Jazz, Blues und Boogie bis Rio Reiser und Gerhard Gundermann sowie Lesungen, Klavierabende u. v. m.
www.kirche-benz.de

Stationen von **UsedomRad** (→ S. 407): Mellenthiner Schloss, Dorfkirche in Benz.
www.usedomrad.de

Ein fast 200 m langer Sandstrand befindet sich westlich von **Pudagla** am Achterwasser.

Bernsteinbäder

Auf der schmalen Nehrung zwischen Achterwasser und Ostsee reihen sich hinter den Dünen, Küstenwäldern und Kliffs die Bernsteinbäder wie Perlen an einer Schnur: Ückeritz, Koserow, außerdem noch die kleineren Bäder Zempin und Loddin. Dass man sie »Bernsteinbäder« nennt, ist nicht historischen Ursprungs, sondern eine Erfindung der Touristiker. 2005 gründeten die vier Gemeinden den Verbund »Usedomer Bernsteinbäder«. Was aber nicht heißen soll, dass das Ostseegold nicht an die dortigen breiten feinen Sandstrände gespült werden würde. Ein Ideengeber fürs Marketing war sicherlich Johannes Wilhelm Meinhold (1797–1843), seines Zeichens Doktor der Theologie, Schriftsteller und außerdem Pastor, ab 1821 auf der Pfarrstelle in Koserow, ab 1826 dann in Krummin (→ S. 366). Neben Novellen und religiösen Traktaten verfasste er den Roman *Die Bernsteinhexe Maria Schweidler*. 1843 veröffentlicht, wurde das Buch sofort zum Bestseller, sogar international. Denn die Handlung beinhaltete alles, was einen romantischen Knüller ausmacht: Angesiedelt im Dreißigjährigen Krieg, verkauft die Pfarrerstochter Maria am Strand aufgelesenen Bernstein, um mit dem Erlös die Not der Koserower zu lindern. Der wichtige Amtsmann, der ein Auge auf die junge Frau geworfen hat, wird von ihr abgewiesen, sinnt auf Rache und bezichtigt sie, ihren vermeintlichen Reichtum durch Hexerei angehäuft zu haben. Die peinliche Befragung und

▲ Karte S. 340

der Hexenprozess folgen, und fast zündeln schon die Flammen um Maria auf dem Scheiterhaufen, als ein edler Ritter sie in letzter Minute befreit und hernach zum Traualtar führt.
Anfangs behauptete Meinhold, er habe die Geschichte nach historischen Zeugnissen niedergeschrieben. Später stellte sich alles als Erfindung des Pastors heraus.

■ Ückeritz und Loddin/Kölpinsee

Dort, wo Achterwasser und Ostsee fast aufeinandertreffen, liegt mit gut 1000 Einwohnern das Ostseebad Ückeritz. Seit der ersten Erwähnung 1270 als »Ukerz« war es jahrhundertelang nie mehr als ein Fischernest am Achterwasser zwischen dem Schilf – bis Ende des 19. Jahrhunderts der Fremdenverkehr aufkam. Ab 1892 Seebad, orientierte man sich nun zunehmend in Richtung Ostseestrand. Denn dort lockte (und lockt), abwechselnd von einer Flach- oder Steilküste begleitet, ein sieben Kilometer langes Band feinsten Sandstrands. 1912 zählten die Ückeritzer schon 1600 Badegäste.
Ab den 1930er Jahren kam eine bedeutende **Künstlerkolonie** dazu. Otto Manigk (1902–1972) machte den Anfang und verlegte sein künstlerisches Schaffen in sein Sommerhäuschen nach Ückeritz. Der Freund und Kollege Herbert Wegehaupt (1905–1959) folgte. Beide Maler ließen sich 1947 dauerhaft in Ückeritz nieder. Susanne Kandt-Horn (1914–1996) und ihr Mann Manfred Kandt (1922–1992) schlossen sich 1954 an, ebenso Vera Kopetz (1910–1998) und andere. Freunde, Künstler und Weggefährten, die als Usedomer Malschule in die Kunstgeschichte eingingen.
Furore machte Ückeritz zu DDR-Zeiten aber vor allem mit seinem **Campingbetrieb.** Hier befand sich Europas wohl größter Campingplatz. Von Ückeritz bis nach Bansin zog er sich fünf Kilometer lang durch den Dünenwald. Textilhäuschen für rund 20 000 Urlauber konnten aufgestellt werden. Vom seinerzeit 13 Hektar umfassenden Gelände stehen in der Campinghochburg Ückeritz heute immer noch gut 10 zur Verfügung. Eine komplett eigenständige Zelt- und Caravanstadt, die das Herz passionierter Camper jubilieren lässt, über vier Kilometer an der Küste entlang.
Der alte **Ückeritzer Ortskern** erstreckt sich mit kleinem Sportboothafen am Achterwasser. Etwa einen Kilometer südlich davon legen vom **Hafen Stagnieß** Ausflugsdampfer nach Zinnowitz (→ S. 368) und Lassan (→ S. 325) auf dem Festland ab. In der Nachbarschaft erstreckt sich ein einfacher Campingplatz, der eine unaufgeregte Alternative zur trubeligen Ostseeküste bietet.
Die nur wenig kleinere Nachbargemeinde **Loddin** am Achterwasser war in den 1920er und 1930er Jahren ein beliebter Ferientreff von UFA-Filmstars wie Lilian Harvey und Willy Fritsch, Grete Weiser und anderen mehr. Der Ortsteil **Kölpinsee** östlich der Bundesstraße zeichnet sich durch Feriendomizile, Hotels, Gaststätten und Badevergnügen aus.

Hafen Stagnieß am Achterwasser

EXTRA

Ostseegold Bernstein

Von alters her wollten die Menschen das Geheimnis um die Herkunft des Bernsteins lüften. Der römische Dichter Ovid schrieb, dass nach dem Tod des Sonnengottes Phaeton die Tränen, die seine Mutter und Schwester aus Trauer vergossen, zum Meer getragen wurden und sich dort in Bernstein verwandelten. Den heutigen Erkenntnissen schon recht nah war der römische Gelehrte Plinius d. Ä. mit seiner Annahme, der gelb bis ocker funkelnde Stein sei aus dem Harz von nordischen Nadelbäumen geronnen. Während der spätantike Grammatiker Servius annahm, dass er vom Walfischambra herstamme, woher zum Beispiel auch das englische Wort *amber* für Bernstein rührt.

Der deutsche Name entwickelte sich aus dem mittelniederdeutschen Wort *börnen* (brennen), in dem die Brennbarkeit des Bernsteins mitschwingt. Die mittelalterlichen Alchemisten erkannten in ihm eine Mischung von Steinkohle, Bitumen, Ölen und Meeresschaum. Die moderne Wissenschaft schließlich definiert das Naturprodukt als fossiles Harz, das unter dem Einfluss von Mikroorganismen und durch Oxydation, Polymerisation und Hydration/Dehydration im Lauf von Jahrmillionen seine Form annahm. Und tatsächlich: Beim mineralogisch Succinit genannten Ostseegold handelt es sich um das versteinerte Harz lange ausgestorbener Nadelhölzer.

40 bis 50 Millionen Jahre liegen die Ursprünge des baltischen Bernsteins zurück, als die Ostseeregion im Alt-Tertiär subtropische Wälder bedeckten und die Harzlieferanten massenweise gediehen. Genau wie die heutigen Nadelbäume sonderten sie flüssiges Harz ab, das an der Luft schnell trocknete und in großen Tropfen zu Boden fiel. Infolge von Klimaveränderungen versanken die Wälder später in den ansteigenden Meeresfluten. Das Harz wurde aus den untergegangenen Waldböden herausgespült und lagerte sich mit der Strömung vor allem an der südlichen Ostseeküste ab. Von Sand und tonnenschweren Gesteinsschichten bedeckt, entwässerte es unter dem Druck und dem Luftabschluss und oxidierte zu Kohlenstoffmolekülen, aus denen schließlich der Bernstein entstand. Aber wie unterscheidet man echten Bernstein von seinen Fälschungen? Da er leicht brennbar ist, könnte man einfach ein Feuerzeug unter den Stein halten. Aber auch der Test mit einer Glas- oder Steinplatte eignet sich gut. Lässt man echtes Ostseegold darauf fallen, klingt der Aufschlag dumpfer als beispielsweise bei einer ähnlich gefärbten und von den Meereswellen rundgeschliffenen Glasscherbe. Auch kann man Bernstein wegen seiner geringen Dichte mühelos auf Salzwasser schwimmen lassen. Oder ihn mit der Nadel einritzen – weshalb er seit Menschengedenken ein so dankbarer Schmuckstein ist. Damals wie heute ein schönes Mitbringsel aus dem Ostseeurlaub für die Lieben daheim.

Sammlerglück

Besuch in den Koserower Salzhütten

Koserow und Zempin

Immer am Ostersonntag läuten im aufgeräumten 1700-Einwohner-Ort Koserow die **Vineta-Glocken.** Sie erinnern an die sagenhafte, immens reiche Stadt Vineta, die wegen des Hochmuts ihrer Bewohner einst in der Ostsee versank. Wenn man in Koserow an der Steilküste auf dem **Streckelsberg** steht, mit 58 Metern Usedoms höchste Erhebung, und den Blick über das Meer schweifen lässt, kann man sich tatsächlich vorstellen, dass da in den Wellen das versunkene Vineta liegt. Die Woliner auf der Nachbarinsel, die die Sage weiter östlich an der Haffküste vor dem Örtchen Wolin lokalisieren, sehen das natürlich ganz anders (→ S. 269).

Das Seebad, das 1347 erstmals als »Cuzerowe« auftaucht, bietet an Sehenswürdigkeiten – neben einem fantastischen **Strand** – eine frühgotische **Feldsteinkirche,** die im Kern auf Ende des 13. Jahrhunderts zurückgeht. Pastor Meinhold predigte hier, der Verfasser der *Bernsteinhexe* (→ S. 354).

Eine weitere Attraktion sind die **Koserower Salzhütten**, wo man in den geduckten Fachwerkkaten und draußen in den Vorgärten ausgezeichnet Fisch essen kann. Früher salzten die Fischer in den rohrgedeckten, fensterlosen Lehmbauten ihren Heringsfang ein und lagerten ihn in Holzfässern, was ihnen ein kärgliches Einkommen brachte. Bis zur Entdeckung durch den Tourismus zählte Koserow zu den ärmsten Orten auf Usedom. Die **Heimatstube Uns Fischers Arbeitshütt** im historischen Salzhütten-Ensemble berichtet von der vergangenen Zeit.

Am Strand von Koserow

Bereits Mitte des 19. Jahrhunderts erschienen die ersten Badegäste. Verheerende Sturmfluten 1857 und 1872 unterbrachen die erfreuliche Entwicklung nur kurzzeitig. 1878 eröffnete die erste Herberge, und bald darauf wurden ein Damen- und ein Herrenbad eingerichtet. Zu DDR-Zeiten urlaubten jährlich bis zu 50 000 Werktätige in Koserow.

Nur mit der Seebrücke wollte es nicht so recht werden. Die erste zerstörten Sturm und Eisgang in den 1940er Jahren. Die nächste, 1993 eingeweiht – das Jahr, in dem Koserow auch seine staatliche Anerkennung als Seebad erhielt –, wurde bereits 20 Jahre später wegen Baufälligkeit gesperrt und 2019 abgerissen. Die dritte und funkelnagelneue **Seebrücke** konnte dann als 300 Meter lange, wellenförmige Bummelmeile über dem Wasser 2021 ihrer Bestimmung übergeben werden.

Zempin, Nummer 4 im Bernsteinbäder-Quartett, wartet mit schönem Strand und im alten Ortskern am Achterwasser einem kleinen Hafen auf. In der ehemaligen Grundschule erfährt man im **Museum Uns olle Schaul** Interessantes über die Usedomer Fischerei und kann zahlreiche Fischerbootmodelle bestaunen.

▶ Karte S. 340

■ Lüttenort

An der schmalsten Stelle der Insel, dort, wo Usedom zwischen Koserow und Zempin zur Wespentaille zusammenschnurrt, liegen traumhaft am Achterwasser Wohnhaus, Atelier und Garten von Otto Niemeyer-Holstein (1896–1984, → S. 361). Ein halbes Jahrhundert lang war das urige Domizil, das er nach seinem Segelboot »Lütter« (plattdeutsch für »Kleiner«) »Lüttenort« nannte, dem Maler Heimat, Refugium und Inspiration. Bereits 1984, im Jahr nach seinem Tod, öffnete sich das Haus seinem letzten Willen gemäß für das Publikum als Begegnungsstätte und Museum.

Nichts sollte verändert werden, so hatte der Künstler verfügt. Und tatsächlich, alles ist, bis zu den Pinseln im Glas auf der Fensterbank, original erhalten. Bei einem Rundgang durch das Museum **Atelier Otto Niemeyer-Holstein** hat man den Eindruck, als käme »ONH«, wie er seine Bilder signierte, jeden Moment um die Ecke.

Den Anfang machte 1933 ein ausrangierter Packwagen der Berliner Stadtbahn, der auf dem Grundstück dem Maler und seiner Frau Annelise als spartanische Unterkunft diente. Um ihn herum baute das

Ehepaar im Lauf der Jahre an, dran und drüber, so dass allmählich ein kurios verschachteltes Haus mit dem Bahnwaggon im Zentrum entstand.

Ebenso eigenwillig wuchs der Garten über die Zeit zu einem Gesamtkunstwerk. Ein schöpferisches Zusammenwirken von Kunst und Natur, *work in process* mit Plastiken befreundeter Künstler, die sich über die verschiedenen pittoresk eingewachsenen Gartenbereiche verteilen. 2001 wurde das Anwesen noch um einen modernen Galeriebau ergänzt. Dort trifft man sich zu den Führungen, kann Filmdokumente einsehen, an kulturellen Veranstaltungen teilnehmen und in wechselnden Ausstellungen Werke aus dem bedeutenden Fundus Otto Niemeyer-Holsteins ansehen – an diesem wohl schönsten Ort für Kunst und Kultur auf Usedom.

Bernsteinbäder

Vorwahl: 038375, **PLZ:** 17459

Kurverwaltung Ückeritz, Bäderstr. 5, Ückeritz, Tel. 2520; Sept.–Juni Mo–Fr 9–16, Juli, Aug. Mo–Fr 9–18, Sa, So 9–12 Uhr. www.usedomer-bernsteinbaeder.de/ueckeritz

Kurverwaltung Koserow, Hauptstr. 31, Koserow, Tel. 20415; Mai–Okt. Mo–Fr 9–18, Sa 9–12, Juli, Aug. zusätzlich So 9–13, Okt.–April Mo–Fr 9–16, Sa 9–13 Uhr. www.usedomer-bernsteinbaeder.de/koserow

Fremdenverkehrsamt Zempin, Fischerstr. 1, Zempin, Tel. 038377/42162; Mo–Fr 9–16 Uhr. www.usedomer-bernsteinbaeder.de/zempin

Bahn- und Buslinien der **Usedomer Bäderbahn** erschließen die gesamte Insel (→ S. 332). Bahnhöfe gibt es in Ückeritz, Stubbenfelde, Kölpinsee, Koserow und Zempin.

Zweistündige **Achterwasserfahrten** und **Ausflugsfahrten** nach Rankwitz (Lieper Winkel), April–Okt. ab Hafen Stagnieß (s. u.), Tel. 0171/6514769. www.ms-astor.de

Hafen Stagnieß, Ückeritz, Tel. 25214. Kleine Segelmarina am Achterwasser wenig südlich von Ückeritz, 44 Gastliegeplätze, Sanitär, Wasch- und Trockenraum, Strom am Steg, Wasser, Slipanlage. www.yachtclub-usedom.de

Café Knatter Restaurant & Pension, Hauptstr. 36, Ückeritz, Tel. 22966; DZ/F um 120 Euro. Längst kein Geheimtipp mehr, aber immer noch schön. Am Ückeritzer Minihafen direkt am Achterwasser gelegen, die hellen, schicken Zimmer im maritimen Flair, außerdem Apartments im benachbarten Bootshaus; im Restaurant gibt es zu regionalen und internationalen Gerichten traumhafte Sonnenuntergänge. Eine Surfschule ist angeschlossen. www.cafe-knatter.de

Hotel Pension Buchfink, Am Kurplatz 10, Ückeritz, Tel. 2290; DZ/F um 100 Euro. Familiengeführte solide Mittelklasseunterkunft, 15 Min. Fußweg durch den Wald zum Strand. www.pension-buchfink.de

Strandhotel Seerose, Strandstr. 1, Kölpinsee, Tel. 540; DZ/F ab 199 Euro. 4-Sterne-Hotelburg im Zauberbergstil direkt am Strand, die nicht allzu großen Zimmer wahlweise mit Meeres-, Wald- oder Seeblick; mit Pool, Sauna, Radverleih; im Restaurant gehobene deutsche und internationale Kulinarik. www.strandhotel-seerose.de

Pension Nixe, Buchenweg 2, Kölpinsee, Tel. 20177; DZ/F ab 74 Euro. Behagliche Unterkunft in einer Jugendstilvilla, ruhig am Waldrand, 5 Min. zum Strand; im Kellerrestaurant und draußen im Biergarten werden lecker gebrutzelter Fisch und Fleisch aufgetragen. www.pension-nixe.de

Hotel & Restaurant Forsthaus Damerow, Damerow 1, Koserow, Tel. 560; DZ/F ab 100 Euro. Malerische rohrgedeckte

4-Sterne-Herberge in Alleinlage kurz vor Lüttenort, mit Pool, Sauna, Spa; im Restaurant deutsche Gerichte.
www.forsthaus-damerow.de

Naturcampingplatz Am Strand, Auf dem Campingplatz 1, Ückeritz, Tel. 20923; April–Okt. Die Ückeritzer »Campingstadt« erstreckt sich auf 4,5 km Länge im Küstenwald hinter dem Strand; mit Shops, mehreren Gaststätten, Imbissen sowie FeWos und Bungalows.
www.campingplatz-ueckeritz.de

Naturcamping Hafen Stagnieß, Hafenstr. 10a, Ückeritz, Tel. 20423; April–Okt. Am Achterwasser am Hafen Stagnieß, ca. 5 km südlich von Ückeritz; einfach ausgestattet, dafür nicht so trubelig wie der Camping am Ostseestrand.
www.camping-surfen-usedom.de

Campingplatz Stubbenfelde, Waldstr. 12, Kölpinsee, Tel. 20606; April–Okt. Hübsch gelegener Platz am Südufer vom Kölpinsee zwischen Waldrand und Meeresstrand; mit Shop, Bistro und Gaststätte, Bungalows, Blockhäuser, FeWos.
www.stubbenfelde.de

Camping Am Dünengelände, Bernsteinweg 1, Zempin, Tel. 038377/41363; April–Okt. Vergleichsweise kleiner Platz im Küstenwald am Strand nördlich von Zempin, mit Gastro, Finnhütten und anderen festen Sommerunterkünften.

Wohnmobilstellplatz am Autokino Usedom, kurz vor Lüttenort. Schlichter Wiesenplatz mit Kiosk, Strom, Dusche/WC.

Fischrestaurant/Strandcafé Utkiek, Strandstr. 16, Ückeritz, Tel. 20408. Zu herzhaften Usedomer Bauern- und Heringsspezialitäten wird gratis noch der fantastische Ausguck über die Ostsee mitserviert.
www.utkiek-ueckeritz.de

Koserower Salzhütte, Am Strande 6, Koserow, Tel. 20680. Ostseefisch »frisch ut de Pann« oder geräuchert, im historischen Salzhütten-Ensemble.
www.koserower-salzhuette.de

Kiki's Bootsverleih, Dorfstr. 23, Loddin, Tel. 0160/96295138. Rohrdachhaus und im lauschigen Garten Holztische an einem winzigen Anleger am Achterwasser; Fisch und Schnitzel werden zum romantischen Wasserblick rustikal in die Pfanne gehauen; Motor-, Ruder- und Tretbootverleih.
www.kikis-bootsverleih.de

Heimatstube Uns Fischers Arbeitshütt, im historischen Salzhütten-Ensemble Koserow; ehrenamtliche Öffnungszeiten, bitte bei der Touristinformation Koserow (s. o.) nachfragen.

Museum Atelier Otto Niemeyer-Holstein, Koserow/OT Lüttenort, Tel. 20213; im Sommer tgl. 10–17, im Winter Mi, Do, Sa, So 10–16 Uhr.
www.atelier-otto-niemeyer-holstein.de

Heimatmuseum Uns olle Schau, Fischerstr. 11, Zempin; Mai–Sept. Mi und Sa 15–18 Uhr.
www.zempin-usedom-heimat.de

Stationen von **UsedomRad** (→ S. 407): Bahnhof Ückeritz, Kölpinsee (Bahnhof, Hotel Seerose), Koserow (Bahnhof, Seebrücke u. a.), Bahnhof Zempin.
www.usedomrad.de

Kiki's Bootsverleih (s. o.), Verleih von Motor-, Ruder- und Tretbooten.

Café Knatter Restaurant & Pension (s. o.), Surfschule.

Karls Erlebnis-Dorf Usedom (→ S. 18), Zum Erlebnis-Dorf 1, Koserow, Tel. 038202/4050; tgl. 8–19 Uhr.
www.karls-erlebnis-dorf-usedom.m-vp.de
www.karls.de

▶ Karte S. 340

Otto Niemeyer-Holstein – Maler Usedoms

Auf einem Segeltörn mit seinem Boot »Lütter« (plattdeutsch »Kleiner«) durchs Achterwasser legte Otto Niemeyer-Holstein (1896–1984) Anfang der 1930er Jahre an der schmalsten Stelle von Usedom an und wusste sofort: Das ist der Ort für den »Lütten« – sein künftiger »Lüttenort«. Mit dem Eigentümer der schilfbestandenen Einöde, auf der ein paar wenige knorzige Weiden gegen den Wind kämpften, wurde er einig, kaufte ihm ein paar hundert Quadratmeter des Brachlands ab und erstand außerdem für 60 Reichsmark einen ausgedienten Packwaggon der Berliner Stadtbahn. Jener sollte zum künftigen »Eigenheim« des Malers und seiner Frau werden – 1933 in abenteuerlichen Mühen von der Reichshauptstadt auf die Insel bugsiert.

In Berlin hatten in jenem Jahr die Nazis die Macht ergriffen, und die ersten Erfolge des jungen Künstlers wurden zunichte gemacht. 18-jährig war Otto Niemeyer aus seiner Geburtsstadt Kiel noch freiwillig in den Ersten Weltkrieg gezogen. Zwei Jahre später schied er verwundet und traumatisiert aus und konnte dank seiner wohlhabenden Familie in der Schweiz wieder genesen.

Dort begann er zu malen und Kurse zu nehmen. Studienaufenthalte in Paris und Italien schlossen sich an. 1920 wurde geheiratet. Im Jahr darauf kam sein Sohn Peter zur Welt, der im Zweiten Weltkrieg das Leben verliert. Und auch der Ehe war keine Dauer beschieden. Scheidung 1925. Anschließend Übersiedlung in die fiebrige Metropole Berlin und 1927 Hochzeit mit Dr. Annelise Schmidt. Zeit ihres Lebens würden die beiden, der »Käpt'n« und sein »Stüermann«, wie sie bei Freunden hießen, gemeinsam alle Höhen und Tiefen durchstehen.

1933 lassen sich die schrulligen »Isenbahner«, wie die Einheimischen das Paar kopfschüttelnd nannten, dauerhaft auf Usedom nieder. Um den Waggon im Zentrum herum entsteht allmählich ein Kuriosum verschachtelter An- und Überbauten

Eine Ausstellungshalle erweitert seit 2001 das Atelier Otto Niemeyer-Holstein

als Wohnhaus. Und auch der Garten entwickelt sich peu à peu als verwunschener Ort mit verschlungenen Pfaden. Die Werke befreundeter Bildhauer – hier vor einer efeuumrankten Mauer, da vor einer steinernen Sitzbank und dort vor einem blühenden Rhododendronbusch – waren Geschenke, oder Otto Niemeyer-Holstein hat sie bei seinen Freunden gegen Bilder eingetauscht.

Niemeyer, der seit seiner Schweizer Genesung nach seiner Heimatregion den Zusatz »Holstein« im Namen trägt, malt unaufhörlich das Meer, den Strand und das eigentümliche Licht, Wind, Wasser und Wolken. »Das ist die Schwelle, wo sich die Dinge stoßen – Land und Meer«, sagt er wenige Jahre vor seinem Tod.

In der Nazizeit geht direkt hinter Lüttenort der Schlagbaum zum Sperrgebiet Peenemünde (→ S. 373) runter. Gefährlich für die Familie, auch, weil sie Annelises jüdische Mutter bei sich verstecken. 1937 wird Sohn Günter geboren. Otto Niemeyer-Holstein kann sie von der Malerei nicht ernähren und verdient den Lebensunterhalt zusätzlich als »Boddenschipper« mit touristischen Bootstouren.

In den 1950er Jahren kommt es endlich zum künstlerischen Durchbruch. Ausstellungen im In- und Ausland schließen sich an. 1969 wird Niemeyer-Holstein Mitglied der Akademie der Künste der DDR, dann Kunstprofessor und 1974 Träger des Nationalpreises für Kunst II. Klasse.

1984 stirbt der Maler nach einem langen, erfüllten Leben im Lüttenort. Keine acht Monate später folgt ihm seine geliebte »Stüermann« Annelise. In Benz, wo Niemeyer-Holstein 1974 eine alte Mühle erworben hatte (→ S. 353), ist das Ehepaar auf dem Friedhof begraben. Und wenn man im Lüttenort heute seinen Blick vom Haus aus zum Wasser hin schweifen lässt, wird man vielleicht auch den alten Kutter »Orion« mitten im dichten Schilf noch gewahr. Genau so, wie ihn 1963 der Maler erstanden hatte. Ein Graffiti prangt auf der Fahrerkabine: »WZRG«. Seine 50 bewegenden Jahre auf Usedom hat Otto Niemeyer-Holstein damit in wenigen Lettern zusammengefasst: »Wunschlos, Zeitlos, Restlos Glücklich«.

Waldemar Grzimeks »Stehende« im Garten vom Lüttenort

An Achterwasser und Peenestrom

Wie eine Hummerschere liegen die Halbinseln Gnitz und Wolgaster Ort im Achterwasser. Der beschauliche Gnitz, der sich sehr schön zum Spazierengehen anbietet, wartet gleich mit zwei Überraschungen auf: Während an der Südspitze im Naturschutzgebiet eine formidable Steilküste aufsteigt, wird im Osten bei Neuendorf Erdöl (!) gefördert. Zwischen den Gnitz und den Wolgaster Ort schiebt die Krumminer Wiek ihre Wasser. Die ausgedehnte Bucht ist nach dem malerischen Örtchen Krummin an ihrem Scheitel benannt – für viele Freizeitkapitäne einer der romantischsten Ankerplätze auf Usedom.

Auf der Höhe von Wolgast zwängt sich der Peenestrom durch eine letzte Landenge, um danach der Ostsee entgegenzustreben. Unweit der Mündung wandelte sich das Fischernest Peenemünde Ende der 1930er Jahre in eine Rüstungsschmiede und zugleich Wiege der Raumfahrt. Das Historisch-Technische Museum und eine weitläufige »Denkmal-Landschaft« erinnern daran. An der Außenküste ist natürlich auch im nördlichen Usedom Baden angesagt. Zinnowitz zeigt sich mit schöner Bäderarchitektur. Trassenheide und Karlshagen sind wegen ihrer breiten Strände, die sehr seicht in die Ostsee gehen, besonders bei Familien mit jüngeren Kindern beliebt.

Halbinsel Gnitz

Als dicker, langer, krummer Haken trennt die Halbinsel Gnitz das Achterwasser von der Krumminer Wiek. Sanft gewelltes Wiesenland, schilfumsäumte Ufer am Achterwasser und auf der Westseite an der Krumminer Wiek eine bis zu 36 Meter hohe Steilküste zählen zu ihren natürlichen Schönheiten. Noch im Mittelalter war der Gnitz eine richtige Insel. Doch

Bei Lütow gibt es ein 5000 Jahre altes Hünengrab zu entdecken

das Wasser, das ihn einst von Usedom schied, ist längst verlandet. Letzter Überrest ist der Große Strumminsee, dessen Name zwar Großes verspricht, der heute aber tatsächlich nur noch ein schmales Rinnsal ist.

Der Gnitz gehört zu den ältesten nachgewiesenen Siedlungsorten auf Usedom. Eine Reihe von Megalithgräbern aus der Jungsteinzeit wurde im 19. Jahrhundert entdeckt und dann, in kleine Steinchen gehauen, für den Straßen- und Molenbau eingesetzt. Das einzige noch eingermaßen bestehende, über 5000 Jahre alte Usedomer **Hünengrab** können Interessierte bei **Lütow** in einem etwa 15- bis 20-minütigen Spaziergang ansteuern: Dazu folgt man ab der Fischerstelle am Achterwasser dem Sträßlein nach Osten und lässt die letzten Häuser hinter sich. Dort macht der Weg einen Knick, wird zum Waldweg, dem man noch um einige zugewachsene Schlenker herum bis zum Großsteingrab folgt. Lütow selbst, kurz vor der Gnitzer Südspitze, wartet mit Feriensiedlungen, Gästezimmern und einer Schnitzel- und Schnellgastronomie auf.

Naturschutzgebiet Südspitze Gnitz

Wo die Gnitzer Südspitze sich zu einer adlerschnabelähnlichen Landzunge verjüngt, sind der Kiefern- und Erlenbruchwald, die Magerweiden und beeindruckenden Kliffs seit 1991 naturgeschützt. Zwischen 400 und 600 Uferschwalbenpaare haben ihre Bruthöhlen in die Steilküste rund um den **Weißen Berg** gegraben. Stattliche 32 Meter über dem Wasserspiegel thront die Erhebung, die ihren Namen nach dem hellen Sand an der Kliffkante trägt. Von dort genießt man, besonders in den Abendstunden bei sinkender Sonne, eine wundervolle Aussicht auf die Krumminer Wiek und den Peenestrom.

In Netzelkow stehen Wohnmobile idyllisch am Anleger

Eine etwa einstündige **Rundwanderung** geht vom großen Naturcampingplatz kurz vor der Halbinselspitze aus. Dort kann man sein Vehikel abstellen und sich, begleitet von herrlichen Ausblicken, auf den teils schmalen Pfad direkt an der Abbruchkante entlang zum Weißen Berg begeben. Dann geht es hinunter, an blühenden Magerrasenwiesen vorbei, zum südlichsten Gnitzer Punkt **Möwenort**, wo auf den Feuchtwiesen noch seltene Orchideenarten gedeihen. Von da führt der Weg zum Campingplatz zurück. Alternativ lässt sich die Wanderung auch schön ab Lütow vom südlichen Ende der Straße Zum Möwenort starten.

Erdölpumpe in Neuendorf

▲ Karte S. 340

Neuendorf

Im Herzen der Halbinsel liegt der kleine Ort Neuendorf. Und lässt man dort seinen Blick ostwärts schweifen, wird sich mancher angesichts der **Erdölpumpen,** die hier und da verstreut in den Feldern stehen, bestimmt die Augen reiben. Tatsächlich wird bei Neuendorf Erdöl aus dem Boden geholt. Die Fördermenge spielt allerdings keine Rolle mehr, belief sich 2020 auf keine 2800 Tonnen mehr. Zum Vergleich: In Spitzenzeiten holten in der größten Erdöllagerstätte der DDR 21 Tiefpumpen jährlich 220 000 Tonnen schwarzes Gold aus der Gnitzer Erde. 1966 ging die Förderung in Betrieb. Heute sind nur noch vier Pumpen aktiv, jedoch plant die Betreiberfirma, der internationale Energiekonzern Neptune Energy, aktuell die Erhöhung der Fördermenge.

Für einen so winzigen Flecken bietet Neuendorf seinen Gästen erstaunlich viel. Ferienwohnungen und Gastronomie sind hübsch im Fachwerk unter dem

Walmdach und in restaurierten Scheunen untergebracht. Mit Stallungen, Gesindehäusern, Vorsteherhaus und einer alten Brennerei sind sie Teil der ehemaligen **Gutsanlage** der pommerschen Landjunker von Lepel. Vom 13. Jahrhundert bis zu ihrer Enteignung nach dem Zweiten Weltkrieg befand sich der gesamte Gnitz mit Stammsitz in Neuendorf im Besitz der lepelschen Barone. Das alte Herrenhaus, um 1820 erbaut und 1850 erweitert, wurde 2004/2005 denkmalgerecht saniert und birgt seitdem aparte Ferienwohnungen.

Netzelkow

Die Verschiffung des Erdöls lief zu DDR-Zeiten über den winzigen Weiler Netzelkow, wo man dafür eigens einen kleinen Hafen baute. Von diesem aus wurde das schwarze Gold über das Achterwasser, das Stettiner Haff und die Oder zur Schwedter Raffinerie (→ S. 215) verfrachtet. Heute erfolgt der Transport mit Tanklastwagen. Ein Hingucker im idyllischen Puppenstubendorf ist die turmlose backsteinere **Marienkirche.** Anfang des 15. Jahrhunderts, vielleicht sogar schon Ende des 14. Jahrhunderts errichtet, stammen die beiden Glocken im freistehenden Glockenstuhl noch aus jener fernen Zeit. Der Sarkophag eines 1747 verschiedenen Barons von Lepel zählt neben dem Taufstein aus dem 14. Jahrhundert zu den beachtenswerten Stücken im schlichten Kirchenraum. Im Vorläufer des benachbarten Pfarrhauses erblickte 1797 als Sohn des hiesigen Pastors der Geistliche und erfolgreiche Romancier Johannes Wilhelm Meinhold (→ S. 354) das Licht der Welt.

Insel Görmitz

Vor dem Gnitz trennt ein gut 400 Meter breiter Sund das Eiland Görmitz von Usedom. Im Zusammenhang mit der Erdölförderung wurde dazwischen 1965 ein Damm aufgeschüttet, der fortan den Gnitz mit Görmitz verband. Denn auch auf der Insel fanden damals, wenn auch erfolglos, Erdölbohrungen statt. Anschließend verbrachten die Kinder der Werktätigen des Greifswalder Kombinats VEB Nachrichtenelektronik im betriebseigenen Ferienlager auf Görmitz schöne Sommerwochen.

Nach der Wiedervereinigung von der Siemens AG übernommen und 2006 an einen privaten Investor verkauft, scheiterten dessen Pläne für ein exklusives Urlaubsresort zum Glück an den Naturschutzauflagen. 2012 erwarb die rund 100 Hektar im Achterwasser ein Bio-Landwirt aus Rostock, der dort bereits seit ein paar Jahren in Pacht seine Rinder hatte weiden lassen. Auf seinen Anstoß hin wurde 2016 nach zahlreichen, manchmal auch heftigen Diskussionen der künstliche Damm abgerissen und Görmitz damit wieder, wie einst, eine Insel. Ebenfalls seit 2016 ist sie außerdem Vogelschutzgebiet und gehört seitdem neben den Bio-Rindern dem glücklichen Federvieh. Für die urlaubenden Zweibeiner ist der Zugang nach Görmitz deshalb nicht mehr gestattet.

Die Netzelkower Marienkirche

Halbinsel Gnitz

Vorwahl: 038377, **PLZ:** 17440

Bahn- und Buslinien der **Usedomer Bäderbahn** erschließen die gesamte Insel: → S. 332

Pfarrscheune Usedom, Kirchstr. 14, Lütow/OT Netzelkow, Tel. 36361; DZ/F 64 Euro. Zimmer in der restaurierten Pfarrscheune neben der Kirche, dazu Gemeinschaftsküche und lauschiger Garten. www.pfarrscheune-usedom.de

Naturcamping Usedom, Zeltplatzstr. 20, Lütow, Tel. 40581; Ostern–Okt. Einfacher großer Platz unter Kiefern im NSG am Weißen Berg; Blockhütten, Holzhäuschen, Gaststätte, Minimarkt. www.natur-camping-usedom.com

Wohnmobilstellplatz, Kirchstr. 5, Lütow/OT Netzelkow, Tel. 40575. Wiesenplatz ca. 500 m nördlich vom Dorfkern am Bootsanleger, die schönsten und raren Plätze um die Ecke direkt am Wasser; Strom, Ver-/Entsorgung.

Gnitzer Seelchen, Zinnowitzer Str. 1, Lütow/OT Neuendorf, Tel. 26439. Die leckeren Kuchen und Torten, Kaffee- und Teevariationen sind im liebevoll ausstaffierten, schicken Café und draußen im Garten eine Einkehr wert. www.gnitzer-seelchen.de

Stationen von **UsedomRad** (→ S. 407): Gnitzer Seelchen (s. o.) und Naturcamping Usedom (s. o.). www.usedomrad.de

Zwei kleine **Sandbuchten** befindet sich an der westlichen Spitze vom Gnitz.

Halbinsel Wolgaster Ort

Freizeitkapitäne schwärmen von der Krumminer Wiek als idyllischem **Segelrevier.** Die schilfwogende, seichte Ausbuchtung des Peenestroms drängt sich im Halbrund zwischen den Gnitz und die benachbarte Halbinsel Wolgaster Ort. Ihren Namen trägt sie nach dem 250-Seelen-Dörfchen Krummin dort am Ufer, während »Wiek« auf »Osteeküstendeutsch« einfach nur »Bucht« bedeutet.

Allein schon die Anreise, gleich, ob zu Wasser oder zu Land, eröffnet bezaubernde Perspektiven. Von der Bundesstraße 111 führen Stichstraßen durch das sanft gewellte Bauernland des Wolgaster Orts nach **Krummin,** darunter eine zwei Kilometer lange **Allee** Hunderter uralter Linden – ein Naturdenkmal und der wohl schönste grüne Tunnel auf Usedom. Wer mit dem Boot Kurs auf das Dörfchen nimmt, erblickt zwischen den Schilfinseln einen malerischen Ankerplatz, einmal für Fischerboote und einmal als **Jachthafen.** Darüber erhebt sich auf dem Kirchhügel, hinter hohen Bäumen verborgen, die alte Klosterkirche **St. Michael.** Anno 1230 wurde das Gotteshaus das erste Mal urkundlich genannt, ebenso wie die slawische Fischersiedlung namens »Crominino«. Wohl um 1260/1270 erfolgte der Neubau mit Backsteinen auf dem alten Feldsteinfundament. 1303 stiftete Herzog Bogislaw IV. am Ort ein Zisterzienserinnenkloster für seine Tochter, die ihm als erste Äbtissin vorstand. St. Michael wurde in die Klostermauern mit einbezogen. Im 15. Jahrhundert erhielt das Gotteshaus noch einen spätgotischen Chor. In der Reformation 1563 aufgelassen, diente die Abtei hernach als Steinbruch. Nur St. Michael blieb erhalten. Der hohe neugotische Kirchturm kam 1856/1857 hinzu.

▲ Karte S. 340

Rundum schmückt sich Krummin an den wenigen kopfsteingepflasterten Straßen mit teils reetgedeckten Bauernhäusern und Fischerkaten. Im einstigen **Pfarrhaus** neben der Kirche schrieb Pastor Johannes Wilhelm Meinhold (1797–1843), der ab 1826 auf der Krumminer Pfarrstelle saß, seinen Usedom-Bestseller *Die Bernsteinhexe Maria Schweidler* (→ S. 354).

Neeberg und Ziemitz

Wie in Krummin setzt man auch im Nachbardorf **Neeberg** auf sanften Tourismus. Mehrere Bootsstege verstecken sich im Schilf, hübsche Reethäuser zieren die Dorfstraße, und das Traditionslokal Fischerstübchen lädt zum herzhaften Schmaus nach Hausfrauenart ein.

Im beschaulichen Wolgaster Ort stehen Wandern und Radeln über die Wiesen und Felder auf dem Ausflugsprogramm. Im Weiler **Ziemitz** an der südlichen Halbinselspitze gesellen sich mit kleinem Sportboothafen und benachbartem schmalen Sandstrand noch Segeln, Paddeln und Baden dazu.

Halbinsel Wolgaster Ort

Vorwahl: 03836, **PLZ:** 17440

Bahn- und Buslinien der **Usedomer Bäderbahn** erschließen die gesamte Insel: → S. 332

Naturhafen Krummin, Dorfstr. 24, Krummin, Tel. 201660. Malerischer Naturhafen, mit einem »Blue Star Marina«-Gütesiegel mit 4 Sternen ausgezeichnet; Strom und Wasser am Steg, gepflegtes neues Sanitärgebäude, freies WLAN, Müllentsorgung, Waschmaschine, Trockner; im Rohrdachhäuschen des Hafenmeisters und auf der Hafenterrasse im Sommer ab 11 Uhr Mittagstisch und abends Freiluftkombüse mit Speisen von fein bis deftig.
www.naturhafen.de

Stellplatz Achterwasserblick, Peenestr. 11, Sauzin/OT Ziemitz, Tel. 200136 und 0160/8016482. In Ziemitz an der Südspitze der Halbinsel Wolgaster Ort, fester Schotterplatz mit Blick auf den Peenestrom, überwiegend schattenlos, Strom, Ver-/Entsorgung, Ruderbootverleih.

Zur Naschkatze, Dorfstr. 25, Krummin, Tel. 602213. Lauschiger Kaffeegarten zwischen Blumen und Obstbäumen, Kuchen und Torten wie bei Muttern, einfache kleine Gerichte von Bockwurst über Fischbrötchen bis Soljanka.
www.zur-naschkatze.de

Pferdetränke, Dorfstr. 31, Krummin, Tel. 231023. Gemütliches Gartenlokal, unter Sonnenschirmen auf dem Rasen oder in der hübsch dekorierten Backsteinscheune; dazu gibt's selbstgebackene Kuchen und Usedomer Brotzeiten von hausgemachten Wildspezialitäten und Käsevariationen von regionalen Käsereien; im Hofladen Konfitüren, regionale Spezialitäten, Liköre und Schnäpse.
www.pferdetränke-krummin.de

Fischerstübchen, Neeberger Str. 26a, Krummin/OT Neeberg, Tel. 603322. Das gutbürgerliche Traditionslokal serviert deftige Fischgerichte im Rohrdachhaus und draußen auf der Terrasse.
www.fischstuebchen.de

Usedomer Musikfestival, Konzerte u. a. in der Krumminer Michaelkirche.
www.usedomer-musikfestival.de

Station von **UsedomRad** (→ S. 407): Krumminer Naturhafen.
www.usedomrad.de

Eine kleine geschützte Badestelle befindet sich am **Ziemitzer Hafen** (Wolgaster Ort).

Nördliches Usedom

Nördlich der Wolgaster Brücke zieht der Peenestrom das letzte Stück seines Weges. Hinter Peenemünde dehnt sich der westliche Odermündungsarm einmal noch tüchtig aus, um sich dann zwischen der Halbinsel Struck (→ S. 335) und dem Peenemünder Haken in die Ostsee zu verabschieden. Nur drei Ortschaften liegen hinter den dichten Schilfgürteln am Usedomer Ufer: der kleine Hafen Zecherin (nicht zu verwechseln mit dem südlicheren Nest Zecherin im Usedomer Winkel), der Karlshagener Hafen und Peenemünde mit seinem riesigen Museumsareal.

Die Außenküste säumen Kiefernwälder und weite Dünenlandschaften, vor denen sich wie ein endloses weißes Band ein herrlicher Sandstrand entlangzieht. Im Norden Usedoms ist er besonders breit und fällt sanft in das flache Wasser ab. Die Seebäder Karlshagen und Trassenheide sind deshalb vor allem bei Familien beliebt, zeigen sich gemütlich und kinderfreundlich, während Zinnowitz mit schöner Bäderarchitektur, Seebrücke und Marina besticht.

■ Zinnowitz

Südlichstes Seebad der drei nördlichen Usedom-Grazien ist Zinnowitz, mit über 4000 Einwohnern die drittgrößte Inselgemeinde, zugleich der Amtssitz Usedom-Nord. Von der **Seebrücke** am Ostseestrand zur schicken **Marina** am Achterwasser erstreckt sich der Ort mit schmucken Villen im Bäderstil. **Konzertmuschel** und **Promenade** dürfen nicht fehlen, und wenn der Wettergott einmal schlechte Laune hat, sorgt die **Bernsteintherme** für Badespaß.

Zinnowitz geht auf die 1309 erstmals genannte Siedlung Tzys am Achterwasser zurück. Bereits seit 1851 darf es den krönenden Titel »Seebad« tragen. Näheres über die Heimat- und Zinnowitzer Eisenbahngeschichte erfährt man bei einem Rundgang durch das **Museum im Bahnhof.** Wer lieber abtauchen möchte, um den Meeresspiegel einmal von unten zu betrachten, kann mit der **Tauchgondel** am Ende der Seebrücke viereinhalb Meter tief zum Ostseegrund sausen und 40 Minuten Panoramablick auf das bunte Treiben der Meeresbewohner genießen.

Ein schönes Beispiel der Bäderarchitektur in Zinnowitz

▲ Karte S. 340

Am Peenestrom liegt der Karlshagener Jachthafen

Trassenheide

Klein, aber fein – so lässt sich Usedoms jüngstes Seebad beschreiben. Erst 2006 stieg Trassenheide in die Spitzenliga der als »staatlich anerkanntes Seebad« gekürten Orte auf. Denn nicht jeder Flecken, der zufälligerweise am Wasser liegt, darf sich so nennen. Für die prestigeträchtige Auszeichnung müssen eine Reihe von Kriterien erfüllt werden: Das Ortszentrum darf nicht weiter als zwei Kilometer vom Strand entfernt liegen; Luft- und Wasserqualität müssen der Erholung der Urlauber dienen. Darüber hinaus sind eine Arztpraxis, bestimmte medizinische Einrichtungen und eine attraktive touristische Infrastruktur, zum Beispiel Parks oder eine Strandpromenade, wesentlich.

Die Wurzeln von Trassenheide liegen nicht weit zurück. 1823 erfolgte per preußischer Order die Gründung der Fischerkolonie Hammelstall. So wurde die seinerzeit 13 Häuser kleine Siedlung genannt, weil dort ein geräumiger Schafstall stand, wo das Vieh bei Überflutung Unterstand fand. Mit Entwicklung des Fremdenverkehrs taufte man den wachsenden Ort 1908 nach einer nahe gelegenen Försterei in »Trassenheide« um. Wegen der Nähe zur Heeresversuchsanstalt Peenemünde (→ S. 373) wurde er im Zweiten Weltkrieg nahezu ausgelöscht und verfügt seither über keine historischen Sehenswürdigkeiten mehr.

Karlshagen

Karlshagen ist ein weiterer Nachzügler unter den Seebädern. Erst seit 2001 darf es sich »Ostseebad« nennen. Die 3200 Einwohner sind stolz auf ihren bis zu 80 Meter breiten feinsten Sandstrand, der die 1829 gegründete ehemalige Fischerkolonie zum beliebten Familienbad macht. Sogar eine kleine »Kinderkurdirektorin« waltet am Ort und sorgt dafür, dass die Kids nicht zu kurz kommen. Eine Bummelmeile hinter dem Strand – dort auch das **Naturschutzzentrum** als Filiale des **Naturparks Insel Usedom** (→ S. 348) – und ein moderner **Drei-Sterne-Jachthafen** am Peenestrom zählen zu den weiteren Attraktionen.

Wegen der Nähe zur Heeresversuchsanstalt Peenemünde (HVA) wurde Karlshagen bei einem alliierten Luftangriff im August 1943 nahezu ausgelöscht. Seit 1939 lag es im militärischen Sperrbereich, bereits 1937 hatten leitende Angestellte, Wissenschaftler, Techniker und Arbeiter der HVA die ersten Gebäude der neu errichteten Wohnsiedlung Karlshagen bezogen. Ein paar wenige Häuserzeilen der in der Bombennacht untergegangenen Gartenstadt blieben verschont, so in der Waldstraße unmittelbar nördlich der Landstraße.

Die Überbleibsel der Wohnsiedlung bilden heute die Station 10 der **»Denkmal-Landschaft«** (→ S. 376), die auf einem 25 Kilometer langen Rundweg zu historischen Punkten der nationalsozialistischen militärischen Vergangenheit auf der Nordspitze Usedoms führt.

Am ehemaligen Siedlungsrand versteckt sich neben der Bahntrasse im Wald der verbliebene Fußgängertunnel des Bahnhofs Karlshagen Siedlung (Station 12). Von dort beförderten S-Bahnen im Zehn-Minuten-Takt täglich mehrere tausend Arbeiter in die Werkstätten auf dem HVA-Gelände. Das 1942 eröffnete hölzerne Bahnhofsgebäude existiert indessen nicht mehr. Auch die Konzentrationslager Karlshagen I und II sind nicht erhalten. Allenfalls ein paar Fundamentreste lassen sich von Karlshagen I noch im Waldboden entdecken (Station 5). Für die Raketenproduktion hatten die Nazis dort ab 1943 Tausende Häftlinge interniert. Viele von ihnen überlebten die brutale Zwangsarbeit nicht.

Keine 200 Meter vor dem südlichen Ortseingang liegt die **Mahn- und Gedenkstätte Karlshagen** neben der Landstraße. An der alten Friedhofmauer war man Mitte der 1960er Jahre auf ein Massengrab mit den Gebeinen von 56 Menschen gestoßen. Sie wurden vermutlich hingerichtet, worauf die Einschusslöcher in den Schädeln hinwiesen. 1968 folgte im Zuge ihrer Umbettung neben die Toten der Bombenangriffe 1943 die Ausweisung der Grabstätte als Ehrenmal – den Zwangsarbeitern und Opfern des Nationalsozialismus in den Peenemünder Versuchsanstalten gewidmet. 1970 wurde die Mahn- und Gedenkstätte eingeweiht (Station 13). Die überlebensgroße Mosaikwand in ihrem Zentrum stammt von Händen des Wahl-Usedomer Künstlers Klaus Rößler (1939–2018). 1994/1995 wurde der Platz umgestaltet und um eine Gedenktafel ergänzt, die an die Opfer des Zweiten Weltkriegs in Karlshagen und Trassenheide erinnert.

Die zahlreichen **Plattenbauten,** die einem unterwegs zum Strand in Karlshagen begegnen, stammen aus der Zeit des Wiederaufbaus ab 1952. Nach ihrer Fertigstellung zogen dort vor allem Soldaten der Nationalen Volksarmee (NVA) mit ihren Familien ein. Noch bis 1990 blieb die nördliche Spitze Usedoms Sperrgebiet, nun für die NVA. 1993 wurde der Standort aufgelöst. Die jüngeren, nach der Wiedervereinigung errichteten Gebäude beherbergen Geschäfte, Gastronomie und touristische Einrichtungen sowie eine Vielzahl von Ferienwohnungen.

i Nördliches Usedom

Haus des Gastes Zinnowitz, Neue Strandstr. 30, 17454 Zinnowitz, Tel. 038377/4920; Mo–Fr 9–18, Sa, So 10–16 Uhr. www.zinnowitz.de/zinnowitz/hausdesgastes

Touristeninformation Trassenheide, Strandstr. 36, 17449 Trassenheide, Tel. 038371/20928; Mo–Fr 10–12.30, 13.30–18, Sa, So nur bis 15 Uhr. www.trassenheide.de

Touristeninformation Karlshagen, 17449 Karlshagen, Hauptstr. 4, Tel. 038371/55490; Jan. Mo–Mi, Fr 10–16, Do 10–18, Feb., März und Nov., Dez. Mo–Mi, Fr 9–17, Do 9–18, April und Okt. Mo–Mi, Fr 9–17, Do 9–18, Sa 10–12, Mai und Sept. Mo–Fr 9–18, Sa 10–12, Juni–Aug. Mo–Fr 9–18, Sa, So 10–15 Uhr. www.karlshagen.de/ostseebad/haus-des-gastes

▶ Karte S. 340

Naturschutzzentrum Karlshagen, Dünenstr. 33, 17449 Karlshagen, Tel. 038371/21750; März–Okt. Di und Do 13–17 Uhr.

Bahn- und Buslinien der **Usedomer Bäderbahn** erschließen die gesamte Insel (→ S. 332). Bahnhöfe gibt es in Zinnowitz, Trassenheide, Trassenmoor und Karlshagen.

Ückeritzer Personenschifffahrt, Tel. 0171/6514769; April–Mitte Oktober. Ausflugsfahrten zur Robbenbank am Großen Stubber sowie Peenestromfahrten ab Karlshagen; Achterwasserfahrten ab Zinnowitz. www.ms-astor.de

Wasserwanderplatz Zinnowitz, Hafenstr., 17454 Zinnowitz, Tel. 038377/352933. Liegeplätze für Segler und Kanuten am Zinnowitzer Yachtclub; Strom, Wasser, Sanitär, Gaststätte, Slipping, Kran, Chemie-WC-Entsorgung. www.zinnowitzer-yachtclub.de

Jachthafen Karlshagen, Am Hafen, 17449 Karlshagen, Tel. 038371/20066. Große Hafenanlage, Steg- und Pierliegeplätze, Wasser und Strom an den Stegen, Slipanlage, Sanitär mit barrierefreiem WC, Chemie-WC-Entsorgung, Waschmaschine/Trockner, Gastronomie und Ferienapartments am Hafen. www.karlshagen.de

Usedom Palace, Dünenstr. 8, 17454 Zinnowitz, Tel. 038377/3960; DZ/F um 200 Euro. 5-Sterne-Haus im Bäderstil direkt hinter dem Strand, mit Spa, Pool und Sauna. Das angeschlossene Restaurant serviert Fine-Dining-Menüs. www.usedom-palace.de

Kleine Strandburg, Dünenstr. 11, 17454 Zinnowitz, Tel. 038377/38000; DZ/F ab 126 Euro. Der Name sagt's: Wie eine Burg steht der moderne Hotelbau am Strand, die Zimmer mit allem Komfort ausgestattet; im hauseigenen Restaurant regionale und internationale Gerichte. www.kleine-strandburg-zinnowitz.de

Sonneneck, Wilhelm-Potenberg-Str. 12, 17454 Zinnowitz, Tel. 038377/42063; DZ/F ab 145 Euro. Das freundliche familiengeführte Sonneneck liegt mit in hellen Farben gehaltenen Zimmern zentral im südlichen Ortskern, dennoch vom Trubel entfernt. www.sonneneck-zinnowitz.de

Hotel Kaliebe, Zeltplatzstr. 14, 17449 Trassenheide, Tel. 038371/520; DZ/F um 140 Euro. Mitten im Dünenwald, 200 m zum Strand, neben Komfortzimmern werden Blockhütten und FeWos angeboten. Ein Restaurant ist auch mit dabei: Für die ausgesuchten Fleisch-, Wild- und Fischspezialitäten, sorgfältig nach norddeutscher Art zubereitet, wurden Helmut Kaliebe und sein Küchenteam schon mehrfach ausgezeichnet. www.kaliebe.de

Ferienhotel Bernstein, Bahnhofstr. 21, 17449 Trassenheide, Tel. 038371/2370; DZ/F um 140 Euro. Solider Mittelklassekomfort in einer aus mehreren kleinen Gebäuden bestehenden Anlage im Ortszentrum; im Restaurant deutsche Küche und regionale Fischspezialitäten. www.ferienhotel-bernstein.de

Dünenschloss, Strandstr. 11, 17449 Karlshagen,Tel. 038371/2620; DZ/F ab 113 Euro. Geräumige, in fröhlichen Farben eingerichtete Zimmer im Neubau direkt hinter dem Strand. www.duenenschloss-karlshagen.de

Campingplatz Pommernland, Dr.-Wachsmann-Str. 40, 17454 Zinnowitz, Tel. 038377/40348; ganzjährig. Großer Platz unter Kiefern am westlichen Ortsrand, ca. 300 m zum Strand, naturbelassen und nicht parzelliert, mit Spielplätzen, Blockhäusern, Schäferhütten, Campingfässern u. v. m., Radverleih. www.camping-zinnowitz.de

Camping Ostseeblick, Zeltplatzstr. 20, 17449 Trassenheide, Tel. 038371/20949; April–Okt. 4-Sterne-Platz im Küstenwald am Strand, mit Gaststätte, Kiosk, Kinderspielplatz, Hundebad. www.campingplatz-ostseeblick.de

Dünencamp Karlshagen, Zeltplatzstr. 11, 17449 Karlshagen, Tel. 038371/20291; ganzjährig. 5-Sterne-Platz im Kiefernwäldchen am Strand, mit Spielplätzen und kindgerechtem Sanitär, Imbiss, in einigen Bereichen TV-Anschlüssen, Gemeinschaftsküchen. www.karlshagen.de/duenencamp/campingplatz

Wohnmobilstellplätze, in Karlshagen kurz vor dem Jachthafen. Großer Parkplatz zum einmaligen Übernachten, Parkscheinautomat, Strom, Dusche/WC und Gastro im Hafen.

Pier 14, Neue Strandstr. 36, 17454 Zinnowitz, Tel. 038377/352918. Cooles Speiselokal im Kaminzimmer des Zinnowitzer Concept-Stores der Pier14-Modekette; europäische Küche, delikate Fleisch- und Fischgerichte, die Burger ein Gaumenschmaus, auch vegane Zubereitungen. www.pier14.de/restaurant

Zum Smutje, Vinetastr. 5, 17454 Zinnowitz, Tel. 038377/41548. Kleine Standardspeisekarte und dazu saisonal wechselnde Fischköstlichkeiten ohne viel Schnickschnack nach regionaler Art angerichtet. www.zum-smutje.de

Restaurant im Hotel Kaliebe, (s. o.)

Café und Restaurant Peeneblick, Am Hafen 10, 17449 Karlshagen, Tel. 038371/558787. Beliebter Skippertreff in toller Lage am südlichen Eingang zum Hafenbecken, zur schönen Aussicht auf den Peenestrom gibt es schmackhafte heimische und internationale Frischeküche. www.peeneblick.com

Heimatmuseum Zinnowitz, Am Bahnhof 1, 17454 Zinnowitz, Tel. 038377/40536; in der Sommerzeit Mo–Fr 10–17, Sa, So 14–17 Uhr. www.heimatmuseum-zinnowitz.de

Theater Zinnowitz – Die Blechbüchse, Seestr. 8, 17454 Zinnowitz, Tel. 03971/2688800. Märchen und Puppenspiele für Kinder, junges Theater für Jugendliche und Schauspiel, Kabarett und Revue für die Großen. www.blechbuechse.de

Vinetafestspiele, Seestr. 8, 17454 Zinnowitz, Tel. 03971/2688800. Im Juli/Aug. bringt die Vorpommersche Landesbühne Anklam neue Episoden rund um die sagenhafte versunkene Stadt Vineta open air auf die Zinnowitzer Ostseebühne. www.vorpommersche-landesbuehne.de/vineta-festspiele

Stationen von **UsedomRad** (→ S. 407): Zinnowitz (Hafen, Bahnhof u. a.), Trassenheide (Bhf. Trassenheide, Bhf. Trassenmoor, an den Campingplätzen u. a.), Karlshagen (Bhf., Hafen u. a.). www.usedomrad.de

Port Royal Bootsverleih, Hafenstr. 4, 17454 Zinnowitz, Tel. 0177/1495039. Motorboote, auch führerscheinfrei. www.bootsverleih-usedom.de

Bernsteintherme Zinnowitz, im Hotel Baltic, Dünenstr. 2, 17454 Zinnowitz, Tel. 03837/35500; tgl. 10–20 Uhr. Meerwasser- und Thermalbad, Sauna, Fitness, Wellness, Wasserspielplatz. www.meer-usedom.de/bernsteintherme

Schmetterlingsfarm Trassenheide, Wiesenweg 5, 17449 Trassenheide, Tel. 038371/28218; Feb.–Mitte Nov. tgl. 9.30–18 Uhr. www.schmetterlingsfarm.de

Tauchgondel, an der Seebrücke in Zinnowitz, Tel. 38377/37861; Juni–Aug. tgl. 10–21, April, Mai, Sept., Okt. tgl. 10–19, Nov.–März Mi–So 11–16 Uhr. www.tauchgondel.de

▶ Karte S. 340

Peenemünde

Modell der A4-Rakete

Peenemünde ist kein einfacher Ort, verlangt eine gute Portion Orientierung von seinen Besuchern, sowohl in historischer als auch in topografischer Hinsicht. Kein weithin sichtbarer Kirchturm erwartet einen im Zentrum des 345-Einwohner-Dorfs. Die Handvoll Wohnhäuser liegt vielmehr ortskernlos irgendwie hingewürfelt, beliebig verstreut zwischen ein paar gesichtslosen Straßen. Im Kontrast dazu dehnt sich drum herum in einer gänzlich anderen Dimension das riesige Areal des Historisch-Technischen Museums Peenemünde (HTM) aus: 5000 Quadratmeter Dauerausstellung im ehemaligen Kraftwerk, erweitert um 120 000 Quadratmeter Außengelände und darüber hinaus eine »Denkmal-Landschaft«. In der 25 Quadratkilometer umfassenden Peenemünder Gemarkung führt sie zu Relikten und Ruinen der berühmt-berüchtigten nationalsozialistischen Heeresversuchsanstalt.

1936 bis 1945 befand sich auf dem nördlichen Zipfel Usedoms das seinerzeit größte militärische Forschungszentrum Europas. Hier steht die Wiege der Raumfahrt. Von der in einem Waldstück verborgenen Startrampe flog 1942 die erste Großrakete der Menschheitsgeschichte bis an den Rand des Weltalls. Mit 1500 Metern pro Sekunde schoss sie 85 Kilometer hoch in die Exosphäre, bevor sie in die Ostsee stürzte – der erste gelungene Flug durch die äußerste Schicht der Erdatmosphäre. Die Rakete, von ihren Entwicklern »Aggregat-4-Rakete« (A4) genannt, ist die technische »Mutter« aller nachfolgenden militärischen wie zivilen Trägerraketen. Der NS-Staat setzte sie im Zweiten Weltkrieg als Terrorinstrument gegen die Zivilbevölkerung seiner Kriegsgegner ein.

Seit 1991 setzt sich das HTM mit diesem schwierigen Erbe auseinander, erforscht und veranschaulicht die zwiespältige Geschichte der Versuchsanstalten in Peenemünde als Ort exzeptionellen Erfindergeists wie zugleich des Rüstungswahns und ungeheuerlichen Vernichtungswillens. Für seine kritische Aufarbeitung und Präsentation wurde dem Museum 2002 am 60. Jahrestag des ersten Raketenstarts das Nagelkreuz von Coventry verliehen, Zeichen des Friedens und der Völkerversöhnung.

Das Nagelkreuz von Coventry im HTM

Das Historisch-Technische Museum widmet sich dem schwierigen Erbe Peenemündes

Geschichte

Das Fischernest Peenemünde taucht 1282 erstmals in einer Urkunde auf. Jahrhundertelang bleibt das von Peenestrom, Greifswalder Bodden und Ostsee umschlossene, entlegene Sumpfgebiet für die Erschließung uninteressant. Außer bei den Militärstrategen. Denn über den westlichen Odermündungsarm - damals der einzige kontinuierlich schiffbare Zugang zum Stettiner Haff - erschließen sich Städte wie Wolgast oder Stettin, später auch Berlin oder Breslau.

Im Dreißigjährigen Krieg lässt General Wallenstein 1628 bei Peenemünde zur Kontrolle über die Einfahrt in den Peenestrom aus hohen Erdwällen eine Schanze aufwerfen und mit kaiserlichen Soldaten besetzten. 1630 landet Schwedenkönig Gustav Adolf mit einem 10 000 Mann starken Heer an der »Schwedenschanze« an. Schon bald darauf ist das gesamte Odermündungsgebiet schwedisch besetzt.

Ob nachfolgend der Nordische Krieg (1674–1679), der Große Nordische Krieg (1700–1721), die Napoleonischen Kriege (1792–1815) und viele weitere – immer wieder ist der strategisch so bedeutende Peenemünder Haken heiß umkämpft. Der karge Fischerflecken, oft zusätzlich noch durch Überflutung geplagt, kommt nicht hoch. Und da Usedoms Inselspitze strandlos ist, zieht auch der Fremdenverkehr am Ort vorbei. 1936 kauft die Wehrmacht der Stadt Wolgast den Peenemünder Haken ab. Die Bewohner werden umgesiedelt, das alte Fischerdorf wird abgerissen und das Areal militärisches Sperrgebiet. Zahlreiche Anlagen zur Waffenentwicklung und -produktion samt zugehöriger Infrastruktur, Flugplatz und Häfen werden binnen kürzester Zeit aus dem Boden gestampft. 1942 startet in Peenemünde eine Aggregat-4-Rakete als erster Flugapparat, der jemals die Erdatmosphäre verlässt. In der Nacht vom 17. zum 18. August 1943 geht das Gelände im Bombenhagel britischer Flieger unter. Große Teile des nördlichen Usedoms sind dem Erdboden gleichgemacht.

▲ Karte S. 340

Was von den Anlagen übrig geblieben war, wird nach dem Zweiten Weltkrieg gesprengt. Das Areal selbst bleibt jedoch weiterhin Sperrgebiet, nun der Nationalen Volksarmee (NVA), die dort einen Flugplatz und Marinestützpunkt betreibt. Mit der Auflösung des Truppenstandorts endet 1993 schließlich die Militärgeschichte.

Bereits 1991 eröffnet in der ehemaligen Bunkerwarte, heute das Eingangsgebäude des Historisch-Technischen Museums, die erste Ausstellung, die sich mit Peenemünde als Rüstungsschmiede und Wiege der Raumfahrt beschäftigt.

Im Kesselhaus des Kohlekraftwerks

Historisch-Technisches Museum

Interessierte sollten für den Besuch der Ausstellungen im Kraftwerk und auf dem Freigelände ordentlich Zeit mitbringen. Anhand einer Fülle von Fotografien und Dokumenten, Texttafeln, Zeitzeugeninterviews, Filmen, Modellen und Originalapparaturen taucht man ein in die verschiedenartigen Aspekte der Geschichte der deutschen Raketentechnik: in die glanzvollen ebenso wie die mörderischen. Die **Dauerausstellung im Schalthausanbau** zeigt die Periode von den Anfängen nach dem Ersten Weltkrieg über die Peenemünder Jahre bis hin zur Serienproduktion der »V2« im KZ Mittelbau-Dora und den Raketeneinsatz im Zweiten Weltkrieg. Ein zweiter Bereich widmet sich dem Fortgang der Raketentechnik nach 1945. Im Zentrum der Darstellung stehen hier das Wettrüsten der Militärblöcke im Kalten Krieg ebenso wie die Erfolge in der zivilen Raumfahrt bis hin zur Mondlandung.

Vom Dach des Kraftwerks überblickt man den Peenestrom

Im **Kesselhaus** macht sich das Kohlekraftwerk selbst zum Thema. 1942 für die Energieversorgung der militärischen Forschungsanlagen in Betrieb gegangen, ist es das letzte noch vollständig erhaltene Großgebäude auf dem Gelände. Noch bis 1990 wurde hier Strom produziert. Ein gläserner **Aufzug** trägt 30 Meter hoch auf das Dach hinauf, von wo aus man, meist mit tüchtig viel Wind um die Nase, einen Rundblick weit über das Museumsareal und die Mündung des Peenestroms werfen kann.

Auf dem **Außengelände** am meisten betrachtet werden gewiss die Nachbauten des Marschflugkörpers »V1« und der Trägerrakete »V2«. Darüber hinaus sind Großexponate des DDR-Militärs wie Jagdflugzeuge oder auch ein NVA-Schnellboot zu sehen.

Denkmal-Landschaft

25 Quadratkilometer umfasste die Sperrzone des nationalsozialistischen Versuchsgeländes. Seine Bunkerruinen, verrosteten Gleise, Fundamente von Lagern, Rampen, Gebäuden, Test-, Schieß- und Versorgungsanlagen, KZ-Außenstellen mitten im Wald oder in den Peenewiesen bilden heute eines der größten Flächendenkmäler in Deutschland.

Ein 25 Kilometer langer **Rundweg** führt an **23 Stationen** zu den Relikten von Peenemündes militärischer Vergangenheit. Ausgehend vom **Kraftwerksgebäude** (Station 1) befinden sich gleich im nahen Museumsumfeld die ursprünglich 1876 erbaute, originalgetreu rekonstruierte Peenemünder **Friedhofskapelle** (Station 2) – letzter Überrest des abgerissenen Fischerdorfs – sowie das hohe Betonskelett des **Sauerstoffwerks** (Station 3). Im neben dem Kraftwerk einzigen noch vorhandenen Großbau der Heeresversuchsanstalt wurde flüssiger Sauerstoff für den Raketenantrieb produziert.

Etwa die Hälfte des Rundwegs lässt sich mit dem Auto ansteuern, für die andere Hälfte empfiehlt sich ein Fahrrad. Die Wege sollte man nicht verlassen, denn noch immer sind Teile des Geländes munitionsverseucht. Als informative Begleiter dienen unterwegs ein **Audioguide** sowie die kostenlose **App** »Peenemünde Denkmal-Landschaft«.

Weitere Sehenswürdigkeiten

Im Hafenbecken warten das russische **Museums-U-Boot U-461** der Baltischen Rotbannerflotte und in direkter Nachbarschaft ein **Raketenschiff der NVA** auf eine Besichtigung. Und wer noch weiter möchte, den trägt die »Apollo I« zu Fuß oder mit dem Rad aufs Festland hinü-

▲ Karte S. 340

Im Halbinsel Resort Peenemünde campt man zwischen ausgemusterten Kuttern

ber nach Freest (→ S. 335) und Kröslin (→ S. 333). Außerdem gehen Schiffe auf **Ausflugsfahrten** zur Greifswalder Oie und zur **Robbenbeobachtung.**

In Peenemünde-Ort zeigt das **Spielzeugmuseum** mit Kasperltheater und Puppenstuben, Teddybären und Zinnsoldaten 300 Jahre kindliche Spielfreude, während um die Ecke die **Phänomenta** Kindern und ihren Erwachsenen physikalische Phänomene zum Anfassen und Mitmachen erklärt.

Peenemünde

Vorwahl: 038371
PLZ: 17449 Peenemünde

Bahn- und Buslinien der **Usedomer Bäderbahn** erschließen die gesamte Insel (→ S. 332). Peenemünde hat Bahnanschluss.

Personen- und Fußgängerfähre »Apollo I« der Apollo Fahrgast-Reederei, Tel. 28429. Mai–Okt. im Linienbetrieb zwischen Peenemünde und Freest (stündlich) bzw. Kröslin (alle 2 Stunden) auf dem Festland; außerdem **Ausflugsfahrten** zur Insel Ruden, zur Greifswalder Oie sowie zur **Robbenbeobachtung** am Großen Stubber.
www.schifffahrt-apollo.de

Hotel & Restaurant Zur Zwiebel, Peeneplatz 3, Tel. 26439; DZ/F um 110 Euro. Netter Service und freundliche, große Zimmer ohne Überflüssigkeiten, 200 m vom Peenestrom; im Restaurant gutbürgerliche regionale und internationale Gerichte.
www.hotel-zur-zwiebel.de
Halbinsel Resort Peenemünde, Fährstr. 9, Tel. 0174/6484045. Auf der Landzunge zwischen Hafenbecken und Peenestrom, als Resort ebenso einzigartig wie kurios: Zimmer in ausgemusterten Segelschonern, schicke FeWos in Blockhütten, kleines Apartmenthotel mit Selfservice, Unterkünfte in Finnhütten oder schwimmend im Hafenbecken. Dazu ein Lesewagen für die Geistesnahrung und für das leibliche Wohl Restaurantschiff und Hafenbar Zum dünnen Hering.
www.halbinsel-peenemuende.de

Halbinsel Resort Peenemünde (s. o.). Auf dem urigen Zelt- und Wohnmobilstellplatz kann man sich im Buschwerk zwischen abgehalfterten Seelenverkäufern seinen Lieblingsplatz suchen (Sanitär im Apartment-Hotel).

Historisch-Technisches Museum Peenemünde, Im Kraftwerk, Tel. 5050; April–Sept. tgl. 10–18, Okt. tgl. 10–16, Nov.–März Di–So 10–16 Uhr.
www.museum-peenemuende.de
Spielzeugmuseum, Museumsstr. 14, Tel. 25656; tgl. 10–18 Uhr.
www.usedom-spielzeugmuseum.de
Phänomenta, Museumstr. 12, Tel. 26066; tgl. 10–18 Uhr.
www.phaenomenta-peenemuende.de
NVA-Museumsschiff, Fährstr. 9, Tel. 556623; tgl. 10–16 Uhr.
www.tarantul-peenemuende.de
U-Boot-Museum, Fährstr. 9, Tel. 89054; Juni tgl. 10–17, Juli–Mitte Sept. tgl. 9.30–18, Mitte Sept.–Okt. tgl. 10–16.30, Nov.–Mai tgl. 10.30–15 Uhr.
www.u-461.de

Usedomer Musikfestival, Konzerte in der Turbinenhalle des Kraftwerks Peenemünde. www.usedomer-musikfestival.de

Stationen von **UsedomRad** (→ S. 407): Bahnhof, HTM.
www.usedomrad.de

Halbinsel Resort Peenemünde (s. o.), Kajakverleih und Surfcenter.

Raketenschmiede Peenemünde

»Die Wissenschaft hat keine moralische Dimension. Sie ist wie ein Messer. Wenn man es einem Chirurgen und einem Mörder gibt, gebraucht es jeder auf seine Weise.« (Wernher von Braun)

Deutschland in den 1920er Jahren: Die ganze Republik ist vom »Raketenfieber« gepackt. Der Krieg ist verloren, politische Unruhen sind an der Tagesordnung. Man tanzt auf dem Vulkan oder spinnt sich in Träumereien ein. Dabei wird der Weltraum zur wichtigen Projektionsfläche, und Raketen beflügeln als fantastische Techniksujets Literatur und Science-Fiction-Filme. Gleichzeitig beschäftigen sich begeisterte junge Wissenschaftler mit der Konstruktion einer ersten realen Flüssigtreibstoff-Rakete. Und so bleibt es nicht aus, dass schon bald das Militär aufmerksam wird.

Nach den Bestimmungen des Versailler Vertrags von 1918 waren dem Deutschen Reich die Entwicklung und der Besitz von großen Kanonen verboten. Von Fernraketen stand im Vertragswerk allerdings nichts, die gab es im Jahr der Unterzeichnung noch nicht. 1930 begannen in Kummersdorf südlich von Berlin erste geheime Raketenversuche. Die Leitung hatte Oberst Walter Dornberger (1895–1980) inne, ab 1932 war Wernher von Braun (1912–1977) im Auftrag des Heereswaffenamts als blutjunger Maschinenbauingenieur mit von der Partie.

Doch das Kummersdorfer Gelände erwies sich schnell als zu klein. Zwei Jahre nach der nationalsozialistischen Machtergreifung beschlossen Heer und Luftwaffe im Sommer 1935 deshalb den Bau eines gemeinsamen Entwicklungszentrums für Raketenantriebe. Die Standortwahl fiel auf die dünn besiedelte Nordspitze Usedoms, auf drei Seiten von Wasser umgeben, mit Hunderten Kilometern freier Schussbahn über der Ostsee. 1936 erwarb man den Peenemünder Haken von der Stadt Wolgast. Dornberger hatte das militärische Kommando, Wernher von Braun war als wissenschaftlicher Leiter für Technik und Entwicklung zuständig, und der Raketeningenieur Arthur Rudolph (1906–1996) zeichnete für die Serienproduktion verantwortlich.

Im raschen Tempo schritt der Bau der Heeresversuchsanstalt voran. Streng genommen: der Versuchsanstalten. Denn das geheime Areal umfasste drei verschiedene Einrichtungen: Im Werk Ost, dem Heer unterstellt, wurden Raketen entwickelt. Im Werk West testete die Luftwaffe Prototypen verschiedener Flugkörper, darunter die »Fieseler Fi 103«, der weltweit erste Marschflugkörper, von den Nazis »V1« (Vergeltungswaffe 1) genannt. Im Werk Süd sollte später die Produktion der Aggregat-4-Rakete in Serie gehen. Binnen kürzester Zeit wurden die Anlagen samt zugehöriger Infrastruktur, Kraftwerk, Flugplatz und Häfen aus dem Boden gestampft, Wohnsiedlungen für bald 12 000 Mitarbeiter gebaut – Militärs, Ingenieure, Physiker, Techniker, Handwerker – und ein über 100 Kilometer langes Schienennetz verlegt. Nicht zuletzt mit der Arbeitskraft Tausender Zwangsarbeiter, Kriegsgefangener und KZ-Häftlinge, die die Nazis in umgebenden Lagern interniert hatten.

Im Dezember 1937 gelang vom vorgelagerten Eiland Oie aus erstmals der Start einer Rakete vom Typ A-3. Im Oktober 1942 folgte vom Prüfstand VII auf dem Peenemünder Gelände der erfolgreiche Start der Aggregat-4-Rakete (A4). 13,5 Tonnen schwer, flog sie über 190 Kilometer weit und kratzte bei 84,5 Kilometern Höhe am Rand des Weltalls. Die Geburt des Raumfahrtzeit-

Im Historisch-Technischen Museum Peenemünde

alters! – ebenso wie die der Rakete als Träger von Massenvernichtungswaffen. Aggregat 4, von den Nazis »Vergeltungswaffe 2 (V2)« genannt, brachte eine Tonne Sprengstoff ans Ziel, wobei die Treffgenauigkeit so minimal war, dass sich die Einschläge vor allem gegen die Zivilbevölkerung richteten. Über 10 000 Menschen verloren beim deutschen Raketenbombardement auf Antwerpen und London ihr Leben. 20 000 KZ-Häftlinge und Zwangsarbeiter starben infolge der bestialischen Produktionsbedingungen.

Chirurgen? Mörder? – »Die Natur kennt keine Vernichtung, nur Umwandlung«, sagte Wernher von Braun später dazu.

Nach dem Luftangriff auf Peenemünde 1943 wird der Raketenbau in die bombensicheren Stollen des Mittelwerks bei Nordhausen am Harzrand verlegt. Und als 1945 die deutsche Kapitulation absehbar ist, begeben sich Walter Dornberger, Wernher von Braun, Arthur Rudolph und mit ihnen zahlreiche weitere deutsche Raketenbauer gezielt in amerikanische Kriegsgefangenschaft. Dornberger steigt anschließend in den Vereinigten Staaten zum gefragten Berater staatlicher und privater Militäreinrichtungen auf. Von Braun, seit 1938 Mitglied der NSDAP, ab 1940 der SS, wirkt maßgeblich an der Entwicklung amerikanischer Kurz- und Mittelstreckenraketen mit. Mit dem Bau der Saturn-V-Rakete, die 1969 »Apollo 11« auf den Mond befördert, erlebt er seinen größten Triumph. Der entscheidende Entwickler der »Saturn V« aber ist Arthur Rudolph. Doch anders als bei von Braun gerät die Nazivergangenheit des US-weit gefeierten Helden Anfang der 1980er Jahre in den Blick der Öffentlichkeit. Der Verbrechen gegen Zwangsarbeiter und KZ-Häftlinge angeklagt, emigriert Rudolph 1984 in die Bundesrepublik und verstirbt dort 1996 nach einem langen, bewegten Leben.

Von den Kaiserbädern nach Świnoujście

Die würzige Seeluft, feiner Sandstrand und bestes »Kaiserwetter« zog die Pioniere des Fremdenverkehrs im 19. Jahrhundert nach Usedom. Die deutsche Aristokratie und Hochfinanz, Staatslenker und Industriebarone, Künstler und Schriftsteller folgten, und schnell waren die drei schönen Schwestern am Ostseestrand, Bansin, Heringsdorf und Ahlbeck, en vogue. Selbst Kaiser Wilhelm II. genoss den Badebetrieb in den drei »Kaiserbädern«.

Dabei fing alles ganz einfach an. Nachdem die neuartige Bademode aus England auf den Kontinent herübergeschwappt war, läutete man 1824 in Swinemünde (Świnoujście) die erste Badesaison ein. Im Jahr darauf folgte Heringsdorf, 1852 gesellte sich Ahlbeck hinzu und 1897 schließlich Bansin, das man eigens als Badeort gründete. Noch Mitte des 19. Jahrhunderts mussten die Sommerfrischler oft schlichteste Verhältnisse in Kauf nehmen, wurden in den Fischerbuden am Strand untergebracht: einfache Betriebshütten der Fischer, wie man sie heute noch an den Stränden Usedoms findet.

Nach der Reichsgründung 1871 ging es dann Schlag auf Schlag. Ab 1876 verkehrte die Eisenbahn zwischen der Reichshauptstadt und Swinemünde, und Usedom stieg zum »Naherholungsgebiet« der besseren Berliner Gesellschaft auf. Was Rang und Namen hatte, tummelte sich in den Kaiserbädern. In der ersten und zweiten Reihe hinter dem Strand entstanden Sommerresidenzen und mondäne Luxushotels im Stil der Bäderarchitektur. Dazu griff man auf die Kunstäußerungen unterschiedlichster Epochen zurück. Türmchen, Spitzbögen und Erker befriedigten die Schwärmerei für mittelalterliche Burgen. Marmorsäulen und Kolonnaden entzückten den klassizistischen Geschmack, während direkt nebenan Renaissanceschlösschen und Jugendstilvillen aus dem Boden wuchsen. Ein Potpourri aller erdenklichen Stilrichtungen – wobei die meisten Prachtdomizile eines gemeinsam hatten: ihr strahlendes Fassadenweiß sowie Balkon und Veranda als herausragende Bauelemente. Als Fachwerk oder filigrane Stahlkonstruktion ausgeführt, genoss der vornehme Sommerfrischler von dort aus den privilegierten Ausblick auf das Meer und die Strandpromenade. Anfang der 1950er Jahre wurden die Hoteliers und Villenbesitzer enteignet

Villa Bleichröder in Heringsdorf

▶ Karte S. 340

Historischer Badekarren an der Bansiner Promenade

und ihre Gebäude in Ferienheime des Freien Deutschen Gewerkschaftsbunds (FDGB) umgewandelt. Bäder für die Werktätigen sollten die alten Kaiserbäder nun sein, tatsächlich zog aber die sozialistische Nomenklatura ein. Manche schmucke Villa überstand die DDR-Jahre nicht. Die meisten aber wurden nach der Wiedervereinigung bis ins kleinste Detail aufwändig wieder instand gesetzt und erstrahlen seitdem erneut in ihrem traditionell weißen Glanz.

Bansin

Mit rund 2400 Einwohnern ist Bansin die kleinste und jüngste der drei Grazien. Das alte slawische Fischerdorf Banzino wurde zwar schon 1256 erstmals genannt, aber es befand sich am Gothensee und nicht am Ostseestrand. Auf dem Küstenstreifen ließ die Gemeinde Schafe weiden und veräußerte das unnütze Land schließlich für ein kleines Geld an die Aktiengesellschaft Seebad Heringsdorf. 1872 hatten die Berliner Bankiersbrüder Hugo und Adelbert Delbrück diese aggressiv mit Grund und Boden spekulierende Kapitalgesellschaft gegründet. Und als die Gemeinde ihren gravierenden Fehler erkannte, kaufte sie in den Folgejahren einen Teil ihres Lands um ein Vielfaches des ursprünglichen Preises von den Aktionären zurück.

Die Entwicklung Bansins zum Badeort setzt deshalb etwas später ein. 1897 ist die Hotellerie aufgebaut, und zwar »auf Lücke«, damit sich auch die zweiten Reihe am Meeresblick freuen kann. Aristokratie und Geldadel reisen an, »mit Leibdienern und Leibkoch, mit Zofen und Kammerzofe«, wie es der in Bansin aufgewachsene Schriftsteller Hans Werner Richter (1908–1993) beschreibt. 1923 erhält Bansin als eines der ersten deutschen Seebäder die Freibadeerlaubnis. Die züchtige Trennung von Damen-, Herren-, Familienbad ist damit aufgehoben, fortan hüpft alles bunt gemischt in die Fluten. Im Nationalsozialismus rühmt sich der Ort, das erste »judenfreie Bad« an der ganzen Ostsee zu sein. Danach tritt er wieder in die Reihe zurück, als kleinstes – und damit vergleichsweise auch ruhigstes – von den drei Kaiserbädern.

Sehenswertes

Größte Attraktion sind natürlich die Gebäude im **Bäderstil,** wie man sie besonders schön an der Strandpromenade und dahinter in der Bergstraße in Augen-

Bansiner Bäderarchitektur

schein nehmen kann. Die einfache **Seebrücke** ohne Aufbauten, 285 Meter lang, stammt aus dem Jahr 1990. Älteren Datums sind die **historischen Badekarren,** die ihren Platz nahebei als Hingucker neben der hölzernen **Konzertmuschel** von 1930 gefunden haben.

In der ehemaligen Bansiner Feuerwache hat das **Hans Werner Richter-Haus** im Jahr 2000 seinen festen Ort gefunden. 1908 wurde der Schriftsteller, Gründer und Spiritus Rector der legendären Gruppe 47 im nahen Dorf Neu Sallenthin als Sohn eines Fischers geborenen. In Bansin wuchs er auf und hat seiner Heimat in Romanen und Erzählungen wie *Spuren im Sand* und *Geschichten aus Bansin* ein Denkmal gesetzt. Im Haus sind sein Arbeitszimmer und die Bibliothek zu sehen, die seine Witwe der Gemeinde Bansin vermachte. In weiteren Ausstellungen werden Günter Grass und die gebürtige Ahlbecker Publizistin Carola Stern gewürdigt.

Bansin

Vorwahl: 038378, **PLZ:** 17429

Touristinformation Bansin, An der Seebrücke, Tel. 47050; April–Okt. Mo–Fr 9–18, Sa, So 10–15, sonst Mo–Fr 9–16, Sa 10–15, So 10–12 Uhr.
www.kaiserbaeder-auf-usedom.de

Bahn- und Buslinien der **Usedomer Bäderbahn** erschließen die gesamte Insel (→ S. 332). Bahnhöfe der Kaiserbäder: Bansin, Neuhof, Heringsdorf, Ostseetherme, Ahlbeck und Ahlbeck Grenze.

Reederei Adlerschiffe, Tel. 04651/ 9870888. Regelmäßiger Seebrückenverkehr zwischen Bansin, Heringsdorf, Ahlbeck und Świnoujście; außerdem Tagesausflüge ab Seebrücken Kaiserbäder nach Świnoujście, optional erweitert um Kaiserfahrt und Hafenrundfahrt, u. v. m.
www.adler-schiffe.de

Strandhotel Atlantic, Strandpromenade 18, Tel. 605; DZ/F ab 270 Euro. Bildschönes kleineres Haus im Bäderstil, das Historisches mit zeitgenössischer Eleganz kombiniert; mit Pool, Sauna, Wellness; die Zimmer könnten für den stolzen Preis etwas größer sein, auch nimmt das Hotel erst Gäste ab 14 Jahre auf; im Restaurant 1922 wird gehobene, mediterran inspirierte Küche serviert. www.seetel.de

Hotel-Pension Heimchen, Schulstr. 1, Tel. 47170; DZ/F ab 120 Euro. Komfortable Zimmer im Zentrum, keine 500 m zum Strand. www.pension-usedom.de

Forsthaus Fangel, Fangel 15, Tel. 32253; im Winterhalbjahr geschlossen. Das legendäre altmodische Café, Familienbetrieb seit 1937, einsam im Wald zwischen Schmollensee und Großem Krebssee, kredenzt für viele die leckersten Kuchen auf Usedom (ca. 4 km südwestlich von Bansin).

Fischkopp, Seestr. 66, Tel. 80623. Klein, gemütlich, urig, stehen bei der Familie Kopp schmackhafte Fischspezialitäten auf dem Programm. www.fischkopp-bansin.de

Hans Werner Richter-Haus, Waldstr. 1, Tel. 47801; Mai–Sept. Di–So 10–12, 14–18, Okt.–April Di–So 12–16 Uhr.
www.usedom.de/hans-werner-richter-haus

Seebrückenfest, vier Tage im Juli. Buntes Treiben auf Promenade und Seebrücke sowie im Konzertpavillon Musik von Shanty bis Rock und abends Feuerwerk über dem Meer.

Stationen von **UsedomRad** (→ S. 407): Bahnhof, Warmbad u. a.
www.usedomrad.de

▸ Karte S. 340

Heringsdorf

Dass das größte, schickste und teuerste Seebad auf Usedom, das »Nizza der Ostsee«, wie man es nannte, auf den schnöden Namen Heringsdorf hört, verdankt sich folgender kleinen Geschichte: Auf dem Rittergut des Oberforstmeisters von Bülow - Vorfahr des beliebten Zeichners und Komikers Loriot - hatte sich östlich vom Flecken Neuhof eine namenlose Fischerstelle entwickelt. 1820 weilte der preußische König Friedrich Wilhelm III. mit seinen Söhnen auf Usedom bei den Bülows zu Gast. Auf einem Ausflug zu den Fischern am Strand, die dort gerade Heringe einsalzten, kam dem Kronprinz, nachmalig König Friedrich Wilhelm IV., der Name Heringsdorf für das Fischernest in den Sinn. Andere schreiben die Idee nicht Friedrich Wilhelm, sondern dessen Bruder Wilhelm zu, dem späteren Kaiser Wilhelm I. -, womit Heringsdorf nicht nur königlich, sondern sogar kaiserlich aus der Taufe gehoben worden wäre.

1825 ließ der geschäftstüchtige von Bülow - ältestes mecklenburgisches Adelsgeschlecht - auf dem Heringsdorfer Haushügel Kulm nach Plänen von Karl Friedrich Schinkel ein erstes Gästehaus bauen: das klassizistische **Weiße Schloss.** Es steht heute noch und blieb seit nun bald 200 Jahren seiner Bestimmung als elegante Herberge treu. Auf von Bülows Initiative gehen außerdem, ebenfalls auf dem Kulm, die **Villa Achterkerke** (1845, Kulmstr. 24) als erstes Gebäude im Bäderstil sowie die von Ludwig Persius 1848 realisierte **Kirche im Walde** zurück. Das ist das Präludium zum atemberaubenden Aufstieg eines ärmlichen Fischerdorfs zum mondänen Badeort. Die 1872 gegründete Aktiengesellschaft Seebad Heringsdorf der Brüder Delbrück kaufte Grund und Boden für die touristische Erschließung, finanzierte Eisenbahnlinien, Straßen, Promenaden, Hotels, Seebrücken. 1879 wird Heringsdorf Seebad, zwei Jahr später ist die erste Seebrücke eingeweiht.

Straßenmusiker vor dem ehemaligen Heringsdorfer Kulturhaus

Erfolgreiche Solebohrungen ab 1908 machen den Ort zum exklusiven Soleheilbad für die Reichen und Schönen, Künstler und Schriftsteller, Stars und Sternchen. Den Zweiten Weltkrieg übersteht Heringsdorf relativ unbeschadet und geht danach seinen sozialistischen Gang. Nach der Wende knüpft man fast so rasant wie in den Anfangsjahren an die Blütezeit des luxuriösen Bäderbetriebs an.

■ Sehenswertes

Eine der ersten Attraktion im Seebad ist natürlich immer die **Seebrücke.** Die Heringsdorfer wurde 1995 im Stil der Postmoderne als Ersatz für die in den 1950er Jahren abgebrannte Vorgängerin errichtet. Mit 508 Metern ist sie die längste Seebrücke Deutschlands. Auf dem Brückenkopf hockt eine silberne Pyramide, die ein Restaurant beherbergt.

Mit Blick von dort landwärts fallen die beiden flankierenden Hochhaustürme des Heringsdorfer **Kurhotels** auf. Die in der Landschaft ziemlich deplaziert wirkenden Zehngeschosser wurden 1984

Heringsdorf und Ahlbeck
0
250
500 m
O s t s e e
Seebäderlinie nach Bansin
Seebäderlinie nach Świnoujście
Seebrücke Heringsdorf
Seebrücke Ahlbeck
Villa Irmgard
Kulmeck by Tom Wickboldt
Villa Achterkerke
The O'Room
Strandhotel Ostseeblick
Konzertmuschel
Villa Oechsler
Villa Staudt
Villa Oppenheim
Residenz Bleichröder
Weißes Schloß
Kurhotel
Das kleine Restaurant
Kirche im Walde
Stella Maris
Kleine Insel
Goethepark
Ostseetherme Usedom
Heringsdorf
Baumwipfelpfad
Präsidentenberg 46 m
Kur- und Heilwald
Wildpark
Ahlbeck Ostseetherme
Ahlbeck
Ahlbecker Hof
Ev. Kirche
Pension Villa Harmonie
Heringsdorf Neuhof
H e r i n g s d o r f
A h l b e c k
Bansin
Maxim-Gorki-Str.
Strandstr.
Badstr.
Kulmstr.
R.-Breitsch.-Str.
Lindemannstr.
Labahnstr.
Dünenweg
Triftstr.
Neuhofer Str.
Am Kanal
Kanalstr.
Im Seefeld
Schulberg
Am
Schulstr.
Bansiner Landweg
Wiesenweg
Setheweg
Gothener Landweg
A.-Bebel-Str.
Bülowstr.
Seestr.
Kurzestr.
Friedenstr.
Delbrückstr.
Linden-str.
Waldbühnenweg
Am Bahnhof
Liehrstr.
Neuer Weg
Strandpromenade
Puschkinstr.
Grenzstr.
F.-Ebert-Ring
Saarstr.
Goethestr.
Dünenstr.
Kaiserstr.
Dreherstr.
Lindenstr.
266
Ritterstr.
Friedrichstr.
Seestr.
Karlstr.
Kurstr.
Promenade
Kirchenstr.
Kurparkstr.
Wilhelmstr.
Schulzenstr.
Schulstr.
F.-Schiller-Str.
Wiesenstr.
Am Wiesengarten
Beekstr.
Gothenweg
Jägersberg
Korswandter Weg
Świnoujście

anstelle des legendären Hotels Kaiserhof Atlantik hochgezogen. Jenes war ab seiner Einweihung Ende der 1880er Jahre nicht nur führend auf Usedom, sondern setzte deutschlandweit Maßstäbe in Sachen Spitzenhotellerie. Nach der DDR-Gründung übernahm 1951 der FDGB die Geschäfte und eröffnete in den vornehmen Mauern das Ferienheim »Solidarität«. Das altehrwürdige Gebäude verfiel und musste schließlich, 1979 gesprengt, dem doppeltürmigen Hochhausneubau des »Soli« weichen.

Als weiteres DDR-Relikt steht das **Kulturhaus** gleich nebenan bei der Konzertmuschel an der Strandpromenade. Der neoklassizistische Giebelbau wurde 1948 von der sowjetischen Militäradministration am Ort des alten Kurhauses und Strandcasinos errichtet. Das »Kulti« war berühmt für seine kulturellen Veranstaltungen und noch viel mehr für seine Tanzvergnügen. Nach der Wende bis 2014 Spielbank, betreibt dort seither die Unternehmensgruppe Pier 14 einen Concept-Store und mehrere »Food-Spots«, darunter den Feinschmeckertempel The O'Room.

Von dort die Uferpromenade südwärts in Richtung Ahlbeck, flaniert man an einem Reigen von Villen in weitläufigen Gärten vorbei. Gleich anfangs steht, etwas erhöht, in der Delbrückstraße 5 die 1883 erbaute **Villa Oechsler.** Das in leuchtendem preußisch Gelb gehaltene, spätklassizistische Minischlösschen mit dem augenfälligen Mosaik *Badende Grazien* von Antonio Salviati im Giebel kannte viele Besitzer, unter ihnen einen Baron Oechsler, nach dem es den Namen trägt. In der Nachbarschaft erhebt sich die 1873 für Konsul Wilhelm Staudt errichtete, neubarocke **Villa Staudt** – unverkennbar wegen ihrer 2003 im Garten aufgestellten Bismarckbüste (Delbrückstr. 6). Es folgte das großzügige Domizil Hugo Delbrücks, Begründer der Aktiengesellschaft Seebad Heringsdorf. Zu DDR-Zeiten FDGB-Ferienheim, musste die Villa 1996 einem Block mit Luxusferienwohnungen weichen und wurde abgerissen.

Daneben steigt das schicke zeitgenössische Hotel Strandidyll auf, das, seinem Namen ganz und gar ungerecht, eher wie ein Strandgebirge ausschaut. Ihm schließt sich die **Villa Oppenheim** an, 1883 als Sommerresidenz für die jüdische Bankiersfamilie Oppenheim errichtet (Delbrückstr. 11). Nach ihrer Enteignung durch die Nationalsozialisten fungierte der von

Blick von der Heringsdorfer Seebrücke auf die beiden Hochhäuser des ehemaligen »Soli«

Fischerboot in Heringsdorf

einem markanten Portikus geschmückte, neoklassizistische Prachtbau als Verwaltungssitz des Bunds Deutscher Mädel. In der DDR quartierte sich Erich Mielke ein. Ein Teil der Villa wurde Gästehaus, ein anderer Teil Stasi-Erholungsheim. Die benachbarte **Residenz Bleichröder,** wegen der Bronzestatue der römischen Jagdgöttin Diana im Garten auch **»Villa Diana«** genannt, teilte das Schicksal. 1908 für die Bankiers Bleichröder erbaut, musste die Familie 1938 vor den Nazis fliehen und verlor den Besitz. Die neubarocke Villa diente fortan als Erholungsheim der nationalsozialistischen Führung, später des FDGB.

Noch zahlreiche weitere Perlen der Bäderarchitektur erwarten einen auf dem Spaziergang die Strandpromenade entlang. Und das Schönste daran: Mit dem nötigen Kleingeld kann man sich in die meisten von ihnen einmieten. Fast überall in den noblen Gemäuern sind heute elegante Ferienwohnungen untergebracht. Den schönen Künsten hat man sich in der 1907 erbauten **Villa Irmgard** verschrieben. Maxim Gorki logierte hier von April bis September 1922, um seine Lungentuberkulose zu kurieren, und arbeitete am dritten Teil seiner Autobiografie, *Meine Universitäten*. Bereits 1948 wurde in dem aparten Gebäude im Bäderstil ein **Maxim-Gorki-Museum** eingerichtet. Die Wohn- und Arbeitsräume des russischen Schriftstellers weisen teils noch das originale Mobiliar auf. Darüber hinaus finden im Museum Villa Irmgard kulturelle Veranstaltungen statt, und eine Ausstellung zeigt die Geschichte Heringsdorfs.

Heringsdorf

Vorwahl: 038378, **PLZ:** 17424

Touristinformation Heringsdorf, Delbrückstr. 69, Tel. 2450; April–Okt. Mo–Fr 9–18, Sa, So 10–15, sonst Mo–Fr 9–16, Sa 10–15, So 10–12 Uhr.
www.kaiserbaeder-auf-usedom.de

Bahn- und Buslinien der **Usedomer Bäderbahn** erschließen die gesamte Insel (→ S. 332). Bahnhöfe der Kaiserbäder: Bansin, Neuhof, Heringsdorf, Ostseetherme, Ahlbeck und Ahlbeck Grenze.

Reederei Adlerschiffe, Tel. 04651/9870888. Regelmäßiger Seebrückenverkehr zwischen Bansin, Heringsdorf, Ahlbeck und Świnoujście; außerdem Tagesausflüge ab Seebrücken Kaiserbäder nach Świnoujście, optional erweitert um Kaiserfahrt und Hafenrundfahrt, u. v. m.
www.adler-schiffe.de

Strandhotel Ostseeblick, Kulmstr. 28, Tel. 540; DZ/F ab 270 Euro. 4-Sterne-Superior-Hotel wenige Schritte vom Strand, die Zimmer hochwertig designt, großer Wellnessbereich, Beauty und Spa sowie Spitzenrestaurant Bernstein (s. u.).
www.strandhotel-ostseeblick.de

Pension Kleine Insel, Schulstr. 5, Tel. 22744; DZ/F ab 125 Euro. Mitten in Heringsdorf liegt die freundliche Pension, die

▶ Karte S. 384

an Service nichts missen lässt, mit Gartenpool und Liegewiese.
www.pension-kleine-insel.m-vp.de
Jugendherberge, Puschkinstr. 7–9, Tel. 22325; Ü/F ab 30 Euro/Person. Einzige Jugendherberge auf Usedom, in einer hübschen Fachwerkvilla.
www.jugendherberge.de

Bernstein, im Strandhotel Ostseeblick (s. o.). Das hoteleigene Restaurant wurde für die Aromenküche des Chef de Cuisine Arjan Mensies zuletzt 2020 mit 15 Punkten im Gault Millau ausgezeichnet.
Kulmeck by Tom Wickboldt, Kulmstr. 17, Tel. 488040. Ein Michelin-Stern leuchtet über dem Ostseestrand. Tom Wickboldt, der vorher im O'Room (s. u.) wirkte, kreiert Kulinaria aus weltweit luxuriösen Zutaten. www.kulmeck.de
The O'Room, Kulmstr. 33, Tel. 183912. Fine Dining in stilvoller Location im Obergeschoss des Kulturhauses, traditionelle regionale und Ostseeküche modern und kreativ interpretiert, dazu ausgesuchte Weine. www.strandcasino-marc-o-polo.com
Das kleine Restaurant, Seestr. 10, Tel. 22297. Das kleine Lokal bietet köstlich zubereitete Fisch- und Fleischgerichte.

Museum Villa Irmgard, Maxim-Gorki-Str. 13, Tel. 22361; Mai–Sept. Di–So 12–18, sonst Di–So 12–16 Uhr.

Heringsdorfer Kaisertage, erstes Augustwochenende. Größtes Straßenfest der Region mit historischem Jahrmarkt, Musik und Festzug. www.kaisertage.de

Stationen von **UsedomRad** (→ S. 407): Bahnhof, Seebrücke u. a.
www.usedomrad.de

Ahlbeck

Villen in schöner Bäderarchitektur, die breite Strandpromenade und die berühmte Ahlbecker **Seebrücke** zeichnen das größte Seebad der Insel aus. 1898 wurde das 280 Meter lange, türmchengekrönte Wahrzeichen Usedoms feierlich eröffnet und ist seitdem wahrscheinlich das am meisten geknipste Motiv der gesamten deutschen Ostseeküste.

1895 wurde die neugotische evangelische **Kirche** geweiht. Ihre komplette Ausstattung mit Grüneberg-Orgel und Jugendstilglasfenstern blieb original erhalten. Bereits 1880 öffnete der **Ahlbecker Hof** als nobelstes Haus am Platz seine Tore. Gekrönte Häupter stiegen hier ab, vom österreichischen Kaiser Franz Joseph I. bis zur schwedischen Königin Silvia. Aber auch für Normalsterbliche lohnt es sich, mal einen Blick in die prachtvolle Fünf-Sterne-Herberge gleich bei der Seebrücke zu werfen.

Im Jahr 1852 empfing Ahlbeck die ersten zahlenden Gäste. Heute tummelt sich am Strand und in den schmalen Gassen in der Sommerzeit nicht selten ein Vielfaches seiner 3400 Einwohner. Sogar an den vielerorts touristischen Winterschlaf ist nicht zu denken. Denn immer im Februar kommen Abgehärtete aus ganz

Hier gibt's frischen Fisch

Deutschland und Polen zum **Eisbadespektakel** zusammen und stürzen sich in die eiskalten Ostseefluten.

Europapromenade

Die Kaiserbäderpromenade, die auf achteinhalb Kilometern ununterbrochen von Bansin nach Ahlbeck verläuft, ist eine der längsten Flaniermeilen Deutschlands. Grenzüberschreitend kann man sogar noch weiter bis ins polnische Świnoujście (Swinemünde, → S. 283) spazieren und kommt dann auf zwölf Kilometer – was die Seepromenade zur längsten Europas macht.

Kurz hinter Ahlbeck verläuft die deutsch-polnische Grenze. In Ostblockzeiten war sie vom Ostseestrand bis hinunter zum Fischerdörfchen Kamminke am Stettiner Haff hermetisch abgeriegelt. Nach dem Fall des Eisernen Vorhangs 1989 setzte ein kleiner Grenzverkehr ein. An der ulica Wojska Polskiego, die schnurgerade ins Swinemünder Zentrum führt, entstand ein riesiger Polenmarkt; während am Strand und im Küstenwald nach wie vor ein mannshoher Zaun den Grenzübertritt unterband.

Mit Polens Beitritt zum Schengener Abkommen 2007 änderte sich das. Nun fielen zum Glück auch die letzten Hindernisse. Vier Jahre später wurde die breite Europapromenade für Fußgänger und Radler von Ahlbeck nach Świnoujście feierlich eingeweiht. Futuristische Solarsegel und ein Stahlbogen mit den eingravierten Flaggen von Polen und Deutschland markieren seither den Grenzübergang. Unterhalb am Strand informiert noch ein einsames Schild, dass mit dem Schritt im Sand von Polen nach Deutschland Kurtaxe anfällt.

▲ Karte S. 384

Die Ahlbecker Seebrücke

Ausflug nach Kamminke

Über lange Jahre blieb das malerische Fischerdorf am Stettiner Haff, direkt an der Grenze nach Polen, vom Tourismus nahezu unentdeckt. Heute dümpeln im winzigen **Hafen** noch ein paar Fischerboote, und die **Fischräucherei Klönsnack** lädt open air über dem Wasser zum zünftigen Schmaus ein. Nebenan finden Wohnmobilisten ein hübsches Plätzchen, zwar ohne Versorgung, dafür mit Haffblick und Strand. Dahinter schieben sich die Häuschen auf der Leeseite den Hang hinauf. Ganz oben auf dem Golm, 35 Meter über dem Haff, erstreckt sich Mecklenburg-Vorpommerns größte **Kriegsgräberstätte.** Zwangsarbeiter des Naziregimes, Wehrmachtsoldaten und Tausende zivile Opfer des Luftangriffs auf Swinemünde 1945 fanden dort ihre letzte Ruhestätte.

Ahlbeck

Vorwahl: 038378, **PLZ:** 17419

Touristeninformation Ahlbeck, Dünenstr. 45, Tel. 499350; April–Okt. Mo–Fr 9–18, Sa, So 10–15, sonst Mo–Fr 9–16, Sa 10–15, So 10–12 Uhr.
www.kaiserbaeder-auf-usedom.de

Bahn- und Buslinien der **Usedomer Bäderbahn** erschließen die gesamte Insel (→ S. 332). Bahnhöfe der Kaiserbäder: Bansin, Neuhof, Heringsdorf, Ostseetherme, Ahlbeck und Ahlbeck Grenze.

Reederei Adlerschiffe, Tel. 04651/9870888. Regelmäßiger Seebrückenverkehr zwischen Bansin, Heringsdorf, Ahlbeck und Świnoujście; außerdem Tagesausflüge ab Seebrücken Kaiserbäder nach Świnoujście, optional erweitert um Kaiserfahrt und Hafenrundfahrt, u. v. m.
www.adler-schiffe.de

Seetelhotel Ahlbecker Hof, Dünenstr. 47, Tel. 620; DZ/F ab 280 Euro. Fürstlich logieren in einer prachtvollen 5-Sterne-Villa, in der schon Kaiser und Könige zu Gast waren; mit mehreren Gourmetrestaurants und großem Wellnessbereich.
www.seetel.de

Pension Villa Harmonie, Dünenstr. 6, Tel. 0174/8954247; DZ/F um 140 Euro (Juni–Okt. buchbar erst ab 7 Nächten), das Gartenhaus mit 2 Schlafzimmern und Küche 220 Euro/Nacht. Denkmalgeschützte Jugendstilvilla wenige Meter vom Strand, die Zimmer im bezaubernden Mix aus Antiquitäten und modernem Design.
www.villa-harmonie.info

Fischräucherei Klönsnack, Auf der Mole, Kamminke, Tel. 29776; April–Okt. Fisch, frisch, geräuchert, gegrillt oder im Brötchen auf die Hand, in der aufgehübschten Bretterbude am Hafen, dazu ein kühles Frischgezapftes und der sagenhaft romantische Blick abends über das Haff.
www.fischraeucherei-kamminke.de

Ahlbecker Sommerfest, ein Wochenende Ende Juli. Buntes Markttreiben an der Promenade, Bühnenprogramm und »Lange Nacht der Musik« in den Restaurants, auf Hotelterrassen, auf dem Koch- und dem Ostseeplatz, abends Feuerwerk über der Seebrücke, Highlight am Sonntag: die große historische Bademodenschau auf der Seebrücke.

OstseeTherme Usedom, Lindenstr. 60, Tel. 2730; tgl. 10–19, So bis 20 Uhr. Sechs Innen- und Außenbecken mit vierprozentiger Jodsole, Wassergrotte, Saunawelt u. v. m.
www.ostseetherme-usedom.de

Stationen von UsedomRad (→ S. 407): Bahnhof, Rathaus, Ostseetherme u. a.
www.usedomrad.de

Reisetipps von A bis Z

Angeln

Die Oder ist ein fischreicher Fluss. Vor allem am Unterlauf mit seinem Gewirr an Kanälen, Gräben, Seen und Altwasserarmen tummelt sich eine Vielzahl schuppiger Gesellen: an Friedfischen Döbel, Karpfen, Barbe, Schlei, Brasse, Rotauge u. a. m.; an Raubfischen u. a. Aal und Barsch, Hecht, Quappe, Wels und Zander.

Wo sich Oder- und Ostseewasser zum Brackwasser mischen, erstreckt sich am Stettiner Haff und den drei Mündungsarmen ein Paradies für Raubfischangler. Zu Aal, Barsch, Hecht, Quappe, Wels und Zander in Hülle und Fülle gesellen sich Rapfen, Schnäpel und Meerforellen, gelegentlich sogar Lachse.

Die Vorschriften, seine Angel ins Wasser halten zu dürfen, sind in Brandenburg, Mecklenburg-Vorpommern und Polen ähnlich, in manchen Punkten aber auch unterschiedlich.

In Brandenburg

Das Angeln in Brandenburg ist ab 8 Jahre erlaubt. Angeln darf nur, wer eine gültige Fischereiabgabemarke plus eine Angelkarte für das aufgesuchte Gewässer besitzt. Die beiden Dokumente zusammen berechtigen zum Angeln von Friedfischen.

Die **Fischereiabgabemarke** erhält man u. a. beim Landesanglerverband, in Fischereibetrieben, auf Campingplätzen und in vielen Angelgeschäften, außerdem in der Unteren Fischereibehörde der Landkreise und kreisfreien Städte. Sie gilt für ein Kalenderjahr. Eine in anderen Bundesländern erworbene Fischereiabgabe wird anerkannt.

Angelkarten geben die Fischereibetriebe, Angelvereine, Angelgeschäfte und Tourismusinformationen aus, in Form von Tages-, Wochen-, Monats- und Jahreskarten. Wer Raubfische angeln möchte, muss zusätzlich einen gültigen **Fischereischein** vorweisen. Man erhält ihn bei den örtlichen Ordnungsbehörden nach bestandener Prüfung zu Fischkunde, Gewässerpflege und Rechtsvorschriften, insbesondere zu Fischerei-, Tier- und Umweltschutz.

Schonzeiten und Mindestmaß der einzelnen Fischarten müssen selbstverständlich eingehalten werden.

Auf der Website des Landesanglerverbands Brandenburg finden sich ein Gewässerverzeichnis und eine Gewässerkarte für die Region, außerdem die Gewässerordnung mit allen Fangbestimmungen sowie die aktuellen Schonzeiten und Mindestmaße. Darüber hinaus kann man die Angelkarten im Onlineshop bestellen.

Landesanglerverband Brandenburg e.V.
Zum Elsbruch 1, 14558 Nuthetal/OT Saarmund, Tel. 033200/523916,
www.lavb.de, www.shop.lavb.de

In Mecklenburg-Vorpommern

Um in Mecklenburg-Vorpommern seine Angel auszuwerfen, ist ab 14 Jahre der **Fischereischein** Pflicht (ein gültiger Fischereischein aus anderen Bundesländern wird anerkannt). Man erhält ihn nach bestandener Prüfung (→ Bestimmungen in Brandenburg). Urlauber können für 28 Tage (verlängerbar) einen **Touristenfischereischein** erwerben. Die Angelprüfung entfällt dabei, stattdessen gibt es eine Broschüre in die Hand, die über die Rechtsgrundlagen, Angelordnung, Ausübung der Fischerei und Umgang mit gefangenen Fischen informiert. Den Touristenfischereischein erhält man in Touristeninformationen, Kurverwaltungen und bei den örtlichen Ordnungsbehörden (Liste der Ausgabestellen unter www.lallf.de).

Zusätzlich wird eine **Angelkarte des Fischereirechtinhabers** verlangt. Man erwirbt sie beim Eigentümer oder Pächter des Gewässers, in Angelläden, Touristeninformationen und Kurverwaltungen sowie bei der oberen Fischereibehörde (Landesamt für Landwirtschaft, Lebensmittelsicherheit und Fischerei/LALLF).

Der Landesanglerverband Mecklenburg-Vorpommern (LAV MV) bietet Gastangelkarten für über 700 Gewässer im Bundesland an. Auf der Website des LAV MV können sie online bestellt werden.

Landesanglerverband Mecklenburg-Vorpommern e.V., Siedlung 18a, 19067 Leezen/OT Görslow, Tel. 03860/56030, www.lav-mv.de

In Polen

Bis zu sechs Wochen Angeln im Nachbarland darf man nach dem Erwerb einer **Angelkarte** (*karta wędkarska*). Der deutsche Fischereischein wird nicht akzeptiert. Der **Polnische Anglerverband** (Polski Związek Wędkarski, PZW) besitzt bzw. verwaltet den Großteil der Landesgewässer. Bei seinen **Regionalvertretungen** kann man eine Angelkarte erwerben. Daneben gibt es gut 400 andere Firmen, Fischereikooperativen und Privateigentümer, an die man sich ggf. wenden muss. Die **Touristeninformationen** halten die Adressen der jeweiligen Gewässerverwalter vor Ort parat. Es empfiehlt sich ferner, beim Angeln in Polen einen **Personalausweis,** Pass oder sonst etwas mit sich zu tragen, das einen als Ausländer ausweist. Denn nur die Gäste im Land genießen das Privileg, einfach draufloszufischen. Polnische Staatsbürger müssen wie in Deutschland einen Fischereischein vorlegen.

Angelsaison ist vom 1. April bis zum 31. Dezember täglich von Sonnenaufgang

Angler dürfen an der Oder auf reichen Fang hoffen

bis Sonnenuntergang. Das **Nachtangeln** in Seen ist vom 1. Juni bis 30. September gestattet, das restliche Jahr untersagt. Ebenfalls nicht erlaubt ist das Angeln von Brücken aus.

Nicht nur vom Ufer, sondern auch vom **Boot** aus seine Leine ins Wasser werfen darf man von Anfang Juni bis Ende Oktober. Leihboote müssen auf beiden Seiten eine gut sichtbare Registriernummer tragen. Über die aktuellen Fangbeschränkungen, Schonzeiten, Mindestmaße der Fischarten und alles weitere rund um den Angelsport informieren das **Polnische Fremdenverkehrsamt** (www.polen.travel) und der Polnische Anglerverband:

Polnischer Anglerverband PZW (Polski Związek Wędkarski), ul. Twarda 42, 00-831 Warszawa, Tel. +48/22/6208966, www.pzw.org.pl

Anreise

Mit dem Auto

→ Autofahren in Polen, S. 393
→ Einreise nach Polen, S. 400
→ Maut in Polen, S. 402

Direkt an die Oder tragen einen nur sehr **wenige größere Straßen.** Von den großen Überlandverbindungen gehen in aller Regel schmale Landstraßen und von denen nicht selten noch schmalere Stichstraßen zum Oderstrom ab.

Vom Berliner Ring aus erreicht man über die Autobahn **A 12 Frankfurt (Oder)/Słubice,** über die **A 11 Szczecin (Stettin).**

Die Bundesstraße **B 1** führt über Berlin direktemang durchs **Oderbruch** nach Kostrzyn nad Odrą (Küstrin). Die **B 112** begleitet die Oder in respektvollem Abstand von der Neißemündung über Frankfurt (Oder) bis nördlich Kostrzyn. Dort übernimmt die Aufgabe, ebenfalls in gebührendem Abstand am Westrand des Oderbruchs entlang, die **B 167** bis Bad Freienwalde, abgelöst nach Angermünde von der **B 2** via Schwedt und weiter parallel zum Unteren Odertal bis vor die Tore Szczecins.

Wer ohne Umwege sofort die deutsche Seite des **Stettiner Haffs** ansteuern möchte, braust über die A 11 bis Kreuz Uckermark, weiter die A 20 bis Pasewalk Süd, dann die B 109 hinauf, von der aus man über kleinere Landstraßen die verschiedenen Orte an der Haffküste erreicht. Bleibt man auf der B 109, geht es durchs Binnenland bis Anklam, und von dort über die meist stark befahrene B 110 bzw. weiter nördlich die B 111 auf die **Insel Usedom.** Die Straßenbeschaffenheit ist generell gut bis sehr gut. Schmale Stichstraßen können auch mal etwas holpriger sein.

In **Polen** gibt es, bis auf ein kurzes Stück rund um Szczecin Richtung Ostsee, im Einzugsbereich der Oder stromabwärts keine Autobahnen. **Nationalstraßen** *(Droga krajowa),* vergleichbar mit den deutschen Bundesstraßen, bilden trotz fortschreitendem Autobahnbau nach wie vor das Hauptfernstraßennetz (mit ein- bis zweistelliger weißer Ziffer auf rotem Grund gekennzeichnet). Von der Neißemündung bis Słubice/Frankfurt (Oder) spielt die **Nationalstraße 29** für den Überlandverkehr die maßgebliche Rolle. Sie führt anfangs weit hinein ins Landesinnere und nähert sich erst auf halber Höhe beim Gemeindestädtchen Cybinka der Oder an. Ab Słubice nordwärts über Kostrzyn bis nach Szczecin übernimmt die **Nationalstraße 31,** auch diese zwischen 10 und 15 Kilometer entfernt von der Stromoder. Nur bei Widuchowa berührt sie einmal die Oderniederung.

Wer näher an die Oder heranrücken möchte, fährt auf den **Landstraßen** (dreistellige schwarze Ziffer auf gelbem Grund). Meist sind es schmale zweispurige Asphaltbänder, oft ohne Randbefestigung. Neben Lkw und Pkw sind hier auch Radfahrer und Fußgänger unterwegs. Traktoristen und Mähdrescher, welche die gesamte Straßenbreite einnehmen, laden zur gemütlichen Tuckelfahrt ein. Bäume links und rechts verwandeln die Straßen oft in wunderschöne Alleen, aber zugleich auch zwielichtige grüne Tunnel mit eingeschränkter Sicht, selbst bei Sonnenschein. Es empfiehlt sich deshalb, sich auf Landstraßen auf ein gemütliches Reisetempo einzustellen.

Mit dem Bus

→ Busfahren, S. 398

Vom zentralen Verkehrsknotenpunkt **Berlin** aus steuert z. B. der **Flixbus** Frankfurt (Oder)/Słubice, Kostrzyn und Szczecin an. Eine Mitnahme von bis zu fünf Rädern je Bus ist für einen kleinen Zusatzpreis möglich (keine E-Bikes, Tandems, Drei- oder Falträder).

Das polnische Unternehmen **Sindbad** unterhält von Berlin aus Verbindungen u. a. nach Słubice, Kostrzyn (Küstrin), Szczecin (Stettin), Świnoujście (Swinemünde) und Międzyzdroje (Misdroy).

Flixbus, www.flixbus.de

Sindbad, Tel. +48/77/4434444, www.sindbad.pl

Hilfreich bei der Suche nach einer guten, preiswerten Busverbindung ist die Seite www.busliniensuche.de

Mit der Bahn

→ Bahnfahren in Polen, S. 393
→ Fahrradmitnahme im Zug, S. 400

Im **Verkehrsverbund Berlin-Brandenburg (VBB)** verkehren mit den zentralen Knotenpunkten Berlin Hauptbahnhof, Berlin Ostkreuz und Berlin Gesundbrunnen Regionalbahnen (RB) und Regionalexpresse (RE) der **DB Regio,** der **Niederbarnimer Eisenbahn (NEB)** und der **Ostdeutschen Eisenbahn (ODEG)** in die odernahen größeren Ortschaften.

Direkt an den Oderstrand führen **RE 1** und **RB 11** Magdeburg–Cottbus der Deutschen Bahn über Berlin nach Frankfurt (Oder) und Eisenhüttenstadt. Der **RE 3** Nord von Stralsund über Anklam nach Berlin Hbf. stoppt an der Oder in der Nationalparkstadt Schwedt.

Grenzüberschreitend verbinden Deutschland und Polen in Nord-Süd-Richtung die **RB 23** (Usedomer Bäderbahn) von Świnoujście nach Züssow, mit Anschluss an den **RE 3** (Stralsund–Berlin); sowie West-Ost der **RE 4** (ODEG) von Lübeck Hbf. nach Szczecin Głowny (Hbf.) mit einem Abstecher ab Pasewalk via Ueckermünde. Ebenfalls von Szczecin Główny startet **RE/**

RB 66 über Angermünde nach Berlin Gesundbrunnen. Die »Oderlandbahn« **RB 26** (NEB) bringt einen von Berlin in die Oderstadt Kostrzyn.

Günstig fährt man beispielsweise mit dem **Brandenburg-Berlin-Ticket.** Es gilt für beliebig viele Fahrten an einem Tag unter der Woche von 9 Uhr früh bis zum nächsten Tag 3 Uhr bzw. Samstag und Sonntag schon ab 0 Uhr. Das Ticket kann von bis zu fünf Personen und zusätzlich drei Kindern bis 14 Jahre in allen Verkehrsmitteln des VBB gemeinsam genutzt werden.

Die gleichen Konditionen beinhaltet das **Mecklenburg-Vorpommern-Ticket.** Es ermöglicht einen Tag lang reisen in den Nahverkehrszügen in Mecklenburg-Vorpommern sowie auf ausgewählten Strecke in angrenzenden Bundesländern.

Weitere Infos unter:

Deutsche Bahn
Tel. 030/2970
www.bahn.de

DB Regio Berlin-Brandenburg
Tel. 0331/2356881
www.dbregio-berlin-brandenburg.de

DB Regio AG Regio Nordost
(für Mecklenburg-Vorpommern)
Tel. 0385/7502405
https://regional.bahn.de

Ostdeutsche Eisenbahn (ODEG)
Tel. 030/514888888
www.odeg.de

Niederbarnimer Eisenbahn (NEB)
Tel. 030/396011344
www.neb.de

Verkehrsverbund Berlin-Brandenburg (VBB)
Tel. 030/25414141
www.vbb.de

Verkehrsgesellschaft Mecklenburg-Vorpommern (VMV)
Tel. 0385/590870
www.vmv-mbh.de

Autofahren in Polen

→ Maut in Polen, S. 402

In Polen gelten die internationalen Straßenverkehrsregeln. Darüber hinaus gibt es folgende Vorschriften: Grundsätzlich wird auch **tagsüber mit Abblendlicht** gefahren. Im Stadtverkehr sind an den Ampeln **grüne Pfeile** üblich, die auch bei rotem Signal ein umsichtiges Rechtsabbiegen erlauben. Es besteht Gurtpflicht auf allen Sitzplätzen. Telefonieren während der Fahrt ist ohne Freisprechanlage verboten. Die **Alkoholgrenze** liegt bei **0,2 Promille,** sie ist in der Regel bereits nach einem kleinen Bier erreicht! Beim Überschreiten von 0,5 mg/l Blutalkohol liegt bereits eine Straftat vor, die bis zu zwei Jahre Freiheitsentzug kosten kann. Die **Bußgelder** für Geschwindigkeitsüberschreitungen sind saftig, und deutsche Urlauber müssen sich außerdem auf Strafpunkte im Flensburger Zentralregister einstellen.

Tempolimits in Polen:

	Fahrzeuge bis 3,5 t	Fahrzeuge über 3,5 t
Innerorts	50 (23–5 Uhr: 60)	
Landstraße	90	70
Schnellstraße, zweispurig	100	80
Schnellstraße, vierspurig	120	80
Autobahn	140	80

Bahnfahren in Polen

→ Fahrradmitnahme im Zug, S. 400

Auf polnischen Gleisen verkehren die Züge der **Polnischen Staatsbahnen (Polskie Koleje Państwowe/PKP)** als größtes Schienentransportunternehmen im Land sowie einige Privatunternehmen. Die PKP unterteilen sich im Personenverkehr in die **PKP Intercity** für die schnellen Verbindungen (Express InterCity, IC und die preiswerten Schnellzüge TLK) und die **POLREGIO** für den Nahverkehr (REGIO, interREGIO und superREGIO).

Die **Regionalbahnen** fahren im Gebiet dieses Reiseführers zwischen Świnoujście (Swinemünde) und Szczecin (Stettin), Szczecin und Kostrzyn (Küstrin), Kostrzyn (mit Umsteigen in Rzepin) und Słubice. Die Tickets sind preiswert, z. B. kostet eine einfache, 250 km lange Fahrt je nach Zugverbindung

Ein IC im Hauptbahnhof von Szczecin

zwischen 9 und 16 Euro. Dafür dauert es etwas länger.
Für Wochenendausflügler halten die PKP Intercity das günstige **Wochenendticket (Bilet weekendowy)** parat. Es gilt von Freitag 19 Uhr bis Montag 6 Uhr für eine unbeschränkte Zahl von Fahrten in TLK- und IC-Zügen. Noch einmal preiswerter ist das **Touristenticket (Bilet turystyczny)** der POLREGIO. Es berechtigt zu unbegrenzt vielen Fahrten von Freitag 18 Uhr bis Montag 6 Uhr in den Regionalzügen. Der ebenfalls preiswerte **REGIOpass** ermöglicht an drei frei wählbaren Tagen innerhalb von zwei Monaten freie Fahrt in allen Regionalzügen.
Mit dem **Seniorenticket (Bilet dla seniora)** fahren Menschen ab 60 Jahre im Inlandsverkehr der PKP Intercity grundsätzlich um 30 Prozent günstiger. Die Vorlage des Personalausweises für den Altersnachweis beim Fahrkartenkauf ist erforderlich. Das gleiche gilt für Fahrten in POLREGIO-Zügen. Hier beträgt der Rabatt mit dem Regio **Senior-Tarif** ab 60 Jahre 25 Prozent. Und für alle, die ein bisschen länger mit der POLREGIO unterwegs sein wollen, lohnt vielleicht das **Bilet sieciowy (Netzkarte),** mit dem man einen Monat lang kreuz und quer regional unterwegs sein kann.

Weitere Infos unter:
PKP Intercity, Tel. +48/22/3919757
www.intercity.pl
POLREGIO, Tel. +48/703/202020
www.polregio.pl

Barrierefreiheit

Hinsichtlich der Reisemöglichkeiten für Menschen mit Handicaps hat sich in den vergangenen Jahren vieles verbessert. Trotzdem gibt es immer noch viel zu tun. Für **Brandenburg** findet man eine Anzahl von Beherbergungs-, Freizeit- und Gastronomieangeboten, gefiltert nach Parametern für den persönlichen Bewegungsgrad, unter: www.barrierefrei-brandenburg.de
Mecklenburg-Vorpommern bietet Vorschläge z. B. für Handbiketouren, eine Liste mit Rolli-geeigneten Strandzugängen, barrierefreien Unterkunft- und Freizeitangeboten unter: www.auf-nach-mv.de/barrierefrei
In **Polen** verfügen die gehobenen Hotels zumeist über rollstuhlgeeignete Zugänge. Akustische Ampelanlagen an viel frequentierten Verkehrskreuzungen in größeren Städten sind üblich, aber auf abgesenkte Bordsteine oder Aufzüge statt Treppen darf man selbst dort nicht immer hoffen. Auf dem Land fehlen meistens sämtliche dieser technischen Hilfsmittel. Vor allem in

preisgünstigen Unterkünften, auf Campingplätzen und leider auch Restaurants sind Barrierefreiheit und geeignete Sanitäranlagen eine Ausnahme. Reisen mit Bussen, in Zügen und anderen öffentlichen Verkehrsmitteln stellen Menschen mit Handicaps immer noch vor Herausforderungen. Über behindertenfreundliche bis behindertengerechte Hotels, Lokale, Veranstaltungsorte, Aktivitäten und Transportmöglichkeiten informiert eine Datenbank der Polnischen Gesellschaft für Touristik und Landeskunde (PTTK) unter www.tdw.pttk.pl. Leider nur auf Polnisch, aber der Google-Übersetzer hilft weiter.

Bootfahren

Auf der Oder, ihren Zuflüssen und allen verbundenen Wasserstraßen gelten für Schiffe und Sportboote die allgemeinen **internationalen Schifffahrtsverkehrsregeln** und -zeichen zu Ausweich- und Fahrverhalten, sicherer Geschwindigkeit, Passierabständen u. v. m. Zusätzlich sind in Deutschland weitere Regeln für die Seeschifffahrts- und Binnenwasserstraßen sowie Regeln für Binnengewässer wie Seen und Flüsse in der **Binnenschifffahrtsstraßenordnung** (BinSchStrO) festgelegt. Sie beinhaltet ein detailliertes Regelwerk für das Führen von Segel- und Sportbooten, darunter Regeln zu Vorfahrt, Manövern, dem Durchfahren von Brücken u. v. m. Für die Oder als deutsch-polnischer Grenzfluss gelten noch einmal spezielle Bestimmungen.

Wer es ganz genau wissen möchte, findet die Binnenschifffahrtsstraßenordnung auf den Seiten der **Wasserstraßen- und Schifffahrtsverwaltung des Bundes (WSV)** unter www.elwis.de, Reiter »Schifffahrtsrecht«. Ebenfalls dort erhält man unter dem Reiter »Binnenschifffahrt« aktuelle Informationen zum Wasserverkehr, zu Schleusungen, Fahrrinneneinschränkungen u. v. m.

Bootsführerschein – ja oder nein?

Für das Führen von Sportbooten mit einem Motor ab 15 PS ist auf deutschen Binnengewässern der **Sportbootführerschein-Binnen** (SBF-Binnen) vorgeschrieben, im Küstenbereich und auf See der **Sportbootführerschein-See** (SBF-See). Bei Segelbooten mit einem Motor ab 15 PS ist der SFB ebenfalls Pflicht, selbst wenn sie ausschließlich unter Segeln unterwegs sind.

Bei Freizeitbooten ab 15 PS muss nur der Skipper, d.i. der **verantwortliche Bootsführer**, einen Sportbootsführerschein besitzen und nicht der **Rudergänger**, der an der Pinne oder dem Steuer steht und den Anweisungen des Bootsführers folgt.

Eine Ausnahme von der Regel stellen die **Hausboote** dar. Hier genügt für Binnengewässer eine **Charterbescheinigung.** Diese stellt der Verleiher nach einer kurzen theoretischen wie praktischen Einführung in die Bootssteuerung und die Verkehrsregeln für die Zeit des Bootsurlaubs aus. Ohne Papiere drauflosfahren dürfen muskelkraftbetriebene Untersätze wie **Tret-, Ruder- und Paddelboote** sowie Boote mit **Motoren unter 15 PS.** Aber auch hier gelten selbstverständlich die Schifffahrtsregeln.

Vorschriften in Deutschland

Auf Bundeswasserstraßen gilt eine **Höchstgeschwindigkeit** von 25 km/h, auf Landesschifffahrtsstraßen 12 km/h. Ist anderes vorgeschrieben, was oft der Fall ist, weisen

Zahlreiche Marinas bieten engmaschige Versorgungsmöglichkeiten

das rot umrandete viereckige Schilder mit schwarzer Ziffer auf weißem Grund aus. **Überholen** darf man nur bei genügend breitem Fahrwasser – sofern das Manöver gefahrlos vonstatten gehen kann. Im Schleusenbereich ist Überholen grundsätzlich untersagt. Von schnelleren Booten muss man sich überholen lassen und dabei zur Gefahrenabwehr das eigene Tempo ggf. noch einmal drosseln.

Kreuzen sich zwei Wasserwege, hat rechts vor links **Vorfahrt.** Segelboote genießen Vorfahrt vor Motorbooten. Zwei gleiche Bootsarten, z. B. zwei Motorboote oder zwei Segelboote, fahren jeweils mit der (linken) Backbordseite aneinander vorbei. Ab **0,5 Promille Alkohol** im Blut ist das Bootsführen verboten, das gilt selbst für Tretboote.

Einreise mit dem Boot nach Polen

Nach dem Einlaufen in einen polnischen Hafen muss man einklarieren. An Dokumenten werden dazu – auch von EU-Bürgern – neben dem **Personalausweis oder Reisepass** für Sportboote die **Bootsregistrierung und -kennzeichnung** verlangt, für Boote mit Motoren ab 10 KW (11,03 KW sind 15 PS) außerdem ein **Eigentumsnachweis** und der **Sportbootführerschein.** Der **Internationale Bootsschein (IBS),** den der Deutsche Motoryachtverband, der Deutsche Segler-Verband und der ADAC ausstellen, wird als Registrier- und Eigentumsnachweis weltweit und somit auch in Polen anerkannt. Ebenso haben die deutschen **Sportbootführerscheine Binnen und See** im Nachbarland Gültigkeit. Darüber hinaus muss für Boote, die nach dem 1. Januar 1985 erworben wurden, wie überall in der EU ein **Umsatzsteuerzahlungsnachweis** vorgelegt werden, entweder mit der Originalrechnung oder in Form einer offiziellen behördlichen Bestätigung.

Hausboote bis 13 Meter Länge dürfen mit einem Motor bis maximal 75 KW führerscheinlos gefahren werden – sofern die schwimmende Herberge nicht mehr als 15 km/h Spitzengeschwindigkeit erreicht.

Vorschriften in Polen

In Polen gelten die **internationalen Schifffahrtsverkehrsregeln** sowie die **Schifffahrtsregeln für Binnengewässer,** die im Allgemeinen den deutschen (s. o.) entsprechen. Die jeweiligen **Höchstgeschwindigkeiten** auf den Wasserstraßen sind per Schild ausgewiesen, allerdings darf die Bootsgeschwindigkeit auf der Oder 4 km/h nicht unterschreiten. In Häfen und Kanälen sind maximal 5 km/h gestattet.

Auf der **Oder und Westoder** dürfen Sportboote **nur tagsüber zwischen 1. April und 31. Oktober** fahren. Dabei kann die gesamte Breite des Grenzstroms genutzt werden. An Bord an **Notfallausrüstung** vorgeschrieben sind eine Rettungsweste pro Person oder pro Schiff ein Rettungsring mit einer 27,5 Meter langen Leine. Boote mit Motor und einer Gasanlage müssen einen Trockenfeuerlöscher mitführen. Anders als in Deutschland liegt die **Promillegrenze** in Polen für das Steuern von Sportbooten bei **0,2 ‰.** Wird sie überschritten, gilt das als Straftat!

Motor- und Segelboot

Zwischen Neißemündung und Ostseestrand bietet die Oder die unterschiedlichsten Bedingungen für Hobbyskipper. Je nach **Wasserstand** am Mittel- und Unterlauf kann die Stromoder bei Hoch- oder Niedrigwasser für Freizeitkapitäne durchaus mal gesperrt werden. Was tatsächlich aber sehr selten vorkommt.

Zum Segeln ist die Oder wenig geeignet, hier gelangt man mit dem Motor oder mit Muskelkraft im Ruder- und Paddelboot besser voran. Umso mehr kommen Segler nach dem Einströmen der Oder ins **Stettiner Haff** auf ihre Kosten. Das innere Küstengewässer im Odermündungsbereich zählt zusammen mit dem Usedomer Achterwasser und auf polnischer Seite dem Zalew Kamieński (Camminer Bodden) zu den beliebtesten **Segelrevieren** vor der Ostseeküste.

Von der Neißemündung bis zum Ostseestrand sorgen **Sportboothäfen, Anlegestellen, Wasserwanderrast- und Zeltplätze** in

Paddler auf der Oder

ausreichend kurzen Abständen für die Versorgung von Boot und Crew, auf der deutschen Seite noch etwas mehr als auf der polnischen. Die schönsten Häfen, Marinas und Wasserwanderrastplätze sind in den jeweiligen Reisekapiteln in diesem Buch kurz mit ihren Einrichtungen beschrieben.

Paddelboot

Paddler können nach Lust und Laune zwischen dem deutschem und polnischen Oderufer pendeln, den Personalausweis bzw. Reisepass dabei zu haben, genügt. Aber auch im Paddelboot gelten die **Binnen- und internationalen Schifffahrtsregeln** (s. o.). Dazu gehört, dass die Boote außen mit mindestens zehn Zentimeter großen Lettern gekennzeichnet sein müssen, entweder namentlich oder mit der Zugehörigkeitsbezeichnung (Sportclub o.ä.). In Polen müssen Boote ab fünf Meter zwingend einen Namen tragen. Auf der Oder gepaddelt werden darf von **Anfang April bis Ende Oktober bei Tageslicht.** Nachtfahrten sind grundsätzlich verboten.

Auch die **Strömung** sollte nicht unterschätzt werden. Zwischen Ratzdorf und Hohensaaten kann die Fließgeschwindigkeit 6 bis 7 km/h betragen, was für Ungeübte nicht zu empfehlen ist. Nördlich der Hohensaatener Schleusen geht es dann sowohl auf der Hohensaaten-Friedrichsthaler Wasserstraße/Westoder als auch auf der Stromoder beschaulicher zu. Die Strömung nimmt rapide ab oder kommt sogar, je nach Wind und Wasserstand im Stettiner Haff, vollends zum Stillstand.

Herrliche **Paddelboottouren** in nahezu unberührter Natur lassen sich darüber hinaus z. B. im **Oderbruch** auf den Kanälen und Oderaltarmen oder auch kreuz und quer durch das Wasser-Land-Mosaik im **Nationalpark Unteres Odertal** unternehmen. Auf der polnischen Seite laden z. B. die **Pliszka,** die auf der Höhe von Urad in die Oder einmündet, oder das **Zwischenoderland** zwischen West- und Ostoder von **Gryfino bis vor die Tore von Szczecin** zu abenteuerlichen Wildnisfahrten ein.

Unberührte Natur heißt aber auch, dass zahlreiche Uferlandschaften an der Oder unter **Naturschutz** stehen. Es versteht sich von selbst, dass dort nicht angelandet oder gar gezeltet werden darf. Im Nationalpark Unteres Odertal dürfen die Wasserwege ohne Erlaubnis und/oder Führung nicht befahren werden.

Brücken, Fähren, Grenzübergänge

Im beschriebenen Reisegebiet von Süd nach Nord:

Grenzübergang Frankfurt (Oder)–Świecko: Autobahn A 12 (D)/A 2 (Polen)

Grenzübergang Frankfurt (Oder)–Słubice: Brücke über die Oder in der Doppelstadt »Slubfurt«

Grenzübergang Küstrin-Kietz–Kostrzyn: Brücke über die Oder B 1 (D)/Nationalstraße 31 (Polen)

Oderfähre im Niederoderbruch zwischen Güstebieser Loose und Gozdowice für Pkw, Radler und Fußgänger, tgl. April–Okt. (nicht bei Hoch-/Niedrigwasser oder starkem Wind)

Alte Eisenbahnbrücke über die Oder bei Bienenwerder (Niederoderbruch) für Radler und Fußgänger; der polnische Abschnitt seit 2021 fertiggestellt, der deutsche voraussichtlich 2022

»Grenzübergang« am Strand zwischen Ahlbeck und Świnoujście

Grenzübergang Hohenwutzen–Osinów Dolny: Brücke über die Oder L 158 A (D)/ Landstraße 126 (Polen)
Grenzübergang Schwedt–Krajnik Dolny: Brücke über die Hohensaaten-Friedrichsthaler Wasserstraße, L 166 durch den Nationalpark Unteres Odertal (D)/Brücke über die Stromoder Nationalstraße 26 (Polen)
Grenzübergang Mescherin–Gryfino: Brücke über die Westoder L 113 (D)/Straße 120 durch das Zwischenoderland und über die Stromoder (Polen)
Grenzübergang Pomellen–Kołbaskowo: Autobahn A 11 (D)/A 6 (Polen)
Rad-Fußgänger-Fähre über die Roztoka Odrzańska (Papenwasser) von Trzebież nach Kopice (Polen), nur in der Sommersaison
Hubbrücke bei Dziwnów auf Wolin über die Dziwna aufs Festland (Polen)
Fähre im Stadtzentrum Świnoujście auf Usedom über die Świna zur Insel Wolin; für Nichteinheimische tagsüber nur mit Rad oder als Fußgänger, 22–4 Uhr auch mit Auto (Polen)
Autofähre bei Kasibór/Świnoujście über die Świna nach Wolin: Fernstraße 93 (Polen)
Autotunnel in Świnoujście unter der Świna hindurch zwischen Usedom und Wolin; Eröffnung voraussichtlich Sommer 2023 (Polen)
Grenzübergang Ahlbeck–Świnoujście: Strandpromenade und Swinemünder Chaussee (D)/ul. Wojska Polskiego (Polen)
Grenzübergang Linken–Lubieszyn: L 104 und 113 (D)/Nationalstraße 10 (Polen)
Grenzübergang Garz (Usedom)–Świnoujście: L 110 (D)/Nationalstraße 93 (Polen)
Rad-Fußgänger-Fähre über den Neuwarper See von Altwarp (D) nach Nowe Warpno (Polen), nur in der Sommersaison
Rad-Fußgänger-Fähre von Kamp nach Karnin auf die Insel Usedom (D)
Zecheriner Brücke nördlich von Anklam über den Peenestrom nach Usedom: B 110 (D)
Peenebrücke bei Wolgast über den Peenestrom: B 111 (D)
Rad-Fußgänger-Fähre zwischen Peenemünde, Freest, Kröslin über den Peenestrom, Mai–Oktober

Busfahren

■ In Deutschland

Die Orte im Bereich dieses Reiseführers verbinden von Süd nach Nord mit der Oder stromabwärts die folgenden Fahrgesellschaften:

Busverkehr Oder-Spree (BOS)
Tel. 03361/55610
www.bos-fw.de

Stadtverkehrsgesellschaft Frankfurt (Oder) (SVF)
Tel. 0335/564860
www.svf-ffo.de

Märkisch-Oderland Bus (mobus), Tel. 03341/4494900, www.mo-bus.de

Barnimer Busgesellschaft (BBG)
Tel. 03334/235003
www.bbg-eberswalde.de

Uckermärkische Verkehrsgesellschaft (UVG)
Tel. 03332/442670,
www.uvg-online.com

Verkehrsgesellschaft Vorpommern-Greifswald (VVG)
Tel. 03976/240240
www.vvg-bus.de

Anklamer Verkehrsgesellschaft (AVG)
Tel. 03971/20610
www.avg-bus.de

Usedomer Bäderbahn (UBB)
Tel. Bahn 0385/7502405
Tel. Bus 038378/49790
www.ubb-online.com

■ In Polen

Noch zwischen den kleinsten Dörfern pendeln Linienbusse, wenn auch in einem meist sehr ausgedünnten Takt. Das ehemalige Staatsunternehmen **Polska Komunikacja Samochodowa (PKS)** gliedert sich mittlerweile in eine Vielzahl kommunaler und privater Verkehrsgesellschaften, die teils aber trotzdem noch unter dem althergebrachten PKS-Logo firmieren. Die sehr preisgünstigen Fahrkarten kann man an Busbahnhöfen (*Dworzec PKS*) oder direkt beim Busfahrer kaufen. Kinder unter vier Jahre reisen auf dem Elternschoß gratis mit, von vier bis zehn Jahre zahlen sie die Hälfte des regulären Fahrpreises.

Die Ortschaften im Bereich dieses Reiseführers verbinden von Süd nach Nord mit der Oder stromabwärts folgende Busgesellschaften:

PT-H Transhand
(ab Neißemündung bis Kostrzyn)
Tel. +48/95/7583282
www.transhand.pl

PKS Myślibórz
(Słubice bis Osinów Dolny)
Tel. +48/95/7475710
www.pksmysliborz.pl

PKS Gryfino
Tel. +48/91/4162371
www.pksszczecin.info

PKS Szczecin
Tel. +48/91/4346625
www.pksszczecin.info

Szczecińsko-Polickie Przedsiębiorstwo Komunikacyjne
(Stettin-Policer Verkehrsunternehmen)
Tel. +48/91/4201550
www.sppk.pl

Ever-Trans
(zwischen Police und Nowe Warpno)
Tel. +48/91/4241300
www.ever-trans.pl

EMILBUS
(zwischen Szczecin und Świnoujście)
Tel. +48/91/3213100
www.emilbus.com.pl

Komunikacja Autobusowa Świnoujście
(Świnoujście und Insel Wolin)
Tel. +48/91/3214540
www.ka.swinoujscie.pl

Camping

Campingplätze sind zahlreich vorhanden. In der Regel sind die kleineren von Juni bis September, die größeren von Mai bis Mitte Oktober und die wenigen großen ganzjährig geöffnet. Zu beiden Seiten der Oder verfügen sie über moderne, gepflegte Sanitäranlagen und viele weitere Serviceeinrichtungen, auf die wir in den einzelnen

Auf dem Mescheriner Campingplatz im Unteren Odertal

Reisekapiteln hinweisen. Das Freistehen mit dem **Wohnmobil auf wilden Stellplätzen** ist verboten und wird besonders streng an der Ostseeküste und in Nationalparks kontrolliert.

Einreise nach Polen

→ Brücken, Fähren, Grenzübergänge, S. 397
→ Haustiere, S. 402

Polen ist Mitglied im europäischen Schengenverbund, d.h. Ausweiskontrollen an der Grenze finden in der Regel nicht statt. Ein gültiges Reisedokument für den Identitätsnachweis, üblicherweise der **Personalausweis oder Reisepass,** muss aber mitgeführt werden.
EU-Bürger können sich **bis zu 90 Tage** in sechs Monaten ohne Formalitäten in Polen aufhalten. Danach müssen sie sich für eine längere Verweildauer bei der zuständigen Woiwodschaftsbehörde registrieren lassen.
Kinder brauchen in der EU einen eigenen Ausweis mit Lichtbild (Kinderreisepass oder Kinderpersonalausweis).
Weitere Informationen erteilt das Auswärtige Amt, Tel. 030/50002000, www.auswaertiges-amt.de

Mit dem Auto

Als EU-Bürger benötigt man neben dem **nationalen Führerschein** außerdem den **Kfz-Schein.** Als Nachweis der vorgeschriebenen Kfz-Haftpflichtversicherung reicht das Autokennzeichen mit Europa-Emblem. Trotzdem kann die **Grüne Versicherungskarte** auch weiterhin nützlich sein, da sie die Abwicklung im Schadensfalls in der Regel erleichtert. Eine zusätzliche Sicherheit gewährt der Abschluss eines **Auslandsschutzbriefs,** der die Kosten eines Autorücktransports oder des Verschrottens in Polen abdeckt.
Unterwegs in Polen sind im Pkw ein Warndreieck, ein Verbandskasten sowie Feuerlöscher und Sicherheitsweste mitzuführen. Steuert eine andere Person als der **Kfz-Halter** den Wagen, so braucht sie dazu eine schriftliche Vollmacht des Eigentümers, selbst wenn dieser als Beifahrer mit im Wagen sitzt (bei Mietwagen reicht der Mietvertrag). Ein Musterformular für die **Nutzungsbevollmächtigung** hält das Polnische Fremdenverkehrsamt online parat: www.polen.travel/attachments/article/4893/vollmacht_pkw_polen.pdf

Fähren

→ Brücken, Fähren, Grenzübergänge, S. 397

Fahrradmitnahme im Zug

In Deutschland

Im **Fernverkehr** werden Räder in ICs, ECs und auch Nachtzügen befördert. Der Kauf einer **Fahrradkarte** (8 Euro, für Reisen ins Ausland 9 Euro) und die **Stellplatzreservierung** sind obligatorisch. Die Fahrradkarte gilt für die gesamte Reiseverbindung, also auch im Fall des Umsteigens in Züge des Nahverkehrs zum Reiseziel. Da die Stellplätze knapp sind, empfiehlt sich besonders zu Hochreisezeiten eine frühzeitige Reservierung.
Soll das Rad im **Nahverkehr** (IRE, RE, RB, S-Bahn) mit in den Zug, muss man ebenfalls für jedes einzelne Veloziped eine **Fahrradkarte** lösen (Einzelfahrausweis 3,60 Euro, Tageskarte 6 Euro). Räder von Kindern unter 6 Jahre dürfen kostenlos mit, ebenso zusammengeklappte und gut verpackte Vehikel, die in die Gepäckablage am Sitzplatz passen.
Fast alle der Züge im Nahverkehr besitzen mit Fahrradsymbol markierte **Mehrzweckabteile,** meist am Zuganfang oder am Zugende, die Räder befördern – sofern es der Platz erlaubt. Vor allem im Sommer kann es an Wochenenden auf beliebten Ausflugsstrecken, z. B. an die Ostsee, schnell ziemlich voll werden. Und es besteht keine Mitnahmegarantie! Eine Platzreservierung ist nicht möglich.

In Polen

Die Fahrradmitnahme in **Fernzügen,** das sind Express InterCity (EIC), InterCity (IC) und Twoje Linie Kolejowe (TLK), ist möglich. In **TLK-Zügen** (preiswerte Schnellzüge) werden Räder in dafür gekennzeichneten

Blick vom Turm der Frankfurter Marienkirche

Wagen befördert sowie im ersten Vorraum des ersten Wagens oder im letzten Vorraum des letzten Wagen, sofern dort der Platz ausreichend ist. In **EIC** und **IC** werden sie ausschließlich in dafür vorgesehenen Waggons transportiert (Stellplatzreservierung). Die Beförderung ist kostenpflichtig. Pro Rad ist dafür ein **Fahrradmitnahmeticket (Biletu na przewóz roweru)** für 9,10 Złoty zu lösen. Es gilt unabhängig von der Länge der Reise.

In den **Regionalbahnen** der POLREGIO gehen die Räder in Abteilen für größeres Handgepäck (mit einem entsprechenden Piktogramm gekennzeichnet) mit auf die Reise. Verfügt der Zug über keine speziell gekennzeichneten Plätze, werden sie im ersten oder letzten Vorraum des Zugs untergestellt. Auch für das Rad in Regionalbahnen muss eine extra **Fahrradmitnahmekarte** erworben werden. Unabhängig von der Streckenlänge kostet sie 7 Złoty (ohne Platzgarantie). Anders als in deutschen Nahverkehrszügen ist in den polnischen Regionalbahnen eine **Platzreservierung** für das Rad möglich. Das Ticket kostet dann geringfügig mehr und garantiert den Vorrang vor Fahrgästen mit Rädern ohne Platzreservierung. Zusammengeklappt und gut verpackt darf das Rad als Handgepäck kostenlos mit.

Feiertage und Schulferien in Polen

1. Januar, Neujahr
Ostersonntag und Ostermontag
1. Mai, Tag der Arbeit
3. Mai, Tag der Verfassung
Do nach dem 1. So nach Pfingsten, Fronleichnam
15. August, Mariä Himmelfahrt
1. November, Allerheiligen
11. November, Unabhängigkeitstag
25. und 26. Dezember, Weihnachten

Die polnischen **Sommerschulferien** beginnen Ende Juni und dauern bis Ende August. Von **Heiligabend bis Neujahr** ist schulfrei. Die **Winterferien** liegen zwischen Mitte Januar und Mitte Februar und dauern zwei Wochen. Die **Osterferien** beginnen am Gründonnerstag und enden am Dienstag nach Ostern.

Geld

Banken und Geldautomaten finden sich in allen größeren Orten zu beiden Seiten der Oder. Die Zahlungsmittel in Polen sind **Złoty und Groszy** (1 Złoty = 100 Groszy). Im Umlauf befinden sich Münzen im Nennwert von 1, 2, 5, 10, 20, 50 Groszy und 1, 2, 5 Złoty sowie Banknoten zu 10, 20, 50, 100 und 200 Złoty.

Der **Wechselkurs** im Februar 2022 betrug 1 Euro = 4,54 Złoty, 1 Złoty = 0,22 Euro.

Im Land tauschen Banken und **Wechselstuben** (*kantor*) zum aktuellen Kurs. An den Rezeptionen der meisten großen Hotels wird ebenfalls gewechselt, der Kurs ist dort etwas ungünstiger.
Gängige **Kreditkarten** wie Eurocard, MasterCard und Visa werden in Polen fast überall akzeptiert.
Beim Verlust oder Diebstahl der Kredit- oder Maestro-Karte wählen Karteninhaber von Sparkassen, Landesbanken und den meisten Privatbanken den einheitlichen **Sperr-Notruf 116116** (aus dem Ausland vorweg mit der deutschen Länderkennung 0049).

Grenzübergänge

→ Brücken, Fähren, Grenzübergänge, S. 397

Haustiere

Hunde und Katzen dürfen mit nach Polen, wenn sie mindestens 21 Tage und maximal 12 Monate vor dem Grenzübertritt gegen **Tollwut** geimpft worden sind. Die Impfung wird im **EU-Heimtierausweis** dokumentiert, der auf Nachfrage vorgezeigt werden muss.

Informationsstellen

In den meisten größeren Ortschaften an der Oder findet sich eine **Touristeninformation/Informacja turystyczna,** am deutschen Ufer einige mehr, am polnischen etwas weniger. Sie informieren über Ort und Region, helfen bei der Unterkunftsuche, bieten zahlreiche Karten und Broschüren an und halten die Angebote der örtlichen Touristikunternehmen, Termine kultureller und sportiver Events, die Adressen der lokalen Fahrrad- und Bootsverleiher u. v. m. parat.
Für Auskünfte über die Region stehen außerdem zur Verfügung:

Tourismus Marketing Brandenburg (TMB)
Babelsberger Str. 26
14473 Potsdam
Tel. 0331/2004747
www.reiseland-brandenburg.de

Tourismusverband Mecklenburg-Vorpommern
Konrad-Zuse-Str. 2
18057 Rostock
Tel. 0381/4030550
www.auf-nach-mv.de

Usedom Tourismus GmbH (UTG)
Hauptstr. 42
17459 Koserow
Tel. 038375/244244
www.usedom.de

Polnisches Fremdenverkehrsamt
Hohenzollerndamm 151
14199 Berlin
Tel. 030/2100920
www.polen.travel/de

Internet und Telefon

Die **Netzabdeckung** der großen Kommunikationsunternehmen zu beiden Seiten der Oder ist relativ gut, in Polen etwas besser als in Deutschland. Funklöcher bestehen zuweilen noch in winzigen Weilern und menschenleeren Natur- und Nationalparkgegenden. Das Handy wird, wenn man es nicht per Hand ändert, **im polnischen Grenzbereich** automatisch auf einen polnischen Anbieter umgestellt. Dabei gelten weiterhin die Konditionen des abgeschlossenen deutschen Inlandtarifs.
Freies WLAN steht in den meisten Hotels und gut geführten Pensionen zur Verfügung, außerdem an zahlreichen öffentlichen Plätzen, in Cafés und Restaurants in touristischen Gegenden.
Die **Ländervorwahl** Deutschland ist +49 (0049), für Polen +48 (0048). Die **Ortsvorwahl in Polen** besteht aus zwei Ziffern ohne Null vorweg und ist Bestandteil der Rufnummer. Sie wird grundsätzlich mitgewählt, auch für einen Anruf im Ortsnetz.

Maut in Polen

Unterwegs auf polnischen Autobahnen sowie ausgewählten Schnell- und Nationalstraßen fällt eine Nutzungsgebühr an. Dabei wird unterschieden zwischen dem **öffentlich finanzierten Straßennetz** (A 2 Konin–Stryków, A 4 Bielany Wrocławskie–Sośnica, Schnell- und Fernstraßen) und **privat finanzierten Konzessionsautobahnen** (A 1, A 2 Świecko–Konin, A 4 Kraków–Katowice). Je nachdem kommen unterschiedliche Bezahlsysteme zum Einsatz. Bei **Konzessionsautobahnen** wird die Gebühr an **Mautstationen** erhoben und bar in Euro oder Złoty sowie mit VISA, MasterCard oder Fleetcards beglichen. In der Oderregion betrifft das Fahrzeuge auf der A 2 Frankfurt (Oder)/Świecko-Poznań. Allerdings befindet sich die erste Mautstation bereits außerhalb des Bereichs, den dieser Reiseführer beschreibt, knapp 30 Kilometer östlich der deutsch-polnischen Grenze bei Tarnawa.

Auf den **öffentlich finanzierten Strecken** erfolgt die Abrechnung ausschließlich über das **elektronische System e-TOLL.** Im Bereich dieses Reiseführers betrifft das die A 6/S 3 im Abschnitt von der deutsch-polnischen Grenze bei Kołbaskowo bis zur Ausfahrt Miękowo wenige Kilometer nördlich von Golienów. Mautpflichtig sind hier **Fahrzeuge über 3,5 t,** also in der Regel auch Wohnmobile und Kleinbusse sowie Gespanne (z. B. Autos mit Wohnwagenanhänger). Gezahlt wird per **App** oder mittels **e-Ticket,** das man an Tankstellen und Automaten auf Rastplätzen erhält. Ab Kauf behält das Ticket 48 Stunden Gültigkeit. Für Vielfahrer lohnt möglicherweise ein On-Board-Sendegerät oder externes Ortungsgerät. Wer »schwarzfährt«, muss mit Bußgeldern bis zu 500 Złoty rechnen.

Informationen (polnisch/englisch) zur Mautautobahn A 2 Świecko-Poznań: Tel. +48/800/022242, www.autostrada-a2.pl

Informationen (polnisch/deutsch) zu den mautpflichtigen öffentlich finanzierten Fernstrecken, außerdem Anmeldung im e-TOLL-System, die App zum Runterladen, interaktive Karten, eine Liste der mautpflichtigen Straßenabschnitte u. v. m.: Tel. 800/101101 und +48/22/5211010, www.etoll.gov.pl/de

Notfall

→ s. Tabelle unten

Radfahren

→ Fahrradmitnahme im Zug, S. 400
→ UsedomRad, S. 407

■ Oder-Neiße-Radweg

Der Königsweg unter den Radwegen im Einzugsbereich der Oder ist zweifellos der Oder-Neiße-Radweg. Er führt über rund 630 Kilometer in **zwölf Etappen** von der Neißequelle bei Nová Ves in Tschechien zur Neißemündung in die Oder bei Ratzdorf und von dort weiter, mit wenigen Schwenks landeinwärts, an der Stromoder, Hohensaaten-Friedrichsthaler Wasserstraße und Westoder entlang zum Stettiner Haff und von dort bis zum Seebad Ahlbeck auf der Ostseeinsel Usedom (als **Radfernweg D 12** ausgeschildert). Bis auf wenige Ausnahmen, z. B. wo die Oder bei Lebus die eiszeitliche Lebuser Platte durchbricht und es hügelig wird, radelt man auf asphaltierten Wegen im Odertal meist auf dem Deich entlang. Nördlich von Mescherin führt die Strecke nach der deutsch-polnischen Grenze mal über schmale Landstraßen und dann wieder Radwege durchs Landesinnere zum Stettiner Haff und schließlich bei Anklam über die Zecheriner Brücke nach Usedom. Über den gesamten Streckenverlauf ist der Radfernweg **gut ausgebaut und ausgeschildert.** Zahlreiche Hotels und Pensio-

	Deutschland	Polen
Polizei	Tel. 112	Tel. 112 und 997
Feuerwehr	Tel. 112	Tel. 112 und 998
Notarzt/ Rettungsdienst	Tel. 112	Tel. 112 und 999
Pannendienst ADAC	Tel. 089/20204000	Tel. +49/89/222222 (aus dem Ausland)
Pannendienst ACE	Tel. 0711/530343536	Tel. +49/711/530343536 (aus dem Ausland)

Unterwegs auf dem Oder-Neiße-Radweg in Stützkow

nen haben sich auf Radler eingestellt und sind vom ADFC zertifiziert. Darüber hinaus finden sich an der Strecke viele Ferienwohnungen und Privatquartiere, bei deren Suche die Touristeninformationen in der Regel behilflich sind. Und wer selbst dort in der Hochsaison kein Plätzchen mehr ergattert, kann sein Zelt auf einem der lauschigen Camping- und Wasserwanderrastplätze an der Oder aufschlagen. Rund um das Stettiner Haff und die Ostseeküste kann es vor allem in den Sommerferien aber auch einmal Engpässe geben und es empfiehlt sich vorzubuchen.

Wer gerne mal abbiegen möchte: Bei Hohensaaten (→ S. 209) kann man vom Oder-Neiße-Radweg in den **Oder-Havel-Radweg** überwechseln. Auf rund 60 Kilometern verbindet er die Oder über das Schiffshebewerk Niederfinow (→ S. 188) und am 400-jährigen Finowkanal entlang mit der Havel bei Oranienburg.

Etwas weiter südlich lädt der **Oderbruchbahn-Radweg** auf 142 Kilometern zwischen Fürstenwalde und Wriezen (→ S. 178) zur Entdeckungstour kreuz und quer durch das Oderbruch ein. Die Bahnstrecke, die zwischen 1912 und 1994 die Dörfer im Bruch miteinander verband, ist heute mit glattem Asphalt für Radler gemacht. Von Wriezen aus führt sie als Stichstrecke schnurgerade weiter zur Europabrücke bei Bienenwerder (→ S. 176). Voraussichtlich im Sommer 2022 soll dort die Rad- und Fußgängerbrücke hinüber zur polnischen Flussseite eingeweiht werden, und damit die Verbindung über die Oder hinweg zur **Radroute 20** (→ S. 406) nach Trzcińsko-Zdrój (Bad Schönfließ) hergestellt sein.

Ein guter Ratgeber in allen Belangen rund um das Radfahren ist der ADFC (Allgemeiner Deutscher Fahrrad-Club):

ADFC, Bundesgeschäftsstelle, Mohrenstr. 69, 10117 Berlin, Tel. 030/20914980, www.adfc.de

Szlak Odry/Oderradweg

Über 1000 Kilometer Szlak Odry/Oderradweg führen im Odertal von der polnisch-tschechischen Grenze bis zur Insel Wolin. Zusammen mit den Teilabschnitten **Szlak Zielona Odra/Radweg Grüne Oder** (s. u.) zwischen Kostrzyn (Küstrin) und Szczecin (Stettin) und dem **Rundweg Stettiner Haff R 66** (s. u.) bildet der Szlak Odry eine touristische Radelstrecke, die über den gesamten Verlauf der polnischen Oder zur Ostsee führt.

Asphaltierte Wege nur für Radfahrer sind unterwegs allerdings noch eher eine Seltenheit. Pi mal Daumen fährt man auf den polnischen Oderradwegen zu 25 Prozent über **Wald- und Feldwege** in der Regel nicht direkt am Strom entlang sowie zu weiteren 25 Prozent auf untergeordneten **Verkehrsstraßen.** Die andere Hälfte geht über die **Hochwasserdämme,** teils asphaltiert, teils via Betonplatten, teils auf weißer Piste. Eine touristische Infrastruktur findet sich auf weiter Strecke zwischen der Neißemündung und Szczecin bis auf die odernahen Kleinstädte und deutsch-polnischen Grenzstädte eher wenig.

■ Szlak Zielona Odra/ Radweg Grüne Oder

Der Szlak Zielona Odra/Radweg Grüne Oder verbindet auf 155 Kilometern **Kostrzyn** (→ S. 145) und **Szczecin** (→ S. 241). Die Route führt teils auf dem **Deich** entlang, teils über **Nebenstraßen,** die sich mitunter weiter vom Fluss entfernen, und gelegentlich auch über naturbelassene **Feldwege.** Wo der Weg nicht durch die Oderniederung, sondern oberhalb über die Oderhänge verläuft, zweigen schmale Stichstraßen hinunter zu den Weilern am Flussufer ab. Sie sind oft holprig, manchmal auch sandig und verlangen dem ungeübten Radler einiges ab. Die **Beschilderung** – ein schwarzes Radsymbol mit grünem Balken auf weißem Grund – ist leider nicht selten mangelhaft. Dafür gelangt man auf diesen Wegen in vom Tourismus oft noch nahezu unberührte Gegenden. Detaillierte Landkarten im großen Maßstab und ein gut gefüllter Picknickkorb können unterwegs aber auf keinen Fall schaden.

Radweg im Naturpark Stettiner Haff

■ Rundweg Stettiner Haff

Auf polnischen Wegen als **Radweg R 66** markiert, leitet er die Pedalritter auf gut 260 Kilometern einmal rund um das Haff. Von Szczecin (→ S. 241) geht es am Dąbie-See (→ S. 260) entlang und durch die Puszcza Goleniowska (Gollnower Heide) nach Golienów, von dort bei Stepnica (Stepenitz, → S. 261) an die Küste zurück, um ihr mit kurzen Schlenkern dann und wann ins Binnenland bis zur Insel Wolin zu folgen. Von Wolin wird bei Świnoujście (→ S. 283) auf die Insel Usedom (Uznam) übergesetzt. Nachdem der Radweg bei Ahlbeck (→ S. 387) die Grenze passiert hat, verläuft er identisch mit dem **Oder-Neiße-Radweg** (→ S. 403) quer durch Usedom und weiter an der südlichen deutschen Haffküste entlang. Bei Altwarp (→ S. 308) heißt es dann ein zweites Mal übersetzen. Nun über den Neuwarper See (Jezioro Nowowarpieńskie) nach Nowe Warpno (Neuwarp, → S. 300), von wo es auf in der Urlaubszeit teils viel befahrenen Landstraßen über Trzebież (Ziegenort, → S. 299) und Tanowo nach Szczecin zurückgeht. Auch hier ist die **Beschilderung** – hellgrünes Rad und hellgrüne Aufschrift »R-66« auf weißem Grund – verbesserungswürdig. Aber man arbeitet dran.

■ Radweg Blue Velo

Noch im Entstehen begriffen ist die westpolnische Radroute Blue Velo, die – nur für Radler und weitgehend dem Oderlauf folgend – die Ostsee mit dem Riesengebirge verbinden soll. Auf über 1000 Kilometern soll die Trasse von der **polnisch-tschechischen Grenze** bei Bohumín bis zum Ostseebad **Świnoujście** führen. Kleinere Abschnitte sind bereits fertiggestellt, darunter bei Szczecin der Weg am Ostufer des Dąbie-Sees (→ S. 260) entlang.

Wie die Blue-Velo-Strecke in ihrer technischen Beschaffenheit einmal aussehen mag, lässt sich schon heute auf der **Radroute 20** zwischen Trzcińsko-Zdrój (Bad Schönfließ) und Siekierki (Zäckerick, → S. 197) an der Oder in Augenschein nehmen. Auf feinstem Asphalt läuft sie über 44 Kilometer als hochkomfortable »Rad-Autobahn« auf der alten Bahntrasse entlang, die früher das Neumärker Moorbad Schönfließ mit Wriezen im Oderbruch verband. Der Anschluss über die Oderbrücke bei Siekierki (→ S. 199) auf die deutsche Seite weiter nach Wriezen (→ S. 178) soll noch im Sommer 2022 eingeweiht werden.

Tanken in Polen

Das **Tankstellennetz** ist gut ausgebaut. Die meisten Tankstellen sind Mo–Fr 6–22 und So 7–18 Uhr geöffnet, an wichtigen Fernverkehrsstraßen und in Großstädten rund um die Uhr.

Das **Benzin** ist um etwa 20 bis 25 Prozent günstiger als in Deutschland. Man tankt 98E Europlus (bleifrei, 98 Oktan, entspricht deutschem SuperPlus), 95E Eurosuper (bleifrei, 95 Oktan, entspricht deutschem Super), 95U Uniwersalna (bleifrei für Autos ohne Kat, 95 Oktan) sowie Dieselkraftstoff (markiert mit »ON«). Auch **Autogas** (Tankstellen mit Autogas sind durch Hinweisschilder mit »LPG« gekennzeichnet) ist an vielen Tankstellen erhältlich. **Bio-Kraftstoffe** für Pkw, wie z. B. in Deutschland E10, gibt es in Polen nicht.

Telefon

→ Internet und Telefon, S. 402

Toiletten

In Polen sind öffentliche WCs manchmal nicht mit der Aufschrift *Damski* oder *dla Kobiet* (für Damen) und *Męski* oder *dla Panów* (für Herren) gekennzeichnet, sondern mit einem Kreis (für die Damen) und einem Dreieck (für die Herren).

Übernachten

→ Camping, S. 399

An Hotels und Pensionen, B & B, Ferienwohnungen und Privatquartieren besteht an der Oder kein Mangel. Dabei gilt die Faustregel: auf der deutschen Seite gibt es etwas mehr als auf der polnischen und an der Oder entlang etwas weniger als am Stettiner Haff und der Ostseeküste. Die Preise für die Unterkunft sind in Polen etwas günstiger als in Deutschland.

Der Trend vor allem an Haff und Ostsee geht hin zu **Ferienwohnungen,** die mehr und mehr Privatquartiere und kleinere Frühstückspensionen ablösen. Die **spontane Zimmersuche** für eine Nacht wird dadurch besonders in der Hauptreisesaison schwie-

Eine der über 100 Ausleihstationen von UsedomRad

Auf dem Basar in Kostrzyn

riger. Im Sommer empfiehlt sich deshalb – gerade bei preiswerteren Quartieren –, rechtzeitig zu buchen.

Die in diesem Reiseführer angegebenen **Preise** beziehen sich auf ein Doppelzimmer für zwei Personen mit Frühstück in der Hochsaison bei einer Spontanübernachtung, spiegeln also in der Regel den Höchstpreis und dienen lediglich der Orientierung. Über die einschlägigen Buchungsportale, und mehr noch direkt bei den Anbietern, wird man je nach Reisetermin günstigere Konditionen erhalten.

UsedomRad

Das Fahrradleihsystem UsedomRad hat über 100 Stationen in Greifswald, Stralsund, an der Haffküste, auf Usedom und in Świnoujście. Es ist eine Registrierung erforderlich, bei der man eine Kunden-ID von Nextbike erhält, entweder an den Stationen, unter Tel. 030/55576911 oder online. Die Räder können direkt ausgeliehen und an jeder beliebigen Station zurückgegeben werden. Die Ausleihstationen sind in den Infokästen am Ende der jeweiligen Ortsbeschreibung angegeben.
www.usedomrad.de

Verbote

In Polen ist **Alkoholkonsum in der Öffentlichkeit** untersagt. Eine Ausnahme bilden die abgegrenzten Außenflächen von Restaurants und Cafés. **Rauchen** darf man in Gaststätten in extra ausgewiesenen Räumen. **Drogen,** die in Deutschland unter das Betäubungsmittelgesetz fallen, sollte man auch in Polen besser nicht bei sich tragen. **Militärische Anlagen** und bestimmte gekennzeichnete **Ämter** dürfen nicht fotografiert werden.

Zollbestimmungen

EU-Bürger dürfen Waren für den Eigenbedarf uneingeschränkt ein- und ausführen, mit folgenden Ausnahmen: Die zollfreie Ausfuhr von Tabakwaren ist auf 800 Zigaretten bzw. 1000 g Tabak pro Person über 18 Jahren beschränkt. Als weitere Richtmengen wurden festgelegt: 90 l Wein, 110 l Bier, 20 l Alkoholika bis 22 Promille, 10 l Spirituosen.

Verboten ist die Ausfuhr von Kunstwerken, Antiquitäten, Büchern und anderen Gegenständen, die vor dem 9. Mai 1945 hergestellt wurden. Nationale Ein-, Aus- und Durchfuhrbeschränkungen bestehen ferner für Tiere, Pflanzen, bestimmte Medikamente, Drogen und Waffen.

Weitere Informationen erhält man beim deutschen Zoll: Tel. 0351/44834510, www.zoll.de

Die Auswahl an Unterkünften ist groß

Sprachführer

Polnisch gehört zur Familie der westslawischen Sprachen. Es ist eine sehr alte Sprache, die sich über viele Jahrhunderte nahezu unverändert erhalten hat. Von allen slawischen Sprachen steht sie dem mittelalterlichen Altkirchenslawisch am nächsten. Mittel- und Westeuropäer bringt sie nicht erst wegen der komplizierten Grammatik, sondern vorher schon durch die extremen Konsonatenhäufungen zur Verzweiflung. *W Szczebrzeszynie chrząszcz brzmi w trzcinie* (In Szczebrzeszyn brummt ein Käfer im Schilf), lautet in Aussprache transkribiert etwa so: »F Schtschebscheschünnje chschonschtsch bschmi f tschtchinje.« Bei diesem Zungenbrecher müssen sogar die Polen viel üben! Um so mehr weiß man um seine schwierige Muttersprache und freut sich riesig, wenn sich jemand bemüht, diese zu lernen. Allein schon die einfachsten Zeichen der Höflichkeit wie *dzień dobry* (Guten Tag), *do widzenia* (Auf Wiedersehen), *proszę* (bitte) und *dziękuję* (danke) übermitteln Respekt und lösen Wohlwollen aus.

Deutsch	Polnisch	Aussprache
Allgemeines		
danke	dziękuję	(dschenkuje)
bitte	proszę	(prosche)
Guten Tag!	Dzień dobry!	(dschen dobre)
Auf Wiedersehen!	Do widzenia!	(do widzenia)
Hallo!/Tschüss!	Cześć!	(tscheścht)
ja/nein	tak/nie	(tak/nje)
Nein, danke.	Nie dziękuję.	(nje dschenkuje)
Verzeihung!	Przepraszam!	(pschepraschам)
Wie viel kostet ...?	Ile kosztuje ...?	(ile koschtuje)
Herr Ober! (Mein Herr ...)	Proszę pana!	(prosche pana)
Frau Ober! (Meine Dame ...)	Proszę pani!	(prosche pani)
Zahlen!	Płacić!	(puatschitsch)
Prost!	Na zdrowie!	(na sdrowje)
Zahlen		
null	zero	(sero)
eins	jeden, jedna, jedno	(jeden)
zwei	dwa	(dva)
drei	trzy	(tsche)
vier	cztery	(tschtere)
fünf	pięć	(pintsch)
sechs	szesc	(schechtsch)
sieben	siedem	(schjedem)
acht	osiem	(oschjem)
neun	dziewięć	(dschewintsch)

Deutsch	Polnisch	Aussprache
zehn	dziesięć	(dscheschentsch)
hundert	sto	(sto)
tausend	tysiąc	(tischonts)
Unterwegs an der Ostseeküste		
See	jezioro	(jeschoro)
Fluss	rzeka	(scheka)
Boot	łódź	(wudch)
Fischerboot	łódź rybacka	(wudch ribatska)
segeln	żeglarstwo	(scheglarstwo)
Segelboot	żaglówka	(schaglufka)
Segelrouten	szlaki żeglugi	(schlaki scheglugi)
wandern	wędrowanie	(wendrowanje)
Wanderkarte	mapa turystyczna	(mapa turistitschna)
Wanderweg	szlak turystyczny	(schlak turistitschni)
Naturschutzgebiete	rezerwaty przyrody	(reserwati pschirodi)
Angelschein	zezwolenie wędkarskie	(seswolene wentkarskje)
Angel	wędka	(wentka)
Fahrplan	rozkład jazdy	(roskwad jasdi)

Polnisch	Deutsch
Hinweise	
uwaga	Vorsicht/Achtung
przejście wzbronione	Durchgang verboten
objazd	Umleitung
koniec	Ende
toalety/ustepy	Toiletten
damski	Damen
męski	Herren
grozi śmiercią	Lebensgefahr
zamknięty	geschlossen
cieplo	warm
zimno	kalt
kantor	Wechselstube
zarezerwowany	reserviert
kawiarnia	Café
piekarnia	Bäckerei
sklep mięsny	Fleischerei
sklep spożywczy	Lebensmittelgeschäft

Polnisch	Deutsch
Die Speisekarte	
Ein typisch polnisches Mittagessen beginnt mit einer Suppe.	
barszcz czerwony (z pasztecikiem)	Rote-Rüben-Suppe (mit Pastetchen)
żur (ek)	Mehlsuppe
zupa pomidorowa	Tomatensuppe
flaki	Kuttelsuppe
Zu den populärsten Hauptgerichten gehören:	
bigos	Eintopf aus Sauerkraut und Weißkohl mit Fleischeinlage
bryzol schabowy	Schweinesteak
befsztyk	Beefsteak
pieczeń wołowa	Rinderbraten
pieczeń z dzika	Wildschweinbraten
jeleń	Hirsch
kaczka pieczona	Entenbraten
kiełbasa	Wurst (gegrillt oder gekocht)
kurczak	Hähnchen
pierogi	Piroggen (gefüllte Teigtäschchen)
polędwica	Filet
rolada	Roulade
pieczeń z sarny	Rehbraten
zając	Hase
Fisch	
ryba	Fisch
dorsz	Dorsch, Kabeljau
gładzica	Scholle
karp	Karpfen
łosoś	Lachs
pstrąg	Forelle
śledź	Hering
turbot	Steinbutt
sandacz	Zander
ryba wędzona	Räucherfisch
ryba gotowana	Kochfisch
ryba smażona	Bratfisch
ryba pieczona	Backfisch
Beilagen	
dodatki	Beilagen

Polnisch	Deutsch
jarzyny	Gemüse
kluski	Nudeln, Klößchen
knedle	Kartoffelklöße
ryż	Reis
sałatka	Salat
ziemniaki	Kartoffeln
borowiki	Pilze
kurki	Pfifferlinge
Etwas Gebäck zum Nachtisch:	
napoleonka	mit Puddingcreme gefüllter Blätterteig
szarlotka	Apfelkuchen
babeczka	mit Obst und Creme gefüllte Mürbeteigtörtchen
sernik	Käsekuchen
Getränke	
napoje	Getränke
herbata	Tee
kawa	Kaffee
mleko	Milch
sok owocowy	Fruchtsaft
piwo	Bier
szampan	Sekt
wino	Wein
woda mineralna	Mineralwasser
Monatsnamen	
styczeń	Januar
luty	Februar
marzec	März
kwiecień	April
maj	Mai
czerwiec	Juni
lipiec	Juli
sierpień	August
wrzesień	September
październik	Oktober
listopad	November
grudzień	Dezember

Literatur

Sachbücher

Bundeszentrale für politische Bildung (Hg.), Die Oder, nur online: https://www.bpb.de/geschichte/zeitgeschichte/geschichte-im-fluss/135930/die-oder. Wer sich weiter in die europäische Geschichte der Oderregionen und ihr Erbe vertiefen möchte: Aufsätze und Essays renommierter polnischer und deutscher Autorinnen und Autoren werfen Schlaglichter auf die verschiedensten Themen, Geschichten und Erfahrungsräume am Oderstrom, der so lange ein Grenzlauf war und dessen europäische Historie in einer gemeinsamen kritischen Annäherung wiedergefunden wird.

Theodor Fontane: Wanderungen durch die Mark Brandenburg, Zweiter Teil, Das Oderland, Jazzybee Verlag 2016. Unterwegs an der Oder, darf der zweite Band des alten Wandersmanns Fontane durch die Mark Brandenburg nicht fehlen. Als der Journalist und große Erzähler Anfang der 1860er Jahre sein Reisebündel schnürt, ist das Oderland beiderseits des Stroms Teil des Königreichs Preußen, des alten »fritzischen« Preußens, das bald darauf von der rasant hereinbrechenden Moderne geschluckt werden wird. Wir gehen mit Fontane auf große Oderfahrt von Frankfurt nach Schwedt, erfahren Spannendes über Schleppschiffe, Flöße und die Kolonisierung des Oderbruchs, über Küstrin und die Katte-Tragödie, über die Schlösser in Bad Freienwalde und Tamsel und natürlich immer wieder Geschichte und Geschichten über Preußen und seine alteingesessenen Adelsgeschlechter.

Uwe Rada: Die Oder. Lebenslauf eines Flusses, Siedler Verlag 2009. 140 Jahre nach Fontane macht sich der Berliner Schriftsteller und Journalist Uwe Rada auf den Weg einer »Wiederentdeckung der Oder«. Von der Quelle bis zur Ostsee folgt er dem Lauf eines über Jahrzehnte vergessenen Stroms, der vom Zweiten Weltkrieg bis zum Fall des Eisernen Vorhangs an beiden Ufern vor allem für Trennung und Teilung stand. Radas Buch ist eine Kulturgeschichte und gleichermaßen journalistische Begegnung, eine Biografie der Oder und ihrer Menschen zu beiden Uferseiten, eine historische wie literarische Reflexion und das Zusammenpuzzlen des vielfach gebrochenen, einst multikulturellen Erbes der Oderregion. Und damit eine Homage an die Oder, die heute wie kaum ein anderer europäischer Strom ein Symbol für Versöhnung und gute Nachbarschaft ist.

Belletristik und Lyrik

Günter Eich: Gesammelte Werke, Band 1. Die Gedichte, Suhrkamp Verlag 1991. 1917 in Lebus geboren, ist der bedeutende Lyriker und Hörspielautor nach dem Fortzug der Familie 1925 nie wieder an die Oder zurückgekehrt. In den »Gebirgen von Zeit« geblieben ist aber das »Wasser, das nach Kindheit schmeckt«, so wie es Günter Eich in seinem Gedicht *Oder, mein Fluss* als eine ambivalente und daher umso ergreifendere Liebeserklärung an die Oder beschreibt (→ S. 139).

Jochen Klepper: Der Kahn der fröhlichen Leute, leider nur noch antiquarisch. Kleppers 1933 erschienene kurzweilige Erzählung taucht ein in das damalige Leben der Binnenschiffer, ihre Freuden und Nöte, in die Stille und die Geschäftigkeit auf dem Oderstrom. Wir erleben mit, wie die minderjährige pfiffige Wilhelmine Butenhof nach dem Tod ihrer Eltern als junge Binnenschifferin mit einem altersschwachen Frachtkahn und ein paar arbeitslosen Artisten als Crew die Oder angeht.

Johannes Wilhelm Meinhold: Die Bernsteinhexe Maria Schweidler. Der interessanteste aller bekannten Hexenprozesse, Verlag Bohmeier 2005. Neuauflage des historischen Bestsellers von 1843, in dem der Usedomer Pastor Meinhold das Schicksal der Pfarrerstochter Maria schildert, die der Hexerei angeklagt wird. Meinholds »Tatsachenbericht« stellte sich wenig später als komplette Erfindung heraus. Der Verbreitung des Romans in zahlreichen Auflagen, sogar international, tat das keinen Abbruch.

Hans Werner Richter: Spuren im Sand, Hinstorff Verlag 2015. Die 1953 erstmalig veröffentlichte, weitgehend autobiografische Geschichte des Gründers der legendären literarischen Gruppe 47. Sie erzählt vom Aufwachsen und der Jugend des Schriftstellers kurz nach dem Ersten Weltkrieg auf Usedom.

Olga Tokarczuk: Ur und andere Zeiten, Kampa Verlag 2019. Mit ihrem dritten, bereits 1996 erschienenen Roman wurde Olga Tokarczuk international bekannt. Angesiedelt im fiktiven ostpolnischen Städtchen Ur, das die vier Erzengel bewachen, begleitet die Literaturnobelpreisträgerin ein Panoptikum kurioser Figuren durch ihre Zeiten im dramatischen 20. Jahrhundert: die junge Frau Genowefa, den exzentrischen Baron Popielski, den wilden Waldmenschen, den Wassermann Pluszez, den Trinker Pawel Göttlich, ja, den lieben Gott selbst, der in der Sinnkrise ist und sich fragt, ob er noch länger Gott sein will. Es ist eine fantastische Geschichte voller ewig menschlicher Wahrheiten. Ein »metaphysisches Märchen« hat Olga Tokarczuk ihr Buch genannt, einen »Blick auf die zerfließenden Dinge«.

Reiseführer

Im Trescher Verlag sind weitere Reiseführer erschienen, die das in diesem Buch beschriebene Gebiet berühren:

Thomas Worch: **Oderbruch.** Natur und Kultur im östlichen Brandenburg. 5., akt. u. erw. Aufl. 2019. Dieser Reiseführer widmet sich der wechselvollen Geschichte und der Gegenwart des Oderbruchs und bezieht auch die angrenzenden brandenburgischen und polnischen Landstriche ein.

Grażyna Kling, Wolfgang Kling: **Usedom und Wollin.** Mit Wolgast, Anklam und Ueckermünde. 3., akt. Auflage 2022. Dieser Reiseführer stellt alle Regionen der beiden Inseln mitsamt ihren Eingangstoren und dem Hinterland ausführlich vor. Wanderer und Radfahrer finden viele Tourenvorschläge.

Wolfgang Kling, Jörg Lüderitz: **Neumark.** Durch die alte Kulturlandschaft östlich von Oder und Neiße. 1. Auflage 2015. Die Neumark lockt mit vielen landschaftlichen Schönheiten und traditionsreichen Orten. Dieser Reiseführer trägt den aktuellen Entwicklungen Rechnung und stellt den Landstrich detailliert vor.

Über die Autorin

Kristine Jaath, 1962 in Würzburg geboren, zog 1981 in den damals noch eingemauerten Westteil Berlins und lebt seitdem bis auf einen Studienaufenthalt in Rom ununterbrochen am grünen Strand der Spree. Sie studierte Germanistik, Religionswissenschaften und Italienisch in Rom und Berlin, arbeitete anschließend sechs Jahre bei einem öffentlich-rechtlichen Radiosender und widmet sich seit Mitte der 1990er Jahre ausschließlich der Reiseschriftstellerei. Sie veröffentlichte zahlreiche Reiseführer, Texte und Bildbände über Deutschland, Italien und Polen. Im Trescher Verlag sind von ihr außerdem die Titel *Baden in und um Berlin*, *Barnim und Uckermark*, *Brandenburg*, *Potsdam* und *Feldberger Seenlandschaft* erschienen.

Register

T

Bildnachweis

Sämtliche Bilder stammen von Kristine Jaath, mit Ausnahme von:
Gemeinfrei: 43, 47, 50, 51, 63
Kajüte Ratzdorf: 83o.
Otto-Lilienthal-Museum Anklam: 320
shutterstock.com: almgren 130/131; Andreas Mellentin 217; Andrzej Rostek Titelbild; artu68 106; Artur Bociarski 19; Cromagnon 40; Dawid K Photography 255; DR pics 368; Fischernetworks 16; Grand Warszawski 393; Heiko Kueverling 67; Karsten_1 329u.; konik60 241; LianeM 78/79; Maciej Bledowski 13u.r.; makasana photo 249o.; Mickis-Fotowelt 406; Mike Mareen 68, 252, 254; Nowaczyk 356; piotrbb 245; pryzmat 277; Radek Ziemniewicz 236/237; rebaix-fotografie 71; ricok 346; Robert Plociennik 284; Stepniak 248, 250; Tadeusz Ibrom 286o.; travelview 329o.; Werner Spremberg 275o.
Wikimedia: Andymos 265; Assenmacher 326; Binnenschifffahrts-Museum Oderberg/Lorenz Kienzle, Ronka Oberhammer 59; Charlotte Nordahl 100; Daniela Kloth/www.kloth-grafikdesign.de 273; Fry72/Karel FRYDRÝŠEK 24; Jan M 12o.; Magatt 218; Mario Carvajal 77; Ralf Roletschek 29, 56, 190, 202/203, 215; Tomasz Barc 39; Zenon Mirota (http://ecs.gda.pl) 54

Kartenregister

* unter Verwendung von Daten von © OpenStreetMap-Mitwirkende/www.openstreetmap.org

Kartenlegende

- Aquarium
- Autofähre
- Bahnhof
- Bar
- Brunnen
- Burg/Festung
- Burgruine
- Busbahnhof
- Café
- Campingplatz
- Fahrradweg, -verleih
- Fährhafen
- Flughafen
- Freibad
- Hafen
- Hallenbad
- Höhle
- Hotel
- Jüdischer Friedhof
- Jugendherberge
- Kino
- Kloster
- Klosterruine
- Krankenhaus
- Leuchtturm
- Markt
- Moschee
- Museum
- Naturschutzgebiet
- Oper, Konzerthaus
- Parken
- Pension
- Post
- Restaurant
- Ruine/Ausgrabungen
- Segeln
- Seilbahn
- Strand
- Supermarkt
- Synagoge
- Theater
- Tor
- Weinbar, Weinladen
- Windsurfen
- Wildgehege
- Wohnmobilstellplatz
- Zoo
- Aussichtspunkt
- Berggipfel
- Burg
- Denkmal
- Friedhof
- Kirche
- Kirchenruine
- Kloster
- Sehenswürdigkeit
- Seilbahn
- Touristeninformation
- Turm
- Zeltplatz

- Hauptstadt
- Stadt/Ortschaft
- Grenzübergang
- E 65 Autobahn
- A 65 Schnellstraße
- 243 Bundesstraße
- Hauptstraße
- sonstige Straßen
- Eisenbahn
- Staatsgrenze
- Europastraße
- Autobahn
- Bundesstraße

Zeichenlegende

- Allgemeine Informationen, Tourismusamt
- Anfahrt mit dem Auto
- Busverbindung
- Zugverbindung
- Marina, Fähre, Ausflugsschiff
- Hotel, Pension
- Wohnmobilstellplatz
- Campingmöglichkeit
- Restaurant
- Museum, Gedenkstätte
- Einkaufsmöglichkeit
- Segelmöglichkeit
- Surfschule
- Badestelle
- Schwimm-, Thermalbad
- Kanu-, Kajakverleih, Biwakplatz
- Naturpark, Naturlehrpfad, Wildgehege
- Zoo
- Fahrradverleih
- Festival, Kulturveranstaltung, Musiktheater, Oper
- Erlebnispark